KIELER GEOGRAPHISCHE SCHRIFTEN

Begründet von Oskar Schmieder

Herausgegeben vom Geographischen Institut der Universität Kiel
durch J. Bähr, H. Klug und R. Stewig

Schriftleitung: S. Busch

Band 95

PETER PEZ

Verkehrsmittelwahl im Stadtbereich und ihre Beeinflußbarkeit

Eine verkehrsgeographische Analyse am Beispiel von Kiel und Lüneburg

KIEL 1998

IM SELBSTVERLAG DES GEOGRAPHISCHEN INSTITUTS
DER UNIVERSITÄT KIEL

ISSN 0723 - 9874

ISBN 3-923887-37-X

Die Deutsche Bibliothek – CIP - Einheitsaufnahme

Pez, Peter:
Verkehrsmittelwahl im Stadtbereich und ihre Beeinflußbarkeit : eine
verkehrsgeographische Analyse am Beispiel von Kiel und Lüneburg /
Peter Pez. Geographisches Institut der Universität Kiel. - Kiel :
Geographisches Inst., 1998
  (Kieler geographische Schriften ; Bd. 95)
  ISBN 3-923887-37-X

Alle Rechte vorbehalten

Vorwort

Verkehr war bis vor einigen Jahren vorwiegend ein Themenfeld für spezialisierte Politiker und Planer. Abgesehen von spektakulären Ereignissen, wie Flugzeugabstürzen und Staurekorden zur Urlaubszeit, wurde ihm kein größeres öffentliches Interesse zuteil. Dies änderte sich mit dem Erkennen gravierender ökologischer Probleme, wie z. B. den Waldschäden und der Gefahr einer Klimaveränderung, sowie mit der wachsenden Sensibilität gegenüber Lärmbelastungen, Unfallgefahren und Flächenknappheit im fließenden und ruhenden Verkehr. Vor allem für die Raumnöte gelangte das Schlagwort „Verkehrsinfarkt" in den Mittelpunkt der politischen Diskussionen. Parallel dazu wurde auch der Ruf nach einem Einbezug der Sozialwissenschaften zur Problemlösung laut, da sich hierfür ingenieurwissenschaftliche Methoden mit den Zielen Straßenplanung, Beschleunigung und räumliche Verlagerung von Verkehrsströmen als unzureichend erwiesen hatten. Die Sozialwissenschaften bieten in zweifacher Hinsicht Lösungsoptionen: Einerseits können psychologische und soziologische Erkenntnisse auf eine veränderte Verkehrsabwicklung hinwirken, indem sie beispielsweise Wege zur Durchsetzung rücksichtsvollerer bzw. langsamerer Fahrweisen aufzeigen. Dies käme vor allem einer Reduzierung der Unfälle und subjektiv empfundener Unfallgefahren zugute. Andererseits kann sich die Forschung darum bemühen, das Verkehrsvolumen selbst durch Fahrtenvermeidung oder Fahrtenverlagerung auf umwelt- und sozialverträglichere Fortbewegungsalternativen (Zufußgehen, Fahrrad, öffentliche Verkehrsmittel = „Umweltverbund") zu verändern, um so die Dichte des Kfz-Verkehrs und damit alle ökologischen und sozialen Folgeprobleme zu reduzieren. Die Zielsetzungen beider Wege sind somit verschieden, schließen einander jedoch keineswegs aus, vielmehr können Methoden und Ergebnisse durchaus ähnlich sein. Die Geographie ist in der Lage, auf diesem Feld eine bedeutende Rolle zu spielen. Als eine Wissenschaft, die in besonderem Maße auf interdisziplinäres Denken und Arbeiten angewiesen ist, stellt sie nicht nur ein Bindeglied zwischen Natur- und Sozialwissenschaften dar, sondern ebenso zwischen den genannten Bereichen und den Planungswissenschaften. Sichtbar wird dies in der jüngeren Entwicklung des Faches durch die deutliche Betonung der „angewandt-geographischen" Forschung. Gerade seitens der Geographie bietet sich deshalb die Möglichkeit zu einer praxisorientierten Forschungsarbeit bzw. einer praxisrelevanten Übertragung von Ergebnissen der Grundlagenforschung.

Im Sinne der beiden letztgenannten Aspekte ist die vorliegende Schrift zu sehen. Die quantitativen Proportionen der Verkehrsmittelwahl sind zwar in den meisten Städten hinreichend bekannt, die Gründe dafür bzw. für mehr oder minder deutliche interurbane Unterschiede aber keineswegs. Obwohl es an Prognoseversuchen für die Entwicklung von Verkehrsanteilen, basierend auf korrelativen Ansätzen, nicht mangelt, sind die Ansätze zur Erforschung der Motive und Strukturen der Verkehrsmittelwahl und damit ihrer eigentlichen Ursachen äußerst rar. Bislang existiert kein geeignetes Modell zur Beschreibung des Auswahlprozesses. Gelingt es hingegen, ein solches zu konstruieren, ergeben sich geeignete Beurteilungsparameter zur Wirkungseinschätzung planerischer Maßnahmen - angesichts drängender Verkehrsprobleme und knapper kommunaler Kassen ein Faktor von elementarer Bedeutung. Es ist deshalb das Hauptziel dieser Arbeit, die beschriebene Lücke zwischen dem noch unzureichenden Verständnis menschlicher Entscheidung im städtischen Verkehr einerseits und der Wirkungseffizienz verkehrspolitscher Instrumente andererseits zu schließen.

Die vorliegende Untersuchung wäre nicht möglich gewesen ohne die große Hilfsbereitschaft mehrerer Firmen, Behörden und weiterer Institutionen in Kiel und Lüneburg. Diese haben mir die Durchführung von Mitarbeiterbefragungen ermöglicht, wofür ich mich an dieser Stelle recht herzlich bedanke. Ebenso gebührt ein großer Dank den insgesamt 67 Studierenden in Kiel und Lüneburg, die im Rahmen von Projektseminaren mit viel Engagement einen wesentlichen Teil der Erhebungsarbeit leisteten, insbesondere auch Frau Nina Schliebitz, Herrn Ulf Braun und Herrn Mario Menkhaus, die mir bei der Anfertigung der zahlreichen Abbildungen hilfreich zur Seite standen. Schließlich danke ich der Deutschen Forschungsgemeinschaft, die mir im Rahmen eines Postdoktorandenstipendiums sowie durch die Gewährung von Sachmitteln maßgebliche Teile der verkehrswissenschaftlichen Forschungsarbeit ermöglicht hat, ferner dem Geographischen Institut der Universität Kiel - hier im besonderen Herrn Prof. Dr. Jürgen Bähr und Diplom-Geograph Steffen Bock - und der Universität Lüneburg für die mir gewährte sachliche und personelle Unterstützung.

Lüneburg, im März 1998, Dr. Peter Pez

Inhaltsverzeichnis

Verzeichnis der Tabellen

IX

Verzeichnis der Abbildungen

Verzeichnis der Anlagen im Anhang

XVIII

1. Fragestellungen, Ziele und Methoden

In fast allen Städten wirtschaftlich hoch entwickelter Länder stellt der Verkehr inzwischen ein herausragendes Problem dar, wobei das Phänomen an sich nicht neu ist. Schon antike Großstädte hatten Schwierigkeiten mit der Bewältigung des Verkehrsaufkommens, welches vor allem der Versorgung diente. Die Bewohner waren entlang zahlreicher Hauptstraßen auch ohne motorisierte Fahrzeuge Belästigungen in Form von Raumnöten, Lärm und Unfallgefahren ausgesetzt, deren Ausmaße heutige Vorstellungen sprengen dürften. Nicht anders ist es zu verstehen, wenn Julius Cäsar 45 v. Chr. die Problematik mit einer einschneidenden Maßnahme zu bekämpfen suchte, die an jüngste planerische Vorstellungen erinnert: Er verbot in Rom jeglichen privaten und gewerblichen Fahrzeugverkehr zwischen Sonnenaufgang und Dämmerung (SONNABEND 1992). Diese Regelung wurde sukzessiv auf alle römischen Städte ausgeweitet und hatte in ihren Grundzügen bis zum 3. Jahrhundert n. Chr. Bestand; unangenehm war allerdings, daß die Bewegungsfreiheit für Fußgänger am Tage mit einem schlafraubenden Verkehrslärm in der Nacht erkauft wurde.

Der heutige Stadtverkehr zeigt zwar in mehrfacher Hinsicht Ähnlichkeiten zur vorindustriellen Situation, vor allem in der Flächenknappheit, jedoch gibt es zwei wesentliche Unterschiede. Zum ersten bleiben Verkehrsprobleme nicht mehr auf Großstädte beschränkt, sondern finden sich über alle Größenordnungen hinweg selbst in Kleinstädten und sogar in zahlreichen ländlichen Kommunen. Zum zweiten sind die Grenzen des Stadtverkehrs und mithin seiner Problematik nicht mehr exakt räumlich definierbar. Dies liegt einerseits am Wachstum der Städte über ihre alten Grenzen zur ländlichen Umgebung (Befestigungssysteme) hinaus, welches mit der Industrialisierung begonnen hat (vgl. Kap. 3.2). Andererseits bleiben mit dem Aufkommen des motorisierten Verkehrs nicht mehr alle seine Auswirkungen auf den unmittelbaren Nahraum beschränkt und sind zudem nicht mehr vollständig vom Menschen im Sinne einer Ursache-Wirkungsbeziehung erlebbar. In vorindustriellen Städten verblieben die Negativeffekte - Raumnöte, Unfälle, Lärm, Geruchsbelästigung durch Exkremente der Last- und Zugtiere - am Ort ihrer Entstehung, waren dem Verursacher zurechenbar und lösten oft Ordnungsmaßnahmen zur Abhilfe aus. Die Schadstoffe des motorisierten Verkehrs sind hingegen von größerer Toxizität bei fehlender oder geringer Geruchsintensität, und sie sind beständiger mit der Folge einer Verfrachtung weit von der Emissionsquelle weg (KNOFLACHER 1990, S. 222). Die städtischen Verkehrsprobleme besitzen deshalb nicht nur eine lokale, sondern zusätzlich eine regionale und sogar globale Dimension (vgl. Kap. 3.3.1 - 3.3.3).

Alle diese Umstände dürften dazu beigetragen haben, daß in den letzten Jahren dem Verkehr eine intensive öffentliche Aufmerksamkeit zuteil wurde und sich innerhalb der Politik - insbesondere auf kommunaler Ebene - ein grundlegender Auffassungswandel vollzogen hat. Während bis in die 70er Jahre hinein versucht wurde, die Städte dem motorisierten Verkehr anzupassen, dominiert heute eine Gegenbewegung, die eine Verminderung der Probleme nur in der Förderung von PKW-Alternativen unter Einschluß von Restriktionen für den motorisierten Individualverkehr für möglich hält (Kap. 4.1 - 4.2). Die "Beeinflussung der Verkehrsmittelwahl" ist damit zum übergreifenden Handlungskonzept geworden. Hier setzt die vorliegende Studie an, denn vor allem zwei zentrale Aspekte der genannten Politikrichtung sind noch nicht oder noch nicht ausreichend erforscht:

- Obwohl das politische und planerische Instrumentarium inzwischen reichhaltig ist (Kap. 4.2.1 - 4.2.6), besteht ein großer Mangel an Kenntnissen über die Effektivität der einzelnen Maßnahmen in bezug auf das oben genannte Ziel. Es existiert noch nicht einmal eine systematische Übersicht, aus der Wirkungsfelder und -arten als notwendige Basis einer vergleichenden Bewertung ersichtlich wären. Die Ausführungen der Kap. 4.2.1 - 4.2.7, komprimiert in Tab. 7, sollen diese Lücke füllen.

- Eine effektive Beeinflussung der Verkehrsmittelwahl setzt deren Verständnis voraus. Ein solches ergäbe sich aus der Orientierung an einem Modell, welches den Entscheidungsprozeß und die auf die Transportmittelwahl Einfluß nehmenden Komponenten logisch strukturiert wiedergibt. Die Kap. 5.1 - 5.5 zeigen, daß ein solches Modell derzeit nicht existiert.

Aus diesen Bedingungen ergeben sich die beiden Zielsetzungen der vorliegenden Arbeit,
- die Erstellung eines theoretischen Entscheidungsmodells der Verkehrsmittelwahl und
- die daran orientierte Klassifizierung und Effizienzbewertung politischer Maßnahmen.

Zur Erreichung dieser Ziele war ein mehrschichtiges methodisches Vorgehen notwendig. Der erste Schritt bestand in einer Sichtung der theoretisch orientierten sowie planerischen Literatur. Letzteres wurde ergänzt durch Besuche zahlreicher Städte im In- und Ausland: Bremen, Delbrück, Dortmund, Erlangen, Flensburg, Hamburg, Hamm, Hannover, Karlsruhe, Kassel, Lübeck, München, Münster, Neumünster, Nördlingen, Nürnberg, Rosenheim, Weißenburg, Wuppertal, Amsterdam, Delft, Groningen, Wien, Los Angeles, San Francisco, Seattle und Vancouver. Meist ergab sich die Möglichkeit von Gesprächen mit lokalen Experten, welche die Literaturanalyse und die lokalen Erkundungen ergänzten. Diese Interviews wurden nicht mit einem vorgegebenen schriftlichen Katalog geführt, orientierten sich aber an Leitfragestellungen, wie sie in ähnlicher Weise auch für die Literatursichtung verwendet wurden:

a) Welche Verkehrsprobleme bestehen, welches Ausmaß haben sie?
b) Wie wird auf der Basis der genannten Problemstellungen die städtische und verkehrspolitische Entwicklung der letzten Jahre beurteilt?
c) Welche Lösungsmöglichkeiten für Verkehrsprobleme sind umgesetzt worden, sind geplant oder werden unter der Prämisse gesehen, daß finanzielle Erwägungen keine Rolle spielen? Welche der Möglichkeiten werden für die effektivsten gehalten? Diese Fragen wurde in allen Fällen durch weitere Teilfragen differenziert, die sich auf die sechs grundlegenden Strategien neuerer Verkehrspolitik richteten, also auf Städtebau, Verkehrsberuhigung, ÖPNV-, Radverkehrs- und Fußgängerförderung sowie Öffentlichkeitsarbeit.
d) Welche Faktoren werden in der eigenen Verkehrsmittelwahl und derjenigen nahestehender Personen für bedeutsam gehalten? Welche Faktoren könnten gesamtstädtisch oder gesellschaftlich die größte Rolle spielen?

Die Ergebnisse der Literaturanalyse, Ortserkundungen und Experteninterviews fanden Eingang in die Ausführungen der Kap. 3.3 - 4.2.7, wobei die Ortsbesuche und Interviews vor allem für die nur teilweise durch Literatur belegbaren Erörterungen zur Entwicklung von

2

Zielen und Instrumenten der Verkehrspolitik (Kap. 4) wichtig waren. Darüber hinaus besaß der direkte Kontakt zu den städtischen Räumen und den dortigen Experten eine große Bedeutung für die Analyse der verkehrlichen Rahmenbedingungen in den Untersuchungsgebieten Kiel und Lüneburg (Kap. 6.4.1 - 6.4.6). Hierbei fanden dieselben unter a)-d) angegebenen Fragestellungen Verwendung, allerdings bei wesentlich mehr Vertretern als in den anderen oben genannten Städten (insgesamt 40 Funktionsträger der Verkehrsplanungsämter, Ratsfraktionen, Polizei, Verkehrsbetriebe, Verkehrs- und Umweltverbände).

Die Sichtung der Literatur, die Besuche verschiedener Städte und die Experteninterviews ermöglichten neben der Klassifizierung verkehrspolitischer Instrumente und ersten Ansätzen einer Bewertung vor allem eine Vorbereitung der Befragungen von Verkehrsteilnehmern (N = 705 in Kiel, 801 in Lüneburg). Zur Analyse der Gründe für die Wahl einer bestimmten Transportform und für die Meidung von Alternativen bot sich dieser methodische Weg an. Welche Parameter hierbei verwendet und welche organisatorischen Vorkehrungen beachtet wurden, ist Gegenstand der Erörterungen von Kap. 7.1 - 7.2; die Ergebnisse werden in Kap. 7.3.1 - 7.3.10 diskutiert.

Da die subjektiven Einschätzungen von realen Gegebenheiten abhängen und eine Korrelation beider Größen naheliegt, kann die Analyse der realen Ausprägung von Faktoren der Verkehrsmittelwahl ebenfalls wertvolle Hinweise für die Bewertung verkehrspolitischer Maßnahmen liefern. Im Rahmen der vorliegenden Untersuchung bestätigte sich diese Vermutung vor allem für den Faktor "Schnelligkeit", der sich als ein Hauptkriterium der Verkehrsmittelwahl herausstellte. Mit Reisegeschwindigkeitsexperimenten wurde versucht, diesen Faktor zu quantifizieren und veränderte Bedingungen unter politischer Einflußnahme hochzurechnen (Kap. 8.1 - 8.4).

Weitere Quantifizierungsmöglichkeiten bestanden bei den Determinanten "Kosten" (Diskussion in Kap. 3.4, Berechnungen in Kap. 7.3.8.8) und "Verkehrssicherheit". Für letzteres wurden die polizeilich gesammelten Unfalldaten in Kiel und Lüneburg für jeweils ein Stichprobenjahr einer Sekundärauswertung unterzogen (vgl. Kap. 7.3.8.6).

Insgesamt läßt sich der Einsatz der methodischen Instrumente und der Aufbau der Arbeit bezüglich der oben genannten zwei Ziele wie folgt strukturieren:

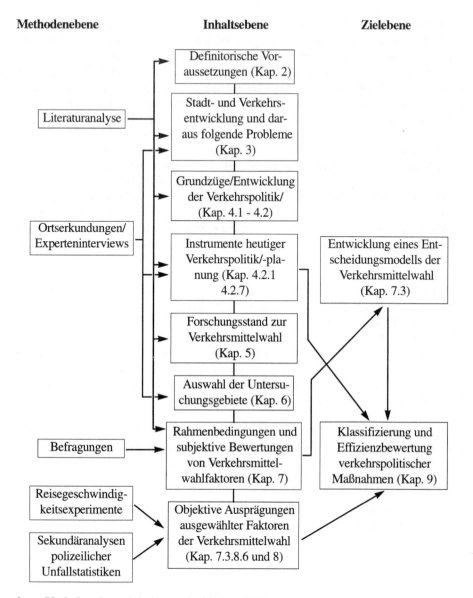

Methodenebene	Inhaltsebene	Zielebene

2.   Verkehr als sozialwissenschaftliches Phänomen

"Verkehr ist die Gesamtheit der menschlichen Aktivitäten, die der Raumüberwindung dienen bzw. Raumüberwindung darstellen." - Diese Definition von SCHLIEPHAKE (1987, S. 201) kann sicherlich Allgemeingültigkeit beanspruchen, umfaßt sie doch jeden Vorgang des Transportes von Menschen und Gütern. Begriffsbestimmungen dieser Art finden sich deshalb auch in anderen verkehrswissenschaftlichen Werken (vgl. die Übersicht bei SCHLIEPHAKE

1973, S. 1-2). Verkehr ist damit - neben der Kommunikation - ein elementarer Teil menschlicher Existenz, da ohne ihn die anderen Daseinsgrundfunktionen (Arbeiten, Sich versorgen, Wohnen, Sich erholen, Bildung; vgl. PARTZSCH 1970) größtenteils nicht bestehen könnten. Gleichwohl ist diese Definition ebenso allgemein wie nichtssagend, wenn es um eine genauere Beschreibung des Phänomens Verkehr oder gar um eine Beschreibung der Erkenntnisziele der Verkehrsgeographie geht. Ergiebiger ist der Definitionsversuch von HETTNER (1977, S. 5), der Verkehr beschreibt als

- die Beförderung von Personen, Gütern und Nachrichten
- über einen gewissen Mindestabstand
- und von gewisser Regelmäßigkeit.

HETTNER schließt damit einmalige Vorkommnisse, wie z. B. Völkerwanderungen und Fluchtbewegungen aus. Diese sind zwar mit Verkehr verbunden, aber den Verkehrswissenschaftler interessieren vornehmlich die regelmäßig wiederkehrenden Mobilitätsformen, weil er erst daraus allgemeine Regelhaftigkeiten und Theorien ableiten kann. Ferner kann man über die zweite Bedingung Bewegungen innerhalb einer Wohnung, eines Hauses oder eines Betriebes ausschließen, was ebenso zweckmäßig erscheint, obgleich damit die Schwierigkeit der Quantifizierung des gewissen Mindestabstandes aufgeworfen wird, für die weder HETTNER noch ein anderer Autor einen Vorschlag macht. Nicht unproblematisch ist schließlich auch der Einbezug der Nachrichten in die o. a. Definition. Der Transport von Schriftstücken kann in diesem Sinne noch als Teil des Güterverkehrs identifiziert werden, hingegen findet eine Abgrenzung zur Fernkommunikation, die dank der fast ubiquitären Verbreitung des Telefons und der Einführung weiterer Kommunikationsmedien (Bildtelefon, Telex/Teletex, Telefax) - verbunden mit verkehrssubstituierenden und verkehrsinitiierenden Effekten (vgl. BALS u. a. 1988) - dringend erforderlich wäre, nicht statt. Dennoch erfährt der Begriff des Verkehrs durch die oben genannten Bedingungen schon eine genauere Beschreibung.

Die begriffliche Differenzierung läßt sich fortsetzen, wenn man die ökonomischen und sozialen Funktionen darlegt, die der Verkehr in einer entwickelten Gesellschaft erfüllt. In Anlehnung an VOPPEL (1980, S. 1-2) lassen sich als wesentliche Verkehrszwecke nennen:

- Mangelausgleich von Produktionsfaktoren (Arbeit und Kapital),
- Individuelle Versorgung mit Gütern und Diensten,
- Ausgleich von Kommunikationsbedürfnissen und
- Verkehr als Selbstzweck (Spaziergänge/-fahrten, Rad- und Motorsport).

Ausgehend von diesen Funktionen empfiehlt sich zumindest für die vorliegende wissenschaftliche Betrachtung eine Ausgrenzung des "Verkehrs als Selbstzweck", weil das Verhalten in diesem Verkehrsanteil nicht dem ökonomischen Prinzip unterliegt. Es wird in der Regel keine Minimierung des Strecken- und Zeitaufwandes angestrebt, es entfällt insbesondere die Mittel-Zweck-Beziehung, also die Erreichung eines Zielortes, um dort z. B. bestimmte Aufgaben zu erfüllen. Diese Vorgehensweise ist implizit schon in der Definition des Verkehrs von MATZNETTER (1953, S. 110) vorgezeichnet und wird von VOIGT (1973, S. 35) explizit ausgeführt, da letzterer Spaziergänge und andere einem Selbstzweck dienende Wege zwar zum Verkehr zählt, nicht jedoch zu den ökonomischen Verkehrsleistungen.

SCHLIEPHAKE (1973, S. 50) setzt die Differenzierung der Ursachen für Verkehr fort, indem er mehrere Reisemotive im Personenverkehr unterscheidet, (Auflistung modifiziert):

Verkehr aus objektiven Bedürfnissen	Verkehr aus individuellen Wünschen
• Berufsverkehr	• Einkaufsverkehr
• Ausbildungsverkehr	• Besuchsverkehr
• Dienst- und Geschäftsverkehr	• Erholungs- und Urlaubsverkehr
• Verkehr zur Wahrnehmung gesell- schaftlicher Funktionen	• sonstiger Verkehr (z. B. Rad- und Motorsport, Spazierwege)

Die Bezeichnung "Verkehr aus objektiven Bedürfnissen" hebt dabei den Pflicht- oder Quasipflichtcharakter des zu bewältigenden Weges hervor, wobei die Rahmenumstände des "wann" und "wie oft" weitgehend von außen gesetzt werden. Das gilt auch für Verkehr zur Wahrnehmung gesellschaftlicher Funktionen, womit z. B. Wege gemeint sind, die sich im Zusammenhang mit Verbandstätigkeiten ergeben. Zwar ist die Aufnahme einer solchen Tätigkeit im Gegensatz zu den anderen Verkehrszwecken derselben Rubrik, denen letztlich die Sicherung der eigenen Existenz zugrundeliegt, freiwillig. Ist eine Aufgabe in einem Verband aber erst einmal übernommen, ergeben sich daraus mehr oder minder zwangsläufig Verkehrsbeziehungen, auf deren Ziel und Zeitraum der einzelne meist nur einen geringen Einfluß ausüben kann. "Verkehr aus individuellen Wünschen" ist demgegenüber sehr viel stärker durch den einzelnen planbar. Das gilt für das Zustandekommen der Verkehrsbeziehung selbst sowie für die Ziele oder/und den Zeitraum des Verkehrs. Die vorliegende Untersuchung schließt entsprechend obiger Ausführung den "sonstigen Verkehr", der als Restgröße den "Verkehr als Selbstzweck" umfaßt, als Untersuchungsgegenstand aus. Das gilt ebenso für den Urlaubsverkehr, der generell über den Stadtbereich hinaus abgewickelt wird. Die anderen Verkehrszwecke werden insoweit durch diese Studie erfaßt, wie es sich um Verkehr im städtischen Raum handelt. Dabei wurde der Geschäfts- und Dienstverkehr im Rahmen der Befragungen nicht gesondert analysiert, es ist jedoch von der Übertragbarkeit der generellen Rahmenumstände, unter denen z. B. der Berufsverkehr stattfindet (zeitliche und räumliche Vorgaben, die beim Dienst- und Geschäftsverkehr nur weniger konstant sind), auszugehen.

2.1 Abgrenzung des Stadtverkehrs

Bereits in Kap. 1 wurde auf den Verlust einer eindeutig definierbaren Grenze zwischen einer Stadt und ihrer ländlichen Umgebung im Zuge der Industrialisierung hingewiesen. Um das Forschungsobjekt Stadtverkehr abgrenzen zu können, bedarf es deshalb zunächst einer Konkretisierung, was zu einem städtischen Gebiet gehören soll. Der kommunalwissenschaftliche Stadtbegriff (STEWIG 1983b, S. 29), von dem auch der Verkehrsentwicklungsplan Lüneburg ausgeht und der die Stadt an ihren administrativen Grenzen enden läßt, ist zu eng, um "Stadtverkehr" zu erfassen. So sind bei einem baulichen Zusammenwachsen zweier rechtlich selbständiger Gebietskörperschaften bzw. bereits dann, wenn eine Freifläche nicht zu großer Distanz zwischen den Bebauungsgebieten verbleibt, für eine europäische Stadt typische Fortbewegungsarten wie das Zufußgehen und die Fahrradbenutzung über die kommunalen Grenzen hinweg zu beobachten. Auch sind insgesamt die Verkehrsbeziehungen hinsichtlich Ausbildung/Beruf, Versorgung und Freizeit sehr intensiv und durch eine Rückkehr zum Wohnort am selben Tag geprägt.

Der geographische Stadtbegriff (STEWIG 1983b, S. 35) abstrahiert von den administrativen Grenzen und fordert unter anderem eine - nicht näher definierte - Geschlossenheit der Orts-form, die aus den eben genannten Gründen nicht streng ausgelegt werden darf. In Anlehnung an die pragmatische Einteilung die Stadtgrenzen überschreitender Verkehrsgebiete im Kieler Generalverkehrsplan soll hier deshalb

> als städtisches Gebiet, kurz: Stadtbereich, derjenige Raum verstanden werden, der die Stadt in ihren kommunalen Grenzen selbst sowie alle in unmittelbarer Nachbarschaft befindlichen Gemeinden umfaßt.

Diese Definition deckt sich weitgehend mit dem Begriff "Kerngebiet" (Kernstadt + Ergän-zungsgebiet) aus der Stadtregion BOUSTEDTs (1975, S. 42). Allerdings findet die Stadt-region als Raumkategorie vorwiegend Anwendung nur auf Großstädte mit ihrem Umland (vgl. GILDEMEISTER 1973, S. 74-77), was im vorliegenden Fall nicht sinnvoll wäre.

Die oben geforderte unmittelbare Nachbarschaft ergibt sich nun aus

- einer geographischen Nähe, die ein Erreichen der Stadt mit nichtmotorisierten Fortbewegungsmitteln (Zufußgehen, Fahrradbenutzung) in für den Nutzer allgemein ak-zeptabler Entfernung zuläßt und/oder
- einem guten Anschluß mit öffentlichen Verkehrsmitteln, die ein schnelles Erreichen der Stadt gewährleisten.

Wie in Kap. 7.3.3 gezeigt wird, empfiehlt sich hierbei zur Operationalisierung der ersten Be-dingung eine Maximaldistanz von 3 km zwischen den Ortsgrenzen, weil der Bereich der ak-zeptierten Entfernung bei der Fahrradbenutzung selten Entfernungen von 6 km übersteigt und jeweils an den Ortsgrenzen in den wenigsten Fällen die Quell- und Zielpunkte des Verkehrs liegen.

Hinsichtlich des Anschlusses mit öffentlichen Verkehrsmitteln ist eine ausreichende Verfüg-barkeit zu fordern. In Ermangelung von Vorgaben aus anderen Studien wird für diese Unter-suchung als Abgrenzungskriterium von der Existenz eines mindestens einstündigen Taktver-kehrs am Tage (Werktag) ausgegangen sowie von einer Reisezeit, die von Ortsgrenze zu Orts-grenze nicht länger als fünf Minuten dauert. In der Regel setzen diese Erfordernisse die An-bindung an eine Stadtbuslinie oder ein städtisches Schienenverkehrsmittel (Straßen-/ Stadt-bahn, U-/S-Bahn) voraus. Auch bei diesen Angaben ist berücksichtigt, daß direkt an den Orts-grenzen in den seltensten Fällen die Quell- und Zielpunkte des Verkehrs liegen und daß eine Entfernungs- oder Zeitangabe zwischen Ortszentren nicht sinnvoll ist, weil diese je nach Stadtgröße stark differieren und wiederum viele Quell- und Zielorte nicht in Orts- bzw. Stadt-kernen liegen.

Zu berücksichtigen ist ferner die implizite Prämisse eines monozentrischen städtischen Raumes für die obigen Definitionskriterien. Bereiche mit mehreren Städten in enger Nachbarschaft und einer zusammengenommen sehr großen Fläche - Beispiel: Rheinisch-Westfälisches Industriegebiet - machen sicherlich eine gesonderte Vorgehensweise erforderlich.

Ein städtischer Raum im verkehrswissenschaftlichen Sinne umfaßt damit mehr als eine Stadt in ihren administrativen Grenzen. Die Gemeinden des nahen Umlandes sind miteinzubeziehen, insoweit es die Erreichbarkeitsbedingungen, baulichen und funktionalen Verflechtungen nahelegen. Innerhalb eines so definierten Bereiches soll Stadtverkehr mit Binnenverkehr gleichgesetzt werden, das heißt, Quellen und Ziele des Verkehrs befinden sich im selben Raum. Distanzmäßig dominieren - wenigstens in Europa - dank der Konzentration von Ausbildungs- und Arbeitsplätzen sowie Einkaufs- und Freizeitgelegenheiten kurze und mittlere Wege von wenigen Kilometern Länge, so daß auch nichtmotorisierte Fortbewegungsarten einen gewissen Anteil am Verkehrsaufkommen einnehmen. Typische Fernverkehrsmittel, wie z. B. die Eisenbahn, Schiff, Flugzeug und meist auch Landbusverbindungen, spielen indes kaum oder gar keine Rolle.

2.2 Entwicklung und Untersuchungselemente der Verkehrsgeographie

Im historischen Werdegang der Verkehrsgeographie spiegelt sich die wissenschaftsmethodische Entwicklung der gesamten Kultur- und Sozialgeographie wider, die geprägt ist durch den allmählichen Übergang von einer zunächst rein beschreibenden, dann stark an physisch-geographischen Erklärungsversuchen orientierten Lehre hin zur eigenständigen Sozialwissenschaft (vgl. SCHLIEPHAKE 1973, FOCHLER-HAUKE 1976, VOPPEL 1980, NUHN 1994). Der Beginn verkehrsgeographischer Betrachtungen ist im 19. Jahrhundert anzusiedeln, als es im Zuge der Industrialisierung zu einem bis dahin nicht vorstellbaren Bau und Ausbau von Verkehrswegen kam. Davon betroffen waren zunächst weniger die städtischen als vielmehr die regionalen und nationalen Landverkehrswege mittels Kanalbau und insbesondere der Anlage von Schienennetzen. Während dieser Zeit war es einerseits üblich, den Ausbau der Verkehrswege und -mittel historisch zu dokumentieren, andererseits die Entwicklung der Verkehrsnetze auf die Wirkung physisch-geographischer Gunst- und Ungunstfaktoren zurückzuführen (Morphologie, Untergrundstabilität, Hindernisse, Klima; vgl. z. B. KOHL 1841, LAUNHARDT 1887). Beide Betrachtungsweisen, die "historisch-genetische" und die "morphogenetische", entwickelten sich in etwa parallel und prägten verkehrsgeographische Abhandlungen bis in die erste Hälfte des 20. Jahrhunderts hinein. Auch heute noch machen historisch-beschreibende Ausführungen oder einfache Kausalerklärungen unter Zuhilfenahme physisch-geographischer Elemente größere Teile einiger verkehrsgeographischer Lehrbücher aus (vgl. z. B. FOCHLER-HAUKE 1976).

Mitte des 20. Jahrhunderts kam die Frage auf, ob nicht die Verkehrsverbindungen und ihre Entwicklung weniger ein Resultat der physischen Raumausstattung als vielmehr der Verkehrsnachfrage seien. Ausgangspunkt für die veränderte Sichtweise war der Umstand, daß sich die physisch-geographischen Bedingungen im Zuge der technischen Neuentwicklungen bei Verkehrsmitteln und im Wegebau - was relative Kostenersparnisse zur Folge hatte - immer weniger zur Erklärung der Ausgestaltung von Verkehrsnetzen eigneten. Infolgedessen entstanden Verkehrswege auch dort, wo das Gelände ausgesprochen ungünstig und die Baukosten deshalb hoch, die Verkehrsnachfrage zwischen den verbundenen Orten oder Regionen aber groß war; Beispiele hierfür sind die zahlreichen, inzwischen vielfach mit kilometerlangen Tunneln versehenen Alpenquerungen oder jüngst die Tunnelverbindung unter dem Ärmelkanal zwischen Frankreich und Großbritannien. Dies war Anlaß zur Begründung der Netztheorie, die, von der physischen Raumausstattung zum Teil gänzlich abstrahierend, die Gestalt der Verkehrsnetze auf mathematische und geometrische Grundprinzipien zurückzuführen suchte (vgl. z. B. SCHICKHOFF 1978, LEUSMANN 1979). Damit trat die wissenschaftliche Kausalanalyse, verbunden mit der Formulierung von Modellansätzen, endgültig in den Vordergrund verkehrsgeographischer Schriften.

Parallel zur Netztheorie bildete sich eine komplexere sozialgeographische Sichtweise heraus, die heute wohl den größten Teil verkehrsgeographischer Arbeiten bestimmt: die "funktionale Verkehrsgeographie". Einen wesentlichen Anstoß hierfür lieferte in den 50er Jahren vor allem W. CHRISTALLER (1952) mit der Forderung, nicht mehr nur die Abhängigkeit des Verkehrs von Raumstrukturen zu untersuchen, sondern auch die Abhängigkeit letzterer von der verkehrlichen Erschließung. So läßt sich die Genese der Siedlungsweisen in der Alten Welt und mehr noch in der Neuen Welt nicht ohne die Einbeziehung des Verkehrswegebaus als einem von mehreren ursächlichen Faktoren erklären (vgl. VOPPEL 1980, S. 119 f.; Fallbeispiel der "Crossroadstores" in Nordamerika: JUNK 1979, S. 82-83). Von hoher Relevanz ist dabei auch die Fragestellung gewesen, inwieweit sich der Verkehrswegebau sowie der öffentliche Personenverkehr als Instrument der Regionalpolitik zur wirtschaftlichen Förderung ländlicher Gebiete eignet (vgl. z. B. LUTTER 1980, Informationen zur Raumentwicklung 1981a+b u. 1983, SCHULTE 1983, DEITERS 1985).

Allerdings galt die Aufmerksamkeit lange Zeit mehrheitlich dem Güter- und nicht dem Personenverkehr, so daß die ökonomische Sichtweise die funktionale Verkehrsgeographie bis etwa zur Mitte der 80er Jahre überwiegend prägte und damit sicherlich ihren Teil dazu beitrug, daß diese Disziplin bis heute als Teil der Wirtschaftsgeographie aufgefaßt wird (vgl. OBST 1964, VOPPEL 1980, SCHLIEPHAKE 1987).

Abgesehen von der Ausweitung der Erkenntnisziele auf den Personenverkehr und damit in Verbindung stehende siedlungsstrukturelle Aspekte, sind in jüngster Zeit Schriften erschienen, die über die bisherigen Ansätze der "funktionalen Verkehrsgeographie" hinausgehen und auch eine schematische Zuweisung der Verkehrs- zur Wirtschaftsgeographie nicht mehr zulassen. Übergreifender Tenor dieser Beiträge ist die ökologische und soziale Problematik heutiger Verkehrssysteme und davon ausgehend die Untersuchung und Formulierung von politisch-planerischen Lösungsvorschlägen (vgl. z. B. MONHEIM 1978, FIKKE/MONHEIM/OTTE 1980, ZIMMERMANN 1986, GROMODKA 1991, LINNENBRINK 1991, FUCHS 1992, HOPFINGER/KAGERMEIER 1992). Darin ist eine Neuorientierung im Sinne der "angewandten Geographie" zu sehen, die über Beschreibung, Erklärung und Prognose hinausgeht und aus der wissenschaftlichen Arbeit Schlußfolgerungen für die Beeinflussung und

Veränderung gesellschaftlicher Phänomene zieht. HEINRITZ/WIESSNER (1994, S. 20/21) sprechen geradezu von einem "Paradigmenwechsel":

> "Sie [= die Verkehrsgeographie; Anm. d. Verf.] beschränkte sich nicht mehr auf die Beschreibung von Verkehrsbeziehungen und Verkehrsinfrastruktur oder auf die betriebswirtschaftliche Optimierung von Verkehrsgestaltung, sondern beteiligte sich an der Suche nach Konzepten zu einem unter gesellschaftlichem Blickwinkel verträglichen Verkehr."

Diese neueste Ausrichtung der Verkehrsgeographie trägt im Gegensatz zu den vorangegangenen Phasen noch keine allgemein anerkannte eigenständige Bezeichnung. MAIER/ATZKERN (1992, S. 22) verwenden den Begriff "handlungsorientierter Ansatz". Im strengen Sinne wäre dieser Ansatz dann noch unter die "funktionale Verkehrsgeographie" subsummierbar, wenn man deren Funktionsbegriff von der Ökonomie und den Siedlungsstrukturen auf die Bereiche der Ökologie (einschließlich des menschlichen Lebensumfeldes) und Politik/ Planung erweitert. Damit wäre einerseits der Grundstein gelegt für eine integrative Zusammenarbeit mit anderen Wissenschaftsdisziplinen (z. B. Verkehrsplanung, -soziologie, -psychologie, -ökonomie u. a.), andererseits bietet sich der städtische Raum mit seiner Konzentration von Verkehrsaufkommen und der daraus resultierenden vielschichtigen Problematik verstärkt als Forschungsobjekt an.

3. Entwicklung und Auswirkungen des Straßenpersonenverkehrs

Die heutigen Grundelemente städtischer Verkehrspolitik und ein inzwischen weitgehend vollzogener Paradigmenwechsel (vgl. Kap. 4.2) lassen sich nur in Kenntnis der quantitativen Verkehrs- und Stadtentwicklung (Kap. 3.1 -3.2) und daraus resultierender Probleme (Kap. 3.3 - 3.4) verstehen. Für letztere bestehen zwar prinzipiell nicht nur politisch-planerische, sondern auch technische Lösungsoptionen, die aber bei weitem nicht ausreichen (vgl. Kap. 3.5).

3.1 Aufkommen und Verteilung im Personenverkehr

Abb. 1 zeigt die Entwicklung des Kraftfahrzeugbestandes und Abb. 2 verdeutlicht die Entwicklung des Verkehrsaufkommens in der Bundesrepublik Deutschland (alte Bundesländer). Letztere belegt einen starken Anstieg des personenkilometrischen Verkehrsaufkommens seit den 50er Jahren. Dieser Trend ist in abgeschwächter Form auf die Teilmenge Stadtverkehr übertragbar. So sind die innerörtlichen Fahrleistungen von Kraftfahrzeugen zwischen 1970 und 1993 um 62,5 %, diejenigen außerorts um 192,3 % gestiegen. Der Anteil des Stadtverkehrs hat sich damit allerdings nur wenig verringert: Es entfielen 1993 26,6 % des motorisierten Verkehrsaufkommens auf geschlossene Ortschaften gegenüber 34,9 % 1970, wobei bis einschließlich 1980 noch kein relativer Rückgang zu verzeichnen war (BMV 1991a, S. 240/241; 1995, S. 160/161). Der Zuwachs im Verkehrsaufkommen dürfte nur in geringem Maße auf eine Erhöhung der Wegezahl zurückzuführen sein, sondern ist eher die Folge einer

Zunahme der Wegelängen. So erbrachte die im Auftrag des Bundesverkehrsministeriums durchgeführte "Kontinuierliche Erhebung zum Verkehrsverhalten" (KONTIV) zwischen 1976 und 1982 innerhalb dieses nur sechsjährigen Zeitraumes eine Erhöhung der durchschnittlichen Gesamtwegelängen pro Tag von 30,9 auf 37,3 km (+ 20,7 %), wobei der Zeitaufwand für diese Verkehrsteilnahme von 77 auf 85 Min. stieg (+ 10,4 %; vgl. ADAC 1987, S. 15). Die durchschnittliche Zahl der Wege blieb indes mit 3,51 bzw. 3,59 (+ 2,3 %) fast konstant. Diese Angaben deuten bereits an, daß die Zunahme der personenkilometrischen Mobilität nicht unbedingt mit einer Zunahme gesellschaftlichen Nutzens gleichzusetzen ist, da bei fast unveränderter Wegezahl die individuelle zeitliche und damit psychische Belastung durch die Verkehrsteilnahme angestiegen ist. Die Veränderung der städtischen Strukturen, welche in gewissem Maße das Zurücklegen immer größerer Distanzen mit sich bringt (vgl. Kap. 3.2), liefert hierfür einen wichtigen Erklärungsfaktor.

Wenig verändert hat sich hingegen in den letzten Jahren die Struktur der Wege nach Zwecken (vgl. Abb. 3). Bedeutsam ist hierbei jedoch der hohe Anteil im Freizeitbereich, der mit 37,7 % bei den Personenwegen und 39,5 % bei den Personenkilometern (1992; BMV 1994, S. 219) die Spitzenposition einnimmt. Für eine Beeinflussung der Verkehrsmittelwahl ist dies insofern ungünstig, als die Chancen hierzu bei den täglich wiederkehrenden und an den Stadtbereich gebundenen Wegen günstiger sind, also im Berufs- und Ausbildungsverkehr, welche zusammen "nur" 26,9 % der Wege und 24,1 % der Personenkilometer ausmachen (BMV ebda.). Der Urlaubsverkehr nimmt insgesamt nur eine Randposition ein, was die große Bedeutung des Nahverkehrs für das gesamte Personenverkehrssystem unterstreicht.

In engem Zusammenhang mit der Tendenz zum Anstieg der Wegelängen dürfte die Veränderung der Anteile der Verkehrsträger stehen (vgl. Abb. 2), denn der Anstieg des Verkehrsvolumens basiert nahezu auf nur einem von diesen: dem motorisierten Individualverkehr und hierbei dem PKW; er vergrößerte sein Potential absolut und relativ sehr stark und nimmt mit Ausnahme des Ausbildungsverkehrs bei allen Wegezwecken eine dominierende Position ein (BMV ebda.).

Der speziell für Städte bedeutsame nichtmotorisierte Verkehr ist in seinem quantitativen Aufkommen erst mit den KONTIV-Erhebungen ab 1976 in die bundesweiten Statistiken aufgenommen worden (vgl. BRACHER 1987, S. 22). Weiter zurückreichende Zahlen einzelner Städte belegen, daß noch in den 40er und 50er Jahren das Fahrrad die Hauptrolle im Individualverkehr der Städte spielte und diese Position erst mit zunehmender Motorisierung ab Mitte der 50er Jahre einbüßte (vgl. BRACHER 1987, S. 21 sowie Abb. 4). Die stärksten Abnahmen sind in den 60er Jahren zu verzeichnen, APEL/ERNST (1980, S. 77) nennen für einzelne Städte Reduktionswerte zwischen 23 und 60 %. Zu Beginn der 70er Jahre stellte der Radverkehr in Querschnittzählungen norddeutscher Mittelstädte noch einen Anteil von 15-20 % am Verkehrsaufkommen; inzwischen werden Radverkehrsanteile von über 15 % nur noch in Städten mit intensiver Fahrradförderung erreicht, oft liegen die Anteile unter 10 % (vgl. HUK-Verband 1982, S. 91, BMV 1991b, S. 31). Diese Entwicklung steht im Gegensatz zum PKW nicht im Einklang mit dem Grad der individuellen Verfügbarkeit dieses Verkehrsmittels, denn der Fahrradbesitz wies eine in den letzten Jahrzehnten stark zunehmende Tendenz auf

Abb. 1: PKW-Bestand in der Bundesrepublik Deutschland 1950-1995 (alte Bundesländer)

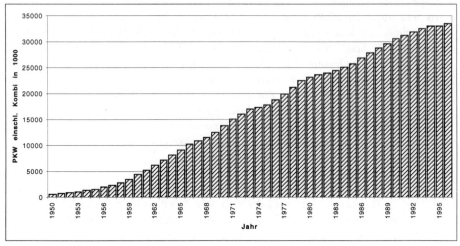

Quelle: BMV (1991a, S. 216-219; 1995, S. 320)

Abb. 2: Personenverkehrsaufkommen der Verkehrsträger in der Bundesrepublik Deutschland 1950-1993 (alte Bundesländer)

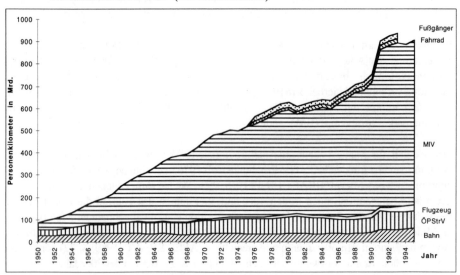

Quelle: BMV (1991a, S. 308-311, 325-328; 1994, S. 213, 218)

12

Abb. 3: Wegezwecke und Verkehrsmittelbenutzung in der Bundesrepublik Deutschland 1976-1992 (alte Bundesländer)

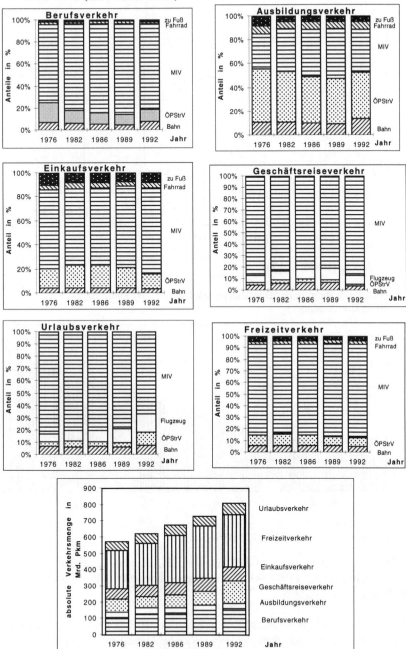

Quelle: BMV (1991a, S. 325-328; 1994, S. 218)

13

Abb. 4: Entwicklung des Individualverkehrs (ohne Fußgänger) in Malmö 1930 - 1986

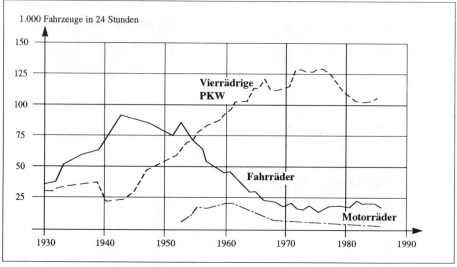

Quelle: Zablocki (1988), S. 123)

Abb. 5: Fahrradbestand in der Bundesrepublik Deutschland 1960-1992
(alte Bundesländer)

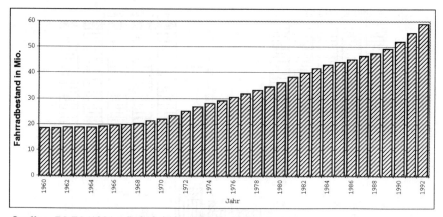

Quelle: BMV (1991a, S. 212-213; 1994, S. 136)

(vgl. Abb. 5) und liegt, bezogen auf die Einwohnerzahl, immer noch wesentlich höher als die Quote des PKW-Besitzes (1992: 902 Fahrräder gegenüber 490 PKW pro 1.000 Einwohner; BMV 1994, S. 101, 136, 139).

Insgesamt ist das Personenverkehrssystem in der Bundesrepublik Deutschland geprägt durch eine starke Zunahme des Verkehrsvolumens, wobei der Anstieg vor allem auf den PKW entfällt. Dieser besitzt mit Ausnahme des Ausbildungsverkehrs eine dominierende Position. Der

14

Anstieg der Mobilität blieb gleichwohl vor allem auf eine Steigerung der Wegelängen beschränkt, während die Zahl der Wege sich fast nicht veränderte.

3.2 Stadtentwicklung und Verkehr

Verkehrssysteme haben nicht nur einen Einfluß auf die Verteilung von Siedlungen im Raum, sondern auch auf die Gestalt und Flächeninanspruchnahme der einzelnen Städte. Diesen Effekt verdeutlicht das verkehrswissenschaftliche Stadtmodell von LEVINSON (1976). Dessen Entwurf und spätere Erwähnung in nachfolgender Literatur blieben allerdings bisher rein deskriptiv oder beschränken sich nur auf die Wiedergabe einer Abbildung (z. B. LICHTEN-BERGER 1986, S. 129). Es entsteht dadurch der Eindruck einer monokausalen Ursache-Wirkungsbeziehung, wonach der Einsatz technischer Verkehrsmittel eine Expansion städtischer Fläche auslöst (vgl. DANIELS/WARNES 1980, S. 1-16). Das Modell soll deshalb eine etwas eingehendere Erläuterung unter Berücksichtigung technischer und gesellschaftlicher Veränderungen im Industriezeitalter finden. Weitere kritische Erwägungen münden in eine zusätzliche Modellmodifikation.

LEVINSON unterscheidet drei Stadien der Stadtentwicklung (1, 3 und 4), wobei, historisch gesehen, eine Einteilung in vier Stadien den europäischen und nordamerikanischen Verhältnissen besser entspricht (vgl. Abb. 6):

1. "pedestrian city", die Fußgängerstadt,
2. die Pferdebahnstadt (nach ADRIAN 1983),
3. "electric railway (rapid transit) city", die Stadt der elektrischen Straßen- und Schnellbahnen bzw. des modernen öffentlichen Personennahverkehrs (ÖPNV),
4. "automobile city", die Stadt in der fortgeschrittenen Industriegesellschaft mit einer Dominanz des privaten Autoverkehrs.

Ausgangspunkt der Entwicklung war die präindustrielle Stadt, zu der ein agrarisch geprägtes Wirtschafts- und Gesellschaftssystem gehörte. Die Bevölkerungsgröße lag insgesamt wesentlich unter der heutigen, und die Menschen lebten und arbeiteten bis zu 80-90 % auf dem Lande (in hoch industrialisierten Ländern wohnen demgegenüber meist 80 % und mehr in Städten, in der Bundesrepublik Deutschland waren es 1991 90 %, vgl. Population Reference Bureau 1991). Der Anteil der Stadtbevölkerung war also absolut und relativ gering. Die Städte blieben deshalb vergleichsweise klein und kompakt, also mit geringen Gebäudeabständen und hoher Flächennutzung. Meist überschritten die Siedlungen bis ins 19. Jahrhundert nicht die Fläche innerhalb der Stadtmauern bzw. Befestigungsanlagen. Neben der geringen Ausdehnung der Städte waren weitere gesellschaftliche Parameter (vgl. Abb. 7) daran beteiligt, daß die Verkehrsnachfrage insgesamt gering war, was die Notwendigkeit technischer Verkehrsmittel nicht aufkommen ließ. Das Zufußgehen reichte deshalb zur Gewährleistung einer hinreichenden Mobilität aus. Dementsprechend gering waren die räumlichen Ausmaße der Städte vor der Industrialisierung: Lüneburg und Berlin hatten einen Radius von 500 m, München und Hamburg von etwa 1 km, Wien von 750 m, Amsterdam von 1,8 km, Paris und London von 2,5 km (vgl. Stadtpläne im Literaturverzeichnis sowie Diercke

15

Abb. 6: Phasen der Stadtentwicklung nach dem verkehrswissenschaftlichen Stadtmodell von LEVINSON (1976), ergänzt durch ADRIAN (1983)

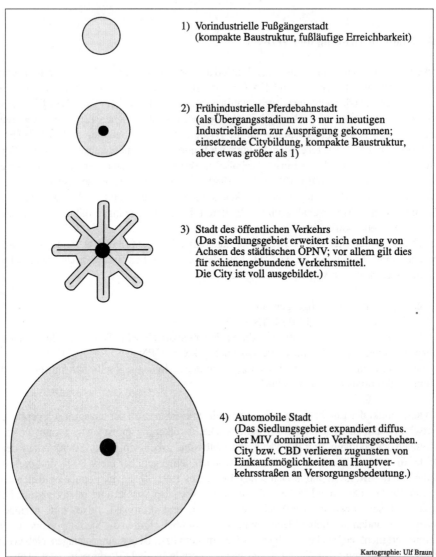

1) Vorindustrielle Fußgängerstadt
(kompakte Baustruktur, fußläufige Erreichbarkeit)

2) Frühindustrielle Pferdebahnstadt
(als Übergangsstadium zu 3 nur in heutigen Industrieländern zur Ausprägung gekommen; einsetzende Citybildung, kompakte Baustruktur, aber etwas größer als 1)

3) Stadt des öffentlichen Verkehrs
(Das Siedlungsgebiet erweitert sich entlang von Achsen des städtischen ÖPNV; vor allem gilt dies für schienengebundene Verkehrsmittel. Die City ist voll ausgebildet.)

4) Automobile Stadt
(Das Siedlungsgebiet expandiert diffus. der MIV dominiert im Verkehrsgeschehen. City bzw. CBD verlieren zugunsten von Einkaufsmöglichkeiten an Hauptverkehrsstraßen an Versorgungsbedeutung.)

Kartographie: Ulf Braun

Entwurf in Anlehnung an LEVINSON (1976), ADRIAN (1983) und LICHTENBERGER (1986, S. 129)

Abb. 7: Verkehrsrelevante Bedingungen der vorindustriellen Fußgängerstadt

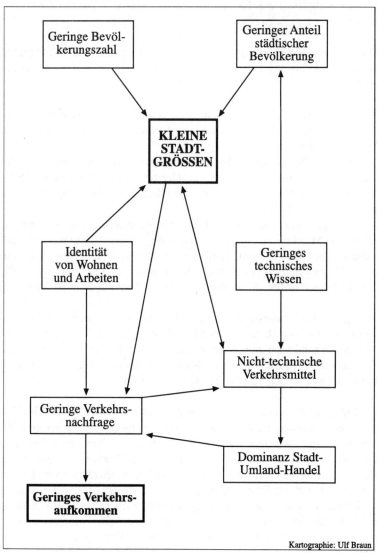

Quelle: Eigener Entwurf

Weltatlas 1988, S. 32 u. 92-93). LEVINSON (1976, S. 24) gibt als Anhaltsmaß für Fußgängerstädte einen Radius von drei bis vier Meilen an - ein Wert, der aus der historisch-kartographischen Analyse nicht zu belegen ist.

Zum Teil vor, insbesondere aber mit der Industrialisierung traten mehrere Effekte auf, die in wechselseitiger Beeinflussung das Erscheinungsbild der Städte tiefgreifend umgestalteten. Im einzelnen sind dies:

- die Abschaffung des feudalistischen Systems, also der Leibeigenschaft, was für die ländliche Bevölkerung die rechtliche und ökonomische Freiheit begründete, hier vor allem die freie Wahl des Wohnsitzes;
- eine dank besserer Ernährung und Hygiene langsame Verringerung der Sterblichkeit, insbesondere der Kinder- und Jugendlichen- (noch nicht der Säuglings-)sterblichkeit, was im Rahmen des demographischen Übergangs eine Phase des Bevölkerungsanstieges einleitete (vgl. BÄHR 1992, S. 244-247);
- ein zunehmendes Maß an technischem Fortschritt, der einerseits die Bedingungen für die Herstellung von Maschinen schuf und damit den Weg für den Aufbau von Fabriken und die Technisierung der Landwirtschaft ebnete, andererseits im Verkehrswesen die Lösung von natürlichen Fortbewegungs- und Antriebsmitteln einleitete (Verbreitung von Eisenbahn und Dampfschiffahrt im 19., des Automobils und des Flugzeuges im 20. Jahrhundert).

Alle drei Ereignisse bzw. Prozesse führten in ländlichen Bereichen zu einer Überbevölkerung im Sinne einer wachsenden Diskrepanz von Bevölkerungszahl und Arbeitsplatzangebot. Die Folge war eine Abwanderung zum einen in überseeische Gebiete (für Deutschland insbesondere Nordamerika), zum anderen in die Städte (vgl. BÄHR 1992, S. 305-313, 334-342). Dort wirkten die entstehenden Fabriken als Anziehungspunkte.

Durch die Kombination von natürlichem Zuwachs und Zuwanderung nahm im Verlauf des 19. Jahrhunderts die Einwohnerzahl der meisten Städte in bis dahin nicht gekanntem Ausmaß und innerhalb weniger Jahrzehnte stark zu. Am Ende dieser Phase der Urbanisierung und Landflucht sollte der oben genannte hohe Verstädterungsgrad stehen. Bezogen auf die städtische Struktur resultierte daraus ein Wachstum über die bisherigen räumlichen Grenzen hinaus (Abb. 8) unter Einbeziehung/Eingemeindung vormals dörflicher Siedlungen. Zusammen mit der die industrielle Beschäftigungsweise prägenden räumlichen Trennung von Wohnen und Arbeiten ergab das Einwohner- und Flächenwachstum eine wesentlich höhere Verkehrsnachfrage als in der präindustriellen Stadt. Die Einführung der ersten öffentlichen Personenverkehrsmittel, der Pferdestraßenbahnen und Pferdebusse (1830 bis etwa Ende 19. Jahrhundert, vgl. ADRIAN 1983, STEWIG 1983b, S. 223) muß insofern nicht als Ursache, sondern als Folge gewandelter städtischer Bedingungen verstanden werden. Die Erschließungswirkung dieser neuen Verkehrsmittel war jedoch nicht geeignet, die städtischen Flächen in großem Umfang zu erweitern, da die Transportkapazität noch verhältnismäßig klein war und vor allem die Reisegeschwindigkeit kaum über der von Fußgängern lag. Gleichwohl gibt ADRIAN (1983, S. 246/247) einen Wert von 5 km als typischen Radius für "Pferdebahnstädte" an.

Abb. 8: Verkehrsrelevante Bedingungen moderner Städte

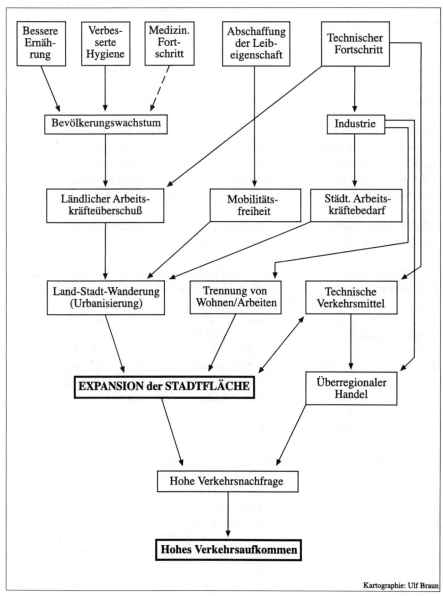

Quelle: Eigener Entwurf

Zeitlich parallel zur Innovation der Pferdebahnen fand auch das Fahrrad in seiner modernen Form (Hinterradkettenantrieb, Luftbereifung) seine erste größere Verbreitung. Da die gepflasterten Straßen allerdings keine hohen Geschwindigkeiten erlaubten, ging auch von ihm kein weiterer urbaner Wachstumseffekt aus.

Um die Jahrhundertwende erhielt der städtische Expansionsprozeß weiteren Auftrieb durch die Einführung schnellerer und leistungsfähigerer elektrischer Straßen- und Schnellbahnen. ADRIAN (a. a. O.) nennt als Anhaltswert einen Stadtradius von 7 km, wobei zu berücksichtigen ist, daß diese Vergrößerung des Radius um 40 % gegenüber der Phase der Pferdebahnstadt beim Flächenwert fast zu einer Verdoppelung führt. Der genannte Radius kann aber nur als Durchschnitt verstanden werden, denn eine Stadt mit schnellem und leistungsfähigem öffentlichen, aber relativ langsamem Individualverkehr wächst nicht mehr in alle Richtungen gleichmäßig, sondern aufgrund des linearen Erschließungscharakters fingerförmig entlang der Routen des öffentlichen Verkehrs (vor allem der Schienenverbindungen) ins Umland. LEVINSON (1976, S. 24) nennt auch für die "Straßenbahnstadt" einen von ADRIAN abweichenden Radiuswert von zehn Meilen und mehr. Zumindest auf europäische Städte bezogen, dürfte jedoch die Angabe ADRIANs brauchbarer sein.

Die letzte Phase ist nach LEVINSON die Stadt des Automobils, bei welcher der städtische Verkehr weitgehend vom privaten Kraftfahrzeug geprägt wird und die nach ADRIAN einen Radius von 25 km erreicht. Dieser Wert orientiert sich an den größten europäischen Großstädten. Die tatsächliche Spannweite ist sehr groß. So hat Amsterdam mit 700.000 Einwohnern einen Radius von 8-9 km, Wien (1,2 Mio. Ew.) von 11-12 km, München (1,3 Mio. Ew.) von 15-16 km, Hamburg (1,7 Mio. Ew.) von 21 km, Paris (5 Mio. Ew.) von 30 km und London (6,5 Mio. Ew.) von 35 km. Nimmt man amerikanische Städte noch hinzu, wird die Abweichung noch größer. Beispielsweise weist der Extremfall des Ballungsraumes Los Angeles mit 7,5 Millionen Einwohnern einen Radius des städtischen Gebietes von 55 km auf (zu den obigen Angaben vgl. die im Literaturverzeichnis aufgeführten Stadtpläne sowie Diercke Weltatlas 1988, S. 92/93 u. 199).

Der nunmehr große und sich wieder eher flächenmäßig ausweitende städtische Bereich ist auf die hohe Reisegeschwindigkeit des PKW und seine Eignung zur Flächenerschließung zurückzuführen. Er macht damit ein Wohnen abseits der dichtbesiedelten Wohnbereiche der Innenstadt und der ÖPNV-Achsen "im Grünen" möglich und tritt aufgrund der hohen Reisegeschwindigkeit sogar bei einem Verkehr entlang der Linien des öffentlichen Personenverkehrs mit diesem Verkehrsmittel in Konkurrenz (vgl. BÖHRINGER 1974). Voraussetzung für diese Entwicklung war die Herausbildung einer breiten, relativ wohlhabenden gesellschaftlichen Mittelschicht, die in der Lage war, die Anschaffungs-, Unterhaltungs- und Betriebskosten für einen eigenen PKW aufzubringen. Dies war in Deutschland dank des wirtschaftlichen Aufschwunges spätestens seit den 60er Jahren in einem solchen Maße der Fall, daß nicht nur der PKW-Besitz und -Gebrauch, sondern auch das Eigenheim - gegebenenfalls als Doppel- oder Reihenhaus - für viele Bürger erschwinglich wurde. Die als Folge dieses Umstandes einsetzende Suburbanisierung (vgl. BÄHR 1992, S. 358-364) erhöhte den Flächenverbrauch überproportional: Während zwischen 1950 und 1990 die Einwohnerzahl in der Bundesrepublik Deutschland (alte Länder) um 27 % zunahm, wuchs die durch Siedlungen überbaute Fläche um 63 % (Difu 1993). Der Suche nach einem neuen Wohnstandort lagen dabei nicht nur wohnungsbezogene Ursachen zugrunde (Miethöhe, Wohnungsgröße und -ausstattung), sondern auch wohnumfeldbezogene Motive (vgl. GAEBE 1987, S. 63 ff.). Letztere werden außer durch die bauliche Struktur und Umgebung eines Wohngebietes in erheblichem Maße auch durch die Belastung mit Kfz-Verkehr und dessen diversen Folgewirkungen (vgl. Kap. 3.3.1 - 3.3.3) geprägt.

Die Suburbanisierung mit ihrer Tendenz zur flächigen "Zersiedelung" stellt heute für den öffentlichen Verkehr ein großes Problem dar, weil sich diese Räume nur ungenügend durch ihn erschließen lassen. Eine mit dem PKW auch nur annähernd konkurrenzfähige Reisezeitrelation setzt die Nähe zu Haltepunkten von ÖPNV-Linien voraus, die bei einer flächenhaften Ausbreitung des bebauten Gebietes allenfalls für einen kleinen Teil der Bewohner und auch das nur zu einer ungünstigen Nutzen-Kosten-Relation geschaffen werden kann. Auf diese Weise legt die durch den PKW-Besitz initiierte Stadtstruktur sowohl durch die größere Distanz zur Kernstadt als auch durch die mangelnde Anbindung an öffentliche Verkehrsangebote die PKW-Benutzung selbst wiederum nahe oder macht sie gar zwingend notwendig. Diese Tendenz wird durch die Anlage von Gewerbegebieten und Einkaufszentren am Stadtrand noch verstärkt, wobei auch der hohe Flächenbedarf für den ruhenden Kfz-Verkehr zur Dispersion der bebauten Fläche beiträgt (vgl. APEL/ERNST 1980, S. 31 ff., KANDLER 1987).

Die durch die Ausbreitung der städtischen Siedlungsfläche bzw. ihres Einzugsgebietes ausgelöste Verlagerung von Verkehrsaufkommen auf den PKW trägt durch die Zunahme der Verkehrsbelastungen in der Kernstadt zur Minderung der dortigen Wohnumfeldqualität bei, was den Fortzug ins Umland fördert. Die verkehrsbezogenen Wirkungen der Suburbanisierung tragen also ebenfalls zur Selbstverstärkung des Suburbanisierungsprozesses bei (vgl. Kap. 4.1.2, bes. Abb. 15). Wie weit flächenhafte Zersiedelung und zunehmender ökonomisch-sozialer Funktionsverlust der Innenstädte dabei gehen können, ist an den Städten Nordamerikas und Australiens abzulesen.

Insgesamt wird deutlich, daß die verkehrstechnische Entwicklung allein nicht zur Erklärung im Zeitablauf sich ändernder Stadtstrukturen ausreicht. Erstere hätte wohl wenig auszurichten vermocht, wenn nicht die Wandlung gesellschaftlicher Rahmenbedingungen die Änderung der Verkehrsverhältnisse begünstigt bzw. veranlaßt hätte. In diesem Sinne sind Wanderungsprozesse, Einkommensentwicklung und Verkehrsangebote für Ausmaß und Form der Ausbreitung städtischer Siedlungsflächen verantwortlich. Dabei wirken die durch die Verkehrsentwicklung veränderten Stadtstrukturen wiederum auf das Verkehrssystem zurück, indem sie die Benutzung der jeweils schnellsten und flexibelsten Verkehrsmittel notwendig machen. Interpretiert man deshalb das Verhältnis von Stadt- und Verkehrsentwicklung als sich wechselseitig beeinflussend, liefert das Modell von LEVINSON wichtige Typisierungselemente für die Genese von Großstädten in den Industrieländern.

Das Modell erfährt allerdings Einschränkungen in seiner Übertragbarkeit auf Städte kleinerer Größenordnung. So haben Mittelstädte selten die Phase der Pferdebahnstadt erlebt, oftmals besaßen sie auch niemals eine Straßen- und erst recht keine Schnellbahn, sondern lediglich öffentliche Buslinien. Kleinstädte verfügen auch heute nur in wenigen Fällen über Stadtbusse. Während sich ein wesentlicher Teil des Wachstums der Großstädte in Deutschland in der Regel schon vor dem Zweiten Weltkrieg vollzog, läßt sich für Klein- und Mittelstädte eine wesentliche Erweiterung der Siedlungsfläche erst nach dem Zweiten Weltkrieg feststellen. Die Hauptphase ihres Wachstums fällt damit zum großen Teil in die Zeit einer stark ansteigenden bzw. hohen PKW-Verfügbarkeit in der Bevölkerung mit der Folge, daß die räumliche Ausbreitung der Siedlungsfläche eher mit den Bedingungen der automobilen Stadt im Sinne LEVINSONS beschreibbar ist. Das Stadium eines durch den öffentlichen Verkehr geprägten Stadt- und Verkehrssystems wird also übersprungen oder vermischt sich mit den Erscheinungsformen der "automobilen Phase". Weiterhin ist am Modell die Angabe von Radien sowie Einwohner- und Arbeitsplatzgrößen zu kritisieren, welche nur auf große Verdichtungsräume zutreffen können. Typische Elemente von urbanen Grundrissen und Wachstumsprozessen im Sinne der Kategorien LEVINSONs lassen sich sowohl auf kleine Städte als auch auf große Stadtregionen übertragen, nicht aber die oben genannten Radienangaben.

Schließlich ist am Modell LEVINSONs die mangelnde Differenzierung vor allem des letzten Stadiums der automobilen Stadt in Frage zu stellen. Zwischen den Industriestaaten besteht eine große Diskrepanz in den Erscheinungsbildern der Städte. So weist APEL (1991, S. 46) auf die Notwendigkeit zur Unterscheidung zumindest drei kulturspezifischer Formen industriegesellschaftlicher Großstädte hin:

- die in der Tat vorwiegend durch den privaten Autoverkehr geprägte nordamerikanische Stadt (dies gilt einerseits auch für Australien, andererseits bleibt diese Feststellung nicht auf Großstädte beschränkt, sondern kann auf alle Städtegrößen übertragen werden; Anm. d. Verf.),
- die vorrangig am Schienenverkehr orientierten Großstädte Ostasiens (Hongkong, Singapur sowie in Japan),
- und die europäischen Großstädte, die den kostspieligsten Weg einer Förderung des motorisierten öffentlichen u n d Individualverkehrs eingeschlagen haben (vgl. zu dieser Ausprägung auch MENKE 1975, S. 56-58).

Durch die unterschiedliche Bedeutung der einzelnen Verkehrsträger differiert die Physiognomie dieser Städtetypen. Los Angeles als prägnantestes Beispiel einer Stadt mit autoorientierter Verkehrsplanung weist den höchsten Grad einer diffus weit ins Umland expandierten Siedlungsfläche auf, gleichzeitig ist der Prozeß der Verlagerung von Versorgungsfunktionen aus der City in Einkaufscenter entlang der Schnellstraßen am weitesten fortgeschritten. Hingegen weisen das nördlicher gelegene San Francisco, wo die Verkehrsplanung stärker auf den öffentlichen Verkehr setzte, sowie die europäischen Städte trotz aller Gefahren der Zersiedelung immer noch eine vergleichsweise kompakte Baustruktur, einen funktionierenden innerstädtischen Handel mit hoher zentralörtlicher Bedeutung und in den Außenbezirken eine Mischung von bebauten und unbebauten Flächen auf. Außerdem verteilen sich die Verkehrsfunktionen auf die im Gegensatz zur sehr stark MIV-orientierten nordamerikanischen Stadt stärker auch auf die anderen drei Transportvarianten Zufußgehen, Fahrrad und ÖPNV. Die Bahn spielt eine bedeutende Rolle sowohl im Fernverkehr als auch im Zielverkehr aus suburbanen Vororten. Zum Teil findet ein gebrochener Verkehr (Park & Rail/Ride/Bike, Bike & Ride/Rail, Rail/ Ride & Bike) statt.

Die aufgezeigten, grundlegenden Unterschiede, die im Rahmen der eigenen Städtebesuche (vgl. Kap. 1) eine Bestätigung fanden, machen eine Differenzierung des LEVINSON-Modells in seiner letzten Phase erforderlich (Abb. 9). Der "automobilen" Stadt steht dabei eine Stadt mit einem "gemischten" Verkehrssystem gegenüber. Wenn letzteres nicht bloß ein Übergangsstadium zu ersterem bleiben soll, ist jedoch eine verkehrspolitische Priorität zugunsten der PKW-Alternativen, also des "Umweltverbundes" (vgl. ZIMMERMANN 1986), erforderlich. Dies ist mittlerweile - mit sehr unterschiedlicher Intensität - in den meisten Städten Deutschlands, wenn nicht gar Europas, der Fall (vgl. Kap. 4.2 u. 4.2.7). Abb. 9 ist in diesem Sinne nicht nur als eine Beschreibung des gegenwärtigen Zustands zu verstehen, sondern zusätzlich als eine Prognose der künftigen Entwicklung und als eine programmatische Leitbilddefinition.

3.3   Probleme des Straßenpersonenverkehrs

Der Begriff „Verkehrsprobleme" hat innerhalb des letzten Jahrzehnts eine tiefgreifende Wandlung erfahren. Während in verkehrsplanerischen Schriften der 60er und 70er Jahre vor allem Probleme der Raumknappheit (Staus, Parkplatzmangel) diskutiert wurden, so sind inzwischen auch ökologische und soziale Probleme in das Blickfeld der Diskussion gerückt. Parallel dazu ist der städtische Verkehr im Bewußtsein der Bevölkerung mittlerweile zum mit großem Abstand dringlichsten kommunalen Problem geworden (BRÖG 1991, S. 23; Basis: Befragungen in Kassel, München, Nürnberg und Saarbrücken 1988/89). Die Art und Intensität der Verkehrsprobleme wird dabei, wie im folgenden gezeigt wird, im wesentlichen vom motorisierten Individualverkehr bestimmt.

3.3.1 Raumbezogene Probleme

Der Flächenverbrauch äußerte sich schon in den 60er Jahren als verkehrsplanerisches Problem in Form von Parkraummangel und Stauungen im fließenden Verkehr. An der Flächeninanspruchnahme sind die einzelnen Verkehrsmittel nicht gleichmäßig beteiligt, wofür folgende Kriterien entscheidend sind (vgl. MENKE 1975, S. 89, ergänzt):
- die Größe von Fahrzeugen (im fließenden Verkehr mehr die Länge, im ruhenden Länge und Breite),
- deren Transportkapazität (sie ist entscheidend für die benötigte Fahrzeugzahl, welche wiederum für den Flächenbedarf von Sicherheitsabständen und Parkständen ausschlaggebend ist),
- die Fahrgeschwindigkeiten (relevant für den Sicherheitsabstand)
- und die reale Fahrzeugauslastung.

Abb. 9: Modifiziertes verkehrswissenschaftliches Modell der Stadtentwicklung

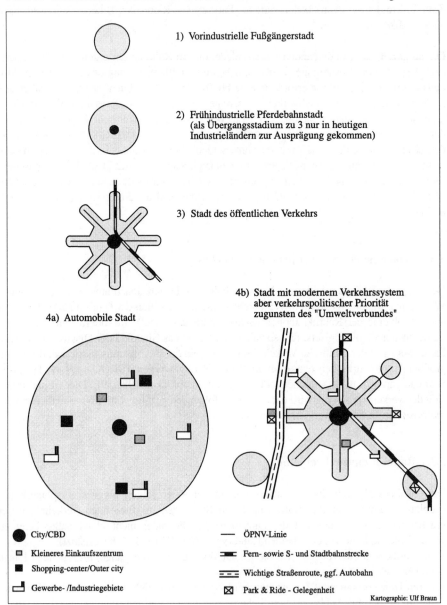

Entsprechend dieser Kriterien macht KNOFLACHER (1993, S. 40) folgende Angaben für den Flächenanspruch unterschiedlicher Verkehrsmittel in m^2 pro Person:

	bei:Stillstand	4 km/h	30 km/h	50 km/h
Fußgänger	0,95	3,0	-	-
Radfahrer	1,2	k. A.	6,7	-
Bus, zu 40 % besetzt	1,0	k. A.	4,1	8,8
PKW mit 1,4 Personen	10,7	k. A.	75,3	199,0

Der PKW hat demnach mit großem Abstand den höchsten Flächenverbrauch und ist folglich besonders „stauanfällig". Die Fahrzeuggröße im Verein mit einem geringen Auslastungsgrad ist dafür eine Ursache, die einen relativ großen Sicherheitsabstand erfordernde Geschwindigkeit eine andere. Der Auslastungsgrad von Personenkraftwagen beträgt im Durchschnitt aller Fahrten - also auch von Urlaubs- und sonstigen Fernfahrten - 1,44 Personen (berechnet nach BMV 1994, S. 155 u. 213). Eigene Zählungen in Kiel (Februar 1990) und Lüneburg (Mai/Juni 1991) sowie Umfrageergebnisse von Socialdata in fünfzehn Städten und vier Landkreisen (VDV 1991, S. 23) erbrachten sogar nur einen Wert von 1,3 Personen, der für den Stadtverkehr eher repräsentativ ist als der Gesamtdurchschnitt.

Ähnlich wie im fließenden sieht es im ruhenden Verkehr aus. Der Flächenverbrauch ist hier auf die gleichen oben angegebenen Faktoren abzüglich der Geschwindigkeit zurückzuführen. Theoretisch wäre die Flächeninanspruchnahme zwischen PKW- und Radverkehr bei Vollauslastung der Fahrzeuge in etwa gleich, wenn man beim Radverkehr moderne Abstellanlagen mit bequemen Anschließmöglichkeiten unterstellt. Der niedrige Auslastungsgrad von Kraftfahrzeugen bewirkt jedoch einen überproportional hohen Raumbedarf. Der Vergleich zwischen MIV und ÖPNV fällt noch schlechter als mit dem Radverkehr aus, weil der ÖPNV-Fuhrpark dank größerer Transportkapazität erheblich kleiner ist und wegen des ständigen Fahrzeugumlaufes am Tage ohnehin kaum Stellplätze beansprucht.

Die Auswirkungen des großen Flächenbedarfes im MIV bleiben nicht auf den Verursacher beschränkt. Alle anderen Verkehrsteilnehmer erleiden ebenfalls Einbußen in der Reisegeschwindigkeit, teils innerhalb des Verkehrsstromes, wenn separate ÖPNV-Trassen oder Radwege fehlen, teils durch Trennwirkungen im Querverkehr (Barriereeffekt, vgl. APEL 1973, S. 66 ff.). Ein hoher Parkraumbedarf im MIV macht sich ferner vorrangig gegenüber den nichtmotorisierten Verkehrsteilnehmern negativ bemerkbar. Ihr Bewegungsraum wird teils über verkehrsplanerische Maßnahmen (vgl. Kap. 4.1.1 - 4.1.2) teils über die illegale Inanspruchnahme von Flächen durch PKW eingeschränkt. Der Flächenanspruch des MIV sowohl im fließenden wie im ruhenden Verkehr beeinträchtigt sodann das Stadtbild (vgl. MENKE 1975, S. 94 ff., BODE u. a. 1986, MONHEIM/MONHEIM-DANDORFER 1990, S. 36). Dies bezieht sich jedoch nicht nur auf die Fahrzeuge an sich, sondern auch auf diesen dienende Einrichtungen. Beispiele hierfür sind Asphaltdecken in Altstädten, Ampel- und Schilder"wälder" sowie nicht in das Stadtbild eingepaßte, passive Schutzanlagen (vor allem Lärmschutzwände).

Einzuwenden ist, daß viele ästhetische Beeinträchtigungen des Stadtbildes nicht allein dem MIV zuzurechnen sind, sondern auch der ÖPNV und Radverkehr daran teilhaben (asphaltierte Wege, Verkehrsleitelemente etc.). Allerdings wurden vor allem den Belangen des MIV in den letzten Jahrzehnten Frei- und Grünflächen sowie Gebäude geopfert. Beim Aus- und Neubau von Straßen galt zudem das Bestreben nach möglichst geradlinigen und breiten, den Verkehrsfluß fördernden Quer- und Längsprofilen, was in der optischen Erscheinungsweise von Straßen den Eindruck der Monotonie und geringen „Erlebnisdichte" (MENKE 1975, S. 95) hinterließ. Insgesamt hat deshalb der MIV dem Problem der Stadtbildbeeinträchtigung seine Intensität maßgeblich verliehen.

Mit der Veränderung des Stadtbildes sowie mit Geräuschemissionen, Abgasgeruch und der Flächeninanspruchnahme des fließenden Verkehrs hängt ein Verlust ehemaliger Straßenfunktionen zusammen. Diente früher die Straße nicht nur dem Verkehr, sondern stets auch dem Aufenthalt, der menschlichen Begegnung und Kommunikation sowie dem Kinderspiel, so steht heute die reine Verkehrsabwicklung im Vordergrund (vgl. MENKE 1975, S. 110-113). Dies gilt häufig sogar für Wohngebiete. Ein Erhalt bzw. eine Erneuerung der alten Straßenfunktionen findet man nur dort, wo dem Kfz-Verkehr der Zugang weitgehend verwehrt oder restriktiv gestaltet wird: in den Fußgängerzonen der Stadt- oder Stadtteilzentren sowie in den verkehrsberuhigten Bereichen von Wohngebieten.

3.3.2 Direkte Gefährdungspotentiale durch Unfälle

Im Unfallbereich spielt der Straßenverkehr die herausragende Rolle und hier wiederum der Individualverkehr. Die Abb. 10-13 zeigen die Entwicklung der Unfallzahlen in geschlossenen Ortschaften der Bundesrepublik Deutschland, wobei sich die Angaben stets auf die alten Bundesländer beziehen und auf den amtlichen Zahlen des Bundesverkehrsministeriums basieren (BMV 1991a, S. 242-259, 1994, S. 158-175, 1995, S. 326-327). Sowohl die Sachschadensentwicklung als auch jene der Personenschäden zeigen generell hohe Werte. Immerhin ist eine Abkoppelung des Trends vom Wachstum des Verkehrsaufkommens (vgl. Kap. 3.1) seit Mitte der 70er/ Anfang der 80er Jahre erkennbar, am deutlichsten bei den Personenschäden.[1]

---

[1] Die Interpretation der Abb. 10 ist durch die im Zeitablauf variierenden Mindestsätze zur statistischen Erfassung „schwerer" Sachschäden problematisch. Ein Versuch hierzu wäre die folgende Phaseneinteilung, nach der sich die schweren Sachschäden im Vergleich zur Fahrleistung im motorisierten Individualverkehr wie folgt entwickelten:
a) 1953-1963 +603 % bei einem Zuwachs der MIV-Fahrleistungen um 281 %*,
b) 1964-1982 +457 % „ „   „   „ „   „   74 %*,
c) 1983-1990 + 2 % „ „   „   „ „   „   23 %**,
d) 1991-1994 +/-0 % „ einer Abnahme der MIV-Fahrleistungen um 2 %**;
* = Basis: Gesamtfahrleistungen, ** = Basis: innerörtliche Fahrleistungen, Mindestsätze:
a) = 200 DM, b) = 1.000 DM, c) = 3.000 DM, d) = 4.000 DM.
Die Berechnungen heben allerdings nicht den Effekt einer Zunahme registrierter Unfälle durch Verteuerung von Ersatzteilen und Reparaturleistungen durch Inflation und verbesserte Fahrzeugausstattung auf.

Abb. 10: Unfälle mit schwerem Sachschaden (siehe Erläuterung im Text) in der Bundesrepublik Deutschland 1953-1994 (alte Bundesländer)

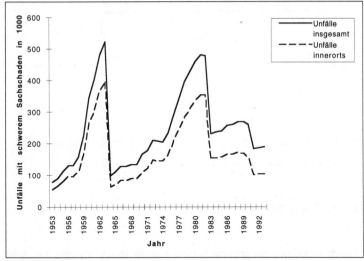

Quelle: BMV (1991a, S. 242-243; 1995, S. 327)

Abb. 11: Unfälle mit Personenschaden in der Bundesrepublik Deutschland 1953-1994 (alte Bundesländer)

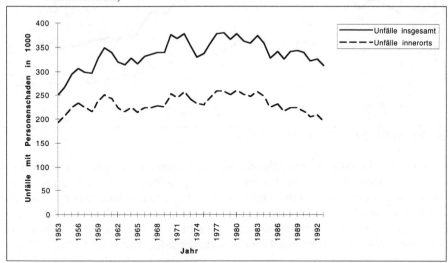

Quelle: BMV (1991a, S. 242-243; 1995, S. 327)

Abb. 12: Durch Verkehrsunfall verletzte Personen in der Bundesrepublik Deutschland 1953-1994 (alte Bundesländer)

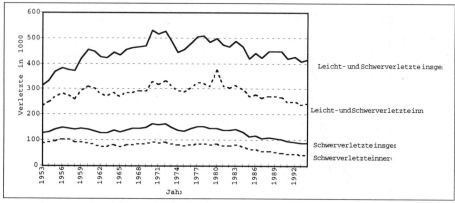

Quelle: BMV (1991a, S. 244-245; 1995, S. 327)

Abb. 13: Durch Verkehrsunfall getötete Personen in der Bundesrepublik Deutschland 1953-1994 (alte Bundesländer)

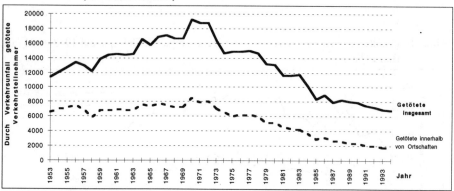

Quelle: BMV (1991a, S. 242-243; 1995, S. 327)

Bemerkenswert ist, daß sich die Relation der inner- und außerörtlichen Unfälle im Vergleich mit den inner-/außerörtlichen Fahrleistungen quasi spiegelbildlich verhält: 26,6 % des Verkehrsaufkommens wird innerorts abgewickelt, aber 63,2 % der Unfälle mit Personen- und 56,2 % derer mit schweren Sachschäden (Stand 1993) erfolgen in geschlossenen Ortschaften. Der Anteil ersterer an den Gesamtunfällen war dabei in den letzten 10-15 Jahren leicht (Maximum 1974: 70,8 %), der Anteil letzterer stark rückläufig (Maximum 1979: 72,7 %).

Günstiger verhält es sich mit den Personenschäden selbst, da insbesondere schwere Verletzungen und Todesfälle in Städten aufgrund der geringeren Fahrzeuggeschwindigkeiten seltener vertreten sind. Mit 47,5 % enfielen weniger als die Hälfte der Schwerverletzten (-> stationäre Krankenhausaufnahme für mindestens eine Nacht) auf Unfälle in geschlossenen

28

Ortschaften, bei den Getöteten waren es sogar nur 26,6 %, was dem Anteil am Gesamtverkehrsaufkommen entspricht. Dennoch wird insgesamt eine in bezug auf die Unfallproblematik meist überproportionale Betroffenheit städtischer Räume deutlich, und zwar auf - trotz positiver Entwicklungstendenz - nach wie vor hohem quantitativen Niveau.

Für die Frage nach Verursachern und Benachteiligten von Verkehrsproblemen ist auch von Relevanz, welche Verkehrsteilnehmer von Unfällen besonders betroffen sind, vor allem in Form von Personenschäden. Tab. 1 gibt hierüber eine erste Auskunft, wobei sich die Angaben entsprechend der Daten in der amtlichen Statistik nur auf den Gesamtverkehr, nicht auf den innerörtlichen Verkehr beziehen können. Dadurch werden die Aussagen hinsichtlich des eigentlichen Untersuchungsgegenstandes verzerrt, ist doch das Gros der verletzten und getöteten Fußgänger und Radfahrer innerorts zu beklagen, während PKW-Insassen vor allem durch die höheren Geschwindigkeiten außerorts gefährdet sind. Allerdings wird bezüglich der Hauptzielgröße, der prozentualen Beteiligung verschiedener Verkehrsteilnehmergruppen an Unfällen, dieses Ungleichgewicht durch die Nichtberücksichtigung der Unfälle mit reinen Sachschäden relativiert, weil an diesen fast nur Kraftfahrzeuge beteiligt sind.

In Tab. 1 wird eine überproportionale Gefährdung des Fußgänger- und Radverkehrs deutlich, wenn die Personenkilometer als Maßstab zugrundegelegt werden. Bezogen auf den Stadtverkehr wäre allerdings die Wegezahl der geeignetere Maßstab, da der Hauptteil der städtischen Wege kurze Strecken umfaßt. So entfallen allein beim PKW-Verkehr 45,3 % der Fahrten auf Entfernungen bis zu 5 km (EMNID 1991, Tabellenband, S. 85). Auf der Basis der Wegezahlen würde aus den Angaben eher eine unterproportionale Beteiligung des Fußgängerverkehrs an Unfällen mit Personenschäden resultieren, während der Radverkehr zu einer überproportionalen Beteiligung neigt, wenn auch bei weitem nicht so stark wie der MIV.

Tab. 1: Unfälle mit Personenschäden in bezug zur Verkehrsleistung unterschiedlicher Verkehrsmittel im Individualverkehr in der Bundesrepublik Deutschland 1976-1992 (alte Bundesländer)

	Anteil an:											
	Getöteten			Verletzten			Wegeleistungen					
							a) Wege			b) Personen-km		
Jahr	MIV	Rad	Fuß	MIV	Rad	Fuß	MIV	Rad	Fuß	MIV	Rad	Fuß
1970	57,2	10,0	32,9	76,8	8,0	15,3	-	-	-	-	-	-
1976	62,4	9,7	27,9	77,0	9,8	13,2	51,6	9,8	38,6	92,4	2,7	4,9
1982	67,4	9,6	22,9	76,2	12,7	11,1	54,0	11,7	34,3	92,9	3,2	4,0
1986	67,0	9,4	23,6	75,2	14,5	10,4	56,4	11,8	31,8	93,5	3,0	3,4
1989	68,4	10,4	21,2	75,7	15,3	9,2	59,0	11,0	29,9	94,1	2,8	3,1
1992	73,5	9,6	16,9	74,7	16,5	8,8	59,3	10,4	30,3	93,6	2,8	3,6

MIV = PKW-, Kraftrad- und Mopedfahrer. Die Kraftradfahrer werden in der Statistik der Fahrleistungen nur zusammen mit dem PKW-Verkehr ausgewiesen.

Quelle: BMV (1991a, S. 253, 325-328; 1994, S. 169, 218)

Eine Übertragung der Relationen von Tab. 1 auf den Stadtverkehr ist jedoch nur unter Vorbehalt möglich, denn eine Analyse der Unfallstatistiken der Polizei in den Untersuchungsstädten Kiel (1988) und Lüneburg (1992) zeigte, daß sowohl Fußgänger als auch Radfahrer im Verhältnis zu ihrem Anteil am Verkehrsaufkommen deutlich unterproportional an Unfällen beteiligt sind (vgl. Kap. 7.3.8.6, bes. Tab. 43).

Neben der Beteiligung verschiedener Verkehrsteilnehmer an Unfällen sind für den betrachteten Zusammenhang auch Anteile von Schuldquoten interessant. APEL/KOLLECK/LEHM-BROCK (1988) weisen für acht deutsche und drei ausländische Städte einen im Vergleich zum Verkehrsaufkommen um 34 bis 56 % höheren Anteil von Autofahrern als Unfallverursacher nach. Diese Tendenz konnte in der oben genannten Kieler und Lüneburger Auswertung zwar bestätigt werden, jedoch gab es deutliche Abweichungen bei einer weitergehenden Differenzierung nach Verkehrsmitteln. So trugen PKW-Fahrer bei Unfällen mit anderen Verkehrsteilnehmern überwiegend die Hauptschuld (Tab. 2).

Tab. 2: Quoten der Hauptschuld bei Unfällen zwischen verschiedenen Verkehrsteilnehmern in Kiel (1988) und Lüneburg (1992)

	Hauptschuld beim PKW-Fahrer in ... % der Fälle:			
	Kiel	N =	Lüneburg	N =
PKW - Kraftrad	69,3 %	101	63,6 %	33
PKW - Fahrrad	63,4 %	193	83,5 %	97
PKW - Fußgänger	36,6 %	131	82,9 %	41

Die Verursacheranteile bei anderen Unfallbeteiligten waren aufgrund geringer Fallzahlen nicht aussagekräftig, geben aber doch einen Trend wieder. So waren bei Kraftrad/Fahrrad-Unfällen erstere in beiden Städten zu vier Fünfteln (N = 13 und 5) die Hauptschuldigen, bei Kollisionen von Fußgängern und Radfahrern waren letztere zu 54 % in Kiel (N = 28) und 71 % in Lüneburg (N = 7) hauptverantwortlich.

Quelle: Eigene Sekundärauswertung der polizeilichen Unfallmeldebögen

Ein weiterer wichtiger Aspekt sowohl für die Problemdiskussion als auch für die Bewertung verkehrspolitischer Strategien und Maßnahmen ist die Abhängigkeit der Unfallhäufigkeiten von der Stadtstruktur. Eine Untersuchung von APEL/KOLLECK/LEHMBROCK (1988) weist einen signifikanten Zusammenhang zwischen der Unfallbelastung (gemessen als Verunglückte auf 10.000 der Werktagsbevölkerung im Jahr), der PKW-Freundlichkeit der Stadtstruktur (erfaßt als Länge und Ausbaugrad des Hauptverkehrsstraßennetzes) und dem davon abhängigen Anteil des motorisierten Individualverkehrs am Verkehrsaufkommen nach. Sie ziehen daraus und aus der weiteren Erörterung der Fallbeispiele den Schluß, daß relativ dichte Stadtstrukturen mit geringeren Distanzen und gut ausgebauten ÖPNV- und Radverkehrsnetzen über eine Verringerung des Hauptverursachers von Unfällen - also des PKW-Verkehrs - ein höheres Maß an Verkehrssicherheit bedingen.

Die bisherigen Ausführungen zu den Unfallzahlen umfaßten nur die objektive, statistische Lage, nicht jedoch die subjektiven Einschätzungen von Unfallgefahren, welche eigentlich erst für die Verkehrsmittelwahl und für die Bewertung des Lebensumfeldes ausschlaggebend sind. Daten über subjektive Einschätzungen sind jedoch rar. Es kann lediglich aus der 1 % - Wohnungsstichprobe des Statistischen Bundesamtes entnommen werden, daß 1978 5,2 % der befragten Haushalte meinten, die Situation auf den Straßen der eigenen Wohngegend sei „unzumutbar". 21,8 % gaben „sollte besser sein" und 23,6 % „mittelmäßig" an. 39,6 % entschieden sich für „gut" (keine Angaben: 5,5 %; BMV 1989, S. 281). Da immerhin 27 % mit der Verkehrssicherheit offensichtlich unzufrieden waren, drückt sich in diesen Zahlen ein gewisser Unmut aus, der Konsequenzen in der Benutzung der Verkehrsmittel nach sich zieht. Nicht anders ist es z. B. zu erklären, daß das Zur-Schule-Fahren und Abholen von Kindern mit der Begründung mangelnder Verkehrssicherheit zu einer weit verbreiteten Erscheinung geworden ist, obgleich eben diese Handlungsweise gerade auf den Schulwegen den Kfz-Verkehr und damit die Unfallgefahren weiter erhöht. Möglicherweise wäre der registrierte Unmut noch stärker ausgefallen, wenn die Fragestellung sich nicht bloß auf die eigene Wohngegend beschränkt, sondern auch andere Stadtgebiete (z. B. die Innenstadt) mit erfaßt hätte.

3.3.3 Indirekte Gefährdungspotentiale durch Emissionen

Jeglicher Emission vorgelagert ist zunächst der Energieverbrauch. Auch dieser wird in der politischen Diskussion häufig als ein Problem im Sinne des Ressourcenentzuges für künftige Generationen genannt. In der Tat hatte der Verkehrssektor mit 28,8 % (1993, BMV 1994, S. 285) einen hohen und in der Vergangenheit stetig wachsenden Anteil am bundesdeutschen Energieverbrauch (vgl. BMV 1991a, S. 430; in den 50er/60er Jahren noch 15-17 %). Hierzu hat der motorisierte Individualverkehr maßgeblich beigetragen. Sein Anteil am Energieeinsatz im Verkehr stieg von 1952 mit 13,8 %, über 33,8 % (1960) und 57,9 % (1970) auf 66,3 % (1988) und sank seitdem nur geringfügig (1993: 62,1 %; BMV 1991a, S. 431). Die Entwicklung und der Einsatz sparsamerer Motoren konnte also über den längsten Zeitraum hinweg nicht zur Senkung des Gesamtverbrauches an Kraftstoff beitragen, weil der Verkehrszuwachs und der Trend zu leistungsstärkeren Fahrzeugen (vgl. BMV 1991a, S. 224, 1994, S. 143) die Treibstoffeinsparung überkompensierte. Die den genannten Angaben potentiell innewohnende Problematik wird jedoch stark gemindert dank des langfristig möglichen Ersatzes von Kohle, Erdöl und Erdgas durch nichtfossile Energien (vgl. Kap. 3.5) und - in der Kunststoffproduktion - landwirtschaftliche Rohstoffe (vgl. BMELF 1989). Deshalb dürfte weniger der Verbrauch fossiler Energieträger selbst ein Problem darstellen als vielmehr die daraus resultierende Belastung mit Schadstoffen. Zu letzterem bietet Tab. 3 einen Überblick für den Straßenverkehr. Die Anl. 1 und 2 im Anhang vervollständigen die Übersicht unter anderem in zeitlicher Hinsicht.

Allein aus den quantitativen Angaben sind graduelle Abstufungen im Problemgewicht des Straßenverkehrs erkennbar. So liefert er sehr hohe Anteile zu den Emissionen von Kohlenmonoxid (CO), Stickoxiden (NO_x), Ozon (O_3) und Kohlenwasserstoffen (C_xH_x). Der CO-Ausstoß muß dennoch als am wenigsten problematisch angesehen werden. Zwar handelt es sich um ein schon in geringen Konzentrationen giftiges Gas; sein spezifisches Gewicht entspricht zudem jenem der Luft, so daß es infolge der niedrigen Auspuffhöhen bei starkem Verkehr und schwacher Luftbewegung zu einer Anreicherung in der untersten Luftschicht kommen kann. Kinder sind deshalb potentiell gefährdet. Gleichwohl erfolgt eine rasche Oxidation zu Kohlendioxid, und die seit 1978 stark gesunkenen Emissionswerte (bis 1990 -47 %) lassen Gesundheitsgefahren kaum erwarten.

Weitaus bedenklicher ist der Stickoxidausstoß, der für die aktuellen Waldschäden hauptverantwortlich gemacht wird (vgl. KNABE 1985, BLÜMEL 1986).
Die Schadwirkung wird maßgeblich erhöht durch bodennahes Ozon, welches an warmen, sonnigen Tagen photochemisch unter Einfluß von Stickoxiden und Kohlenwasserstoffen entsteht, also unter Mitwirkung von Hauptkomponenten der Kfz-Emissionen (UBA 1995, S. 25). Neben der direkten Schadwirkung der Gase sind die Stickoxide zusammen mit Schwefeldioxid an der Bildung von saurem Regen beteiligt. Dieser greift pflanzliche Feinwurzeln an und verstärkt somit die Waldschäden, führt aber darüber hinaus auch zu Schäden an Bauwerken, zu einer erhöhten Nitratbelastung des Trinkwassers und erhöht dessen Lösungsfähigkeit für Schwermetalle aus Rohrleitungen (vgl. GRUPP 1986, BMU 1987, S. 151, REITZ 1994).

Allerdings sind Stickoxide die einzige Schadstoffgruppe, deren Innerortsquote unterhalb der anteiligen Verkehrsleistung (27 %) liegt. Zurückzuführen ist dies auf die Bildungsbedingungen: Sie entstehen vorwiegend bei hohen Verbrennungstemperaturen und damit höheren Geschwindigkeiten (BMU 1987, S. 96), was für den Stadtverkehr untypisch ist.

Ozon erweist sich zunehmend als humanökologisch bedenklich. Zwar sind Grenzwerte für diesen Schadstoff in der Technischen Anleitung (TA) Luft nicht enthalten, weil die Beeinträchtigung der menschlichen Gesundheit stark von der individuellen körperlichen Konstitution abhängt. Die gemeinhin gebräuchlichen Richtlinien des Vereins Deutscher Ingenieure (VDI), die Schwellenwerte von 180 Mikrogramm (Normalschwellenwert als Durchschnitt von zwei Stunden) bzw. 120 Mikrogramm (für empfindliche Personen) vorsehen, werden aber im Sommerhalbjahr zunehmend überschritten. Im küstennahen Kiel war das z. B. 1990 an 7 Tagen für ersteren und an 47 Tagen für den letztgenannten Wert der Fall, in küstenferneren Mittel- und Großstädten Niedersachsens liegen die Tageszahlen im Schnitt doppelt so hoch (MNUL 1991 zuzügl. schriftl. Mitteilung, NUM/NLI 1991; ähnlich auch UBA 1995).

Bei den kanzerogenen Verkehrsemissionen sind die Kohlenwasserstoffe am wichtigsten. Dies liegt einerseits an der hohen Wirkungsintensität schon geringer Mengen, andererseits am starken quantitativen Zuwachs im Verkehrssektor bis 1988, wodurch dieser inzwischen gleichrangig neben den Lösemittelverbindungen als Hauptverursacher anzusprechen ist.

Weitaus geringer hingegen ist die Bedeutung von Stäuben. Bei diesen ist außerdem zu berücksichtigen, daß ihr Ausstoß in den vergangenen drei Jahrzehnten zu rund 70 % von Nutzfahrzeugen mit Dieselmotoren (1990: 73,2 %) stammten. Da der Energieverbrauch des öffentlichen Personenstraßen- zum Straßengüterverkehr sich im Verhältnis 1:10,8 verhält (1993; BMV 1994, S. 285) und diesem Verhältnis die Proportionen der Staubemissionen etwa entsprechen, ist der Festpartikelausstoß vor allem eine Angelegenheit des Güterverkehrs. Der Straßenpersonen- bzw. der motorisierte Individualverkehr spielen hierbei nur eine untergeordnete Rolle.

Von insgesamt geringer Bedeutung sind die Schwefeldioxid- (SO_2) und Kohlendioxidemissionen (CO_2). Für erstere liegt der Grund im geringen Anteil sowohl des Verkehrs insgesamt als auch speziell des PKW-Verkehrs. Beim Kohlendioxid ist einerseits die Globalität der Problematik, andererseits die Multikausalität zu berücksichtigen:

• Verschiedene „Treibhausgase" (z. B. auch Fluorchlorkohlenwasserstoffe, Methan, Lachgas, Ammoniak) sind an der vermuteten anthropogenen Erwärmung des Erdklimas beteiligt, darunter Kohlendioxid „nur" zur Hälfte,
• der deutsche CO_2-Anteil macht lediglich 4,5 % der Weltemission (1990) aus (alte Bundesländer davon drei Viertel; UBA 1995, S. 15-16),
• der Straßenverkehr trägt hierzu wiederum nur 18,1 % bei (Tab. 3),
• und schließlich fallen weniger als ein Drittel der Fahrleistungen in Städten an (Kap. 3.1).

Der potentielle Beitrag kommunaler Politik zur CO_2-Problemlösung reduziert sich angesichts dieser Differenzierung auf ein kaum handlungsmotivierendes Minimum.

Insgesamt sind vor allem Stickoxide und Kohlenwasserstoffe, einschließlich ihres Sekundärschadstoffes Ozon, als hoch bedeutsam anzusehen, und zwar hinsichtlich der Qualität der Schadwirkung und der relativen Beiträge des MIV bzw. des Stadtverkehrs. Zwar werden mit Ausnahme der Schwellenwerte des Ozons die Grenzwerte der TA Luft in der Regel nicht erreicht und die Werte der jeweiligen „Smog-Verordnung" nur sehr kurzfristig überschritten (vgl. NUM/NLI o. J.). Jedoch sind die Grenz- und Schwellenwerte nur Ausdruck der möglichen Beeinträchtigung der menschlichen Gesundheit und keine pflanzenökologischen Empfindlichkeitsparameter, welche möglicherweise weit niedriger liegen. Zudem zielen die deutschen Grenzwerte auf akute Gesundheitsbeeinträchtigungen eines einzelnen Schadstoffes ab, während summarische Effekte einer langfristigen Exposition von verschiedenen Luftschadstoffen nicht genügend in die Bewertung einfließen. Auf diese Summenwirkung, an der der Kraftfahrzeugverkehr maßgeblich beteiligt ist, werden 1-3 % aller Krebstoten (LAI 1992) und in Verdichtungsräumen speziell 5-10 % aller Lungenkarzinome (UBA 1991b) zurückgeführt. Von Verbandsebene wird deshalb eine Angleichung an die wesentlich schärferen Grenzwerte der Schweiz gefordert (vgl. BUND/VCD 1990, S. 11, GEILING 1993, S. 30).

Ferner ist in der Grenzwertdiskussion zu berücksichtigen, daß stationäre Anlagen zur Luftschadstoffmessung - und nur hier werden Dauermessungen durchgeführt - kaum im unmit-

Tab. 3: Arten, Wirkungen und Mengenverhältnisse der verkehrsbezogenen Schadstoff-emissionen in der Bundesrepublik Deutschland

Schadstoff	Wirkungen	Menge (Mio. t / 1994)	%-Anteil Straßen-verkehr an Gesamtemissionen	davon in %	
				PKW*	innerört-lich*
Kohlenmonoxid CO	Toxisch, schon bei geringer Konzentra-tion Beschwerden	6,74	58,7	95,0	41,3
Kohlendioxid CO_2	Bauschäden durch Kalklösung, ver-mutete Klimaände-rung mit Meeres-spiegelanstieg	897	18,2	74,5	keine Angabe
Kohlenwasser-stoffe C_xH_x	Kanzerogen, vor allem Formaldehyd und Benzol	2,14	31,7	86,8	59,0
Staub	Ruß kanzerogen, verstärkt durch An-lagerung von Koh-lenwasserstoffen	0,75	5,6	26,7	32,0
Schwermetalle	Toxisch;entstam-men insbesondere Reifen- und Brems-belagabrieb; Anrei-cherung im Boden	Blei 624 t Cadmium 11 t	38,5 Keine Angaben		
Stickoxide NO_x	Pflanzenschäden ("Waldsterben"), Atemwegserkran-kungen, Bauwerk-schäden, Trinkwas-serbelastung	2,2	47,3	60,0	19,8
Schwefeldioxid SO_2	Wie bei Stickoxiden	3,0	1,7	39,5	32,0
Ozon O_3	Photochemischer Sekundärschad-stoff; Pflanzen-schäden, Schleim-hautreizungen, Kreislaufstörungen, evt. kanzerogen	Keine Angaben			

* Letzte verfügbare Angaben für PKW-Anteil 1990, Innerortsverkehr 1988, bezogen auf das Gebiet der alten Bundesländer

Layout: Mario Menkhaus

Quellen: BMV 1995 (S. 289-292), BMU 1987

telbaren Einflußbereich von Emissionsquellen liegen, insbesondere nicht in der Nähe von Hauptverkehrsstraßen. Einzelerhebungen an diesen Orten ergeben ein ganz anderes Bild. So haben Messungen des Gewerbeaufsichtsamtes Itzehoe in den Städten Itzehoe, Norderstedt, Flensburg und Kiel nachgewiesen, wie sehr durch enge Randbebauung der Luftaustausch gehemmt und eine Konzentration der Schadstoffe gefördert wird. An Hauptverkehrsstraßen (Meßort in Kiel: Westring) werden deshalb die Grenzwerte für Stickstoffdioxid und Benzol deutlich überschritten (Gewerbeaufsichtsamt Itzehoe 1993). Zu einem ähnlichen Ergebnis kommen eine Abgasstudie für die Lüneburger Innenstadt, die im Auftrag der dortigen Stadtverwaltung erstellt wurde (KNOFLACHER u. a. 1992), sowie Messungen in Hannover und München (PADE 1994).

Abschließend ist zu den stofflichen Emissionen noch auf die subjektive Belästigung durch Abgase in Form von Geruchsbildung hinzuweisen. Gerüche können das Lebensumfeld in besonderem Maße beeinträchtigen, und für Autoabgase ist dies zumindest entlang von innerstädtischen Hauptverkehrsadern ein bekanntes Phänomen. Leider liegen zu diesem Aspekt keine genauen quantitativen Angaben vor. Zwar wird in der 1 % - Wohnungsstichprobe des Statistischen Bundesamtes nach der Beeinträchtigung des Wohnumfeldes durch „Gerüche, Abgase, Staubentwicklung" gefragt, was in der letzten Erhebung 1978 auch 22,9 % der befragten Haushalte bejahten, jedoch wurde in der Erhebung, im Gegensatz zum Lärm, nicht nach Emissionsquellen - z. B. Industrie/Gewerbe, Landwirtschaft, Verkehr - differenziert (vgl. BMV 1989, S. 281). Immerhin gibt HOLZAPFEL (1993, S. 66) an, daß innerorts bis zu 90 % der Luftschadstoffbelastung auf den Verkehr zurückzuführen sind. Eine führende Rolle unter den Verursachern von subjektiven Geruchsbelästigungen im städtischen Raum ist deshalb für den Kraftfahrzeugverkehr zu vermuten.

Eine nicht-stoffliche Emissionsart ist die Lärmbelastung. Sie hat sich mit dem angewachsenen Kfz-Verkehr in den Städten ebenfalls erhöht. Der Verkehr gilt als Hauptlärmemittent von allen möglichen Verursachern, und unter den Verkehrsträgern dominiert wiederum der Straßenverkehr weit vor Flugzeug und Bahn. Insgesamt fühlten sich 1994 64 % der Bürger in den alten Bundesländern durch Straßenverkehrslärm „belästigt" (neue Bundesländer: 79 %), 23 % „stark belästigt" (neue Bundesländer: 37 %). Andere Lärmquellen folgen mit sehr großem Abstand, nur die zweitwichtigste, der Flugverkehr, weist mit 46 % für „Belästigung" und 10 % für „starke Belästigung" größere Belastungswerte auf (UBA 1995, S. 42). Mehr als 7 Millionen Bundesbürger sind einem Straßenverkehrslärm von tagsüber mehr als 65 dB(A) ausgesetzt, welcher über eine subjektiv empfundene Störung hinausgeht und körperliche Beschwerden in Form von Nervosität und Kopfschmerzen nach sich zieht (vgl. UBA 1989, S. 474). Auf Dauer können über eine Verengung der kleinsten arteriellen Blutgefäße („Durchblutungsreflex") Bluthochdruck und daraus folgend Herz-/Kreislauferkrankungen entstehen (MENKE 1975, S. 82-84, UBA 1987d, S. 10). Auch nachts stellt der Straßenverkehr die wichtigste Geräuschquelle dar. Etwa 17 Millionen Bürger in den alten Bundesländern sind einem Lärmpegel von 50 dB(A) oder mehr ausgesetzt, mit der häufigen Folge von Schlafstörungen (UBA 1989, S. 474).

3.4 Ökonomisch-ökologische Bewertung

Abb. 14 verdeutlicht noch einmal abschließend die Gesamtstruktur der Probleme des Straßenverkehrs in ihrer Vernetzung. Aus Tab. 4 geht hervor, welcher Stellenwert den verschiedenen Transportmitteln für die wichtigsten Problemparameter zugewiesen werden muß. Unter Berücksichtigung des Verkehrsvolumens muß demnach der MIV als Hauptverursacher genannt werden.

Abb. 14: Problemstrukturen des motorisierten Straßenverkehrs

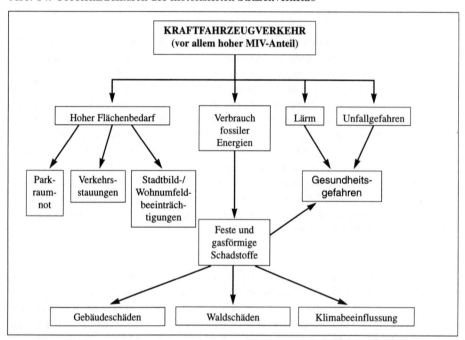

Emissionen fester und gasförmiger Art, Lärm und Unfälle verursachen Kosten, die aktuell oder kalkulatorisch zu ihrer Minderung oder Beseitigung anfallen und die derzeit vom Verursacher nicht oder nur zum Teil getragen werden. Es ist nicht leicht, in allen Bereichen die externen Kosten exakt zu quantifizieren. So liegen beispielsweise die Wertansätze für Personenschäden bei Verkehrsunfällen in den von Gerichten verwendeten Schmerzensgeld- katalogen weit unter den Beträgen, die in der wissenschaftlichen Literatur genannt werden (vgl. UPI 1988, S. 23-25): Für einen durch Verkehrsunfallgetöteten Angehörigen werden ma- ximal 40.000 DM Schmerzensgeld gezahlt, den volkswirtschaftlichen Schaden beziffert je- doch die Bundesanstalt f. Straßenwesen auf 1,22 Mio. DM (Schwerverletzte 55.000 DM, Leichtverletzte 4.700 DM, Stand 1986; FROBÖSE 1989, S. 87). Für das Jahr 1986 errech- nete FROBÖSE (1989, S. 90) gesamtwirtschaftliche Unfallkosten, einschließlich Sach- schäden, in Höhe von 39 Mrd. DM, wovon 54,6 % auf Unfälle in geschlossenen Ortschaften entfielen (Fahrleistungsanteil: 31,5 %).

Tab. 4: Relativer Vergleich von Umweltgrunddaten nach Verkehrsträgern

	PKW	PKW mit Dreiwegekatalys.	Flugzeug	Bahn	Bus	Fahrrad
Flächenbedarf	100	100	1,3	6	10	8
Primärenergiebedarf	100	100	405	34	30	0
CO_2-Emission	100	100*	420	30	29	0
NO_x-Emission	100	15	290	4	9	0
CH_x-Emission	100	15	140	2	8	0
CO-Emission	100	15	93	1	2	0
Luftverschmutzung ges.	100	15	250	3	9	0

* Die Angabe von 100 ist an dieser Stelle nur korrekt, wenn man die allmähliche Oxidierung von Kohlenmonoxid und Kohlenwasserstoffen zu Kohlendioxid in Betracht zieht. Unmittelbar nach Verlassen der Abgasanlage liegt der CO_2-Wert bei Fahrzeugen mit Katalysator über jenem, der ohne Katalysator erreicht wird. (Anm. d. Verf.)

Quelle: TEUFEL (1989)

Mit wiederum eigenen Kostenansätzen errechnete das Umwelt- und Prognoseinstitut Heidelberg (UPI 1988, S. 25) für 1960-86 eine Gesamtsumme an Personenschäden (Getötete und Verletzte) durch Verkehrsunfälle in der Bundesrepublik Deutschland von 770 Mrd. DM, während sich die Zahlungen der Kraftfahrzeug-Haftpflichtversicherungen nur auf 60 Mrd. DM beliefen. Für den Rest kamen Krankenversicherungen auf, bzw. es blieb ein großer Teil unbeglichen. Ordnungspolitisch gesehen, wurden so 710 Mrd. DM (= 92,2 %) der Kosten nicht vom Verursacher getragen, also externalisiert.

Ein zweites Problem der externen Kosten ist die Zurechenbarkeit auf bestimmte Verursacher. Ein Beispiel hierfür liefert die Emission von Luftschadstoffen. Zwar berechnet das Deutsche Institut für Wirtschaftsforschung im Auftrag des Bundesverkehrsministeriums (BMV 1994, S. 2) zweijährlich den Ausstoß und Verursacheranteil der in Kap. 3.3.3 genannten Schadgase, jedoch ist es immer noch nicht möglich, die Bedeutung der einzelnen Gase bei der Verursachung des Waldsterbens oder von Gesundheitsschäden in der Bevölkerung hinreichend genau anzugeben. Sowohl das Quantifizierungs- als auch das Zurechnungsproblem treten bei der Abschätzung der verkehrslärminduzierten gesundheitlichen Beeinträchtigungen/Schäden einschließlich der privat getragenen Kosten zu ihrer Vermeidung (z. B. durch Lärm ausgelöster Wohnungswechsel, Wertverlust von Immobilien) auf.

In Abhängigkeit von den jeweiligen Einzelschätzungen und der Vollständigkeit der Kostenstellen variieren deshalb Berechnungen mehr oder weniger. Einig ist man sich indes in der Feststellung, daß die externen Kosten des Straßenverkehrs über die Kraftfahrzeug- und Mineralölsteuer nur zu einem kleinen Teil gedeckt werden, zumal über diese Einnahmen auch die Anlage und Unterhaltung der Straßeninfrastruktur zu finanzieren sind (vgl. Tab. 5).

Tab. 5: Quantifizierbare technische, ökologische und soziale Kosten des Verkehrs in der
         Bundesrepublik Deutschland 1989 (in Mrd. DM)

	PKW	LKW
Infrastruktur	6,4	10,2
Flächenbeanspruchung	56,6	3,6
Wasser	11,4	3,46
Lärm	33,5	11
Verkehrsunfälle	60,6	10,5
Luftverschmutzung	24,0	7,176
Summe	202,5	45,9
Kfz- und Mineralölsteuer	27,7	7,2
Defizit	174,8	38,7

Quelle: TEUFEL (1993, S. 55)

Neben der Kostenunterdeckung im Verkehrswesen ist für die Verkehrsmittelwahl auch die Diskrepanz zwischen Kostenwahrnehmung und -realität ein Problem, selbst wenn externe Kosten gar nicht berücksichtigt werden. Unter Einrechnung von Steuern, Versicherungen, Reparaturen, Benzin, Öl und sonstigen Verbrauchsstoffen sowie der Wertminderung ergaben sich im April 1991 bei 219 PKW-Modellen monatliche Durchschnittskosten zwischen 388 und 1.744 DM, umgerechnet auf den gefahrenen Kilometer waren das 27 Pf. bis 1,395 DM (LOTZ 1991). Was dies, bezogen auf das Monatseinkommen, bedeutet, ist aus der Statistik des Bundesverkehrsministeriums zu entnehmen. Demnach wurden je nach demographischem und sozioökonomischem Haushaltstyp 450 bis 650 DM pro Monat für die Unterhaltung und Nutzung eines PKW ausgegeben, das sind 8-11 % des durchschnittlichen verfügbaren Monatseinkommens (vgl. BMV 1991, S. 425). Angesichts dieses beachtlichen Anteils verwundert es nicht, wenn LIEBL (1978, S. 143 ff.) darauf hinweist, daß die vom Autofahrer getragenen Kosten durchaus mit denen der Taxibenutzung vergleichbar sind. Beim eigenen PKW fällt jedoch der größte Teil der Kosten nur unregelmäßig und in längeren Zeitabständen an (Inspektion, Reparaturen, Neukauf); die Fixkosten (Steuern, Versicherung, Garagen- oder Stellplatzmiete) nehmen dabei sogar noch als relative Größe pro gefahrenem Kilometer mit zunehmender Fahrleistung ab. Der Benutzer berücksichtigt deshalb in aller Regel nicht die tatsächlich von ihm zu begleichenden, sondern lediglich die direkt entrichteten „out-of-pocket"-Kosten, also Benzinpreis und eventuell anfallende Parkgebühren (vgl. MENKE 1975, S. 42, MOLT 1977, BRÖG 1987, S. 96 ff.). Diese Sichtweise muß keineswegs unlogisch sein, wenn Fix- und episodische Kosten als Bereithaltungsaufwand für sonst nicht mögliche Formen der Bewegungsfreiheit interpretiert werden. Hierunter fällt vor allem jegliche Form von spontaner, weiträumiger Mobilität in Tages- und Wochenendfreizeiten. Auch Urlaubsreisen sind ein häufiges Argument für Kauf und Unterhalt eines PKW (VERRON 1986, S. 146-147). Folgt man dieser Sichtweise, sind verkehrspsychologisch der hohe Grundkostenanteil der PKW-Haltung und die eigentlichen Nutzungskosten streng zu trennen. Mit ersteren erkauft man sich ein Stück Aktionsfreiheit, während letztere Mobilitätskosten im engeren Sinne darstellen. Die Ausblendung der Fixkosten aus der individuellen Betrachtung wird so nachvollziehbar, ebenso die häufig geäußerte Kritik an zu hohen Tarifen im ÖPNV - zumal in letzterem Mitfahrer zusätzlich zahlen müssen, während die Fahrkosten beim PKW mit zunehmender Auslastung fast konstant bleiben.

Gleichwohl wäre der ÖPNV unter Berücksichtigung der realen, von den Kfz-Haltern bzw. -Benutzern getragenen Gesamtkosten des PKW ohne weiteres konkurrenzfähig. Die Relationen verschöben sich noch weiter zugunsten des öffentlichen Verkehrs, wenn auch die oben genannten externen Kosten vollständig den Verursachern zugewiesen würden. Das Umwelt- und Prognoseinstitut Heidelberg (UPI 1988, S. 33) errechnete hierfür beispielsweise auf der Basis des Jahres 1986 eine notwendige Anhebung der Mineralölsteuer um mindestens 1,90 DM/l. Zum gleichen Wert gelangte kürzlich der Internationale Eisenbahnverband (Natur 1995). In einer späteren Untersuchung kommt UPI (1993a, S. 47) jedoch auf einen wesentlich größeren notwendigen Erhöhungswert von 4,50 DM/l (diesen Betrag nennt auch SCHALLER 1993, S. 34). Eine Studie speziell für den Stadtverkehr (West-Berlin im Jahr 1985) ergab Kosten von 0,78 DM pro Personenkilometer für den PKW und 0,32 DM für den öffentlichen Verkehr (APEL 1989). Da der MIV den Kraftstoffpreis auf der Nachfrageseite mit einem Verbrauchsanteil von 73,6 % (Güterverkehr 23,6 %, Kraftomnibusse 2,7 %, Stand 1985; BMV 1991a, S. 443) maßgeblich beeinflußt, lassen sich aus der PKW-Angabe zum Vergleich mit der UPI-Studie überschlägig die externen Kosten, bezogen auf den Liter Benzin, berechnen. Legt man einen durchschnittlichen PKW-Fahrzeugbesetzungsgrad von 1,56 Personen sowie einen Durchschnittsverbrauch von 10,6 l/100 km (BMV ebda.) zugrunde, gelangt man zu einer notwendigen Erhöhung des Literpreises für Benzin um 4,72 DM.

Die große Spanne zwischen den genannten Untersuchungsergebnissen verdeutlicht einerseits, wie erheblich die nicht vom Verursacher getragenen Kosten im Verkehr, vor allem seitens des motorisierten Individualverkehrs, sind. Andererseits zeigen die Unterschiede die schon oben erläuterten Schwierigkeiten, externe Kosten hinreichend genau zu quantifizieren und anteilsexakt der Quelle zuzurechnen. Ähnliche Probleme, wenngleich von quantitativ erheblich geringerer Bedeutung, ergeben sich bei der Feststellung externen Nutzens. Hierbei handelt es sich um Vorteile, die ohne Entrichtung eines (adäquaten) Entgeltes aus dem Kraftfahrzeugverkehr erwachsen. FREY (1994, S. 67) nennt folgende Elemente:

• Notfalltransporte (Reduktion von Leid bei Opfern und Angehörigen),
• Freude beim Beobachten von Fahrzeugen,
• Verkehr als Informationsrohstoff für Medienberichterstattung,
• Beschäftigungswirkungen,
• Wertsteigerungen von Grundstücken durch Verkehrserschließung,
• niedrige Preise durch Kostengeringhaltung für Gütertransporte,
• Erleichterung von Rationalisierungs- und Innovationsschüben durch niedrige Transportkosten.

Abgesehen von der Problematik der Abgrenzung internalisierter und externalisierter Nutzen-anteile - z. B. bei den Beschäftigungswirkungen und den Rationalisierungs-/ Innovations-schüben -, sind die monetären Werte gering. Für die Schweiz gibt FREY (1994, S. 65-67) eine Summe jährlichen externen Nutzens von 50 Mio. Franken an, von denen die Hälfte auf Notfalltransporte entfällt; diesen stehen aber 11 Mrd. Franken externer Kosten gegenüber.

Unabhängig davon, ob aus der Ermittlung externer Kosten und Nutzen ein niedrigerer oder ein höherer Nettowert resultiert, ist es wahrscheinlich, daß ein Anstieg der Energiepreise im Verkehrssektor auf eine Höhe, welche alle externen Kosten internalisiert, zu einem beträcht-lichen Teil die PKW-Benutzung bzw. die Mobilität insgesamt reduzieren würde. Mittel- und langfristig könnte dies sicherlich auch zu einem veränderten Verhalten bei der Wohnstand-ortwahl zugunsten einer Minimierung von Wegen führen (vgl. TEUFEL 1993, S. 54 ff., TOPP 1993a, S. 99 ff., KNOFLACHER 1993, S. 41).

Die Internalisierung externer Kosten sowie „Kostenspürbarkeit" ließen sich potentiell verhal-tenswirksam über eine Anhebung der Mineralölsteuer erreichen, weil hierbei eben das Ver-halten selbst - und nicht z. B. der bloße Besitz eines Fahrzeuges - monetäre Konsequenzen auslöst. Auch Straßenbenutzungsgebühren („road pricing") böten ein geeignetes Instrument, dürften allerdings nicht auf wenige Straßenkategorien oder Teilräume von Städten beschränkt bleiben. Als schwierig an diesem Weg ist die politische Durchsetzbarkeit einzuschätzen, weil die Einführung oder Erhöhung von Abgaben vom Wähler selten honoriert wird. Einen indi-rekten Weg zur Internalisierung von Kosten versprechen fahrzeugtechnische Verbesserungen und gesetzgeberische Initiativen zu deren Einführung.

3.5 Technische Optionen zur Problemminderung

Die Automobilindustrie hat als Reaktion auf die wachsende Problemsensibilität im Verkehr eine Reihe von Optionen entwickelt, die zu einer Verbesserung der Situation beitragen kön-nen. Ein erster Ansatz ist die Entwicklung sogenannter Stadtautos, die zum Teil schon im Han-del sind. Sie sind für zwei, manchmal vier Personen konzipiert, von den Abmessungen her ungefähr halb so lang wie herkömmliche Automobile und weisen ca. 70-80 % von deren Brei-te auf. Ziel ist vor allem eine Reduzierung des Stellplatzbedarfes, während im fließenden Ver-kehr die Hauptdeterminante „Sicherheitsabstand" kaum Raumgewinne zuläßt. Auch im ru-henden Verkehr kann eine Verringerung des Flächenanspruches nur eintreten, wenn der der-zeitige Automobilbestand in einem nennenswerten Umfang durch Stadtautos ersetzt wird. Ge-nau dies ist aber zweifelhaft, weil die Fahrzeuge mit ihren stark reduzierten Abmessungen nicht für größere Lasten- und Personenbeförderungen geeignet sind, wie z. B. bei Wochen-einkäufen, Wochenendausflügen oder Urlaubsreisen. Es ist wohl eher wahrscheinlich, daß Stadtautos mit einem niedrigeren Preis als herkömmliche Fahrzeuge den Trend zur Anschaf-fung eines Zweit- oder gar Drittwagens verstärken, zumal sich diese leichter im Straßenraum des Wohngebietes oder auf dem eigenen Grundstück unterbringen lassen. Netto ist deshalb ein Entlastungseffekt für städtische Verkehrssysteme durch Stadtautos sehr zweifelhaft (vgl. CANZLER/KNIE/BERTHOLD 1993, S. 424).

Ein großes Feld technischer Neuerungen widmet sich der Emissionsbilanz. Hierzu dienen die Lärmminimierung durch elektronische Schalldämpfersysteme (Erzeugung von dämpfendem „Gegenschall"), sparsamere Motoren, eine Motorabschaltautomatik für Fahrzeugstillstand und antriebsloses Rollen, Rußfilter für Dieselmotoren sowie der Dreiwegekatalysator. Letzterer kann in der „geregelten" Version mit Lambdasonde den Anteil der Stick- und Schwefeloxide sowie des Kohlenmonoxids und der Kohlenwasserstoffe um bis zu 90 % verringern und dadurch z. B. die pflanzenschädigenden Wirkungen beträchtlich reduzieren (vgl. BODE u. a. 1986, S. 159-161, LINGNAU 1992). Der Ausstoß von Blei entfällt sogar vollständig. Mit Ausnahme der letztgenannten Emissionsvermeidung erreicht der Katalysator allerdings seinen hohen Wirkungsgrad erst bei einer genügend hohen Temperatur mittels Erwärmung durch die Abgase, was erst nach einer Strecke von bis zu vier Kilometern der Fall ist (vgl. BMU 1987, S. 102). Bei Kurzstreckenfahrten, die einen großen Anteil im Stadtverkehr stellen, ist der Effekt des Katalysators geringer. Auch mindert er nicht den Beitrag des Kfz-Verkehrs zur anthropogenen Verstärkung des CO_2-Treibhauseffektes.

Eine Verringerung auch der CO_2-Emissionen bewirken hingegen alternative Antriebe, also Elektroautos sowie Motoren mit agrarisch gewonnenem Treibstoff oder Wasserstoffantrieb. Alle drei Varianten weisen eine erheblich bessere Schadstoffbilanz auf als herkömmliche Motoren. So emittieren Elektro-PKW, umgerechnet auf den gefahrenen Kilometer, im Vergleich zu Fahrzeugen mit Dieselantrieb oder Ottomotor mit Dreiwegekatalysator nur etwa ein Sechstel der Stickoxide, ein Dreißigstel der Kohlenwasserstoffe, ein Siebenhundertstel des Kohlenmonoxids und sind ferner im Fahrbetrieb extrem leise. Bioalkohole und Pflanzenöle sind CO_2-neutral, Wasserstoffmotoren emittieren außer Wasser nur noch Stickoxide, die sich über einen Katalysator weitgehend vermindern lassen. Nur noch Wasser als Verbrennungsprodukt entsteht, wenn Wasserstoff in Brennstoffzellen mit Sauerstoff ohne Flamme oxidiert wird. Der erforderliche Elektronentransport liefert Strom, so daß diese Option eine Verbindung von Wasserstoff- und Elektroantrieb darstellt. Das System funktioniert auch mit Methanol, wobei neben Wasser Kohlendioxid anfällt (vgl. Stromthemen 1995, BLUM 1996).

Dennoch sind die alternativen Antriebsarten mit spezifischen Nachteilen behaftet. Bei Elektro- und Wasserstoffmotoren ist es die niedrige Energiedichte mit der Folge geringer Reichweiten oder voluminöser und gegebenenfalls schwerer Speichermedien (vgl. WEBER 1991, S. 78 ff., RICKERT/HOLZÄPFEL 1992). Biotreibstoffe verursachen ökologische Probleme im Feldbau, da Mineraldünger und Pestizide zur Grundwasserbelastung beitragen sowie giftige Rückstände in der Verarbeitung anfallen. Außerdem ist die Energiebilanz bislang nur beim Pflanzenöl positiv, während beim Bioalkohol die Ausbringung an Energie in Form von Treibstoff nur 60 % des Energieinputs für Feldbewirtschaftung, Transport und Weiterverarbeitung ausmacht (Nahverkehrspraxis 1994a). Alle genannten alternativen Treibstoffe könnten ferner bislang nur zu (zum Teil bedeutend) höheren Preisen als fossile Kraftstoffe angeboten werden. Rapsöl würde als bislang günstigste Variante einen Marktpreis von 2 - 2,50 DM pro Liter erfordern und wäre nur mit Hilfe der in der Landwirtschaft üblichen Subventionen von 1,10 - 1,30 DM/l (ohne Mineralölsteueraufschlag) konkurrenzfähig (Nahverkehrspraxis 1994a). Auch die Motorherstellungskosten liegen noch über denen herkömmlicher Aggregate.

Langfristig werden dennoch die alternativen Energien die Oberhand behalten, da Kohle, Erdöl und Erdgas unweigerlich zur Neige gehen. Mithin wird die Benutzung von Kraftfahrzeugen auch weiterhin möglich sein, dann allerdings zu höheren Kosten. Bis zu diesem Zeitpunkt, der aufgrund der schwierigen Durchsetzbarkeit der Internalisierung externer Kosten frühestens in einigen Jahrzehnten in Sicht ist, bleiben alle genannten ökologischen Negativwirkungen - wenn auch dank Katalysator in reduzierter Form - bestehen.

Ein letzter Bereich technischer Neuerungen betrifft die Verkehrssicherheit. Im Rahmen des Forschungsprogrammes PROMETHEUS wurden mehrere Verfahren entwickelt, die einen erheblichen Sicherheitsgewinn durch Verhütung von Unfällen und Begrenzung von Unfallfolgen versprechen. Hierzu gehören z. B. Abstandswarner/-regler, Infrarotsichtgeräte, Straßenbelagssensoren, optisch/akustische Gefahrenwarnung und die Fahrerzustandsüberprüfung (vgl. ZIMMER 1990, Nahverkehrspraxis 1994b). Auch für diese Innovationen werden allerdings die Fahrzeugkauf- und -unterhaltungskosten deutlich steigen müssen. Ähnlich wie bei den alternativen Antrieben wäre dies als Internalisierung bislang externer Kosten anzusehen.

Insgesamt bieten die technischen Optionen vielversprechende Möglichkeiten zur Problemminderung. Eine gänzliche Lösung stellen sie nicht dar. Selbst wenn es zu einer weitgehenden Reduzierung der Schadstoffemissionen kommen sollte, was technisch machbar erscheint, blieben drängende, vor allem städtische Verkehrsprobleme nicht ausreichend gemindert oder gar gelöst: die Flächeninanspruchnahme mit allen daraus resultierenden Folgen (Beeinträchtigungen des Stadtbildes und des nichtmotorisierten Verkehrs), die verbleibenden Unfallgefahren und die Lärmbelastung (Ausnahme bzgl. letzterem: Elektroantrieb). BICKEL/FRIEDRICH (1995, S. 131) errechneten beispielsweise, daß unter technisch möglichen Problemreduktionspotentialen (Unfälle -15 %, Lärm -30 %, NO_x-/C_xH_x-/ CO-Emissionen -70 %) die externen Kosten des Straßenpersonenverkehrs „nur" um 20 - 29 % abnehmen würden.

Insgesamt erscheint es wenig wahrscheinlich, daß in naher Zukunft die Vielfalt und Intensität städtischer Verkehrsprobleme einen hinreichend verhaltensrelevanten Ausdruck im Anstieg von Mobilitätskosten findet - weder auf dem Abgabenweg noch über die Forcierung fahrzeugtechnischer Innovationen. Es erscheint sogar generell fraglich, ob über Kostenerhöhungen im MIV ausreichend Impulse zur Verminderung des städtischen Verkehrsaufkommens gegeben werden können, da diese nur einen Faktor der Transportmittelwahl neben vielen anderen (Geschwindigkeit, Bequemlichkeit, Sicherheit etc.; vgl. Kap. 7.1) betreffen. Es ist deshalb wenig sinnvoll, die Verantwortlichkeit für städtische Verkehrsprobleme ausschließlich der nationalen Politik zuzuweisen, welche maßgeblich die Kostenrelationen im Verkehrssystem beeinflussen kann. Vielmehr muß nach ergänzenden Lösungsansätzen auf der Ebene kommunaler Politik und Planung gesucht werden. Diese besitzen in der Tat zahlreiche Einwirkungsmöglichkeiten, die zum Teil auch den Vorteil kurzfristiger Umsetzbarkeit bieten (vgl. Kap. 4.2.1 - 4.2.6).

4. Bedeutung von Politik und Planung für die Verkehrsentwicklung und die Minderung von Verkehrsproblemen

Über Jahrzehnte hinweg galt es in Politik und Planung auf kommunaler und den übergeordneten Ebenen als ein ungeschriebenes Gesetz, daß die Nachfrage nach Verkehrsleistungen einen nicht zu beeinflussenden Faktor darstellt, dem es das Angebot an Verkehrswegen und -mitteln anzupassen gilt (vgl. MENKE 1975; Beispiel aus der Lehrbuchliteratur: LEIBBRAND 1980). Charakteristisch für diese Sichtweise ist die Dreistufigkeit der älteren kommunalen „Generalverkehrspläne": Zustandsanalyse - Prognose - Planung (ADELT 1992, S. 13). Die Planung wurde dabei als ein Schritt zur Anpassung der Verkehrsstrukturen an die prognostizierte Entwicklung - einen Anstieg des PKW-Verkehrs - gesehen. Beginnend in den 70er, insbesondere in den 80er Jahren wurde die Automatik, mit der der Ausbau städtischer und überregionaler Straßenverkehrssysteme dem Anstieg im MIV folgte, zunehmend kritisiert (vgl. z. B. MENKE 1975, DROSTE 1978, APEL/ERNST 1980). Der Verkehrspolitik wurde der Vorwurf gemacht, sie sei im Sinne einer sich selbst erfüllenden Prophezeihung tätig gewesen und hätte in erheblichem Maße den Anstieg im Aufkommen des MIV durch den Ausbau der Verkehrswege für Kraftfahrzeuge mitverursacht. Diese Annahme findet einen indirekten Beleg durch Kommunen, insbesondere in den Niederlanden und Dänemark, weniger auch in der Bundesrepublik Deutschland, die mit einer Abkehr von dem üblichen Schema der Generalverkehrsplanung den Trend zum Verkehrsmittel PKW stoppen und sogar umkehren konnten (vgl. BMRO 1978 u. 1986, DROSTE 1978, Stadt Erlangen 1984, Stadtplanungsamt Münster 1989, WICHMANN 1991). Zunehmend setzte sich die Erkenntnis durch, daß Verkehrsangebot und -nachfrage keine voneinander unabhängigen Größen sind, sondern es zwischen beiden Interdependenzen gibt, auf die wiederum eine staatliche Einflußnahme möglich ist. Dies war die Ursache für einen grundlegenden Wandel verkehrspolitischer Zielsetzungen und Leitbilder, der sich im Gegensatz der Erörterungen von Kap. 4.1 und 4.2 widerspiegelt. Neben dem damit gebotenen Überblick über Entwicklung und Instrumente der Verkehrspolitik liefern die folgenden Ausführungen die notwendigen „angebotsseitigen" Merkmale planerischer Maßnahmen, die für die Bewertung letzterer erforderlich sind. Eine zusammenfassende Typisierung wird in Kap. 4.2.7 (Tab. 7) entwickelt. Sie fließt - nach Analyse von Komponenten der Verkehrsnachfrage - in den Versuch einer abschließenden Effizienzbewertung von Maßnahmen in Kap. 9 ein.

4.1 Planung zugunsten des motorisierten Individualverkehrs

Lange bevor REICHOW (1959) das Leitbild der autogerechten Stadt explizit formulierte, dominierte bereits eine Politik und Planung zur Förderung des motorisierten Verkehrs. Die Wurzeln hierfür reichen zurück bis in die 20er Jahre (vgl. HORN 1990) und liegen in der Gleichsetzung von technischem (= Entwicklung motorisierter Fahrzeuge) mit sozialem Fortschritt (= Wohlstand, individuelle Freiheit). Mit zunehmender Ballung des Verkehrs und den daraus resultierenden Problemen kam ein pragmatisches Argument hinzu: Je schneller Fahrzeuge in der Stadt ihr Ziel erreichen und je schneller sie die Stadt wieder verlassen, desto kürzer belasten sie das Verkehrsnetz und desto geringer sind die negativen Folgen des Verkehrs, einschließlich der Umweltbelastung. Folgt man diesem Gedanken, ist ein möglichst schneller und ungestörter

Verkehrsfluß gleichbedeutend mit einer Minimierung aller weiteren Verkehrsprobleme; die Gewährleistung eines reibungslosen Ablaufes im motorisierten Verkehr wird damit zum Oberziel politischen Handelns. Verkehrspolitik und -planung in der Bundesrepublik Deutschland der 50er und 60er sind durch diese Gedankengänge geprägt worden (vgl. MENKE 1975).

Aber selbst dann, wenn die Förderung des Verkehrsflusses im motorisierten Verkehr und mithin das Leitbild der autogerechten Stadt nicht zum Ziel kommunaler Aktivitäten erklärt wurden, eventuell sogar das Schwergewicht der Politik offiziell auf dem öffentlichen Verkehr lag, resultierte aus dem tatsächlichen Handeln oft nichts anderes als eine Förderung des motorisierten Individualverkehrs. Ursache hierfür ist der Umstand, daß Engpässe im MIV, die sich als Staus und Parkraumnot äußern und mit konzentrierten Lärm- und Abgasemissionen verbunden sind, optisch sehr viel stärker in Erscheinung treten als z. B. Probleme im Fußgänger- und Radverkehrsnetz sowie im öffentlichen Verkehr. Dies hat Einfluß auf die Berichterstattung in den lokalen Medien, und dies wiederum ist ein wichtiges Kriterium für politischen Entscheidungsbedarf bzw. -druck. HAWEL (1990, S. 26) führt in diesem Sinne für das Beispiel Hamburg aus, daß der Übergang von einer geschlossenen Gesamtkonzeption zu einer Strategie der Einzelfallentscheidungen, die sich an der Beseitigung von Engpässen orientierte, vor allem die Kapazitäten für den MIV sukzessiv erhöhte.

4.1.1 Instrumente der MIV-orientierten Planung

Die Förderung des PKW-Verkehrs ist grundsätzlich über drei Wege möglich, zum ersten durch Erweiterungen des Verkehrsangebotes mittels Ausbaumaßnahmen, zweitens durch Angebotsoptimierungen mittels den Verkehrsfluß fördernder Maßnahmen und drittens durch eine Optimierung der Nachfragestrukturen. Letzteres beinhaltet mit einigen Methoden einen Grenzbereich zur in Kap. 4.2 diskutierten Beeinflussung der Verkehrsmittelwahl.

Der zuerst genannte Bereich ist gut durch fotographische Vergleiche derselben Orte zu verschiedenen Jahren bzw. Jahrzehnten (vgl. BODE u. a. 1986) zu dokumentieren. Aber auch Analysen von Stadtplänen derselben Städte und zeitlichem Unterschied von zwei oder mehr Jahrzehnten liefern meist erkennbare Hinweise (siehe für Lüneburg, Flensburg, Essen und Frankfurt Auflistung im Literaturverzeichnis). Die verkehrlichen Ausbaumaßnahmen richteten sich demgemäß auf folgende Ziele (vgl. MENKE 1975, S. 22-23):

- Bau und Ausbau von radialen Ausfallstraßen zu Lasten bestehender Bausubstanz, Gehwegen und/oder von Freiflächen (Hausgärten, größere Grünanlagen)
- Bau und Ausbau von Ring- und Tangentenstraßen, bei größeren Städten häufig in mehrfacher Ausprägung, so daß sich folgende Typen unterscheiden lassen:
  Ringstraßen/Tangentenstraßen
  - zur Umgehung der City,
  - als Querverbindung in der Innenstadt,
  - als Umgehung der Innenstadt,
  - zur Umgehung des städtischen Gebietes.

- Großzügige Bemessung der Fahrbahnmaße in Neubaugebieten
- Ausbau von Parkraum
  Hierzu gehört vor allem der Bau von Parkhäusern und Tiefgaragen, zum Teil aber auch die Ausweisung ebenerdiger Parkplätze. Zumeist handelte es sich bei Parkhäusern und Tiefgaragen nicht um kommunale, sondern privatwirtschaftliche Einrichtungen. Gleichwohl hat die kommunale Flächennutzungs- und Bauleitplanung deren Entstehung gestattet und in vielen Fällen gezielt gefördert, das heißt, gegenüber alternativen Nutzungen vorgezogen.

Mit Ausnahme der Neubaugebiete waren die genannten Maßnahmen in der Regel mit Verlusten an bestehender Bausubstanz - vor allem in Altstadt- und Gründerzeitvierteln - sowie der Verschmälerung von Gehwegen und/oder Freiflächen (vor allem Hausgärten) verbunden. Gelegentlich kam es auch zur Zerschneidung größerer Grünanlagen. Trotz aller Bemühungen war das wachsende Verkehrsaufkommen allein durch die obigen Instrumente nicht zu bewältigen. Sie fanden deshalb eine Unterstützung in Maßnahmen, die einer Optimierung des (motorisierten) Verkehrsablaufes dienen sollten. Hierzu gehören:

- Einbahnstraßenregelungen, besonders ausgeprägt in dicht bebauten Innenstadtquartieren; die freiwerdende Fahrbahn diente meistens der Ausweitung des Parkraumes;
- Fahrtrichtungsgebote und Einfahrverbote, um unerwünschte, da stauverursachende Abbiegevorgänge zu unterbinden;
- „Grüne Wellen" an Ampelschaltungen;
- Erhebung von Parkgebühren und/oder Parkzeitbeschränkungen im Straßenraum, um den Bedarf von Dauerparkern, vor allem des Berufs- und Ausbildungsverkehrs, zu verlagern und Kurz- und Mittelzeitparker des Einkaufsverkehrs zu bevorzugen. ILGMANN (1982, S. 139) führt aus, daß ein Langzeitparker durch drei bis vier Kurzzeitparker ersetzt wird, BECHER/ OVERATH (1992) geben sogar eine ungefähre Verachtfachung der Stellplatzbenutzer an.
- Einrichtungen von Parkleitsystemen. Bei den „starren" Systemen werden nur Parkierungsanlagen von den Hauptzugangswegen bis zur Einfahrt ausgeschildert. „Flexible" Leitformen zeigen zusätzlich an, ob und wieviele Stellplätze frei sind.

Bislang noch im Versuchsstadium befinden sich computergesteuerte Lenkungssysteme, mit denen eine Erhöhung der Leistungsfähigkeit von Straßen angestrebt wird (vgl. ZIMMER 1990, SCRIBA 1991, HOFFMANN/JANKO 1992, KILL 1993). Sie basieren auf einer Zweiwegekommunikation zwischen Bordcomputern in den Fahrzeugen und Sendern/ Empfängern an Knotenpunkten. Ein Zentralrechner vermittelt Informationen über Baustellen, Straßensperrungen sowie Unfälle und übernimmt die verkehrsbelastungsabhängige Ampelsteuerung. Die Bordcomputer lotsen wiederum den Fahrer visuell und akustisch an das Ziel.

Im Straßenbild nicht optisch erkennbar, sind alle auf die Verkehrsnachfrage bezogenen Methoden, welche um eine zeitliche Dekonzentration und so um eine bessere Auslastung des Straßennetzes bemüht sind (vgl. LEHMANN 1973, KREUZ/ SCHULTZ-WILD 1975, S. 93 ff.). Es geht dabei um eine Entflechtung der morgendlichen und abendlichen Verkehrsspitzen, die maßgeblich durch den Ausbildungs- und Berufsverkehr verursacht werden. Mittels einer Streuung der Anfangs- und Endzeiten von Schulen, Betrieben und Behörden läßt sich zum einen das Aufkommen im motorisierten Individualverkehr entballen, zum anderen wird auch die Auslastung im öffentlichen Verkehr verbessert bzw. temporäre Überlastungen werden gemindert oder vermieden. Im einzelnen sind hierzu notwendig:

- die Einführung flexibler Arbeitszeiten an Werktagen; OPASCHOWSKI (1993, S. 32) hat darüber hinaus auch die Einführung eines flexiblen Wochenendes in die Diskussion gebracht, das heißt die freie Wahl, auf welchen Wochentag ein oder zwei freie Arbeitstage fallen;
- die zeitliche Staffelung des Unterrichtsbeginns in Schulen sowie des Arbeitszeitbeginns in Unternehmen und sonstigen Institutionen (z. B. Krankenhäuser) mit festen Arbeitszeiten, was insbesondere bei Schichtdiensten der Fall ist;
- ergänzend die Flexibilisierung von Ladenöffnungszeiten, um auch den Einkaufsverkehr, insbesondere zwischen 16 und 18 Uhr, zu entzerren.

Flexible Arbeitszeiten haben sich im Laufe der letzten Jahre in vielen Betrieben und Behörden durchgesetzt, wobei weniger die verkehrliche Notwendigkeit als vielmehr die Verbesserung des Arbeitsklimas für die Beschäftigten im Vordergrund stand. Die zeitliche Staffelung von Schulanfangszeiten ist ebenfalls vielfach umgesetzt, da die öffentlichen Verkehrsträger im Sinne einer günstigen Auslastung ihrer Fahrzeugkapazitäten hierauf drängen. Eine Flexibilisierung der Ladenöffnungszeiten ist in Deutschland seit kurzem realisiert, erfolgte aber wiederum nicht aus verkehrlichen, sondern wirtschaftspolitischen Gründen.

Eine weitere Idee zur besseren Bewältigung des Aufkommens im motorisierten Individualverkehr ist die Förderung von Fahrgemeinschaften. Diese Idee hat anläßlich der Energiekrise 1973 in den USA eine gewisse Verbreitung und Anwendung gefunden (vgl. ADAM 1974) und gehört mittlerweile zu den Hauptmaßnahmen zur Bekämpfung der Verkehrsraumnot in amerikanischen Großstädten. In der Bundesrepublik Deutschland gibt es bis auf wenige Ausnahmen (z. B. Hameln) keine kommunalen Aktivitäten auf diesem Gebiet, sondern bestenfalls einzelne studentische Mitfahrvermittlungen in Hochschulen und kommerzielle Mitfahrzentralen in wenigen Großstädten. Elemente zur Förderung von Fahrgemeinschaften sind eine institutionalisierte Informationsvermittlung („car pool information" in den USA), separate Spuren auf Stadtautobahnen für Busse und „car pools" sowie „Car pool"-Parkplätze an den Autobahnzufahrten. Obwohl das Potential für Fahrgemeinschaften vor allem im Ausbildungs- und Berufsverkehr erheblich sein dürfte angesichts durchschnittlicher Fahrzeugbesetzungszahlen von wenig über 1, sind die Erfahrungen mit organisierten Fahrgemeinschaften in den USA bislang ernüchternd (vgl. TOPP 1993c).

Insgesamt ist den verschiedenen Methoden zur MIV-Förderung gemeinsam, daß sie auf eine Anpassung des Raumangebotes für die vorhandene und prognostizierte Nachfrage im MIV gerichtet sind bzw. eine möglichst hohe Ausnutzung vorhandener Straßenräume anstreben. Ziel ist der Erhalt oder gar die Verbesserung des Verkehrsflusses, wovon man sich die Minimierung weiterer Verkehrsprobleme verspricht.

4.1.2 Wirkungen der MIV-Förderung

Während kurzfristige Entlastungseffekte im Verkehrssystem durch die erläuterten Maßnahmen häufig eintraten, setzt die Kritik vor allem an den entgegengesetzten mittel- und langfristigen Auswirkungen an, die unter Umständen nicht erst nach einigen Jahren, sondern schon nach Monaten oder wenigen Wochen auftreten (siehe unten). Außerdem wird nur ein begrenztes Spektrum von Problemen tangiert. So war es im Zuge der (hingenommenen) Zunahme des Kfz-Verkehrs nicht möglich, die negativen Folgen für Stadtbild und Pflanzenwelt zu verringern, diese haben sich sogar verstärkt. Desgleichen gilt für die Beeinträchtigung des nichtmotorisierten Verkehrs und der Straßenanwohner in Form von Geruchs- und Lärmbelästigungen sowie Zerschneidungseffekten. Eine - durchaus eindrucksvolle - Verringerung der Unfallfolgen (vgl. Kap. 3.3.2) ist zwar statistisch belegt, jedoch dürften intervenierende Faktoren, wie die Verbesserung der Verkehrserziehung - insbesondere die Intensivierung der Fahrschulausbildung -, der Fahrzeugtechnik und des Rettungswesens von erheblichem Gewicht sein. Auch die Raumnöte im fließenden und ruhenden Verkehr haben nicht dauerhaft ab-, sondern eher zugenommen. Ursache hierfür ist in erster Linie das angestiegene Volumen im motorisierten Individualverkehr, wofür wiederum die Verkehrspolitik älterer Prägung mitverantwortlich gemacht wird (vgl. MENKE 1975, S. 38-39 u. 72-73, HEINZE 1979, TOPP 1985, KNOFLACHER 1993, insbesondere S. 31-39).

Ausgangspunkt der Argumentation ist dabei, daß jede Maßnahme zur Beseitigung vorhandener oder vorhergesagter Engpässe im MIV günstige Benutzungsbedingungen für den PKW wiederherstellt, erhält oder sie noch verbessert - trotz steigenden Verkehrsaufkommens. Die primäre Benutzungsattraktivität resultiert z. B. aus der hohen Verfügbarkeit als Individualverkehrsmittel, der technisch bedingten, potentiell hohen Reisegeschwindigkeit, dem Witterungsschutz, der günstigen Gepäck- und Personentransportmöglichkeit und dem hohen Fahrkomfort (vgl. Kap. 7.3.8.12). Erfolgt eine Verbesserung der PKW-Nutzungsbedingungen, ist dies ohne ausgleichende Maßnahmen mit einer relativen Verschlechterung der Bewertung alternativer Fortbewegungsmittel gleichzusetzen. Häufig werden sogar deren Gunstfaktoren auch absolut verschlechtert. So sind die „Grünen Wellen" an Ampeln auf den fließenden PKW-Verkehr ausgerichtet. Für Busse, die zahlreiche Haltestellen ansteuern, erhöht sich eher die Wahrscheinlichkeit, vor roten Ampeln warten zu müssen; dasselbe gilt für den nichtmotorisierten Verkehr. Für den letztgenannten resultieren weitere negative Effekte aus dem Straßenausbau, denn erhöhte Verkehrsdichte und höhere Fahrgeschwindigkeiten bewirken größere Risiken bei Fahrbahnüberquerungen und im Parallelverkehr (bei fehlender Separierung) sowie ferner eine größere Beeinträchtigung durch Lärm- und Abgasemissionen. Die Folge ist eine Ausweitung der Anreize zum Kauf und vor allem zur häufigeren Benutzung des PKW. Diese kann wiederum letztlich in einen Zwang zum PKW-Gebrauch münden, wenn es (unter anderem) aufgrund der städtischen Umfeld- und Verkehrssituation mit ihrem hohen Grad an Flächenversiegelung und -inanspruchnahme durch den Kfz-Verkehr, ihren Unfallgefahren und Lärm-/Abgasbelastungen zu einer Wohnsitzverlagerung in die städtische Peripherie kommt, in der die Wege zu Arbeits-, Ausbildungs-, Einkaufs- und Freizeitzielen nicht mehr zu Fuß, mit dem Fahrrad oder mit dem ÖPNV unter als annehmbar empfundenen Bedingungen zurückzulegen sind.

Die daraus resultierende Erhöhung des MIV-Aufkommens produziert neue Engpässe im Verkehrssystem mit der Folge politischer Forderungen nach einem weiteren Ausbau des Straßennetzes und des Parkraumangebotes (Abb. 15).

HESSE/LUKAS (9/1990, ähnlich auch BMRO 1989, Teil B, S. 16 ff., HÄRLE 1992, S. 8) machen allerdings darauf aufmerksam, daß dies nicht der alleinige Ursache-Wirkungszusammenhang sein kann. Weitere Faktoren, die zum Kauf und zur Benutzung von PKW Anlaß geben, müssen zur Erklärung des gewachsenen Aufkommens im MIV hinzugezogen werden. Dazu gehören die in den vergangenen Jahrzehnten gestiegenen durchschnittlichen Realeinkommen als finanzielle Basis für Kauf und Unterhalt eines Kraftfahrzeuges (vgl. Tab. 6). Als Ursache steigender Kfz-Zulassungszahlen werden ferner erhöhte persönliche Mobilitätswünsche, z. B. zum Zwecke von Urlaubsreisen, genannt. Ebenso ist die Wirkung soziologischer Normen in der Gesellschaft oder in ihren Teilgruppen in Betracht zu ziehen, da der Besitz bestimmter Güter als Statussymbol fungieren kann. Individuelle wie gesellschaftliche Normen könnten prinzipiell auch ohne steigende Realeinkommen über Umschichtungen im Haushaltsbudget eine Erhöhung der Kraftfahrzeugdichte bewirken. Ist erst einmal ein PKW angeschafft, tritt er automatisch in ein Konkurrenzverhältnis mit anderen Fortbewegungsarten. Dabei fällt die Entscheidung allein aufgrund individueller Kostenüberlegungen (vgl. Kap. 3.4) viel eher zugunsten der Kraftfahrzeugbenutzung aus, als das bei der Alternative „Taxi" der Fall.

Tab. 6: Sozioökonomische Faktoren des Kraftfahrzeugbesitzes in der
Bundesrepublik Deutschland 1950-93 (alte Bundesländer)

Jahr (Mio.)	Einwohner 18 Jahre (%)	Anteil ab	Index der realen Bruttowochenverdienste von Industriearbeitern (1985 = 100)	Anteil der Belastung für PKW-Besitz und -Unterhalt am ausgabefähigen Einkommen* (%)
1950	50,96	72,2	33,3	?
1955	53,52	73,5	36,3	?
1960	55,96	74,7	47,9	?
1965	59,30	73,4	64,3	12,0 - 16,0
1970	61,00	72,9	82,0	11,3 - 14,0
1975	61,64	74,2	89,6	9,9 - 12,3
1980	61,66	76,9	101,9	10,2 - 12,7
1985	61,02	80,6	100,0	9,2 - 12,2
1990	63,73	81,7	112,0	8,2 - 10,6
1993	65,53	81,0	114,3	8,2 - 10,7

*Spannweiten kommen durch zwei unterschiedliche Haushaltstypen des Statistischen Bundesamtes als Berechnungsgrundlage zustande: Jeweils 4-Personen-Haushalte von Arbeitern/Angestellten mit mittlerem und Angestellten/ Beamten mit höherem Einkommen.

Quellen: Statistisches Bundesamt (1990, S. 502 u. 548, 1991, S. 606; 1995, S. 46, 568 u. 636), BMV (1991a, S. 164-165, 424-425; 1995, S. 271)

Abb. 15: Wirkungszusammenhänge zwischen Verkehrsnachfrage und Verkehrsangebot sowie externen Faktoren

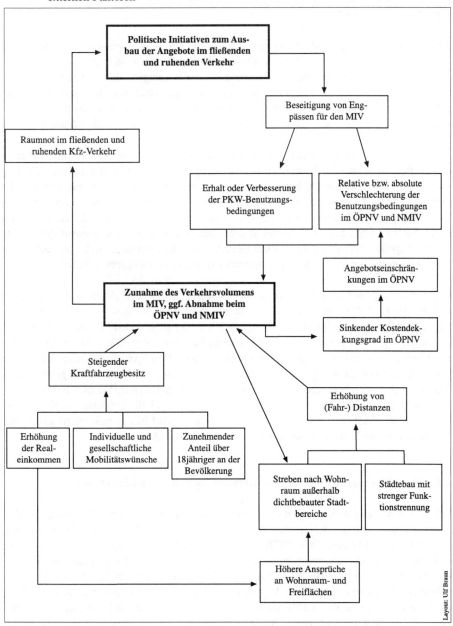

gewesen wäre. Es resultiert also aus der steigenden PKW-Verfügbarkeit -bei sonst konstanten Rahmenbedingungen - ein Anstieg des Aufkommens im motorisierten Individualverkehr (vgl. WERMUTH 1980).

Eine ähnliche Wirkung resultiert aus der Veränderung der demographischen Struktur. Wenn die Bevölkerung aufgrund von Zuwanderungen oder eines Geburtenüberschusses wächst und/ oder der Anteil der erwachsenen Bevölkerung im „PKW-fähigen Alter" zunimmt, hat dies über den Motorisierungsgrad Konsequenzen für das Verkehrsaufkommen. Für die Bundesrepublik Deutschland kann seit 1950 sowohl ein Bevölkerungswachstum als auch - bis 1989 - ein steigender Anteil der Bevölkerung im „PKW-fähigen Alter" festgestellt werden (Tab. 6).

HESSE/LUKAS (9/1990) sehen jedoch die Hauptursache für den Anstieg im Verkehrsaufkommen im Städtebau, der durch die Ausweitung der Siedlungsflächen und die Trennung von Wohn-, Einkaufs-, Ausbildungs-/Arbeits- und Freizeitfunktionen zur Vergrößerung der Distanzen Anlaß gegeben hat, was die Einsatzbedingungen für öffentliche und nichtmotorisierte Fortbewegungsmittel prinzipiell verschlechtert (vgl. Kap. 3.2; ähnlich auch APEL/ERNST 1980, S. 32 ff.). Damit ist neben der Verkehrspolitik ein weiterer Bereich der kommunalpolitischen Verantwortlichkeit betroffen, der sich allerdings im Gegensatz zu den verkehrsplanerischen Parametern nachträglicher Korrekturen weitgehend entzieht.

Insgesamt erwies sich das Leitbild der autogerechten Stadt bzw. eine Politik und Planung, die gezielt oder als Folge von „Sachzwangentscheidungen" den privaten Autoverkehr förderte, als nicht in der Lage, die Verkehrsprobleme zu lösen oder entscheidend zu verringern; mittel- und langfristig war sogar eher eine Problemverstärkung die Folge. Obgleich für den Anstieg des Volumens im motorisierten Individualverkehr und dessen Problematik weitere Faktoren zur Erklärung mit einbezogen werden müssen, war dieser Umstand Anlaß genug, einen Wandel in den verkehrspolitischen Leitvorstellungen zu bewirken. Hiernach beinhaltet die Verbesserung des Kfz-Verkehrsflusses nicht mehr automatisch die Erreichung weiterer Zielsetzungen der Stadt- und Verkehrsplanung, sondern es wird hierzu eine Verringerung des PKW-Anteiles am Verkehrsaufkommen für notwendig erachtet.

4.2   Beeinflussung der Verkehrsmittelwahl als politische Zielsetzung

Schon in den 60er Jahren wurden erste Überlegungen geäußert, die für die Verkehrspolitik eine Rückbesinnung auf den Anstieg des MIV als Ursache der Verkehrsprobleme forderten (vgl. z. B. BUCHANAN 1964, HEINZE 1973, S. 597-598). Statt dessen Bedingungen zu verbessern und damit am Symptom zu kurieren, sollten in viel stärkerem Maße die Alternativen zum PKW ausgebaut werden, vor allem der ÖPNV. Aber erst in den 80er Jahren stieg die öffentliche Aufmerksamkeit für die Problematik des Verkehrs derart stark an, daß die meisten westdeutschen Städte aller Größenordnungen eine tiefgreifende Änderung der politischen Zielsetzungen und des praktizierten Maßnahmenrepertoires vornahmen (vgl. z. B. Deutscher Städtetag 1984, FGSV 1987b). Die Beeinflussung der Verkehrsmittelwahl in der Bevölkerung zu Lasten des PKW wurde damit zum Leitgedanken, wobei auch eine Behinderung bzw.

Verlangsamung des MIV in Kauf genommen werden sollte. Analog zum Leitbild der autogerechten Stadt fanden deshalb als programmatische Schlagwortbegriffe die „menschengerechte Stadt" oder das „umwelt- und sozialverträgliche Verkehrssystem" Anwendung (vgl. z. B. Nahverkehrspraxis 1988, BUND 1990, BUND/VCD 1990). Der inhaltliche und damit verbundene begriffliche Wandel erfaßte auch Planbezeichnungen auf kommunaler Ebene. So wurde der „Generalverkehrsplan" mit seiner dreiteiligen Methodik und vornehmlichen Orientierung auf den Kraftfahrzeugverkehr (vgl. Kap. 4.1) zunehmend ersetzt durch den „Gesamtverkehrsplan" bzw. „Verkehrsentwicklungsplan" (RETZKO 1992) oder die „integrative Verkehrsplanung" (Senator f. d. Bauwesen 1995). Kennzeichnend für diese neuere Plangeneration ist eine über das zuvor übliche Maß hinausgehende mehrteilige Vorgehensweise:

„Bestandsanalyse -> Zielformulierung -> Vorplanung -> Bewertung/Diskussion/ Folgenabschätzung -> Entwurfsplanung -> Erläuterung/ Werbung" (ADELT 1992, S. 16).

Dieser Vorgehensweise entsprechend soll eine vorbehaltlose Anpassung an prognostizierte Entwicklungen nicht mehr erfolgen, stattdessen steht der steuernde Einfluß von Politik und Planung auf Verkehrsaufkommen und -verteilung zur Verbesserung der Umwelt- und Umfeldbedingungen im Vordergrund. Außerdem ist im Gegensatz zum Generalverkehrsplan die öffentliche Diskussion der Entwicklungsziele von großer Bedeutung (ADELT ebda.).

Zur Verminderung des PKW-Verkehrs und seiner Auswirkungen existieren verschiedene Wege, die sich im Verlauf der letzten Jahre herausgebildet haben und die in den Kap. 4.2.1 - 4.2.6 kurz erläutert sowie in Kap. 4.2.7 klassifiziert und einer ersten Bewertung unterzogen werden sollen. Es handelt sich um Maßnahmen zur
* Vermeidung von Verkehr,
* folgenärmeren Abwicklung des verbleibenden Kfz-Verkehrs,
* Verlagerung von Verkehrsaufkommen auf die Transportmittel des Umweltverbundes, also ÖPNV, Fahrrad und Zufußgehen.

4.2.1 Strategien zur Verkehrsvermeidung

Eine echte Vermeidung von Verkehr gelingt nur, wenn die in Kap. 2 genannten Verkehrsbedürfnisse mit Hilfe der Fernkommunikation zu befriedigen sind. Gelingt dies nicht, sind allenfalls bestimmte Mobilitätsformen oder Distanzanteile ersetzbar. Mittels städtebaulicher Methoden können z. B. Distanzen verringert werden, was nicht nur (Kfz-)Fahrstrecken verringert, sondern auch nichtmotorisierte Fortbewegungsarten attraktiv erhält. Die präventive Verkehrsberuhigung innerhalb des Städtebaus - allerdings ebenso die nachträgliche Verkehrsberuhigung, vgl. Kap. 4.2.2 - funktioniert umgekehrt und doch ähnlich: Es werden die zeitlichen Distanzen im MIV erhöht, wodurch die Reisezeitgunst von PKW-Alternativen zunimmt. PKW-Fahrgemeinschaften variieren weder Distanzen, Reisezeiten noch das personenkilometrische Aufkommen, sie verringern aber die Zahl der Fahrzeugkilometer. Das organisierte Auto-Teilen in Form des car sharings vermeidet schließlich primär lediglich einen Teil des ruhenden Verkehrs, bleibt damit aber sekundär ebenfalls nicht ohne Auswirkungen auf die Mobilitätsstrukturen.

4.2.1.1 Fernkommunikation

Die technische Entwicklung in den letzten drei Jahrzehnten hat eine Reihe neuer Verfahren hervorgebracht, mit deren Hilfe sich Verkehrsanteile möglicherweise einsparen lassen. Grundgedanke ist dabei die Entwicklung der Fernkommunikationstechnik bis auf ein Niveau, welches die körperliche Anwesenheit von Gesprächspartnern am gleichen Ort überflüssig macht. Die neuen Techniken umfassen im einzelnen (vgl. KREUZ/SCHULTZ-WILD 1975, S. 179 ff., HENCKEL/NOPPER 1984):

* Telefax (Fernkopieren),
* Datenfernübertragung per Telefon oder digitalen Datex-Dienst/"E-Mail",
* Teletex (Bürofernschreiben, Erweiterung des alten Telex-Dienstes),
* Bildschirmtext (Btx),
* Bildtelefon (noch im Erprobungs- und Demonstrationsstadium).

Im einzelnen sind folgende Wirkungszusammenhänge denkbar:

a) Reduzierung des Güterverkehrs durch Absprachen mit dem Ziel der Vermeidung von Leerfahrten bzw. raum- und gewichtsmäßig nicht ausgelasteter Fahrten. Analog ergibt sich im Personenverkehr die Chance, Informationen über Mitfahrgelegenheiten besser zu vermitteln.

b) Die Telematik kann Verkehr substituieren, weil nicht mehr zu allen Vorgängen des täglichen Lebens die persönliche Anwesenheit an bestimmten Orten erforderlich ist. Dies betrifft im einzelnen

* die Heimarbeit, vor allem in Form der dezentralen Schreibdienste und Datenbearbeitung in der Verwaltung von Firmen und Behörden. Es entfallen dadurch Teile des Berufsverkehrs; das Substitutionspotential wird auf bis zu 20 % geschätzt, im Ausbildungsverkehr immerhin noch auf 5 % (vgl. BALS u. a. 1988, S. 48 ff.);

* Ferngespräche und Kleinkonferenzen, also Teile des Dienst- und Geschäftsreiseverkehrs, eventuell auch des privaten Besuchsverkehrs; das Substitutionspotential wird auf 0-50 % veranschlagt (vgl. ebda.);

* das teleshopping und homebanking; die geschätzten Angaben über das Substitutionspotential im Einkaufs- und Besorgungsverkehr reichen von 5-70 % (vgl. ebda.).

Dem Einsparungspotential stehen allerdings verkehrsinduzierende Effekte gegenüber, weil verbesserte Kommunikationsformen Kontakte in vielen Fällen erst ermöglichen, die ihrerseits zu Verkehr führen. Vor allem für den Geschäftsreise- und Ausbildungsverkehr wird neben der Substitution auch in hohem Maße eine Induktion von Mobilität vermutet. Außerdem fließen unter Umständen Zeitersparnisse durch Fernkommunikation in häufigeren oder räumlich weitergespannten Freizeitverkehr, der gerade bei der Teleheimarbeit den Verlust von Kommunikationsmöglichkeiten am Arbeitsplatz und an körperlicher Bewegung ersetzen hilft. Im Freizeitbereich klaffen die Schätzungen über den Nettoeffekt deshalb von 10 % Substitution bis zu 40 % Induktion weit auseinander (vgl. BALS u. a. a.a.O.).

Ferner bilden die neuen Datenübertragungstechniken die Grundlage der in Kap. 4.1.1 erläuterten Verkehrsleitsysteme oder verbessern zumindest deren Einsatzbedingungen. Die daraus resultierende erhöhte Auslastung der Straßen- und Parkraumkapazitäten trägt im Sinne des in Abb. 15 dargestellten Wirkungsgefüges ebenfalls eher zur Erhöhung des Verkehrsvolumens bei. Insgesamt erwarten deshalb BALS u. a. (a.a.O.), bei allen Verkehrsarten zusammengenommen, keine merklichen Entlastungseffekte aus dem Ausbau der Kommunikationsinfrastruktur.

4.2.1.2 Städtebau

Das Wachstum der Städte in die Fläche (vgl. Kap. 3.2) vergrößerte die zurückzulegenden Distanzen in allen Bereichen der Daseinsgrundfunktionen. Dieser Effekt wurde verstärkt durch die Bemühungen der Stadtplanung, unter Berufung auf die Charta von Athen, die Funktionen räumlich zu trennen - obgleich in der Charta ausdrücklich eine Distanzminimierung/-reduzierung gefordert wurde (vgl. HOFFMANN 1979, S. 130-131). Weiterhin erschwerte die mangelnde Bündelung der Siedlungsentwicklung auf Achsen den Anschluß an öffentliche Verkehrsmittel. Natürlich dürfte es kaum möglich sein, eine einmal erfolgte Ausbreitung von Siedlungsfläche wieder rückgängig zu machen. Dennoch besitzt der Städtebau bei Neuplanungen und bei Nachbesserungen in bestehenden Quartieren ein erhebliches Einflußpotential auf die Verkehrsentwicklung. Leitprinzip muß dabei die Minimierung von Wegeentfernungen sein (vgl. APEL/ERNST 1980, S. 163-164, NEDDENS 1986, S. 158-161, HESSE/LUKAS 9 u. 10/1990, HOLZ-RAU 1993), und zwar durch folgende Elemente:

• Binnenwachstum durch Schließung von Baulücken und Dachgeschoßausbau

• Mischung von Bautypen in Neubaugebieten,
um letztere in Größe und Struktur so zu bemessen, daß die Nachfrage für die Ansiedlung von Versorgungseinrichtungen (z. B. Supermarkt, Bäcker, Post- und Bankfiliale) ausreicht. Nur eine Mischung von Einfamilien-, Doppel- und Reihenhäusern sowie mehrgeschossigen Bauten kann die hierfür notwendigen Einwohnerdichten gewährleisten.

• Vorsichtige Abkehr vom Prinzip der Funktionstrennung
durch Zulassung von nicht störendem Gewerbe in oder an Wohngebieten sowie Ausstattung der Wohnbereiche mit Grün- und Freiflächen sowie Freizeitanlagen, um zur Wahrnehmung der Erholungsfunktion keine längeren Fahrten zu induzieren. In diesem Sinne hat auch die Gestaltung der Gebäude einen erheblichen Einfluß auf die optische Attraktivität eines Gebietes für fußläufige (Spazier-)Wege. Schließlich ist mittels Flächennutzungs- und Bauleitplanung und/oder kommunaler Bautätigkeit für ausreichend Räumlichkeiten zu sorgen, die für Geschäfte und andere Versorgungsfunktionen geeignet sind.

- Günstige ÖPNV-Anbindung
durch Konzentration des städtischen Wachstums auf Achsen (vgl. RÖCK 1974, insbes. S. 244) und zu den ÖPNV-Haltepunkten hin zunehmende Einwohnerdichten (Hamburger Dichtemodell, vgl. MÖLLER 1985, S. 173).

- Präventive Verkehrsraumgestaltung/Verkehrsberuhigung
Sie zielt auf Straßenprofile hinsichtlich Fahrbahnbreite, -verlauf und Straßenbelag, die zu niedrigen Geschwindigkeiten veranlassen, sowie auf eine Unterbindung von Durchgangs- oder „Schleichverkehr" mittels des „Radburn-Prinzips": Anbindung eines in sich ge- schlossenen Wohngebietes an eine Hauptverkehrsstraße, Erschließung durch eine oft ring- oder zangenartige Sammelstraße mit abzweigenden Sackgassen (vgl. BUCHANAN 1964, S. 47 ff. und Anl. 3 im Anhang); Durchgangsverkehr mit nichtmotorisierten Fortbewe- gungsarten soll indes möglich sein.

- Stellplatzzentralisierung
Eine Zentralisierung von Stellplätzen für mehrere Wohneinheiten, bei Wohnblöcken z. B. auch in Form von Parkdecks mit Kellergeschoß, kann sowohl städtebaulich wünschenswert als auch funktional sinnvoll sein (vgl. KNOFLACHER 1985, S. 99-102, 111-112): Die Verlängerung des Fußweges zum Parkplatz erhöht die relative Attraktivität nichtmotori- sierter oder öffentlicher Verkehrsmittel. Ein Beispiel hierfür ist das Nürnberger Wohngebiet „Langwasser P" (GUSSFELD u. a. 1994, S. 66-68).

- Autofreie Wohnbereiche
Die künftigen Bewohner einer Wohnanlage verzichten vertraglich auf die Haltung eines Kraftfahrzeuges. Der Flächengewinn durch schmaler bemessene Wege und entfallende Parkflächen kommt einer höheren Einwohnerdichte sowie einem verstärkten Grün- und Spielflächenanteil zugute. Als wichtige Voraussetzungen für autofreie Wohnviertel lassen sich in Anlehnung an AYDIN/TÖNNES (1994) eine ausreichende Einwohnerzahl zur Ent- faltung eines eigenen Geschäftszentrums, eine innenstadt- oder subzentrumnahe Lage und ein bevorzugt guter ÖPNV-Anschluß, auch in Schwachverkehrszeiten, angeben; randlich gelegene car sharing - Anlagen sind zur Akzeptanzsteigerung sinnvoll, aber keine notwen- dige Bedingung. Initiativen für autofreie Wohnbereiche bzw. bereits konkrete Planungen mit angestrebtem Baubeginn in naher Zukunft liegen in zwölf deutschen Städten sowie in Amsterdam vor (AYDIN/TÖNNES 1994, S. 119).

Wie eingangs erwähnt, ist strenggenommen die Interpretation des Städtebaus als ein Mittel zur Verkehrsvermeidung nur zum Teil korrekt, denn die Wege zur Ausbildung/Arbeit, Versor- gung und Erholung fallen in einer „Stadt der kurzen Wege" ebenso an wie in solchen mit flächenextensiver Bauweise. Gleichwohl sind die dabei zurückzulegenden Distanzen bei kompakterer Baustruktur geringer. Insofern fällt das personenkilometrische Verkehrsvolumen niedriger aus, und die Bedeutung nichtmotorisierter Mobilität ist größer (vgl. Kap. 7.3.3). In diesem Sinne handelt es sich sowohl um Verkehrsvermeidung als auch um eine präventive Beeinflussung der Verkehrsmittelwahl, im Gegensatz zur nachträglichen in bestehenden Stadtgebieten.

4.2.1.3 Fahrgemeinschaften (car pooling)

Die Förderung von Fahrgemeinschaften wird außer als eine konventionelle Methode zur besseren Ausnutzung bestehender Straßenkapazitäten (vgl. Kap. 4.1.1) ebenso zu den Strategien der Verkehrsvermeidung gezählt. Die verkehrsvermeidende Wirkung betrifft im Unterschied zu den städtebaulichen Methoden weder die Zahl der Wege noch das personenkilometrische Aufkommen, jedoch wird letzteres mit weniger Fahrzeugkilometern geleistet. Möglichkeiten zur Förderung der Bildung von Fahrgemeinschaften sind die Anlage von car pool - Parkplätzen an Hauptverkehrswegen, die Freigabe sonst für den PKW-Verkehr gesperrter Straßen oder Fahrspuren, die Einrichtung kommunaler Mitfahrzentralen oder „Verkehrsläden" (vgl. SCHALLER 1993, S. 74, REINKOBER 1994) sowie die Anlage von „Haltestellen" für den organisierten „Auto-Stopp". Letzterer kann zusätzlich gefördert werden durch die Organisationshilfe von Verkehrsläden oder privaten Vereinen, welche die Führung eines Fahrer-/Mitfahrer-Registers übernehmen und gegebenenfalls Ausweise/ Plaketten ausgeben und Versicherungsleistungen vermitteln (vgl. Landeszeitung 1992a). Diese Maßnahmen können die psychologische Hemmschwelle bezüglich der Mitnahme von Personen senken, die aufgrund krimineller Handlungen durch oder zu Lasten von Anhaltern sowie Rechtsunsicherheiten im Falle von Unfällen besteht.

Alle Formen von Fahrgemeinschaften werden innerhalb der relativ kurzen Entfernungen im Stadtverkehr von untergeordneter Bedeutung bleiben. In der Hauptsache handelt es sich um ein Phänomen, das nur bei größeren Distanzen oder in wenig bebauten Bereichen auftritt, so im Quellverkehr aus einer Stadt heraus, im Zielverkehr in eine Stadt hinein, innerhalb des ländlichen Raumes und im Urlaubsreiseverkehr. Anders fällt die Bewertung beispielsweise für nordamerikanische Großstädte aus, wo aufgrund der dortigen Flächenstruktur dem car pooling eine größere Bedeutung zukommen könnte.

4.2.1.4 Car sharing

Beim car sharing steht primär zunächst nicht die Vermeidung von fließendem, sondern ruhendem PKW-Verkehr im Vordergrund. Innerhalb eines Vereins teilen sich die Mitglieder eine kleine Anzahl von Fahrzeugen. Deren Nutzung ist buchungspflichtig, die Kosten sind kilometer- und zeitabhängig. Abgesehen von einer Eintrittskaution und einem Vereinsbeitrag entfallen jegliche Fixkosten. Vor allem jene Personen, die ihren PKW nur selten nutzen, können bei diesem Modell finanziell erheblich profitieren, wobei die Angaben über Jahresfahrleistungen zwischen 8.000 und 18.000 km schwanken (GASEROW 1994 zuzüglich eigener Erkundigungen in Bremen, Hamburg und Berlin). Das erläuterte Prinzip wurde erstmals von „Stattauto Berlin" 1988 erprobt; inzwischen gibt es bundesweit über 70 gleichartige Initiativen mit rund 7.000 Mitgliedern, vor allem in größeren Städten (vgl. Fairverkehr 1992, GASEROW 1994).

Für die Reduzierung der Stellplatzkapazitäten nennt GASEROW (1994) ein Verhältnis von 1:5, PETERSEN (1993, S. 742) eines von 1:4. Das heißt, ein gemeinsam genutztes Kraftfahrzeug ersetzt fünf bzw. vier Privatwagen, verbunden mit entsprechendem Flächengewinn für andere Zwecke in den Wohngebieten. Darüber hinaus ist aber auch eine Reduzierung des PKW-Anteiles im fließenden Verkehr zu erwarten und wird von den car sharing - Initiativen bewußt angestrebt. Ursache hierfür ist möglicherweise die größere Kostentransparenz im Vergleich zum eigenen Kraftfahrzeug (vgl. Kap. 3.4). Mindestens ebenso bedeutsam dürfte die Verringerung des PKW-Verfügbarkeitsgrades sein. Zwar können zumindest die größeren car sharing - Organisationen mit einer Quote erfolgreicher Buchungsversuche von 90 % und mehr aufwarten (nach Auskünften des VCD Hamburg), aber die PKW-Benutzung erfordert zusätzliche Wege zum zentralen Abstellort sowie einen Bestellvorgang mit eventueller Wartezeit. Die Alternativen der Fernkommunikation sowie der Wahl anderer Fortbewegungsarten erhalten dadurch ein höheres Gewicht. So ist beispielsweise eine größere Bereitschaft denkbar, Spazierwege in den Nahbereich zu verlagern sowie in diesem eher einzukaufen statt in einem weiter entfernt gelegenen Einkaufszentrum. Im Gegenzug ist allerdings nicht auszuschließen, daß vormals nichtmotorisierte Vereinsmitglieder über den erleichterten Zugang zu einem PKW dessen spezifische Vorteile, z. B. Flexibilität und Bequemlichkeit, höher bewerten als Vorzüge alternativer Verkehrsmittel. In diesem Falle kommt es bei dem genannten Segment von Verkehrsnachfragern zu einer vermehrten Nutzung des PKW, möglicherweise auch zur Anschaffung eines eigenen Kraftwagens aufgrund der erfahrenen Vorzüge individueller Motorisierung. Eine Untersuchung über die Inanspruchnahme des Angebotes von Stattauto Berlin deutet jedoch eher auf ein Überwiegen der Vermeidung von PKW-Fahrten hin. So führt ein hoher Nichtnutzeranteil von monatlich bis zu 40 % über das Jahr hinweg zu durchschnittlich 15 % weniger Fahrten als vor der Mitgliedschaft in der car sharing - Initiative (GASEROW 1994). Auch KRÄMER-BADONI/PETROWSKY (1993) stellen für „StadtAuto" in Bremen insgesamt eine Reduzierung des PKW-Verkehrs fest. Gleichwohl ist der Einspareffekt für das gesamte Verkehrssystem nicht all zu hoch zu veranschlagen, da car sharing nur für „Wenigfahrer" interessant sein kann und sich deshalb die Mitgliederzahl immer nur in engen Grenzen bewegen dürfte.

Die vorhandenen car sharing - Organisationen sind ohne Ausnahme rein privatwirtschaftlich oder vereinsrechtlich organisiert. Kommunale Aktivitäten zu ihrer verstärkten Verbreitung gibt es kaum (GASEROW 1994). Handlungsmöglichkeiten bestehen jedoch vor allem in der kostenfreien oder kostengünstigen Überlassung von zentral gelegenen Stellplätzen im öffentlichen Straßenraum, in der finanziellen Bezuschussung laufender Betriebskosten oder einmaliger Sachmittelanschaffungen (gegebenenfalls als Darlehen), in der kommunalen Mitgliedschaft (Einsparung von Dienstwagen) und in der Öffentlichkeitsarbeit.

4.2.2 Verkehrsberuhigung

Die Verkehrsberuhigung ist Ende der 70er/Anfang der 80er Jahre zu einem Kernbereich verkehrspolitischen Handelns geworden. Lange stand dabei die sozialverträglichere Abwicklung des PKW-Verkehrs im Vordergrund, das heißt vor allem die Reduzierung von Unfallzahlen und -folgen. Bei niedrigeren Geschwindigkeiten reichen Reaktions- und Bremszeit eher aus, um Unfälle ganz zu vermeiden oder wenigstens die Folgen bei geringerer Aufprallenergie geringer ausfallen zu lassen (vgl. Stadt Frankfurt 1990). Außerdem lieferten Feldstudien - insbesondere in Buxtehude - Belege für die Einsparung von Treibstoff, die Reduzierung des Schadstoffausstoßes und die Minderung der Lärmbelastung durch eine Verstetigung der Fahrweise (BMRO 1989). Darüber hinausgehend setzt sich zunehmend die erstmals von MONHEIM (1978) formulierte Ansicht durch, daß eine flächendeckende Verkehrsberuhigung als städtebauliches Gesamtkonzept zusätzlich die Verkehrsmittelwahl beeinflußt, indem die Rahmenbedingungen der PKW-Nutzung - vor allem die Geschwindigkeitsrelationen - ungünstiger werden. Um die beabsichtigte Wirkung zu erzielen, reicht die Umgestaltung einzelner Straßen nicht aus, weil dies lediglich zur Verlagerung von PKW-Verkehr in nicht beruhigte Straßen führt. Ein flächendeckendes Konzept muß deshalb unterschiedliche Stadt-bzw. Verkehrsbereiche umfassen: neu gebaute sowie bestehende Wohngebiete mit Anlieger-und Sammelstraßen, Hauptverkehrsstraßen und das Hauptgeschäftsviertel unter Einschluß der vom Zielverkehr ebenfalls betroffenen, umgebenden Wohnbereiche.

4.2.2.1 Verkehrsberuhigung in Wohngebieten

Zur Verkehrsberuhigung in Wohnbereichen steht mittlerweile ein großes Potential an Maßnahmen zur Verfügung (vgl. insbes. HUK-Verband 1986 u. 1990, ferner ADAC 1980, FGSV 1987a, SCHÄFER-BREEDE 1989). Hierzu zählen:

a) Netzgestalterische Maßnahmen
   Durchgangsverkehr von Kraftfahrzeugen in Wohngebieten verschlechtert die Wohn- und Aufenthaltsqualität. Er wird in Neubaugebieten durch die Anwendung des Radburn-Prinzips unterbunden. Analog hierzu wird in bestehenden Wohnbereichen die Netzdurchlässigkeit mittels Sackgassensperren und Schleifenstraßensystemen nachträglich verringert (Anl. 4 im Anhang). Die Verringerung der Netzdurchlässigkeit verlängert ferner die Fahrtstrecken für PKW-Benutzer im Vergleich zur nichtmotorisierten Fortbewegung, wodurch letztere geschwindigkeitsmäßig relativ zum PKW attraktiver wird.

b) Geschwindigkeitsbegrenzungen
   Anwendung finden insbesondere Tempobeschränkungen auf 30 km/h. Tempo 30 -Zonen (StVO-Zeichen 274.1/.2) eignen sich hierbei für geschlossene Wohnquartiere ohne Busverkehr. Da sie nur mit der gleichzeitigen Entfernung aller vorfahrtregelnden Zeichen ausgewiesen werden dürfen, bevorzugt man für Sammelstraßen mit Busverkehr die Ausweisung von 30 km/h als Höchstgeschwindigkeit mittels StVO-Zeichen 274-53.
   Die Erfahrungen mit der Zone 30 - Regelung werden überwiegend positiv beurteilt (vgl. z. B. BfLR 1988, BASt 1989b, BMRO 1989). Auch wenn nur in wenigen Fällen eine Reduzierung des Durchschnittstempos auf 30 km/h gelingt, bewirken die registrierten Geschwindigkeitssenkungen eine Verringerung von Unfallgefahren, Lärmbelästigung und Schadstoffausstoß. Weitere Geschwindigkeitsminderungen erfordern zusätzliche, oft bauliche Maßnahmen [siehe c)-e)]. Den Erfolg der Tempo 30 - Versuche nahm der Deutsche Städtetag zum Anlaß, die Einführung von 30 km/h als generelle Höchstgeschwindigkeit in geschlossenen Ortschaften zu fordern; das derzeitige Tempolimit solle dann nur noch als

Ausnahmeregelung für Hauptverkehrsstraßen per Beschilderung zugelassen werden (vgl. Dt. Städtetag 1989). Diese Umkehrung der jetzigen Situation von Regel und Ausnahme brächte die Chance einer mittelfristigen kognitiven Anpassung der Autofahrer an das neue innerörtliche Geschwindigkeitsniveau. Dies wäre auch eine wichtige Voraussetzung für einen Beitrag zur Beeinflussung der Verkehrsmittelwahl, denn die Attraktivität des PKW wird in seiner Reisegeschwindigkeit vor allem dann merklich negativ verändert, wenn subjektiv nicht die Möglichkeit besteht, Zeitverluste infolge langsamen Fahrens andernorts durch Tempoerhöhung auszugleichen. Eine Umsetzung der Forderung auf Bundesebene ist jedoch derzeit nicht in Sicht.

c) Sonstige verkehrsregelnde Maßnahmen

Neben Geschwindigkeitsbegrenzungen können weitere verkehrsregelnde Anordnungen und Veränderungen der Fahrbahnaufteilung geschwindigkeitssenkende Effekte erzielen (vgl. HUK-Verband 1990). Neben der „Rechts vor links"-Vorfahrtregelung, die, unabhängig von den Tempo 30 - Zonen, auch separat als Einzelmaßnahme oder flächendeckend für ein Wohnquartier angewendet werden kann, sind zu nennen:

• Veränderungen in den Breiten der Parkstandsbegrenzungen oder deren Anordnung (fahrbahnverengend/-verschwenkend),
• die Verlagerung des Parkens vom Gehweg (wenn dies zuvor gestattet war) auf die Straße,
• die Abtrennung von Mehrzweckstreifen, Radspuren und Radfahrstreifen von der Fahrbahn (vgl. Kap. 4.2.4.1).

Einbahnstraßen werden in der Literatur und von Verkehrsplanern hingegen kaum als Maßnahme zur Verkehrsberuhigung oder Möglichkeit zur Beeinflussung der Verkehrsmittelwahl angesehen, da die entfallende Beachtung eines Gegenverkehrs höhere Fahrgeschwindigkeiten zuläßt. Nach eigenen Beobachtungen in Amsterdam und Groningen können jedoch flächendeckende Einbahnstraßennetze in dicht bebauten Innenstadtbereichen mit ohnehin engen Fahrgassen eine „abschreckende Wirkung" insofern entfalten, als die Zielerreichbarkeit für PKW-Fahrer durch fahrtweisungsbedingte Umwege und Fehler bei der Straßenwahl eingeschränkt wird. Das erhöht letzten Endes die Reisezeiten und macht Autofahren psychisch schwieriger bzw. unangenehmer. Es entsteht in diesen Fällen ähnlich wie bei a) ein Anreiz, den PKW gar nicht erst zu benutzen oder ihn außerhalb der Innenstadt abzustellen und andere Transportmittel zu benutzen. Der beschriebene Effekt von dichten Einbahnstraßennetzen auf die Verkehrsmittelwahl kommt jedoch nur dann voll zum Tragen, wenn die uneingeschränkte Netzdurchlässigkeit für den Radverkehr gewahrt bleibt.

d) Bauliche Maßnahmen

Bauliche Maßnahmen verändern dauerhaft das Straßenbild und verfolgen oftmals nicht nur verkehrsplanerische, sondern auch städtebauliche Zielsetzungen. Das gilt vor allem für Bepflanzungen und durchgehende Veränderungen der Fahrbahnoberfläche (Pflasterung statt Asphaltierung). Im einzelnen umfaßt das Maßnahmenrepertoire (vgl. HUK-Verband 1990):

• Durchgehende Fahrgassenverengungen durch Bordsteinversatz, also verbunden mit

Gehwegs-/Radwegsverbreiterung oder Anlage/Vergrößerung von Pflanzstreifen;
- optische Fahrgassenverengung durch Straßenrandbepflanzungen und farbliche Fahrbahngestaltungen;
- lokale Fahrgassenverengungen durch ein- oder zweiseitige Versätze sowie Mittelinseln, bei letzteren meist verbunden mit einer Fahrbahnverschwenkung;
- Fahrbahnverschwenkungen durch beidseitige Versätze, die im Straßenlängsverlauf einander nicht direkt gegenüberliegen („Diagonalversatz", ähnlich wie beim alternierenden Parken);
- Pflasterung statt Asphaltierung, wobei die geschwindigkeitssenkende Wirkung auf einem veränderten haptischen und akustischen Fahrempfinden des Kraftfahrzeugführers beruht;
- lokale Oberflächenveränderungen durch niveaugleiche Pflasterungen, rampenähnliche Aufpflasterungen oder Schwellen;
- Inseln in der Mitte von Knotenpunktsbereichen, die Einmündungen und Kreuzungen zu Kreisverkehren umgestalten.

e) Kombinationen beschilderungstechnischer und baulicher Maßnahmen
   Wie schon unter b) angemerkt, bleiben die Wirkungen von Verkehrsanordnungen allein durch Schilder begrenzt. Die Ergänzung mittels baulicher Veränderungen des Straßenraumes bleibt anzustreben. Sie ist rechtlich obligatorisch für den „verkehrsberuhigten Bereich" (StVO-Zeichen 325), in dem die „Mischfläche" die Trennung von Fahrbahn und Fußweg ersetzen muß. Fahren ist nur mit Schrittgeschwindigkeit, Parken nur auf gesondert gekennzeichneten Flächen erlaubt (vgl. BMV o. J.).

4.2.2.2 Verkehrsberuhigung auf Hauptverkehrsstraßen

Im Falle von Hauptverkehrsstraßen konkurrieren die Ziele der Verkehrsberuhigung mit der Funktionszuweisung der Wege, nämlich den Verkehr zu bündeln und ein zügiges Fortkommen, auch für den Schwerlastverkehr, zu gewährleisten. Die Maßnahmenarten sind deshalb im Vergleich zu den Wohngebieten in ihrer Vielfalt und Intensität eingeschränkt. Wenn dennoch Verkehrsberuhigung auf Hauptstraßen von zunehmender Bedeutung ist, so liegt das nicht zuletzt an ihrer Unfallträchtigkeit, ihrem überwiegend negativen städtebaulichen Erscheinungsbild und an der Überlegung, daß eine flächendeckende Wirkung notwendig ist, um Veränderungen in der Verkehrsmittelwahl auszulösen. Folgende Maßnahmenschwerpunkte haben sich herausgebildet:

a) Straßenrückbau
   Im Zuge der Verkehrsplanung früherer Jahrzehnte sind Hauptverkehrsstraßen mehr oder minder großzügig ausgebaut worden, was sich in vielen Fällen nicht allein in einer Verbreiterung der Fahrspuren auswirkte, sondern auch in einer Erhöhung von deren Zahl für eine oder beide Fahrtrichtungen (vgl. Kap. 4.1). BAIER/SCHÄFER (1976) sowie HOTZ/ZWEIBRÜCKEN/DUBACH (1994) dokumentieren demgegenüber die Möglichkeit des Rückbaus, also der Wiederverengung von Fahrbahnen und Verminderung der

Fahrspurzahl, wobei durch Anpassungsprozesse des Kraftfahrzeugverkehrs die prognostizierten längeren und häufigeren Stauungen größtenteils ausblieben. Dies zeigt, daß eine effektive Verringerung der Reisegeschwindigkeiten im motorisierten Individualverkehr Verlagerungen des Verkehrsvolumens auslösen kann (vgl. auch SNIZEK/ SEDLMAYER 1995). Die freiwerdenden Verkehrsräume können z. B. Busspuren, Radfahrstreifen, Gehwegen oder Bepflanzungsmaßnahmen zugute kommen.

b) Straßenbauliche Maßnahmen an Knotenpunkten und im Längsverlauf

Einmündungen und Kreuzungen sind im Verkehrsgeschehen immer Gefahrenstellen, nicht selten sogar Unfallschwerpunkte. Um die Verkehrssicherheit über eine erhöhte Aufmerksamkeit der Verkehrsteilnehmer untereinander zu stärken, erfährt derzeit der Kreisverkehr eine „Renaissance" (vgl. WOLF 1993). Er gestaltet die Verkehrssituation für den Kraftfahrer subjektiv (aber nicht notwendigerweise objektiv) unübersichtlicher. Zusammen mit der kurvigen Führung ergibt sich daraus eine deutliche Geschwindigkeitsherabsetzung gegenüber „normalen" Knotenpunkten. Der tempomindernde Effekt wirkt einige hundert Meter in die Zufahrtsstraßen zurück, da der Abfluß nicht, wie bei Lichtzeichenregelung, schubweise und dann relativ schnell, sondern langsam-kontinuierlich erfolgt. Trotz der niedrigeren Fahrgeschwindigkeiten ist die Leistungsfähigkeit eines Kreisverkehrs nicht unbedingt geringer als bei herkömmlichen lichtsignalgesteuerten Einmündungen und Kreuzungen, da die bei Ampelschaltungen erforderlichen Räumphasen entfallen. Probleme für den Fahrradverkehr können durch rot asphaltierte Radfahrstreifen sowie besonders gekennzeichnete, nicht abgesetzte Radwegefurten weitgehend reduziert werden (Bsp.: Lübeck).

Das Repertoire weiterer baulicher Maßnahmen im Längsverlauf einer Straße ist wesentlich geringer als dies für Wohngebiete oder innerstädtische Anliegerstraßen gilt. Aufgrund des hohen Verkehrsaufkommens sind alle Formen der Veränderung des Fahrbahnniveaus (Schwellen, Aufpflasterungen) wegen ihrer den Verkehrsfluß hemmenden Auswirkungen nicht üblich. Auch Fahrbahnverschwenkungen werden nur selten eingesetzt und auch nur unter Beibehaltung der Möglichkeit des Begegnungsverkehrs selbst größerer Fahrzeuge. Am häufigsten findet man Mittelinseln, welche die Fahrbahn nur leicht verschwenken und eine zusätzliche Funktion als Querungshilfe für Fußgänger übernehmen. Auch Verengungen von Straßeneinmündungen kommen vor, um die Abbiegegeschwindigkeiten zu verringern und dadurch Konflikte mit die Straße querenden Fußgängern und Radfahrern zu reduzieren.

c) Geschwindigkeitsregulierungen

Wie in Kap. 4.2.2.1 bereits deutlich gemacht wurde, ist eine Senkung der zulässigen Höchstgeschwindigkeit im Stadtverkehr von 50 km/h zur Zeit nicht in Sicht, bzw. es wären im Falle einer Herabsetzung auf 30 km/h mit großer Wahrscheinlichkeit die Hauptverkehrsstraßen nicht betroffen. Reduzierungen der Höchstgeschwindigkeit würden sich deshalb im wesentlichen auf jene Stadtdurchgangsstraßen beschränken, auf denen entsprechend der derzeitigen rechtlichen Grundlagen 60 oder 70 km/h erlaubt worden sind. Ebenso ist denkbar, zwar nicht die gesetzliche Höchstgeschwindigkeit, jedoch die Zielgeschwindigkeit der „grünen Welle", z. B. auf 40 km/h, herabzusetzen und per Beschilderung zur Kenntnis zu geben.

Ansonsten ist die Vermeidung überhöhter Geschwindigkeit in Schwachverkehrszeiten von einer gewissen Bedeutung. Ein Instrument speziell hierfür sind Allrotschaltungen an Lichtsignalanlagen (Bsp.: Bonn). Die Allrotampeln schalten erst bei Annäherung eines Fahrzeuges auf „grün", was durch eine Induktionsschleife in einer bestimmten Entfernung zur Ampel (in der Regel 60 m) ausgelöst wird. Der Kraftfahrer braucht dabei nicht zu halten oder zu bremsen, wenn er das vorgegebene Tempolimit einhält.

4.2.2.3 Verkehrsberuhigung im Stadtzentrum

Die Verkehrsberuhigung in dicht bebauten Stadtzentren mit ihrer Agglomeration von Gewerbe und demzufolge von Liefer- sowie Kundenverkehr verfolgt neben der Gestaltung eines angenehmeren und sichereren Umfeldes für Wohn- und Aufenthaltszwecke auch das Ziel einer Verbesserung der emotionalen Einkaufsatmosphäre und damit die Stärkung des innerstädtischen Handels. Ein bedeutender Schritt in diese Richtung gelang mit der Einrichtung von Fußgängerzonen. Die Auswirkungen von Sperrungen ganzer Quartiere für große Teile des Autoverkehrs sind demgegenüber noch unklar (vgl. APEL/LEHMBROCK 1990 und die Kritik durch WERZ 1990). Die Instrumente der Verkehrsberuhigung für das Zentrum umfassen prinzipiell alle bisher erörterten baulichen und beschilderungstechnischen Maßnahmen, erschließen aber noch weitergehende Handlungsfelder:

a) Reduzierung der Fahrgeschwindigkeiten
Neben der Ausweisung von Tempo 30 - Zonen und verkehrsberuhigten Bereichen existiert die zusätzliche Variante eines „verkehrsberuhigten Geschäftsbereiches". Bei diesem darf die Trennung Fahrbahn - Gehweg erhalten bleiben, es empfiehlt sich allerdings eine Reduzierung der Höchstgeschwindigkeit auf weniger als 30 km/h. Das einzige bisher umgesetzte Beispiel für einen verkehrsberuhigten Geschäftsbereich ist im bayrischen Günzburg zu finden (FGSV 1993).

b) Parkraumrestriktionen
Parkgebühren und Parkzeitbeschränkungen führen gemäß den Ausführungen in Kap. 4.1.1 zu einer Mehrfachbenutzung eines Stellplatzes, erhöhen also dessen Auslastungsgrad. Dieser Effekt kann offenkundig die tarifäre Belastung sowie Unannehmlichkeiten infolge eines eventuell notwendigen Nachstellens von Parkscheiben oder für das erneute Lösen von Parkscheinen überkompensieren. Insofern verspricht nur die Kombination mit Abbau von Parkraum oder dieser als alleinige Maßnahme eine wirkliche Verminderung der PKW-Attraktivität. Verbunden wären damit eine Einschränkung der Zielerreichbarkeit bzw. höhere Reisezeiten, schlechtere Gepäcktransportmöglichkeiten und geringere Bequemlichkeit durch verlängerte Gehwege zwischen Stellplatz und eigentlichem Ziel. Ohne Ausgleich durch Park & Ride - Angebote wäre jedoch der innerstädtische Handel gefährdet. Verkehrspolitisch hätte dies kontraproduktive Auswirkungen zur Folge, da die Erreichbarkeit mit Verkehrsmitteln des Umweltverbundes für Einkaufszentren am Stadtrand viel schlechter und damit der PKW-Verkehrsanteil größer ist als für das Stadtzentrum.

Wenig Beachtung fand bislang die Möglichkeit, tarifäre Stellplatzrestriktionen auch in Wohngebieten einzuführen, vor allem in den dicht bebauten Stadtteilen, die nicht selten unter erheblicher Parkplatznot leiden. LEHMBROCK (1990) verweist in diesem Zusammenhang auf das Beispiel Amsterdam. Hieraus ergibt sich zunächst der ökonomisch sinnvolle Aspekt einer Verdeutlichung von Kosten, die durch Rauminanspruchnahme entstehen. Angesichts des in Amsterdam hierfür sehr niedrig bemessenen Preises von 25 DM/Monat erwartet LEHMBROCK nicht mehr als eine Dämpfung des Trends zum Zweit- und Drittwagen.

Eine Parkraumrestriktion mit komplexerer Wirkungsstruktur bilden die Anwohnerparkzonen (StVO-Zeichen 290). Sie können dort eingerichtet werden, wo der Parkdruck vor allem durch Zielverkehr besonders groß ist und in Konkurrenz zum Parkraumbedarf der Anwohner steht. Sie bewirken zunächst für den gesamten Zielverkehr, also einschließlich Einkaufen/Besorgungen, eine Parkraumverknappung, denn es geht citynaher, zuvor in der Regel nicht zeitlich beschränkter bzw. kostenpflichtiger Parkraum am Straßenrand verloren - vorausgesetzt, es erfolgt eine ausreichende Überwachung der Regelung. Damit wird der Parksuchverkehr in den betroffenen Wohngebieten mit all seinen Negativwirkungen stark reduziert und das innerstädtische Wohnen aufgewertet. Allerdings wird die Haltung eines PKW für Innenstadtbewohner selbst vereinfacht, was dessen Benutzung eher fördert.

c) Räumliche und quantitative Verkehrsbeschränkungen

Die weitestgehende Methode zur Reduzierung des Verkehrs und seiner Folgen ist der Ausschluß aus bestimmten Straßen bzw. Gebieten. Den Fußgängerzonen, die in den 60er und 70er Jahren eine weite Verbreitung in deutschen Städten fanden, schließt sich seit den 80er Jahren eine zweite Phase einschneidender verkehrsberuhigender Maßnahmen in den Kernstädten an (vgl. Nahverkehrspraxis 1972, KANZLERSKI/MONHEIM 1987). Hierunter sind Konzepte zur Gestaltung autoarmer Innenstädte zu verstehen, wie sie in Bologna, Lübeck, Aachen und Lüneburg umgesetzt wurden und in zahlreichen anderen Städten in der Diskussion befindlich sind. Der Kerngedanke aller Bemühungen liegt in der Ausweitung verkehrsarmer Zonen auf einen ganzen Stadtteil, in der Regel die Altstadt bzw. City und angrenzende Wohnbereiche. Die Zufahrt von Anwohnern, öffentlichen Verkehrsmitteln, dem Lieferverkehr und gegebenenfalls weiteren Fahrzeughaltern mit Ausnahmegenehmigungen (z. B. Gehbehinderte) bleibt in der Regel erlaubt. Zur Gestaltung autoarmer Innenstädte haben sich mehrere Handlungsformen herauskristallisiert (vgl. ADAC 1991a+b, NICKEL 1991, SCHMORTTE 1991, WICHMANN 1991, Senatsverwaltung f. Stadtentwicklung 1992, KESSEL/LANGE 1992, FGSV 1993, GUSSFELD u. a. 1994):

- Zeitlich befristete, räumliche Zufahrtsbeschränkung
  für bestimmte Tagesstunden, z. B. für die Innenstädte Aachens, Lübecks und Erfurts am gesamten Wochenende. In Erfurt wird eine Ausweitung auf alle Tage (10-18 Uhr) angestrebt, in Lübeck wurde sie im Juni 1996 umgesetzt (11.30-18 Uhr, Samstag/ Sonntag 10 -18 Uhr), während Aachen zu einem Sektorenmodell (siehe unten) zurückgekehrt ist.

- Räumliche Zufahrtsbeschränkung und Straßenumbau
  Hierbei handelt es sich um die Ausdehnung von Fußgängerzonen im engeren Sinne. In

der Literatur werden eine Reihe von Beispielen genannt, so etwa Nürnberg (in Kombination mit einem Sektorenmodell, siehe unten), Freiburg i. Br., Stuttgart, Wiesbaden, Bad Reichenhall und Berchtesgaden. Mit Ausnahme der beiden erstgenannten Städte besitzen aber die genannten Örtlichkeiten nur Fußgängerbereiche, die etwas größer als allgemein üblich sind. Ein wirklich großflächiges Fußgängerzonengebiet fand demgegenüber in Lüneburg (1993; vgl. Abb. 22 in Kap. 6.4.2) eine Umsetzung.

- Direkte und indirekte mengenmäßige Verkehrsreduktion
Fahrtenreglementierungen anderer Art zielen auf eine Verkehrsreduzierung oder eine weitgehende Aussparung der Kernstadt von größeren Teilen des PKW-Verkehrs. In Athen und Mexiko-City ist die Benutzung von Kraftfahrzeugen mit bestimmten Endnummern auf dem Kennzeichen tagesspezifisch untersagt.
Im niederländischen Groningen und schwedischen Göteborg wurde die Altstadt in Sektoren aufgeteilt. Die Zufahrt in diese ist aus den Gebieten außerhalb der Altstadt frei, durch Einbahnstraßensysteme und Durchfahrverbote/-sperren wird aber ein PKW-Verkehr zwischen den Sektoren unterbunden, dementsprechend auch eine direkte Durchquerung der Innenstadt. Ähnlich funktionierende Regelungen gibt es in Nürnberg, Weißenburg, Speyer und im englischen Nottingham.

d) Tarifäre Auflagen
Neben den Parkgebühren gibt es weitere Möglichkeiten zur Senkung der Attraktivität des PKW in finanzieller Hinsicht (vgl. Presseamt der Landeshauptstadt Kiel 1989, ADAC 1991a+b, NICKEL 1991, WICHMANN 1991, SCHALLER 1993, S. 78). So erheben Oslo, Bergen, Trondheim, Siena, Udine, (zeitweise) Florenz, Tallin bzw. Reval, New York und Singapur Straßenbenutzungsgebühren bei der Einfahrt in die Innenstädte, die norwegischen Orte allerdings nur zum Zwecke des Straßenbaus, nicht als verkehrspolitisches Steuerungsmittel. Stockholm will diese Zufahrt vom Besitz einer ÖPNV-Monatskarte abhängig machen, welche an der Windschutzscheibe zu befestigen ist. Gerade das Stockholmer Modell erscheint hierbei im Sinne einer Beeinflussung der Verkehrsmittelwahl günstig, verknüpft es doch eine tarifäre Auflage im MIV mit einer (anschließend) kostenlosen Benutzung öffentlicher Verkehrsmittel. In der Bundesrepublik Deutschland bestehen gegen derartige Beispiele rechtliche Vorbehalte, die jedoch durchaus in Zweifel gezogen werden können (vgl. MURSWIEK 1993). Zur Erlangung von Rechtssicherheit haben die Fraktionen der Partei „Die Grünen" im niedersächsischen und nordrhein-westfälischen Landtag Gesetzesinitiativen ergriffen, die mittels Einführung einer „Nahverkehrsabgabe" die Option tarifärer Auflagen eröffnen sollen (nach Auskunft der genannten Fraktionen).

4.2.3 Förderung des öffentlichen Personennahverkehrs

Die Förderung des öffentlichen Personennahverkehrs in den Städten ist als älteste Teilstrategie innerhalb der Bemühungen zur Beeinflussung der Verkehrsmittelwahl anzusehen. Auch wenn in der Gewichtung von MIV und ÖPNV in den vergangenen vier Jahrzehnten eine Diskrepanz bestand zwischen politischen Bekundungen einerseits und realer

Ausgestaltung von Verkehrsplänen und konkreten Maßnahmen andererseits (vgl. Kap. 4.1), so ist doch der öffentliche Verkehr immer ein Zielobjekt kommunaler Planung gewesen. Für die nachfolgend noch zu erörternden verkehrspolitischen Strategien gilt das nicht.

Die Fahrgastentwicklung in den einzelnen deutschen Städten ist zwar nicht einheitlich, dennoch ist allgemein ein Trend der Stagnation bzw. des Rückganges mit Erreichen eines Minimums zwischen 1984 und 1988 erkennbar (vgl. MENKE 1975, S. 43 u. 55, KÖSTLIN/ BARTSCH 1987, S. 7, KLEWE 1993, S. 286). Seitdem nehmen die Fahrgastzahlen meist wieder leicht zu (KLEWE ebda.). Da die Kosten für Fahrzeuge, Treibstoff und insbesondere Löhne tendenziell stärker zunehmen als die Einnahmen, sahen sich viele öffentliche Verkehrsunternehmen zu Tariferhöhungen bzw. Rationalisierungen gezwungen. Bezüglich letzterem war die zunehmende Automatisierung des Fahrausweisverkaufs noch relativ unproblematisch, während Streckenstillegungen - vor allem bei Straßenbahnen - oder die Ausdünnung der Fahrplantakte empfindliche Einbußen der ÖPNV-Attraktivität verursachten.

Seit Ende der 70er Jahre wurden in zunehmendem Maße Forderungen nach einer Änderung der rationalisierungsorientierten Strategie laut. Statt Rücknahme von Verkehrsleistungen sollten vielmehr Angebotserweiterungen und steigender Fahrkomfort für eine wieder zunehmende Attraktivität und dadurch für ein Wachstum der Nachfrage und der Einnahmen sorgen. Als Folge der in diesem Rahmen stehenden Bemühungen entstand ein breites Repertoire von Maßnahmen, die teils das herkömmliche System des kommunalen öffentlichen Verkehrs verbessern, teils dieses System grundsätzlich in Frage stellen.

4.2.3.1 Tarifäre Maßnahmen

Der öffentliche Verkehr schneidet bei der schon in Kap. 3.4 erläuterten subjektiven Sicht von Kosten im Vergleich mit dem eigenen PKW ungünstig ab, weil meist nur die Ausgaben für Benzin und eventuelle Parkgebühren den subjektiven Vergleichsmaßstab bilden. Die ÖPNV-Unternehmen müssen jedoch die Fahrpreise im Rahmen einer Vollkostenrechnung ermitteln. Um einerseits den öffentlichen Verkehr betriebswirtschaftlich rentabel zu erhalten oder zumindest die von der Kommune abzudeckenden Verluste nicht zu erhöhen, andererseits aber die ÖPNV-Attraktivität auf der tarifären Ebene zu verbessern, wurden mehrere Fahrkartenvarianten entwickelt, die entweder speziellen Kundengruppen zugutekommen oder generell Dauernutzer bevorzugen.

Zu letzteren gehören verbilligte und unter Umweltgesichtspunkten gezielt beworbene Umweltmonatskarten (vgl. KLEWE 1993), Kurzstreckentarife, z. B. für die Innenstadt, und Familienfahrkarten. 24-, 48- und/oder 72-Stundentickets sind zwar hinsichtlich des Kundenkreises nicht beschränkt, wenden sich aber im wesentlich doch an die spezielle Gruppe der Städtetouristen. Ein weiteres Zielgruppenangebot bilden die „Kombitickets", welche eine kostenlose ÖPNV-Benutzung, z. B. mit der Zimmerkarte eines Hotels oder mit der Eintrittskarte zu einer Veranstaltung, ermöglichen (vgl. RÖHRL/SCHNELL/STEIERWALD 1992, OEL-BAUM/VOLKMAR 1993). Noch stärker zielgruppenbezogen sind jene Regelungen, bei denen der in Frage kommende Personenkreis explizit definiert ist. Hierzu gehören

Sondertarife für sozial schwache Bevölkerungsteile, Studenten und Berufstätige. So können erstere in Braunschweig eine Halbjahreskarte für 60 DM erwerben. Eine ähnliche Regelung kommt Studenten in Erlangen für 80 DM zugute. Bei den „Jobtickets" treten Unternehmen, Unternehmensverbände oder Behörden als Nachfrager auf und erhalten für die Abnahme großer Stückzahlen von Monatskarten beträchtliche Rabatte, die sie an die Beschäftigten weitergeben (vgl. Gemeinschaftsaktion „Umweltverbund im Nahverkehr" 1990, SCHMIDT 1991, KLEWE 1993). Bei den genannten Kartenversionen zahlen nur jene, die den ÖPNV tatsächlich in Anspruch nehmen. Anders sieht es bei dem „Semesterticket" aus, welches erstmals ab dem Wintersemester 1991/92 in Darmstadt eingeführt wurde (vgl. BACKES/FINAS o. J., BIRGELEN/PLANK-WIEDENBECK 1992). Hierbei wird der pro Semester anfallende Beitrag für den Allgemeinen Studentenausschuß erhöht, der Erhöhungsbetrag wird an das regionale ÖPNV-Unternehmen überwiesen, und dafür gilt der Studentenausweis ein halbes Jahr lang als Fahrkarte. Ein sehr geringer Preis pro Person wird durch die Belastung aller Studenten erreicht, unabhängig von der Intensität ihrer ÖPNV-Nutzung.

Zwei weitere Tarifvarianten betreffen wieder alle potentiellen ÖPNV-Kunden, wobei es sich zunächst gar nicht um Fahrpreisermäßigungen handelt, diese stellen sich erst indirekt ein. So ist die Fahrgeldrückerstattung keine Maßnahme von ÖPNV-Betrieben, sondern eine Option für Geschäftsinhaber. Sie entspräche einer Gleichstellung mit „PKW-Kunden", denen in vielen Städten eine solche Rückerstattung für Parkgebühren bereits offeriert wird. Mehrere Varianten sind in diesem Sinne bekannt (vgl. Gemeinschaftsaktion 1990, S. 12 ff., Nahverkehrspraxis 1995a):

• Anrechnung auf den Kaufpreis ab einem bestimmten Kaufbetrag,
• ermäßigte oder kostenlose Ausgabe von ÖPNV-Fahrscheinen durch den Handel („Bonus-Ticket"),
• Ausgabe von Gutscheinen oder Wertmarken (Göppinger „Chip-Modell") zum Lösen von ÖPNV-Fahrkarten.

Die zweite indirekte Einsparungsmöglichkeit auf Kundenseite offerieren bargeldlose Zahlungsweisen. In der Erprobung befinden sich Magnetstreifenkarten, auf denen die Bankverbindung des Kunden zwecks Abbuchung gespeichert ist (vgl. SNV o. J., PETERSHAGEN/STÜTTGEN 1991). Der monetäre Vorteil für den Kunden besteht in der Berechnung der zu zahlenden Summe nach der Niedrigstpreismethode, also der Veranschlagung des jeweils für den Kunden günstigsten Tarifes (Einzel- oder Zeitkartenpreis). Auf diese Weise entfällt die Vorabkalkulation, ob sich im individuellen Fall der Kauf einer Zeitkarte lohnt.

Eine weitere Variante für bargeldlose Zahlungsweisen befindet sich im Hamburger Verkehrsverbund sowie in Berlin teils in Umsetzung/ Erprobung, teils in Vorbereitung. In Hamburg sollen Euroscheckkarten zunächst an personalbedienten Verkaufsstellen zur Zahlung verwendet werden können, eine Ausweitung auf Automaten sowie den Fahrscheinkauf in Bussen ist für die nächsten Jahre geplant (Nahverkehrspraxis 1995b). In Berlin können Chipkarten nach dem sogenannten „pre-paid"-System an einem Automaten aufgeladen werden (Nahverkehrspraxis 1993b).

Möglicherweise bedeutsamer als die monetären Vorteile des Kunden beim bargeldlosen Zahlungsverkehr sind Effekte nicht-tarifärer Natur. So erübrigt sich das Lösen von Fahrscheinen und das Sammeln von passendem Kleingeld für Einzelkarten. Die ÖPNV-Karte eignet sich potentiell auch für andere bargeldlose Zahlungsvorgänge, z. B. in Geschäften, Parkhäusern, im Bahnverkehr etc., wobei die Hamburger Planungen bezüglich der Verwendung der schon stark verbreiteten Euroscheckkarte günstiger erscheinen als die Einführung einer neuen lokalen Kartenversion. Generell können aber beide Formen die Benutzung öffentlicher Verkehrsmittel insgesamt einfacher und bequemer machen. Aus Sicht des ÖPNV-Betriebes dürfte die Verkürzung von Standzeiten an Haltestellen durch entfallende Zahlvorgänge beim Fahrer von noch größerer Relevanz sein. Soll allein dieser Vorteil Priorität erhalten, wäre den ÖPNV-Karten die Umstellung der Fahrscheinausgabe auf ausschließlichen Automatenbetrieb an allen Haltestellen vorzuziehen, wie es in Nürnberg seit 1995 der Fall ist. Sie entlastet den Fahrer komplett vom Fahrscheinverkauf. Die Kartenversion könnte hingegen neben der Bargeldzahlung auf absehbare Zeit nur parallel existieren und folglich nur teilentlasten und die Standzeiten nur teilreduzieren.

Ein generelles Problem bei Tarifänderungen besteht darin, den Preis für die einzelne ÖPNV-Fahrt oder eine Zeitkarte soweit herabzusetzen, daß es nicht nur zu Induktionseffekten - Inanspruchnahme von Verkehrsleistungen, die zuvor nur latenten Bedarf darstellten - und unnötigen Substitutionswirkungen gegenüber dem nichtmotorisierten Verkehr kommt. Es müssen sich vor allem auch Autofahrer in ihrer subjektiven Kostensicht (vgl. Kap. 3.4) von dem Angebot angesprochen fühlen. Es mangelt an Untersuchungen darüber, in welchem Maße letzteres erreicht werden kann. Von den ÖPNV-Betreibern wird lediglich die Gesamteinnahmesituation nach Einführung von verbilligten Zeitkarten überprüft, was ein heterogenes Bild liefert. In einigen Städten (z. B. in Kiel) wurden die Einnahmeverluste durch die Tarifreduktion mittels Fahrgastzuwachs ausgeglichen, in wenigen Kommunen wird von einer Überkompensation berichtet (z. B. Basel), eher geht jedoch der Trend zu einem Einnahmerückgang (vgl. WERGLES 1986, UELTSCHI 1987, MENKE 1988, S. 82-83). Die Uneinheitlichkeit der Entwicklung wird hauptsächlich auf die weiteren Rahmenbedingungen des ÖPNV-Angebotes und der gesamten Verkehrssituation zurückgeführt. Werden zusammen mit der tarifären Maßnahme Angebotsverbesserungen in der Streckenführung bzw. Fahrtenhäufigkeit umgesetzt und/oder sind Engpässe für den fließenden und ruhenden Kfz-Verkehr zahlreich, so sind die Chancen für eine betriebswirtschaftliche Kompensation der Preissenkung gut.

Ein weiteres Indiz zur Beurteilung des Grades erwünschter Substitutionseffekte im PKW-Verkehr liefert eine vom Verfasser betreute, unveröffentlichte studentische Arbeit zu den Auswirkungen der Einführung des Semestertickets an der Universität Lüneburg zum Wintersemester 1992/93. Das Verfahren machte den Studentenausweis zum ÖPNV-Halbjahresticket, wofür der ASTA-Beitrag in Anlehnung an das Darmstädter Modell (s. o.) um 14 DM erhöht wurde. Die damals 50 DM teure Monatskarte wurde damit überflüssig und die Busbenutzung subjektiv kostenlos. Basis der Erhebung waren zwei Befragungen vom Juli 1992 (N = 593 bei 5.180 Studierenden) und Januar 1993 (N = 797 bei 5.736 Studierenden). Sie zeigten, daß die Busnutzung für den Ausbildungsweg von 4 auf 14 % anstieg. Je zur Hälfte kam dieser Zuwachs vom nichtmotorisierten Verkehr (52 % -> 47 %) und vom

Autoverkehr (34 % -> 29 %). Die potentielle Nutzbarkeit des Semestertickets, beurteilt nach dem ÖPNV-Anschluß des Wohnsitzes, war damit noch lange nicht ausgeschöpft, da 52 % der in der Befragung vom Januar 1993 verbliebenen Autofahrer vom Semesterticket noch profitieren könnten. Dieses Beispiel zeigt, daß selbst drastische Tarifreduktionen - hier ein Quasi-Nulltarif für eine wirtschaftlich nicht eben günstig gestellte und deshalb potentiell besonders reaktionsbereite Bevölkerungsgruppe - den PKW-Verkehr nur in bescheidenem Umfang zu mindern vermögen und darüber hinaus in bezug auf den Fußgänger- und Radverkehr unnötige Substitutionseffekte zeitigt. Ähnliche Ergebnisse sind auch aus einigen älteren Studien bekannt (vgl. BOHLEY 1973, S. 118-121, Nahverkehrspraxis 1975, TEICHMANN 1983).

4.2.3.2 Verkürzung von Reisezeiten im konventionellen ÖPNV

Der öffentliche Verkehr befindet sich bei der Verringerung von Reisezeiten in einem Dilemma: Der Aufbau von Liniennetzen muß einerseits Anschlüsse in fußläufiger Entfernung gewährleisten, damit die Reisezeit nicht durch lange Gehwege unangemessen erhöht wird. Andererseits findet die Haltestellendichte ihre Grenzen in der Verlängerung der Fahrzeit durch Umwege bei den Fahrtrouten und der erforderlichen Haltezeiten. Im Sinne einer Verkürzung der Fahrzeiten wäre nämlich eine möglichst direkte Linienführung zu Hauptzielgebieten und eine unterbrechungsarme Fahrweise vonnöten. Diesem Zwiespalt wird bei den verschiedenen Systemen des öffentlichen Verkehrs in unterschiedlicher Weise Rechnung getragen. So verfolgt der Schienenverkehr in Form der U- und S-Bahnen am ehesten das Ziel einer direkten Linienführung in die Innenstadt mit größeren Abständen zwischen den Stationen, was zu Lasten der Netzbildungsfähigkeit geht. Öffentliche Busse hingegen bedienen in viel stärkerem Maße „die Fläche", was mit tendenziell längeren Fahrzeiten verbunden ist. Straßenbahnen nehmen eine mittlere Position zwischen den beiden Extremen ein.

Daß gerade die Mittlerstellung der Straßenbahnen nicht problemlos auf die beiden anderen Verkehrssysteme verlagerbar ist, wird in der neueren Literatur in bezug auf den jahrzehntelang erfolgten Abbau der Straßenbahnen beklagt (vgl. KÖSTLIN/BARTSCH 1987, APEL 1990, BERGEMANN 1992, S. 133).[2] So treten bei U- und S-Bahnen durch die längeren Fußwege bei geringerer Haltestellendichte Reisezeitgewinne gegenüber den Straßenbahnen erst ab 5 km auf, bleiben bis 10 km minimal und erreichen erst darüber hinaus einen nennenswerten Umfang; die durchschnittlichen Wegelängen im ÖPNV liegen aber in München, Frankfurt, Nürnberg, Essen, Köln und Hamburg nur zwischen 4,1 und 6 km (KÖSTLIN/ BARTSCH a. a. O., S. 18-19). Außerdem erwiesen sich U-Bahnstationen für viele Menschen als unattraktiv im Sinne von Angst vor kriminellen Übergriffen. Im Vergleich zu den Bussen bieten Straßenbahnen neben einer höheren Reisegeschwindigkeit wichtige Komfortelemente in Form einer höheren Platzkapazität und einer größeren Laufruhe.

---

[2] 1950 existierten in der Bundesrepublik Deutschland noch 4.181 km Straßenbahn-km, 1987 wurde der Tiefststand mit 1.866 km erreicht. 1992 waren es 1.912 km, allerdings ohne die neuen Bundesländer, deren Streckenabbau größer als die Zunahme in den alten Bundesländern ausfiel (BMV 1991a, S. 134-137, 1994, S. 85).

Die spezifischen Vorteile von Straßenbahnen bewirkten in den letzten Jahren angesichts der Raumnöte im Verkehrssystem ein Umdenken. So bestehen beispielsweise in Hamburg, Augsburg und Braunschweig Überlegungen zur Wiedereinführung von Straßenbahnen bzw. von stillgelegten Strecken (für Hamburg nach Auskunft der Behörde für Wirtschaft und Verkehr, ansonsten vgl. SCHÖPKE 1992). In anderen Städten, z. B. in Würzburg und Den Haag, wurden Versuche zur Stillegung von Straßenbahnen in erfolgreiche Projekte zum Ausbau und zur Modernisierung umgewandelt (vgl. APEL 1987, NAUMANN 1987). Eine in dieser Hinsicht bedeutende Innovation stellt die Transformation in Stadtbahnen dar. Kerngedanke des Konzeptes ist die Überwindung des Unterschiedes zwischen Straßen- und S-Bahn. Während sich erstere mit relativ kurzen Haltestellenabständen und niedrigen Fahrgeschwindigkeiten für den Innenstadtbereich besonders eignet, bietet letztere mit hohen Geschwindigkeiten und größeren Haltepunktdistanzen eine günstigere Erschließung für den randstädtischen und suburbanen Raum. Neuere Fahrzeuggenerationen sind deshalb in ihren Fahrgeschwindigkeiten für beide Betriebsformen geeignet, in Karlsruhe kann die Stadtbahn sogar den Radabstand variieren, wodurch die Benutzung des Gleiskörpers der Deutschen Bahn möglich ist. Da gerade die Karlsruher Variante Gleisausbauten durch Mitbenutzung des Fernstreckennetzes ersparen kann, ist sie besonders geeignet, zeitaufwendige und unbequeme Umsteigevorgänge entfallen zu lassen (vgl. LUDWIG/DRECHSLER 1987, Senatsverwaltung f. Stadtentwicklung 1992, S. 49). Insgesamt erscheint der Erhalt und Ausbau von Straßenbahnlinien und, wo möglich, deren Wiedereinführung für eine Verbesserung des ÖPNV dringend erforderlich.

Weitere Optionen zur Verringerung der Reisezeiten, weniger als Ersatz für einen schienengebundenen ÖPNV, sondern eher als Ergänzung bieten

- die Einrichtung von Schnellbuslinien, die allerdings an mengen- und zeitmäßig konzentrierte Verkehrsanteile des Ausbildungs- und Berufsverkehrs gebunden sind,
- Bussonderspuren und -routen zur Umfahrung staugefährdeter Strecken (vgl. HEUNE-MANN 1977) in Kombination mit
- ÖPNV-gesteuerten Lichtzeichenanlagen (Grünanforderung/-verlängerung per Funk- oder Infrarotsignal) sowie
- die Reduzierung von Haltestellenaufenthalten (siehe Kap. 4.2.3.1: bargeldlose Zahlungsweisen).

Allein mit einer konsequenten Umsetzung von Busspuren und ÖPNV-beeinflußten Lichtzeichen sind Fahrzeitenreduzierungen bis zu 25 % erreichbar (BMRO 1986, S. 47). Der bislang umfassendste Ausbau straßenbahn- und busgesteuerter Lichtsignalanlagen ist wohl in Zürich vorgenommen worden, wo ÖPNV-Vorrangschaltungen an 217 von 270 Kreuzungen installiert sind. Die Ampelwartezeiten für öffentliche Verkehrsmittel bilden dadurch keine nennenswerte Größe mehr (Senatsverwaltung f. Stadtentwicklung 1992, S. 31).

Neben den oben genannten Optionen bestehen noch eine Reihe weiterer Möglichkeiten zur Verringerung der Reisezeiten, deren Effekte quantitativ von deutlich geringerer Bedeutung sind oder die sich nur indirekt niederschlagen, z. B. als Reisezeitgewinne ohne Fahrzeitveränderungen. Erstere sind durch die Einführung rechnergesteuerter Betriebsleitsysteme gegeben, die unter anderem Funkbefehle mit Routenänderungen bei Störungen im Verkehrsablauf ermöglichen (PAMPEL 1992, S. 21). Ebenso ist der Bau von Buscaps in Ersetzung von Busbuchten zu nennen (vgl. HAAG/KUPFER 1993). Hierbei hält der Bus auf der Fahrbahn, wodurch Probleme beim Wiedereinfädeln in den fließenden Verkehr entfallen. Nebeneffekte sind eine bewußt in Kauf genommene, geschwindigkeitssenkende Behinderung des MIV sowie eine Verbesserung des Fahrkomforts durch die Minimierung von Kurvenfahrten und Bremsungen.

Einen Reisezeitgewinn ohne Veränderung von Fahrzeiten ermöglichen Koppelungen von Verkehrsmitteln. Elementar ist die Anschlußsicherung zwischen den öffentlichen Verkehrsmitteln selbst. Dies gilt sowohl für Verbindungen derselben Verkehrsmittelart (Bus/Bus, S-Bahn/S-Bahn, etc.) als auch zwischen unterschiedlichen Verkehrsangeboten (z. B. Bahn/Bus, U-Bahn/Straßenbahn). Idealerweise wäre das Problem durch dichte Fahrplantakte zu lösen, wodurch Wartezeiten automatisch niedrig ausfallen. Zumindest in den Schwachlastzeiten mit verringerten Taktdichten bleibt jedoch eine entsprechende Koordinationsarbeit bei der Fahrplanerstellung unumgänglich. Die schon erwähnten rechnergesteuerten Betriebsleitsysteme erleichtern dabei, im Verspätungsfalle per Funk Wartebefehle für das Anschlußverkehrsmittel geben zu können.

Weitere Koppelungsmöglichkeiten bestehen mit Individualverkehrsmitteln. Im Nahbereich eignen sich Bike & Ride - Anlagen zur Erschließung zusätzlicher Fahrgastpotentiale, im Land-Stadt-Verkehr sind es vor allem Park & Ride -Anlagen. Während bei ersteren vornehmlich der Witterungs- und Diebstahlschutz eine Rolle spielt (vgl. KÜLZER/ MAHRT/ SCHUSTER 1993), bestimmt sich die Attraktivität von Park & Ride - Angeboten primär aus dem Stellplatzangebot an sich. Wichtig ist auch der Fußweg zur P & R -Haltestelle sowie für beide Angebote ein ausreichend dichter Taktverkehr (vgl. SCHAEFER 1973).

Zumindest beim Park & Ride - Verkehr ist es allerdings nach neueren Untersuchungen sehr zweifelhaft, ob dieser Weg zu einer nennenswerten Entlastung und Verbesserung städtischer Verkehrsverhältnisse beitragen kann. So führt HEIMERL (1992, ähnlich UPI 1993b) für mehrere deutsche Verdichtungsräume aus, daß lediglich 30 % der P & R - Nutzer echte Umsteiger vom Individualverkehr auf den ÖPNV sind, der Rest entfällt auf ehemalige „Nur-ÖPNV-Nutzer", für die der gebrochene Verkehr die nunmehr zeitlich günstigere Alternative darstellt, sowie auf jene, die bisher schon ihre Privatfahrzeuge im Gebiet der P & R - Haltestelle stehen ließen (ungeordnetes Park & Ride). Ein ähnliches Ergebnis zeigen die von BUCH u. a. (1991, S. 63) für Hamburg präsentierten Daten, denen zufolge von aktuellen P & R - Nutzern zuvor 50 % den werktäglichen Weg nur mit dem ÖPNV abwickelten, weitere 6 % zu Fußgehen oder das Fahrrad mit dem ÖPNV kombinierten, 20 % ungeordnetes P & R vollzogen, 1 % sich an einer PKW-Fahrgemeinschaft beteiligten und nur 23 % als echte Umsteiger vom Auto gewonnen werden konnten.

HEIMERL (a. a. O., S. 224-225, ähnlich HOLZ-RAU/WILKE 1993) übt auch Kritik an dem Mißverhältnis zwischen Investitionsaufwand und Effizienz. Demnach betragen die Baukosten pro Stellplatz 10.000 (ebenerdig) bis 35.000 DM (Parkhaus) zuzüglich 10 % Unterhaltskosten pro Jahr. Bei einem Stellplatzaufkommen von kaum über 1.000 wird so, bezogen auf Hauptverkehrsstraßen mit Belastungsstärken von nicht selten 30.000 - 40.000 PKW pro Tag, mit sehr hohen Kosten ein kaum nennenswerter Effekt erzielt.[3] HEIMERL (1992, S. 224) hält deshalb eine Park & Ride - Politik nur dann für sinnvoll, wenn weit vor den städtischen Grenzen an Haltepunkten des öffentlichen Verkehrs kleine Parkplätze angelegt werden, um den MIV aus dem nicht oder nur schlecht vom ÖPNV erschlossenen Umfeld schon nahe der Quelle der Verkehrsbeziehung abzufangen. Und auch dies dürfte nur funktionieren, wenn Parkraum in der Kernstadt reduziert wird.

Zwei weitere Möglichkeiten zur Reduzierung von Reisezeiten ohne Änderung der Fahrzeiten betreffen mehr das subjektive Empfinden als objektiv im Verkehrssystem meßbare Parameter. Die erste ergibt sich durch die Verdichtung von Fahrplantakten. Die Verdichtung verkürzt die Wartezeiten vieler Fahrgäste, und zwar nicht nur für Gelegenheitskunden, die sich in Unkenntnis der Abfahrzeiten zu einer Haltestelle begeben. Generell ermöglichen dichtere Fahrplantakte eine bessere Anpassung an den individuellen Bedarf vor allem im Ausbildungs-, Berufs- und Dienstverkehr mit oft festgelegten Ankunftszeiten. Wenn etwa zwischen der Ankunft an der Zielhaltestelle zuzüglich Fußweg zum eigentlichen Zielort und dem Tätigkeitsbeginn eine zu große Zeitspanne verbleibt, die nicht mit alternativen Handlungen (z. B. Einkaufen) gefüllt werden kann, so wird dadurch die Benutzung öffentlicher Verkehrsmittel unattraktiv.
Durch Verkürzung der Fahrplantakte erreicht man bei Überschreitung eines gewissen Schwellenwertes ferner einen Verfügbarkeitsgrad, der Fahrplankenntnis unnötig macht. Dies vereinfacht die Benutzung öffentlicher Verkehrsmittel und gleicht ihre Nutzbarkeit den individuellen Fortbewegungsarten an, deren Kennzeichen geradezu die weitgehend unbegrenzte Verfügbarkeit ist. Es fehlt derzeit an empirischem Material, welches zur Quantifizierung des genannten Schwellenwertes geeignet wäre; SCHMITZ (1991b, S. 235) geht von 5-6 Minuten aus. Ist eine solche Taktdichte betriebswirtschaftlich nicht umsetzbar, muß im Sinne einer einfachen Merkbarkeit wenigstens ein regelmäßiger Takt (z. B. alle 10, 15, 20 oder 30 Minuten) eingeführt bzw. beibehalten werden.

Die zweite Möglichkeit zur Verringerung subjektiv empfundener Reisezeiten stellt die Pünktlichkeit/ Zuverlässigkeit der Bedienung dar. Die einzelnen Bestandteile der Reisezeit werden subjektiv keineswegs gleichgewichtig empfunden. VOIGT u. a. (1976, S. 108) berichten von einer Studie in Paris, die eine dreifache Überschätzung der realen Wartezeiten an Haltestellen nachwies; Gehzeiten von und zur Haltestelle wurden um das 1,75fache überschätzt. WALTHER (1975) stellt hingegen sowohl unter Bezugnahme auf eigene Forschungsergebnisse als auch auf weitere Studien fest, daß es keinen festen Multiplikationsfaktor gibt, sondern der Zusammenhang zwischen Einschätzung und realem Zeitaufwand eine Exponen-

---

[3] Für einen Teil des Kieler Untersuchungsgebietes (Ostufer) bestätigt BERGEMANN (1992, S. 125) die von HEIMERL genannte Relation: Geplanten 273 P & R - Stellplätzen nördlich des Flusses Schwentine steht ein tägliches Verkehrsaufkommen von über 30.000 Kraftfahrzeugen gegenüber; vgl. auch Kap. 6.4.3.

tialfunktion in Abhängigkeit vom absoluten Zeitaufwand zur Distanzüberwindung bzw. für das Warten darstellt. Das heißt, je länger der Fußweg bzw. die Wartezeit ist, um so stärker ist die Überschätzung. Demgegenüber berichtet VERRON (1986, S. 148) unter Bezugnahme auf Untersuchungen der Forschungsgruppe „Akzeptanz von Nahverkehrssystemen" der Technischen Universität Berlin von gegenteiligen Ergebnissen: Lange Fußwegezeiten von und zu den Haltestellen (über 5 Minuten) werden eher unterschätzt, kurze überschätzt.

Unabhängig von der Frage fester oder variabler Zurechnungsfaktoren bzw. Über- oder Unterproportionalität des Zusammenhanges Distanz - Zeitempfinden deuten die Untersuchungen generell auf eine Überschätzung des nicht direkt für den Fahrweg benötigten Zeitbedarfes hin, wobei Wartezeiten nochmals deutlich schlechter abschneiden als Fußwege (vgl. auch Brög 1991, S. 12). Für die Planung und Attraktivitätssteigerung im öffentlichen Verkehr sind damit Bemühungen um eine Reduzierung von Wartezeiten von hoher Dringlichkeit. Strikte Pünktlichkeit kann hierzu einen Beitrag leisten. Es darf einerseits nicht zu Verspätungen kommen, weil diese die Wartezeit direkt verlängern oder als „vorweg antizipierte Reaktion" der Kunde nicht den laut Fahrplan passenden ÖPNV-Anschluß wählt, sondern den vorhergehenden (Verlagerung von Zeitaufwand an den Zielort). Es darf auch keine vorzeitigen Abfahrten geben, weil dies die Wartezeit auf den nachfolgenden Anschluß über Gebühr verlängert oder zur Einplanung einer verlängerten Sicherheitsspanne beim ÖPNV-Kunden mit der Folge früheren Eintreffens an der Haltestelle führt.

4.2.3.3 Bedarfsgesteuerte ÖPNV-Systeme

Selbst bei Ausschöpfung aller Möglichkeiten zur Erhöhung der Reisegeschwindigkeiten im konventionellen öffentlichen Verkehr - was bislang in keiner Stadt geschehen ist - bleibt es zweifelhaft, ob der ÖPNV geschwindigkeitsmäßig dem PKW Konkurrenz machen kann. Am ehesten dürfte dies noch für Ziele in den Stadtzentren zu erreichen sein. In den weniger dicht bebauten Stadtgebieten lohnen indes Verästelungen des Liniennetzes, Tangentialverbindungen oder enge Taktzeiten meist nicht. Auch die Verkehrsdichte ist in der Stadtperipherie oft nicht so groß, daß zum Beispiel die Anlage von Bussonderspuren als erforderlich und finanziell angemessen erscheint. Die Überlegungen zur Geschwindigkeits- und Komfortverbesserung im ÖPNV mündeten deshalb in den 70er Jahren in ein Konzept zur grundlegenden Neugestaltung durch Kabinentaxis (vgl. CAMP 1972, BECKER 1972, 1973, 1974, TAPPERT/HEINRICH 1975). Hierfür wurde in den Städten der Aufbau eines dichten Netzes aufgeständerter Fahrtrassen vorgesehen. Die Kabinen mit einer Kapazität von 2-4 Personen sollten an Haltepunkten abgerufen werden können und das vom Nutzer in die EDV eingegebene Ziel ohne Umwege und Zwischenstopps direkt ansteuern. Außerdem hätte der Fahrgast die Möglichkeit, nicht erwünschte Mitfahrer wie beim eigenen Kraftfahrzeug auszuschließen bzw. auf andere Kabinen zu verweisen, was im Sinne der Zielreinheit des Verkehrs (siehe oben) ohnehin naheliegt. Berechnungen ergaben für diesen „individualisierten ÖPNV" höhere realisierbare Geschwindigkeiten als im heutigen Kraftfahrzeugverkehr bei einem niedrigeren spezifischen Energieverbrauch. Dieser Umstand, die nahezu direkte Zielanfahrt, fehlende Zwischenstopps und die Individualität des Verkehrsmittels sollten das Kabinentaxi zum idealen Ersatz des PKW in der Stadt werden lassen. Die reale Entwicklung endete jedoch im Probebetrieb (vgl. NAUMANN/PECKMANN 1974), die Idee des Kabinentaxis wurde von keiner in- oder ausländischen Stadt umgesetzt, obwohl dementsprechende Vorschläge immer wieder auftauchen (vgl. Kieler Nachrichten 1991, NADIS 1994). Ausschlaggebend für die mangelnde Realisierung dürften vor allem die sehr hohen Investitionskosten sein. Auch städtebauliche Bedenken sind gegen das skizzierte zusätzliche Verkehrsmittel ins Feld zu führen: Es ist kaum ersichtlich, wie aufgeständerte Trassen und ihre Kabinen räumlich und ästhetisch in dicht bebaute Innenstädte zu integrieren wären (vgl. MÜLLER 1993, S. 472), zumal sie lediglich Personen-, nicht aber Güterverkehr aufnehmen könnten, Straßen also nicht ersetzen. Bleiben letztere unverändert erhalten, würde die Verlagerung des ÖPNV in eine höhere Ebene sogar neuen Raum für den PKW-Verkehr schaffen, also im Sinne der neueren Verkehrspolitik kontraproduktiv wirken. Wenigstens gegen die ästhetische Komponente der städtebaulichen Argumentation ist allerdings einzuwenden, daß der heutige Kfz-Verkehr keinesfalls stadtverträglicher ist (vgl. Kap. 3.3.1) und die Dominanz der Kraftfahrzeuge auf Straßen und Plätzen eine Situation darstellt, an die man sich in einem Maße gewöhnt hat, wie dies auch für aufgeständerte Kabinensysteme möglich erscheint (siehe Wuppertaler Schwebebahn).

Neben dem Kabinentaxi sind mit ähnlicher Funktionsweise Kabinenbahnen entworfen worden (vgl. KREUZ/SCHULTZ-WILD 1975, S. 145 ff., WEIGELT 1979). Diese besitzen eine höhere Transportkapazität und sind deshalb auch nicht mehr für den individualisierten öffentlichen Verkehr gedacht. Funktionell betrachtet, sind sie nichts anderes als kleinere Straßenbahnen. Die aufgeständerte Trasse ermöglicht jedoch einen störungsfreien Verkehr, der ebenerdig im Straßenraum nicht ständig gewährleistet ist.
Prinzipiell wurde das System schon mit der Wuppertaler Schwebebahn im Jahre 1901 erstmals im Verkehr eingesetzt, eine Imitation in anderen Städten fand es aber nicht. Erst die architektonisch moderneren Konzeptionen in den 70er Jahren brachten Kabinenbahnen wieder in die verkehrspolitische Diskussion. Abgesehen von einigen wenigen Demonstrationsobjekten, die zum Teil noch heute in Betrieb sind - so bei der Ruhr-Universität Dortmund, in Seattle/USA und Vancouver/Kanada - haben Kabinenbahnen aber ebenfalls keine Verbreitung gefunden. Es ist davon auszugehen, daß hierfür wiederum finanzielle Aspekte neben städtebaulichen Gesichtspunkten verantwortlich waren.

Ohne teure und städtebaulich problematische neue Fahrwege kommen bedarfsgesteuerte Systeme des öffentlichen Verkehrs aus, die den herkömmlichen Straßenraum nutzen: Rufbusse und Sammeltaxen. Erstere sind Kleinbusse, die innerhalb eines Gebietes ohne Bindung an ein Liniennetz verkehren. Über Rufsäulen oder das Telefon gibt der Kunde seinen Fahrtwunsch mit Start- und Zielort sowie gewünschter Ankunftszeit an eine Zentrale weiter, welche ihrerseits mit Hilfe elektronischer Datenverarbeitung und Funkverbindung zu den Fahrern einen geeigneten Bus zum Kunden dirigiert. Da das System auf Zusteigemöglichkeiten aufbaut, werden die Fahrtziele nicht direkt angesteuert, der EDV-Einsatz ermöglicht aber eine Optimierung der Routenwahl. Die prinzipielle Einsatzreife für den Alltagsbetrieb haben MEYER/BURMEISTER schon 1975 bestätigt, dennoch ist der Rufbus eine Randerscheinung im öffentlichen Verkehr geblieben. Ursache dafür sind wiederum hohe

Kosten für einen gänzlich veränderten oder zumindest ergänzten Fuhrpark (Klein- statt Großfahrzeuge), Einrichtung und Unterhaltung von Rufsäulen, für Funkausrüstungen und eine EDV-Anlage, vor allem aber für Löhne durch die größere Zahl benötigter Fahrer. Ohnehin kann das Rufbussystem keine generelle Alternative zum Linienverkehr mit Großraumfahrzeugen bieten, weil mit letzterem bei hohem Fahrgastvolumen und identischem Zielraum - z. B. bei Strecken in die City - die Bedarfsdeckung wesentlich leichter zu gewährleisten ist. Gleichwohl eignet sich der Rufbus für Zeiten und Räume mit geringer Verkehrsnachfrage, so etwa für Randbereiche von Verdichtungsräumen. Ein erfolgreiches Beispiel hierfür ist die Anbindung der Bereiche Wunstorf (seit 1987) und Neustadt am Rübenberge (seit 1988) an Hannover (vgl. Zweckverband Großraum Hannover/BMFT 1989). Dabei blieb der reine Rufbusbetrieb allerdings auf die Schwachlastzeiten beschränkt. Das Gros des Angebotes wird im Richtungsbandbetrieb getätigt, bei dem Start- und Zielort sowie Fahrtbeginn feststehen, innerhalb einer Zone aber neben einigen obligatorischen Haltepunkten eine große Zahl weiterer Bedarfshaltestellen für den Ein- und Ausstieg zur Verfügung stehen. Diese werden nur bei konkreter Nachfrage angefahren. Neben dem Richtungsband- und Rufbusbetrieb gibt es für die Spitzenzeiten auch den herkömmlichen Linienverkehr; zusammengefaßt nennt sich diese Kombination „Betriebsleitsystem Flexible Betriebsweisen (BFB)" (Zweckverband Großraum Hannover/BMFT 1989, S. 42).

Ähnlich konzipiert, nur mit kleineren und zudem nicht einem herkömmlichen ÖPNV-Unternehmen gehörenden Fahrzeugeinheiten funktioniert der öffentliche Verkehr mit Anrufsammeltaxen (= AST; vgl. HOFF 1985, LÖCKER 1985). Auch hierbei wird der Fahrgast individuell bedient und sogar nicht nur bis zu einer Zielhaltestelle, sondern bis zum eigentlichen Zielort gefahren, allerdings - beim Zustieg weiterer Fahrgäste - nicht immer auf dem direktesten Weg. Schließlich gibt es neben dem reinen Ruf- auch den Richtungsbandbetrieb in Form des Anmeldelinientaxis (ALT; Nahverkehrspraxis 1989) Der Vorteil des Sammeltaxenverkehrs liegt in dem schon existenten Fahrer- und Fahrzeugpool privater Unternehmen sowie in dem etablierten Funksystem. Der Kunde zahlt beim AST oder ALT einen etwas höheren Fahrpreis als beim Linienbus, wobei dies als Komfortzuschlag für die größere Bequemlichkeit und den zielreinen Verkehr gerechtfertigt wird. Die verbleibende Differenz zum eigentlichen Taxitarif übernimmt das ÖPNV-Unternehmen oder die Kommune. Die Einsatzmöglichkeiten des Sammeltaxenverkehrs in Städten sind jedoch begrenzt: Die kleinen Fahrzeugeinheiten eignen sich ausschließlich für Schwachverkehrszeiten, außerhalb dieser bleiben Busse erforderlich.

Insgesamt beschränkte sich bislang die Anwendung bedarfsgesteuerter öffentlicher Verkehrssysteme auf Einzelfälle, wo sie sich allerdings bewährt haben. Zur Beeinflussung der Verkehrsmittelwahl sind sie potentiell geeignet, weil damit vor allem die Faktoren Verfügbarkeit und Schnelligkeit sowie gegebenenfalls der Fahrkomfort wesentlich verbessert werden. Abgesehen vom Sammeltaxenverkehr, der in Schwachlastzeiten jetzt schon effizient eingesetzt werden kann, könnte eventuell auch dem Rufbussystem im Stadtverkehr eine Zukunft beschieden sein. Voraussetzung dafür wäre insbesondere eine drastische Senkung der variablen Kosten, was mit der Entwicklung vollautomatischer, den Fahrer ersetzender Steuertechniken zu erreichen wäre. Es wird versucht, diese Techniken im Rahmen des PROMETHEUS-Programmes zu entwickeln (vgl. ZACKOR 1990, S. 13), was einer Annäherung

an die charakteristischen Komponenten der Kabinenbahn gleichkäme. Neue Verkehrsspur-
systeme wären dann zwar nicht nötig, dafür aber möglicherweise kaum geringere Inve-
stitionen in kommunikationsfähige Straßenrand- und Fahrzeuginfrastrukturen.

4.2.3.4 Erhöhung des Fahr- und Benutzungskomforts

Im Bereich des Fahr- und Benutzungskomforts sind verschiedene Maßnahmen denkbar, die
sich wie folgt gruppieren lassen:
- Verbesserungen in der „hard ware" des ÖPNV, also bei den Fahrzeugen und im Haltestellenbereich, einschließlich ergänzender Serviceangebote,
- bessere Zugänglichkeit zu Informationen über ÖPNV-Benutzungsbedingungen,
- Erleichterung des Gepäcktransportes,
- Erhöhung des Sicherheitsempfindens.

Bequemlichkeitsfördernde Maßnahmen im Fahrzeugbereich betreffen vor allem das
Sitzplatzangebot. Quantitativ ist hieraus erneut die Forderung nach Erhalt, Ausbau bzw. Wie-
dereinführung schienengebundener Nahverkehrsmittel ableitbar, weil sie in diesem Aspekt
Bussen deutlich überlegen sind. Qualitativ ist von BERGEMANN (1992, S. 90-92) in Frage
gestellt worden, ob die Anordnung der Sitzplätze den Kundenwünschen entspricht. Aus Gründen der Zugänglichkeit und der Wahrung sozialräumlicher Mindestdistanzen empfiehlt er, die
Sitzplatzeinrichtungen zu flexibilisieren, z. B. durch Einzel- und Klappsitze, versetzbare
Trennwände und Gardinen. Auch Spielangebote für Kinder werden vorgeschlagen, wobei
diese aus Raum- und Sicherheitsgründen eher in Schienenfahrzeugen und allenfalls noch in
Gelenkbussen möglich erscheinen. Weitere den Fahrkomfort erhöhende Maßnahmen betreffen die Einführung von Niederflurbussen, gegebenenfalls mit zusätzlicher, ausfahrbarer
Rampe für Rollstuhlfahrer, die bereits in Kap. 4.2.3.1 erläuterten bargeldlosen Zahlungsweisen
sowie Klimaanlagen. Letztere gehören in Reisebussen bereits zum üblichen Standard und
könnten auch die Benutzung von Linienbussen in hochsommerlichen Hitzeperioden attraktiv
machen (Verkehr und Technik 1993). Schließlich können ergänzende Serviceangebote offeriert werden, z. B. der Verkauf von Getränken, Eßwaren und Presseartikeln (Bsp.: Stockholm,
vgl. ADAC 1991b, S. 49), und selbst das Fahrerverhalten ist als Gegenstand der ÖPNV-
Planung geeignet (Freundlichkeit/ Hilfsbereitschaft als Kriterium der Personalselektion oder
Gegenstand von Betriebswettbewerben).

Bezüglich des Komforts im Haltestellenbereich ist zunächst auf das schon in Kap. 4.2.3.2
erwähnte grundlegende Dilemma hinzuweisen: Lange Fußwege sind unbequem, jedoch findet jeder Versuch zur Verdichtung des Haltestellennetzes seine Schranken im Erfordernis
einer akzeptablen Reisegeschwindigkeit. Dennoch bestehen Optionen zur Komfortverbesserung. Sie erfüllen zumeist zwei Funktionen, zum ersten die unmittelbare Erhöhung der Bequemlichkeit des Aufenthaltes an der Haltestelle, zum zweiten die dadurch indirekt erzielbare
Verkürzung der subjektiv empfundenen Zugangs- und Wartezeiten. Im einzelnen sind zu nennen:

- Sitzgelegenheiten und Witterungsschutz
  In den letzten Jahren werden bei Wartehäuschen zunehmend durchsichtige Seitenwände verwendet, um neben dem Witterungsschutz dem subjektiven Sicherheitsbedürfnis der Kunden zu genügen. Für die optische Gestaltung des Haltepunktes werden meist eine einheitliche Form, Farbe und Beschriftung empfohlen, um im Sinne des „corporate design" dem ÖPNV den Charakter eines „Markenartikels" zu verleihen (SNV 1993, B III.2). Allerdings ist auch das Gegenteil, die vollständige Lösung von einem einheitlichen Erscheinungsbild denkbar. So wurden 1994 in Hannover mehrere innerstädtische ÖPNV-Haltestellen von Künstlern und Architekten in einem futuristischen Stil gestaltet, so daß jede ein individuelles Kunstwerk darstellt (Projekt „Busstops").

- Ergänzende Angebote für Koppelungstätigkeiten
  Dies betrifft an größeren (Umsteige-)Haltestellen die Schaffung oder Initiierung von Angeboten des Einzelhandels und der Gastronomie, an kleineren Haltepunkten eher die Einrichtung von nicht personalgebundenen Tätigkeitsoptionen, vor allem Wertstoffcontainer, Telefonzelle, Briefkasten, Briefmarkenautomat, Schaukasten der Stadtverwaltung, Anschlagbrett für private Kaufangebote und -gesuche.
  Aus dem Ausland sind für den Bereich größerer Bahnhöfe auch bedeutende kulturelle Attraktionen bekannt. Hierzu gehören z. B. Orchestervorführungen, wie sie bei japanischen Privatbahnen zu finden sind (vgl. MENKE 1988, S. 81), oder die Ausstellung von Gemälden und Skulpturen in Stockholmer U-Bahnstationen (MERKER 1995).

- Findung attraktiver Mikrostandorte
  Die Lokalisation von Haltestellen sollte sich vorrangig, aber nicht ausschließlich am Kriterium kurzer Fußwege orientieren. Zusätzlich ist - soweit vorhanden - auf attraktive Sichtbeziehungen zu Bereichen zu achten, die als interessant empfunden werden oder in denen „etwas passiert", z. B. eine Geschäftsstraße/-zeile, Sehenswürdigkeiten, ein Kinderspielplatz, ein Springbrunnen oder die Brücke über einen Bach. Schließlich sind die Warteflächen selbst attraktiv zu gestalten, z. B. durch Blumenbeete oder/und Baumanpflanzungen (vgl. BERGEMANN 1992, S. 93-95). Angenehme Umfeldbedingungen sind darüber hinaus nicht nur für den ÖPNV-Haltepunkt selbst, sondern auch für die Wege dorthin zu fordern (vgl. auch Kap. 4.2.5).

Der dritte Bereich der Komfortverbesserung betrifft einen zentralen Unterschied öffentlicher und individueller Verkehrsmittel. Während letztere mehr oder weniger ständig verfügbar sind und sich dem individuellen Bedarf vollständig anpassen, ist der ÖPNV-Nutzer gezwungen, sich den Bedingungen bezüglich Fahrzeiten und Routenverlauf unterzuordnen. Dies setzt Kenntnisse über

- die geographische Erschließung von Start- und Zielort mit ÖPNV-Linien,
- die Haltestellendichte/-verfügbarkeit im Start- und Zielgebiet,
- die Kennzeichnung der Zielhaltestelle bzw. einer eventuellen Umsteigehaltestelle,
- die Bezeichnung der ÖPNV-Linien,
- Abfahrzeitpunkte/Fahrplantakt und Fahrzeit

(vgl. WALTHER 1976) voraus. Bei Dauernutzern des ÖPNV ist dieses Wissen meist vorhanden, zumindest bezüglich der regelmäßigen Verkehrsbeziehungen. Bei Gelegenheitskunden oder mangelnden Ortskenntnissen fehlt es jedoch häufig oder ist nicht korrekt. Um den Aufwand der Informationsgewinnung und damit eine Schwelle zur ÖPNV-Nutzung zu reduzieren, regt z. B. FIEDLER (1992, S. 115) eine flächendeckende Verteilung von Fahrplanheften an alle Haushalte an. Eventuell kostengünstiger wäre die Verteilung von Fahrplanauszügen - betreffend eine bestimmte Verbindung zwischen Stadtteil/Vorort und Innenstadt/Bahnhof - über Zeitungen, lokale Anzeigenblätter oder Informationsschriften der Stadt-/Gemeindeverwaltung. Zumindest wäre aber eine optimierte Dichte im Verteilnetz für Fahrpläne (Ämter, Geschäfte, Verwaltungen großer Betriebe und Schulen) anzustreben. Schließlich wird inzwischen auch über die Intensivierung mündlicher und fernmündlicher Auskunftsdienste, einschließlich Bildschirmtext, intensiv nachgedacht (Optimalform: Mobilitätszentrale, vgl. GUSSFELD u. a. 1994, S. 53-55).

Besteht nicht die Gelegenheit, Informationen vor Fahrtantritt einzuholen, werden sie vor Ort benötigt. Diesen Bedarf können verbesserte Darstellungen mittels Streckennetzplan und akustischen Hinweisen an Haltestellen und in den Verkehrsmitteln selbst decken (vgl. PAMPEL 1992, SCHMIDT 1993). Zumindest an größeren Haltepunkten empfehlen sich auch per Tastatur abrufbare Bildschirmangaben (touch-panel/touch-screen; vgl. SCHMIDT/WESSELS 1993).

Im Gegensatz zu den oben besprochenen Aspekten ist das Maßnahmenrepertoire bezüglich der letzten beiden Komfortkomponenten, Gepäcktransport und Sicherheit, sehr eingeschränkt. Für ersteres eignen sich Räume zur Zwischenlagerung von Gepäck bei Einkäufen in der City, wie sie bislang meist nur mittels Extrabussen in der Adventszeit angeboten werden. Noch besser wäre ein Zustellservice, der gegebenenfalls auf bestimmte Tageszeiten oder Tage (einkaufsoffene Samstage, Adventssamstage etc.) beschränkt bleiben kann (Bsp.: Hamburger Verkehrsverbund).

Der Sicherheitsaspekt betrifft vornehmlich das flächenmäßig und zeitlich ausgedünnte Verkehrsangebot in den Abendstunden. Die Stadtwerke Karlsruhe und die Wolfsburger Verkehrs-GmbH bieten diesbezüglich ihren Kunden einen Taxiruf vom öffentlichen Verkehrsmittel zur Weiterbeförderung ab der Ausstiegshaltestelle an. Die Taxikosten sind zwar vom Fahrgast in voller Höhe zu tragen, jedoch liegt die Summe der Kosten für die genannte Kombination niedriger als bei alleiniger Taxibenutzung. Das System setzt allerdings die Existenz eines Nachtbetriebes öffentlicher Massenverkehrsmittel und das häufige Überschreiten fußläufiger Entfernungen zwischen Haltestelle und Zielort voraus - Bedingungen, die meist nur in Großstädten erfüllt werden.

Abschließend ist zum Benutzungskomfort auf zwei Grundprobleme hinzuweisen. Zum ersten wird die Effizienz der erläuterten Maßnahmen generell dadurch eingeschränkt, daß sich „Komfort" aus sehr vielen, verschiedenartigen Komponenten zusammensetzt. Während bei den Kosten und der Reisegeschwindigkeit viele Maßnahmen denselben, klar definierbaren

Parameter betreffen, wirkt jede Initiative aus der ebenfalls großen Palette von Instrumenten zur Erhöhung von ÖPNV-Bequemlichkeit/-Annehmlichkeit nur auf einen (kleinen) Teilaspekt des Komforts ein. Die Wirkungsintensität wird dadurch zwangsläufig stark begrenzt. Zum zweiten wird der ÖPNV in einem bislang noch nicht genannten Komfortkriterium dem PKW kaum jemals Konkurrenz machen können, nämlich in der „Privatheit" der Verkehrsmittelnutzung. Während der Nutzer eines Individualverkehrsmittels andere Personen von der Mitfahrt ausschließen kann, besteht diese Option im öffentlichen Verkehr allenfalls in dem kaum Realisierungschancen aufweisenden Konzept der Kabinentaxis. Die Ausschlußmöglichkeit bietet jedoch im soziologischen Sinne die Gelegenheit, soziale Distanzen in räumliche zu transformieren, wobei speziell beim Vergleich PKW - Fußgänger/ Fahrrad die zusätzliche Bedeutung der Karosserieummantelung eben nicht nur als Verletzungsschutz bei Unfällen, sondern auch als Abgrenzungsmedium nicht unterschätzt werden darf. Bei diesen Erwägungen spielen sicherlich auch zusätzliche psychologische Parameter, wie das Empfinden von Freiheit und Unabhängigkeit sowie wiederum das individuelle Schutzbedürfnis vor kriminellen Handlungen, eine Rolle.

4.2.4 Förderung des Radverkehrs

Wie in Kap. 3.1 gezeigt wurde, war das Fahrrad in früherer Zeit eine wesentliche Säule des städtischen Verkehrssystems. Mit der zunehmenden Motorisierung geriet es jedoch als Alltagsfortbewegungsart immer stärker ins Hintertreffen, so daß sein modal split - Anteil in den meisten deutschen Städten heute unter 10 % liegt. In jüngster Zeit deutet sich jedoch ein Imagewandel bezüglich Umweltfreundlichkeit, Fitneß und Erlebnisqualität an (vgl. Kap. 7.3.7), der nicht ohne Rückwirkungen auf die Verkehrspolitik blieb. So zielen die letzten Novellen der planerischen Grundlagenwerke „Empfehlungen zur Anlage von Erschließungsstraßen (EAE 85/95)" (FGSV 1995b) und „Empfehlungen für Radverkehrsanlagen (ERA 95)" (vgl. FGSV 1995a, VDS 1995) nicht bloß auf eine ordnungsgerechte Abwicklung des Radverkehrs, sondern auf dessen gezielte Förderung. Weit stärker als bei allen anderen Strategien kommt es dabei auf eine - zum Teil kostenaufwendige - Korrektur vergangener Fehlentwicklungen im Wegebau und im ordnungsrechtlichen Verkehrsleitsystem an.

4.2.4.1 Separierung versus Integration des Radverkehrs

In der Radverkehrsförderung existieren vor allem drei Zielparameter: Die Sicherheit, Schnelligkeit und der Fahrkomfort sollen erhöht werden. Über mehrere Jahrzehnte hinweg glaubte man, allen drei Aspekten mit dem Bau von der Fahrbahn separierter Bordsteinradwege zu genügen. In den 70er Jahren war in vielen Städten sogar eine Art „Hochkonjunktur" in der Anlage von Radwegen zu beobachten. Quantität hatte dabei jedoch wenig mit Qualität zu tun, denn aus heutiger Sicht wurden dabei elementare Bedürfnisse des Radverkehrs übergangen. Im einzelnen sind folgende „Standardfehler" im Bau und Unterhalt von Radwegen zu nennen:

- zu geringe Wegbreiten (meist nur 1 m),
- Einrichtungsverkehr trotz hoher Querungswiderstände von Straßen,
- unzureichende optische Trennung vom Gehweg bzw. dessen Verschmälerung,
- was zu Konflikten mit Fußgängern führt,
- fehlende oder unzureichende Anlage von Furten an Kreuzungen, Einmündungen und Grundstückszufahrten mit der Folge nicht ab-, sondern zum Teil zunehmender Unfallhäufigkeit (vgl. MILLS 1987, Polizeipräsident von Berlin 1987, WOLF 1990, BASt 1994; die älteren Arbeiten von JÖRGENSEN/RABANI 1979 und KNOCHE 1981 gelanten zu einem - allerdings nicht sehr großen - Sicherheitsvorsprung von Straßen mit Radwegen),
- zu hoch belassene Schachtabdeckungen und nicht ausreichend abgesenkte Bordsteinkanten an Zu- und Abfahrten,
- nicht beseitigte oder schlecht ausgebesserte Belagunebenheiten,
- Benachteiligungen an Knotenpunkten durch abgesetzte Radwegefurten, fehlende Aufstellflächen, ungünstige Ampelphasen und die entfallende Gelegenheit zum direkten Linksabbiegen.

Alles in allem war der Radwegebau in den Städten bislang eher wenig geeignet, den Radverkehr zu fördern. Insofern hat sich die Einschätzung der Notwendigkeit einer Trennung von Rad- und Kfz-Verkehr in der neueren Literatur stark verändert (vgl. HAHN-KLÖCKNER 1990, BMV 1991b, BASt 1994, VDS 1995). Sie wird nur noch für Hauptverkehrsstraßen befürwortet, in Erschließungsstraßen hingegen generell und entlang von Sammelstraßen in Wohngebieten überwiegend abgelehnt. Für die Fälle, in denen eine Separierung nach wie vor für sinnvoll gehalten wird, liefern die heutigen Empfehlungsvorgaben sehr viel mehr an planerischen Optionen, wobei die Tendenz immer stärker in Richtung einer Bevorzugung von Separierungsmöglichkeiten nicht neben, sondern auf der Fahrbahn geht. Hierzu gehören (vgl. HUK 1991):

- der Radfahrstreifen als abmarkierter Radweg auf der Fahrbahn; Mindestbreite 1 m, empfohlen werden aber mindestens 1,60-2,0 m (BASt 1994, S. 84) und gegebenenfalls eine zusätzliche farbliche Abtrennung;
- der Mehrzweckstreifen als abmarkierter Randstreifen, der von Kraftfahrzeugen bei Bedarf mitbenutzt werden darf; deshalb empfiehlt sich bei vorhandener Randbebauung eine zusätzliche Untersagung des Parkens auf dem Mehrzweckstreifen per Beschilderung, wenn er eine Funktion zur Separierung des Radverkehrs erfüllen soll;
- die Radspur als Mittler zwischen Radfahr- und Mehrzweckstreifen; ihr fehlt die Radwegebeschilderung, (nicht rechtsverbindliche) Fahrrad-Piktogramme auf der Fahrbahnoberfläche deuten aber eine besondere funktionale Widmung an und halten Kfz-Fahrer in der Regel von einer Mitbenutzung dieses Seitenstreifens ab.
- die Integration in Busspuren; alternativ auch die Integration des Busverkehrs in einen - entsprechend breit bemessenen - Radfahrstreifen.

Die Wahl der einen oder anderen Variante hängt letztlich vom Aufkommen der beiden Verkehrsarten ab.

Die Separierung auf der Fahrbahn kann in vielen Fällen das Radfahren im Parallel- und Querungsverkehr sicherer gestalten, weil der Sichtkontakt zwischen Kfz-Fahrern und Radlern erhalten bleibt. Zudem kommt es bei den genannten Varianten kaum zu einem Gegenrichtungsverkehr von Radfahrern, der auf Bordsteinradwegen regelwidrigerweise ständig vorhanden ist.

Auch für Bordsteinradwege, die nach wie vor zum planerischen Instrumentarium gehören, haben sich die Anforderungen in vielen Städten geändert. Im wesentlichen wird dadurch versucht, die oben genannten Mängel auszugleichen. Es handelt sich um größere Radwegbreiten bis hin zur Ausweisung von Velorouten (4 m; vgl. BMV 1991b, S. 81), damit verbunden die Legalisierung eines beidseitigen Zweirichtungsverkehrs, optische Hervorhebung der Radwege gegenüber dem Gehweg sowie an Knotenpunkten (meist Rotfärbung/-pflasterung), systematische und flächendeckende Ausbesserung von Schäden im Wegebelag sowie Entfernung oder Versetzung von Hindernissen (Laternen-, Ampel-, Schilderpfähle, Personensperrgitter, unnötig verschwenkte Radwegefurten und -führungen, Vegetationsüberwuchs etc.).

Mit dem möglichst häufigen Verzicht auf eine Separierung des Radverkehrs wurde schließlich auch der Straßenraum zum Objekt der Radverkehrsplanung. Erschließungs- und Sammelstraßen haben für den Radverkehr eine besondere Bedeutung, weil sie in vielen Fällen lärm-, abgas- und ampelärmere Alternativrouten zu parallel liegenden Hauptverkehrswegen bieten. Wo dies nicht ohnehin schon Realität ist, können die Methoden der Verkehrsberuhigung (vgl. Kap. 4.2.2.1) die angestrebten Verhältnisse schaffen. Als besonders geeignet erscheinen dabei bauliche Veränderungen - beispielsweise Sackgassensperren, Schwellen, Aufpflasterungen und Fahrbahnverengungen -, welche Durchgangsverkehr von Kraftfahrzeugen unterbinden und die Geschwindigkeiten des verbleibenden Kfz-Verkehrs wirksam begrenzen. Sie müssen jedoch so angelegt sein, daß sie den Radverkehr nicht behindern. In dieser Form hat die Verkehrsberuhigung nicht nur eine Bedeutung zur Reduzierung der Attraktivität des PKW, sondern hebt gleichzeitig jene der nichtmotorisierten Fortbewegung.
Eine besondere Form der Koppelung von Verkehrsberuhigung und Radverkehrsförderung stellt die Fahrradstraße dar (vgl. BMV 1991b, S. 82), bei der die gesamte Straßenbreite per Beschilderung zum Radweg erklärt wird, die Zufahrt aber für Anlieger bei stark herabgesetzter Höchstgeschwindigkeit (20 km/h) erhalten bleibt.

Oft weisen Straßen in Wohngebieten aus Radfahrersicht erhebliche Fahrbahn- und Gestaltungsmängel auf. Vor allem in Bereichen, die vor dem Zweiten Weltkrieg entstanden, sind unebene Pflasterungen anzutreffen, die nur sehr kostenträchtig mittels Neupflasterung oder Asphaltierung - streifenweise oder auf der gesamten Straßenbreite - auszugleichen sind. Manchmal empfiehlt sich auch die Legalisierung der Gehwegmitbenutzung.
An Knotenpunkten mit Hauptverkehrswegen sind häufig eigene Linksabbiegerspuren oder Aufstellflächen vor den Kfz-Haltelinien für Radfahrer nötig oder sinnvoll, um Unfallgefahren zu verringern (lokale Separierung nur im Knotenpunktsbereich).

Ergänzend zu den Routen entlang von Wohnstraßen bieten sich Wege in Grünanlagen sowie straßenverbindende Gehwege an, die in vielen Fällen beschilderungsmäßig Fußgängern vorbehalten bleiben („Sonderweg Fußgänger", StVO-Zeichen 239), nichtsdestotrotz aber von Radlern als Schleichwege benutzt werden (vgl. Kap. 4.2.4.2). Neben der Ausschilderung als kombinierte Geh- und Radwege (Zeichen 240) gibt es auch die Kombination des Schildes „Sonderweg Fußgänger" mit dem Zusatzschild „Radfahrer frei" (Zeichen 1022-10), welche juristisch gesehen Radfahrer noch stärker als der kombinierte Geh- und Radweg zur Rücksichtnahme gegenüber Fußgängern anhält.

Insgesamt bieten sich durch Separierungsformen auf der Straßenfahrbahn, Mitbenutzung von Busspuren, Mischverkehr auf gegebenenfalls verkehrsberuhigten Straßen bis hin zum Vorrang des Radverkehrs in Fahrradstraßen sowie die Zulassung des Radverkehrs auf straßenverbindenden Gehwegen eine Vielzahl von Möglichkeiten zur Abkehr von den herkömmlichen Radwegen. Schöpft man diese aus, wären nur bei dem verbleibenden Rest notwendiger Parallelführungen entlang stark verkehrsbelasteter Straßen Radwege nach optimierten Standards anzulegen bzw. zu erneuern.

4.2.4.2 Flexibilisierungen und Ergänzungen im Verkehrsleitsystem

Im Zuge einer auf den motorisierten Individualverkehr zielenden Planung ist im Innenstadtbereich und in Wohngebieten eine Vielzahl von verkehrsregelnden Maßnahmen getroffen worden, die für den Kfz-Anteil zwar sinnvoll sind, den Radverkehr mit seinen anders gelagerten Bedingungen und Ansprüchen aber unangemessen benachteiligen und deshalb auch zu ihrer häufigen Übertretung Anlaß geben. Im einzelnen handelt es sich um die Ausweisung von

- Einbahnstraßen, die von Breite und Verkehrsaufkommen her einen Gegenverkehr von Zweirädern durchaus zulassen würden,
- Abbiegegeboten,
- Fahrverboten für Fahrzeuge aller Art (StVO-Zeichen 250),
- „Nur-"Gehwegen (StVO-Zeichen 239, vgl. Kap. 4.2.4.1),
- Sackgassen, die für Fußgänger und Zweiräder gar keine Sackgassen sind.

In allen diesen Fällen ist es möglich, mittels einer Zusatzbeschilderung mit der Aufschrift „Radfahrer frei" bzw. bei den „unechten Sackgassen" mit dem Hinweis „Gilt nicht für Fußgänger und Radfahrer" die Netzdurchlässigkeit des Straßensystems für den nichtmotorisierten Verkehr erheblich zu verbessern. Das Schild „Verbot für Fahrzeuge aller Art" (Zeichen 250) kann auch ersetzt werden durch „Verbot für Krafträder und Kraftwagen" (Zeichen 260). Ansonsten wäre der üblicherweise zu findende Hinweis „Anlieger frei" (Zeichen 1020-30) durch „Fahrräder und Anlieger frei" (Zeichen 1020-12) zu ersetzen.

Bei Einbahnstraßen ist in reinen Beschilderungslösungen nach der derzeitigen Rechtsprechung das Schild „Einbahnstraße" am Straßenanfang zu entfernen und ein Zufahrtverbotsschild (Zeichen 250, 260 oder 267) mit dem Zusatz „Radfahrer frei" nicht nur am Ende der Straße aufzustellen, sondern auch an allen Einmündungen (vgl. HUK 1991). Über

80

die beschilderungstechnische Lösung hinaus gibt es weitere, zum Teil bauliche Varianten, mit deren Hilfe in Abhängigkeit von der lokalen Situation ein Gegenrichtungsverkehr von Radfahrern erlaubt werden kann und die „echte Einbahnstraße" erhalten bleibt:

- Umwidmung des Gehweges in einen kombinierten Geh- und Radweg (Zeichen 240) oder Aufstellen der Schilderkombination „Gehweg" (Zeichen 239) mit dem Zusatz „Radfahrer frei" (Zeichen 1022-10),
- Anlage eines gegenläufigen Radfahrstreifens auf der Fahrbahn,
- Anlage eines gegenläufigen Bordsteinradweges.

Ein weiteres Hindernis im Bereich der planerisch vorgegebenen Verkehrslenkung sind die Lichtsignalanlagen. In vielen Fällen sind die Grünphasen für Fußgänger und Radfahrer unangemessen kurz, die Rotphasen zu lang, oder es ist ein mehrteiliger Straßenübergang nicht in einem Zug überquerbar. Auch hier gibt es deshalb Bedarf, aber auch Möglichkeiten für Flexibilisierungen, wodurch nicht nur die Reisegeschwindigkeit, sondern auch die Verkehrssicherheit positiv beeinflußt wird; dazu gehören

- Kontrolle und gegebenenfalls Korrektur der Ampelphasenlängen,
- Einrichtung einer vorgezogenen Grünphase für den nichtmotorisierten gegenüber dem Kfz-Verkehr,
- die Sofortgrünanforderung in Koppelung mit Dunkelschaltungen an Bedarfsampeln, so daß die Lichtsignalanlage erst bei Bedarf von Fußgängern und Radfahrern aktiviert wird,
- die Überprüfung, ob Radfahrer von einer Lichtsignalregelung per Zusatzbeschilderung ausgenommen werden können, z. B. beim Rechtsabbiegen auf einen Radfahrstreifen oder Radweg.

Ergänzend zu den Lichtsignalregelungen kann an beampelten Kreuzungen mit separiertem Radverkehr das direkte Linksabbiegen ermöglicht oder erleichtert werden mittels separater Aufstellstreifen in Form des „aufgeblasenen" Radweges bzw. Radfahrstreifens (vgl. HUK 1991, S. 266). Gegebenenfalls sind hierfür auch signalgesteuerte „Radfahrerschleusen" an Knotenpunkten von Hauptverkehrsstraßen konstruierbar (vgl. MSWV 1990, S. 49).

Neben der Benachteiligung des Rad- gegenüber dem Kraftfahrzeugverkehr gibt es unnötig restriktive Reglementierungen auch bei der Gestaltung von Gehwegnetzen. In den 60er und 70er Jahren sind in den damaligen Neubaugebieten meist zahlreiche straßenverbindende Gehwege, zum Teil durch Grünanlagen führend, entstanden, die für den Radverkehr potentielle Abkürzungen in angenehmer Umgebung darstellen. Eine Fehleinschätzung der hohen Umwegempfindlichkeit von Radfahrern, aber auch eine generelle Nichtbeachtung ihrer spezifischen Bedürfnisse hat eine kombinierte Ausschilderung für Fußgänger und Radfahrer sehr oft verhindert, obwohl die Wegbreiten und das Fußgängeraufkommen dies nach den planerischen Richtlinien und nach - allerdings neueren - Forschungsergebnissen (vgl. EGER 1985) durchaus erlaubt hätten. Der Bedarf zur Beschilderungsergänzung mittels Zusatz „Radfahrer frei" ist, wie sich in Fallstudien zeigte, sehr groß (vgl. PEZ 1989b, 1990a,b,d, 1993b).

Ähnlich verfahren kann man in Fußgängerzonen von Stadtzentren. Sowohl eine unbeschränkte als auch eine zeitlich beschränkte Freigabe des Radverkehrs auf die Abend-, Nacht- und frühen Vormittagsstunden sowie verkaufsfreien Wochenendzeiten ist denkbar und mittlerweile mit gutem Erfolg erprobt (vgl. HUK 1991, S. 259 ff.).

Schließlich ist, bezogen auf das Verkehrsleitungssystem, eine separate Wegweisung für den Radverkehr zu einzelnen Stadtteilen oder besonders stark frequentierten Zielgebieten empfehlenswert, da die Wegebeschilderung für den Kraftfahrzeugverkehr die in vielen Fällen kürzeren, sichereren und störungsärmeren Routen durch Wohnstraßen und über separate Wege nicht ausweist. Ein vollständiges Wegweisungssystem für den Radverkehr gibt es in diesem Sinne bereits in Erlangen und Münster/Westf.

Alle genannten Maßnahmen zur Flexibilisierung von Verkehrsregelungen erfüllen über den Zweck einer Verbesserung der objektiven Straßen- und Wegebenutzungsbedingungen für Radfahrer hinaus eine psychologische Funktion: Sie führen durch Beschilderungen dem Kraftfahrer immer wieder vor Augen, daß dem nichtmotorisierten Verkehr Priorität eingeräumt wird und diesem kürzere und angenehm zu befahrende Routen abseits der Hauptverkehrswege zur Verfügung stehen. Über die unmittelbare Verbesserung der Elemente Geschwindigkeit, Sicherheit und Fahrkomfort hinaus wird also ein Beitrag zur Bewußtseinsbildung geliefert, ein Effekt, der ansonsten der Öffentlichkeitsarbeit vorbehalten bleibt (vgl. Kap. 4.2.6).

4.2.4.3 Ruhender Radverkehr, Koppelung mit anderen Verkehrsmitteln, finanzielle Anreize

Die meistverwendete Form einer Abstellanlage ist der Felgenclip. Abgesehen von dem Umstand, daß die Clipdichte an Fahrradständern viel zu groß ist, so daß nur jeder zweite bis dritte tatsächlich genutzt werden kann, besteht der Hauptnachteil in der mangelnden Stabilität des abgestellten Rades. Ein Umstürzen durch Wind oder beabsichtigte bzw. unbeabsichtigte menschliche Gewalt ist verhältnismäßig leicht möglich, verbunden mit einem meist nicht mehr reparierbaren Felgenschaden. Neuere Abstellvorrichtungen versuchen deshalb, durch eine Aufhängung des Vorderrades oder mittels einer Metallbügelkonstruktion, die ein Anlehnen und Anschließen des Fahrradrahmens erlaubt, die besagte Gefahr zu bannen. Dabei wird auch die Zugänglichkeit zum Fahrrad gegenüber den üblichen Ständern mit Felgenclips verbessert (vgl. HUK 1982, S. 76-78, MSWV 1990, S. 58-59).

Weitere Komfortvorteile lassen sich durch Witterungs- und Diebstahlschutz erreichen. Inzwischen offeriert die Industrie eine größere Palette von Überdachungsformen bis hin zur abschließbaren Fahrradbox (vgl. MSWV ebda). Fahrradparkhäuser/-stationen - meist an Bahnhöfen gelegen - bieten in der Regel zusätzlich einen Miet- und Reparaturservice (vgl. GUSSFELD u. a. 1994, S. 21 ff.). Auch die Anmietung von Flächen im Eingangsbereich privat betriebener Innenstadtparkhäuser oder die Reservierung eines Platzangebotes für Fahrräder in entsprechenden kommunalen Anlagen (Bsp.: Hamm) sind denkbare Optionen.

Neben der qualitativen Ausstattung einer Abstellanlage spielt auch die Reservierung von Raum speziell in den dicht bebauten Innenstädten eine Rolle. Gemeinhin wird in der Verkehrsplanung nur in bezug auf den ruhenden Kfz-Verkehr eine Raumknappheit diagnostiziert. Im City- und Altstadtgebiet sowie im Bereich von Schulen, Hochschulen, Bahnhöfen und größeren Betriebsstätten kann es jedoch auch für Radfahrer schwierig sein, einen Stellplatz für das Fahrrad in angemessener Nähe zum Zielort zu finden. In Münster, Erlangen und Lübeck wurde dieses Problem erkannt, so daß zumindest der Citybereich und einige Altstadtgebiete mit einem dichten Netz von Abstellanlagen ausgestattet wurden - zum Teil zu Lasten des Stellplatzangebotes für Kraftfahrzeuge.

Während alle bislang genannten Beispiele von Abstellanlagen auf quantitativ bedeutende Zielgebiete des Stadtverkehrs beschränkt blieben, berücksichtigt Hamburg auch Stellplatzprobleme in Wohnbereichen, vor allem jenen der Gründerzeit (NICOLAISEN 1994, S. 36). Dort werden bei Mangel an Abstellflächen auf Antrag Fahrradhütten bezuschußt. Diese bieten üblicherweise zwölf Stellplätze. Sie werden auf öffentlichem Grund, vorzugsweise auf entwidmeten Kfz-Stellplätzen, gebaut. Nachteilig, wenn auch nicht abschreckend hoch, ist die Benutzergebühr von jährlich 180 DM. Sie wird mit der Nutzung öffentlichen Raumes begründet, was angesichts des kostenfreien Abstellens von Kraftwagen einer Ungleichbehandlung entspricht.

Ein ausreichender Komfort von Abstellgelegenheiten bezüglich Sicherheit und Witterungsschutz ist eine wichtige Voraussetzung zur Koppelung der Fahrradbenutzung mit anderen Verkehrsmitteln. Es gibt sowohl die Koppelungsmöglichkeit mit Bahnen und Bussen mittels Bike & Ride - Anlagen als auch jene mit dem PKW in Form von Park & Bike - Einrichtungen. Bei ersterem dient das Fahrrad dem Zugang zum Hauptverkehrsmittel, während es beim Park & Bike eine flexiblere Ergänzung des PKW in innerstädtischen Zielgebieten darstellt.
Gerade für den öffentlichen Verkehr kann die Koppelung mit dem Fahrrad den Einzugsbereich von Haltestellen beträchtlich erweitern. Auszugehen ist mindestens von einer Verdoppelung des Radius und damit einer Vervierfachung der Fläche (vgl. PEZ 1992a, S. 113). Das Bundesraumordnungsministerium (1986, S. 46) geht sogar von einer Versechzehnfachung der Fläche des Einzugsbereiches aus, legte aber mit einer bis zu zehnminütigen Wegezeit zur Haltestelle (entsprechend 800 m Gehweg bzw. 3,2 km mit dem Fahrrad) nach Ansicht des Verfassers sehr optimistische Annahmen zugrunde.

Neben der Koppelung von Verkehrsmitteln über komfortable und sichere Abstellanlagen gibt es die Möglichkeit der Mitnahme im ÖPNV. Prinzipiell wird damit ein Optimum an Flexibilität und Schnelligkeit des Gesamtsystems ÖPNV/Fahrrad auf längeren Strecken erreicht. Allerdings sind die Realisierungschancen aus Platzgründen beschränkt und am ehesten im Schienenverkehr gegeben. Eine Erhebung der Zeitschrift Aktiv Radfahren (2/1993, S. 98-103) zeigte, daß immerhin in sechzehn deutschen Großstadtregionen (davon vierzehn in den alten Bundesländern) Mitnahmeangebote für Fahrräder in U- und S-Bahnen existieren, jedoch nur in zweien ohne Beschränkungen; meist gelten die Regelungen nur für bestimmte Linien oder schließen die Hauptverkehrszeiten aus. Nach derselben Erhebung bestehen in 24 deutschen Städten (davon nur eine in den neuen Bundesländern) Fahrradmitnahmeangebote im Straßenbahn- und Bussektor, davon in sechs Fällen ohne Beschränkung. Meist gelten sie nur in den Abend- und Wochenendzeiten oder gar nur zu Ausflugszwecken in der Sommersaison. Die Möglichkeit, die Mitnahmekapazität durch Fahrradanhänger oder Stellvorrichtungen in umgebauten Bussen oder Straßenbahnen beträchtlich zu steigern, wird auf ausgewählten nachfragestarken Routen nur in drei Städten im Alltagsverkehr genutzt.

In begrenztem Maße könnten alternativ zur Mitnahme in öffentlichen Verkehrsmitteln Vermietungsangebote das eigene Fahrrad ersetzen. Diese Idee verfolgen Versuche mit „kommunalen Fahrrädern", die zur unentgeltlichen Gelegenheitsnutzung in einem abgrenzbaren städtischen (Teil-)Raum angeboten werden. Der erste Versuch dieser Art in Bremen (1978-79; NICOLAISEN 1994, S. 48) scheiterte an einer hohen Diebstahlsquote. Nicht besser erging es einem Pfandleihsystem - vergleichbar mit der Ausleihe von Einkaufskörben in vielen Supermärkten (vgl. Aktiv Radfahren 2/1993, S. 17) - in Mannheim. Ähnliches, aber mit einem eigenen, leicht wiederzuerkennenden Fahrradmodell, ist in Lübeck geplant. Eine andere Variante wird in Offenburg praktiziert, wo ein kostenloser, innerstädtischer Verleih von Fahrrädern - auch mit Kindersitz und/oder Fahrradkorb - vom Personal zweier Parkhäuser nebenher mitbetrieben wird (GUSSFELD u. a. 1994, S. 19).

Ein grundsätzlicher Nachteil sowohl kommerzieller Fahrradvermietungen als auch der Variante „Kommunales Fahrrad" ist die relativ geringe räumliche Angebotsdichte. Aus Kostengründen wird immer eine Konzentration auf Gebiete mit hoher Nachfrage erfolgen, z. B. Bahnhöfe, Umsteigehaltestellen des innerstädtischen ÖPNV und Hauptzufahrtswege am Innenstadtrand. Letzten Endes wäre deshalb für jede Stadt eine individuelle Analyse dahingehend erforderlich, ob, wo und wann Fahrradmitnahmemöglichkeiten im ÖPNV sowie Mietangebote offeriert werden können. Beide Formen dürften sich in der Regel nicht ersetzen, sondern eher ergänzen können.

Ein wichtiger Vorteil des Radverkehrs ist sein weitgehend kostenfreier Betrieb. Insofern ergibt sich nicht die Frage tariffärer Gestaltungsmöglichkeiten. Gleichwohl haben einige Firmen, Verwaltungen und Geschäfte erkannt, daß die Begrenzung von Fahrtkostenerstattungen auf PKW- und ÖPNV-Benutzer die nicht-motorisierten Verkehrsteilnehmer benachteiligt. In den betreffenden Fällen des Berufs- und Dienstverkehrs entschloß man sich zur Zahlung eines kleineren Geldbetrages oder bot gegen den Verzicht auf einen Kfz-Stellplatz die Bezahlung eines neuen Fahrrades an (vgl. Gemeinschaftsaktion 1990, S. 9, KRUMM 1994, S. 86-88). In Lüneburg ist 1995 von einigen Geschäften die „Mobilmark" (1 DM Rabatt auf 100 DM Einkauf) probeweise eingeführt worden, um in Ersetzung der Parkgebührenerstattung zukünftig alle Verkehrsteilnehmer gleich zu behandeln.

Zusammenfassend für die Strategie der Radverkehrsförderung ist darauf hinzuweisen, daß im Gegensatz zum ÖPNV die meisten Maßnahmen nicht bloß auf einen bestimmten Faktor der Verkehrsmittelwahl gerichtet sind. So bewirkt beispielsweise die Schaffung ebenerer Fahrbahnoberflächen sowohl geschwindigkeitssteigernde Effekte als auch eine Verbesserung des Fahrkomforts. Die Erschließung von Gehwegnetzen für den Radverkehr besitzt Bedeutung für die beiden genannten Kriterien und zusätzlich für die Erhöhung der Verkehrssicherheit usw. Im engeren Sinne sind nur die skizzierten Abstellanlagen und die zuletzt genannten finanziellen Anreize auf lediglich ein einzelnes Element der Verkehrsmittelentscheidung gerichtet. Die Mehrfachwirkung von Maßnahmen auf Kriterien des Auswahlprozesses ist tendenziell günstig, weil das Wirkungsspektrum entsprechend breit angelegt ist.

4.2.5 Förderung des Fußgängerverkehrs

Ein Grundproblem des Zufußgehens ist die geringe Fortbewegungsgeschwindigkeit; dies ist um so gewichtiger, je flächenextensiver eine Stadt strukturiert ist (vgl. Kap. 3.2). Zwar könnte „technisch" eine merkliche Erhöhung der Schnelligkeit durch die Weiterentwicklung von Rollschuhen zu den schnelleren und geräuschärmeren „Rollerskates" und „In-Line-Skates" erreicht werden, die Praxis zeigt aber, daß diese Innovation mit Ausnahme des Sportbereiches (noch?) keine größere Verbreitung erlebt hat.

Gleichwohl ist auch ohne technische Neuerungen auf ein gewisses Verlagerungspotential vom Kfz- auf den Fußgängerverkehr zu schließen. So ergab die letzte KONTIV-Erhebung, daß 2,05 % aller PKW-Fahrten einer Distanzüberwindung von lediglich 500 m oder weniger dienten und 8,08 % im Entfernungsintervall bis zu 1 km verblieben. Bezogen auf eine mittelgroße Stadt wie Lüneburg bedeutet das bei rund 185.000 PKW-Bewegungen pro Tag (Kfz-Zählung der Stadtverwaltung Lüneburg, Stand 1994, auf PKW umgerechnet nach PEZ 1994, S. 103) eine absolute Zahl von 15.000 Kurz- und Kürzeststreckenfahrten, die relativ leicht zu Fuß zu bewältigen sein müßten. Hinzu kommt der nicht quantifizierbare Effekt der Verlegung von Spazierwegen an entferntere Orte, weil die Straßen- und Wegebedingungen im eigenen Wohngebiet nicht zur wohnplatznahen Freizeitgestaltung einladen. Hierdurch wird motorisierter Verkehr zusätzlich induziert.

Ziel der Fußgängerförderung ist es deshalb, die Attraktivität des Zufußgehens für kurze Strecken vor allem bei Einkäufen/Besorgungen, in der Freizeit (Spazierengehen) sowie für die Zubringerfunktion gegenüber dem öffentlichen Verkehr zu verbessern. Eine wesentliche Voraussetzung dafür ist die Berücksichtigung der Fußgängerbelange im Städtebau und in der Verkehrsberuhigung. Eine daraus folgende erste Elementarforderung sind kurze Wege zu Einkaufsgelegenheiten, Grünflächen und Haltestellen. Empfehlenswert ist dazu einerseits eine angemessene Einwohnerdichte - mittels Verzicht auf eine ausschließliche Bebauung mit freistehenden Einfamilienhäusern - sowie die Anlage eines Netzes straßenverbindender Gehwege innerhalb von Wohngebieten (vgl. MOLT/HARTMANN/STRINGER 1981, S. 403 ff.). In neueren Wohnanlagen der 60er/70er und folgender Jahre sind derartige Netze die Regel. Aber auch in älteren Stadtvierteln kann die Anlage distanzverkürzender, straßenverbindender Wege durch Ankauf privater Freiflächen oder im Falle einer teilweisen Flächenumwidmung nach einem Gebäudeabriß erfolgen.

Eine zweite Elementarforderung ist die attraktive Gestaltung von Wegen und Straßen. MENKE (1975, S. 61 f.) macht unter Bezugnahme auf die Dissertation von D. APEL deutlich, daß der Fußgänger aufgrund der im Vergleich zu anderen Verkehrsmitteln erheblich geringeren Fortbewegungsgeschwindigkeit ein viel höheres Maß der Erlebnisdichte (= Zahl der Eindrücke pro Zeiteinheit) benötigt. Das oft monotone Erscheinungsbild von Stadtstraßen stört den motorisierten Verkehrsteilnehmer wenig, weil er schnell von einem Stadtteil in den anderen (anders aussehenden) gelangt. Der Fußgänger jedoch bleibt mit seinem eingeschränkten Aktionsradius oft an eine ihm uniform erscheinende Umgebung gebunden. Neben dem reinen Attraktivitätsempfinden für einen Weg oder eine Straße hat das auch Auswirkungen auf Unterschiede in der Zeit- und Distanzeinschätzung: Je abwechslungsreicher die Umgebung ist, desto kürzer werden Reisezeiten empfunden. In Kap. 4.2.3.2 wurden hierfür bereits Untersuchungsergebnisse zitiert (WALTHER 1975, VOIGT u. a. 1976). In dieselbe Richtung gehen empirische Befunde von KNOFLACHER (1985, S. 74 ff.), die eine subjektive Überschätzung der Gehzeiten sowie eine Abhängigkeit des Fußgängeraufkommens von Distanz u n d Attraktivität des Stadtbildes belegen. Auch TOPP (1985, S. 523) weist darauf hin, daß die Gestaltungsqualität von Straßen „deutlich kompensatorisch im Sinne eines Abbaus des Belästigungsempfindens der von den negativen Auswirkungen des Kfz-Verkehrs Betroffenen" wirkt (ähnlich: MARTENS/VERRON 1981, S. 36). Folgende Elemente könnten dabei das Erscheinungsbild von Straßen und Wegen verbessern:

- eine Randbegrünung mittels Bäumen und Sträuchern; zu dichte Bepflanzungen können jedoch in wohngebietsinternen Gehwegnetzen das subjektive Sicherheitsgefühl bezüglich krimineller Handlungen beeinträchtigen;
- eine abwechslungsreiche Ausstattung der zu durchquerenden Wohnlandschaft mittels z. B. Wiesen, Beetanlagen, Baum- und Strauchgruppen oder Wasserflächen sowie versetzte, unterbrochene, abwechslungsreiche Fassadenfronten (vgl. ILS 1979, S. 13 ff.);
- eine den Blick begrenzende, leicht kurvige Wegeführung sowie
- die Einschaltung von platzförmigen Wegeerweiterungen (vgl. KNOFLACHER 1992), gegebenenfalls in Kombination mit öffentlichen Grünanlagen, Ruhebänken und/oder Kinderspielgeräten;
- Minimierung der Verkehrsbelastung von Wohnstraßen durch eine präventive oder nachträgliche Verkehrsberuhigung (vgl. Kap. 4.2.1.2 u. 4.2.2.1);
- Absenkung von Bordsteinkanten an allen Knotenpunkten und sonstigen Querungsstellen;
- eine ausreichende Breite der Gehwege, die ein Nebeneinandergehen und Entgegenkommen ohne Ausweichen auf die Fahrbahn erlaubt.

Für das letztgenannte Kriterium ist einerseits die bauliche Anlage der Wege, andererseits die Abgrenzung zum Straßenraum, vor allem als Schutz gegen eine Beparkung von Kraftfahrzeugen, wichtig. In der Vergangenheit dominierte ein Vorgehen nach der „Richtlinie für die Anlage von Stadtstraßen, Teil: Querschnittsgestaltung (RAS-Q)" (vgl. MENKE 1975, S. 68), derzufolge eine Gehwegsbreite von 1,5 m auch bei Begegnungen von Personen ausreichen sollte. Diese von stehenden Personen abgeleiteten Breitenansprüche werden dem Begegnungsverkehr mehrerer Fußgänger, gegebenenfalls mit Gepäck, Kinderwagen etc., nicht gerecht. Die Forschungsgesellschaft für Straßen- und Verkehrswesen empfiehlt deshalb in den neueren Ausgaben ihrer planerischen Richtlinien und Empfehlungen (RAS-Q von 1982, EAE von 1985) Gehwegmindestbreiten von 2-2,25 bzw. 2,5 m. Der Arbeitskreis Verkehr und Umwelt e. V. (UMKEHR o. J.) sieht sogar 4,05 m als Mindestmaß für die Bemessung von Gehwegen an.

Ein Teil der oben genannten Erfordernisse läßt sich nur bei Neuplanungen oder großflächigen Umbauten bisher nicht fußgängergerechter Straßen und Wege verwirklichen. Aber selbst in einer bestehenden Baustruktur ist durch nachträgliche an- und eingefügte Vorbauten, Arkaden, Passagen etc. sowie durch eine intensive Begrünung der Straßencharakter grundlegend zu verbessern. Selbst Plätze lassen sich als Orte für Kommunikation und Spiel nicht bloß in Neubaugebieten verwirklichen, sondern sind mittels die Netzdurchlässigkeit beschränkender Maßnahmen im Rahmen der Verkehrsberuhigung auch in bestehenden Wohnanlagen nachträglich integrierbar.

Ein besonderes Problem sind in den Innenstädten die Ampelschaltungen. Ähnlich wie im Radverkehr sind zu kurze Grün- und zu lange Rotphasen, Nichtpassierbarkeit eines Überganges während einer Grünphase und zu lange Wartezeiten bei Bedarfsampeln zu nennen (vgl. MAIER 1986). Entsprechende Verbesserungsmöglichkeiten bestehen in der Kontrolle und Korrektur der Schaltungen sowie in der Installation von Dunkelschaltungen mit Sofortgrünanforderung bei Bedarfsampeln (vgl. Kap. 4.2.4.2 sowie FUSS/UMKEHR 1991, MSV 1991). In Aachen konnten auch sehr positive Erfahrungen mit einem zusätzlich zum normalen Ampelprogramm geschalteten „Rundum-Grün" für Fußgänger gemacht werden, bei dem alle Fußgängerfurten gleichzeitig grün bekommen, während alle PKW-Ampeln rot zeigen. Während des „Rundum-Grüns" werden Konfliktpotentiale zwischen Fußgängern und Kfz-Verkehr gänzlich beseitigt und die zeitsparende Diagonalquerung einer Kreuzung ermöglicht (GUSSFELD u. a. 1994, S. 11-12).

Darüber hinaus ist die Dichte des Ampelnetzes grundlegend in Frage zu stellen. Aus Kostengründen können Ampeln nicht in so großer Zahl installiert werden, wie es den Querungsbedürfnissen von Fußgängern entspräche. Zudem können in manchen Fällen andere Formen von Überquerungsanlagen geeigneter, weil flexibler sein. Teils als Ersatz, teils als Ergänzung fordert deshalb der Fußgängerschutzverein FUSS (1992) zahlreichere „Querungshilfen". Dieser allgemeinere Ausdruck umfaßt neben Ampelanlagen und Fußgängerüberwegen alle baulichen und fahrbahnbelagstechnischen Maßnahmen, die das Überqueren von Straßen durch Fußgänger erleichtern und unterstützen. Hierzu gehören Mittelinseln und Fahrbahnteiler, einseitige oder zweiseitige Fahrbahnverengungen sowohl im Straßenlängsverlauf als auch an Knotenpunkten („Gehwegnasen"), Fahrbahn(auf)pflasterungen und -einfärbungen einschließlich optischer Unterbrechung der Straße durch Fortführung der Fußwegpflasterung sowie Piktogramme, Beschilderungen und Warnblinklichtzeichen (vgl. UBA 1991a, S. 10-12, FUSS/UMKEHR 1992a, 1992b, S 26-29, BASt 1993, S. 43-57). Derartige Querungshilfen dienen stets auch der Verkehrsberuhigung.

Überwiegend abgelehnt werden indes Unterführungen als Querungshilfen für Hauptverkehrsstraßen. MENKE (1975, S. 61) und TOPP (1989, S. 334 f.) führen aus, daß die Verlängerung und Vergrößerung der Beschwerlichkeit des Gehweges (zusätzliche vertikale Distanz, Treppenüberwindung) ausgerechnet den langsamsten und schwächsten Verkehrsteilnehmern zugemutet werden. Vor allem für Gehbehinderte und Passanten mit umfangreichem Gepäck sind Unterführungen - und ebenso Brücken - nur mit spürbar höherem physischen Aufwand zu bewältigen. Hinzu kommen psychische Faktoren, die in ein Gefühl verstärkter Unsicherheit und Bedrohung insbesondere in den Abend- und Nachtstunden münden. Hierfür können unzureichende Beleuchtung oder die enge Begrenzung der Ausweich- bzw. Fluchtmöglichkeiten zu den Seiten verantwortlich sein. Nicht selten treten Geruchsbelästigungen (Urin, Kot) auf. Aus all diesen Gründen versuchen Fußgänger auffallend oft, Unterführungen zu meiden, wodurch der angestrebte Sicherheitsgewinn zunichte gemacht wird.

Während in der Verkehrsberuhigung und in der Förderung des öffentlichen und des Radverkehrs bereits umfangreiche Erfahrungen mit der Ausgestaltung des planerischen Instrumentariums bestehen, was an der Fülle der wissenschaftlichen Literatur erkennbar ist, führt die Förderung des Fußgängerverkehrs bislang ein Schattendasein. Eine systematische, das heißt im Rahmen der Verkehrsberuhigung nicht bloß zufällige oder auf wenige Detailmaßnahmen beschränkte Berücksichtigung der Fußgängerbelange in der kommunalen Praxis ist dem Verfasser bislang nicht zur Kenntnis gelangt. Lediglich in Trier hat eine verwaltungsunabhängige Projektgruppe für den Bereich Innenstadt ein Fußwegekonzept vorgelegt (vgl. Trier Forum 1992), welches den Charakter einer gezielten und umfassenden Förderung des Fußgängerverkehrs zumindest auf der Planungsebene für sich in Anspruch nehmen kann, allerdings auf den innerstädtischen Bereich beschränkt bleibt.

4.2.6 Öffentlichkeitsarbeit

Die direkte, interpersonale Öffentlichkeitsarbeit und jene über Massenmedien verändern nicht die objektive Straßen- und Wegesituation und damit nicht die Benutzungsbedingungen von Verkehrsmitteln. Gleichwohl ist Öffentlichkeitsarbeit erforderlich, um über solche Veränderungen zu informieren. Ihre einfachste Aufgabe ist in diesem Sinne eine informierend-ankündigende Komplementärfunktion zu den bislang erläuterten Strategien zur Beeinflussung der Verkehrsmittelwahl. Darüber hinaus ist Öffentlichkeitsarbeit aber auch potentiell geeignet, über die Verdeutlichung der Probleme des heutigen Verkehrssystems und über die Erläuterung des Sinnes planerischer Maßnahmen zu einer Einstellungsänderung beizutragen, an deren Ende möglicherweise eine verstärkte Nutzung von Verkehrsmitteln des Umweltverbundes steht. Hierbei ist die Bedeutung der Öffentlichkeitsarbeit zugunsten der Schaffung von politischer Akzeptanz für die den MIV belastenden Maßnahmen ebenfalls nicht zu vernachlässigen. Im einzelnen ergibt sich ein breites Spektrum an Medien und Einzelinitiativen:

- Pressemitteilungen zu verkehrspolitischen Fragen und Einbau von Hinweisen auf verkehrspolitische Probleme und Erfordernisse in thematisch verwandten Presseberichten;
- Erstellung von Faltblättern und Informationsbroschüren (Beispiele in SRL 1989);
- Plakatwerbung, insbesondere in/an Bussen/Bahnen sowie Haltestellen; (Beispiele hierfür in VÖV 1989, S. 31 ff.);
- Herausgabe spezieller Stadtpläne für Radfahrer, die insbesondere über attraktive Routen abseits der Hauptverkehrsstraßen informieren;
- Ausstellungen, Informationsveranstaltungen und Aktionstage zu Fragen der Verkehrssicherheit oder der Verkehrsmittel des Umweltverbundes (Bsp.: Fahrradtage/-wochen in

Münster, Erlangen, Kiel, Pforzheim); Projekte dieser Art enthalten ihrerseits wiederum verschiedene Elemente von Öffentlichkeitsarbeit, z. B. Vorträge, Diskussionen, Filmvorführungen, Sicherheitsüberprüfung von Fahrrädern, Fahrradparcours, Seh- und Reaktionstests, Straßentheater, Fußgängerrallyes, Fahrradtouren, Präsentation von Fahrrad-, Bus-, Bahn- oder Autoraritäten;

- BRACHER (1987) berichtet in bezug auf die Förderung des Radverkehrs von ADFC-Ortsverbänden gestalteten „Mitfahraktionen", bei denen Mitglieder des Verbandes Berufstätigen individuelle Routenvorschläge für den Weg zur Arbeit mit dem Fahrrad abseits der Hauptverkehrsstraßen ausarbeiteten und mit den Verkehrsteilnehmern diese Routen abfuhren;
- Betreuung aktueller und potentieller Fahrgäste des ÖPNV mittels Auskunftsstellen und Beratungsbesuchen in Schulen, Firmen und Behörden;
- befristete oder veranstaltungsbezogene Sondertarife bis hin zur kostenlosen (weil gegebenenfalls gesponserten) ÖPNV-Benutzung;
- Vorträge, Diskussionen, Seminare in der Jugend-/Erwachsenenbildung;
- Einrichtung von Stellen für besondere Ansprechpartner oder von Beiräten (besetzt mit Verbandsvertretern oder/und interessierten Bürgern) für verkehrspolitische Fragen und Aufgabenfelder - häufig schon üblich im Radverkehr, selten im ÖPNV oder in der Verkehrsberuhigung.

Eine wichtige Nebenbedingung der Öffentlichkeitsarbeit dürfte die Vorbildfunktion einer Kommune sein, womit die Frage der Glaubwürdigkeit kommunaler Vertreter tangiert ist. Lokalen Politikern und Verwaltungsmitarbeitern kommt eine Vorbildfunktion sowohl in ihrer eigenen Verkehrsmittelwahl als auch bei der Durchführung von Maßnahmen zu, beispielsweise einer behördeninternen Parkraumbewirtschaftung oder dem Angebot eines Jobtickets. Mit den dabei gesammelten lokalen Erfahrungen lassen sich wiederum externe Institutionen viel eher für ähnliche Vorhaben gewinnen.

Neben der Öffentlichkeitsarbeit für das gesamte Spektrum der Verkehrsteilnehmer ist derjenigen für Zielgruppen, insbesondere die sogenannten Meinungsbildner, auch auf kommunaler Ebene ein besonderes Gewicht beizumessen. Nach Befragungsergebnissen zur Präferenz von Lösungen im Konfliktfall „Bevorzugung von Maßnahmen für den PKW-Verkehr versus für den öffentlichen, Rad- oder/ und Fußgängerverkehr" besteht heute bereits in der Bevölkerung eine deutliche Mehrheit von 80-90 % zugunsten der Verkehrsmittel des Umweltverbundes. Fragt man jedoch Kommunalpolitiker, Stadt- und Verkehrsplaner sowie Journalisten nach ihrer Einschätzung der Bürgermeinung, so neigen die Ansichten zu über 50 % zur Präferierung PKW-bezogener Maßnahmen (vgl. VÖV 1989, S. 16, BRÖG 1991, S. 32, 34-35, VDV/Socialdata 1991, S. 27). Bei einer solchen Einschätzung des Meinungsbildes in der Bevölkerung liegt es für die Entscheidungsträger in Politik und Planung nahe, Maßnahmen zur Beschränkung und Verlagerung des Kraftfahrzeugverkehrs nicht mit der Dringlichkeit und Intensität umzusetzen, die angesichts des Problempotentials im Verkehrswesen erforderlich wäre. Hierin wurden sie zumindest in der Vergangenheit durch die Massenmedien bestärkt, weil diese zu einem verzerrten Bild der öffentlichen Meinung tendierten (zur diesem Prozeß innewohnenden Systematik vgl. NOELLE-NEUMANN 1974).

Seit mehreren Jahren beginnt sich im Zuge der Aktualität von Umweltthemen eine veränderte Berichterstattung zwar abzuzeichnen, die Diskrepanz zwischen der Einschätzungsrealität und der „Einschätzung der Einschätzung" besteht aber fort und beeinflußt, nach den durchgeführten Experteninterviews zu urteilen, in erheblichem Maße die Detailentscheidungen zuungunsten der Verkehrsmittel des Umweltverbundes.

Indizien für eine hohe potentielle Bedeutung der Öffentlichkeitsarbeit nicht nur als begleitende Maßnahme, sondern als eigenständiges Instrument zur Beeinflussung der Verkehrsmittelwahl liefern Untersuchungen von SOCIALDATA (z. B. VDV/Socialdata 1991, S. 27). Sie zeigen, daß aus der Sicht der betreffenden Autofahrer selbst bei durchschnittlich 60 % der PKW-Fahrten ein Zwang zur Benutzung des Kraftfahrzeuges nicht besteht, sondern mindestens eine annehmbare Alternative (Zufußgehen, Fahrrad- oder ÖPNV-Benutzung) vorhanden ist. Steht aber ein anderes Verkehrsmittel unter bereits akzeptablen Bedingungen zur Verfügung, ist die weitere Verbesserung von dessen Attraktivität - meist mittels kostenintensiver baulicher Maßnahmen oder Subventionen - nicht unbedingt das geeignetste Mittel zur Vermeidung von PKW-Fahrten. Vielmehr könnte hierfür bereits eine Veränderung der Einstellungen über eine (relativ kostengünstige) Öffentlichkeitsarbeit ausreichen. Es geht damit um die Erschließung des sogenannten „Kopfpotentials" bzw. die Schaffung eines veränderten, für den Umweltverbund günstigen öffentlichen Bewußtseins („Public awareness", vgl. BRÖG 1989, VÖV 1989, S. 10 ff.) mittels einer Mischung von Information und Werbung. Ziel ist es dabei, einerseits die Probleme des Kraftfahrzeugverkehrs, andererseits die individuellen und gesellschaftlichen Vorteile der Benutzung alternativer Verkehrsmittel in einem subjektiv handlungsrelevanten Maße bewußt zu machen. Auf diese Weise sind nicht nur eventuelle Vorurteile, die zur Fehleinschätzung der relativen Gunst von Verkehrsmitteln des Umweltverbundes führen, abbaubar. Es läßt sich gegebenenfalls auch eine veränderte soziale Einschätzung des Zufußgehens, Radfahrens und der ÖPNV-Benutzung unter den Verkehrsteilnehmern erzielen: Die drei genannten Fortbewegungsarten sollen nicht mit dem Image gesellschaftlicher Randgruppen[4] in Verbindung gebracht werden, sondern es ist für sie ein positives Image zu erreichen, wozu sich die Anknüpfung an den Umweltschutzgedanken besonders eignet (vgl. KLEWE 1990, MSWV 1990, S. 68 f.). Daß ein Einstellungswandel mittel- und langfristig durchaus erzielt werden kann, zeigen Städte wie Zürich, Delft, Groningen, Münster und Erlangen, die für ihr ÖPNV- bzw. fahrradfreundliches „Klima" bekannt sind. Neben einer intensiven und langfristigen Öffentlichkeitsarbeit der Kommunen und Verkehrsbetriebe bedarf es ergänzend sicherlich auch geeigneter Maßnahmen im Erziehungssektor, also in Schulen und Fahrschulen. Jedoch sprengt dies den Rahmen kommunaler Verantwortlichkeit, da hierzu bundes- und landespolitisch initiierte Veränderungen in den Lehrplänen und in der Lehrerausbildung notwendig sind.

---

[4] KLEWE (1990, S. 87) nennt sie die sechs „A's (Alkoholiker, Alte, Arbeitslose, Arme, Ausländer, Auszubildende)".

4.2.7 Erfolgsaussichten, Probleme und offene Fragen in der Politik zur Beeinflussung der Verkehrsmittelwahl

Die vorausgegangenen Ausführungen der Kap. 4.2.1 - 4.2.6 haben die Bandbreite der Instrumente verdeutlicht, die zu einer Minderung des motorisierten Verkehrs und der damit zusammenhängenden Probleme beitragen können. Sie wirken einerseits nach dem „push & pull"-Konzept, andererseits über „public awareness" (SCHALLER 1993, S. 46): Die Verkehrsberuhigung soll nicht nur zu einer sozialverträglicheren Abwicklung des Verkehrs beitragen, sondern auch Attraktivitäten des MIV schmälern („abstoßendes" push-Element); demgegenüber sollen die Fußgänger-, Fahrrad- und ÖPNV-Förderung die Alternativen zum PKW stärken („anziehende" pull-Funktion). Im Städtebau sind sowohl push- als auch pull-Faktoren vertreten. Die Mittlerfunktion übernimmt die Öffentlichkeitsarbeit, weil sie die Problematik des Autoverkehrs bewußt macht, die individuellen und gesellschaftlichen Vorteile der Verkehrsmittel des Umweltverbundes verdeutlicht, Akzeptanz für restriktive Maßnahmen im MIV schafft, zu langsamerem und vorsichtigerem Autofahren anhält und so insgesamt zur Bildung eines veränderten „öffentlichen Bewußtseins" (public awareness) beiträgt, aus dem ein ökologisch und sozial verträglicheres Mobilitätsverhalten resultieren soll.

Die Erläuterungen haben sowohl Ansatzpunkte für eine Systematisierung der Einzelmaßnahmen innerhalb der oben genannten Strategiebereiche ergeben als auch erste - wenngleich für eine abschließende Wertung noch nicht ausreichende - Merkmale für die Einschätzung ihrer Effizienz. Auf dieser Grundlage kategorisiert Tab. 7 alle erläuterten Instrumente der neueren Verkehrspolitik, was die Basis für weiterreichende Schlußfolgerungen in Kap. 9 sein wird. Die Kategorisierung umfaßt folgende Elemente:

1. Strategiebereich: Fast alle Instrumente können dem Städtebau, der Verkehrsberuhigung, der ÖPNV-, Fahrrad-, Fußgängerförderung oder der Öffentlichkeitsarbeit zugeordnet werden. In einigen Fällen sind die Maßnahmen auch zwei Strategiebereichen zuzuordnen. So bewirken Radfahr- und Mehrzweckstreifen sowie Busspuren nicht nur eine Förderung der genannten Verkehrsart, sondern auch eine Fahrbahnverengung für den MIV (Verkehrsberuhigung).

2. Wirkungsziel:
a) Verkehrsvermeidung als komplette Ersetzung von Wegen, deren Verkürzung oder Reduzierung lediglich von Fahrzeugkilometern (vgl. Kap. 4.2.1);
b) Verkehrsverlagerung auf die Verkehrsmittel des Umweltverbundes durch push- oder/ und pull-Faktoren; diese können die objektiven Benutzungsbedingungen verbessern, „nur" die subjektive Einschätzung von Gunst- und Ungunstfaktoren verändern oder beides erreichen. So mindern Serviceangebote im ÖPNV möglicherweise die subjektiv empfundene Reisezeit im Sinne des „Zeitvertreibs", nicht jedoch die objektive Fahrzeit.
c) Sozialverträglichere Verkehrsabwicklung im Sinne einer Reduzierung von Fahrgeschwindigkeiten mit der Folge geringerer Abgas- und Lärmemissionen sowie Unfallgefahren. Ebenso gehört die räumliche Verkehrsverlagerung dazu, also die Konzentration auf Hauptverkehrswege bzw. der Schutz der Wohngebiete vor Schleichverkehr sowie die weit-

gehende oder gänzliche Freihaltung von Arealen vom Kfz-Verkehr oder dessen MIV-Anteil.

3. Wirkungsparameter, bestehend aus Wirkungsbereich, -art und -stärke:
- Der Wirkungsbereich gibt den betroffenen Faktor der Verkehrsmittelwahl sowie das betroffene Verkehrsmittel an;
- die Wirkungsart besteht aus einer Attraktivitätssteigerung oder -minderung;
- die Wirkungsstärke kann unterschiedlich intensiv ausgeprägt sein und hängt von zwei Komponenten ab:
  a) Ausmaß einer Änderung, z. B. einer Kostensenkung oder einer Geschwindigkeitssteigerung; in wenigen Fällen müssen auch Kompensationseffekte bei der Beurteilung berücksichtigt werden, z. B. die Induktion von neuem Verkehr beim Ausbau der Fernkommunikation (Kap. 4.2.1.1) oder durch Parkraumbewirtschaftung (Kap. 4.1.1),
  b) Grad der Nutzerempfindlichkeit gegenüber dieser Änderung, welcher maßgeblich durch sozioökonomische Determinanten (z. B. Haushaltseinkommen, Verkehrsmittelbesitz) und psychologische Einstellungen determiniert ist (vgl. Kap. 7).
  In der Tab. 7 findet nur der Aspekt a) eine Beurteilung.

4. Wirkungsbreite: Sie gibt an, ob relativ kleine, nennenswert große oder potentiell alle Verkehrsanteile durch eine Maßnahme betroffen sind. Einschränkungen der Wirkungsbreite entstehen durch die Ansprache nur bestimmter Nutzergruppen (z. B. Zielgruppentickets im ÖPNV) oder Verkehrszwecke (z. B. Berufs-, Einkaufs- oder städtischer Zielverkehr), durch räumliche Beschränkungen im Einsatz eines Instrumentes (z. B. Aufpflasterungen, die nur in Wohngebieten üblich sind) oder zeitliche Limitierungen (z. B. AST-Verkehr, der nur in Schwachverkehrszeiten sinnvoll eingesetzt werden kann).

Im Vorgriff auf Kap. 7.1 kann aus Tab. 7 abgeleitet werden, daß die Verkehrspolitik und -planung bei weitem nicht auf alle, sondern nur auf einen Teil der potentiell die Verkehrsmittelwahl bestimmenden Faktoren einwirken kann. Diese Einflußnahme konzentriert sich, wie die Tabelle zeigt, im wesentlichen auf sechs Kriterien, nämlich Verfügbarkeit, Schnelligkeit, Kosten, Komfort, Verkehrssicherheit und Problembewußtsein/Verkehrsmittelimage. Für die Ermöglichung/Vereinfachung des Gepäcktransportes, die Erhöhung des Schutzes vor kriminellen Handlungen sowie die Gewährung größerer Privatheit in öffentlichen Verkehrsmitteln existieren nur wenige Instrumente.

Tab. 7: Strategien und Maßnahmen der Politik zur Beeinflussung der Verkehrsmittelwahl im Überblick

Strategie	Maßnahme	Wirkungsziel			Wirkungsparameter					Sonstiges	Wirkg.-breite
		Vm	Vl	Aw	Verfügbarkeit	Schnelligkeit	Kosten	Komfort	Verk.-sicherheit		
	Ausbau Fernkommunikation	X								Verkehrsersatz	***
	Fahrgemeinschaftsförderung[a]	X								MIV-Konzentrat.	*
	Car sharing		X		M—		M—				*
S	Baulückenschließung	X	X			N+					***
S	Baustrukturmischung	X	X			N+					***
S	Funktionsmischung/-nähe	X	X			N++					***
S	Achsenorientierung	X			Ö++	Ö+					***
S	Stellplatzzentralisierung	n	X	X		M—		M-	N+		***
S	Autofreie Wohnbereiche	X	X	X	M—			N+	N+		*
S,V	Reduzierung d. MIV-Netzdurchlässigkeit		X	X		M—		N+	N+		***
V	Innerstädtische Zufahrtsbeschränkg.		X	X		M—, Ö/N+		N+	N+		**
V	Tarifäre Zufahrtsauflagen		X			M-?	M-				**
V	Parkraumbewirtsch.		X?			M-	M-				**
V	Parkraumabbau/Anwohnerparkzonen		X	X		M—			N+?		**
V	Geschwindigkeitsbegrenzung	n	X			(M-)			(N+)		***
V	Änderung Vorfahrtsbedingungen	n	X			M-,evt. R/Ö+			N+		**
V	Fahrbahnverengung	n	X			M-			N+		***
V	Fahrbahnverschwnkg.	n	X			M-			N+		***
V	Fahrbahnpflasterung	n	X			M-			(N+)		***
V	Fahrbahnaufpflasterungen/-schwellen	n	X			M—		(M-)	N+		**
V	Mittelinseln	n	X			(M-)			F+		**
V	Kreisverkehr	n	X			M-					***
Ö,V	Buscaps	X	X			M-,Ö+			(Ö+)		**
Ö,V	Busspuren/-sonderrouten	X				Ö++,M-					**
Ö	ÖV-beeinfl. Ampeln	X				Ö++					**
Ö	Erhalt/Ausbau Schienen-ÖPNV	X				Ö++		Ö+			**
Ö	Schnell- u. Tangentenbusse	X				Ö++					**
Ö	Bedienungspünktl./-zuverlässigkeit	X				Ö+					***
Ö	Taktverdichtung	X			Ö+	Ö+					***
Ö	Automatisierter Ticketverkauf	X				Ö++		Ö+/-			***
O	Bargeldlose Zahlung	X				(Ö+)	Ö+	Ö+			***
O	Umweltzeitkarte	X					Ö+			Image Ö+	***
Ö	Semester-/Jobticket	X				Ö++					**

Stra-te-gie	Maßnahme	Wirkungsziel Vm	Vl	Aw	Verfüg-bar-keit	Schnel-ligkeit	Ko-sten	Kom-fort	Verk.-si-cher-heit	Sonstiges	Wirkg.-brei-te
Ö	Familienfahrkarten	X					Ö+				**
Ö	Zielgruppenrabatte	X					Ö+				**
Ö	(Mehr-)Tagestickets	X					Ö+				***
Ö	Koppelg. ÖV-Ticket/ externes Angebot[b)]	X					Ö+				*
Ö	Fahrgelderstattung (Geschäfte/Firmen)	X					Ö+				**
Ö	Kabinentaxi	X			Ö++	Ö++, (M+)?	Ö++			Privat-heit Ö++	***
Ö	Rufbus	X			Ö++	Ö+					*
Ö	Anrufsammeltaxi	X			Ö+	Ö+		Ö+			*
Ö	Anmeldelinientaxi	X			(Ö+)	(Ö+)		(Ö+)			*
Ö	Flexiblere Gestal-tung d. Sitzplätze	X						Ö+		Privath. (Ö+)	***
Ö	Zusätzl. Warenange-bot (Snacks u.a.)	X				(O+)		Ö+			***
Ö	Kinderspiele in Bahnen/Großbussen	X						Ö+			**
Ö	Niederflurtechnik	X			(Ö+)			Ö+			**
Ö	Haltestellen-gestaltung[c)]	X				(Ö+)		Ö+			***
Ö	Bessere ÖV-Info[d)]	X			Ö+						***
Ö	Verbesserung Inter-aktion Fahrer-Kunde	X						Ö+		Image Ö+	***
Ö	Gepäckaufbewahrung	X								Gepäck-trsp.(Ö+)	*
Ö	ÖV-Lieferservice	X								Gepäck-trsp. Ö+	*
Ö	ÖV-interne An-schlußsicherung	X			Ö+	Ö+					***
Ö	Massen-ÖV mit Taxiruf	X			Ö+	Ö+				Kriminal-sich. Ö+	*
Ö	Park & Ride/Rail	X?			Ö+						**
Ö,Öf	Tarifäre Sonder-angebote	X					Ö+			Image Ö+	**
Ö,R	Bike & Ride/Rail	X			Ö+	Ö+		R+			**
Ö,R	Radmitnahme im ÖV	X			O/R+	Ö++		R+			**
R,V	Radfahr-/Mehrzw.-streifen, Radspur	X	X			R+,M			R++		***
R,V	Fahrradstraßen	X	X			R+,M-			R++		***
R	Radwegeverbreite-rung, Velorouten	X				(R+)		R+	R++		***
R	Hindernisbeseitig. auf Radrouten[e)]	X				R+		R+	R+		***
R	Bessere Kennzeich-nung der Radwege[f)]	X				(R+)			R++		***
R	Separate Linksab-biegespuren und Aufstellflächen, Radfahrerschleusen	X				R+			R+		***
R	Verbesserte Fahr-bahnverhältn. auf Str. u. Radwegen[g)]	X				R+		R++	(R+)		***

| Stra-te-gie | Maßnahme | Wir-kungs-ziel | | | Wirkungsparameter | | | | | Wir-Sonstiges | kg.-brei-te |
		Vm	Vl	Aw	Ver-füg-bar-keit	Schnel-ligkeit	Ko-sten	Kom-fort	Verk.-si-cher-heit		
R	Teil-/Neupflasterg. /-asphaltierung un-ebenen Str.-pflast.	X				R++		R++			***
R	Zulassg. d.Radverk. - auf str.-verbind. Gehwegen und in Fußgängerzonen	X				R++		(F-)			***
R	- in Einbahnstraßen gg. Fahrtrichtung	X				R++					***
R	Flexibilisierung v. Abbiegegeboten und Durchfahrverboten	X				R+		(R+)			***
R,F	Beschilderung un-echter Sackgassen	X				N+		(N+			***
R	Routenbeschilderung	X				R+		R+	(R+)		***
R	Komfortable[h], de-zentrale, quantit. genügende Abstell-anlagen	X						R+			***
R	Park & Bike, Ver-mietungsangebote, kommunales Fahrrad	X			R+						***
R,Öf	Radfahrerstadtpläne	X				R+		R+	(R+)	Image R+	***
R	Entwidmg. v. Ampeln /Flexibilisierung nach Fahrtrichtung	X				R+					**
R,F	Vorgezogene Ampel-grünphasen	X				N+		N+			**
R,F	Verlängerung der Grünphasen, Über-querbarkeit ohne Zwischenhalt	X				N+					**
R,F	Bei Bedarfsampeln: Dunkelschaltung mit Sofortgrün	X				(N+)					*
R,F	Gratifikationen für Zufußgehen/Radfahr.	X					N+			Image N+	**
R,F	Anlage von strverb. Geh-/Radwegnetzen + attrakt.Gestaltg.	X				N++		N++			**
F	Optische Aufwertung straßenbegleitender Gehwege	X				(F+)		F++			***
F	Anlage von Plätzen	X						F++			**
F	Bordsteinkantenab-senkungen	X				(N+)		F+			***
F,V	Verbreiterung von Gehwegen	X	X			M-		F+	(F+)		***
F,V	Querungshilfen[i]	X	X			F+,M-			F+		***
Öf	Öffentlichkeits-arbeit[j]	X	X							Problem-bewußts. Image M-,Ö/N+	***

95

Kürzellegende

Strategie: S = Städtebau, V = Verkehrsberuhigung, Ö = ÖPNV-Förderung, R = Radverkehrsförderung, F = Fußgängerförderung, Öf = Öffentlichkeitsarbeit

Wirkungsziele: Vm = Verkehrsvermeidung, Vl = Verkehrsverlagerung, Aw = Sozialverträgliche Verkehrsabwicklung, X = Hauptziel, n = Nebenziel

Wirkungsparameter: M = Motorisierter Individualverkehr, N = Nichtmotorisierter Individualverkehr (darunter: F = Fußgänger-, R = Radverkehr), Ö = Öffentlicher Verkehr ++ = stark fördernd, + = fördernd, - = attraktivitätsmindernd;

Eingeklammerte Zeichen stehen für eine schwache Ausprägung. Die Wirkungsweisen umfassen sowohl objektive als auch subjektive Veränderungen. Bsp.: Objektive ÖPNV-Fahrzeitverkürzung durch Busspuren, subjektive Verkürzung durch „Beschäftigung" mittels Zeitungsverkauf oder attraktiver Haltestellenumgebung.

Wirkungsbereich: *** = uneingeschränkt, ** = nur für bestimmte Gruppen, Verkehrszwecke, -zeiten oder -räume wirksam, * = nur für kleine Verkehrsteilnehmergruppen relevant

Anmerkungen:

a) durch Information, Sonderspuren und/oder Gratifikationen

b) z. B. mit Hotelzimmer und Eintrittskarten

c) durch Sitzplätze, Überdachung, Schaukasten/Pinnwand, Umfeldgestaltung/Standortwahl, Angebot von Koppelungsgelegenheiten

d) an Haltestellen, über Medien und Auskunftsdienste sowie disperse Fahrplanverteilung

e) Hindernisse z. B. durch Ampel-, Laternen-, Schilderpfähle, Personenschutzgitter, Beparkung von Radwegen, Treppen (-> Schieberillen), unnötige Radwegeverschwenkungen und Niveauunterschiede zwischen Geh- und Radweg

f) gegenüber dem Gehweg und - an Zufahrten und Knotenpunkten - gegenüber dem Kfz-Verkehr

g) betrifft Bordsteinkanten, Schlaglöcher, Schacht/Gullyabdeckungen, Baumwurzeldellen, Niveauänderung des Radweges an Zufahrten

h) z. B. durch Überdachung, Diebstahlschutz, Schließfächer, Reparaturservice, Kiosk; Quantität dieser Angebote ist abhängig von der Frequentierung der Abstellanlage

i) durch Ampeln, Fußgängerüberwege, Fahrbahnteiler, Fahrbahnverengungen, Fahrbahn(auf)pflasterungen/-einfärbungen, Piktogramme, Beschilderungen, Warnblinklichtzeichen

j) Pressearbeit, Faltblätter/Broschüren, Plakate, Ausstellungen, Informations-, Vortrags-, Diskussionsveranstaltungen, Filmvorführungen, Beratungs-/Betreuungsangebote, Ansprechpartner/-gremien

Eine Stadt, die bereits alle in Tab. 7 genannten Maßnahmen flächendeckend umgesetzt hat, existiert weder im In- noch im Ausland. Diese Aussage gilt sogar, wenn man die Betrachtung auf nur einen der oben genannten sechs Strategiebereiche einschränkt. Gleichwohl zeigt die Entwicklung des Verkehrsaufkommens in verschiedenen in- und ausländischen Städten, die eine Politik zur Beeinflussung der Verkehrsmittelwahl intensiv und seit längerem betreiben, daß eine Verlagerung von PKW-Fahrten auf andere Verkehrsmittel in erheblichem Umfang möglich ist, und zwar unabhängig von der Stadtgröße. Beispiele hierfür sind Erlangen, Freiburg i. Br., Hannover, Münster, Offenburg, Odense, Kopenhagen, Basel, Zürich, Groningen, Amsterdam, Den Haag, Bologna (vgl. Stadt Erlangen 1984, BMRO 1986, S. 9, Stadtverwaltung Münster 1989, KLEWE 1990, S. 88, Senatsverwaltung f. Stadtentwicklung 1992, GUSSFELD u. a. 1994). Was das für die Aufenthaltsqualität in den Städten bedeutet, ist einerseits im Sinne eines anderen „Verkehrsklimas" vor Ort qualitativ spürbar, z. B. in ungewohnter Rücksichtnahme gegenüber dem nichtmotorisierten Verkehr oder einem auffallend positiven Ansehen der Verkehrsmittel des Umweltverbundes. Andererseits sind gewisse Wirkungen auch quantitativ nachweisbar, so etwa in der Verkehrssicherheit (Unfallraten, vgl. APEL/ KOLLECK/LEHMBROCK 1988 bzw. Kap. 3.3.2) und der Bewertung der Verkehrsinfrastruktur (vgl. Aktiv Radfahren 1992 bzw. Kap. 6.4.4). Insofern ist eine Politik zur Beeinflussung der Verkehrsmittelwahl als empirisch nachweislich wirkungsvoll anzusehen.

Fraglich ist jedoch, welche verkehrspolitische Strategie und welche Maßnahmen innerhalb der jeweiligen Strategien die effektivsten darstellen, also am ehesten Veränderungen im modal split bewirken können. Die Tab. 7 gibt in dieser Hinsicht zwar schon einige Aufschlüsse, jedoch läßt sich die entscheidende Frage nach der Nutzerempfindlichkeit gegenüber verkehrsplanerischen Maßnahmen (siehe oben: Kriterium 4b) mit Hilfe der bislang angewendeten Erkenntnismethoden - Literaturanalyse und Experteninterviews - nicht beantworten. Allenfalls wenige vage Einschätzungen sind aus der Literatur ableitbar, beispielsweise die einer größeren Wirkungsstärke geschwindigkeitsbezogener Maßnahmen im Vergleich zu Tarifvariationen im ÖPNV. Aber selbst dann wird eine Erklärung hierfür verantwortlicher Ursachen nicht gegeben.

Entsprechend der skizzierten Kenntnislücke existiert in den Kommunen kein einheitliches Vorgehen, vielmehr werden auf dem Wege der „Versuch und Irrtum"-Methode je nach finanzieller Ausstattung sowie personeller und monetärer Aufwandsbereitschaft verschiedene verkehrsplanerische und -politische Maßnahmen umgesetzt in der Hoffnung, daß sie den gewünschten Effekt bringen. Demzufolge gibt es Städte, die vor allem den ÖPNV fördern (z. B. Hamburg, Zürich) und solche, die ihren Schwerpunkt im Radverkehr sehen (Münster, Erlangen, Offenburg). In den meisten Städten, die sich eine Beeinflussung der Verkehrsmittelwahl zum Ziel gesetzt haben, wird eine Maßnahmenmixtur angestrebt, ohne Herauskristallisierung eines Strategieschwerpunktes (vgl. TOPP 1993a, S. 86). Auch innerhalb der Kommunen sowie auf überregionaler Expertenebene besteht keine Einigkeit über die zu vermutende Effizienz der Strategien und Einzelmaßnahmen. Je nach spezifischer Ausbildung, beruflicher Gebundenheit und persönlichen Interessen wird der Vorzug der Verkehrsberuhigung, ÖPNV- oder Radverkehrsförderung gegeben. Speziell Vertreter von Marktforschungsunternehmen, die auch in der Öffentlichkeitsarbeit tätig sind, präferieren meist die letztgenannte.

Das uneinheitliche und im übrigen auch unkoordinierte Vorgehen der Kommunen findet seine Entsprechung in der Einschätzung der Relevanz von Faktoren der Verkehrsmittelwahl. Im Rahmen der Gespräche mit Experten in den besuchten Städten sowie jener Unterredungen in Behörden und Firmen, die der Vorbereitung der empirischen Erhebungen für diese Studie dienten, wurden fast alle in Kap. 7.1 genannten Elemente, die auf die Verkehrsmittelwahl einwirken können, mindestens einmal als die jeweils wichtigsten Faktoren bezeichnet. Am häufigsten tauchten dabei die Beweggründe Fahrkosten, Reisegeschwindigkeit, Verkehrsmittelimage, Gepäcktransport, physische Belastung und Bequemlichkeit auf. In der Vielfalt der Meinungen spiegelt sich das Fehlen vertiefter und auf empirischen Daten fußender Kenntnisse über den Prozeß der individuellen Verkehrsmittelwahl wider, was im übrigen von den Gesprächspartnern ausnahmslos zugegeben wurde. Angesichts dieses Eingeständnisses formulierten die befragten Experten nicht selten ein Unbehagen über das teilweise oder gänzliche Ausbleiben erhoffter Erfolge der in den jeweiligen Städten umgesetzten verkehrspolitischen Maßnahmen. Auch in der Literatur wird stellenweise Unzufriedenheit mit dem theoretisch und empirisch nicht fundierten Vorgehen der städtischen Verkehrspolitik/-planung formuliert. So schreibt beispielsweise MENKE (in HOLZAPFEL 1988, S. 77), bezogen auf den öffentlichen Verkehr, daß offensichtlich „... nicht jene Projekte zuerst durchgeführt worden [sind, (Erg. d. Verf.)] die den günstigsten Kosten-Nutzen-Quotienten aufweisen".

Gerade eine intensive sozialwissenschaftliche Analyse der Bedingungen der Verkehrsmittelwahl, die möglichst in ein theoretisches Ablaufmodell oder Strukturschema münden sollte, könnte einen wichtigen Bestandteil zur besseren Organisation der Verkehrspolitik und -planung liefern. Sind nämlich die Faktoren, welche den Auswahlprozeß von Verkehrsmitteln determinieren, in ihrer relativen Bedeutung bekannt und ebenso die Einschätzungen verschiedener Verkehrsmittel hinsichtlich dieser Faktoren, so müßten sich Maßnahmen zur Beeinflussung der Verkehrsmittelwahl viel zielgerichteter auswählen lassen können. Die folgenden Kapitel sind diesem Aspekt gewidmet.

5. Stand der Forschung im Bereich der Verkehrsmittelwahl

Der Ursprung der Analyse der Verkehrsmittelwahl liegt in den USA, wo in den 50er Jahren Stadtverkehrsstudien und insbesondere die Entwicklung planerischer Verfahren ihren Ausgangspunkt nahmen. Anlaß hierfür dürfte der hohe Grad der Motorisierung gewesen sein, der bereits in den 30er Jahren ein Ausmaß annahm, welches in der Bundesrepublik Deutschland erst Ende der 60er Jahre erreicht wurde (vgl. STEWIG 1983, S. 224 u. BMV 1991a, S. 216-219). Die aus der Verkehrsentwicklung resultierenden Flächennutzungsprobleme traten deshalb in den USA besonders frühzeitig auf. Das sich dabei entwickelnde Planungsverfahren, welches noch heute typisch für die Gestaltung kommunaler Verkehrspläne ist, umfaßt vier Analyseschritte (HELD 1982, S. 42):

• Bestandsaufnahme
   (z. B. bezüglich Einwohnerstruktur, Kfz-Bestand, Parkraum, Linien des öffentlichen Verkehrs u. a. m.)

- Flächennutzungsvorhersage
(z. B. bezüglich zukünftiger Einwohnerentwicklung und geplanter Wohngebiete, Ansiedlung von Gewerbe etc.)
- Verkehrsnachfragemodelle (siehe unten)
- Verkehrsplanentwurf/-bewertung
(früher als Anpassungsplanung an die prognostizierte Entwicklung betrieben, heute mit dem Anspruch versehen, die Verkehrsnachfrage zu steuern, vgl. Kap. 4 u. 4.2)

Die Verkehrsnachfragemodelle lassen sich wiederum in vier Teilmodelle bzw. Analyseschritte unterteilen (vgl. HELD a. a. O., KEUCHEL 1994, S. 74 ff.):

1) Verkehrserzeugung
Hierbei wird die Höhe des Verkehrsaufkommens abgeschätzt, welches die Verkehrszelle - z. B. ein Wohn- oder Gewerbegebiet - verläßt oder anzieht. Maßgeblich dafür sind die Einwohner- und Arbeitsplatzzahlen.

2) Verkehrsverteilung
Dieser Aspekt betrifft vor allem die räumliche Verteilung der Zielgebiete von Verkehr aus Wohnbereichen, läßt sich aber analog auch auf die Verteilung der Herkunftsbezirke bei Verkehrsströmen, z. B. zu einem Gewerbegebiet, anwenden. Für die Berechnungen findet oftmals das Gravitationsmodell der Wanderungsforschung Anwendung (vgl. z. B. SCHUBERT 1989a). Hierbei wird die Stärke von Mobilitätsbeziehungen in Abwandlung des der Physik entlehnten Newtonschen Gravitationsgesetzes aus der Proportion der Einwohnergrößen des Quell- und Zielgebietes berechnet (BÄHR 1992, S. 294-295).

3) Modal split
Hierunter fällt die Messung und Prognose der Anteile, die auf die einzelnen Verkehrsträger entfallen.

4) Verkehrsumlegung
Sie umfaßt die - zumeist graphische - Übertragung der Verkehrsströme, getrennt nach Verkehrsmitteln, auf die vorhandenen Verkehrswege.

Auch wenn im Zuge der planerischen Beeinflussung der Verkehrsmittelwahl der vierte Aspekt nicht unberücksichtigt bleiben darf, da Veränderungen in der Netzdurchlässigkeit im Zuge verkehrsberuhigender Maßnahmen nicht ohne Rückwirkung auf den modal split bleiben, bildet das Element 3) den Hauptansatzpunkt der sozialwissenschaftlich orientierten Verkehrsmittelwahlforschung. Gemäß der planerischen Zielsetzung standen dabei Verfahren im Vordergrund, die eine quantitative Prognose für die Verteilung des Verkehrsaufkommens auf die verschiedenen Transportmittel liefern. Dies ist vor allem bei den sogenannten „aggregierten Modellen" der Fall (vgl. Kap. 5.1). Die Verknüpfung von Erklärung und Prognose tritt erst mit der Weiterentwicklung der Forschungsverfahren in den Vordergrund (vgl. Kap. 5.2 - 5.4), die aber aufgrund des nicht mehr mit amtlichen Statistiken zu bewältigenden Erhebungsaufwandes von der kommunalen Planung kaum verwendet werden (HAUTZINGER 1978).

99

5.1 Aggregierte Modelle

Bei allen aggregierten Ansätzen wird die Prognose der Transportmittelanteile aus Strukturdaten der Einwohnerschaft einer Verkehrszelle oder/und aus den Eigenschaften des Verkehrssystems abgeleitet (vgl. HELD 1982, S. 42), z. B. aus dem durchschnittlichen Einkommen, der Beschäftigtenzahl, der Bevölkerungsdichte und dem PKW-Bestand. Zugrundegelegt wird dabei das Konzept verhaltenshomogener Gruppen (vgl. KUTTER 1973). Beschränkt sich die Analyse auf Merkmale der Bevölkerung, handelt es sich um „Trip-End Models", mit denen der modal split im Anschluß an die erste Stufe der planerischen Analyse - Abschätzung der Verkehrserzeugung - berechnet wird. Die sogenannten „Trip-Interchange Models" setzen erst nach der zweiten Stufe - der Prognose der Verkehrsverteilung - an und machen die Aufteilung des Verkehrsaufkommens von Eigenschaften des Verkehrssystems abhängig, also Distanz, Reisezeiten und Fahrtkosten (vgl. HELD ebda). Zweifellos sind damit bereits wichtige Determinanten des Prozesses der Verkehrsmittelwahl erfaßt. Jedoch wird in den aggregierten Modellen implizit angenommen, daß sich das Verhalten der Individuen vollständig aus äußeren, objektiv bestimmbaren Merkmalen ableiten läßt oder sich zumindest bestehende Verhaltensspielräume der Verkehrsteilnehmer im Durchschnitt einer Verkehrszelle aufheben. Auch wenn letzteres in der Planungspraxis innerhalb einer gewissen Bandbreite zutrifft und aggregierte Modelle insofern brauchbare Daten liefern, verbleibt eine relativ große Fehlerkomponente (vgl. BOULANGER 1971, S. 113). Außerdem liefern die Modelle keine Hinweise auf die tatsächlichen, subjektiven Beweggründe zur Wahl eines bestimmten Verkehrsmittels bzw. zur Meidung eines anderen. Ferner sind speziell die „Trip-End Models" nicht zur Prognose der Wirkungen infrastruktureller Maßnahmen geeignet, weil sie von der verkehrlichen Erschließung und der tarifären Situation vor allem des öffentlichen Verkehrs abstrahieren.

5.2 Disaggregierte, verhaltensorientierte Modelle

Insbesondere in den 70er Jahren entwickelte sich eine neue Richtung prognoseorientierter modal split - Modelle, welche sowohl Faktoren des Verkehrsangebotes als auch der -nachfrage analysiert und bezüglich letzterer sehr viel individuenbezogener - eben „disaggregiert" - arbeitet als die vorangegangene Modellgeneration (vgl. HAUTZINGER 1978). Bei der ersten Komponente werden Qualitätsvariablen der Verkehrsmittel berücksichtigt, wobei die Betrachtungen auf die zu zahlenden Preise im öffentlichen Verkehr bzw. auf die subjektiv wahrgenommenen Kosten von Individualverkehrsmitteln (vor allem Benzinkosten und Parkgebühren) sowie auf Reisezeitvergleiche bezogen bleiben (HELD 1982, S. 48). Die zweite Variablenebene umfaßt sozioökonomische Charakteristika von Individuen, z. B. Geschlecht, Alter, Ausbildung, Beruf, Einkommen und Verkehrsmittelbesitz. Es wird hierbei davon ausgegangen, daß die objektiven Qualitätsmerkmale der Verkehrsmittel je nach sozialem und ökonomischem Kontext unterschiedlich wahrgenommen und bewertet werden. Zur Erhebung dieser Merkmale reichen die amtlichen Statistiken mangels räumlicher Differenziertheit oder mangels Datenerfassung nicht aus. Es sind deshalb Befragungen vor Ort erforderlich, die das notwendige Material liefern. Die disaggregierte und intensivierte Analyse der Bedingungen auf der Verkehrsnachfrageseite stellt so einen wesentlichen Fortschritt gegenüber den ausschließlich auf die Verkehrsmittelverfügbarkeit bezogenen aggregierten Ansätzen dar (vgl. z. B. AFHELDT 1974).

Wie bereits angedeutet, schränkt allerdings der Befragungsaufwand die Anwendbarkeit disaggregierter Modelle in der Planungspraxis allein aus finanziellen Gründen ein. Hinzu kommen fehlende Möglichkeiten zur elektronischen Datenverarbeitung und in der Regel auch ein Mangel an geschultem Personal, welches die erforderliche sozialwissenschaftliche Auswertung vornehmen könnte. Für den Wissenschaftler relevanter ist die methodische Kritik. So führt HELD (1982, S. 48 f.) aus, daß entgegen der durchaus richtigen Einsicht von der individuellen Kontextabhängigkeit der Bewertung von Verkehrsmittelalternativen die Auswahl und Interpretation der Variablen unstrukturiert erfolgt, also zu wenig auf Kausalzusammenhänge und Interkorrelationen geachtet wird. So darf z. B. der PKW-Besitz als Variable nicht gleichrangig neben demographischen und ökonomischen Faktoren wie Alter und Einkommen stehen. Vielmehr korreliert ersterer in einem gewissen Umfang mit den sozialen Voraussetzungen und beeinflußt quasi als Zwischenvariable den modal split. Gewichtiger aber noch ist, daß die disaggregierten, verhaltensorientierten Modelle keine kausallogischen Folgerungen zulassen. Korrelationen allein sagen noch nichts aus über die tatsächlichen Gründe der Verkehrsmittelwahl. So könnte eine im Vergleich zu älteren Gruppen geringere Nutzung des PKW bei jungen Leuten begründet werden mit einer im Durchschnitt größeren körperlichen Fitneß und Aktivitätsbereitschaft, mit geringerem Einkommen bzw. Vermögen und folglich geringerem Spielraum für PKW-Kauf und -Unterhalt sowie schließlich mit einer tendenziell größeren Aufgeschlossenheit für Belange des Umweltschutzes. Welcher dieser (oder weiterer) Gründe ausschlaggebend ist, geht aus der Korrelation nicht hervor. Eine höhere theoretische Erklärungsebene für die Verkehrsmittelwahl läßt sich deshalb mit diesen Verfahren nicht erreichen.

5.3 Einstellungsorientierte Modelle

Mitte der 70er Jahre schloß eine dritte Modellgeneration an, welche um eine Überwindung der methodischen und konzeptionellen Mängel disaggregierter, verhaltensorientierter Ansätze bemüht war. Dabei blieb weiterhin das Individuum Untersuchungsgegenstand, zur Analyse dienten wiederum Befragungen.

Eine Vorstufe der einstellungsorientierten Modelle stellen demoskopische Erhebungen dar, die verkehrsrelevante Einstellungen abfragen, z. B. die vergleichende Einschätzung der Kosten, der Geschwindigkeiten und des Komforts im motorisierten Individual- und im öffentlichen Verkehr (vgl. z. B. Socialdata 1992a, S. 4 ff.). Auf diese Weise wird es möglich, die Diskrepanz beispielsweise zwischen objektiv feststellbarer Gesamtkostenbelastung der PKW-Benutzung und der subjektiven Teilkostensicht zu erfassen und aus letzterer im Vergleich mit Tarifen des öffentlichen Verkehrs Tendenzen der Verkehrsmittelwahl abzuleiten. Ebenso kann man bei anderen Parametern vorgehen, etwa bei Reisezeitvergleichen und Komfortbewertungen. Die so gewonnenen Einzelergebnisse oder Bewertungsprofile von Verkehrsmitteln zielen allerdings kaum auf eine Erklärung der Verkehrsmittelwahl, sondern sollen lediglich politische Handlungsmöglichkeiten aufzeigen.

Darüber hinausgehend wollen im eigentlichen Sinn einstellungsorientierte Modelle die Wahl von Verkehrsmitteln aus wahrgenommenen Befriedigungsqualitäten erklären (Bsp.: RECKER/GOLOB 1976, LIEBL 1978, GOLOB/HOROWITZ/ WACHS 1979, MARTENS/VERRON 1981 u. 1983, BAMBERG/SCHMIDT 1994). Die dabei vorgenommenen Analysen basieren auf psychologischen Modellen zur Beschreibung des Zusammenhanges von Einstellung und Verhalten (vgl. die Übersicht in VERRON 1986, S. 52-153), vor allem dem Kongruenzmodell von OSGOOD u. a. (1957), dem Verhaltensmodell von FISHBEIN (FISHBEIN/AJZEN 1975, erweitert durch AJZEN 1991), dem Instrumentalitätsmodell von ROSENBERG (1956; vgl. auch ABELSON/ROSENBERG 1958) und dem Motivationsmodell von VROOM (1964). Als wesentliche Forschungsergebnisse lassen sich festhalten:

- Die subjektive Wahrnehmung von Merkmalen ist für die Bildung von Einstellungen entscheidend, jedoch in interindividuell unterschiedlicher Weise; Bsp.: Einschätzung von Kosten (vgl. Kap. 3.4) und Reisezeiten (vgl. Kap. 4.2.3.2).
- Einstellungen beeinflussen Verhalten, determinieren es aber nicht. Bsp.: Umweltidealismus korreliert mit niedrigerer PKW-Nutzung, letztere unterbleibt aber dadurch nicht, selbst wenn der PKW als umweltbeeinträchtigend ausdrücklich anerkannt ist. Der Zusammenhang von Einstellungen und Verhalten wird um so größer, je genauer die Variablen definiert und aufeinander bezogen sind. Ein entscheidender Faktor für den Zusammenhang ist, ob die Einstellung für das Verhalten als wichtig anerkannt wird oder nicht (Gewichtung von Einstellungen).
- Auf das Verhalten wirken in der Regel mehrere Einstellungen ein, z. B. Umweltidealismus, Kostenbewußtsein und Schnelligkeitsbewertungen. Die Summe der Einstellungen mündet in eine Verhaltensintention, die wiederum eng mit dem tatsächlichen Verhalten korreliert, und zwar um so stärker, je stabiler die Intention ausgebildet ist. Die Messung der Einstellungen und das Auffinden geeigneter Kombinationsregeln bereitet Probleme, weil offensichtlich die Entscheidungsfindung je nach Person, Situation und Aufgabenkomplexität unterschiedlich abläuft.
- Die Verkehrsmittelwahl könnte ihrerseits wiederum auf Einstellungen zurückwirken im Sinne einer sich selbst bestätigenden „Richtigkeit" der Verhaltensmotivation. Diesen Zusammenhang korrelativ zu untermauern, ist bisher aber nicht schlüssig gelungen.

Die einstellungsorientierten Studien kommen zu kausallogischen Aussagen zwischen Einstellungen und Einschätzungen von Verkehrsmitteln einerseits und Verkehrsverhalten andererseits; sie überwinden folglich den rein statistisch-korrelativen und - wegen der Praxisorientierung - eher auf Prognosen statt auf Erklärungen zielenden Ansatz der beiden vorangegangenen Modellgenerationen. Mit Ausnahme von LIEBL (1978) gelang es dabei jedoch nicht, einen umfassenderen Entwurf für ein abgestuftes Entscheidungsmodell zu erarbeiten (vgl. Kap. 5.5). Ein weiterer Nachteil, den HELD (1982, S. 53) nennt und mit der Tradition aggregierter und nicht-aggregierter Forschungsmethoden verbindet, ist die Tendenz, objektiven und in physikalischen Einheiten meßbaren Variablen eine Vorrangstellung bei den Erhebungen und bei den Erklärungsversuchen einzuräumen. Das betrifft vor allem Kosten und Reisezeiten. Andere Faktoren, wie etwa Verkehrssicherheit, Komfort, physische und psychische Belastung etc., werden hingegen oft als subjektiver „Rest" behandelt, obwohl keine logische Begründung für die Zuweisung lediglich einer Residualfunktion gegeben wird und empirische Studien Belege dafür liefern, daß z. B. „Kosten" ein wichtiges, aber keineswegs das wichtigste Element der Verkehrsmittelwahl darstellen (vgl. MÄCKE u. a. 1973, AFHELDT 1974, STRINGER 1981). HELD (a. a. O.) sowie VERRON (1986, S. 136-137) beanstanden ebenso die bislang nicht ausreichende Berücksichtigung objektiv limitierender Faktoren in der Forschungspraxis, also beispielsweise die Differenzierung von PKW-Besitz und dessen realer Verfügbarkeit, die Fähigkeit des Radfahrens, körperliche Mobilitätsbehinderungen oder psychische Phobien.

Im Gegensatz zu den ersten beiden Modellgenerationen bleiben die genannten Nachteile allerdings auf methodische Fragen und Teilaspekte des zu erklärenden Verhaltens beschränkt, die prinzipiell lösbar sind. Der Gedankenansatz selbst - Begründung der Verkehrsmittelwahl durch psychologische Bewertungen von Elementen des Verkehrssystems bzw. der Verkehrsmittel - ist unstrittig, weshalb einstellungsorientierte Modellkonzeptionen zur theoriegeleiteten Erforschung der Verkehrsmittelwahl grundsätzlich geeignet erscheinen.

5.4   Ansatz abgestufter Wahlmöglichkeiten

Parallel zu den einstellungsorientierten Modellen hat sich seit den 70er Jahren eine weitere Konzeption entwickelt, die, mit Ausnahme von HELD (1982, S. 56 ff.), in der Literatur nicht als gesonderter Ansatz genannt und übrigens auch nicht von den jeweiligen Autoren, die im Bereich der Demoskopie tätig sind, als ein solcher klassifiziert wird. Hauptvertreter der speziellen Betrachtungsweise ist das Meinungsforschungsinstitut Socialdata in München bzw. sein Leiter W. Brög (vgl. BRÖG 1976, 1981). Die Betonung liegt hierbei auf der Analyse der Wahlfreiheit der Individuen. Es werden zunächst per Befragung die verschiedenen Formen von Limitierungen erfaßt, die mehrere Stufen umfassen, z. B.

beim PKW	im ÖPNV
- Führerscheinbesitz	- Vorhandensein einer Buslinie
- PKW-Besitz	zwischen Quell- und Zielgebiet
- PKW-Verfügbarkeit	- Vorhandensein einer Haltestelle
- Sachzwänge (z. B. Transport	in erreichbarer Nähe
sperrigen/schweren Gepäcks	- Informiertheit über Abfahrzei-
oder bestimmter Personen, wie	ten und Fahrtrouten
Gehbehinderte oder kleine Kin-	- Sachzwänge (kein anderes Ver-
der)	kehrsmittel verfügbar)

Ausgehend von derartigen Stufen lassen sich diejenigen Personen erfassen, die zumindest kurzfristig auf ein bestimmtes Verkehrsmittel festgelegt sind; die verbleibende Restgröße ist dann als wahlfrei anzusehen. Dabei ist der sehr unterschiedlich ausfallende Grad von Limitierungen zu berücksichtigen. So ist etwa der Umstand, ab wann Gepäck so schwer bzw. sperrig ist, daß das Zufußgehen sowie eine Bus- oder Fahrradbenutzung ausgeschlossen ist und nur der Transport mit dem PKW in Frage kommt, eine individuell sehr verschieden beantwortete Frage. Ähnliches gilt für die Witterungsempfindlichkeit oder für den Besitz eines Fahrrades - fehlt letzteres in einem Haushalt, so ist ein Kauf recht einfach zu bewerkstelligen, zumal sogar für sozial Schwächere Gebrauchträder in einer erschwinglichen Preislage angeboten werden. Insofern ist eine Unterscheidung in objektive und subjektive Gebundenheit sinnvoll und wird auch vorgenommen. Die daraus folgende stufenweise Ermittlung von Wahlfreiheit ist für das Verständnis des Auswahlprozesses von Verkehrsmitteln von großer Bedeutung, weil erst auf dem Niveau einer subjektiv erkannten Auswahlmöglichkeit zwischen mindestens zwei Alternativen der psychologische Vergleich der Wertigkeiten von Verkehrsmitteln beginnt, wie er in den einstellungsorientierten Modellen als Entscheidungsprozeß vorausgesetzt und untersucht wird (vgl. Tab. 8).

Tab. 8: Modell der abgestuften Wahlmöglichkeiten mit Befragungsergebnissen der KONTIV 1975

| | Benutzer des | |
	PKW	öffentl. Verkehrs
Objektiver Zwang zur Benutzung des Verkehrsmittels mangels Alternative (z. B. keine PKW- oder ÖV-Verfügbarkeit)	31 %	22 %
Von diesen empfanden sich dennoch als wahlfrei:	(12 %)	(13 %)
Sachzwänge erfordern bestimmte Verkehrsmittelbenutzung (z. B. Gepäcktransport, kein Parkplatz am Zielort)	17 %	2 %
Von diesen empfanden sich dennoch als wahlfrei:	(5 %)	(2 %)
Mangel an Informationen über das ÖV-Angebot	11 %	-
Von diesen empfanden sich dennoch als wahlfrei:	(4 %)	-
Restgröße: Subjektiv wahlfrei aus der Sicht des Untersuchenden	12 %	5 %
Von diesen empfanden sich als wahlfrei:	6 %	4 %
N = 1.200		

Quelle: BRÖG (1976, S. 15)

Auf der Basis dieses Ansatzes konnte BRÖG (1976) anhand bundesdeutscher KONTIV-Daten zeigen, daß von 1.200 befragten Haushaltsvorständen städtisch-strukturierter Regionen in der Bundesrepublik Deutschland lediglich 17 % wirklich wahlfrei waren, von denen sich 5 % für den ÖPNV und 12 % für den PKW entschieden. Diese und weitere in Tab. 8 dargestellten

Größenordnungen für Limitierungen der Verkehrsmittelwahl fanden tendenziell auch in nachfolgenden Studien eine Bestätigung (vgl. BRÖG 1987, S. 89-90, VDV 1993). Allerdings beruht dieses Resultat auf einer Schwäche im Ansatz, die für eine Reihe von Studien über abgestufte Wahlmöglichkeiten typisch ist, nämlich die Einengung der Analyseperspektive auf die Polarität MIV - ÖPNV unter Nichtberücksichtigung des Fußgänger- und Radverkehrs. Dies entspricht einer Betrachtungsweise, wie sie in früheren Untersuchungen zu kommunalen Verkehrsplänen (z. B. Stadtplanungsamt Hagen/KOCKS Consult 1979) und wissenschaftlichen Arbeiten (z. B. WERMUTH 1980; zur Kritik vgl. auch MONHEIM 1988) häufig zu finden ist, die aber den Blick für die realen Verkehrsmitteloptionen unzulässig verengt und zu einer Überbetonung der Bedeutung des MIV verleitet (vgl. MENKE 1975, S. 23 ff.). In jüngeren Studien, die nicht von ÖPNV-Betrieben oder ÖPNV-Verbänden in Auftrag gegeben wurden, bezieht deshalb Socialdata den nichtmotorisierten Verkehr in die Analysen mit ein, was zur Ermittlung von Wahlfreiheitsgraden bei PKW-Fahrern von 60 % und mehr führt (VDV 1991, S. 27).

Ebenfalls schwer wiegt der Einwand, daß die von den Bearbeitern realisierte Größe vollständiger Wahlfreiheit nicht in die notwendige Übereinstimmung mit den subjektiven Werturteilen der Befragten zu bringen ist. So gibt es Fälle, in denen Befragte aus der Sicht des Interviewers „objektiv" nicht die Möglichkeit zur PKW- oder ÖPNV-Nutzung besitzen, erstere aber eine subjektive Wahlfreiheit dennoch bejahen: Von den in Tab. 8 nach Ansicht der Untersuchenden wahlgebundenen Personen (83 %) bezeichnete sich fast die Hälfte (36 %) als sehr wohl wahlfrei; umgekehrt gaben von den 17 % „subjektiv Wahlfreien" aus Sicht der Untersuchenden 7 % an, gar nicht wahlfrei zu sein. Ein Grund für diese großen Abweichungen zwischen Fremd- und Selbsteinschätzung liegt in der nicht ausreichenden Berücksichtigung des Mitfahrens im PKW (HELD 1982, S. 60), ein weiterer in der bereits erwähnten individuell unterschiedlichen Empfindung für den Grad, in dem äußere Bedingungen die Nutzung eines Verkehrsmittels unmöglich machen oder eventuell nur eine Präferenz bewirken (siehe oben: Gepäcktransport, Witterungsempfindlichkeit u. a. m.).

Ferner ist zu bemerken, daß mittelfristig nur wenige Limitierungen objektiver wie subjektiver Art Bestand haben (müssen). Dies zeigte bereits das Beispiel der Fahrradanschaffung. Andere Erweiterungen für Verkehrsmitteloptionen sind der Führerscheinerwerb, der Autokauf und die Information über ÖPNV-Benutzungsbedingungen (Routen, Abfahr- und Ankunftzeiten). VERRON (1986, S. 138) ist darüber hinaus grundsätzlich mit der Vermengung objektiver und subjektiver Limitierungen nicht einverstanden, weil letztere erst die Folge eines vorangegangenen einstellungsabhängigen Meinungsbildungsprozesses sind. Schließlich macht der Ansatz abgestufter Wahlmöglichkeiten keine Aussagen über die letzte Phase der Verkehrsmittelwahl, also über die Entscheidung auf der Grundlage vollständiger subjektiver Wahlfreiheit. Berücksichtigt man den genannten Wert von 60 % wahlfreier PKW-Benutzer bei Einbezug aller Verkehrsmittel des Umweltverbundes als Alternativen (und nicht nur des ÖPNV), verbleibt eine große Restgruppe, deren Verkehrsverhalten nicht erklärt wird. Auf dieser Stufe setzen die einstellungsorientierten Modelle an. Der Ansatz abgestufter Wahlmöglichkeiten kann in diesem Sinne einstellungsorientierte Untersuchungsweisen nicht ersetzen, stellt aber eine wichtige Ergänzung dar.

5.5 Verknüpfung limitierender, psychologischer und soziologischer Modellelemente - der aktuelle Forschungsbedarf

Die vorangegangenen Erörterungen zeigten die potentielle Eignung einer Kombination des Ansatzes abgestufter Wahlmöglichkeiten mit einstellungsorientierten Modellen zur Erklärung der Verkehrsmittelwahl der Bevölkerung. Den bislang wohl bedeutendsten Versuch hierzu machte HELD (1982). Über eine Literaturanalyse, Gruppendiskussionen und Experteninterviews strebte er zunächst die Ermittlung eines Kataloges von Faktoren an, welche die Verkehrsmittelwahl beeinflussen. Die Auswahlkriterien wurden im nächsten Schritt von Experten (Fahrschullehrer, Verkehrsplaner/-manager/-psychologen, insgesamt 54 Personen) einer Rangstufung unterzogen, so daß am Schluß daraus eine Bedeutungsabfolge resultierte:

Tab. 9: Rangfolge von Faktoren der Verkehrsmittelwahl nach HELD (1982)

Rang	Faktor	Bewer-tung*	Rang	Faktor	Bewer-tung*
1./2.	Zeit und Unabhängigkeit	3,95	14.	Hilfe gewähren	2,06
3.	Bequemlichkeit	3,86	15.	Sozialer Kontakt	2,05
4.	Zuverlässigkeit	3,73	16.	Umweltbezogene Überlegungen	1,98
5.	Geltung/Prestige	3,31	17.	Unterordnung	1,95
6.	Privatsphäre	3,21			
7.	Kosten	2,91	18.	Geräusche	1,77
8.	Leistungsmotivation	2,78	19.	Erkundung	1,73
9.	Technische Funktionslust	2,77	20.	Sicherheit anderer Personen	1,59
10.	Körperliche Funktionslust	2,42	21.	Macht	1,54
11.	Eigene Sicherheit	2,39	22.	Belästigung anderer Personen	1,46
12.	Optische Reize	2,27			
13.	Abgase meiden	2,22	23.	Freude am Risiko	1,32
			24.	Aggression	1,21
* 1 = keine, 2 = geringe, 3 = mittlere, 4 = starke Bedeutung					

Quelle: HELD (1982, S. 193, 196-197)

In der Vorgehensweise, Experten die Ansichten der Bevölkerung einschätzen zu lassen anstatt letztere selbst zu erheben, liegt ein methodisches Problem, da dieses Verfahren keineswegs die reale Einstellungsverteilung widerspiegeln muß. Das vielleicht bekannteste Beispiel für eine Diskrepanz zwischen Experteneinschätzung der Öffentlichkeit und realem Meinungsspektrum in der Bevölkerung beschrieb NOELLE-NEUMANN (1974, 1977) in ihrer Hypothese von der „Schweigespirale", die sie zur Erklärung des knappen Sieges der SPD/FDP-Koalition in der Bundestagswahl 1976 heranzog. Seither sind immer wieder markante

Einschätzungsunterschiede zwischen Fachleuten, Verbandsvertretern, Journalisten etc. einerseits und der „Grundgesamtheit" andererseits dargestellt worden. Bezogen auf eine verkehrliche Thematik (Einschätzung der präferierten Lösung bei planerischem Konfliktfall PKW versus ÖPNV/NMIV), ermittelte das Meinungsforschungsinstitut Socialdata ein erhebliches Abweichen der Ansichten von „Experten" über die öffentliche Meinung von dem tatsächlichen Einstellungsspektrum in der Bevölkerung (vgl. Kap. 4.2.6, ähnlich auch KNOFLACHER 1993, S. 44). Eine solche Diskrepanz könnte bei HELD ebenfalls aufgetreten sein. Die im Verlauf der vorliegenden Studie ermittelten Einschätzungen von Faktoren der Verkehrsmittelwahl weichen jedenfalls in einigen Punkten deutlich von der in Tab. 9 dargestellten Rangfolge ab (vgl. Kap. 7.1 u. 7.3.8.1). Gleichwohl ist hervorzuheben, daß HELD sich als einer der wenigen Verkehrsmittelwahlforscher überhaupt um eine quantitative Erfassung der Bedeutung von Auswahldeterminanten bemühte und dabei - abgesehen von der Rangfolge selbst -zu Faktorengruppen hoher, mittlerer und geringerer Relevanz gelangte (siehe Tab. 9), wofür schon im Rahmen theoretischer Vorüberlegungen eine hohe Wahrscheinlichkeit spricht.

In einem zweiten Schritt untersuchte HELD in standardisierten Interviews für den universitätsbezogenen Studentenverkehr in Augsburg (N = 126) objektive und subjektive Verhaltenslimitierungen; letztere bezogen einen kleinen Teil der in Tab. 9 genannten Faktoren ein, z. B. verkehrsmittelspezifische Beurteilungen von Reisezeit, Kosten und Image. In anschließenden Korrelationsberechnungen ließ sich die Verkehrsmittelwahl in einem relativ hohen Grad mit objektiven und subjektiven Limitierungen begründen, was im umgekehrten Sinne eine gute Vorhersagemöglichkeit eröffnet (HELD 1982, S. 205-231). Allerdings stellte HELD auch fest, daß die Limitierungen bzw. die von ihnen abhängige Verkehrsmittelwahl keinen direkten Schluß auf Verkehrsmittelnutzungspräferenzen zulassen. So kann beispielsweise der PKW eine hohe Attraktivität besitzen und dementsprechend eine hohe Präferenz genießen, aber gegebenenfalls mangels PKW-Verfügbarkeit dennoch nicht genutzt werden.

Während HELD mit seinem ersten Ansatz, der Analyse von Bedeutungskategorien bei den Faktoren der Verkehrsmittelwahl, ein Forschungsinteresse einstellungsbezogener Modelle verfolgt, ist der zweite Ansatz eher auf die Ermittlung abgestufter Wahlmöglichkeiten gerichtet. Gerade eine Stufung von Wahlmöglichkeiten und damit des Entscheidungsprozesses selbst wird jedoch nicht vorgenommen. Insbesondere gelingt es ihm nicht darzulegen, wie der Entscheidungsprozeß bei den Wahlfreien abläuft, da eine Verknüpfung der Analyse von Bedeutungskategorien der Determinanten für die Verkehrsmittelwahl mit den ermittelten Limitierungen des Entscheidungsprozesses nicht vorgenommen wird. Eine wirkliche Kombination einstellungsorientierter Forschungsweisen mit dem Ansatz abgestufter Wahlmöglichkeiten wird damit nicht geliefert.

Ferner gelangt der Autor im Rahmen seiner Arbeit trotz der Beschäftigung mit psychologischen und soziologischen Modellen zur Erklärung von motivationalen Strukturen (z. B. Fishbeins Verhaltensmodell, Vroomsches Motivationsmodell) nicht zu einem Entwurf, der den Entscheidungsprozeß der Verkehrsmittelwahl strukturieren und den Zusammenhang seiner Komponenten erläutern würde. Gerade dies wäre aber für die Ableitung von Hilfen für die Planungspraxis besonders wichtig.

Insbesondere die zuletzt genannte Kritik vermeidet die Arbeit von LIEBL (1978). LIEBL geht es explizit um die Analyse und Darstellung des individuellen Entscheidungsablaufes bei der Verkehrsmittelwahl. Im einzelnen unterscheidet er (vgl. Abb. 16):

1. Bewußtwerdungsphase

Zu Beginn erkennt ein Individuum die Notwendigkeit oder den Wunsch nach Kommunikation bzw. Personen- oder Lastentransport. Innerhalb dieser Phase entscheidet sich der Betreffende für einen selbst durchgeführten Transport oder für dessen Ersetzung durch Alternativen, also schriftliche oder mündliche Fernkommunikation, gegebenenfalls auch Verzicht auf eine Verkehrs- oder Kommunikationsbeziehung.

2. Informationsphase

Ist die Entscheidung prinzipiell für die Aufnahme einer Verkehrsbeziehung gefallen, werden die Umstände des Transportzweckes und die daraus ableitbaren Ansprüche an das Verkehrsmittel spezifiziert. Hierzu gehören etwa das Erkennen zeitlicher und monetärer Restriktionen sowie der Verfügbarkeit von Verkehrsmitteln. Letztere ist limitiert durch die Verfügungsgewalt, also bei Individualverkehrsmitteln durch zumindest temporären Besitz, während ein Eigentum daran nicht notwendigerweise erforderlich ist. Ferner bildet eine weitere Voraussetzung die Fähigkeit zur Nutzung des Fahrzeuges (Führerscheinbesitz, Fertigkeit des Radfahrens etc.). Bei öffentlichen Verkehrsmitteln ist die Existenz eines Angebotes ausschlaggebend.

3. Erste Auswahlphase

LIEBL beschreibt die rationale Eingrenzung von Wahlalternativen als erste Auswahlphase. Hierbei „konzipiert der Konsument ein Mindestanforderungsprofil, das durch die verschiedenen Verkehrsmittel mindestens erfüllt werden muß. Eine Nichterfüllung führt zum Ausschluß der Alternative." (LIEBL 1978, S. 67). In diesem Sinne ist die erste Auswahlphase Teil der Analyse objektiver und subjektiver Limitierungen, wie sie dem Ansatz abgestufter Wahlmöglichkeiten zugrunde liegt. Zeitliche Restriktionen spielen dabei eine besondere Rolle. Weniger bedeutsam dürften die Kombinationsfähigkeit von Verkehrsmitteln und die Berücksichtigung absoluter Budgetrestriktionen sein, die eher im Fernverkehr von Bedeutung sind. (LIEBL geht es darum, ein Modell zu erstellen, welches sowohl den Entscheidungsprozeß im Nah- als auch im Fernverkehr widerspiegeln kann.)

4. Zweite Auswahlphase

In der zweiten Auswahlphase engen nicht-rationale, das heißt soziologische und psychologische Faktoren die Wahlfreiheit möglicherweise ein oder sind zumindest für Präferenzen verantwortlich. Hierzu gehören Verkehrsmittelerfahrungen (insbesondere negativer Art) in der Vergangenheit, vegetative Empfindlichkeiten (z. B. „Reisekrankheit"), Phobien (z. B.

Klaustrophobie), Sicherheitsansprüche sowie Verkehrsmittelgewohnheiten der Familie oder der sozialen Schicht.

Insoweit es sich hierbei um Determinanten handelt, die eine Verkehrsmitteloption de facto ausschließen - wie bei Phobien -, müßte man die genannten Kriterien den subjektiv-limitierenden Faktoren zuordnen. Einige der genannten Variablen, etwa die Frage der Sicherheit oder in der Vergangenheit gemachte Erfahrungen, könnte man jedoch ebenso der folgenden Stufe des Entscheidungsprozesses zuordnen.

5. Bewertungsphase

Nach Ausschluß der Verkehrsmittel, die nicht zur Verfügung stehen oder die die Mindestanforderung der Transportaufgabe nicht erfüllen, ist bei mehr als einer verbleibenden Alternative eine Auswahl zu treffen. Diese richtet sich nach Kriterien der Verkehrsmittel, z. B. Schnelligkeit, Flexibilität (Netzbildungsfähigkeit), Berechenbarkeit, Häufigkeit der Verkehrsbedienung, Sicherheit, Bequemlichkeit, Möglichkeit zur Mitnahme von Personen bzw. Gepäck sowie Kosten. LIEBL weist dabei auf die Abhängigkeit der Bewertung dieser Verkehrswertigkeiten von den individuellen Prädispositionen hin, welche bereits in der vierten Phase wirken. Da zumindest einige dieser Präferenzen auf psychologischer oder soziologischer Ebene jedoch nicht zwingend einen Ausschluß bestimmter Verkehrsmittel bewirken (z. B. Bewertung des Verkehrsmittelimages), wie es bei der dichotomen Variable „Verfügbarkeit" der Fall ist, erscheint die Aufteilung zwischen der vierten und fünften Stufe des Entscheidungsprozesses nicht trennscharf.

Unabhängig von diesem Einwand nimmt LIEBL (S. 97 ff.) an - und findet hierfür auch in seinen empirischen Ergebnissen eine Bestätigung (bei allerdings sehr schmaler Datenbasis, siehe unten) -, daß die Faktoren der Verkehrsmittelwahl einer individuellen Bedeutungsgewichtung unterliegen. Diese ist abhängig von der Art des Verkehrs und seinen äußeren Umständen (Nah-/Fernverkehr, mit oder ohne Gepäcktransport). Die Entscheidung zugunsten eines Verkehrsmittels fällt dann im Zuge eines Abwägungsprozesses, der die Option mit dem größten Nutzen aufzeigt.

Als sechstes Element führt LIEBL die Simplifizierung des Entscheidungsprozesses ein (S. 100 ff.), also den Einfluß der Gewohnheit. Er nimmt für häufig oder periodisch wiederkehrende Fahrtzwecke und gleichen oder ähnlichen äußeren Bedingungen eine Verkürzung des Entscheidungsablaufes an. Voraussetzung dafür ist, daß sich bei gleichen bzw. vergleichbaren Transportaufgaben in der Vergangenheit ein Verkehrsmittel bewährt hat. Ist das der Fall, findet der gesamte Auswahlprozeß nicht mehr aktiv und bewußt statt, sondern es erfolgt die mehr oder minder unreflektierte Übernahme älterer Entscheidungsergebnisse.

An dem Modellansatz LIEBLs ist vor allem die in ihrer Differenziertheit bis dato nicht erreichte Strukturierung des Entscheidungsablaufes positiv zu bewerten (vgl. zur Übersicht VERRON 1986, insbesondere S. 107-109). Ähnlich wie HELD erkennt er dabei auch eine Gewichtung von Einflußfaktoren, die individuell sehr verschieden sein kann, aber bei einer größeren Zahl von Personen doch Konzentrationen von Kriterien hoher und niedrigerer Relevanz erkennen läßt. Die seitens der Forschung ehemals vorausgesetzte Dominanz objektiv

Abb. 16: Entscheidungsprozeß der Verkehrsmittelwahl nach LIEBL

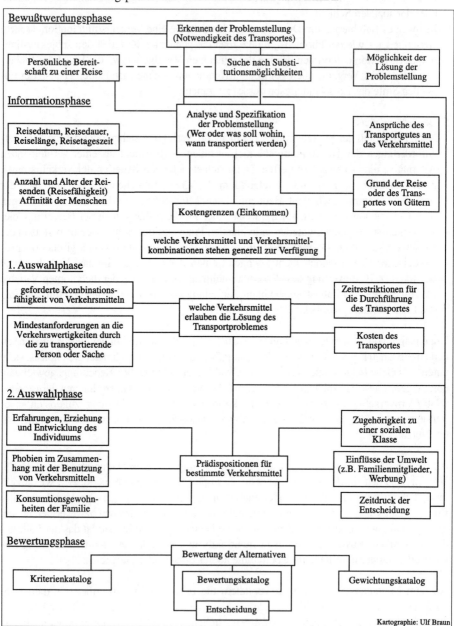

Quelle: LIEBL (1978, S. 52)

meßbarer Faktoren, wie Kosten und Zeit, wird folgerichtig nicht akzeptiert. Schließlich dürfte der Einfluß der Simplifizierung durch gewohnheitsmäßiges Verhalten gerade für den Stadtverkehr von besonderer Bedeutung sein, was in der einstellungsbezogenen Verkehrsforschung viel zu wenig Beachtung gefunden hat (VERRON 1986, S. 139).

Eine Schwäche des LIEBLschen Modells ist seine mangelnde Trennschärfe einerseits für subjektive Limitierungen, die die Benutzung eines Verkehrsmittels nahezu ausschließen, und andererseits für individuelle Prädispositionen, die lediglich Präferenzen bewirken. Auf diese Weise wird der Übergang von der Sichtweise abgestufter Wahlmöglichkeiten zur einstellungsbedingten Bewertung verbleibender Wahlalternativen fließend. Auch wenn es in der Empirie nicht immer leicht sein dürfte, Limitierungen und Wertschätzungen exakt zu trennen, sollte doch wenigstens auf theoretischem Niveau eine klare Trennung angestrebt werden.

Wenig geeignet erscheinen auch gewisse Faktorenzuordnungen, die LIEBL (S. 91-97) vornimmt. So unterscheidet er innerhalb der Bewertungsphase noch einmal zwischen Verkehrswertigkeiten, individuellen und sonstigen Kriterien. Zur erstgenannten Gruppe gehört beispielsweise die Schnelligkeit eines Verkehrsmittels, zu den „sonstigen Kriterien" die Bewertung des Zeitaufwandes für die Tür-zu-Tür-Reisezeit. Es wird kein Grund dafür angegeben, daß die offensichtliche Doppelnennung eines Kriteriums notwendig oder sinnvoll ist. Ebensowenig einsichtig ist es, wenn die Verfügbarkeit von Verkehrsmitteln einerseits der Informationsphase zugeordnet wird, andererseits als „Verfügbarkeit des Verkehrsmittels zur gewünschten Reisetageszeit" unter den sonstigen Kriterien der Bewertungsphase erneut auftaucht. Das Modell ist in dieser Hinsicht nicht frei von Inkonsistenzen.

Ferner bleiben einige Faktoren, die potentiell die Verkehrsmittelwahl beeinflussen können, unberücksichtigt, z. B. die Frage der Witterungsempfindlichkeit. Schließlich ist der Versuch, die Gewichtung von Determinanten des Auswahlprozesses und die jeweilige Bewertung von Verkehrsmitteln empirisch zu erfassen, nicht ausreichend: Es wurden lediglich acht Versuchspersonen befragt. Auf diese Weise bleibt unklar, inwieweit das psychologische Entscheidungsmodell LIEBLs auf Gesellschaften oder zumindest Teile von ihr anwendbar ist.

Zusammenfassend ist für die bisherige Forschung festzustellen, daß die Verkehrsmittelwahl als durch äußere (objektive) und innere (subjektive) Limitierungen eingeengt zu sehen ist und erst auf der Ebene der Wahlfreiheit zwischen mindestens zwei Alternativen eine Abwägung der Wertigkeiten von Verkehrsmitteln erfolgt. Diese Abwägung orientiert sich an Determinanten, die einer individuell unterschiedlichen Gewichtung unterliegen. Es besteht die Wahrscheinlichkeit, für größere Personengruppen ermitteln zu können, welche Faktoren der Verkehrsmittelwahl besonders wichtig und welche von geringerer Bedeutung sind. Schließlich dürfte der Gewohnheit im Sinne der weitgehenden Ausschaltung eines aktiven Vergleichens und Bewertens ein gewisser Stellenwert zukommen.

Es fehlt jedoch noch ein in sich widerspruchsfreier Ansatz für ein Modell des Entscheidungsprozesses, welcher auf einer größeren Datenbasis - möglichst nicht nur für einen Verkehrszweck oder gar lediglich ein Zielgebiet - Aussagen über die Wertigkeit bestimmter Determinanten der Verkehrsmittelwahl und über die Einschätzung von Transportmedien vermittelt. Auch mangelt es bislang noch am Einbezug soziologischer Parameter (vgl. VERRON 1986, S. 118). Erst mit einem wirklich umfassenden, aus empirischen Daten gewonnenen Modell werden konkrete Aussagen über die potentielle Effektivität verkehrspolitischer Maßnahmen möglich. Es besteht deshalb weiterer Forschungsbedarf, der auf die Beantwortung folgender Fragen gerichtet sein muß:

1) Wie ist der Entscheidungsprozeß zur Verkehrsmittelwahl aufgebaut?
2) Welche Faktoren nehmen auf die Verkehrsmittelwahl Einfluß?
3) Läßt sich die subjektive Bedeutung dieser Faktoren feststellen und für ein größeres Personenkollektiv qualitativ unterscheiden?
4) Welche Bewertungen erhalten die unterschiedlichen Verkehrsmittel bei den Determinanten der Verkehrsmittelwahl?
5) Läßt sich mit quantitativen Einstellungsdaten (aus 2-4) und dem gewählten theoretischen Konstrukt (siehe 1) die gegenwärtige Struktur des modal split im Stadtverkehr hinreichend erklären?
6) Im Falle einer Bejahung der Frage 5: Welche Schlußfolgerungen sind daraus für die Verkehrspolitik und Verkehrsplanung zu ziehen?

6. Auswahl der Untersuchungsgebiete

Die Skizzierung der nach wie vor offenen Fragen (vgl. Kap. 4.2.7 u. 5.5) legte als methodisches Hauptinstrument zur weiterführenden Erkenntnisgewinnung insbesondere eine Befragung von Verkehrsteilnehmern nahe. Hierfür wurden die Städte Kiel und Lüneburg nebst ihren Randgemeinden ausgewählt. Sie erwiesen sich, wie im folgenden zu zeigen ist, im Rahmen repräsentativitätsorientierter Überlegungen als geeignet.

6.1 Einwohnerzahl

Die Stadtverkehrsforschung hat sich bislang vornehmlich den großen Verdichtungsräumen zugewandt, da dort die Verkehrsprobleme zuerst und am stärksten zu Tage traten. Die sehr großen Städte stellen aber nur einen verhältnismäßig kleinen Ausschnitt des gesamten Stadtverkehrs dar. Nimmt man beispielsweise die vier Städte der Bundesrepublik mit jeweils knapp bzw. mehr als einer Million Einwohnern (Berlin, Hamburg, München, Köln), so leben in ihnen zusammen 7,3 Mio. Personen. Das sind 9 % der Gesamtbevölkerung der Bundesrepublik Deutschland oder 9,3 % berechnet für den Gebietsstand der alten Bundesländer, einschließlich Berlin-West. Selbst wenn man die elf nachfolgenden Städte mit mehr als 480.000 Einwohnern hinzuzählt, repräsentieren die „großen Großstädte" lediglich 13,4 Mio. Einwohner und damit 16,6 % der Gesamtbevölkerung (alte Bundesländer: 9 weitere Städte,

17,2 %). Kiel ist mit 247.500 Ew. als Vertreterin der „kleinen Großstädte", Lüneburg mit 62.300 Ew. als Beispiel für „größere Mittelstädte" anzusehen. Betrachtet man die beiden Städte als Repräsentanten der Kommunen mit einer Einwohnerzahl zwischen 40.000 und 300.000, so kommt man auf eine Zahl von 235 Städten mit zusammen 21,7 Mio. Einwohnern, das sind 26,8 % der Gesamtbevölkerung (alte Bundesländer: 185 Städte, 26,2 %; alle Angaben berechnet nach Dt. Städtetag 1989, 1993 und Statistisches Bundesamt 1990, 1994). Das gewählte Größenintervall ist also typischer für die Siedlungsstruktur der Bundesrepublik Deutschland als die Konzentration auf große Verdichtungsräume. Das Gewicht, welches diesem Intervall beizumessen ist, wird ferner noch durch die Einwohner zahlreicher, politisch selbständiger Randgemeinden erhöht, die funktional gesehen zum Stadtverkehr zu rechnen sind (vgl. Kap. 3.1). Diese Bedeutungssteigerung durch Einbezug der Umlandgemeinden fällt bei der großen Zahl von 235 (185) Städten sicherlich deutlich größer aus als bei den fünfzehn (dreizehn) einwohnerstärksten Städten. Um dem gewählten Stadtverkehrsbegriff (Kap. 2.1) gerecht zu werden, blieb die vorliegende Untersuchung auch nicht auf die genannten Städte in ihren kommunalen Grenzen beschränkt. Sie umfaßte vielmehr zusätzlich Gemeinden in unmittelbarer Nähe, welche durch einen Stadtbusanschluß - bei Kiel auch in zwei Fällen durch eine Bahnverbindung - oder/und eine noch übliche Radverkehrsentfernung (Ortszentrum - Innenstadt bis 6 km; zur Begründung vgl. Kap. 7.3.3) gekennzeichnet sind. Die Grundgesamtheiten der beiden Untersuchungsregionen betragen dadurch für den Raum Kiel 312.600 und für den Raum Lüneburg 85.600 Einwohner (vgl. Anl. 5 im Anhang).

6.2 Stadtstruktur und Relief

Abgesehen von den Einwohnerzahlen, werden die lokalen Verkehrsbedingungen maßgeblich durch die topographische Lage und Gebietsstruktur beeinflußt, die ihrerseits Auswirkungen haben auf den Grundriß der bebauten Bereiche. Lüneburg ist in dieser Hinsicht eine Stadt, die dem „Normalfall" am nächsten kommen dürfte: ein ausgehend von der Altstadt annähernd konzentrischer Aufbau mit achsenförmigen Erweiterungen der Wohnbereiche in der Peripherie, die aber bereits nicht mehr zum administrativen Stadtgebiet gehören, sondern zu den Vororten (Abb. 17). Diese achsenartigen Erweiterungen orientieren sich an den regionalen Hauptverkehrswegen, zeigen aber in beträchtlichem Ausmaß eine disperse Flächeninanspruchnahme, so daß es schwer ist, alle Teile der Vororte in fußläufiger Haltestellenentfernung mit Busangeboten anzubinden. Der Radius des administrativen Stadtgebietes überschreitet kaum 4 km, nur im Südwesten liegen die eingemeindeten Ortsteile Rettmer und Häcklingen 5 km vom Zentrum entfernt. Kaum größere Distanzen weisen die unmittelbar an Lüneburg grenzenden Gemeinden auf. Selbst von den entferntesten Wohnstandorten sind es bis zum Geschäftszentrum höchstens 6 km, in einem Falle (Norden Bardowicks) 7 km.

Anders strukturiert ist Kiel als Hafenstadt an der gleichnamigen Förde. Letztere schneidet als Ostseebucht in das städtische Gebiet keilförmig ein. Die Hauptverkehrswege - insbesondere Straßen - beschreiben eine hieran angelehnte Hufeisenform. Die Stadtentwicklung hat sich wiederum an diesen Hauptverkehrsstraßen ausgerichtet, so daß die Flächenausdehnung nicht gleichmäßig konzentrisch erfolgte, sondern bevorzugt entlang der West- und Ostseite der Kieler Förde (Abb. 17). Dadurch entstand eine eher bandartige Stadtstruktur. Die Förde besitzt in diesem Sinne einen sehr hohen Verkehrswiderstand, der durch die Schiffahrt nur in unzureichendem Maße herabgesetzt wird (vgl. Kap. 6.4.3).

Die City Kiels liegt im südlichen Bereich des Westufers der Förde, 1 km nördlich deren landwärtigem Ende. Dadurch haben die Bewohner des östlichen Fördeufers einen etwas längeren Weg in das Hauptgeschäftszentrum zurückzulegen als jene des westlichen Stadtbereiches: Von den jeweils nördlichsten Enden der beiden Siedlungsgebiete sind es im ersten Falle 13,5 im anderen 14,5 km. Allerdings hat sich auf dem südöstlichen Fördeufer im traditionellen Werftarbeiterstadtteil Gaarden-Ost ein Subzentrum herausgebildet, welches einen gewissen Anteil von Cityfunktionen in bezug auf Einzelhandels- und Dienstleistungsangebote übernommen hat. Die maximale Entfernung zu diesem Subzentrum im Ostuferbereich beträgt 12,5 km, so daß sich der eingangs erwähnte Distanzunterschied relativiert.

Unterschiede bestehen auch in den räumlichen Ausmaßen der beiden Siedlungsachsen. So weist der dicht bebaute, gründerzeitliche Innenstadtbereich westlich der Förde eine Länge von ca. 7 km und eine Breite von 2 km auf, das entsprechende Pendant auf der Ostseite eine Länge von etwa 4,5 und eine Breite von maximal 1,5 km. Ähnlich verhält es sich mit der Breite der gesamten Siedlungsräume: Im Westteil 5-6 km, östlich der Förde nur 1-2,5 km (ohne die südöstliche Erstreckung Richtung Klausdorf/Raisdorf).
Die ungleichgewichtige topographische Entwicklung der beiden Siedlungsachsen Kiels schlägt sich auch in der räumlichen Verteilung der Bevölkerung nieder (Abb. 18). So umfaßt der westlich der Förde gelegene Raum 56,1 % aller Bewohner des Untersuchungsgebietes, während sich der Rest fast paritätisch auf die Gebiete östlich und südlich der Kieler Förde verteilt.

Die Stadtstruktur Kiels birgt die Tendenz zur Verlängerung der durchschnittlichen Wegelängen, weil im Westostverkehr in der Regel nicht ein Weg eingeschlagen wird, der der Luftlinienverbindung nahekommt, sondern ein verhältnismäßig großer Umweg um die Förde inkaufzunehmen ist. Auch bei Verkehrsbeziehungen, die auf einer Seite der Meeresbucht verbleiben, sind die durchschnittlichen Wegelängen größer, weil ein erheblicher Anteil der Einwohner weiter von der Innenstadt entfernt wohnt, als es bei einem konzentrischen Stadtaufbau der Fall wäre (Abb. 19). Die im Durchschnitt längeren Wege bewirken wiederum eine Tendenz zur verstärkten Wahl motorisierter Verkehrsmittel, was jedoch nicht a priori mit einer Dominanz des motorisierten Individualverkehrs gleichzusetzen ist. Vielmehr lassen sich die peripheren Wohnbereiche bandartiger Stadtstrukturen eher besser mit dem ÖPNV erschließen als eine gleichmäßig besiedelte konzentrische Fläche, weil in letzterer mit zunehmendem Radius die Dichte des ÖPNV-Netzes rasch abnimmt. Dieser Effekt kann aufgefangen werden durch den Übergang von einer konzentrischen Stadtfläche zu einer auf Achsen festgelegten Erweiterung der Wohngebiete, wie es im Grundsatz bei Lüneburg der Fall ist.

Auch wenn die Stadtstruktur Kiels von derjenigen Lüneburgs stark abweicht, bedeutet das nicht zwangsläufig für eine der beiden einen Mangel an Eignung für eine Verkehrsuntersu-

Abb. 17: Entwicklung und Grundriß der Stadt Lüneburg und ihres Umlandes

Grundlage der Abbildung sind die im Literaturverzeichnis aufgeführten topographischen Karten. Erfaßt sind alle städtisch genutzten Flächen (Gebäude, Verkehrsflächen, Garten- und Grünanlagen), nicht aber ländliche Bereiche (land- /fortstwirtschaftliche Flächen, Gehöfte)

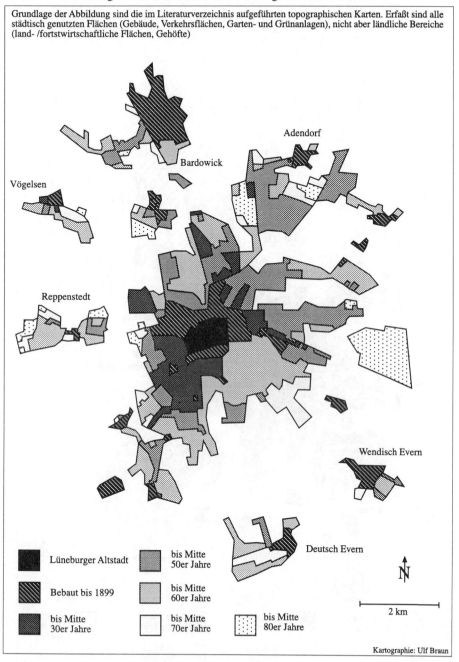

Kartographie: Ulf Braun

115

Abb. 18: Entwicklung und Grundriß der Stadt Kiel und ihres Umlandes

Grundlage der Abbildungen sind die im Literaturverzeichnis aufgeführten topographischen Karten. Erfaßt sind alle städtisch genutzten Flächen (Gebäude, Verkehrsflächen, Garten- und Grünanlagen), nicht aber ländliche Bereiche (land-/forstwirtschaftl. Flächen, Gehöfte)

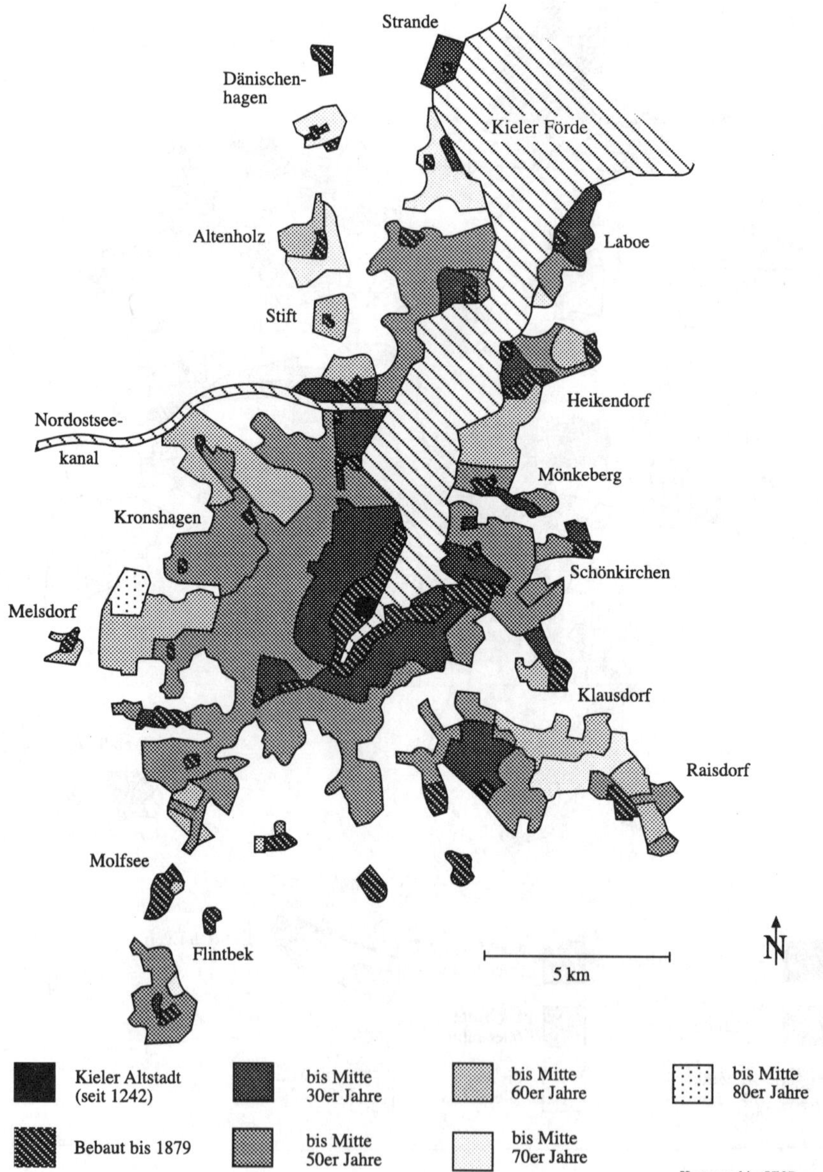

Strande

Dänischen-
hagen

Kieler Förde

Altenholz

Laboe

Stift

Heikendorf

Nordostsee-
kanal

Mönkeberg

Kronshagen

Schönkirchen

Melsdorf

Klausdorf

Raisdorf

Molfsee

Flintbek

5 km

N

| | Kieler Altstadt (seit 1242) | | bis Mitte 30er Jahre | | bis Mitte 60er Jahre | | bis Mitte 80er Jahre |
| | Bebaut bis 1879 | | bis Mitte 50er Jahre | | bis Mitte 70er Jahre | | |

Kartographie: Ulf Braun

Abb. 19: Räumliche Verteilung der Einwohner Kiels

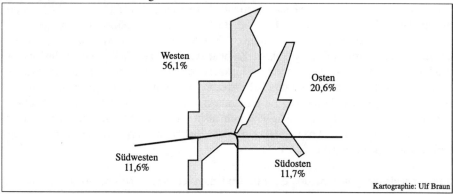

Quelle: Volkszählungsdaten der Stadt- und Gemeindeverwaltungen von 1987

Abb. 20: Vergleich konzentrischer und bandartiger Stadtstrukturen bezüglich maximaler Distanzen zum Stadtzentrum

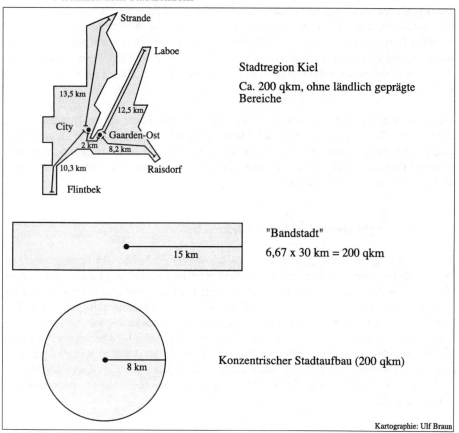

117

chung, die auf übertragbare Ergebnisse für andere Städte zielt. Eher ist dieser Umstand als günstig zu bezeichnen, da neben dem „Normalfall" Lüneburgs in nicht wenigen Fällen topographische Bedingungen, wie die Lage an Buchten, Verkehrsbändern oder in einem Tal, städtisches Flächenwachstum in bestimmten Richtungen begrenzt oder fördert, sich also ebenfalls ein bandartiger Grundriß ergibt. Zu bedenken ist ferner, daß bei der Wohnstandortwahl die Entfernung zum Arbeitsplatz, zu Einkaufsstätten etc. eine Rolle spielt. Im Falle von Kiel liegt es nahe, Wohnstandort und Arbeitsplatz auf derselben Seite der Förde zu suchen. Auf diese Weise findet die Tendenz zur Entfernungsvergrößerung ihre Grenzen in der subjektiven Distanzempfindlichkeit, welche wiederum nicht nur von der Stadtstruktur, sondern auch von anderen Parametern abhängig ist, z. B. dem Einkommen als Variable für die Verfügbarkeit von Verkehrsmitteln.

So verschiedenartig die Grundrisse der beiden Untersuchungsräume sind, so ähnlich sind sie sich in den hypsometrischen Strukturen. Bezieht man den Kalkberg nicht mit ein, liegt die Innenstadt Lüneburgs auf einem Höhenniveau von 10-20 m ü. NN. Zur Peripherie hin steigt das Gelände bis auf 45 m ü. NN an, wobei dieser Anstieg relativ gleichmäßig erfolgt, für den Radverkehr allerdings deutlich spürbar ist. In Kiel liegt der Stadtkern zuzüglich des darüber hinausgehenden westlichen und östlichen Uferstreifens am niedrigsten, und zwar bei 2-3 m ü. NN. Insbesondere auf der Westseite der Förde geht die durchschnittlich nur ca. 200 m breite ufernahe Zone in einem relativ steilen Anstieg über in einen Gürtel leicht welligen Grundmoränengeländes mit einem Höhenniveau um 20-30 m ü. NN. Auch dieser Übergang erschwert Radfahrern das Vorankommen, ist aber mit etwas physischem Einsatz dennoch gut zu überwinden.

Die skizzierten Höhendifferenzen sind nicht untypisch für Städte in der Bundesrepublik Deutschland. Generell entwickelten sich Mittel- und Großstädte bevorzugt in Gebieten mit geringeren Reliefunterschieden. Ursprüngliche Lagevorteile, wie Verkehrsgunst oder Zugang zu einem Gewässer, finden heute ihre Fortsetzung in der besseren Eignung ebenerer Lagen für Gewerbe- und Wohnbauzwecke.

6.3 Demographische und soziale Struktur

Tab. 10 und 11 geben einen Überblick über die wichtigsten Maßzahlen der demographischen und sozialgruppenspezifischen Struktur der Stadtbereiche von Kiel und Lüneburg. Aus dem Vergleich mit den Daten für die Bundesrepublik Deutschland lassen sich keine eminenten Abweichungen von der gesamten gesellschaftlichen Zusammensetzung erkennen. Erwähnenswert ist zwar der etwa doppelt so hoch wie im Bundesdurchschnitt liegende Anteil von Beamten, jedoch ist die Konzentration übergeordneter staatlicher Dienststellen aus zentralörtlichen Gesichtspunkten heraus in Städten notwendig, so daß sich letztere in diesem Aspekt vom Bundesdurchschnitt abheben müssen. Ähnliches gilt für die Quote der Studierenden, die aber ohnehin nur im Falle von Kiel über dem Anteil der Studenten an der Gesamtbevölkerung liegt.

Tab. 10: Demographische Struktur der Stadtbereiche von Kiel und Lüneburg

	Stadtbereich Kiel	Stadtbereich Lüneburg	BR Dtld.
Einwohner	312.573	85.606	62,7 Mio.
davon Zweitwohnsitz	3,8 %	4,1 %	entf.
Unter 18 Jahre	15,8 %	17,3 %	18,2 %
18-24 Jahre	13,1 "	13,0 "	11,1 "
25-34 Jahre	16,3 "	15,3 "	16,3 "
35-44 Jahre	13,0 "	12,8 "	13,1 "
45-54 Jahre	14,1 "	14,0 "	14,7 "
55-64 Jahre	10,1 "	10,9 "	11,3 "
Über 64 Jahre	17,6 "	16,6 "	15,3 "
Männlich	47,9 %	47,6 %	48,2 %
Weiblich	52,1 "	52,4 "	51,8 "
Haushaltsgröße:			
1 Person	45,5 %	36,6 %	35,3 "
2 Personen	28,1 "	29,0 "	30,1 "
3 Personen	13,8 "	16,8 "	16,8 "
4 u. mehr Personen	12,6 "	17,6 "	17,8 "

Quellen: Unterlagen des Statistischen Landesamtes in Kiel und des Landkreises Lüneburg, Basis Volkszählung 1987; Statistisches Bundesamt 1990 (alte Bundesländer)

Tab. 11: Sozialstruktur der Stadtbereiche von Kiel und Lüneburg

	Stadtbereich Kiel	Stadtbereich Lünebg.	BR Dtld.
Anzahl der Erwerbstätigen	127.378	36.201	27,7 Mio.
Anteil an der Bevölkerung	40,8 %	42,3 %	44,3 %
Von den Erwerbstät. sind			
- selbständig/mithelfende Familienangehörige	6,5 %	7,8 %	10,9 %
- Beamte, Soldaten, Richter	16,3 "	17,8 "	8,7 "
- Angestellte	42,5 "	38,4 "	41,9 "
- Arbeiter	27,3 "	28,6 "	38,5 "
- Auszubildende	7,4 "	7,4 "	k. A.
- beschäftigt in/im			
* Land- u. Forstwirtsch., Fischerei	0,8 %	1,6 %	3,7 %
* Produzierenden Gewerbe	26,4 %	27,8 "	40,9 "
* Handel, Verkehr, Nachrichten	18,7 %	19,7 "	17,9 "
* übrigen Wirtschaftsber	54,0 %	50,9 "	37,5 "
Anzahl der Studenten	16.386*	2.220*	1,4 Mio.
Anteil an der Bevölkerung	5,2 %	2,6 %	2,2 %

* = Angegeben ist nur die Zahl der im Stadtbereich wohnenden Studenten, nicht die Gesamtzahl der Studenten von Universitäten und Fachhochschulen.

Quellen: Unterlagen des Statistischen Landesamtes in Kiel, des Landkreises Lüneburg (Basis Volkszählung 1987), der Universitäten und Fachhochschulen in Kiel und Lüneburg sowie Statistisches Bundesamt 1991 (alte Bundesländer), STÄRK-RÖTTERS (1988).

119

Wirtschaftsstrukturell bildet in beiden Untersuchungsregionen der tertiäre Sektor ein deutliches Schwergewicht, was wiederum für einen Großteil deutscher Städte zutrifft. Die entsprechende Angabe beim produzierenden Gewerbe für den Gesamtdurchschnitt der Bundesrepublik Deutschland in Tab. 11 wird durch eine Ausnahme von großem Gewicht verzerrt: das Rheinisch-westfälische Industriegebiet. BIRKENHAUER (1984, S. 22) gibt für diese Region eine Konzentration von 17,5 % der Bevölkerung und 24 % der Industriebeschäftigten des (alten) Bundesgebietes an. Dies entspricht einer Industriebeschäftigtenquote von 240,4 auf 1.000 Einwohner, während die Bundesrepublik Deutschland ohne das Rhein-Ruhr-Gebiet nur einen Wert von 161,5/1.000 Ew. erreicht (berechnet nach BIRKENHAUER a. a. O. in Verbindung mit Statistisches Bundesamt 1991). Ohne das Rhein-Ruhr-Gebiet bewegen sich deshalb die Prozentwerte für die Bundesrepublik im sekundären und tertiären Sektor in der Größenordnung der Angaben für Lüneburg und Kiel.

Die demographischen und sozialen Strukturen von Kiel und Lüneburg ähneln sich auch untereinander sehr stark. Die wesentlichste Abweichung ist der um 8,9 % höhere Anteil von 1-Personen-Haushalten in Kiel, der zu einem großen Teil auf den im Vergleich zu Lüneburg doppelt so hohen Studentenanteil zurückzuführen ist. (Nach Lüneburg pendeln viele Studierende aus dem 60-70 km entfernten Hamburg ein, tauchen also nicht in der Einwohnerstatistik Lüneburgs auf; vgl. PEZ 1991, S. 13-14).

Insgesamt läßt sich aus der soziodemographischen Zusammensetzung der Bevölkerung keine bedeutsame Abweichung im Vergleich zur gesamtgesellschaftlichen Struktur erkennen, die eine Einschränkung der Interpretationsmöglichkeiten auf die gewählten Untersuchungsstandorte zur Folge hätte.

6.4 Verkehrsverhältnisse und städtische Verkehrspolitik

Abb. 17 und 18 machen deutlich, daß sich die Entwicklung der Stadtgebiete von Kiel und Lüneburg mit dem in Kap. 3.2 referierten Stadtmodell von LEVINSON näherungsweise deuten läßt. Ausgehend von einem vorindustriellen Kern, breiteten sich die bebauten Flächen in fußläufiger Entfernung konzentrisch, darüber hinaus jedoch entlang der Hauptverkehrsachsen aus. Letztere bestehen aus Sammelstraßen, die sowohl den privaten als auch den öffentlichen Verkehr aufnehmen. Der ÖPNV wurde in Kiel lange Zeit vorrangig durch Straßenbahnen geleistet. Ursache für ein vergleichsweise früh und massiv einsetzendes Stadtwachstum mit der Folge einer frühen Entwicklung des ÖPNV war die Verlegung des preußischen Flottenstützpunktes von Danzig nach Kiel 1865 und die Erklärung zum Kriegshafen 1867 bzw. Reichskriegshafen 1871 (STEWIG 1983a, S. 30). Über die „normale" Industrialisierung hinaus, wurde mit der damit verbundenen Ansiedlung von Werften und Militäreinrichtungen ein ökonomischer Impuls geliefert, der eine rasche Zunahme der Bevölkerung sowie der Stadtfläche zur Folge hatte. Nach 17.500 Einwohnern im Jahr 1860 stieg die Zahl bis 1900 auf 107.000, verdoppelte sich fast bis 1910 (211.000 Ew.) und erreichte 1918 den vorläufigen Höhepunkt von 243.000 Einwohner (vgl. WIEBE 1987, S. 134-135). In diesem Zeitraum orientierte sich das Stadtwachstum an den vorgegebenen Verkehrsleitlinien, also Straßen und vor allem Straßenbahnlinien, die sich wiederum an Werft- und Militärstandorten ausrichteten und so zu dem an die Förde angelehnten, hufeisenartigen Stadtgrundriß führten.

Erst nach dem Zweiten Weltkrieg entwickelte sich der Busverkehr zur dominierenden Form des ÖPNV. Im Zusammenhang mit der verstärkten Verbreitung und Nutzung des PKW erwies sich die Straßenbahn außerhalb der Verkehrsspitzenzeiten kapazitätsmäßig zu groß dimensioniert. Der Busverkehr mit seinen kleineren Fahrzeugeinheiten und seiner unter den gegebenen Umständen günstigeren Kostenstruktur bot sich im Zuge einer rationalisierungsorientierten Strategie als Alternative an, so daß der Straßenbahnverkehr in Kiel zwischen 1977 und 1985 eingestellt wurde.

Die Umstellung auf den auch räumlich flexibleren Busverkehr, vor allem aber die Veränderung der Verkehrslastverteilung zugunsten des PKW bewirkten inzwischen eine stärker disperse Entwicklung des Stadtgrundrisses, wobei die hufeisenförmige Grobstruktur erhalten blieb.

Etwas anders verlief die Entwicklung mit Beginn der Industrialisierung in Lüneburg. Hier hat die später und verhaltener einsetzende industrielle Entwicklung nur einen geringen Zuwachs an überbauten Flächen bis zur letzten Jahrhundertwende bewirkt. Der Radius der städtischen Fläche erreichte damals nur 1 km bei 25.000 Ew. (diese und folgende Ew.-zahlen aus Stadt Lüneburg 1991, S. 13). Erst danach entstanden vor allem im Norden und Osten Mischgebiete von Industrie- und Wohngebäuden. Seitdem erfolgte ein langsames Wachstum der Einwohnerzahlen bis zum Höchststand 1974 mit 65.300. Der anschließende leichte Rückgang wurde Ende der 80er Jahre von einem erneuten Zuwachs abgelöst, wodurch heute der erwähnte Höchststand wieder erreicht ist. Unabhängig von der Stagnationstendenz der Einwohnerentwicklung seit 1974 nehmen allerdings die bebauten Flächen zu.

Zwischen 1909 und 1919 gab es Überlegungen zur Einführung einer Straßenbahn, die jedoch nie in konkrete Schritte zur Umsetzung mündeten (v. SEELEN 1973). Erste Versuche zum Aufbau eines Bussystems gab es 1925-27 und 1935 (vgl. Stadt Lüneburg, Stadtakten SA XIX H1 u. SA XIX H7), führten aber erst nach dem Zweiten Weltkrieg zur Etablierung eines dauerhaften städtischen ÖPNV. Er dürfte im LEVINSONschen Sinne für die korridorartige Siedlungsstruktur der äußeren Wohnbereiche und Vororte - letztere wurden vor allem in den 60er Jahren von der Suburbanisierung erfaßt - verantwortlich sein. Die Siedlungsachsen lassen jedoch, wie schon in Kap. 6.2 erwähnt, eine Tendenz zur Expansion in die Fläche im Rahmen der wachsenden Motorisierung erkennen.

Insgesamt sind unabhängig von einigen Unterschieden in der Entwicklung Kiels und Lüneburgs in beiden Fällen Stadien des in Kap. 3.2 diskutierten LEVINSONschen Modells erkennbar:

	Stadtbereich Kiel	Stadtbereich Lüneburg
Vor- und frühindustrielle Fuß-gängerstadt	Bis etwa 1865	Bis etwa 1925
Stadt des öffentlichen Verkehrs	Bis etwa 1960	Bis etwa 1960
Trend zur automobilen Stadt	Ab etwa 1960	Ab etwa 1960

Ähnlichkeiten bestehen nicht nur in der städtischen Entwicklung, sondern auch in der kommunalen Verkehrspolitik und -planung (nach Auskünften der Stadtverwaltungen). So wurden in Kiel bereits in den 50er Jahren, in Lüneburg ab 1960 umfangreiche straßenbauliche Maßnahmen vorgenommen, die sich als Neubauten, Ausbauten und Umleitungen zwecks Umfahrung der Altstadt bzw. des Citybereiches kennzeichnen lassen und sich auf die Hauptverkehrsstraßen konzentrierten. Der Bau von Parkhäusern fällt ebenso in diese Zeit einer stark steigenden Motorisierung wie die Anlage von Radwegen, um Radfahrer als Hindernisse für den schnelleren Kraftverkehr aus dem Straßenraum herauszuhalten. Noch heute lassen sich im Straßenbild und -umfeld alle jene Maßnahmen erkennen, die im Sinne des Kap. 4.1 der Förderung des Autoverkehrs dienten und hierdurch gravierende verkehrspolitische Probleme erzeugten oder verstärkten und zu einer Benachteiligung anderer Verkehrsmittel Anlaß gaben (vgl. Kap. 4.1.2), z. B.:

- Abriß von Bausubstanz und Rückversetzung von Gehwegen und Vorgartenbereichen zum Bau und Ausbau von Straßen, besonders in Kiel zugunsten der Anlage von zum Teil zwei Spuren pro Fahrtrichtung,
- Anlage von Radwegen, aber mit geringstmöglichen Breiten (1 m und weniger) und ungünstigen Führungen an Knotenpunkten und Zufahrten,
- Ausweisung zahlreicher Einbahnstraßen,
- ungünstige Ampelschaltungen für Fußgänger und Radfahrer,
- Asphaltierung von Altstadtstraßen,
- Umwandlung von Straßenrandflächen und Plätzen in Parkräume für Kfz,
- Bau von Parkhäusern, in Lüneburg auch im städtebaulich sensiblen Altstadtbereich,
- Entstehen dispers besiedelter Einfamilienhausgebiete am Stadtrand.

Entsprechend der Bevorzugung des PKW-Verkehrs dominiert dieser Verkehrsanteil im heutigen modal split (vgl. Tab. 12). Dies ist jedoch ein allgemeines Phänomen und keine spezifische Erscheinung für die gewählten Untersuchungsstädte. So sind nicht nur in den Vergleichsorten ähnlicher Größenordnung, sondern auch zwischen den beiden Städtegruppen mit um 60.000 bzw. um 240.000 Einwohner die Differenzen im Prozentanteil der PKW-Fahrten am Gesamtverkehr auffallend gering. Große Unterschiede in den Angaben resultieren lediglich aus der Erhebungsart: In Zählungen hat der PKW ein um etwa 20 Prozentpunkte höheres Gewicht als in Befragungen. Zurückzuführen ist das auf eine exaktere Erfassung der Kfz-Fahrten, z. B. Dienst-, Liefer- und Durchgangsverkehr betreffend. Auf die Berücksichtigung vor allem des letztgenannten wird in Befragungen gern verzichtet, um methodische Probleme zu umgehen, er ohnehin nicht zum Stadtverkehr im Sinne von Kap. 2.1 zählt und quantitativ nicht durch die Kommunalpolitik beeinflußbar ist. Häufig weisen Zählungen zudem Unzulänglichkeiten bei der Erfassung von Fußgängern und Radfahrern auf, deren Wege kürzer sind und oftmals nicht an den Hauptverkehrsstraßen entlangführen; manchmal werden Fußgänger und sogar Radfahrer gar nicht erst miterfaßt.

Abweichungen zwischen den Städten in Tab. 12 gibt es ansonsten bei den Werten für den öffentlichen, Rad- und Fußgängerverkehr. So sind die hohen Radverkehrsanteile für Bocholt und Rosenheim auf intensive Bemühungen zur Verbesserung der Radverkehrsbedingungen

Tab. 12: Modal split in Kiel, Lüneburg und Vergleichsstädten

Personenbewegungen in %	PKW	Kraftrad	ÖPNV	Fahrrad	Fußgänger
Lüneburg (62.300 Ew.)					
- Zählung 1991	81,0	1,3	5,4	6,1	6,2
- Befragung 1991/92	60,4	0,5	5,0	16,9	17,3
- E&TP-Befragung 1992	53,5		7,0	15,2	24,3
Göppingen (53.200 Ew.)					
- Befragung 1985	53,3	1,7	8,2	7,2	29,6
Rosenheim (54.500 Ew.)					
- Befragung 1987	50,3	1,8	4,7	27,6	15,6
Herford (62.100 Ew.)					
- Befragung 1988	59,9		5,9	11,6	22,6
Detmold (67.250 Ew.)					
- Befragung u. Zählung 1986	73,8		3,7	7,2	15,3
Bocholt (67.700 Ew.)					
- Befragung u. Zählung 1981-84	57,0		1,0	25,0	17,0
Delmenhorst (73.450 Ew.)					
- Zählung 1980	78,1		9,3	12,5	k. A.
Kiel (247.500 Ew.)					
- Zählung 1981	74,8		16,2	9,0	k. A.
- Befragung 1997	42,4	1,2	11,6	23,8	20,9
Aachen (234.100 Ew.)					
- Befragung 1990	51,0	1,0	10,0	10,0	28,0
Hagen (210.700 Ew.)					
- Befragung 1977	78,8		21,2	k. A.	k. A.
Krefeld (236.900 Ew.)					
- Befragung 1990/91	55,3		13,5	31,2	
Lübeck (211.044 Ew.)					
- Befragung 1987	50,0		19,0	11,0	20,0
Oberhausen (221.400 Ew.)					
- Befragung u. Zählung	51,0		16,0	9,0	24,0
Wiesbaden (254.624 Ew.)					
- Befragung 1990	50,0	1,0	17,0	4,0	28,0

Quellen: Für Lüneburg und Kiel (Befragung) eigene Erhebungen, für Kiel/Verkehrszählung Generalverkehrsplan 1986, ansonsten Mitteilungen der örtlichen Verkehrsplanungsämter und von Environmental & Transport Planning (E&TP)

zurückzuführen. Speziell Rosenheim war eine der beiden Städte im Rahmen des „Modellvorhabens fahrradfreundliche Stadt" des Umweltbundesamtes (vgl. UBA 1987d). Auffallend sind auch die höheren Werte der ÖPNV-Benutzung in Städten der Kieler Größenordnung. Hierfür sind die größeren Distanzen und das bessere ÖPNV-Angebot verantwortlich, so daß öffentliche Busse Verkehrsanteile übernehmen, die in kleineren Städten durch den nichtmotorisierten Verkehr geleistet werden.

Seit den 80er Jahren läßt sich ein Wandel in den verkehrspolitischen Auffassungen erkennen, der am deutlichsten in den kommunalen Verkehrsplänen seinen Niederschlag fand (vgl. Stadt Kiel 1986 und 1988, SCHUBERT 1989a,b für Lüneburg). Es erfolgte in dieser Zeit eine Abkehr von verkehrsplanerischen Methoden, die auf eine Beschleunigung des Autoverkehrs und eine reagierende Anpassung an vorhandene und prognostizierte PKW-Potentiale abzielten. Stattdessen wurde eine Verringerung des motorisierten Individualverkehrs angestrebt im Sinne einer Verkehrsvermeidung und Verlagerung auf alternative Verkehrsträger. In Lüneburg wurde die angestrebte Reduktion des MIV sogar quantifiziert, nämlich um mindestens 25 % im Bereich der Innenstadt (Stadt Lüneburg 1990), allerdings ohne terminliche Festlegung. Bei gleichgelagerten Zielen weisen die eingesetzten Methoden neben einer Reihe von Ähnlichkeiten auch markante Unterschiede auf - ganz im Sinne der in Kap. 4.2.7 geschilderten Uneinheitlichkeit städtischer Verkehrsplanungen.

6.4.1 Städtebau und Straßennetzgestaltung

Beide Städte sind mit einem starken suburbanen Wachstum konfrontiert, welches weniger vom Stadtrand des eigenen administrativen Gebietes, sondern zu einem Großteil von den Randgemeinden getragen wird. Die Suburbanisierung verlief im wesentlichen zugunsten der Entstehung von Wohngebieten mit Einfamilienhäusern, zum Teil gemischt mit Doppel- und Reihenhausbauten. Dies ist einerseits als eine Anpassung an spezifische und mit Kaufkraft ausgestattete Nachfragestrukturen zu sehen, andererseits auch als eine zum Teil unbewußte, gefühlsbedingte Abkehr von Hochbauweisen zu werten. Letztere sind in den 70er und 80er Jahren in der städtebaulichen Diskussion überwiegend negativ beurteilt worden, und vor Ort hat man in dieser Hinsicht einschlägige Erfahrungen gesammelt (Kiel-Mettenhof, Lüneburg-Kaltenmoor). Die faktische Abkehr vom Geschoßwohnungsbau in neueren Wohngebieten schafft große Probleme im Sinne größerer Entfernungen zum Zentrum oder zu ÖPNV-Haltepunkten sowie einer zu geringen Bevölkerungsdichte für zu integrierende Versorgungsangebote (vgl. Kap. 4.2.1.2). Die Tendenz zur Ausweisung disperser Besiedelung besteht insbesondere in Lüneburg fort, wie die neueren Planungen für Baugebiete in den Stadtteilen Kaltenmoor, Rettmer, Häcklingen, Oedeme und Ebensberg zeigen. Nur in zwei Fällen - Schaperdrift/Teufelsküche im Stadtteil Mittelfeld und im Baugebiet Scharnhorststraße/ Hochschulen, ist ein großer Anteil von mehrgeschossigen Bauten geplant (Landeszeitung 1991 u. 1993 d,e, Mitteilungen der Stadtverwaltung Lüneburg, PEZ u. a. 1995). In diese Kritik sind auch die Vorortgemeinden Lüneburgs einzubeziehen.

Immerhin bewirkten die kommunalpolitischen Vorgaben der beiden Städte und ihrer Umlandgemeinden, daß es nicht zu einer flächenhaften Zersiedelung wie in den USA kam, sondern jedes neue Baugebiet prinzipiell einen - wenn auch nicht in allen Gebietsteilen unter attraktiven Bedingungen - Anschluß an den öffentlichen Personennahverkehr erhielt. Zudem setzt Kiel mit seinem Anfang 1994 der Öffentlichkeit zur Diskussion gestellten (Kieler Nachrichten 1994a; vgl. auch Stadt Kiel 1993) Vorentwurf für einen neuen Flächennutzungsplan deutliche Akzente in Richtung Baulückenschließung, Konversion von Kasernengelände und Dachgeschoßausbau, also einer verkehrsminimierenden Baustrategie. Ferner werden Gesichtspunkte der Verkehrsberuhigung in beiden Städten bei neueren Planungen in vorbildlicher Weise berücksichtigt (Bsp.: nördlichster Teil von Kiel-Mettenhof, Lüneburg-Krähornsberg).

In den Straßennetzen beider Untersuchungsstädte gibt es eine weitere Gemeinsamkeit im Bestreben, Durchgangsverkehr mittels einer autobahnähnlich ausgebauten Umgehungsstraße aus den Wohngebieten und der Innenstadt fernzuhalten. In Lüneburg wurde die „Ostumgehung" in den 80er Jahren geplant und auch größtenteils fertiggestellt (vgl. Anl. 11 im Anhang); das letzte Teilstück wurde 1992 vollendet. Seit Ende 1992 wird über eine Ergänzung durch eine Westumgehung diskutiert. Da die Funktion einer Entlastung vom Durchgangsverkehr auf den nord-süd-verlaufenden Bundesstraßen 4 und 209 aber bereits durch die östliche Tangente voll erfüllt wird und die „Westumgehung" lediglich zusätzliche Fahrzeugströme vor allem von Berufspendlern im Zuge der Fertigstellung der Autobahn 250 Hamburg - Lüneburg aufnehmen soll, wird das Projekt aus ökologischen Gründen sehr kontrovers diskutiert (Landeszeitung 1992b-c, 1993a-c, KNOFLACHER u. a. 1994).

In Kiel befindet sich eine autobahnähnliche Innenstadttangente im Bau bzw. ist zu Teilen bereits fertiggestellt. Im Endstadium soll sie hufeisenartig die Innenstadt Kiels westlich und östlich der Förde umrahmen und dabei den Verkehr der Bundesstraßen 76, 202, 502 und 503 aufnehmen (vgl. Anl. 10 im Anhang). Während im Falle Lüneburgs die Belastung mittels Durchgangsverkehr von Bundesstraßen unstrittig und offenkundig war und der Bau der Ostumgehung deshalb auch ohne grundsätzliche inhaltliche Einwände ablief, wird der Nutzen der Kieler „Mühlenwegautobahn" und ihrer Fortsetzung im Ostring in Frage gestellt (vgl. PEZ 1992b). Aufgrund der topographischen Randlage Kiels und seiner überragenden Funktion als Verkehrszielgebiet wird bezweifelt, daß es überhaupt einen nennenswerten Durchgangsverkehr gibt. Die autobahnähnliche Tangente sei vielmehr geeignet, den Ziel- und Binnenverkehr mit dem PKW zu fördern, womit die Baumaßnahme als Element einer überholten Verkehrspolitik älterer Prägung (vgl. Kap. 4.1.2) anzusehen wäre. Die Werte der letzten Verkehrszählung aus dem Jahr 1981 bestätigen, daß Durchgangsverkehr mit 2 % des MIV-Volumens kaum existiert (vgl. Stadt Kiel 1986, S. 54). Dennoch wird von allen Verantwortlichen der kommunalen Politik und Planung weniger eine Attraktivitätssteigerung für den PKW-Verkehr als vielmehr eine Verlagerung von Verkehrsvolumina auf die neue Umgehungstrasse erwartet mit dem Effekt, daß vor allem der sehr stark belastete Westring von derzeit zwei, zum Teil drei Fahrspuren pro Fahrtrichtung in Zukunft verkehrsberuhigend zurückgebaut werden kann (vgl. Stadt Kiel 1986, Abb. 91).

Zusammengefaßt weisen die städtebaulichen Bestrebungen in Kiel und Lüneburg nur in begrenztem Umfang, die Gestaltungskonzeptionen der höchstrangigen Bestandteile des Straßennetzes keine wesentlichen Merkmale auf, die eine konsequente Verfolgung einer Politik zur Beeinflussung der Verkehrsmittelwahl aufzeigen könnten. Was den Städtebau betrifft, ist dieses Ergebnis nicht primär die Folge mangelnder Einflußmöglichkeiten auf die Baulandpolitik der Umlandgemeinden, obgleich dies durchaus ein Problem ist. Vielmehr waren die städtebaulichen Nahziele und Methoden der Kernstädte und ihrer Umlandgemeinden weitgehend gleichgeartet; erst in jüngster Zeit deutet sich ein verkehrspolitisch günstigerer, aber sehr zaghafter Wandel an.

6.4.2 Verkehrsberuhigung

Anders stellt sich die Situation in der Verkehrsberuhigung dar. Als zweite Stadt Deutschlands hinter Freiburg i. Br. setzte Kiel eine flächendeckende Verkehrsberuhigung in allen Wohngebieten um. Aus Kostengründen beschränkte man sich dabei vorläufig auf die Ausschilderung von Tempo 30 - Zonen und punktuelle provisorische Ergänzungsmaßnahmen, beispielsweise mittels Pflanzkübeln, während die dauerhafte, bauliche Veränderung eine Zukunftsaufgabe bleibt. Die vorläufige und weitgehende Beschränkung auf beschilderungstechnische Maßnahmen ist nicht unumstritten. So warnt die Polizeiinspektion Kiel seit Jahren, Tempovorschriften ohne ergänzende bauliche Vorkehrungen würden ihr Ziel nicht erreichen und zudem zu einer gewohnheitsmäßigen Mißachtung sämtlicher Geschwindigkeitsvorgaben führen (Polizeiinspektion 1989-1992). Demgegenüber vertreten die Stadtverwaltung und die Mehrheitsfraktionen im Stadtrat die Ansicht, gerade mit dem flächenhaften Vorgehen ein verkehrspsychologisches Zeichen gesetzt zu haben, welches allmählich zu einer Geschwindigkeitssenkung führt, wenn auch nicht immer bis auf 30 km/h. Diese Ansicht findet tendenziell eine Bestätigung durch empirische Kontrollen in anderen Städten (vgl. BMRO 1989, S. 28).

Auch im Stadtzentrum ist an eine Ausweitung von Fußgängerbereichen gedacht (vgl. Abb. 21), die in den Grundzügen erstmals und probeweise zur Kieler Woche 1994 umgesetzt worden ist (Kieler Nachrichten 1994b). Ergänzend wurde für den Innenstadtkern eine flächendeckende Parkgebührenerhebung mit Konzentration des Parkens auf dem Exerzierplatz sowie in Parkhäusern und Tiefgaragen eingeführt. An die City direkt anschließende (und kontrollierte) Anwohnerparkzonen (vgl. Kap. 4.2.2.2) ermöglichen diese Konzentration und stellen eine quantitative Parkraumreduzierung dar.

In bezug auf die Ausweitung der Fußgängerzone bleiben die bisherigen Planungen allerdings hinter den theoretisch denkbaren Optionen zurück und erreichen bei weitem nicht die Wirkungen, die in anderen Kommunen durch eine flächendeckende Sperrung der Innenstadt oder ihrer wesentlichen Teile für den motorisierten Individualverkehr angestrebt werden (vgl. PEZ 1990d). Zudem folgten der genannten probeweise Erweiterung der Fußgängerbereiche keine weiteren Schritte, so daß der Status quo auf längere Sicht erhalten bleiben dürfte.

Etwas günstiger sieht es bei den Hauptverkehrsstraßen aus. Im Zuge der Anlage von Radfahrstreifen, Busspuren und Straßenrandparkzonen kam es in mehreren Fällen zu

Verschmälerungen der herkömmlichen Kfz-Fahrbahnen. Aufgrund des großzügigen und zum Teil mehrspurigen Ausbaus von Hauptverkehrswegen in der Vergangenheit sind die Möglichkeiten zur Verkehrsberuhigung auf den Hauptstraßen jedoch bei weitem noch nicht ausgeschöpft.

Die Situation in Lüneburg weist gerade bezüglich des zuletzt genannten Teilspektes der Hauptverkehrswege andere Vorbedingungen auf. In der Vergangenheit sind hier wesentlich weniger Anstrengungen zum Straßenausbau unternommen worden. So gibt es in Lüneburg keinen Straßenabschnitt, der über eine nennenswerte Länge zwei oder gar mehr Spuren pro Fahrtrichtung aufweist. Folglich existiert auch kein wesentliches Rückbaupotential. Demhingegen bestanden zum Zeitpunkt der Untersuchungen weitreichende Planungen zur Verkehrsberuhigung der Innenstadt, die im Mai 1993 in den wesentlichen Teilen ihre Umsetzung fanden. Abb. 22 verdeutlicht die Ausdehnung des Fußgängerzonennetzes, welche der Einführung einer „autoarmen Innenstadt" (vgl. Kap. 4.2.2.3) gleichkommt. Da es sich hierbei nicht um auf bestimmte Wochentage beschränkte Regelungen, wie zur Zeit noch in Lübeck und Aachen, sondern um dauerhafte Veränderungen im Straßennetz handelt, gelangte Lüneburg durch die Umsetzung dieser Konzeption in eine verkehrspolitische Führungsposition im Bereich der Verkehrsberuhigung.

Abweichend von den Kieler Plänen zur Verkehrsberuhigung in Wohngebieten sieht der Lüneburger Verkehrsentwicklungsplan (vgl. SCHUBERT 1989a+b in Verbindung mit Stadt Lüneburg 1990) zwar die sukzessive Ausweitung von Tempo 30 - Zonenregelungen vor, strebt aber nicht explizit eine Flächendeckung an. Im Gegensatz zur Innenstadt sind die Aussagen vage gehalten und konkrete Planungen und Realisierungen auf singuläre Bereiche beschränkt. Verantwortlich dafür ist einerseits die Bindung von Planungs- und Finanzkapazitäten im Zuge der innerstädtischen Verkehrsberuhigung, andererseits die Zurückhaltung gegenüber reinen Beschilderungslösungen, entsprechend der Argumentation der Kieler Polizeidirektion (siehe oben).

Zusammenfassend betrachtet, zeigen beide Städte im Bereich der Verkehrsberuhigung ein erhebliches Engagement, wenn auch die dabei eingeschlagenen Wege unterschiedlich sind. Die Möglichkeiten dieser verkehrspolitischen Strategie werden bislang nicht voll ausgeschöpft, was sowohl finanzielle Gründe hat, als auch auf unterschiedliche politische Prioritäten zurückzuführen ist. Das aus wissenschaftlicher Sicht verbleibende Handlungsdefizit ist in Kiel vor allem aufgrund der PKW-freundlichen Struktur des Hauptverkehrsstraßennetzes größer einzuschätzen als in Lüneburg.

6.4.3 Öffentlicher Personennahverkehr

Zuständig für den ÖPNV ist in Lüneburg die Kraftverkehr-GmbH (KVG) mit Hauptsitz in Stade, ein Tochterunternehmen der Deutschen Bahn AG und der Post. Im Falle der Kieler Verkehrsaktiengesellschaft (KVAG) handelt es sich um eine im Bundesgebiet weitaus häufiger anzutreffende Situation, da die Kommune die Aktienmehrheit hält, also auch über direk-

Abb. 21: Verkehrsberuhigung in der Kieler Innenstadt

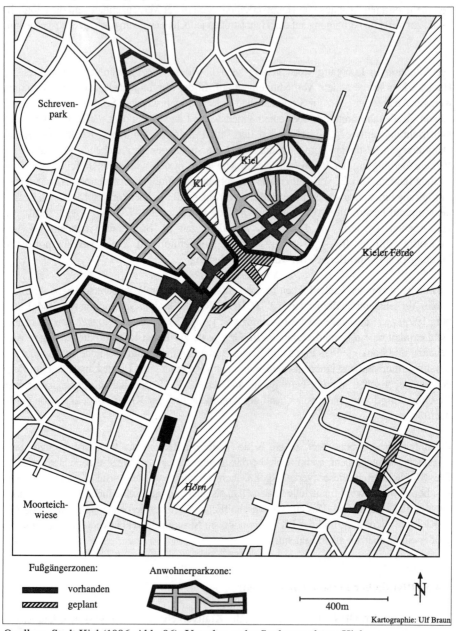

Quellen: Stadt Kiel (1986, Abb. 96), Unterlagen der Stadtverwaltung Kiel

Abb. 22: Verkehrsberuhigung in der Lüneburger Innenstadt

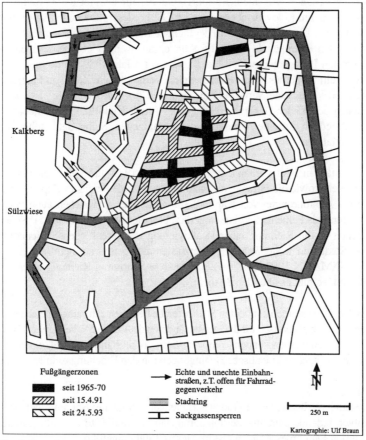

Quellen: Stadt Lüneburg 1990, Unterlagen der Stadtverwaltung Lüneburg, eigene Erkundungen

te Einflußparameter auf die Angebotspolitik verfügt. Weitere Angebote von öffentlichen Verkehrsbetrieben beschränken sich in beiden Untersuchungsgebieten auf den Landbusverkehr, sind also zu vernachlässigen. Der öffentliche Personenverkehr wird in beiden Untersuchungsregionen im wesentlichen mit Bussen abgewickelt, in Lüneburg im Abendverkehr auch durch Anmeldelinientaxen (die aber Anrufsammeltaxen genannt wurden; vgl. Kap. 4.2.3.3). Letzteres galt im Erhebungszeitraum allerdings nur für eine der beiden ehemaligen Spätbuslinien, erst mit dem Winterfahrplan 1994/95 fand eine komplette Umstellung des öffentlichen Abendverkehrs auf Anrufsammelbetrieb mit Taxen/Mietwagen statt.

In Kiel hat die Bahn eine gewisse Bedeutung als Zubringer aus den entfernteren Teilen des Untersuchungsgebietes (vor allem Raisdorf), darüber hinaus gibt es die Schiffsverbindung über die Förde, deren Relevanz aber gering ist: Die Fördeschiffe dienten lange Zeit überwiegend touristischen Zwecken; vor allem der tägliche Berufspendlerstrom macht von ihnen bei dem variierenden Fahrplantakt von 1-1,5 Stunden nur wenig Gebrauch. Außerdem mangelt es an geeigneten Busanschlüssen an Land, und erst im Jahr 1989 wurde (nur) eine von drei Fähren durch ein modernes Schiff ersetzt, welches eine größere Zahl von Fahrrädern (70 bis 80) aufnehmen kann. Eine Verbesserung zugunsten des Berufsverkehrs ist zwar nach den Ausführungen des Kieler Generalverkehrsplanes (Stadt Kiel 1986, S. 91) beabsichtigt, beschränkt sich jedoch auf eine Anpassung der Abfahrzeiten. Selbst dafür fehlt es bislang an konkreten Initiativen.

Auf das ehemals in Kiel vorhandene und zwischen 1977 und 1985 sukzessiv abgebaute Straßenbahnnetz sowie die Gründe, die dazu führten, wurde bereits in Kap. 6.4 hingewiesen. Im Sinne der Ausführungen von Kap. 4.2.3.2 wurde dies inzwischen auch von seiten der Stadtverwaltung als Fehlentwicklung eingeräumt (Kieler Nachrichten 1995). Neuere Überlegungen gehen in die Richtung einer Reaktivierung des öffentlichen Schienenverkehrs im Sinne einer Stadtbahn. Erste Vorschläge hierzu stammen bereits aus dem Jahr 1989 (vgl. FNP 1989, BERGEMANN 1992, S. 126-128). Konkrete Schritte in Richtung einer Realisierung der Stadtbahnidee gibt es aber derzeit nicht.

Zwischen den Bussystemen der beiden Stadtbereiche bestehen zahlreiche gleiche oder ähnliche Merkmale, die auch als typisch für die meisten anderen deutschen Städte vergleichbarer Größenordnung angesehen werden können (Vergleichsbasis: Winterfahrpläne 1992/93 der KVAG und KVG, welche weitgehend identische Bedingungen mit den Erhebungszeiträumen aufwiesen):

1) Liniennetz

Beide Städte verfügen über ein radiales Liniennetz; in Kiel existieren schon seit längerem stadtteilverbindende Durchmesserlinien, mit Bahnhof und ZOB als Mittelpunkte, in Lüneburg wurden Durchmesserlinien erst im Herbst 1994 eingeführt.

2) Fahrplantakte

Die Taktdichte schwankt in Lüneburg zwischen 20 und 60, in Kiel zwischen 10 und 60 Minuten; unregelmäßige Fahrtabstände bestehen in Lüneburg bei einer, in Kiel bei drei Linien. In beiden Stadtbereichen dominiert ein Rhythmus von 20-30 Minuten (Lüneburg: 9 von 12, Kiel: 15 von 23 Buslinien). Damit sind die Angebotsunterschiede im werktäglichen Verkehr gering. Die abweichenden Ausgangsbedingungen, die sich verkürzt mit dem Gegensatz Großstadt-Mittelstadt charakterisieren lassen, zeigen sich erst in den Schwachlastzeiten. Während in Lüneburg der normale Busbetrieb nach 19.30 Uhr eingestellt wird und nur ein Rumpfangebot von einer Spätbuslinie und Anrufsammeltaxen bis maximal 23.30 Uhr verkehrt (Verbesserung 1994, siehe Anl. 6 im Anhang), werden in Kiel die meisten Linien mit lediglich ausgedünntem, meist einstündigem Taktverkehr bis ca. 24 Uhr aufrechterhalten. Ähnlich ist in Kiel der Busverkehr am Wochenende strukturiert, während in Lüneburg mehrere Linien umwegeträchtig zusammengelegt sind und nur stündlich verkehren.

3) Tarifstruktur

Beide ÖPNV-Betriebe bieten nach Entfernungszonen gestaffelte Einzelfahrscheine und Mehrfahrtenkarten an, für Kinder im Alter von 4-11 Jahren zum halben Preis. Aufgrund der unterschiedlichen Flächengrößen der Tarifgebiete gibt es dabei im Lüneburger Stadt-verkehr nur zwei Zonen (Lüneburg und Randgemeinden), in Kiel fünf. Die Fahrpreise sind damit nur bedingt vergleichbar, dennoch deutet sich eine größere Preisgunst Lüneburgs im Einzelfahrscheinsektor an, während Kiel bei den Zeitkarten, mit Ausnahme des Semestertickets, relativ billige Angebote offeriert:

	Lüneburg	Kiel
Einzelfahrschein	2-2,10 DM	2,60-5 DM; 9-15 Uhr: 1,60-3,50 DM (Befragungszeitraum 2,30-4,50 DM bzw. 1,40-3 DM)
6er-Block	10,50-11 DM	12-24 DM
Familienkarte	5 DM (hin u. zurück)	Kein Angebot
Monatskarte	62 DM ohne, 73 DM mit Wochenendnutzbarkeit	62 DM (Befragungszeitraum 55 DM)
Schülermonats-karte	55 DM	46 DM (Befragungszeitraum 42 DM)
Semesterticket	14 DM seit Winterse-mester 1992/93	37 DM seit Sommersemester 1995

In der Vergangenheit sind in beiden Städten mehrere Maßnahmen umgesetzt oder zumindest in die Finanz- und Verkehrsplanung aufgenommen worden, die das Ziel verfolgen, die Attraktivität des öffentlichen Verkehrs zu verbessern und eine Beeinflussung der Verkehrsmittelwahl zu bewirken; eine Übersicht bietet Anl. 6 im Anhang. Aus ihr geht her-vor, daß verstärkte Anstrengungen zur Beeinflussung der Verkehrsmittelwahl erst nach dem Erhebungszeitraum dieser Studie umgesetzt wurden. Schwerpunkte waren dabei die Er-höhung der Reisegeschwindigkeiten im ÖPNV und Tarifänderungen, wobei sich die Maß-nahmen zwischen Kiel und Lüneburg relativ stark unterscheiden. Die beiden ÖPNV-Unter-nehmen bzw. Stadtverwaltungen setzen also keineswegs alle veränderbaren Parameter ein. Das gilt auch für die Park & Ride- sowie Bike & Ride - Politik.

Zusammenfassend lassen sich für die jüngere Vergangenheit und die aktuelle Planung in bei-den Städten zahlreiche Förderungsaktivitäten für den öffentlichen Verkehr registrieren. Einige davon bleiben auf jeweils einen der beiden Stadtbereiche beschränkt, darüber hinaus verblei-ben Tätigkeitsfelder, die bislang nur wenig oder keine Aufmerksamkeit gefunden haben, z. B. eine offensive Informations- und Werbepolitik oder Serviceangebote in den Verkehrsmitteln. Vergleicht man die Intensität der Förderungsanstrengungen auf der Basis des theoretisch Machbaren, dürfte Lüneburg gegenüber Kiel graduell im Vorteil sein. Dies gilt jedoch erst mit den im Zuge der Umsetzung des Verkehrsentwicklungsplanes im Herbst 1994 eingeführten ÖPNV-Verbesserungen und konnte somit nicht in die dieser Untersuchung zugrundeliegen-den Befragungen einfließen. Dabei ist zu berücksichtigen, daß die Voraussetzungen für eine quantitative und qualitative Verbesserung des ÖPNV in einer Großstadt ungleich besser sind als in einer Mittelstadt. Ursache hierfür ist die Ausdehnung der städtischen Fläche, die für viele Wege eine Überschreitung von Entfernungen bedingt, die zu Fuß oder mit dem Fahrrad bequem zu bewältigen sind. Im speziellen Fall von Kiel beständen die Optionen der Wiedereinführung eines schienengebundenen ÖPNV, eines wesentlich intensivierten Förde-schiffs-, Park & Ride- sowie Bike & Ride-Verkehrs. Dies sind Möglichkeiten, über die Lüneburg aufgrund der andersgearteten Strukturbedingungen gar nicht oder nur in sehr einge-schränkter Form verfügt.

6.4.4 Förderung des Fahrradverkehrs

Die Förderung des Radverkehrs ist sowohl in Kiel als auch in Lüneburg in der zweiten Hälfte der 80er Jahre zu einem Zielbereich der kommunalen Verkehrsplanung geworden. Ein Zeichen hierfür ist die ausführliche Berücksichtigung des Radverkehrs im Kieler General-verkehrsplan und Lüneburger Verkehrsentwicklungsplan sowie die Schaffung der Stelle eines Fahrradbeauftragten und eines Fahrradbeirates als beratendes Gremium in Kiel 1987. In Lü-neburg wurde erst zum Jahresbeginn 1995 auf der Basis einer Arbeitsbeschaffungsmaßnahme ein Radwegebeauftragter eingestellt - und auch das maßgeblich erst aufgrund der Vorlage von Untersuchungsergebnissen in einem Randbereich der vorliegenden Forschungsstudie, welche einen außerordentlich großen Handlungsbedarf im Radverkehr nachwiesen (PEZ 1993b).

Hervorzuheben ist die Ausweisung von insgesamt fünf Velorouten in Kiel, die als Hauptverbindungen für den Radverkehr die Innenstadt westlich und östlich der Förde er-schließen, mit Ausläufern zur Christian-Albrechts-Universität sowie zur Großwohnsiedlung Mettenhof. Zum Befragungszeitpunkt war allerdings keines dieser Projekte realisiert; 1995 war die Veloroute 1 baulich umgesetzt, wenn auch nicht mit einer Breite von 4 m (vgl. Kap. 4.2.4.1), sondern 3-3,50 m, am Wilhelmsplatz auch 2,50 m.

Abgesehen von dem Konzept der Velorouten, müssen die Bemühungen in der Kieler Radverkehrsplanung bis etwa 1993 sehr kritisch bewertet werden. Nach den Aussagen des Generalverkehrsplanes und aller planerisch Verantwortlichen beschränkte sich die Fahrrad-förderung im wesentlichen auf den Radwegebau zur Schließung von Netzlücken. Dort, wo in diesem Sinne Radwege angelegt wurden, z. B. in der Möllingstraße, am Sophienblatt, am Lehmberg und im Kronshagener Weg/Ziegelteich, geschah dies zu Lasten der Fußwege und mit Breiten (1 - 1,30 m), die weit unterhalb des Erforderlichen liegen, obwohl Möglichkeiten zum Rückbau der zum Teil zweispurig pro Fahrtrichtung angelegten Kfz-Fahrbahnen bestan-den. Von alternativen planerischen Varianten (vgl. Kap. 4.2.4.1) wird erst seit 1993 - in der Folge eines personellen Wechsels an der Spitze des Tiefbauamtes drei Jahre zuvor - Gebrauch gemacht und selbst das nur gegen zeitweise erheblichen Widerstand aus der kommunalen Politik (Kieler Nachrichten 1993a).
Ferner findet eine Verbesserung der bestehenden Radwege, die manchmal nur mit weißer Farbe von den Gehwegen abmarkiert und mit Breiten von 1 m, an Engstellen mitunter noch

weniger, versehen wurden, nicht in dem erforderlichen Umfang statt. 1988/89 gab es ein singuläres Vorhaben zur Abflachung von Bordsteinkanten mit Bitumenkeilen an Hauptverkehrswegen, womit immerhin eine merkliche Verbesserung des Fahrkomforts erreicht werden konnte. 1992 wurden 750.000 DM zur Verbesserung von Fahrbahnbelägen ausgegeben, wofür ansonsten nur jährlich 70.000 DM zur Verfügung stehen. Der verbleibende Ausbesserungsbedarf ist dennoch als sehr hoch einzustufen (vgl. PEZ 1989b, 1990a), zumal die mangelnden Breitenverhältnisse fast aller Radwege ein immer noch ungelöstes Problem darstellen. Neben den Radwegen sind zusätzlich zahlreiche Nebenstraßen betroffen, die teils einen desolaten Zustand der Asphaltierung, teils für Radfahrer inakzeptables Kopfsteinpflaster aufweisen.

Ferner wurde von den vorhandenen Potentialen zur Beschilderungsflexibilisierung - Einbahnstraßen, Gehwege, Fußgängerzonen, Abbiegegebote, Durchfahrverbote - so gut wie kein Gebrauch gemacht. Vielmehr bestand eine Tendenz zur restriktiven Beschilderung. Zu einer einschneidenden Wende in dieser Frage und in der gesamten radverkehrspolitischen Ausrichtung kam es im Sommer 1993, also drei Jahre nach den Befragungen in Kiel, die Grundlage dieser Studie sind. Der Wandel ist maßgeblich auf die schon erwähnte personelle Veränderung an der Spitze des Tiefbauamtes zurückzuführen und fand seinen konkreten Anstoß in einer Dienstreise zur Besichtigung von Fahrradanlagen in Bremen, Münster, Köln und Saarbrücken. Als Folge davon kam es zu einer Reihe von Innovationen:

- Freigabe der Fußgängerzone für den Radverkehr im Juli 1993, teils zeitlich unbeschränkt, teils auf die außerhalb der Geschäftszeiten liegenden Stunden begrenzt,
- Umwandlung von 130 Einbahnstraßen in „unechte" Einbahnstraßen (vgl. Kap. 4.2.4.1) im August 1993, womit nur noch drei „echte" verblieben,
- Ausweisung von Radfahrstreifen,
- sukzessive Zulassung des Radverkehrs auf zahlreichen Busspuren,
- Einrichtung von mittlerweile drei Fahrradstraßen (eine davon als Teil der Veloroute 1),
- Ausschilderung von (zunächst drei) fördeparallelen Radverkehrsrouten; allerdings führen sie über längere Strecken an stark belasteten Hauptverkehrsstraßen entlang.

Zusammen mit positiven Anstrengungen aus der Zeit vor dem oben datierten verkehrspolitischen Einstellungswandel - bessere Abstellanlagen durch Metallbügel an vielen Orten, Kauf einer Fördefähre mit hoher Fahrradkapazität, Bike & Ride - Planungen, Fahrradmitnahme in Bussen - bestehen zwar noch lange keine idealen Radverkehrsbedingungen, aber der Weg für eine umfassende Förderungsstrategie für das Fahrrad scheint geebnet.

Die Situation in Lüneburg unterscheidet sich von jener in Kiel nur im Detail, nicht im Grundsätzlichen (vgl. PEZ 1993b). Auch hier sind Radwege mit der Standardbreite von 1 m und zusätzlichen, örtlichen Verengungen viel zu schmal angelegt worden. Die Fahrbahnbeläge sind auf weiten Strecken schadhaft sowie an Zufahrten sehr uneben, und es fehlen häufig Radwegefurten an Einmündungen. Bei Neu- und Umbauten sind die gravierendsten planerischen Fehler - mangelnde Breite, kein Zweirichtungsverkehr - bislang nicht beseitigt worden. Die Verbesserungen bei Neubauten beschränken sich auf eine auffälligere rote Pflasterung statt Asphaltierung sowie eine ebenere Führung an Zufahrten und Knotenpunkten.

Im Vergleich zu Kiel bestand zu einem etwas früheren Zeitpunkt eine größere Bereitschaft für „unkonventionelle Regelungen" (Stadt Lüneburg 1990, S. 4). Damit sind einerseits Radfahr- und Mehrzweckstreifen, andererseits die in Kap. 4.2.4.2 erläuterten Flexibilisierungen im Verkehrslenkungssystem gemeint, also Sonderfreigaben für den Radverkehr in Fußgängerbereichen und Einbahnstraßen sowie bei Abbiegegeboten und Fahrverboten. Vor allem im Stadtkern besteht deshalb eine relativ hohe Netzdurchlässigkeit für Radfahrer. Außerhalb des Zentrums fehlen jedoch derartige Ansätze für Einbahnstraßen, Durchfahrverbote und straßenverbindende Gehwege nahezu vollständig (vgl. PEZ 1993b). 1995/96 wurden lediglich alle unechten Sackgassen als solche gekennzeichnet.

Weitere Elemente der Radverkehrspolitik in Lüneburg bestehen in der Planung eines Fahrradparkhauses mit angeschlossenen Serviceangeboten am Bahnhof und in der Herausgabe eines Stadtplanes für Radfahrer (Stadt Lüneburg 1992). Hingegen mangelt es noch an Initiativen zur Ausschilderung attraktiver Alternativrouten für den Radverkehr abseits der Hauptverkehrsstraßen.

Insgesamt besteht in beiden Städten in der Radverkehrsförderung noch ein sehr großer Handlungsbedarf. Verbesserungen der gegenwärtigen Lage lassen vor allem dort auf sich warten, wo teure Baumaßnahmen erforderlich sind. Das betrifft insbesondere die wichtige Frage der ausreichend breiten Anlage von Radwegen mit komfortabel befahrbarem Belag. Die Unterschiede zwischen den beiden Untersuchungsregionen in der Radverkehrsförderung sind dabei nicht groß genug, um eine qualitativ unterscheidende Bewertung zu rechtfertigen. Hingegen ist es sehr wohl möglich, eine Differenzierung zu anderen Städten mit Vorbildcharakter vorzunehmen. Aufschlußreich ist hierzu ein „Fahrradklimatest" der Zeitschrift „Aktiv Radfahren" (1/1992) anhand von zwanzig durch Leser der Zeitschrift für ihre Heimatstadt benoteten Kriterien. In der kumulativen Notenberechnung erhielt Kiel in der Kategorie „Über 200.000 Einwohner" den 13. Platz unter 41 Städten mit der Gesamtnote 4,48 (nur drei Städte besser als 4,0). Lüneburg kam in der Kategorie „Unter 100.000 Einwohner" mit der Gesamtnote 4,71 unter 121 Städten nur auf den 87. Rang (20 Städte besser als 4,0). Diese Bewertungen charakterisieren natürlich nur den damaligen Ist-Zustand, nicht die inzwischen eingetretenen Veränderungen bzw. Planungen.

6.4.5 Förderung des Fußgängerverkehrs

Noch größer als beim Radverkehr sind die Defizite beim Fußgängerverkehr. Die Initiativen beschränken sich nahezu vollständig auf die Ausweitung von Fußgängerzonen sowie verkehrsberuhigende Maßnahmen in Wohngebieten. Zweifellos sind dies wichtige Elemente der Fußgängerförderung, letztere resultiert dabei aber nur als Nebeneffekt. Originäre, nur auf die Verbesserung der Bedingungen des Fußgängerverkehrs zielende Maßnahmen sind selten. In Kiel wäre als einziges Element die Verbindung wichtiger Teile der Innenstadt - konkret: des Bahnhofs, des ZOBs, des Geschäftszentrums „Sophienhof" und der Fußgängerzone - mittels überdachter Fußgängerbrücken zu nennen. Eine ebenerdige, durch Ampeln zeitaufwendige

Überquerung der stark befahrenen Straßen ist dadurch nicht nötig. Von ähnlicher Wirkung wäre die geplante Fußgänger-/Radfahrerbrücke über den südlichsten Teil der Förde („Hörn", vgl. Abb. 21 in Kap. 6.4.2 sowie BERGEMANN 1992, S. 142 f.).

In Lüneburg stellt der Übergang zur autoarmen Innenstadt ein wichtiges Element der Fußgängerfreundlichkeit des Stadtzentrums dar, die Öffentlichkeitsarbeit verwendete sogar den Begriff der „fußgängerfreundlichen Innenstadt". Zusätzlich zu den MIV-verdrängenden Maßnahmen wurden im Rahmen deren Umsetzung auch zahlreiche Bordsteinkanten an Kreuzungen und Einmündungen des Innenstadtbereiches abgesenkt, um Gehbehinderten die Mobilität zu erleichtern.

Abgesehen von den wenigen positiven Beispielen, fehlt es jedoch an Bemühungen
• zur fußgänger-/radfahrerfreundlichen Anlage und Steuerung von Ampeln,
• zum Angebot zahlreicher, auch „unkonventioneller" Querungshilfen,
• zur Anlage ausreichend breiter Gehwege (was oftmals zu Lasten des Stellplatzangebotes für Kraftfahrzeuge gehen würde),
• zur flächendeckenden Aufwertung vorhandener Gehwege durch Begrünung, Platzgestaltung und Aufstellung von Ruhebänken,
• zur flächendeckenden Absenkung von Bordsteinen an Straßenübergängen,
• zur Förderung der Naherholung durch Integration von Grün- und Freiflächen schon im Bebauungsplan,
• zur Erzielung einer ausreichenden Einwohnerdichte im Rahmen der Bauplanung mittels Geschoßwohnungs- und Reihenhausbau, um kurze Wege zu Versorgungsmöglichkeiten und ÖPNV-Haltestellen zu schaffen.

6.4.6 Öffentlichkeitsarbeit

Die Rolle der Öffentlichkeitsarbeit in den beiden Untersuchungsstädten spiegelt vieles wider, was als Regelfall für bundesdeutsche Kommunen bezeichnet werden kann: Ähnlich wie bei der Fußgänger- und Radverkehrsförderung klaffen noch große Lücken zwischen dem realisierten und dem potentiellen Maßnahmenrepertoire.

In Kiel fehlt eine kontinuierliche Öffentlichkeitsarbeit, die bewußt auf eine Veränderung der Rahmenbedingungen von Verkehrsmittelwahl abzielt. Abgesehen von den üblichen Pressestellungnahmen anläßlich umfangreicherer Pläne und Maßnahmenumsetzungen, gab es kaum weiterführende Initiativen. Zu erwähnen sind lediglich die Herausgabe von Faltblättern zu verkehrsplanerischen Themen seit Dezember 1992 - z. B. bzgl. unechter Einbahnstraßen, Park & Ride, Anwohnerparken u. a. -, die Absicht der Integration einer Mobilitätsberatung in eine geplante Fahrradstation am Bahnhof sowie die Beteiligung am „Kieler Fahrradfrühling". Letzterer wird seit 1987 jährlich von Fahrradverbänden veranstaltet und umfaßt Informationsstände, Dia- und Filmvorführungen, Diskussionsabende und anderes mehr. Die insgesamt magere Bilanz ist darauf zurückzuführen, daß die Vertreter der Verwaltung nahezu durchgängig Initiativen für eine intensivierte Öffentlichkeitsarbeit nicht als ihre berufliche Aufgabe ansehen, sondern als ein Arbeitsfeld auf Dezernenten- und damit politischer Ebene. Eine potentielle, eigene „Zubringer-" und „Unterstützungsfunktion" wurde ebensowenig wahrgenommen wie die Möglichkeiten einer binnenorientierten Werbung für alternative Verkehrsmittel oder die Vorbildfunktion von Vertretern öffentlicher Verwaltungen.

Eine etwas andere Situation liegt in Lüneburg vor. Dort gab es im Vorfeld des Großprojektes „Autoarme Innenstadt", umgesetzt am 24.5.1993, eine umfangreiche Öffentlichkeitsarbeit als wichtiges Instrument zur Akzeptanzschaffung und Beeinflussung der Verkehrsmittelwahl. Im einzelnen umfaßte die Maßnahmenpalette der Stadt Lüneburg sowie des ÖPNV-Betreibers KVG eine intensive Pressearbeit, die Kreierung eines Logos für alle schriftlichen Werbemittel („Lüneburg atmet auf"), Werbeplakate zur Verkehrsberuhigung, die Gestaltung eines Linienbusses als Werbeträger, Vorträge von Verkehrswissenschaftlern, eine Hauspostsendung mit einer Informationsbroschüre sowie ein Stadtfest am 22. und 23.5.95. Auch wurde versucht, mit der Abschaffung von städtischem Parkraum für Bedienstete und der Einführung des Jobtickets für die Mitarbeiter der Stadtverwaltung eine Vorbildfunktion zu dokumentieren.

Die aus den obigen Angaben sprechende Vielfalt und Intensität öffentlichkeitsbezogenen Wirkens vermittelt jedoch in so isoliert und konzentriert genannter Form ein falsches Bild. So muß die Ballung eines Großteils der Maßnahmen in dem kurzen Zeitraum von Ende April bis Ende Mai 1993 erwähnt werden, da sie in unmittelbarer Verbindung zur Umsetzung der autoarmen Innenstadt standen. Vorher und nachher beließ man es fast ausschließlich bei Presseveröffentlichungen anläßlich neuer Baumaßnahmen oder als Reaktion auf negative Stellungnahmen von Wirtschaftsverbänden. Letztere haben insbesondere zwischen Juni 1993 und März 1994 eine intensive, die Lüneburger Verkehrspolitik ablehnende Pressearbeit betrieben (vgl. PEZ 1994, S. 8). Auch Flugblattaktionen, Demonstrationen und das vorzeitige Ausschalten der Geschäftsbeleuchtungen gehörten zum Aktionsrepertoire. Insgesamt stellt sich das Bild der Öffentlichkeitsarbeit in Lüneburg deshalb kaum besser als in Kiel dar, letztlich darauf beruhend, daß die Möglichkeiten von Werbemethoden weder in ihrer Breite noch in ihrer zeitlichen Erstreckung ausgenutzt worden sind.

6.5 Bewertung der Vergleichbarkeit mit anderen Städten

Die vorangegangenen Kapitel zeigten für Kiel und Lüneburg starke Ähnlichkeiten mit dem Bundesdurchschnitt soziodemographischer Daten. Auch in geographischer und verkehrspolitischer Hinsicht stellen die beiden Untersuchungsregionen keine Extreme dar, vielmehr spiegeln sie die hauptsächlich auftretenden städtischen Merkmale in der Bundesrepublik Deutschland wider. Die Wahl der beiden Untersuchungsgebiete erscheint deshalb als günstig. Damit handelt es sich keineswegs um die einzig möglichen Beispielstädte. Vielmehr hätten viele andere Orte mit einer ähnlichen Argumentation ausgewählt werden können, was die Austauschbarkeit geradezu unterstreicht. Im Rahmen dieser Analyse war lediglich zu zeigen, daß a priori keine Einwände gegen die Übertragbarkeit von Untersuchungsergebnissen auf möglichst viele andere Kommunen zu erheben sind.

Die Ausführungen der Kap. 6.4.1 - 6.4.6 werden über die Kontrolle der Eignung der Analyse-objekte hinaus noch einmal im Kap. 9 zur Bewertung der Verkehrspolitik in Kiel und Lüne-burg herangezogen. Diesbezüglich seien noch einmal die grundlegenden politischen Schwer-punkte in den Untersuchungsgebieten hervorgehoben: Die Kieler Verkehrsplanung ist in den Förderungsstrategien stärker ÖPNV-orientiert, in der Verkehrsberuhigung finden vor allem Wohngebiete Berücksichtigung. Lüneburg zieht die Verkehrsberuhigung der Innenstadt jener der Wohngebiete vor - zumindest was das flächige Vorgehen betrifft - und hat den Versuch einer aktiven Öffentlichkeitsarbeit gemacht. Die Radverkehrsförderung setzte früher ein als in Kiel, weist aber in beiden Regionen, ähnlich wie der Städtebau und die Förderung des Fuß-gängerverkehrs, noch große Handlungsdefizite auf.

7. Befragungen von Verkehrsteilnehmern

Zur Erstellung des Fragebogens für die Haupterhebung dienten die Literaturanalyse und Experteninterviews sowie eine Vorbefragung von 180 Personen (vgl. Kap. 7.1). In der anschließenden Haupterhebung wurden in Kiel 705 und in Lüneburg 801 Einwohner der städ-tischen Verkehrsgebiete befragt; auf die Art der Befragtenauswahl sowie Repräsentativitäts-aspekte wird in Kap. 7.2 eingegangen. In der anschließenden Auswertung wird zunächst in Kap. 7.3.1 die Sichtweise der disaggregierten, verhaltensorientierten Modelle zugrundegelegt, also mit Hilfe von Korrelationen zu sozialstatistischen Daten eine Erklärung für die Verkehrs-mittelwahl gesucht. Die folgenden Kapitel sind im Sinne des Ansatzes abgestufter Wahl-möglichkeiten zu verstehen, letztlich kombiniert mit dem Blickwinkel einstellungsorientierter Modelle. Da objektive und subjektive Restriktionen der Verkehrsmittelwahl dem eigentlichen Auswahlprozeß sachlogisch vorwegzustellen sind, werden also zuerst jene Kriterien unter-sucht, die den äußeren Rahmen der Verkehrsmittelwahl setzen. Dabei ist der Grad der Re-striktion zwischen den einzelnen Faktoren sehr unterschiedlich. Besitz bzw. Nichtbesitz eines Verkehrsmittels sind in hohem Maße zumindest kurzzeitig limitierend, während etwa der „Zwang", ein bestimmtes Verkehrsmittel zu wählen, bei dem Kriterium Distanz und erst recht dem Kriterium Gewohnheit weitaus geringer zu veranschlagen ist. Die Abfolge der Kap. 7.3.2 - 7.3.7 versucht deshalb, den abnehmenden Restriktionsgrad nachzuzeichnen, bevor im Kap. 7.3.8 die subjektiven Bedeutungs- und Bewertungsfaktoren zu untersuchen sind. Der ge-samte Entscheidungsprozeß gehorcht damit in Anlehnung an MERCKENS/SPARMANN (1978, S. 27) folgendem Schema:

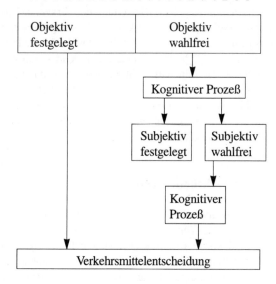

Im Kap. 7.3.9 wird versucht, zu einer Synthese der Betrachtungsweisen mit Hilfe eines individualpsychologischen Entscheidungsmodells zu gelangen. Die Auswertung der Befragungsergebnisse endet mit der Ableitung verkehrsplanerischer Konsequenzen aus diesem Modell und der Erörterung direkt hierzu vorliegender Befragungsergebnisse in Kap. 7.3.10.

7.1 Vorerhebung zur Ermittlung relevanter Verkehrsmittelwahlfaktoren und Fragebogen der Haupterhebung

In der Literatur werden zahlreiche Faktoren genannt, welche die Verkehrsmittelwahl beeinflussen können. Die Nennungen werden aber nur selten ausreichend definiert. Die Folge ist die Verwendung verschiedener Begriffe für denselben Einflußfaktor, manchmal innerhalb einer einzelnen Studie (siehe Kritik an LIEBL in Kap. 5.5). Meistens bleiben die Untersuchungen zudem nur auf ein kleines Spektrum möglicher Einflußkriterien beschränkt. Um beide Mängel zu vermeiden, wurden zunächst aus der Literatur sowie den Experteninterviews alle Nennungen gesammelt und die geeignetsten Bezeichnungen ausgewählt. Insgesamt wurden auf diese Weise 23 verschiedene Determinanten der Verkehrsmittelwahl extrahiert (zur näheren Definition vgl. Anl. 7 im Anhang):

- Verkehrsmittelverfügbarkeit
- Privatheit
- Körperliche und geistige Behinderungen
- Kriminalsicherheit

- Verkehrssicherheit
- Wetter
- Körperliche Belastung
- Psychische Belastung
- Wegekoppelung
- Gewohnheit
- Gesundheit/Fitneß
- Prestige
- Umweltverträglichkeit
- Unabhängigkeit/Flexibilität
- Sozialkontakt
- Zuverlässigkeit
- Freude am Fahren/Gehen
- (Reise-)Geschwindigkeit
- Macht/Aggression, Freude am Risiko
- Kosten
- Bequemlichkeit
- Ansprüche anderer Personen
- Transportkapazität

Nicht berücksichtigt wurden ausschließlich volkswirtschaftlich orientierte Bezeichnungen, z. B. das Kriterium der „Massenleistungsfähigkeit". Für den einzelnen ist es in der Regel nicht wichtig, ob ein Verkehrsmittel oder -system geeignet ist, viele Menschen zu transportieren. Vielmehr reicht eine „familiäre Transportkapazität" aus; Verwendung fand deshalb die Umschreibung „Transportkapazität für Gepäck und Personen". Aus ähnlichen Gründen ist das Attribut „Netzbildungsfähigkeit" aus individualpsychologischer Perspektive nicht brauchbar und durch das Kriterium „Unabhängigkeit/Flexibilität" ersetzt worden.

Da die Zahl abzufragender Parameter für einen Fragebogen als zu groß erschien, wurden die an der späteren Erhebung teilnehmenden studentischen Interviewer gebeten, im Bekanntenkreis eine Vorbefragung durchzuführen. Hierzu wurde zu den 17 einstellungsorientierten der 23 oben genannten Kriterien erfragt, ob sie für die persönliche Verkehrsmittelwahl im Berufs-, Einkaufs- oder Freizeitverkehr eine Relevanz besitzen (vgl. Fragebogenmuster im Anhang, Anl. 30). Auf die Berücksichtigung der restlichen sechs, in der obigen Liste zuerst genannten Faktoren wurde verzichtet, weil es sich entweder um quantifizierbare, zum Teil aus amtlichen Statistiken entnehmbare Daten handelt (z. B. Verkehrsmittelverfügbarkeit, körperliche Behinderung), oder sie im Sinne sozialer Erwünschtheit keine wahrheitsgemäßen Antworten erwarten ließen (z. B. Gewohnheit, Prestige).

Eine Gefahr des angewendeten „Schneeballsystems" liegt in der Auswahl zu befragender Personen aus spezifischen soziologischen Gruppen unter Ausgrenzung anderer Personenkreise (MAYNTZ/HOLM/HÜBNER 1978, S. 85). Der Verzerrungseffekt hielt sich jedoch, zu urteilen nach den abgefragten soziodemographischen Daten der 180 Personen, in engen Grenzen (vgl. Anl. 8 im Anhang mit Tab. 10 u. 11). Außerdem war das Erkenntnisziel

„Vorselektion bedeutsamer Wahlkriterien" so begrenzt, daß die gewählte Methode als vertretbar erschien.

Die Vorbefragung erbrachte bei nur sehr geringen soziodemographischen Differenzen eine Vierstufigkeit der Faktorenbedeutung (vgl. Anl. 9 im Anhang):

* Faktoren von höchster Bedeutung:
  Unabhängigkeit/Flexibilität und Zuverlässigkeit, Schnelligkeit, Verkehrssicherheit, Umweltverträglichkeit

* Faktoren von hoher Bedeutung:
  Bequemlichkeit, Transportmöglichkeiten, Kosten, Gesundheit/Fitneß

* Faktoren von niedriger Bedeutung:
  Körperliche Belastung, psychische Belastung

* Faktoren von nicht nennenswerter Bedeutung:
  Sicherheit vor kriminellen Handlungen, Privatheit, Freude am Fahren, Kontaktmöglichkeiten, Freude am Beherrschen der Technik/Freude am Risiko, Einflüsse anderer Personen

Die weitgehende soziodemographische Homogenität der Bewertungen gilt auch für die Differenzierung nach Wegezwecken. Die wenigen Ausnahmen betreffen die Kosten, welche durch längere Wege im Berufsverkehr als wichtiger empfunden werden, eine höhere Bewertung von „Gesundheit/Fitneß" und „Kriminalsicherheit" in der Freizeit sowie der „Transportmöglichkeiten" im Einkaufsverkehr.

In die Hauptbefragung wurden die Faktoren höchster, hoher und niedriger Bedeutung einbezogen. Sie bildeten auf der Seite 3 des Fragebogens (vgl. Muster im Anhang, Anl. 31) eine Tabelle, in der, ähnlich wie in der Vorerhebung, die Relevanz für die eigene Verkehrsmittelwahl anzugeben war. Zusätzlich sollte eine Bewertung der städtischen Transportmittel bei jedem Wahlkriterium vorgenommen werden. Die Frage bezog sich nur auf einen Wegezweck - Berufswege bei Auszubildenden und Berufstätigen, Einkaufswege bei Nichterwerbstätigen -, um den Antwortenden eine genaue Einschätzung zu ermöglichen.

Neben dieser Tabelle enthielt der Fragebogen folgende Elemente:

* Grad der Verfügbarkeit von privaten Verkehrsmitteln;
* Grad der Verfügbarkeit öffentlicher Verkehrsmittel, gemessen an den Kriterien Haltestellenentfernung, Direktheit der ÖPNV-Verbindung, Eignung der Abfahrzeiten für die persönlichen Bedürfnisse und Zeitkartenbesitz in der Familie;
* Beurteilung der Parkplatzsituation im Quell- und Zielgebiet;
* sozioökonomische Komponenten: Erwerbstätigkeit, Alter, Geschlecht, Haushaltsgröße;
* Orts- und Distanzangaben zu Quell- und Zielstandorten;

140

- Beurteilung der Nutzungshäufigkeit von Verkehrsmitteln für Berufs-, Einkaufs- und Freizeitwege, zum Teil differenziert nach dem Wetter;
- Häufigkeit von Koppelungsaktivitäten;
- zum Verkehrsmittelimage: Beurteilung der potentiellen Verkehrsmittelwahl sozial höherrangiger Personen sowie Einschätzung der Fremdbeurteilung der eigenen Verkehrsmittelwahl;
- Bewertung der etwaigen Beeinflußbarkeit der eigenen Verkehrsmittelwahl durch einen Katalog planerischer Maßnahmen.

In diese Fragen waren über die tabellarisch erfaßten Einstellungsdeterminanten hinaus weitere Auswahlkriterien für Verkehrsmittel enthalten. Sie wurden teils direkt erfragt, z. B. die Verfügbarkeit von Verkehrsmitteln, teils waren sie indirekt zu erschließen, z. B. die Gewohnheit aus der Nutzungshäufigkeit von Transportvarianten oder die Bedeutung des Verkehrsmittelimages.

Der zuletzt genannte Fragenaspekt - die Beurteilung planerischer Maßnahmen - sollte ergänzende Hinweise für die Bewertung verkehrsplanerischer Instrumente liefern. Da nicht die gesamte Fülle der in den Kap. 4.2.1 - 4.2.6 genannten Maßnahmen im Fragebogen dargeboten werden konnte, war eine Auswahl erforderlich. Diese berücksichtigte folgende Prämissen:

- Es sollten Rückschlüsse auf die Faktoren der Verkehrsmittelwahl möglich sein, um innerhalb des Fragebogens eine Kontrollmöglichkeit zu haben;
- es sollten diejenigen verkehrspolitischen Strategien vertreten sein, die ein besonders breites Maßnahmenspektrum umfassen;
- die Auswahl der Maßnahmen sollte so erfolgen, daß jede einzelne stellvertretend für ein Bündel anderer mit derselben Zielrichtung steht (z. B. Erhöhung der Benzinpreise für alle tarifär belastenden Maßnahmen im PKW-Bereich, Kantsteinabsenkungen und Asphaltierungen für alle komfortverbessernden Vorhaben im Radverkehr etc.);
- die Maßnahmen waren so auszuwählen bzw. zu benennen, daß die Befragten sie sich möglichst konkret vorstellen und in der Bedeutung für ihre eigene Verkehrsmittelwahl einschätzen konnten.

Aufgrund der letzten Bedingung schieden städtebauliche Methoden sowie die Öffentlichkeitsarbeit als beispielliefernde Strategien aus. Erstere zielen auf eine grundlegende Veränderung des Straßen- und Wegenetzes/-bildes, was in seiner Komplexität mit Kurzformulierungen nur schwer zu vermitteln ist. Auch von einer Einschätzbarkeit der Wirkungen von Öffentlichkeitsarbeit auf die persönliche Verkehrsmittelwahl war nicht auszugehen, ausgenommen Maßnahmen zur Information über ÖPNV-Anschlußbedingungen.

Die Förderung des Fußgängerverkehrs fand ebenfalls keinen Eingang in den Katalog. Ihre Methoden sind mit jenen des Städtebaus und der Verkehrsberuhigung eng verknüpft, weshalb das originäre Spektrum der Maßnahmen stark eingeengt ist. Zudem ist der Aktionsradius des Fußgängers geschwindigkeitsbedingt so sehr begrenzt, daß der Effizienzspielraum der Fußgängerförderung in der Beeinflussung der Verkehrsmittelwahl im Vergleich zu den anderen Strategien deutlich kleiner ausfällt.

Es verblieben folglich die Verkehrsberuhigung, einschließlich Kostenbelastung des MIV, die

ÖPNV-Förderung und die Radverkehrsförderung als Maßnahmenquellen für die letzte Frage übrig, so daß die folgende Auswahl resultierte (vgl. Seite 4 des Fragebogenmusters im Anhang, Anl. 31):

a) Benzinpreiserhöhung	• Tarifäre Belastung im MIV
b) Autoarme Innenstadt (LG) Hauptstraßenrückbau (KI)	• Geschwindigkeitssenkung im MIV (in Lüneburg durch verringerte Zielerreichbarkeit)
c) Tempo 30, Rechts vor links	• Geschwindigkeitssenkung im MIV
d) Parkplatzrestriktionen	• Geschwindigkeitssenkung im MIV durch verringerte Zielerreichbarkeit
e) Reduzierung des Buspreises	• Tarifäre Förderung des ÖPNV
f) Busspuren, busbeeinflußte Ampeln	• Geschwindigkeitserhöhung im ÖPNV
g) Haltestellenausstattung, Niederflurbusse	• Komfortverbesserung im ÖPNV
h) Zusendung von Fahrplänen	• ÖPNV-orientierte Öffentlichkeitsarbeit, bezogen auf den Informationsaspekt
i) Taktfrequenz, Bedienungsdauer	• Verbesserung der ÖPNV-Verfügbarkeit, Verminderung der Reisezeit
j) Fahrradmitnahme in Bussen	• Koppelung ÖPNV/Radverkehr mit den Effekten Erhöhung des Fahrkomforts im Radverkehr, Erhöhung der Reisegeschwindigkeit im ÖPNV, eventuell auch im Radverkehr
k) Beschilderungsflexibilisierung	• Erhöhung der Reisegeschwindigkeit im Radverkehr, nachrangig auch des Fahrkomforts
l) Kantsteinabsenkungen, Asphaltierungen	• Erhöhung des Fahrkomforts im Radverkehr, nachrangig auch der Geschwindigkeit
m) Abstellanlagen	• Erhöhung des Benutzungskomforts im Radverkehr, zum Teil Koppelung mit dem ÖPNV
n) Radweggestaltung	• Erhöhung der Sicherheit im Radverkehr

7.2 Auswahl der Befragten und Durchführung der Haupterhebung

Die Durchführung der Haupterhebung orientierte sich am Quotaverfahren. Hierbei wird die Untersuchungspopulation anhand bestimmter, aus der amtlichen Statistik bekannter Merkmale der Grundgesamtheit angeglichen, um eine weitgehende Repräsentativität zu gewährleisten. Durch die Erhebung nicht nur im Vorhinein kontrollierter, sondern auch nicht kontrollierter Merkmale und deren anschließenden Vergleich mit der amtlichen Statistik ist eine Abschätzung der Übertragbarkeit inhaltlicher Ergebnisse auf die Grundgesamtheit möglich (vgl. MAYNTZ/HOLM/HÜBNER 1978, S. 82-84).

142

Die Haupterhebung war zweigeteilt in eine Befragung von Erwerbstätigen - einschließlich Auszubildenden und Studierenden - in ihren Ausbildungs- und Betriebsstätten und in eine von Nichterwerbstätigen in deren Haushalten. Die Betriebsstättenerhebung fand in Kiel im Mai - Oktober 1989 (N = 378) und in Lüneburg in denselben Monaten des Jahres 1991 (N = 443) statt. Die Befragungen der Nichterwerbstätigen datieren von Oktober - April 1989/90 (Kiel, N = 327) und Oktober - April 1991/92 (Lüneburg, N = 358). Befragt wurden nur Personen, die einen Wohnsitz im jeweiligen Stadtbereich hatten, mindestens 18 Jahre alt waren und nicht unter einer erheblichen körperlichen Gehbehinderung oder einer Erblindung litten. Auf diese Weise sollte sichergestellt werden, daß an der Erhebung nur jene Personen teilnehmen, die zum Stadtverkehr im Sinne des Kap. 2.1 zählen und die keinen physischen Einschränkungen ihrer Verkehrsmittelwahl unterlagen. Über letzteres geben amtliche Daten hinreichend Auskunft: Nach Angaben des Landesversorgungsamtes Niedersachsen und des Versorgungsamtes Kiel (Stand 1993) sind im Stadtbereich Lüneburg 9,2 % der Bevölkerung als Schwerbehinderte gemeldet, im Stadtbereich Kiel sind es 6,4 %. Von diesen kommt allerdings ein Teil als selbständige Verkehrsteilnehmer gar nicht in Betracht, weil sie ständig auf fremde Hilfe angewiesen sind, ein anderer Teil weist Behinderungen auf, die keine Einschränkung der Mobilität und damit der Verkehrsmittelwahl bedingen. Dies trifft vielmehr nur für jene mit einer erheblichen oder außergewöhnlichen Gehbehinderung zu. Diese Differenzierung führt zu folgender Reduzierung der oben genannten Quoten:

Anteil Gehbehinderter an der Bevölkerung

Stadt-region	erheblich gehbehindert	außergewöhnlich gehbehindert	Summe
Kiel	3,3 %	0,4 %	3,7 %
Lüneburg	5,5 %	0,6 %	6,1 %

Keine Beschränkung wurde in den Befragungen bezüglich etwaiger psychischer oder psychomotorischer Einschränkungen gemacht (kein Führerscheinbesitz trotz Alter von mindestens 18 Jahren, Nicht-Fahrradfahren-Können, Phobien).

Die Befragung in den Betriebsstätten hob in wichtigen Aspekten speziell auf den Arbeitsweg ab (vgl. Fragebogenmuster im Anhang, Anl. 31). Deshalb war eine Auswahl von Betriebsstätten und Befragten vorzunehmen, in der sich die Verkehrsstrukturen des Berufsverkehrs repräsentativ widerspiegelten. Diese Anforderung konnte in zweierlei Hinsicht erfüllt werden:

a) Es wurden Betriebsstätten um Mitarbeit gebeten, die in ihrer Gesamtheit der räumlichen Verteilung von Arbeits- und Ausbildungsorten gleichkamen. In beiden Städten wurde die Zahl der zu befragenden Personen ungefähr so groß gewählt, wie es dem Anteil der Erwerbstätigen des Stadtteils, in dem die Betriebsstätte liegt, an der Gesamterwerbstätigenzahl entsprach (vgl. Anl. 10-13 im Anhang). Dabei erfolgte eine Beschränkung auf jene Stadtteile, die in größerem Umfang über Arbeits- und Ausbildungsplätze verfügen. In Kiel konnten diesbezüglich drei Firmen, vier öffentliche Verwaltungen sowie die Universität als Befragungsinstitutionen gewonnen werden, deren Verkehrsgebiete 110.401 von 156.269 Arbeits-, Ausbildungs- und Studienplätzen (75,5 %) repräsentieren. In Lüneburg war die Bereitschaft zur Mitarbeit an der Untersuchung größer und das Untersuchungsgebiet erheblich kleiner. Mit dreizehn Institutionen - acht Privatunternehmen, einem öffentlichen Unternehmen, zwei öffentlichen Verwaltungen, Fachhochschule und Universität -, die auf 20 Standorte verteilt waren, gelang es deshalb, 91,5 % aller Ausbildungs-, Arbeits- und Studienplätze lagerepräsentativ zu berücksichtigen.

Auf diese Weise war auch eine lageabhängige, verkehrsfunktionale Repräsentativität der Betriebsstätten gewährleistet (vgl. Anl. 12 u. 13): Es waren sowohl Befragungsinstitutionen des Stadtkernbereiches mit hohem Parkdruck und bestmöglichem ÖPNV-Anschluß vertreten als auch solche mit einem Standort am Innenstadtrand (mittelhoher Parkdruck, weniger gute ÖPNV-Anbindung) und Firmen in Gewerbegebieten am Stadtrand (geringer Parkdruck, Anschluß durch nur eine ÖPNV-Linie).

b) Es wurden die sozialstatistischen Anteile der Berufsgruppen in der Befragungspopulation so zusammengesetzt, daß sie in etwa dem Bild der Berufsgruppenverteilung in der jeweiligen Einrichtung u n d - über die Auswahl der Institutionen und die Festlegung der Befragtenzahl pro Betriebsstätte - den Relationen in beiden Stadtbereichen entsprachen (vgl. Anl. 14 im Anhang). Nur auf die Berücksichtigung von Selbständigen und mithelfenden Familienangehörigen wurde verzichtet. Einerseits findet man in dieser Gruppe noch in nennenswertem Umfang eine Identität von Wohn- und Arbeitsplatz, andererseits dient dort ein Fahrzeug häufig nicht nur dem Personentransport, sondern auf dem selben Weg auch dem betriebsinternen Warenverkehr. Hinzu kommt die Schwierigkeit, diese wohl zeitlich am stärksten belastete Berufsgruppe mit einem Fragebogen anzusprechen, dessen Beantwortung mindestens 20, meist 30 Minuten in Anspruch nahm. Angesichts der ohnehin geringen Größe der besagten Teilpopulation und der genannten Erhebungsprobleme erschien es vertretbar, sich um die Berufsgruppe der Selbständigen nicht gesondert zu bemühen.

Auch für die Gruppe der Nichterwerbstätigen war es erforderlich, eine Lagerepräsentativität der Wohnstandorte anzustreben. Hierzu wurde unter Zuhilfenahme der kommunalen Meldedaten eine Zufallsauswahl von 1.500 Adressen pro Stadtbereich gezogen, und zwar entsprechend dem Verhältnis der Einwohner Stadt - Vororte. Die Adressen innerhalb der Kernstädte wurden nochmals der Proportion der Einwohnergrößen der einzelnen Stadtteile angepaßt, so daß jeweils knapp über 1.200 Anschriften als Anlaufpunkte zur Verfügung standen. Trotz eines ankündigenden Schreibens waren in Kiel nur 370 (30,5 %), in Lüneburg 382 Haushalte (31,6 %) zu einer Mitarbeit bereit. Demgegenüber waren in der Betriebsstättenerhebung kaum Antwortverweigerungen zu registrieren (in Kiel 4 %, in Lüneburg 4,5 %).

Insgesamt gelang es, eine nach Repräsentativitätskriterien geeignete Untersuchungspopulation zu erhalten (Tab. 13). Die größte Abweichung ist bei der Altersgruppe der Über-

Tab. 13: Sozioökonomische Zusammensetzung der Befragungspopulationen (Angaben in %)

	Stadtbereich Kiel*)in Kiel N = 705	Befragte Lüneburg*)	Stadtbereich in Lüneburg N = 801	Befragte
Erwerbstätige/ Auszubildende -darunter:	54,6	53,6	54,3	55,3
Beamte	8,4	9,4	9,2	9,1
Angestellte	21,8	22,0	20,6	22,1
Arbeiter	14,0	12,5	15,2	14,9
Auszubildende	3,8	3,5	3,7	2,9
Studierende	6,6	6,2	5,5	5,7
Nichterwerbs-tätige	45,4	46,4	45,7	44,7
18-24 Jahre	15,6	17,3	15,7	17,4
25-34 Jahre	19,4	20,6	18,5	19,9
35-44 Jahre	15,4	16,2	15,5	16,0
45-54 Jahre	16,7	17,9	16,9	17,9
55-64 Jahre	12,0	13,3	13,2	14,6
Über 64 Jahre	20,9	14,8	20,1	14,4
Männlich	48,5	47,9	48,1	48,9
Weiblich	51,5	52,1	51,9	51,1
Haushaltsgröße:				
1 Person	45,5	42,4	36,6	37,0
2 Personen	28,1	29,1	29,0	28,6
3 Personen	13,8	14,5	16,8	17,0
4 u. mehr Pers.	12,6	14,0	17,6	17,5
Wohnstandort:				
Innenstadt	35,5	32,1	20,2	20,0
Stadtrand	43,7	45,1	52,5	53,1
Vororte	20,8	22,8	27,3	27,0

*) Quellen: Berechnet nach Unterlagen des Statistischen Landesamtes Kiel, des Landkreises Lüneburg und der Statistischen Ämter von Kiel und Lüneburg auf der Basis der Volkszählung 1987, der Immatrikulationsämter auf der Basis von 1989 bzw. 1990. Die Angaben der ersten drei Rubriken beziehen sich auf die Bevölkerung im Alter von 18 Jahren und mehr.

64jährigen festzustellen. Da diese Altersgruppe in der Betriebsstättenerhebung so gut wie nicht vertreten war, konnte sie nur über die Haushaltsfragebögen erfaßt werden. Hier machte sich die Zurückhaltung in der Antwortbereitschaft, die tendenziell mit zunehmendem Alter größer wurde, besonders negativ bemerkbar. Dennoch sind die einzelnen geographischen, demographischen und sozialen Elemente in den beiden Grundgesamtheiten und Befragungs-populationen so ähnlich verteilt, daß man von einer repräsentativen Zusammensetzung letz-terer sprechen kann. Damit wurde auch das eingangs erwähnte Quotaverfahren erfolgreich angewendet, denn mit den kontrollierten Variablen (Ausbildungs-/Arbeitsplatzstandort, Wohnstandort bei Nichterwerbstätigen, Berufsgruppe, Anteil Nichterwerbstätiger) konnte ei-ne Repräsentativität auch mehrerer nicht- bzw. nur teilkontrollierter Variablen (Geschlecht, Alter, Haushaltsgröße und Wohnstandortverteilung aller Befragten) erreicht werden.

7.3 Ergebnisse der Hauptbefragung zur Verkehrsmittelwahl

Die Ausführungen über die quantitativen Ergebnisse beziehen sich der Anschaulichkeit hal-ber vorwiegend auf die Darstellung prozentualer Verhältnisse. Darüber hinausgehend werden statistische Maßzahlen verwendet, um die Qualität von Beziehungen zwischen Variablen aus-zudrücken. Bei den im Fragebogen verwendeten Variablen handelt es sich überwiegend um nominal- und ordinalskalierte Daten. Von den Maßzahlen, die für nominalskalierte Daten Ver-wendung finden, erschienen am ehesten die Koeffizienten „Lambda" und „Cramers V" geeig-net (vgl. BENNINGHAUS 1992, S. 87-93, 109-112, 125-137). Beide variieren zwischen 0 und 1 und kennen dabei im Gegensatz zu den meisten Chi-Quadrat-basierten Maßzahlen keine Restriktionen bezüglich der Tabellengröße, das heißt, ihr Ergebnis wird nicht durch die Zahl der Tabellenzeilen und -spalten beeinflußt. Während „V" als Maß der Stärke einer Beziehung zu interpretieren ist, liefert Lambda eine Information im Sinne der proportionalen Fehlerreduktion. So bedeutet beispielsweise der Lambda-Wert 0,25, daß die Vor-hersagegenauigkeit für die abhängige Variable durch Einbezug der unabhängigen Variablen um 25 % verbessert wird, oder anders formuliert: die Fehlerquote wird um 25 % gesenkt. Lambda ist ein asymmetrisches Maß, das heißt, es ist anzugeben, ob die Berechnung für die abhängige Variable in der Zeilen- oder Spaltenvariable erfolgte. Ein Zusatzbuchstabe macht dies kenntlich (c für column/Spalte, r für row/Zeile).

Allerdings ist Lambda nicht wie Cramers V geeignet, die Stärke einer Beziehung auszu-drücken. Es gibt Fälle, in denen eine bestimmte Variablenausprägung dominiert und deshalb trotz offenkundiger statistischer Abhängigkeit Lambda den Wert Null annimmt. Folgendes fiktives Beispiel, dessen grundlegende Bedingungen jedoch in dieser Studie sehr häufig gege-ben waren, möge dies demonstrieren:

Einschätzung der PKW-Schnelligkeit	N =	Benutzungshäufigkeit PKW			
		Immer	Häufig	Selten	Nie
Gut	100	100	-	-	-
Mittelmäßig	100	50	50	-	-
Schlecht	100	25	25	25	25
Summe	300	175	75	25	25

$$\text{Lambda c} = \frac{\sum\limits_{i=1}^{r} \max n_{ij} - \max n_{\cdot j}}{N - \max n_{\cdot j}} = 0 \qquad V = \frac{\text{Chi-Quadrat}}{N \times \min(r-1, c-1)} = 0,58$$

$$\text{Gamma} = \frac{\text{Konkordante Paare - Diskonkordante Paare}}{\text{Konkordante Paare + Diskonkordante Paare}} = 0,82$$

Die Tabelle zeigt deutlich, daß eine Beziehung zwischen der Häufigkeit der PKW-Nutzung und der Einschätzung seiner Schnelligkeit im Stadtverkehr besteht. Cramers V drückt dies auch mit einem hohen Wert aus, noch stärker Gamma, der gewählte Koeffizient für ordinalskalierte Daten (siehe unten), um die es sich im obigen Beispiel handelt. Lambda hingegen mißt nur, ob durch die Datendifferenzierung die Vorhersagegenauigkeit auf der Basis der Gesamtverteilung der abhängigen Variablen (= Summenzeile) zugenommen hat. Nach letzterem wäre in allen Fällen der Geschwindigkeitsbewertung eine ständige PKW-Nutzung (= „immer") zu prognostizieren. Diese Vorhersage wird in der Tat durch die unabhängige Geschwindigkeitsvariable auf dem Nominalskalenniveau nicht verbessert, da selbst bei der „schlecht"-Bewertung die ständige Nutzung den höchsten Wert erzielt, wenn auch gleichauf mit den anderen Kategorien. Lambda nimmt folglich den Wert Null an. Da Lambda und Cramers V also unterschiedliche, aber in beiden Fällen wichtige Aussagen über die Daten liefern, ist es sinnvoll, beide Koeffizienten zu verwenden.

Sind beide Variablen ordinalskaliert, findet zusätzlich das Assoziationsmaß Gamma Verwendung. Lambda und Cramers V sind in den entsprechenden Fällen zwar ebenfalls angegeben, jedoch nur zu etwaigen Vergleichszwecken mit anderen Tabellen(teilen). Das Interpretationsgewicht ruht bei ordinalskalierten Variablen auf Gamma. Dieser Koeffizient variiert mit seinen Werten zwischen -1 und +1. Leider ist er gegenüber einer Veränderung der Variablenausprägungen nicht unabhängig. Je kleiner die Zahl der Zeilen und Spalten ist, desto größer wird der Wert von Gamma (vgl. BENNINGHAUS 1992, S. 161 ff.), weshalb bei Datenaggregationen große Vorsicht geboten ist. Den Nachteil der fehlenden Unabhängigkeit von der Differenziertheit der Variablenausprägung hat Gamma mit allen anderen Koeffizienten des Ordinalskalenniveaus gemein, besitzt aber jenen gegenüber den Vorteil der Interpretierbarkeit im Sinne der proportionalen Fehlerreduktion (siehe oben).

In der sozialwissenschaftlichen Literatur werden neben den genannten Maßzahlen gern Regressionsverfahren eingesetzt, die höhere Ansprüche an den Datensatz stellen (intervall- bis metrisch skaliertes Meßniveau). Prinzipiell besteht die Möglichkeit, durch Dichotomisierung auch Variablen niedrigeren Meßniveaus so umzuwandeln, daß Regressionsverfahren eingesetzt werden können. Dies wäre dadurch zu erreichen, daß eine Einengung der in der Untersuchung verwendeten Variablen auf zwei Ausprägungen erfolgt, beispielsweise der fünf Kategorien der Erwerbstätigkeit auf den Gegensatz „erwerbstätig - nicht erwerbstätig" als unabhängige Variable und der vier Kategorien der Verfügbarkeit von Verkehrsmitteln auf den Gegensatz „mindestens häufig verfügbar" versus „höchstens selten verfügbar". Auf diese Weise läßt sich die Berechnung des Pearsonschen Produkt-Moment-Korrelationskoeffizienten r rechtfertigen, der aussagt, um wieviel sich die Ausprägung der abhängigen Variablen ändert, wenn die unabhängige Variable an Quantität zu- oder abnimmt. Die Quadrierung von r zu r^2 liefert darüber hinaus die bereits oben genannte Information über den Grad der proportionalen Fehlerreduktion bei der Vorhersage der abhängigen auf der Basis der unabhängigen Variablen. Der Aussagegewinn hinsichtlich der Stärke der Variation würde jedoch bei einer derartigen Vorgehensweise mit einem erheblichen Informationsverzicht bezüglich der Ausgangsdaten erkauft, was angesichts der Existenz anderer geeigneter Maßzahlen (siehe oben) fragwürdig wäre.

Neben den numerischen Koeffizientenangaben wird in den Tabellen zusätzlich durch Kürzel angegeben, welches Signifikanzniveau auf der Basis des Chi-Quadrat-Tests erreicht wird (vgl. SAHNER 1990, S. 124 ff.):

h. s. = hoch signifikant auf dem 1 % - Niveau,
s. = signifikant auf dem 5 % - Niveau,
n. s. = nicht signifikant, der Zusammenhang ist mit mehr als 5 % Wahrscheinlichkeit zufällig.

7.3.1 Aktuelle Verkehrsmittelwahl

Die aktuelle Verkehrsmittelwahl wurde für zwei Wegezwecke, den Berufs- und Einkaufsverkehr, detailliert untersucht, weil hierbei nur ein oder wenige Ziele eine große Einheitlichkeit und Periodizität der Verkehrsbeziehungen bedingen. Der Freizeitverkehr ist demgegenüber sehr viel diffuser strukturiert, das heißt, es existiert eine Vielzahl von Zielorten, von denen eine ganze Reihe nur episodisch aufgesucht wird. Ein großer Teil dieser Freizeitwege geht auch über den Rahmen des Stadtverkehrs hinaus (längere Ausflugsfahrten) oder sprengt den Rahmen der hier zu untersuchenden Verkehrsmotivationen (reine Spazierwege als „Verkehr zum Selbstzweck", vgl. Kap. 2). Der Schwerpunkt der Analyse liegt deshalb nicht im Freizeitverkehr.

Zweierlei kann allerdings für alle Fahrtzwecke schon vorweg verallgemeinernd festgestellt werden:

- Das Kraftrad spielt im Verkehrsgeschehen eine quantitativ zu vernachlässigende Rolle und wird demgemäß in der Dateninterpretation nur am Rande berücksichtigt;
- der PKW nimmt bei allen Fahrtzwecken eine dominierende Position ein.

7.3.1.1 Berufsverkehr

Die Abbildungen 23 und 24 geben Auskunft über die Verkehrsmittelwahl zum Zwecke von Ausbildung und Berufsausübung in den beiden Untersuchungsregionen in Abhängigkeit vom Wetter. Sie zeigen eine ständige oder häufige Bevorzugung des PKW als Verkehrsmittel von mehr als der Hälfte der Befragten. Bei schlechtem Wetter steigt die entsprechende Quote sogar auf fast zwei Drittel. Zu berücksichtigen ist dabei, daß in beiden Untersuchungsgebieten und unabhängig vom Wetter etwa ein Fünftel der PKW-Fahrer die Fahrgemeinschaft als häufige oder ständige Nutzungsform angibt.

Innerhalb der Summationskategorie aus „(fast) immer" und „häufig" dominiert in beiden Stadtbereichen und bei jedem Wetter der Anteil der ständigen, alleinfahrenden Autobenutzer im Verhältnis von 4:1 bis 7:1, bei den Fahrgemeinschaften ist der Unterschied zwischen ständigem und häufigem Gebrauch hingegen nicht groß.

Die Nutzung anderer Verkehrsmittel fällt nach den Befragungsergebnissen erheblich niedriger aus, die Anteile liegen im besten Fall etwas über der Hälfte der PKW-Quote. Zwischen Kiel und Lüneburg weitgehend gleich und kaum wetterabhängig sind dabei die Größenordnungen des Fußgängerverkehrs mit summierten Werten für die ständige und häufige Nutzung zwischen 11,8 und 14,8 %. Ähnlich wie beim PKW dominieren innerhalb dieser Gruppe die ständigen Fußgänger im Verhältnis 3:1 bis 5:1. Die aufgrund der unterschiedlichen Stadtstruktur zu erwartenden höheren Fußgängeranteile für Lüneburg infolge im Durchschnitt kürzerer Wege traten nur bei Hinzunahme der Kategorie „seltene Nutzung" auf.

Unterschiedlich hingegen ist die Verteilung der ÖPNV- und Fahrradbenutzung. Zwar spielt in beiden Stadtbereichen der ÖPNV nur im Berufsverkehr eine nennenswerte Rolle, in Kiel liegt er aber mit beträchtlichem Vorsprung vor der nichtmotorisierten Fortbewegung auf Platz 2, in Lüneburg mit ebenso klarem Abstand auf dem letzten Rang. Dabei kann der Kieler ÖPNV offenbar auf eine quantitativ nicht unbeträchtliche „Stammkundschaft" bauen, wird er doch von ca. 27-30 % der Befragten ständig bzw. häufig genutzt, wobei die ständigen Nutzer etwa dreimal so zahlreich sind wie die häufigen ÖPNV-Kunden. In Lüneburg ist das Potential der Buskunden nicht einmal halb so groß wie in Kiel und der Anteil der ständigen Nutzer nur unerheblich größer als jener mit einer häufigen Inanspruchnahme.

Geradezu spiegelverkehrt sind die Relationen im Radverkehr: Das „Stammpotential" der häufigen und ständigen Nutzer liegt in Lüneburg zwischen 17 bei regnerischem und 34 % bei trockenem Wetter, also in der Größenordnung des Kieler ÖPNV. Umgekehrt liegt das „Stammpotential" der Kieler Radfahrer mit 6-18 % in der Größenordnung der häufigen und ständigen Kunden des Busverkehrs in Lüneburg (10-14 %). Eine Erklärung für diese Unterschiede ist schnell gefunden: In der Großstadt Kiel sind die Wege, zusätzlich bedingt durch die topographische Lage, im Durchschnitt länger als im Stadtverkehr Lüneburgs (vgl. Kap. 7.3.3), so daß der Benutzungstrend zugunsten motorisierter Verkehrsmittel stärker ausgeprägt ist. Ferner ist die zeitliche und örtliche Verfügbarkeit des ÖPNV-Angebotes in Kiel besser - nicht so sehr, weil die Fahrplantakte dichter gestaltet wären, sondern eher weil durch die band-artige Stadtstruktur ein wesentlich größerer Teil der Bevölkerung zwischen mehreren ÖPNV-Linien auswählen kann, die an der gleichen oder nahe beieinanderliegenden Haltestellen erreichbar sind.

Ein Spezifikum nichtmotorisierter Fortbewegungsarten ist ihre Exposition gegenüber Witterungseinflüssen. Zwar gibt es zumindest für das Fahrrad Karosserieentwicklungen, die durchaus alltagstauglich sind und sowohl die Gepäcktransportfähigkeit verbessern können als auch den Luftwiderstand senken und damit die Fahrgeschwindigkeit erhöhen, nur haben diese Entwicklungen bislang keine nennenswerte Verbreitung erlebt. Dementsprechend deutlich fielen die Ergebnisse unter Berücksichtigung des Wettereinflusses aus: In Kiel sinkt die Fahrradnutzung, gemessen wieder durch die summierten Kategorien „immer/fast immer" und „häufig", bei schlechtem Wetter um zwei Drittel, in Lüneburg um etwa die Hälfte. Diese Größenordnungen bewegen sich in den Verhältnissen, wie sie von Verkehrsplanern im Rahmen der Experteninterviews für die fahrradfreundlichen Städte Erlangen und Münster genannt wurden, wobei deren Fahrradnutzung bei schlechtem Wetter immer noch über dem modal split - Anteil in Lüneburg und Kiel liegt (Vergleichsgrundlage: in Tab. 12, Kap. 6.4, genannte Verkehrszählungsergebnisse). Dies und die obigen Resultate zeigen, daß bei schlechtem Wetter der Radverkehr keineswegs auf ein Nullniveau absinkt - eine Befürchtung, die zahlreiche Verkehrspolitiker und -planer nicht nur in den Untersuchungsstädten den ÖPNV als Strategieziel bis hin zur weitgehenden Vernachlässigung des Radverkehrs bevor-zugen läßt. Es wäre ebenso falsch, die „Restgröße wetterfester Radler" auf einen Mangel an Verkehrsmittelalternativen zurückzuführen. Drei Viertel von ihnen hatten nach eigenen Angaben die Möglichkeit, ein motorisiertes Verkehrsmittel zu wählen, die meisten von die-sen einen PKW. Offenbar besitzt das Fahrrad gewisse Attraktivitätsparameter, die auch bei schlechtem Wetter hinreichend wirksam sind. Dafür spricht ferner der obige Vergleich mit Münster und Erlangen: Wenn der Anteil „wetterfester" Radler an allen Radfahrern dort und in den Untersuchungsstädten - bei völlig anderen quantitativen Dimensionen - derselbe ist, dürfte Radverkehrsförderung nicht nur den Anteil der Schönwetternutzer erhöhen, sondern auch den jener, die bei schlechterem Wetter nicht sogleich ein motorisiertes Verkehrsmittel be-vorzugen.

Verkehrsplanerisch relevant ist die Frage, welches Transportmittel von der sinkenden Fahrradnutzung bei schlechtem Wetter hauptsächlich profitiert. In Münster und Erlangen wurde im Zusammenhang mit den Experteninterviews eine mehrheitliche Bevorzugung des ÖPNV angegeben, was dort zu Engpässen führt, die aber weit weniger problemverursachend sind als ein Umstieg auf den PKW. In den beiden Untersuchungsstädten ist ein anderer Trend zu verzeichnen. Sowohl in Kiel als auch in Lüneburg steigt ziemlich einheitlich etwas mehr als die Hälfte der „nicht-wetterfesten" Radfahrer bei schlechtem Wetter auf den PKW um, knapp 40 % nehmen den Bus, und 8 % gehen zu Fuß.

Abb. 23: Verkehrsmittelwahl im Berufsverkehr in Kiel (Angaben in %, N = 378)

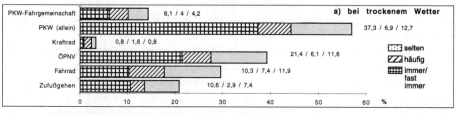

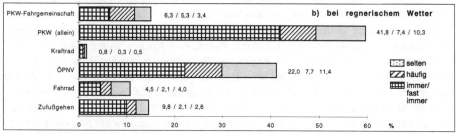

Abb. 24: Verkehrsmittelwahl im Berufsverkehr in Lüneburg (Angaben in %, N = 443)

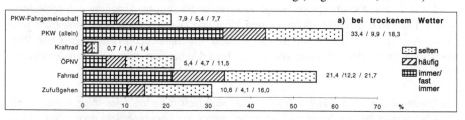

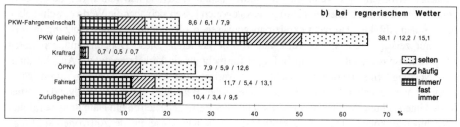

Trotz des Zuwachses der Fußgängergruppe aus den Reihen der Radler, fällt der Anteil ersterer im Berufsverkehr bei schlechtem Wetter geringer aus. Verantwortlich hierfür ist ein den Zuwachs durch Radfahrer übersteigender Abgang zugunsten fast ausschließlich des PKW. Insgesamt gehen dennoch in beiden Städten 80 bzw. 85 % der Fußgänger sowohl bei trockenem als auch bei regnerischem Wetter zu Fuß. Dieser hohe Grad an Persistenz im Vergleich zum Radverkehr ist erklärlich: Das Zufußgehen bleibt mehrheitlich auf einen sehr kleinen Distanzbereich beschränkt (vgl. Kap. 7.3.3); der öffentliche Verkehr scheidet dadurch als Alternative meist aus, und der PKW kommt mit den bei seiner Nutzung verbundenen, der Witterung ausgesetzten Fußwegen zum und vom Parkplatz zuzüglich Zeitaufwand für die Parkplatzsuche ebenfalls nur in begrenztem Maße in Betracht. Fußgänger können sich zudem gegen Regen leichter schützen als Radfahrer - schon ein Regenschirm kann bei der geringen Gehgeschwindigkeit Körper und Kleidung ausreichend trocken halten. Der Radfahrer benötigt hierfür sehr viel mehr, z. B. Regencape, Regenhose, Schuhüberzieher. Neben dem spezifisch größeren Witterungseinfluß beim Radfahrer spielt auch die Distanz eine Rolle. Im Radverkehr werden größere Entfernungen zurückgelegt als zu Fuß (3-4 km gegenüber bis zu 1 km als Attraktivitätsgrenzen, vgl. Kap. 7.3.3). Unter Hinzuziehung der durchschnittlichen Reisegeschwindigkeiten (vgl. Kap. 8.3.1) ergibt sich für den Fahrradfahrer eine etwa doppelt so hohe „Unterwegszeit" und damit Zeit der Witterungsexposition wie für den Fußgänger.

Auch die Kraftradbenutzung unterliegt einer etwa 50 %-igen Abnahme bei schlechtem Wetter. Die Fallzahlen sind allerdings sehr klein und lassen deshalb keine statistisch gesicherte Aussage zu. Gleichwohl ist die Tendenz im Sinne der Erläuterungen zur Wetterempfindlichkeit des Fahrradverkehrs plausibel erklärbar und dürfte insofern der Realität nahekommen.

Die bislang diskutierten Angaben basieren auf Mehrfachantworten. Dies spiegelt zwar - wie zunächst erwünscht - die Variabilität der individuellen Verkehrsmittelwahl wider, durch Doppelnennungen in den einzelnen Häufigkeitskategorien lassen sich aber die Werte einschließlich der - in den Abbildungen nicht explizit ausgewiesenen - Residualkategorie „Nutzung nie/fast nie" nur zeilen-, nicht spaltenweise auf 100 % addieren. Diese Doppelnennungen traten beispielsweise dann auf, wenn ein Befragter für mehr als ein Verkehrsmittel die Angabe „häufige Nutzung" machte und folgerichtig die Variante der ständigen Nutzung („Immer/fast immer") nicht angab. Gleichwohl war es von großer Bedeutung für die nachfolgende, vertiefende Untersuchung der Daten, eine Zuordnung der Befragten nach einem Haupttransportmittel vornehmen zu können. Dies wurde erreicht durch die Klassifizierung der Antworten auf Frage 7 nach dem jeweils am häufigsten benutzten Verkehrsmittel. Bedingung hierfür war, daß nicht mehr als ein Verkehrsmittel häufiger benutzt wurde als alle anderen, und zwar
- durch Angabe von „immer/fast immer" (dies konnte nur für eine Transportvariante zutreffen) oder
- durch Angabe von „häufig" für nicht mehr als ein Transportmittel (bei dieser Variante waren mehrere gleichrangige Angaben möglich).

Ein Befragter, der mehr als einmal die Angabe „häufig" ankreuzte, galt als „ohne Präferenz". Bei dieser Vorgehensweise ergab sich folgendes Bild:

Tab. 14: Präferierte Transportmittel im Berufsverkehr von Kiel und Lüneburg (Angaben in %)

	Kiel (N = 378)		Lüneburg (N = 443)	
	bei trocke-nem Wetter	bei regneri-schem Wetter	bei trocke-nem Wetter	bei regneri-schem Wetter
Zufußgehen	10,8	9,8	11,3	10,8
Fahrrad	11,4	5,0	23,0	13,1
ÖPNV	22,0	23,0	7,0	12,0
Kraftrad	0,8	0,8	0,7	0,7
PKW (allein)	41,3	46,0	39,1	44,9
PKW (Fahrgem.)	6,9	6,9	9,5	10,2
Ohne Präferenz	6,6	8,5	9,5	8,4

Die festgestellten Präferenzen bestätigen insgesamt die obigen Ausführungen zur quantitativen Bedeutung und Wetterabhängigkeit der Verkehrsmittel in den beiden Untersuchungsregionen. Sie lassen aber darüber hinaus erkennen, daß der weitaus größte Teil der Befragten Schwerpunkte in der Verkehrsmittelwahl setzt. Dies ist sicherlich vorrangig auf die Einheitlichkeit des Berufsweges hinsichtlich Distanz und Verkehrszeit zurückzuführen.

7.3.1.2 Einkaufsverkehr

Die Verkehrsmittelwahl im Einkaufsverkehr wurde bei Erwerbstätigen und Nichterwerbstätigen nicht mit derselben Fragestellung erfaßt, weil im ersten Falle der Umfang des Fragebogens so groß geworden wäre, daß die Antwortbereitschaft darunter vermutlich in unannehmbarem Maße gelitten hätte. Es ist deshalb sinnvoll, zunächst die allgemeinere Fragestellung der Erwerbstätigen zu untersuchen, um anschließend festgestellte Tendenzen im Vergleich mit den Daten der Nichtberufstätigen eingehender zu analysieren.

Abb. 25 zeigt die Verkehrsmittelwahl der Kieler Auszubildenden und Berufstätigen zum Einkauf. Im Vergleich mit der Auswahl der Fortbewegungsarten für den Arbeitsweg fällt vor allem der enorme Bedeutungsabfall des öffentlichen Verkehrs ins Auge. Sein Potential ständiger und häufiger Nutzer sinkt auf unter 10 % und damit auf den tiefsten Wert aller drei Verkehrszwecke. Weniger drastisch ist die Diskrepanz in Lüneburg (Abb. 26), jedoch auf der Basis eines ohnehin schon viel niedrigeren Ausgangsniveaus. Die Gründe für die Unterschiede zum Berufsverkehr liegen einerseits in der im Vergleich zu Individualverkehrsmitteln schlechteren Gepäcktransportfähigkeit (vgl. Kap. 7.3.8.4), zum andern in der größeren Nähe von Einkaufsmöglichkeiten (vgl. Kap. 7.3.3), was den Individualverkehr einschließlich seines nichtmotorisierten Anteils aufgrund der hohen Flexibilität bevorteilt.

Die geringere Nutzung des öffentlichen Verkehrs schlägt sich in Kiel in Form höherer Anteile des Zufußgehens, des Fahrrads und des PKW nieder, und zwar in etwa gleichmäßig auf diese drei Optionen verteilt. Dabei dominiert der nichtmotorisierte Verkehr eher in der schwächeren Kategorie „häufig", der PKW in der stärkeren Untergliederung der ständigen Nutzung. In

Lüneburg treten das Zufußgehen und die PKW-Benutzung stärker als im Berufsverkehr hervor, das Fahrradpotential ist zwar nicht kleiner, aber findet sich eher in der Kategorie „häufige Nutzung" wieder, was in abgeschwächter Tendenz auch beim Zufußgehen festzustellen ist.

Alles in allem ist die Dominanz des MIV im Einkaufsverkehr der Berufstätigen und Auszubildenden am stärksten ausgeprägt. Während in den quantitativen Proportionen der Verkehrsmittelwahl der beiden Untersuchungsregionen noch einige Unterschiede festzustellen waren, so sind die Anteile der Transportvarianten im Einkaufsverkehr ausgesprochen ähnlich. Lediglich das Fahrrad weist in Lüneburg eine erkennbar stärkere Nutzungsintensität auf.

Abb. 25: Verkehrsmittelwahl im Einkaufsverkehr von Berufstätigen in der Stadtregion Kiel (Angaben in %, N=378)

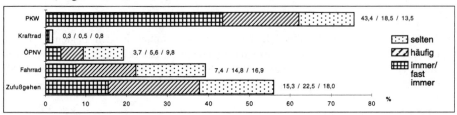

Abb. 26: Verkehrsmittelwahl im Einkaufsverkehr von Berufstätigen in der Stadtregion Lüneburg (Angaben in %, N=443)

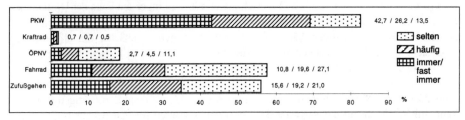

Die Befragung der Nichterwerbstätigen erbrachte große Unterschiede in der Differenzierung nach kleinen und großen Einkäufen, während die Abweichungen zwischen den beiden Stadtbereichen gering waren. Bei den kleinen Einkäufen und gutem Wetter besaß der PKW keine vorherrschende Stellung, sondern teilte sich die Anteile in etwa paritätisch mit den beiden nichtmotorisierten Verkehrsarten. Bei schlechtem Wetter hingegen wurde der PKW schon deutlich stärker bevorzugt. Dies galt schließlich generell bei großen Einkäufen mit einer noch stärker ausgeprägten Dominanz des PKW als im allgemeinen Durchschnitt der Einkaufsfahrten von Berufstätigen. Im Vorgriff auf Kap. 7.3.2.3 sei angemerkt, daß bei diesen Ergebnissen die Verfügbarkeit von Verkehrsmitteln eine maßgebliche Rolle spielte. Die PKW-Verfügbarkeit Nichterwerbstätiger war deutlich geringer als diejenige von Berufstätigen. Da große Einkäufe die Verwendung eines PKW nahelegen, wenn dieser in der Familie vorhanden ist, dürften diese Wege vornehmlich dann getätigt werden, wenn von dem berufstätigen

154

Familienmitglied für die Fahrt zur Arbeit auf das Kraftfahrzeug verzichtet wird oder aber am Feierabend bzw. am Wochenende der PKW ohnehin zur Verfügung steht. Kleine Einkäufe hingegen lassen sich in der Regel mit jeder anderen Fortbewegungsart relativ problemlos bewältigen und sind demgemäß zeitlich flexibler.

Weitere Tendenzen ähneln sehr stark dem, was schon für den Berufsverkehr sowie für den Einkaufsverkehr von Berufstätigen ausgeführt worden ist:

- die geringe Bedeutung öffentlicher Verkehrsmittel, bei großen Einkäufen noch stärker ausgeprägt als bei kleinen,
- die Vernachlässigbarkeit des Kraftrades,
- die etwas stärkere Bedeutung des Fahrrades in Lüneburg im Vergleich zu Kiel,
- die Wetterabhängigkeit der Fahrradnutzung, wenn auch die Umstiegstendenz mit einem Viertel bis einem Drittel der Radfahrer geringer als im Berufsverkehr ausgeprägt ist. Das Alternativtransportmittel ist hingegen wie im Berufsverkehr vorrangig der PKW mit etwa 50 % Anteil bei kleinen und 85 % bei großen Einkäufen. 10 % der „nicht wetterfesten" Radler präferieren das Zufußgehen, die Reste verteilen sich in sehr geringem Maße auf den ÖPNV und vor allem auf die Verlagerung der Wege auf Zeitabschnitte mit besserem Wetter. Auf letzteres lassen Zusatzeintragungen und Äußerungen gegenüber den Interviewern schließen.

Ähnlich wie beim Berufsverkehr läßt sich nun, basierend auf den Grunddaten, feststellen, wie groß der Anteil der Befragten ist, die deutliche Präferenzen für ein Fortbewegungsmittel erkennen lassen (Tab. 15-17). Interessant ist hierbei der im Vergleich zum Berufsverkehr durchweg höhere Anteil präferenzfreier Befragter, obwohl wenigstens bei großen Einkäufen infolge hoher Gepäcklasten mit eher geringeren Werten der Präferenzfreiheit durch eine starke Bindung an den PKW zu rechnen gewesen wäre. Zwar liegen die Werte des MIV tatsächlich beträchtlich über denen der PKW-Nutzung bei kleinen Einkäufen sowie im Berufsverkehr, sie reichen aber nicht aus, um in der Summe eine stärkere Festlegung zu erreichen. Ein Grund hierfür ist der geringere Grad der PKW-Verfügbarkeit bei Nicht-Erwerbstätigen (vgl. Kap. 7.3.2.3), die eher in stärkerem Umfang als berufstätige Ehe-/Lebenspartner am Einkaufsverkehr beteiligt sind und durch Nichtbesitz eines eigenen Fahrzeuges bzw. die Überlassung des PKW an den Partner eine stärkere Orientierung auf den ÖPNV und das Fahrrad aufweisen: 73 % der Nichterwerbstätigen, die bei Großeinkäufen nicht einen PKW als Hauptverkehrsmittel wählen, verfügen auch nicht oder nur selten über ein Kraftfahrzeug; bei jener Gruppe, die für Großeinkäufe überwiegend den PKW wählt, beträgt der entsprechende Wert nur 30,9 %.

Ein weiterer Grund für das Phänomen der im Vergleich zum Berufsverkehr geringeren Präferenzbindung an bestimmte Verkehrsmittel ist die Variabilität der Ziele - und damit der Entfernungen - im Einkaufsverkehr, wobei dies für kleine Einkäufe wiederum in höherem Maße gilt als für größere. Der Berufsverkehr ist demgegenüber sowohl durch eine strikte Konstanz der Quelle-Ziel-Beziehung als auch durch längere Wegstrecken geprägt (vgl. Kap. 7.3.3).

Abb. 27: Verkehrsmittelwahl im Einkaufsverkehr von Nichtberufstätigen in Kiel (N = 327)

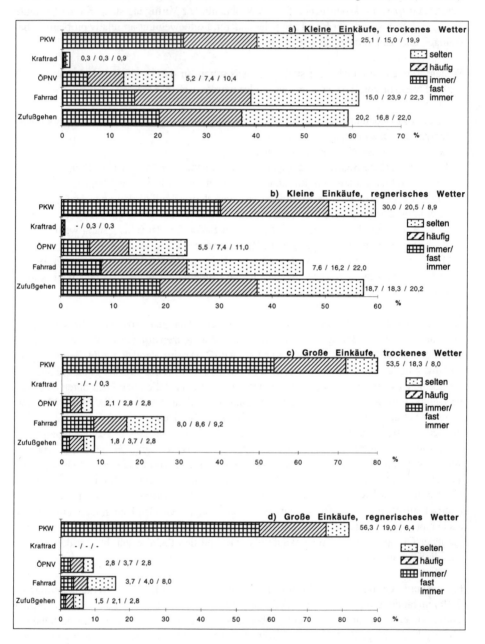

Abb. 28: Verkehrsmittelwahl im Einkaufsverkehr von Nichtberufstätigen in Lüneburg
(N = 358)

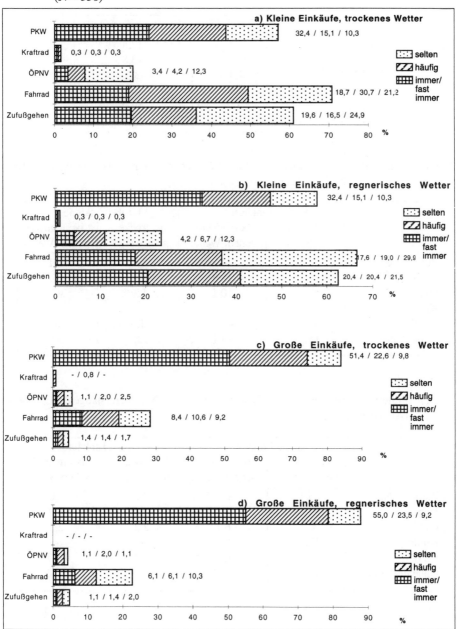

Tab. 15: Präferierte Transportmittel im Einkaufsverkehr Berufstätiger in Kiel und Lüneburg (Angaben in %)

	Kiel (N = 378)	Lüneburg (N = 443)
Zufußgehen	18,5	17,8
Fahrrad	12,2	13,8
ÖPNV	4,0	3,6
Kraftrad	0,3	0,7
PKW	53,2	52,0
Ohne Präferenz	11,9	12,0

Tab. 16: Präferierte Transportmittel im Einkaufsverkehr von Nichtberufstätigen in Kiel (Angaben in %, N = 327)

	Kleine Einkäufe		Große Einkäufe	
	bei trocke-nem Wetter	bei regneri-schem Wetter	bei trocke-nem Wetter	bei regneri-schem Wetter
Zufußgehen	28,4	24,2	2,4	2,1
Fahrrad	19,9	11,6	11,9	6,7
ÖPNV	6,1	10,1	4,3	4,3
Kraftrad	0,3	-	-	-
PKW	30,3	40,1	71,6	78,0
Ohne Präferenz	15,0	14,1	9,8	8,9

Tab. 17: Präferierte Transportmittel im Einkaufsverkehr von Nichtberufstätigen in Lüneburg (Angaben in %, N = 358)

	Kleine Einkäufe		Große Einkäufe	
	bei trocke-nem Wetter	bei regneri-schem Wetter	bei trocke-nem Wetter	bei regneri-schem Wetter
Zufußgehen	25,1	24,0	2,2	2,0
Fahrrad	24,9	18,2	14,0	8,9
ÖPNV	4,2	6,1	2,2	2,2
Kraftrad	0,8	-	-	-
PKW	31,8	39,1	69,8	75,7
Ohne Präferenz	13,1	12,3	11,7	11,2

7.3.1.3 Freizeitverkehr

Für den Freizeitverkehr wurde in beiden Befragungsteilen dieselbe Fragestellung verwendet, weshalb sich die Ergebnisse für Erwerbstätige und Nichterwerbstätige zusammen darstellen lassen. Die soziodemographische Differenzierung, entsprechend der Vorgaben in Kap. 7.3.1.4, ergab ohnehin für den Freizeitverkehr ein sehr homogenes Wahlverhalten beider Gruppen, so daß sich auch aus dieser Perspektive eine zusammenfassende Darstellung der Antworthäufigkeiten und deren Diskussion anbietet.

Die wichtigste Parallele zu den beiden anderen Verkehrszwecken ist die Dominanz des PKW (vgl. Abb. 29 u. 30). Zwar erreicht dieser in der Freizeit die niedrigsten Werte aller Verkehrszwecke, sie liegen aber für die Kategorien der häufigen und ständigen Nutzung deutlich über jenen der nachfolgenden nichtmotorisierten Fortbewegung. Außerdem wurde beim PKW die ständige Nutzung etwa gleich oft wie die häufige Nutzung angegeben, beim Zufußgehen und Radfahren aber nur im Verhältnis 1:2 in Lüneburg und 1:3 in Kiel.

Der öffentliche Verkehr erhält nur einen geringen Zuspruch. Er liegt in beiden Städten ungefähr in der Größenordnung des Einkaufsverkehrs und nimmt dabei in Kiel einen etwas mehr als doppelt so hohen Nutzungswert an, wie er in Lüneburg zu finden ist. Dieser Unterschied dürfte maßgeblich auf die Angebotsunterschiede im ÖPNV der beiden Städte zurückzuführen sein. In Kap. 6.4.3 wurde darauf hingewiesen, daß sich die beiden Busangebote vorrangig in den Abend- und Nachtstunden sowie am Wochenende qualitativ voneinander unterscheiden, und zwar zuungunsten Lüneburgs.

Weiterhin fällt der höhere Zuspruch des Zufußgehens in Lüneburg auf. Eine sichere Erklärung hierfür ist aufgrund der gesammelten Daten nicht möglich. Denkbar wären Distanzunterschiede: Zahlreiche Freizeitangebote, wie höhere Gastronomie und viele Kultureinrichtungen, bevorzugen entsprechend ihrer zentralörtlichen Bedeutung eine Innenstadtlage. In der Großstadt Kiel ist aber die Möglichkeit, in fußläufiger Entfernung zu innerstädtischen Zentren (City, Gaarden sowie die Bergstraße und ein Teil der Holtenauer Straße als Geschäftsstraßen im Sinne von Cityausläufern) zu wohnen, möglicherweise begrenzter als in einer mittelgroßen Stadt. Verifizieren läßt sich das anhand der statistischen Wohnortdaten, die nach Bezirken und damit zu kleinmaßstäbig eingeteilt sind, aber nicht.
Neben dem Distanzargument käme als ein weiterer Erklärungsfaktor die Gestalt des Straßenraumes in den beiden Untersuchungsstädten in Frage. Lüneburg besitzt mit seiner Altstadt und ihren zahlreichen Gebäuden vor allem aus der Renaissance und dem Barock gewisse Attraktivitätsvorzüge im Vergleich zu Kiel, dessen Cityarchitektur nach der Zerstörung der Altstadt im Zweiten Weltkrieg den 50er und 60er Jahren entstammt.

Wie schon beim Berufs- und Einkaufsverkehr stellt Tab. 18 abschließend die Bevorzugung bestimmter Verkehrsmittel durch die Befragten dar. Der Anteil jener ohne Ausprägung einer Präferenz ist gegenüber den anderen Verkehrszwecken nochmals etwas erhöht, was aufgrund der Vielfalt von Freizeitwegen nicht verwundert. Allerdings kann im Umkehrschluß ebenso gesagt werden, daß trotz der Wegevielfalt immer noch deutlich mehr als 80 % der Befragten

Abb. 29: Verkehrsmittelwahl im Freizeitverkehr in Kiel (Angaben in %, N = 705)

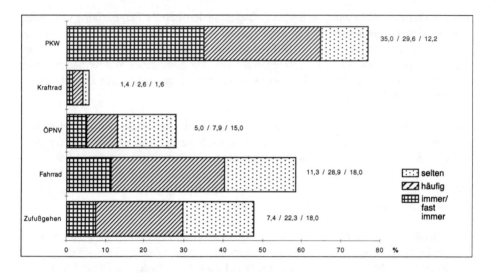

Abb. 30: Verkehrsmittelwahl im Freizeitverkehr in Lüneburg (Angaben in %, N = 801)

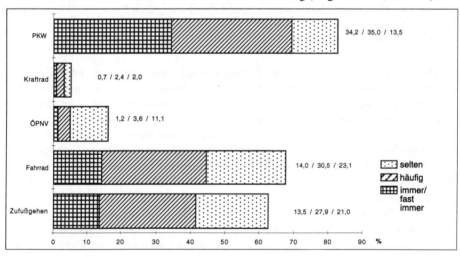

ein Verkehrsmittel bevorzugen. Da dies im Einkaufs- und Berufsverkehr nicht anders war, muß der insgesamt hohe Anteil von Präferenzbindungen als Indiz für ein beträchtliches Gewicht des Faktors Gewohnheit bei der Verkehrsmittelwahl angesehen werden (vgl. auch Kap. 7.3.5).

Tab. 18: Präferierte Transportmittel im Freizeitverkehr von Kiel und Lüneburg (Angaben in %)

	Kiel (N = 705)	Lüneburg (N = 801)
Zufußgehen	10,4	14,7
Fahrrad	18,0	19,9
ÖPNV	6,1	1,7
Kraftrad	1,7	1,4
PKW	47,9	48,4
Ohne Präferenz	15,9	13,9

7.3.1.4 Soziodemographische Differenzierung

Eine Betrachtungsweise, die den verhaltensbezogenen disaggregierten Modellen entstammt, ist die Differenzierung der Verkehrsmittelnutzung nach soziodemographischen Kriterien (vgl. Kap. 5.2). Die Anl. 15-24 im Anhang zeigen die Verteilung der Merkmale Geschlecht, Alter, Haushaltsgröße und Berufsstatus bei denjenigen, die in ihren Angaben zur Verkehrsmittelwahl eindeutige Präferenzen zu erkennen gaben, also bei einem bestimmten Wegezweck für nicht mehr als ein Verkehrsmittel eine ständige oder häufige Nutzung angegeben haben. Dabei ist festzustellen, daß die wesentlichen Tendenzen der in Kap. 7.3.1.1 - 7.3.1.3 diskutierten Häufigkeitsverteilungen weitgehend unverändert erhalten bleiben bzw. durch soziodemographische Parameter kaum beeinflußt werden (ähnlich auch bei VERRON 1986, S. 210 u. 237). Dies betrifft im einzelnen

- die klare Dominanz des PKW bei allen Verkehrszwecken, ausgenommen „kleine Einkäufe",
- die geringere Nutzung des ÖPNV in Lüneburg im Vergleich zu Kiel sowie größere Nutzung im Berufsverkehr im Vergleich zu anderen Wegezwecken,
- die größere Bedeutung des Radverkehrs in Lüneburg gegenüber Kiel; in geringerem Maße, vor allem im Freizeitverkehr, gilt das auch für das Zufußgehen.

Dies erklärt die sehr niedrigen Werte der in den Tabellen ausgewiesenen Assoziationskoeffizienten sowie die weitgehend fehlende statistische Signifikanz. Lambda nimmt fast immer den Wert 0 an, weil durch die Hinzunahme soziodemographischer Komponenten keine Fehlerreduktion in der Vorhersage der abhängigen Variablen (= Verkehrsmittelnutzung) auftritt gegenüber der Vorhersage auf der Basis der eigenen Gesamtverteilung. Auch Cramers V bestätigt, daß keine stark ausgeprägten statistischen Abhängigkeiten zwischen benutztem Verkehrsmittel und den Indikatoren Geschlecht, Haushaltsgröße und Art der Tätigkeit existieren. Einschränkungen erhält diese generelle Aussage nur beim Alter und beim Berufsstatus. So zeigt sich nahezu durchgängig eine größere Nutzungsbereitschaft für das Fahrrad bei den Unter-25jährigen und Auszubildenden/Studierenden, wobei sich diese beiden Kategorien weitgehend überschneiden. Dieser Trend ist nur im Berufsverkehr Kiels verhältnismäßig schwach ausgeprägt, was zugunsten einer im Vergleich zu anderen Gruppen mehr als doppelt so großen Nutzungshäufigkeit des ÖPNV geht. Dies dürfte als Effekt von rabattierten Monatskarten sowie relativ günstiger ÖPNV-Netzstruktur und -Fahrtenhäufigkeit zu werten sein (vgl. Kap. 6.4.3). Demgemäß ist auch die ÖPNV-Nutzung von jungen Leuten bzw. Auszubildenden und Studierenden im Kieler Freizeitverkehr etwas höher als in den Vergleichsgruppen, in Lüneburg aber nicht.

Ansatzweise ist auch eine mit höherem Alter korrelierende Bevorzugung des PKW ausgeprägt. Das gilt vor allem für Einkäufe von Nichterwerbstätigen und für den Freizeitverkehr. Die Präferenz für motorisierte Verkehrsmittel ist dabei als Folge einer geminderten körperlichen Leistungsfähigkeit anzusehen.
Bei den Berufstätigen existiert indes keine zunehmende PKW-Nutzungshäufigkeit mit höherem Alter. Vielmehr ist gar kein Trend ersichtlich, abgesehen von der Aussage, daß die Unter-25jährigen generell weniger als andere Altersgruppen den PKW nutzen. Dies korreliert wiederum mit der obigen Feststellung des häufigeren Fahrradgebrauches, während weder das Zufußgehen noch die Inanspruchnahme des ÖPNV gegenüber anderen Altersgruppen erhöht ausfallen.

Die weiteren Unterschiede zwischen den soziodemographischen Gruppen sind gering, aber gerade deshalb nicht weniger aufschlußreich. So zeigen sich durchweg ähnliche Nutzungsstrukturen von Arbeitern, Angestellten und Beamten. Eine etwaig zu vermutende höhere PKW-Nutzung als Folge von Unterschieden im Sozialstatus und einem damit verbundenen Bedürfnis zur Prestigedemonstration ist darin nicht ablesbar. Unter Zuhilfenahme der Differenzierung der jeweiligen Tätigkeit nach dem Kriterium „leitend - ausführend" ließe sich sogar eher ein sehr schwacher gegenläufiger Trend ausmachen. Dieser könnte möglicherweise als Zeichen eines größeren Einflusses von Umweltbewußtsein auf die Verkehrsmittelwahl dank höherer Bildung zu deuten sein (vgl. auch Kap. 7.3.7), jedoch sind auch andere Erklärungen denkbar, z. B. ein bewegungsfördernderes Verhalten als Reaktion auf häufige sitzende Berufstätigkeiten oder längere Dienstfahrten im PKW.

Ähnlich verhält es sich mit den Haushaltsstrukturen. Eine Tendenz zugunsten des motorisierten Individualverkehrs bei Haushalten mit drei und mehr Personen ist im Einkaufs- und Freizeitverkehr auszumachen. Sie ist aber derart schwach ausgeprägt, daß sich vermutlich weder die Einkaufsvolumina noch die transportierte Personenzahl zwischen den Haushaltsgrößen nennenswert unterscheiden. Möglicherweise sind Einkäufe größerer Haushalte im Durchschnitt nicht umfangreicher, erfolgen dafür aber häufiger, und das innerstädtische Freizeitverhalten könnte in hohem Maße individuell oder partnerschaftlich organisiert sein, während

Ausflüge mit der gesamten Familie - und folglich bei größerer Personenzahl mit dem PKW - eher im Außerortsverkehr anfallen.

Von Interesse sind ferner die geringen Differenzen in der Verkehrsmittelwahl zwischen den Geschlechtern. Nach Befragungen von SOCIALDATA (vgl. BSAG/SOCIALDATA 1991, S. 18, VDV/SOCIALDATA 1991, S. 28, Stand 1991 und 1989) besteht eine Dominanz von Männern unter den Autofahrern, insbesondere im Alterssegment 20-59 Jahre, in der Größenordnung 1,7 : 1 (= PKW-Anteil an der Verkehrsmittelnutzung der Männer 68 %, der Frauen 40 %). Allerdings ist dies das Ergebnis eines Angleichungsprozesses innerhalb einer relativ kurzen Zeitspanne, denn 1976 betrug das genannte Verhältnis noch 4,2 : 1 (67 % gegenüber 16 %). Die bundesweite KONTIV-Untersuchung im Jahr 1989 (EMNID 1991) zeigte eine geringere, aber immer noch deutliche Diskrepanz von 1,36 : 1. Die Anl. 15-24 im Anhang geben indes kaum einen entsprechenden Hinweis. Zwar ist im Geschlechtervergleich in den meisten Fällen tatsächlich die PKW-Nutzung der Männer etwas größer, jedoch nicht durchgängig und nur im Einkaufsverkehr von Erwerbstätigen mit Unterschieden von mehr als 1,5 Prozentpunkten. Ausgedrückt in obigen Relationen, ergäbe sich je nach Verkehrszweck eine Spannweite von 1,11 : 1 zugunsten der Männer bis 1 : 1,02 zugunsten der Frauen auf der Basis aller Altersgruppen. Eine separate Berechnung der Auswahlstrukturen für das Alterssegment 25-64 Jahre (von dem oben genannten abweichend wegen der Vorgaben im Fragebogen) läßt tatsächlich durchgängig bei allen Verkehrszwecken eine Dominanz der Männer in der PKW-Benutzung erkennen, wenn auch eher schwach ausgeprägt mit Spannweiten von 1,14 : 1 bis 1,05 : 1. Einen stärkeren Einfluß üben hingegen Unterschiede im Erwerbsstatus aus. Innerhalb dieser Erhebung lag - korrespondierend zur amtlichen Statistik - die Erwerbstätigkeitsquote für Männer in Kiel und Lüneburg gleichauf bei 59,2 %, für Frauen bei 48,5 % in Kiel und 51,6 % in Lüneburg. Die Verkehrsmittelnutzung zwischen Erwerbstätigen und Nicht-Erwerbstätigen ist stark voneinander abweichend, wenn man als Indikator die Wahl des Fortbewegungsmittels im Berufsverkehr sowie im Verkehr für kleine Einkäufe von Nicht-Berufstätigen heranzieht - Großeinkäufe und Freizeitverkehr werden möglicherweise häufig zusammen unternommen. So liegt der PKW-Nutzungsgrad im Berufsverkehr zwischen 52,4 und 55 %, während Nicht-Erwerbstätige bzw. nicht in Ausbildung befindliche Personen für die genannten Wege nur zu 34,4 bis 39 % ein privates Kraftfahrzeug benutzen. Da in letztgenannter Gruppe Frauen überrepräsentiert sind, errechnet sich in der Summe von Berufstätigen und Nicht-Berufstätigen eine höhere „PKW-Frequenz" von Männern gegenüber Frauen, und zwar bei einer angenommenen gleichen, absoluten Zahl von zurückgelegten Wegen für beide Verkehrszwecke im Verhältnis 1,25 : 1. Dies ist einerseits eine immer noch geringere Diskrepanz als die in der KONTIV-Untersuchung festgestellte und deutet im Kontext oben genannter Untersuchungen auf einen fortgesetzten Angleichungsprozeß hin. Andererseits wird deutlich, daß weniger ein unterschiedliches Rollenverhalten der Geschlechter die Verkehrsmittelwahl (direkt) bestimmt, sondern in viel stärkerem Maße die Erwerbstätigkeit und die - wie noch in Kap. 7.3.3 gezeigt wird - größeren durchschnittlichen Distanzen von Berufswegen im Vergleich zu anderen Wegezwecken. Damit ist der Einfluß von geschlechtsspezifischem Rollenverhalten auf die Verkehrsmittelwahl zwar nicht grundsätzlich negiert, erweist sich aber als relativ gering im Vergleich zu den intervenierenden Variablen.

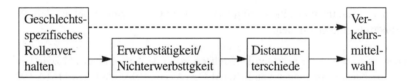

Die insgesamt geringen und kaum signifikanten soziodemographischen Unterschiede in der Verkehrsmittelwahl stehen im Einklang mit jüngeren Untersuchungen (vgl. z. B. KRUMM 1994, S. 13-14; dort zum Teil signifikante, jedoch geringe Unterschiede). Dies ist als Beleg dafür anzusehen, daß aggregierte und verhaltensbezogene disaggregierte Ansätze für die Verkehrsplanung ihre Zweckmäßigkeit zunehmend verlieren: Aus der Bevölkerungsstruktur eines Wohngebietes lassen sich aufgrund der weitgehenden Angleichung des Verkehrsverhaltens verschiedener Gruppen keine differenzierten Rückschlüsse auf die Verkehrsmittelwahl mehr ziehen. Dies war vor ein bis zwei Jahrzehnten noch anders, wie die oben dargelegte Steigerung der PKW-Benutzung von Frauen sowie weitere Studien belegen (vgl. z. B. MERCKENS/SPARMANN 1978). Mit den sich zwischen soziologischen Gruppen immer mehr angleichenden Verfügbarkeitsgraden über Verkehrsmittel (vgl. Kap. 7.3.2.3) erhält der PKW aber allmählich den Charakter eines allgemein verbreiteten Gebrauchsgutes - wenn auch noch nicht so ausgeprägt wie z. B. bei Telefon, Fernseher und Radio.

7.3.2 Verfügbarkeit von Verkehrsmitteln

In den Fragebogenversionen für Auszubildende/Erwerbstätige sowie Nichterwerbstätige wurde sowohl die Verfügbarkeit über private als auch öffentliche Verkehrsmittel erhoben. Da hierfür unterschiedliche, nicht direkt vergleichbare Fragestellungen notwendig waren, sollen die beiden Verfügbarkeitsvarianten zunächst getrennt erörtert werden.

7.3.2.1 Verfügbarkeit von privaten Verkehrsmitteln

Die Verfügungsgewalt über private Transportmittel ist in erster Linie an den Besitz eines Fahrrades, Kraftrades oder Personenkraftwagens gekoppelt, für Kraftfahrzeuge zugleich auch an den Besitz eines Führerscheines. Angaben zum Führerscheinbesitz auf kommunaler Ebene zu erhalten, ist nicht möglich, jedoch bieten die bundesweiten Zahlen bereits einen hinreichenden Überblick. Demnach besaßen 1991 in den alten Bundesländern 59,7 % der Bevölkerung ab 18 Jahren eine PKW-Fahrerlaubnis, bei geringem Unterschied zwischen Frauen (56,8 %) und Männern (62,8 %). Einen Führerschein für ein Kraftrad (Klasse 1a/b) hatten hingegen nur 13,1 % der Bevölkerung ab 16 Jahren bei wesentlich größerem geschlechtsspezifischem Unterschied: 24,4 % der Männer und 3,2 % der Frauen (BMV 1994, S. 126 i. V. m. 101).

Kfz-Besitz und Fahrerlaubnis reichen jedoch zur Bestimmung der Verfügbarkeit allein nicht aus, denn es ist einerseits die Nicht-Verfügbarkeit bei Besitz eines Fahrzeuges, beispielsweise infolge Benutzung durch ein anderes Familienmitglied, ebenso denkbar wie die Verfügbarkeit bei Nicht-Besitz. Für letzteres ist die PKW-Fahrgemeinschaft das klassische Beispiel. Hierauf wurde im Fragebogen ausdrücklich hingewiesen. Da für die Verkehrsmittelwahl nur die Verfügbarkeit eine Rolle spielt, wurde auch nur jene abgefragt, und zwar in ordinalskalierter Form. Dabei kristallisierten sich hohe Verfügbarkeitsgrade für den PKW und das Fahrrad heraus, während Krafträder nur eine geringe Rolle spielten, was sich bereits in der aktuellen Verkehrsmittelwahl entsprechend niederschlug (vgl. Tab. 19).

Beim Vergleich der Daten in Tab. 19 fallen Differenzen in den Werten beider Stadtbereiche auf. So ist der Anteil der PKW-Verfügbarkeit in Lüneburg im Vergleich zu Kiel deutlich erhöht, noch stärker allerdings jene von Fahrrädern. Der Schluß, daß die Verfügbarkeits- auch auf Ausstattungsunterschiede zurückzuführen sind, liegt nahe. Der Anlaß hierfür dürfte in den unterschiedlichen Stadtstrukturen und öffentlichen Verkehrsangeboten zu suchen sein (vgl. Kap. 6.2 u. 6.4.3), die in Kiel eine geringe Attraktivität der nichtmotorisierten Fortbewegung bedingen.

Tab. 19: Verfügbarkeit von privaten Verkehrsmitteln (in %)

	Immer oder fast immer	Häufig	Selten	Nie oder fast nie
a) Kiel (N = 705)				
PKW	47,1	16,7	16,2	20,0
Kraftrad	4,4	1,0	1,0	95,6
Fahrrad	42,4	15,2	19,0	23,4
b) Lüneburg (N = 801)				
PKW	53,8	20,0	14,0	12,2
Kraftrad	3,5	2,1	2,0	92,4
Fahrrad	58,1	13,0	13,0	16,0

7.3.2.2 Verfügbarkeit von öffentlichen Verkehrsmitteln

Die Antworten auf die Fragen nach Parametern des öffentlichen Verkehrsangebotes sind in Anl. 25 im Anhang dargelegt und in Tab. 20 summarisch in eine qualitative Bewertung eingeflossen. Die Daten zeigen ein im Vergleich zu Kiel deutlich schlechter eingeschätztes ÖPNV-Angebot in Lüneburg. Ausschlaggebend hierfür waren nicht die Haltestellenentfernungen, bei denen Lüneburg günstiger als Kiel abschnitt, sondern die sehr schlechten Beurteilungen der Übereinstimmung von zeitlichem Fahrtenangebot und -bedarf. In diesem Sinne muß auch der in Lüneburg höhere Anteil nicht ausreichend Informierter interpretiert werden. So wie die Haushaltsausstattung mit privaten Verkehrsmitteln als Gradmesser für das

Tab. 20: ÖPNV-Anschlußqualität in Kiel und Lüneburg (in %)

	N =	Sehr gut	Gut gut	Befrie-digend	Ungenü-gend	Mangelnd informiert	Kein Bedarf
a) Kiel							
Erwerbstätige	378	9,5	14,3	26,5	20,6	24,9	4,2
Nicht-Erwerbs-tätige	327	12,5	20,2	32,1	18,7	11,9	4,6
Summe	705	10,9	17,0	29,1	19,7	18,9	4,4
b) Lüneburg							
Erwerbstätige	443	4,5	10,2	7,0	40,2	29,6	8,6
Nicht-Erwerbs-tätige	358	9,8	15,1	12,6	34,9	18,7	8,9
Summe	801	6,9	12,4	9,5	37,8	24,7	8,7

Beurteilungskriterien (Mindestbedingungen):

	Haltestellendistanz zur Wohn- und gegebenen-falls Arbeits-stätte*	ÖPNV-Abfahr-zeiten passen ...	Busverbindung Wohn-/ Arbeitsstätte (entfiel bei Nichter-werbstätigen)
Sehr gut	Bis 200 m	(Fast) immer	Direkt
Gut	a) Bis 400 m b) Bis 300 m	(Fast) immer (Fast) immer	Direkt Indirekt
Befriedigend	a) Bis 400 m b) Bis 300 m	Häufig Häufig	Direkt Indirekt
Ungenügend	Mindestens eine der o. a. Bedingungen ist nicht erfüllt		
Mangelnd informiert	Mindestens einmal Angabe „Weiß nicht" bei den oben genannten Fragestellungen		
Kein Bedarf	Wohnstandort liegt weniger als 1 km vom Arbeitsplatz (bei Nichterwerbstätigen: von der Innenstadt) entfernt		

* Im allgemeinen werden für eine akzeptable Haltestellendistanz 300 m (Luftlinie) angegeben, wobei diese Entfernung eigentlich nach der optischen Wegeattraktivität, der Lage der Haltestelle zur Fahrtrichtung und der Taktfrequenz differenziert werden müßte (vgl. BRACHER 1987, S. 66-67, SCHMITZ 1991a, BERGEMANN 1992, S. 83-86). Die angegebenen Werte sind Realdistanzen, keine Luftlinienangaben.

Nutzungsinteresse anzusehen ist, kann die ÖPNV-Informiertheit als Maßstab für das Interesse am öffentlichen Verkehr benutzt werden, welches nicht zuletzt aus Erfolg und Mißerfolg vergangener Versuche zur Inanspruchnahme resultiert. Ein zusätzliches Indiz für diese Interpretation liefert die Auswertung der Frage nach dem Besitz eines „Supertickets" in Kiel bzw. eines CC-Passes in Lüneburg. In Kiel verfügten hierüber 27,9 % der Befragten (Erwerbstätige 33,6 %, Nichterwerbstätige 21,4 %), in Lüneburg jedoch nur 10,9 % (Erwerbstätige 12 %, Nichterwerbstätige 9,5 %).

7.3.2.3 Soziodemographische Differenzierung

Die soziodemographische Differenzierung der Befragungsdaten zum öffentlichen Verkehr erbrachte keine größeren Unterschiede. Dies war insofern zu erwarten, als die Untersuchung auf den Stadtverkehr im Sinne des Binnenverkehrs von Stadtbereichen beschränkt blieb. Großräumigere Pendelbeziehungen und hierbei möglicherweise auftretende Unterschiede, z. B. zwischen Berufsgruppen, wurden damit aus den Betrachtungen ausgeblendet. Anders verhält es sich indes mit der Verfügbarkeit über private Verkehrsmittel. Hier zeigen sich die schon in Kap. 7.3.1.4 angedeuteten Diskrepanzen in der PKW-Verfügbarkeit vor allem zwischen Erwerbstätigen und Nichterwerbstätigen mit den bereits diskutierten Rückwirkungen auf die Verfügbarkeitsangaben für die Geschlechtergruppen. Tab. 21-24, welche die Ergebnisse widerspiegeln, lassen hierbei die Verfügbarkeit von Krafträdern wegen der geringen Fallzahlen außer acht.

Tab. 21 und 22 zeigen eine höhere PKW-Verfügbarkeit von Erwerbstätigen gegenüber Nichterwerbstätigen, jedoch beschränkt auf die Kategorie „immer/ fast immer". Die Differenz in der Größenordnung von 15-20 Prozentpunkten wird zu einem kleinen Teil ausgeglichen durch größere Anteile der Nichterwerbstätigen in der Kategorie „häufig". Besonders stark vertreten sind die Nichterwerbstätigen aber in der Verfügbarkeitssparte „selten". Die Daten lassen mithin nicht den Schluß zu, daß der „Familien-PKW" größtenteils ausschließlich vom erwerbstätigen Teil genutzt wird, auch wenn diesem oftmals ein „primäres Nutzungsrecht" zuzukommen scheint. So wird zudem verständlich, weshalb vor allem bei großen Einkäufen auch Nicht-Erwerbstätige hohe PKW-Nutzungsraten aufweisen (vgl. Abb. 27 u. 28) - sie bilden keine Gruppe, die häufiger als andere über *keinen* PKW verfügt, sondern ihr steht ein PKW „nur" seltener zur Verfügung.

Die Auszubildenden und Studierenden bilden hingegen tatsächlich eine Teilpopulation, die mangels eigenem Besitz und wohl auch häufig wegen Unterkunft außerhalb des elterlichen Wohnsitzes in nennenswertem Umfang nie/fast nie über einen PKW verfügen kann. Dies wird sowohl im Vergleich mit den Berufsgruppen als auch innerhalb der altersmäßigen Differenzierung deutlich.

Die weiteren soziodemographischen Unterschiede in der PKW-Verfügbarkeit sind nur gering ausgeprägt; das gilt - mit Ausnahme der Auszubildenden - auch für den Berufsstatus, einschließlich der Differenzierung nach leitender und ausführender Position. Letztere zeigt nur einen leichten Trend zunehmender Verfügbarkeit mit höherer Stellung in der Institutions-

Tab. 21: PKW-Verfügbarkeit in soziodemographischer Differenzierung in Kiel

	N =	Immer oder fast immer	Häufig	Selten	Nie oder fast nie	Lambda (c)	V	Gamma
Männlich	338	50,3	15,1	15,4	19,2	0	0,06	-
Weiblich	367	44,1	18,3	16,9	20,7		n. s.	
< 25 Jahre	122	33,6	13,9	25,4	27,0			
25-34 Jahre	145	48,3	15,9	12,4	23,4			
35-44 Jahre	114	49,1	18,4	13,2	19,3	(0)	(0,09)	0,13
45-54 Jahre	126	52,4	19,0	14,3	14,3		n. s.	
55-64 Jahre	94	48,9	19,1	14,9	17,0			
> 64 Jahre	104	51,0	14,4	17,3	17,3			
Pro Haushalt:								
1 Person	299	43,8	18,7	18,1	19,4			
2 Personen	205	49,3	15,1	16,1	19,5	(0)	(0,07)	0,04
3 Personen	102	49,0	15,7	12,7	22,5		n. s.	
4 Personen und mehr	99	50,5	15,2	14,1	20,2			
Nicht erwerbst.	327	40,7	19,0	22,0	18,3			
Azubis/Stud.	69	43,5	15,9	11,6	29,0			
Arbeiter	88	54,5	14,8	11,4	19,3	0	0,12	-
Angestellte	155	54,2	14,8	11,6	19,4		n. s.	
Beamte	66	56,1	13,6	9,1	21,2			
Tätigkeit:								
- Leitend	71	57,7	14,1	8,5	19,7	(0)	(0,03)	0,04
- Ausführend	238	53,8	14,7	11,8	19,7		n. s.	
Insgesamt	705	47,1	16,7	16,2	20,0	-	-	-

Anmerkung: Bei ordinalskalierten Daten sind die nominalskalierten Werte für Lambda und V nur zur zusätzlichen, vergleichenden Information und deshalb in Klammern angegeben. Das aussagekräftigere Assoziationsmaß ist in diesen Fällen Gamma.

hierarchie, möglicherweise als Folge eines etwas höheren Besitzes von Zweitwagen. Auch die Abweichungen bezüglich des Geschlechtes sind nicht sehr aussagekräftig und zudem stark beeinflußt durch die unterschiedliche Beteiligung an der Erwerbstätigkeit.

In mehrfacher Hinsicht spiegelbildlich verteilt, ist die Verfügbarkeit des Verkehrsmittels Fahrrad: Bei den Faktoren Geschlecht, Alter, Haushaltsgröße und Berufsstatus gilt, daß jene, die in geringerem Maße über einen PKW verfügen, eher ein Fahrrad benutzen können. Besonders deutlich wird das bei den Auszubildenden/Studierenden sowie den Nichterwerbstätigen, während analog zur PKW-Verfügbarkeit die Unterschiede bei den anderen Gruppen nicht groß sind. Die einzige Ausnahme bildet die Differenzierung nach leitender und ausführender

Funktion im Beruf: Leitende Personen verfügen häufiger sowohl über einen PKW als auch über ein Fahrrad. Allerdings sind die quantitativen Unterschiede wiederum sehr gering.

Tab. 22: PKW-Verfügbarkeit in soziodemographischer Differenzierung in Lüneburg

	N =	Immer oder fast immer	Häufig	Selten	Nie oder fast nie	Lambda (c)	V	Gamma
Männlich	392	57,9	19,1	12,2	10,7	(0)	0,08	-
Weiblich	409	49,9	20,8	15,6	13,7		n. s.	
< 25 Jahre	139	39,6	20,1	22,3	18,0			
25-34 Jahre	159	49,1	22,0	13,8	15,1			
35-44 Jahre	128	57,0	21,1	11,7	10,2	(0)	(0,10)	0,18
45-54 Jahre	143	58,0	21,0	11,2	9,8		n. s.	
55-64 Jahre	117	62,4	17,1	10,3	10,3			
> 64 Jahre	115	60,0	17,4	13,9	8,7			
Pro Haushalt:								
1 Person	296	50,0	20,6	16,2	13,2			
2 Personen	229	55,9	20,5	10,9	12,7	(0)	(0,05)	0,05
3 Personen	136	55,1	18,4	14,7	11,8		n. s.	
4 Personen und mehr	140	57,1	17,9	15,0	10,0			
Nicht erwerbst.	358	42,7	22,3	22,6	12,3			
Azubis/Stud.	74	44,6	21,6	14,9	18,9			
Arbeiter	119	64,7	17,6	5,9	11,8	0	0,14	-
Angestellte	177	67,2	17,5	5,1	10,2		h. s.	
Beamte	73	67,1	16,4	5,5	11,0			
Tätigkeit:								
- Leitend	88	68,2	17,0	5,7	9,1	(0)	(0,03)	0,05
- Ausführend	355	65,8	17,4	5,3	11,4		n. s.	
Insgesamt	801	53,8	20,0	14,0	12,2	-	-	-

Tab. 23: Fahrrad-Verfügbarkeit in soziodemographischer Differenzierung in Kiel

	N =	Immer oder fast immer	Häufig	Selten	Nie oder fast nie	Lambda (c)	V	Gamma
Männlich	338	41,1	15,1	18,9	24,9	0	0,03	-
Weiblich	367	43,6	15,3	19,1	22,1		n. s.	
< 25 Jahre	122	57,4	13,1	15,6	13,9			
25-34 Jahre	145	43,4	13,8	22,8	20,0			
35-44 Jahre	114	39,5	14,9	15,8	29,8	(0)	(0,10)	-0,13
45-54 Jahre	126	37,3	16,7	17,5	28,6		n. s.	
55-64 Jahre	94	37,2	16,0	21,3	25,5			
> 64 Jahre	104	37,5	17,3	21,2	24,0			
Pro Haushalt:								
1 Person	299	44,1	15,1	17,7	23,1			
2 Personen	205	41,5	15,1	20,0	23,4	(0)	(0,02)	-0,03
3 Personen	102	40,2	15,7	20,6	23,5		n. s.	
4 Personen und mehr	99	41,4	15,2	19,2	24,2			
Nicht erwerbst.	327	44,0	15,9	19,0	21,1			
Azubis/Stud.	69	50,7	17,4	13,0	18,8			
Arbeiter	88	38,6	13,6	20,5	27,3	0	0,06	-
Angestellte	155	38,7	13,5	20,6	27,1		n. s.	
Beamte	66	39,4	15,2	19,7	25,8			
Tätigkeit:								
- Leitend	71	39,4	14,1	21,1	25,4	(0)	(0,07)	0,08
- Ausführend	307	38,7	13,9	20,2	27,3		n. s.	
Insgesamt	705	42,4	15,2	19,0	23,4	-	-	-

7.3.2.4 Verfügbarkeit von Verkehrsmitteln als Determinante von Wahlfreiheit und Auswahlrestriktion

Insgesamt liefert die soziodemographische Differenzierung keine allzu großen und nur selten statistisch signifikante Diskrepanzen zwischen den verschiedenen Teilgruppen. Wichtiger als die Unterschiede sind vielmehr die Gemeinsamkeiten. Faßt man nämlich bei den Verfügbarkeitsgruppen die Kategorien „Immer/fast immer" und „häufig" zusammen, zeigt sich, daß fast alle Befragten zu deutlich mehr als 60 % über einen PKW ohne größere Einschränkungen verfügen können. Die einzigen stärker abweichenden Ausnahmen in der PKW-Verfügbarkeit bilden nur die Auszubildenden/Studierenden und Unter-25jährigen (zwei in hohem Maße identische Teilgruppen), in Kiel mit kumulierten Verfügbarkeitsgraden von etwas unter 50 %. In dieser Population fällt dementsprechend die ÖPNV- und Fahrrad-Nutzung höher aus (vgl. Kap. 7.3.1.4). Auch die Verfügbarkeit über Fahrräder ist mit knapp unter bzw. über 50 % in allen Teilgruppen hoch. Es ist deshalb für die gesamte Befragungspopulation festzustellen,

Tab. 24: Fahrrad-Verfügbarkeit in soziodemographischer Differenzierung in Lüneburg

	N =	fast immer Immer oder	Häufig	Selten	fast nie Nie oder	Lambda (c)	V	Gamma
Männlich	392	56,9	13,3	13,8	16,1	0	0,03	-
Weiblich	409	59,2	12,7	12,2	15,9		n. s.	
< 25 Jahre	139	68,3	12,9	7,2	11,5			
25-34 Jahre	159	59,7	13,2	11,3	15,7			
35-44 Jahre	128	54,7	12,5	15,6	17,2	(0)	(0,07)	-0,10
45-54 Jahre	143	53,8	12,6	14,7	18,9		n. s.	
55-64 Jahre	117	54,7	12,8	15,4	17,1			
> 64 Jahre	115	55,7	13,9	14,8	15,7			
Pro Haushalt:								
1 Person	296	58,8	12,8	13,5	14,9			
2 Personen	229	58,5	13,1	12,2	16,2	(0)	(0,04)	-0,03
3 Personen	136	57,4	13,2	12,5	16,9		n. s.	
4 Personen und mehr	140	56,4	12,9	13,6	17,1			
Nicht erwerbst.	358	62,0	14,0	10,3	13,7			
Azubis/Stud.	74	67,6	14,9	8,1	9,5			
Arbeiter	119	52,1	11,8	16,0	20,2	0	0,09	-
Angestellte	177	52,5	11,3	17,0	19,2		n.s.	
Beamte	73	52,1	12,3	16,4	19,2			
Tätigkeit:								
- Leitend	88	53,4	12,5	15,9	18,2	(0)	(0,03)	0,04
- Ausführend	281	52,0	11,4	16,7	19,9		n. s.	
Insgesamt	801	58,1	13,0	13,0	16,0	-	-	-

daß ein hoher Anteil der Interviewpartner mehrere Verkehrsmitteloptionen und somit eine subjektive Wahlfreiheit besitzt. Genauer spezifiziert wird dies in der folgenden Tabelle, und zwar unter Einbezug der Qualität des ÖPNV-Anschlusses und der - in Ermangelung körperlicher Behinderungen (vgl. Kap. 7.2) - allen Beteiligten offenstehenden Möglichkeit, zu Fuß zu gehen.

Aus den Kombinationen der Tab. 25 sind zunächst die bereits bekannten Unterschiede zwischen den Bevölkerungen der Untersuchungsregionen ersichtlich, also die höhere ÖPNV-Verfügbarkeit in Kiel und die größere Verfügbarkeit von Individualverkehrsmitteln motorisierter und nichtmotorisierter Art in Lüneburg. Im Sinne des Ansatzes abgestufter Wahlmöglichkeiten ist es nun wichtig zu ermitteln, wie groß der Anteil wahlfreier Personen ist. Strenggenommen ist dies ab zwei Wahlalternativen der Fall, womit lediglich fünf (Lüneburger) Befragte so stark limitiert sind, daß ihnen nur das Zufußgehen übrig bleibt. Diese Sichtweise erscheint aber zu eingeschränkt, denn für die meisten Wege ist der fußläufige Verkehr zu

Tab. 25: Verkehrsmittelverfügbarkeit in Kiel und Lüneburg (in %)

	Kiel				Lüneburg			
	-	ÖPNV	PKW	ÖPNV + PKW	-	ÖPNV	PKW	ÖPNV + PKW
a) Insgesamt	N = 705				N = 801			
Fuß	-	13,9	12,2	16,3	0,6	3,0	15,4	10,0
Fuß + Rad	10,6	11,6	20,1	15,2	15,1	7,5	40,2	8,2
b) Erwerbstät.	N = 309				N = 369			
Fuß	-	11,0	17,8	18,4	0,8	1,4	24,1	9,8
Fuß + Rad	10,0	9,7	22,0	11,0	10,3	3,8	43,1	6,8
c) Azubis/Stud.	N = 69				N = 74			
Fuß	-	8,7	11,6	11,6	-	2,7	9,5	5,4
Fuß + Rad	14,5	17,4	23,2	13,0	23,0	8,1	46,0	5,4
d) Nicht-Erwtät.	N = 327				N = 358			
Fuß	-	17,7	7,0	15,3	0,6	4,7	7,5	11,2
Fuß + Rad	10,4	12,2	17,7	19,6	18,4	11,2	36,0	10,3

Anmerkung: ÖPNV in mindestens befriedigender Anschlußqualität, Individualverkehrsmittel in mindestens „häufiger" Verfügbarkeit. Die Eignung dieser Einteilung ist aus Anl. 26 im Anhang (exemplarisch für den Berufsverkehr) zu ersehen.

Lesebsp.: Die erste Zeile für Prozentangaben, Abschnitt Kiel, sagt aus, daß niemand allein auf das Zufußgehen angewiesen ist, 13,9 % neben dem Zufußgehen den ÖPNV, 12,2 % einen PKW sowie 16,3 % ÖPNV und PKW nutzen können.

langsam, um wirklich als Wahlalternative respektiert zu werden (vgl. auch Kap. 7.3.3). Sinnvoller ist es deshalb, neben dem Zufußgehen noch mindestens zwei weitere Alternativen als Limit für Wahlfreiheit anzunehmen. Unter dieser Bedingung ergibt sich folgendes Bild (in %):

	Kiel		Lüneburg		Summe	
	In der Verkehrsmittelwahl					
	frei	eingeschränkt	frei	eingeschränkt	frei	eingeschränkt
Insgesamt	63,3	36,7	65,9	34,1	64,7	35,3
Erwerbstätige	61,2	38,8	63,4	36,6	62,4	37,6
Azubis/Stud.	65,2	34,8	64,9	35,1	65,0	35,0
Nichterwerbst.	64,8	35,2	68,7	31,3	66,9	33,1

Es zeigen sich sowohl zwischen den beiden Untersuchungsstädten als auch hinsichtlich der Gliederung nach dem Erwerbsstatus nur geringe Unterschiede in der objektiven Wahlfreiheit. Wie schon aus Tab. 25 im Ansatz erkennbar, ist dieses Ergebnis darauf zurückzuführen, daß insbesondere ein unzureichender ÖPNV-Anschluß durch erhöhten Fahrrad- und PKW-Besitz ausgeglichen wird. Trotz zum Teil bedeutender Unterschiede in den Verfügbarkeitsgraden für einzelne Verkehrsmittel zwischen den Einwohnern in Kiel und Lüneburg einerseits sowie den Erwerbsgruppen andererseits, ist also die Verteilung von Wahlfreiheit und Restriktion weitgehend ähnlich - und das bei hohen Wahlfreiheitsgraden von über 60 %. Dieser Wert läge noch höher, wenn jenen, die lediglich mangels Information über keinen ÖPNV-Anschluß verfügen, die aber nach der Wohnortangabe und gegebenenfalls dem Arbeitsort zu urteilen, diesen sehr wohl besitzen (und zwar ohne in die Gruppe „kein Bedarf" zu fallen, siehe Tab. 20), die zusätzliche Verfügbarkeitsvariante ÖPNV zugeordnet wird. In diesem Falle ergäben sich statt 64,7 % Wahlfreier zusammen für Kiel und Lüneburg 83,8 %. Dieser Zuwachs entstammt vor allem den Kategorien „Fuß + PKW" sowie „Fuß + Rad + PKW", nur in geringem Maße der Kombination „Fuß + Rad", was auf eine starke Substitutionswirkung des PKW für den ÖPNV hindeutet bis hin zum völligen Desinteresse an letzterem. Kurzfristig wird sich allerdings das Potential der Nicht-ÖPNV-Informierten sicherlich nicht für dieses Verkehrsmittel gewinnen lassen, zumal bessere ÖPNV-Bedingungen und eine weitaus offensivere Informationspolitik (z. B. kostenlose Zusendung von Fahrplänen ins Haus) allein wohl nur in geringem Maße das mangelnde Interesse an öffentlichen Verkehrsmitteln heben können. Das Potential der Nicht-ÖPNV-Informierten ist übrigens vornehmlich bei Erwerbstätigen zu finden (vgl. Tab. 20), was auch erklärt, weshalb diese Gruppe trotz stark ausgeprägter PKW-Verfügbarkeit in obiger Übersicht den geringsten Anteil an Wahlfreien aufweist.

Mit der Klärung der Verfügbarkeitsrelationen ist noch keine Aussage darüber getroffen, welche Beziehungen zur aktuell ausgeübten Verkehrsmittelwahl bestehen. Hierzu ist eine weitere Kreuztabellarisierung vonnöten. Bevor diese vorgenommen werden soll, ist es jedoch ratsam, die gewählten Verfügbarkeitsparameter für den nichtmotorisierten Verkehr einer genaueren Analyse zu unterziehen. Oben wurde bereits wegen einer zu vermutenden, distanzbeschränkten Akzeptanz des Zufußgehens die Mindestwählbarkeit von zwei weiteren Verkehrsmitteln als Prämisse für „Wahlfreiheit" vorausgesetzt. Einerseits ist dieses Vorgehen im untersten Entfernungsbereich wenig sinnvoll, andererseits ist eine Distanzbeschränkung in der Akzeptanz auch für den Radverkehr zu vermuten. Die Verfügbarkeit als eine Determinante der Verkehrsmittelwahl läßt sich deshalb nur sinnvoll näher untersuchen, wenn es gelingt, dieses Kriterium im nichtmotorisierten Verkehr exakter zu definieren. Das folgende Kapitel unternimmt einen dementsprechenden Versuch.

7.3.3 Wegentfernungen und Wetter

Die Abb. 31 und 32 zeigen die Entfernungen für Arbeits- und Ausbildungswege, die Abb. 33-36 für Wege zum Zwecke kleiner und großer Einkäufe von Nichterwerbstätigen, jeweils in Verknüpfung mit der Wahl der Verkehrsmittel. Soziodemographische Unterschiede bestehen in den Entfernungen zwischen Wohn- und Arbeitsstätte kaum. Lediglich die Wege der Auszubildenden/Studierenden (Durchschnitt: Kiel 5,0 km, Lüneburg 3,4 km) und damit der jüngeren Bevölkerung bis zu 25 Jahren sind signifikant kürzer als jene der Berufstätigen im engeren Sinne (Kiel 6,7 km, Lüneburg 4,5 km). Ansonsten bestehen Distanzunterschiede zwischen den beiden Stadtbereichen, allerdings beschränkt auf den Berufsverkehr. Während in Lüneburg 92,8 % aller Wege bis zu maximal 10 km lang sind, ist das in Kiel als Folge der großstädtischen Flächenausbreitung und der bandartigen Struktur nur zu 81 % der Fall. Entsprechend liegt die Durchschnittsdistanz in Kiel bei 6,4 km und in Lüneburg bei 4,3 km. Wie

Abb. 31: Entfernungen und Verkehrsmittelwahl bzgl. des Arbeitsweges in Kiel

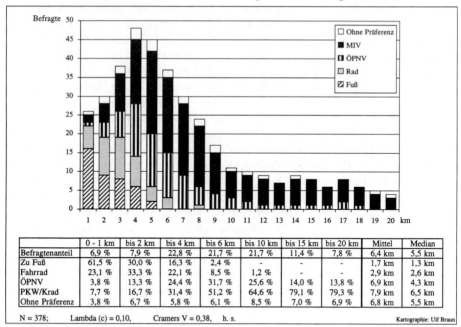

	0 - 1 km	bis 2 km	bis 4 km	bis 6 km	bis 10 km	bis 15 km	bis 20 km	Mittel	Median
Befragtenanteil	6,9 %	7,9 %	22,8 %	21,7 %	21,7 %	11,4 %	7,8 %	6,4 km	5,5 km
Zu Fuß	61,5 %	30,0 %	16,3 %	2,4 %	-	-	-	1,7 km	1,3 km
Fahrrad	23,1 %	33,3 %	22,1 %	8,5 %	1,2 %	-	-	2,9 km	2,6 km
ÖPNV	3,8 %	13,3 %	24,4 %	31,7 %	25,6 %	14,0 %	13,8 %	6,9 km	4,3 km
PKW/Krad	7,7 %	16,7 %	31,4 %	51,2 %	64,6 %	79,1 %	79,3 %	7,9 km	6,5 km
Ohne Präferenz	3,8 %	6,7 %	5,8 %	6,1 %	8,5 %	7,0 %	6,9 %	6,8 km	5,5 km

N = 378; Lambda (c) = 0,10, Cramers V = 0,38, h. s. Kartographie: Ulf Braun

Abb. 32: Entfernungen und Verkehrsmittelwahl bzgl. des Arbeitsweges in Lüneburg

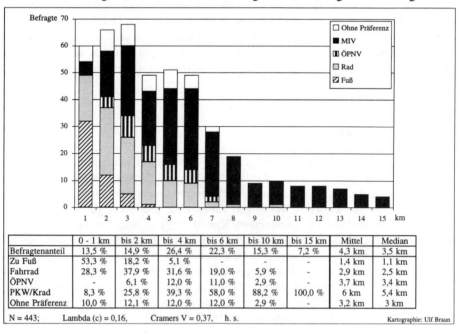

	0 - 1 km	bis 2 km	bis 4 km	bis 6 km	bis 10 km	bis 15 km	Mittel	Median
Befragtenanteil	13,5 %	14,9 %	26,4 %	22,3 %	15,3 %	7,2 %	4,3 km	3,5 km
Zu Fuß	53,3 %	18,2 %	5,1 %	-	-	-	1,4 km	1,1 km
Fahrrad	28,3 %	37,9 %	31,6 %	19,0 %	5,9 %	-	2,9 km	2,5 km
ÖPNV	-	6,1 %	12,0 %	11,0 %	2,9 %	-	3,7 km	3,4 km
PKW/Krad	8,3 %	25,8 %	39,3 %	58,0 %	88,2 %	100,0 %	6 km	5,4 km
Ohne Präferenz	10,0 %	12,1 %	12,0 %	12,0 %	2,9 %	-	3,2 km	3 km

N = 443; Lambda (c) = 0,16, Cramers V = 0,37, h. s. Kartographie: Ulf Braun

174

Abb. 33: Entfernungen und Verkehrsmittelwahl bzgl. kleiner Einkäufe von Nichterwerbstätigen in Lüneburg

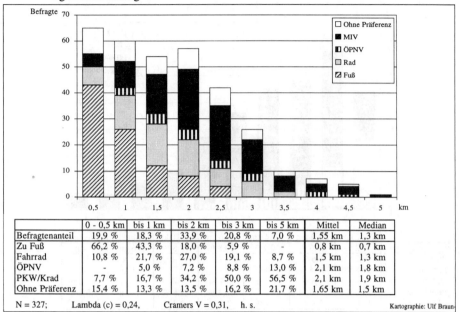

	0 - 0,5 km	bis 1 km	bis 2 km	bis 3 km	bis 5 km	Mittel	Median
Befragtenanteil	19,9 %	18,3 %	33,9 %	20,8 %	7,0 %	1,55 km	1,3 km
Zu Fuß	66,2 %	43,3 %	18,0 %	5,9 %	-	0,8 km	0,7 km
Fahrrad	10,8 %	21,7 %	27,0 %	19,1 %	8,7 %	1,5 km	1,3 km
ÖPNV	-	5,0 %	7,2 %	8,8 %	13,0 %	2,1 km	1,8 km
PKW/Krad	7,7 %	16,7 %	34,2 %	50,0 %	56,5 %	2,1 km	1,9 km
Ohne Präferenz	15,4 %	13,3 %	13,5 %	16,2 %	21,7 %	1,65 km	1,5 km

N = 327;   Lambda (c) = 0,24,   Cramers V = 0,31,   h. s.   Kartographie: Ulf Braun

Abb. 34: Entfernungen und Verkehrsmittelwahl bzgl. kleiner Einkäufe von Nichterwerbstätigen in Kiel

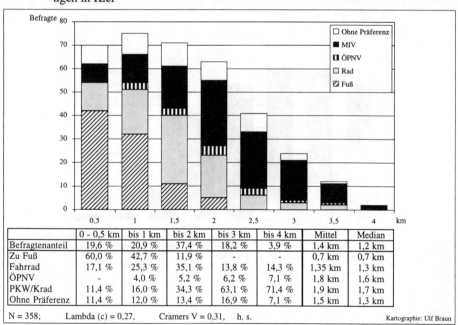

	0 - 0,5 km	bis 1 km	bis 2 km	bis 3 km	bis 4 km	Mittel	Median
Befragtenanteil	19,6 %	20,9 %	37,4 %	18,2 %	3,9 %	1,4 km	1,2 km
Zu Fuß	60,0 %	42,7 %	11,9 %	-	-	0,7 km	0,7 km
Fahrrad	17,1 %	25,3 %	35,1 %	13,8 %	14,3 %	1,35 km	1,3 km
ÖPNV	-	4,0 %	5,2 %	6,2 %	7,1 %	1,8 km	1,6 km
PKW/Krad	11,4 %	16,0 %	34,3 %	63,1 %	71,4 %	1,9 km	1,7 km
Ohne Präferenz	11,4 %	12,0 %	13,4 %	16,9 %	7,1 %	1,5 km	1,3 km

N = 358;   Lambda (c) = 0,27,   Cramers V = 0,31,   h. s.   Kartographie: Ulf Braun

175

Abb. 35: Entfernungen und Verkehrsmittelwahl bzgl. großer Einkäufe von Nichterwerbstätigen in Kiel

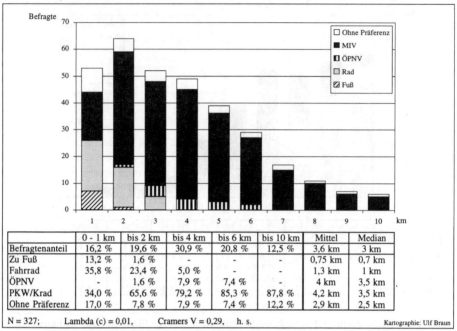

	0 - 1 km	bis 2 km	bis 4 km	bis 6 km	bis 10 km	Mittel	Median
Befragtenanteil	16,2 %	19,6 %	30,9 %	20,8 %	12,5 %	3,6 km	3 km
Zu Fuß	13,2 %	1,6 %	-	-	-	0,75 km	0,7 km
Fahrrad	35,8 %	23,4 %	5,0 %	-	-	1,3 km	1 km
ÖPNV	-	1,6 %	7,9 %	7,4 %	-	4 km	3,5 km
PKW/Krad	34,0 %	65,6 %	79,2 %	85,3 %	87,8 %	4,2 km	3,5 km
Ohne Präferenz	17,0 %	7,8 %	7,9 %	7,4 %	12,2 %	2,9 km	2,5 km

N = 327;   Lambda (c) = 0,01,   Cramers V = 0,29,   h. s.   Kartographie: Ulf Braun

Abb. 36: Entfernungen und Verkehrsmittelwahl bzgl. großer Einkäufe von Nichterwerbstätigen in Lüneburg

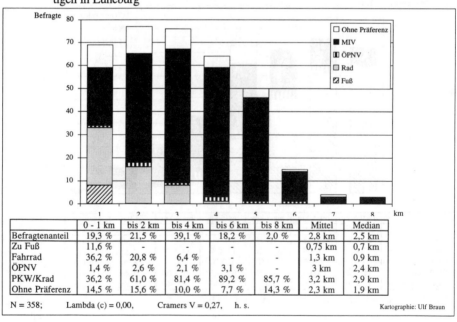

	0 - 1 km	bis 2 km	bis 4 km	bis 6 km	bis 8 km	Mittel	Median
Befragtenanteil	19,3 %	21,5 %	39,1 %	18,2 %	2,0 %	2,8 km	2,5 km
Zu Fuß	11,6 %	-	-	-	-	0,75 km	0,7 km
Fahrrad	36,2 %	20,8 %	6,4 %	-	-	1,3 km	0,9 km
ÖPNV	1,4 %	2,6 %	2,1 %	3,1 %	-	3 km	2,4 km
PKW/Krad	36,2 %	61,0 %	81,4 %	89,2 %	85,7 %	3,2 km	2,9 km
Ohne Präferenz	14,5 %	15,6 %	10,0 %	7,7 %	14,3 %	2,3 km	1,9 km

N = 358;   Lambda (c) = 0,00,   Cramers V = 0,27,   h. s.   Kartographie: Ulf Braun

176

schon in Kap. 7.1.3.1 angedeutet, dürfte diese Diskrepanz mitverantwortlich sein für die quasi spiegelbildlich verteilten Relationen von ÖPNV- und Fahrradnutzung in den beiden Untersuchungsregionen: Die Fahrradnutzung erweist sich nämlich - ebenso wie das Zufußgehen - als in hohem Maße distanzabhängig. Der Fußgängeranteil dominiert bei Entfernungen bis zu 1 km, anschließend erreichen der Fahrrad- und PKW-Verkehr hohe Anteile, für das Fahrrad gilt das jedoch nur bis zu einer Entfernung von 4 km. Sein Anteil sinkt bis 6 km stark ab und ist darüber hinaus nicht mehr von Bedeutung. Von diesem Rückgang des Radverkehrs profitieren der öffentliche und private Kraftfahrzeugverkehr, wobei letzterer schon ab 3 bzw. 4 km anteilsmäßig die Spitzenposition übernimmt. Auffällig an diesen Ergebnissen ist, daß die Differenz in den Entfernungsmittelwerten von Kiel und Lüneburg im wesentlichen auf Unterschiede der entsprechenden Mittelwerte von motorisierten Verkehrsmitteln zurückgeht. Jene für Fußgänger und Radfahrer sind hingegen in Kiel und Lüneburg fast in jedem Fall so gut wie identisch. Mit anderen Worten: Die Bereitschaft, zu Fuß zu gehen oder mit dem Rad zu fahren, ist von der Stadtgröße weitgehend unabhängig. Im Grunde ist dies eine banale Erkenntnis, liegt doch eine Abhängigkeit von der reinen Wegedistanz und dem damit verbundenen physischen Aufwand nahe, gleichwohl war in Diskussionen mit politisch und planerisch Verantwortlichen sehr oft die Ansicht zu hören, in größeren Städten würden auch längere Gehwege akzeptiert werden.

Die Verkehrsmittelwahl im Einkaufsverkehr ähnelt sich zwischen beiden Städten sehr viel mehr als jene des Berufsverkehrs. Auch hierbei dürfte der Distanzfaktor eine entscheidende Rolle spielen, denn die durchschnittlichen Entfernungen zu den Einkaufsstätten in Kiel und Lüneburg liegen - insbesondere bei kleinen Einkäufen - erheblich dichter beieinander als im Berufsverkehr. Erklärlich ist das durch ein in allen deutschen Städten trotz wirtschaftlicher Konzentration immer noch relativ dichtes Netz von Einzelhandelsstandorten, so daß der Einfluß von Stadtgröße und -struktur in diesem Verkehrsbereich weniger differenzierend wirkt. Die bei großen Einkäufen gegenüber kleinen Besorgungen größeren Distanzen erklären sich nach den Fragebogenangaben durch die Bevorzugung des innerstädtischen Geschäftszentrums und der Einkaufszentren am Innenstadt- und Stadtrand, während weniger umfangreiche Einkäufe überwiegend im eigenen Wohnviertel getätigt werden.

Die in den Abbildungen nicht dargestellte Situation bei regnerischem Wetter weist keine substantiellen Abweichungen in der Verteilung auf. Der bereits in Kap. 7.3.1.1 und 7.3.1.2 diskutierte Rückgang des Radverkehrs ist in allen Distanzkategorien vorhanden, wovon bis zu 1 km vor allem der Fußgängerverkehr, darüber hinaus fast ausschließlich ÖPNV und PKW profitieren. Oberhalb 4 km im Berufsverkehr und 2 km im Einkaufsverkehr fährt bei regnerischem Wetter fast niemand mehr mit dem Fahrrad.

Das Hauptergebnis der Abb. 31-36 einer starken Abhängigkeit der Verkehrsmittelwahl von der zurückzulegenden Distanz überrascht nicht und steht im Einklang mit anderen Forschungsergebnissen (vgl. HUK 1991, S. 108, EMNID 1991, Tabellenteil, S. 85-87). Die physische Belastung, aber auch Zeitverluste von Radfahrern und insbesondere Fußgängern gegenüber motorisierten Verkehrsmitteln bei längeren Strecken sind hierfür naheliegende Ursachen. Auch daß der überwiegende Teil der Mobilität innerhalb relativ niedriger Entfernungsklassen abgewickelt wird - siehe Angaben für arithmetische Mittel und Mediane -, ist ein bereits anderweitig belegtes Resultat (vgl. VDV/Socialdata 1991, S. 11, EMNID ebda.). Für die Erforschung der Verkehrsmittelwahl gewinnt das obige Vorgehen dennoch insofern Bedeutung, als es nun möglich ist, die in Kap. 7.3.2.4 genannten Verfügbarkeitsangaben zu spezifizieren. Es erscheint sinnvoll, im untersten Distanzbereich von bis zu 1-2 km das Zufußgehen als konkurrenzfähige Fortbewegungsalternative anzuerkennen, während das Fahrrad seine Attraktivität im Bereich zwischen drei und sechs Kilometern verliert. Tab. 26 liefert deshalb eine modifizierte Darstellung der Verfügbarkeitsdaten aus Tab. 25, wobei in Anlehnung an die Befragungsergebnisse folgende Prämissen gesetzt werden:

Als maximal akzeptable Distanzwerte für die Bewertung „verfügbar" sollen gelten

	für das	
	Zufußgehen	Fahrrad
im		
- Ausbildungs-/Berufsverkehr	2 km	6 km
- Verkehr für kleine Einkäufe	2 km	4 km
- Verkehr für große Einkäufe	1 km	3 km

Die Verfügbarkeitsvorgaben für den ÖPNV und den PKW bleiben unverändert, das heißt, ersterer muß in mindestens befriedigender Anschlußqualität vorhanden, der PKW mindestens „häufig" als verfügbar angegeben worden sein. Eine Ausnahme bilden die Angaben zu den großen Einkäufen. In den Befragungsdaten wurde häufige oder ständige Nutzung des PKW auch bei „seltener" Verfügbarkeit zahlreich angegeben. Dieser Umstand zwingt zur Anerkennung, daß für einen vergleichsweise selten verfolgten sowie zeitlich flexiblen Verkehrszweck auch schon eine „seltene" Verfügbarkeit eine ausreichende Grundlage bildet. Dies gilt dann jedoch auch für die Option Fahrrad.

Auf der Basis von Tab. 26 wird in Tab. 27 die nunmehr für diese Untersuchung maßgebliche Unterscheidung zwischen wahlfreien und in ihrer Verkehrsmittelwahl auf eine bestimmte Fortbewegungsart fixierten Personen vorgenommen. Als wahlfrei soll eine Person bezeichnet werden, die über mindestens zwei Wahlalternativen verfügt, und zwar unter Wahrung der oben angegebenen Distanzparameter. Diese Beschreibung ist allerdings nur kurzfristig gültig, mittelfristige Handlungsoptionen, wie z. B. die Anschaffung eines Fahrrades oder eines PKW sowie die Verlagerung des Wohnstandortes in die Nähe des Arbeitsplatzes oder einer günstigen Einkaufsgelegenheit, bleiben unberücksichtigt.

Die Tab. 27 zeigt, daß sich im Vergleich zu den Ausführungen in Kap. 7.3.2.4 der Anteil der Wahlfreien bei den in Ausbildung befindlichen Personen geringfügig und bei den Nichterwerbstätigen deutlich erhöht hat. Letzteres ist zurückzuführen auf die im Vergleich zum Berufsverkehr erheblich kürzeren Wegeentfernungen, was für einen größeren Teil der Befragten das Zufußgehen eine annehmbare Alternative sein läßt. Dies erklärt im umgekehrten Sinne, weshalb Erwerbstätige in Kiel eine um knapp fünf Prozentpunkte geringere

178

Tab. 26: Verkehrsmittelverfügbarkeit unter Berücksichtigung der Distanzempfindlichkeit nichtmotorisierter Fortbewegung in Kiel und Lüneburg (in %)

	Kiel				Lüneburg			
	-	ÖPNV	PKW	ÖPNV + PKW	-	ÖPNV	PKW	ÖPNV + PKW
a) Erwerbstät.	N = 309				N = 369			
-	3,6	12,3	23,0	19,1	2,7	1,9	26,8	8,4
Fuß	-	2,3	3,2	3,6	0,3	0,3	6,2	2,7
Rad	4,9	4,5	10,4	5,2	5,1	1,9	22,0	3,5
Fuß + Rad	1,6	1,6	3,2	1,6	3,0	1,1	12,2	1,9
b) Azubis/Stud.	N = 69				N = 74			
-	2,9	11,6	15,9	13,0	2,7	4,1	10,8	4,1
Fuß	-	1,4	1,4	1,4	-	-	2,7	1,4
Rad	7,2	8,7	11,6	7,2	8,1	2,7	17,6	2,7
Fuß + Rad	4,3	4,3	5,8	2,9	12,2	4,1	24,3	2,7
c) Nicht-Erwtät. (kl. Eink.)	N = 327				N = 358			
-	-	5,2	2,1	4,6	-	1,1	1,1	2,5
Fuß	-	11,9	4,6	10,4	0,3	3,4	5,3	7,8
Rad	2,8	3,7	4,9	5,5	4,2	2,5	8,4	2,8
Fuß + Rad	7,6	9,2	13,1	14,4	14,5	8,9	28,8	8,4
d) Nicht-Erwtät. (gr. Eink.)	N = 327				N = 358			
-	1,8	8,0	14,1	27,8	2,2	2,5	20,1	15,4
Fuß	-	0,9	0,9	3,1	-	0,3	1,4	2,2
Rad	2,1	3,4	11,3	15,0	3,1	2,0	24,3	10,3
Fuß + Rad	0,9	1,2	4,0	5,5	1,4	0,8	10,1	3,9
e) Insgesamt	N = 705				N = 801			
-	2,3	9,6	15,4	17,2	2,0	2,1	18,1	8,2
Fuß	-	4,1	2,8	4,8	0,2	0,9	4,6	3,6
Rad	4,0	4,5	9,4	7,7	4,7	2,1	19,0	4,8
Fuß + Rad	3,1	6,0	3,6	5,6	6,1	3,1	16,5	3,9

Anmerkung: Die Kategorie „Insgesamt" setzt sich summarisch zusammen aus den Werten für Erwerbstätige, Auszubildende/Studierende und dem Mittelwert aus kleinen und großen Einkäufen der Nichterwerbstätigen.

Lesebsp.: Die erste Zeile für Prozentangaben, Abschnitt Kiel, sagt aus, daß 3,6 % über kein Verkehrsmittel unter attraktiven Bedingungen verfügen, 12,3 % nur die ÖPNV- und 23,0 % nur die PKW-Nutzung offensteht sowie 19,1 % die Wahl zwischen ÖPNV und PKW haben.

Tab. 27: Wahlfreiheit und Wahldeterminiertheit in Kiel und Lüneburg

	Kiel		Lüneburg		Summe	
	In der Verkehrsmittelwahl					
	frei	eingeschränkt	frei	eingeschränkt	frei	eingeschränkt
Insgesamt	68,8	31,2	72,9	27,1	71,0	29,0
Erwerbstätige	56,3	43,7	63,1	36,9	60,0	40,0
Azubis/Stud.	62,3	37,7	74,3	25,7	68,5	31,5
Nichterwerbstät.						
- kl. Einkäufe	89,9	10,1	93,3	6,7	91,7	8,3
- gr. Einkäufe	74,0	26,0	72,1	27,9	73,0	27,0
- Mittelwert	82,0	18,0	82,7	17,3	82,3	17,7

Tab. 28: Distanzbeeinflußte Verfügbarkeit über Transportmittel und Verkehrsmittelpräferenzen im Berufsverkehr von Kiel und Lüneburg (in %)

Verkehrsmittel-verfügbarkeit	N =	Präferierte Verkehrsmittelwahl			
		Zufußgehen	Fahrrad	ÖPNV	PKW
Keine günstige Wahlmöglichkeit	20	45,0	-	55,0	-
Fuß	1	100,0	-	-	-
Rad	42	-	76,2	23,8	-
ÖPNV	52	15,4	5,8	78,8	-
PKW	171	0,6	0,6	8,8	90,1
Fuß + Rad	25	44,0	56,0	-	-
Fuß + ÖPNV	8	50,0	-	50,0	-
Fuß + PKW	33	36,4	-	3,0	60,6
Rad + ÖPNV	26	7,7	69,2	15,4	7,8
Rad + PKW	121	-	33,1	1,7	65,3
ÖPNV + PKW	92	2,2	1,1	12,0	84,5
Fuß + Rad + ÖPNV	14	42,9	35,7	21,4	-
Fuß + Rad + PKW	70	31,4	25,7	2,9	40,0
Fuß + ÖPNV + PKW	21	42,9	-	14,3	42,9
Rad + ÖPNV + PKW	33	-	27,3	21,2	51,5
Fuß + Rad + ÖPNV + PKW	14	28,6	28,6	-	42,9
Summe	743	12,2	19,5	15,3	52,9
Lambda (c) = 0,34, Cramers V = 0,34, h. s.					

Tab. 29: Distanzbeeinflußte Verfügbarkeit über Transportmittel und Verkehrsmittelpräferenzen im Verkehr zum Zwecke kleiner Einkäufe in Kiel und Lüneburg (in %)

Verkehrsmittel-verfügbarkeit	N =	Präferierte Verkehrsmittelwahl			
		Zufußgehen	Fahrrad	ÖPNV	PKW
Keine günstige Wahlmöglichkeit	-	-	-	-	-
Fuß	-	-	-	-	-
Rad	24	4,2	87,5	4,2	4,2
ÖPNV	21	9,5	-	90,5	-
PKW	11	-	-	-	100,0
Fuß + Rad	58	55,2	43,1	1,7	-
Fuß + ÖPNV	49	81,6	2,0	14,3	2,0
Fuß + PKW	30	46,7	-	-	53,3
Rad + ÖPNV	19	5,3	84,2	10,5	-
Rad + PKW	38	-	39,5	-	60,5
ÖPNV + PKW	23	-	-	4,3	95,7
Fuß + Rad + ÖPNV	50	56,0	42,0	2,0	-
Fuß + Rad + PKW	125	25,6	24,8	-	49,6
Fuß + ÖPNV + PKW	50	40,0	2,0	2,0	56,0
Rad + ÖPNV + PKW	25	-	44,0	4,0	52,0
Fuß + Rad + ÖPNV + PKW	63	20,6	20,6	1,6	57,1
Summe	586	31,2	26,5	6,0	36,3
Lambda (c) = 0,41, Cramers V = 0,60, h. s.					

Tab. 30: Distanzbeeinflußte Verfügbarkeit über Transportmittel und Verkehrsmittelpräferenzen im Verkehr zum Zwecke großer Einkäufe in Kiel und Lüneburg (in %)

Verkehrsmittel-verfügbarkeit	N =	Präferierte Verkehrsmittelwahl			
		Zufußgehen	Fahrrad	ÖPNV	PKW
Keine günstige Wahlmöglichkeit	2	50,0	-	50,0	-
Fuß	-	-	-	-	-
Rad	18	-	100,0	-	-
ÖPNV	15	-	7,1	92,9	-
PKW	115	-	-	-	100,0
Fuß + Rad	8	25,0	75,0	-	-
Fuß + ÖPNV	4	50,0	-	50,0	-
Fuß + PKW	8	12,5	-	-	87,5
Rad + ÖPNV	17	-	82,4	17,6	-
Rad + PKW	102	-	17,6	-	82,4
ÖPNV + PKW	138	-	-	-	100,0
Fuß + Rad + ÖPNV	7	28,6	71,4	-	-
Fuß + Rad + PKW	45	8,9	17,8	-	73,3
Fuß + ÖPNV + PKW	18	11,1	-	-	88,9
Rad + ÖPNV + PKW	81	-	17,3	-	82,7
Fuß + Rad + ÖPNV + PKW	32	6,3	15,6	-	78,1
Summe	685	2,6	14,6	3,3	79,5
Lambda (c) = 0,48, Cramers V = 0,85, h. s.					

Wahlfreiheit im Vergleich zur ersten Wahlfreiheitsberechnung aufweisen. Nach wie vor ist aber in beiden Untersuchungsstädten und bei allen Verkehrszwecken der Anteil der Wahlfreien sehr hoch. Er würde zudem, wie schon in Kap. 7.3.2.4 ausgeführt, im Berufsverkehr ähnlich hoch wie im Einkaufsverkehr Nichterwerbstätiger liegen, wenn durch Hebung des Informationsniveaus der Befragten in bezug auf Liniennetz und Fahrzeiten im ÖPNV eine Angleichung von objektiver und subjektiver Verfügbarkeit gelänge.

Auf der Basis von Tab. 26 wird nun in den Tab. 28-30 der Einfluß distanzabhängiger Verfügbarkeitsdaten auf die Verkehrsmittelwahl untersucht. Der Anteil der Befragten, der nach den benutzten Abgrenzungskriterien kein Verkehrsmittel in günstiger Form zur Verfügung hatte, aber dennoch am Verkehr teilnahm, war mit 2,7 % gering. Die Hälfte von jenen zählte zu den Erwerbstätigen, wobei die Verkehrsmittelwahl in vier von fünf Fällen festgelegt war, und zwar fast gleichrangig zugunsten des Zufußgehens und des ÖPNV. Die gleiche Relation zeigte sich bei den Nichterwerbstätigen, denen nach den gewählten Parametern eigentlich gar kein Verkehrsmittel zur Verfügung stand, jedoch besaß in dieser Gruppe nur ein geringer Anteil von 13,3 % überhaupt eine Verkehrsmittelpräferenz.[5] In fast allen anderen Kategorien der Verkehrsmittelverfügbarkeit wurde von den Befragten ein bestimmtes Verkehrsmittel präferiert (mindestens zu 80 %, meist zu 90-100 %). Die einzige Ausnahme findet sich im Verkehr zum Zwecke großer Einkäufe: Jene, die nur den ÖPNV als günstige Alternative besaßen, waren nur zu 43 % auf eine Option festgelegt. Dies ist ein erster Hinweis auf eine „Vermeidungstendenz" zu Lasten öffentlicher Verkehrsmittel, die an zahlreichen anderen Stellen der obigen drei Tabellen ihre Bestätigung findet: Besteht nur die Wahloption ÖPNV, dann wird auch fast nur der ÖPNV präferiert - nicht anders als bei den individuellen Fortbewegungsmitteln; steht aber eine weitere Alternative zur Verfügung, so sinkt der Präferenzwert für den ÖPNV stark ab, und zwar am stärksten, wenn die Alternative im Fahrrad oder im PKW besteht.

Etwas besser sieht es für nichtmotorisierte Verkehrsmittel aus. Sind die Distanzen kurz, wird das Zufußgehen dem ÖPNV vorgezogen oder teilen sich Zufußgehen und Fahrradnutzung die Präferenzwerte ungefähr paritätisch. Bei längeren Strecken (> 1 bzw. 2 km, siehe obige Definitionen) sowie größeren Gepäcklasten (siehe große Einkäufe) wird das Fahrrad bevorzugt.

Wenn allerdings die Wahlalternative PKW hinzutritt, dominiert sie die Präferenzentscheidungen. In keiner Rubrik wird ein konkurrierendes Verkehrsmittel häufiger gewählt als der PKW, wobei der nichtmotorisierte Transport analog zur obigen Feststellung den zweiten Platz vor dem ÖPNV erringt. Einschränkend ist zu bemerken, daß zumindest die Summe des „Umweltverbundes" in wenigen Fällen doch die Mehrheit der Präferenzen erhält oder sie nur knapp verfehlt, wenn es sich nämlich um fußläufige Distanzen handelt und über das Zufußgehen hinaus Fahrrad und/oder ÖPNV zusätzlich verfügbar sind. Bei großen Einkäufen

---

[5] Bei der Interpretation der Tab. 28-30 ist zu beachten, daß nur jene Personen in die Berechnung der Werte eingehen konnten, die eine Verkehrsmittelpräferenz aufwiesen.

besteht jedoch eine generelle Dominanz des PKW. Außerdem sprechen auch die Gesamtwerte für die Präferierung des PKW: Im Berufsverkehr nutzen 61,7 % der Wahlfreien mit PKW-Option eben dieses Verkehrsmittel, im Verkehr von Nichterwerbstätigen für kleine Einkäufe sind es 56,5 %, bei großen Einkäufen 87,3 %.

Diese Ergebnisse und die vergleichsweise hohen Werte der angegebenen Assoziationskoeffizienten in den Tab. 28-30 lassen für die Mehrheit der Befragten und für alle Verkehrszwecke eine „Präferenzrangfolge" erkennen:

$$\text{PKW} \longrightarrow \text{Fahrrad / Zufußgehen} \longrightarrow \text{ÖPNV}$$

Ist also beispielsweise ein PKW nicht oder kaum verfügbar, erhält der nichtmotorisierte Verkehr den Vorrang vor dem ÖPNV, und zwar im untersten Entfernungsbereich eher das Zufußgehen, ansonsten eher das Fahrrad. Diese Interpretation verdeutlicht, daß dem ÖPNV trotz verhältnismäßig starker Nutzung vor allem im Berufsverkehr keine besonders hohe Gunst entgegengebracht wird. Vielmehr wird der ÖPNV überwiegend von jenen genutzt, die keine andere Wahlmöglichkeit besitzen (vgl. auch Tab. 31). Zu einem ähnlichen Ergebnis gelangte bereits ILGMANN (1982) in einer Untersuchung für die Stadt Hamburg, welche bundesweit für ein vorbildliches ÖPNV-System bekannt ist. Bei weiter zunehmender Motorisierung läßt sich deshalb unter ansonsten unveränderten Rahmenbedingungen ein fortgesetzt sinkender modal split - Anteil des öffentlichen Verkehrs prognostizieren.

Tab. 31 macht demhingegen die überwiegend freiwillige Entscheidung für alle Individualverkehrsmittel deutlich. Einschränkend ist zu bemerken, daß unter den erwerbstätigen, wahlfreien Nutzern der Transportmittel Zufußgehen und Fahrrad zwei Drittel selten oder nie über einen PKW verfügen. Bei der entsprechenden Gruppe Nichterwerbstätiger ist es knapp die Hälfte. Diese Befragtenanteile sind also wahlfrei innerhalb des Umweltverbundes, die attraktivste Alternative „PKW" steht ihnen aber nicht offen. Die Variante eines freiwilligen Verzichts auf eine ständige PKW-Verfügbarkeit, z. B. aus Umweltidealismus, ist zwar möglich, erscheint aber als Regelfall wenig wahrscheinlich; finanzielle Restriktionen für Kauf und Unterhalt eines (Zweit-)Kraftfahrzeuges dürften mehrheitlich dafür verantwortlich sein. Nimmt aber, wie in der Vergangenheit, die Motorisierung zu und damit auch der Mehrfachbesitz eines PKW innerhalb eines Haushaltes, sind angesichts der offenbar hohen Attraktivität dieses Verkehrsmittels sinkende modal split - Anteile für die nichtmotorisierte Fortbewegung zu erwarten, wenn auch in geringerem Ausmaß als beim ÖPNV.

Interessant ist, daß auch der weitaus größte Teil der PKW-Benutzer nicht zwingend auf den PKW angewiesen ist, sondern über Alternativen verfügt. Quantitativ liegt dieser Anteil in den Größenordnungen, die Socialdata aus eigenen und Fremdforschungen für mehrere deutsche Städte/Regionen sowie die Niederlande angibt (VDV/Socialdata 1991, S. 27). Es dürfte sich deshalb um ein Ergebnis hoher Verläßlichkeit und Übertragbarkeit handeln.

Tab. 31: Wahlfreiheit und Verkehrsmittelpräferenzen in den Untersuchungsgebieten (Angaben in %)

Wegezweck	Zu Fuß	Verkehrsmittelpräferenzen:			PKW	Gesamt-summe
		Fahrrad	ÖPNV	Summe Umwelt-verbund		
Ausbildung und						
Beruf; N =	91	145	114	350	393	743
- Wahlfrei	74,7	74,5	28,1	59,4	60,3	59,9
- Nicht wahlfrei	1,1	22,1	36,0	21,1	39,2	30,7
- Ungunst	24,2	3,4	36,0	19,4	0,5	9,4
Kleine Einkäufe/						
Besorgungen; N =	183	155	35	373	213	586
- Wahlfrei	97,8	85,2	40,0	87,1	93,9	89,6
- Nicht wahlfrei	-	13,5	54,3	10,7	5,2	8,7
- Ungunst	2,2	1,3	5,7	2,1	0,9	1,7
Große Einkäufe; N =	16	89	20	125	485	610
- Wahlfrei	93,8	78,7	25,0	72,0	76,3	75,4
- Nicht wahlfrei	-	20,2	70,0	25,6	23,7	24,1
- Ungunst	6,3	1,1	5,0	2,4	-	0,5

Anmerkung: „Ungunst" bedeutet, daß ein Verkehrsmittel präferiert wird, dessen Nutzungsvoraussetzungen eigentlich eine Nicht-Verfügbarkeit nahelegen.

Trotz der festgestellten Präferenzrangfolge ist wiederum der Einwand vorzubringen, daß eben diese Rangfolge auch aus distanzabhängigen Verfügbarkeitsmaßen allenfalls deskriptiv entnommen, keineswegs aber aus ihnen kausallogisch erklärt werden kann. Eine deterministische Deutung der Verkehrsmittelwahl ist lediglich bei den nicht wahlfreien Personen möglich, denen nur eine, und zwar die wahrgenommene, Transportmitteloption offensteht. Dieser Ansatz versagt bei Wahlfreien, welche die große Mehrheit stellen, sowie der (kleinen) Gruppe derer, die ein Verkehrsmittel wählen, das ihnen nach den gewählten Kategorisierungsmerkmalen eigentlich gar nicht zur Verfügung steht. Letzteres resultiert vor allem aus der Inkaufnahme von nachteiligen Anschlußbedingungen im ÖPNV sowie ferner der Akzeptanz überdurchschnittlich langer Fußwege. Damit gelingt eine Erklärung des Auswahlprozesses mit Hilfe von distanzabhängigen Verfügbarkeitsdaten im Berufsverkehr bei 27,8 % aller befragten erwerbstätigen Personen, bei Nichterwerbstätigen im Verkehr für große Einkäufe zu 21,5 %, bei kleinen Einkäufen jedoch nur in 7,4 % der Fälle.[6] Zur Deutung der Verkehrsmittelwahl bei der Mehrheit der Befragten bedarf es mithin der Analyse weiterer Parameter.

---

[6] Beachte: Die Prozentuierungen beziehen sich auf alle Befragten und nicht nur auf jene mit ausgeprägter Verkehrsmittelpräferenz, welche Grundlage der Daten in Tab. 31 sind.

7.3.4 Wegekoppelung

Alle Befragungsteilnehmer sollten für ihre Arbeits- bzw. Einkaufswege angeben, ob sie diese mit weiteren Tätigkeiten oder Erledigungen koppeln. Dies kann beispielsweise für die Kombination des Arbeitsweges mit Einkäufen oder für die Koppelung dieser Tätigkeiten mit dem Schul-/Kindergartenweg der Kinder, mit Besuchen bei Verwandten/Bekannten, von Freizeitveranstaltungen und anderem gelten. Die Häufigkeit der Wegekoppelung erwies sich generell als hoch (nicht unerwartet, vgl. KLINGBEIL 1977, HEINRITZ u. a. 1979, POPP 1979, HANSON 1980a,b) und als von soziodemographischen Faktoren zum großen Teil unabhängig. So waren beispielsweise die Unterschiede zwischen den Altersgruppen und Haushaltsgrößen nur geringfügig. Es muß folglich von einem generell stark ausgeprägten Bemühen um zeitsparende Wegekoppelung ausgegangen werden, auch wenn die Art miteinander verbundener Tätigkeiten zwischen Einzelpersonen, kinderlosen Lebensgemeinschaften und Familien sowie jungen und alten Menschen sicherlich differiert.

Die stärksten soziodemographischen Unterschiede traten in der Wegekoppelung beim Vergleich von Erwerbstätigen, einschließlich Auszubildenden/Studierenden, einerseits und Nichterwerbstätigen andererseits auf (vgl. Tab. 32). Die Differenzen dürften jedoch nicht unmittelbar auf den Erwerbsstatus, sondern auf die unterschiedliche Koppelungsfreundlichkeit der abgefragten Wegezwecke (Arbeits- versus Einkaufsweg) zurückzuführen sein.

Es stand zu vermuten, daß ein hoher Grad von Wegekoppelung vorrangig das Zufußgehen und die Nutzung öffentlicher Verkehrsmittel erschwert. Gründe dafür sind die Summierung von Wegen über fußläufige Entfernungen hinaus, wenn die einzelnen Aktivitäten nicht nahe der Hauptwegeroute liegen, sowie die mehrmals anfallende, zeitaufwendige Abhängigkeit von Abfahrzeiten im ÖPNV. Ob eine Meidung des Zufußgehens und des ÖPNV wirklich zustandekommt, hängt dabei im Einzelfall noch von weiteren Rahmenbedingungen ab, etwa dem Gepäckvolumen oder der Notwendigkeit und Leichtigkeit der Mitnahme von weiteren Personen, vor allem Kindern. Der obigen Vermutung wurde, ausgehend von den Antworthäufigkeiten in Tab. 32, mittels eines Vergleiches mit den Verkehrsmittelpräferenzen nachgegangen (Tab. 33), wobei mangels Unterschieden zwischen den Stadtbereichen deren Ergebnisse zusammengefaßt dargestellt sind.[7]

Die Tab. 33 belegt die Ungunst von Wegekoppelungen für den Fußgänger- und öffentlichen Verkehr. Dabei handelt es sich aber offensichtlich nicht um ein ausschließendes Kriterium, vielmehr ist lediglich eine leichte Tendenz zur stärkeren Präferierung von relativ schnellen Individualverkehrsmitteln erkennbar, also des Fahrrades und noch stärker des PKW. Der relativ schwach ausgeprägte Trend könnte aber auf Einschränkungen bei den Verfügbarkeitsparametern zurückzuführen sein. Wenn nämlich einem Großteil der Befragten nur eine Fortbewegungsart oder nur eine bestimmte Kombination von Transportmitteln zur Verfügung steht,

---

7) Die Auswertungen blieben bei den Nichterwerbstätigen auf Wege für kleine Einkäufe beschränkt, um den Einfluß der intervenierenden Variablen Gepäck auszuschließen.

Tab. 32: Häufigkeit der Wegekoppelung bei den Befragten (Angaben in %)

	Auszubildende/Erwerbs-tätige (Arbeitsweg)		Nichterwerbstätige (kleine Einkäufe)	
	Kiel N = 378	Lüneburg 443	Kiel 327	Lüneburg 358
Wegekoppelung:				
- Immer/fast immer	20,1	21,9	16,2	18,2
- Häufig	49,2	46,5	51,0	48,6
- Selten	20,4	21,0	22,0	22,1
- Nie/fast nie	10,3	10,7	10,7	11,2

Tab. 33: Wegekoppelung und Verkehrsmittelpräferenz

	Verkehrsmittelpräferenz bei								
	Arbeitswegen					kleinen Einkäufen Nicht-erwerbstätiger			
	N =	Fuß	Rad	ÖPNV	PKW	N =	Fuß	Rad	ÖPNV	PKW
Wegekoppelung:									
- Immer/fast immer	155	9,7	20,0	12,3	58,1	97	25,8	28,9	4,1	41,2
- Häufig	356	9,8	19,9	14,6	55,6	299	30,8	27,1	5,0	37,1
- Selten	156	15,4	18,6	18,6	47,4	128	33,6	24,2	7,8	34,4
- Nie/fast nie	76	22,4	18,4	18,4	40,8	62	37,1	24,2	9,7	29,0
Insgesamt	743	12,2	19,5	15,3	52,9	586	31,2	26,5	6,0	36,3
	Lambda c = 0,00, V = 0,09, s.					Lambda c = 0,01, V = 0,07, n.s.				

kann sich der Koppelungseinfluß in dieser Teilpopulation gar nicht auswirken und tritt dadurch im Gesamtdurchschnitt schwächer in Erscheinung; Beispiel: Wer nur zu Fuß gehen oder den ÖPNV benutzen kann, für den ist die Frage der Koppelungshäufigkeit irrelevant, weil kein koppelungsgünstiges Verkehrsmittel zur Wahl steht. Um eine schlüssigere Aussage zu erhalten, wurden deshalb die Daten in Tab. 34 neu gruppiert, einerseits nach koppelungsgünstigen versus -ungünstigen Verkehrsmitteln, andererseits nach einer koppelungsdifferenzierten Form der Wahlfreiheitskriterien aus Kap. 7.3.3 (vgl. Übersicht oberhalb Tab. 34).

Aus dem oberen Teil von Tab. 34 wird zunächst folgendes deutlich:
• Wer über kein Verkehrsmittel unter günstigen Rahmenbedingungen verfügen kann, präferiert das Zufußgehen oder den öffentlichen Verkehr zu 100 %, wobei allerdings auch gar nichts anderes übrigbleibt (Zeile h);
• ebenso entscheiden unter vergleichbar restriktiven Rahmenbedingungen diejenigen, die bei mindestens häufiger Koppelung von Wegen nur zwischen ÖPNV und Zufußgehen wählen können (Zeile e) oder gar nur eine der beiden Varianten zur Verfügung haben (Zeile g);
• konträr dazu wählen jene, die (nur) zwischen den koppelungsgünstigen Alternativen Fahrrad und PKW wählen können oder verfügbarkeitsbedingt auf eine dieser beiden Fortbewegungsarten festgelegt sind, eben diese Verkehrsmittel (Zeilen b und f).

186

Einfluß von Aktivitätskoppelungen	Koppelungshäufigkeit	Verkehrsmittelverfügbarkeit
Wahlfrei/koppelungsindifferent	Selten oder (fast) nie	Mindestens zwei Wahlalternativen zwischen beliebigen Verkehrsmitteln
Wahlfrei/koppelungsbeeinflußt	Häufig oder (fast) immer	Mindestens Fahrrad und PKW stehen zur Verfügung, weitere Alternativen möglich, aber nicht nötig (in Tab. 34 nochmals differenziert)
Wahlbeeinflußt durch Koppelungsbedarf	Häufig oder (fast) immer	Fahrrad oder PKW sind mit mindestens einer weiteren Alternative verfügbar (Zufußgehen, ÖPNV)
Wahlfrei nur zwischen koppelungsungünstigen Verkehrsmitteln	Häufig oder (fast) immer	Es ist nur das Zufußgehen und die Nutzung des ÖPNV möglich
Nicht wahlfrei/ a) koppelungsgünstig b) koppelungsungünstig	Egal	Nur ein Verkehrsmittel verfügbar: - Fahrrad oder PKW - Zufußgehen oder ÖPNV
Ohne günstig verfügbares Verkehrsmittel	Egal	Es steht kein Verkehrsmittel unter günstigen Bedingungen zur Verfügung

Tab. 34: Verfügbarkeit und Koppelungshäufigkeit als Determinanten der Verkehrsmittelwahl

Befragte, klassifiziert nach distanzabhängiger Transportmittelverfügbarkeit und Koppelungseinfluß (siehe obige Liste)	Verkehrsmittelpräferenz bei					
	Arbeitswegen			kleinen Einkäufen Nichterwerbstätiger		
	N =	Fuß + ÖPNV %	Rad + PKW %	N =	Fuß + ÖPNV %	Rad + PKW %
Wahlfrei/koppelungs- a) - indifferent	142	34,5	65,5	172	41,3	58,7
- beeinflußt, verfügbar b) * nur Rad + PKW	84	2,4	97,6	25	0	100
c) * Rad, PKW und andere	80	25,0	75,0	145	29,7	70,3
d) Wahlbeeinflußt durch Koppelungsbedarf	145	22,1	77,9	155	31,0	69,0
e) Wahlfrei nur zwischen koppelungsungünstigen Verkehrsmitteln	6	100	0	33	100	0
Nicht wahlfrei, f) - koppelungsgünstig	213	12,2	87,8	35	5,7	94,3
g) - koppelungsungünstig	50	94,3	5,7	21	100	0
h) Ohne günstig verfügbares Verkehrsmittel	20	100	0	-	-	-
Insgesamt	743	27,6	72,4	586	37,2	62,8
Reduzierte Form: Zeile a)	142	34,5	65,5	172	41,3	58,7
Zeile c) und d)	215	24,2	75,8	300	30,3	69,7
Summe	357	28,3	71,7	472	34,3	65,7
	Lambda c = 0,00, V = 0,11, s.			Lambda c = 0,00, V = 0,11, s.		

187

Diese Feststellungen überraschen nicht, da in ihnen der Einfluß der Verfügbarkeit über Verkehrsmittel dominiert und gar keine Wahlmöglichkeit zwischen koppelungsgünstigen und -ungünstigen Transportformen besteht. Zusammen mit den koppelungsindifferenten Personen (Zeile a) machen all jene, auf welche die Koppelungshäufigkeit keinen Einfluß ausüben kann, 50,2 % im Berufs- und 19,5 % im Verkehr zum Zwecke kleiner Einkäufe aus (Zeilen b und e bis h). Dieser Anteil ist damit zumindest im Berufsverkehr so bedeutend, daß eine Nivellierung des Koppelungseinflusses im oben angedeuteten Sinne möglich erscheint. Koppelungsaktivitäten können überhaupt nur in den Zeilen c und d wirksam werden, wobei Unterschiede im Vergleich zur Zeile a (kein Koppelungseinfluß) erkennbar sein müßten. Diesem Vergleich dienen die reduzierten Angaben im unteren Teil von Tab. 34, wobei eine intensivere Koppelungswirkung als in Tab. 33 offenbar wird. Dennoch bleibt die Stärke dieses Einflusses mäßig, denn bei beiden Verkehrszwecken unterscheidet sich die Bevorzugung von Zufußgehen und ÖPNV einerseits sowie Fahrrad und PKW andererseits um lediglich zehn bis elf Prozentpunkte. Dementsprechend nimmt Cramers V auch keinen hohen Wert an. Es bleibt deshalb bei obiger Feststellung, daß die häufige Koppelung von Tätigkeiten zwar zu einer tendenziellen Bevorzugung schneller Individualverkehrsmittel führt, von einer Determinierung aber keine Rede sein kann.

7.3.5 Gewohnheit

In Kap. 5.5 wurde in Anknüpfung an LIEBL (1978) Gewohnheit als ein möglicher, die Verkehrsmittelwahl bestimmender Faktor genannt, weil sie bei häufig oder periodisch wiederkehrenden Fahrtzwecken und gleichen oder ähnlichen äußeren Bedingungen eine Verkürzung des gedanklichen Selektionsaufwandes bietet. Bewährte Verkehrsmittelentscheidungen werden wiederholt, ohne erneut die Vor- und Nachteile der zur Verfügung stehenden Alternativen abzuwägen. Es wurde auch die Vermutung geäußert, der Gewohnheit komme gerade im Stadtverkehr mit seiner häufigen Wiederholung alltäglicher Transportaufgaben eine besondere Bedeutung zu.

Eine direkte Frage nach dem Einfluß der Gewohnheit enthielten die Fragebögen nicht, weil die Erhebung selbst dazu anhielt, das eigene Auswahlverhalten zu begründen. Geschieht dies, ist nicht mehr das Erkennen der gewohnheitsmäßigen Bestimmung des eigenen Verhaltens zu erwarten. Deshalb wurde versucht, Gewohnheitseinfluß über die Fragen nach der aktuellen Verkehrsmittelwahl zu erfassen. Vereinfacht war in einem ersten Schritt ein Gewohnheitseinfluß anzunehmen, wenn ein Interviewpartner angab, zu einem Verkehrszweck ein bestimmtes Transportmittel immer, andere überhaupt nicht zu benutzen, und zwar unabhängig vom Wetter. Bezogen auf die Fragestellungen hieße dies, daß alle Personen, die bei einem bestimmten Verkehrszweck

- für ein Transportmittel die Kategorie „immer/fast immer"
- sowohl bei trockenem als auch regnerischem Wetter
- ohne Nutzungsangabe für ein weiteres Verkehrsmittel (in wenigen Fällen erfolgten nämlich noch zusätzliche Angaben in der Kategorie „selten")

Tab. 35: Verkehrszweckspezifische Homogenität der Verkehrsmittelwahl (Angaben in %)

| | K i e l | | | | L ü n e b u r g | | | |
	N =	Fuß	Rad	ÖPNV	PKW	N =	Fuß	Rad	ÖPNV	PKW
	Ausbildungs- und Berufsverkehr									
Ausschließliche Wahlpräferenz	378	9,3	4,2	19,8	37,3	443	9,5	10,6	7,7	37,9
Verkehrszweckspez. gewohnheitsbest.	378	7,9	0,5	9,0	17,7	443	7,9	6,3	4,7	16,3
	Verkehr für kleine Einkäufe von Nichterwerbstätigen									
Ausschließliche Wahlpräferenz	327	16,2	7,0	4,6	21,4	358	17,9	15,4	3,1	20,9
Verkehrszweckspez. gewohnheitsbest.	327	16,2	4,3	0,6	21,4	358	17,6	11,7	2,0	20,9
	Verkehr für große Einkäufe von Nichterwerbstätigen									
Ausschließliche Wahlpräferenz	327	1,2	3,1	1,5	47,4	358	1,1	5,0	0,8	47,5
Verkehrszweckspez. gewohnheitsbest.	327	0,3	0,9	-	33,3	358	-	2,0	-	27,4

Anmerkung: Die genannten Bedingungen für die Kategorien „Ausschließliche Wahl-
präferenz" und „Verkehrszweckspezifisch gewohnheitsbedingt" schränkten die
Berechenbarkeit des Gewohnheitseinflusses innerhalb der zugrundeliegenden
Befragungsdaten auf den Berufsverkehr und den Einkaufsverkehr Nicht-
erwerbstätiger ein. Für die anderen Verkehrsarten ist nämlich der ÖPNV-
Anschluß in der Befragung nicht erfaßt worden, ebenso nicht die Wetter-
abhängigkeit der Verkehrsmittelnutzung und die Quelle-Ziel-Entfernungen als
Basis distanzmäßig differenzierter Verfügbarkeitsdaten. Aufgrund dieser
Einschränkungen hätten für den Einkaufsverkehr Erwerbstätiger und den
Freizeitverkehr die Daten für die ständige Nutzung eines Verkehrsmittels aus
den Kap. 7.3.1.1 - 7.3.1.3 fast unverändert übernommen werden müssen, was im
Vergleich zu den viel restriktiver behandelten, erstgenannten Verkehrszwecken
überhöhte Werte geliefert hätte.

vermerkten, als gewohnheitsmäßige Nutzer der gewählten Mobilitätsform zu bezeichnen
wären. Die quantitativen Größenordnungen für die so definierte Gruppe gibt Tab. 35 in der
Zeile „Ausschließliche Wahlpräferenz" an; sie liegen nur wenig unterhalb der „immer/fast immer"-Werte für die einzelnen Verkehrsmittel in den Abb. 23-30 der Kap. 7.3.1.1 - 7.3.1.3.

In einem zweiten Schritt wurden jene Befragten herausgerechnet, denen unter Einbezug des
Distanzparameters lediglich eine Wahloption offenstand (vgl. Kap. 7.3.3). Bezogen auf die
Fragestellungen bedeutete dies in Ergänzung zu den oben genannten drei Bedingungen, daß

- neben dem gewählten Verkehrsmittel mindestens eine weitere Alternative „immer/fast immer" oder „häufig" (bei großen Einkäufen zusätzlich „selten") zur Verfügung steht
- und (bezogen auf das Zufußgehen und Fahrradfahren) distanzmäßig zumutbar sein sollte.

Die verbleibende Restgröße wurde in Tab. 35 als „Verkehrszweckspezifisch gewohnheitsbestimmt" benannt, da Gewohnheit als Einflußfaktor eine Auswahlmöglichkeit voraussetzt, diese aber nicht wahrgenommen wird.

Gegen die Herausrechnung der Befragten mit nur einer Verfügbarkeitsoption läßt sich einwenden, daß mittelfristig z. B. der Kauf eines Fahrrades oder die Beschaffung von Informationen über die Nutzungsbedingungen des ÖPNV die Wahloptionen häufig erweitern könnte. Gerade die Gewöhnung an ein bestimmtes Verkehrsmittel verhindert jedoch die Ausweitung der Verfügbarkeitsoptionen durch Kauf oder Informationsgewinnung. Die Werte der verkehrszweckspezifischen Gewohnheit in Tab. 35 müssen deshalb als untere quantitative Grenze des Gewohnheitseinflusses interpretiert werden.

Aber auch so macht Tab. 35 deutlich, daß innerhalb der Verkehrszwecke bedeutende Anteile der Verkehrsmittelwahl auf Gewohnheit zurückführbar sind. Selbst unter Verwendung der restriktiveren Variante „verkehrszweckspezifisch gewohnheitsbestimmt" summieren sich die Anteile auf 35 % im Berufsverkehr, 40 bis knapp über 50 % im Verkehr für kleine Einkäufe sowie um 30 % bei großen Einkäufen. Dabei zeigen die beiden Stadtbereiche deutliche Strukturähnlichkeiten: Die jeweiligen quantitativen Angaben liegen dicht beieinander, wobei in Lüneburg - wie bekannt - die Bedeutung des Fahrrades vor allem im Berufsverkehr bedeutend größer ist, während in Kiel der ÖPNV das größere Gewicht der beiden Verkehrsarten besitzt. In beiden Stadtbereichen verbucht zudem der PKW den bei weitem größten Gewohnheitsanteil.

Gleichwohl sollte diese Interpretation nicht zufriedenstellen. Sicherlich fördern gleichartige Rahmenbedingungen wie im täglichen Berufs- und Einkaufsverkehr gewohnheitsmäßiges Verhalten in starkem Maße. Andererseits ist der Schluß von homogenem Wahlverhalten innerhalb nur eines Verkehrszweckes auf die Wirkung von Gewohnheit nicht logisch zwingend. Da sich beispielsweise die Rahmenbedingungen (Distanz, Zielgebiet, Qualität des ÖPNV-Anschlusses etc.) für den täglichen Weg zur Arbeit mit Ausnahme des Wetters nicht ändern, ist es gar nicht verwunderlich, wenn die Verkehrsteilnehmer in hohem Maße jeden Tag dieselbe Mobilitätsentscheidung treffen. Von gewohnheitsbedingter Verkehrsmittelwahl zu sprechen, wäre deshalb erst statthaft, wenn die Wahlpräferenz nicht nur innerhalb einer Wegeart konstant ausgeprägt ist, sondern auf andere Verkehrszwecke übertragen wird. Konkret würde sich das in der Befragung so äußern, daß ein Erwerbstätiger den PKW nicht nur ständig für den Arbeitsweg, sondern ebenso ständig für Einkaufs- und Freizeitwege benutzt, ein Nichterwerbstätiger dementsprechend für kleine und große Einkäufe sowie Freizeitwege. Deshalb wurden die Befragungsdaten in einem dritten Schritt (Tab. 36) daraufhin analysiert, ob über die oben hergeleiteten fünf Kriterien für die Kategorie „verkehrszweckspezifisch gewohnheitsbedingt" hinaus als sechste Bedingung

- eine Transportform bei allen Verkehrszwecken, also unter Einbezug des Einkaufsverkehrs Erwerbstätiger und des Freizeitverkehrs, ausschließlich benutzt wird (-> Angabe „immer/ fast immer", bei anderen Verkehrsmitteln „nie/fast nie").

Tab. 36: Gewohnheitsbestimmte Verkehrsmittelwahl (in %)

| | Kiel | | | | | Lüneburg | | | |
	N =	Fuß	Rad	ÖPNV	PKW	N =	Fuß	Rad	ÖPNV	PKW
Erwerbstätige	378	0,5	-	0,3	11,1	443	0,9	1,6	0,5	8,8
Nichterwerbstätige	327	-	0,3	-	14,7	358	-	0,8	-	11,5
Summe	705	0,3	0,1	0,1	12,8	801	0,5	1,2	0,2	10,0

Unter Anwendung obiger Definition von Gewohnheit verbleibt ein zwar stark verringerter, aber mit 13,3 % in Kiel und 12 % in Lüneburg durchaus nennenswerter Teil von Befragten, die eine gewohnheitsmäßige Bestimmung ihrer Verkehrsmittelwahl erkennen lassen. Dabei tritt die Dominanz der PKW-Nutzer noch stärker hervor als in Tab. 35. Vereinfachend kann man sogar Gewohnheit als einen Faktor der Verkehrsmittelwahl auffassen, der fast ausschließlich PKW-Nutzer betrifft. Dies wird noch klarer, wenn man die Zahl gewohnheitsmäßig bestimmter Transportmittelnutzer nicht auf die Gesamtzahl der Befragten berechnet, sondern als Basis jene nimmt, die über PKW und Fahrrad jeweils mindestens „häufig" verfügen und beim ÖPNV eine mindestens befriedigende Anschlußqualität aufweisen:

Gewohnheitsmäßige	Kiel	Lüneburg	Summe
• Fußgänger	0,3 %	0,5 %	0,4 %
• Radfahrer	0,3 "	1,8 "	1,1 "
• ÖPNV-Kunden	1,0 "	1,5 "	1,3 "
• PKW-Nutzer	20,0 "	13,5 "	16,3 "

Noch einmal zu erwähnen ist schließlich, daß ein zusätzlicher Teil gerade der ständigen PKW-Nutzer nur deshalb nicht in die Kategorie der Gewohnheitsdeterminierten aufgenommen wurde, weil sie über kein Fahrrad sowie mangels Informiertheit über keinen ÖPNV-Anschluß verfügen und ihnen deshalb nur der PKW zur Verfügung steht. Interpretiert man jedoch diesen Mangel an verfügbaren Optionen als Desinteresse an einer Erweiterung der Wahlalternativen - weil die Verkehrsmittelwahl gewohnheitsmäßig bestimmt ist -, würden sogar 24,9 % der potentiellen PKW-Nutzer (Verfügbarkeit: mindestens „häufig") in Kiel und 16,2 % in Lüneburg ihr Fahrzeug nicht mehr in einem aktiven Entscheidungsprozeß auswählen, sondern unabhängig von Verkehrszweck, Distanz, Wetter und anderen Beweggründen geradezu „automatisch" in ihr Auto einsteigen. Diese Zahlen dürften auch in etwa jene Personengruppe beschreiben, deren Verkehrsmittelwahl durch planerische Maßnahmen voraussichtlich nur schwer zu beeinflussen ist, also allenfalls mittel- und langfristig auf der Basis großräumiger und einschneidender Änderungen in den Verkehrsrahmenbedingungen.

Trotz der beachtlichen Größenordnung des Gewohnheitseinflusses auf PKW-Nutzer könnte man hieraus den Schluß ziehen, der verbleibende, wesentlich größere Rest der PKW-Nutzer von 75,1 % in Kiel und 83,8 % in Lüneburg sei einer Politik zur Beeinflussung der Verkehrsmittelwahl verhältnismäßig leicht zugänglich. Dies würde einen ungerechtfertigt optimistischen Eindruck hinterlassen, da die benutzten sechs Kriterien zur Abgrenzung des Gewohnheitseinflusses in ihrer Summe sehr rigide und quasi nur zur Definition eines „harten Kerns von Gewohnheitsdeterminierten" geeignet sind. Gewohnheit ist jedoch sicher keine dichotome, sondern eine graduell abgestufte Variable. Geht man insofern davon aus, daß sie eben doch auch verkehrszweckspezifisch auftritt und zahlreiche Personen mangels Interesse an PKW-Alternativen freiwillig auf ÖPNV-Informationen und Fahrradbesitz verzichten, sollte sich die Verkehrspolitik bei der Abschätzung von Reaktionspotentialen besser an den erheblich ungünstigeren Werten für die „ausschließliche Wahlpräferenz" in Tab. 35 orientieren. Da die Prozentwerte in Tab. 35 zudem auf alle Befragten bezogen sind, müßte noch eine Einschränkung der Prozentuierungsbasis auf diejenigen erfolgen, die nach den Angaben der Kap. 7.3.1.1 - 7.3.1.2 bei den einzelnen Verkehrszwecken eine häufige oder ständige PKW-Nutzung angegeben haben. In diesem Falle errechnen sich - bei sehr geringen Unterschieden zwischen den beiden Untersuchungsgebieten - kurzfristige Beeinflussungspotentiale von ca. 21 % der PKW-Nutzer im Berufsverkehr sowie ca. 33 % im kleinen und großen Einkaufsverkehr. Selbst wenn man für den Freizeitverkehr ähnliche Beeinflußbarkeitsquoten unterstellt, bleibt zu berücksichtigen, daß ein Teil des PKW-Verkehrs aus dem in diese Untersuchung nicht eingeschlossenen Dienst- und Wirtschaftsverkehr sowie privaten, stadtbereichsüberschreitenden Quell-, Ziel- und Durchgangsverkehr mit Kraftwagen besteht. Erstere können mit dem bundesdeutschen Durchschnitt von 14,8 % (Anteil der PKW-Fahrten, Stand 1992, BMV 1994, S. 218) veranschlagt werden, letztere machten in den Untersuchungsregionen ein Fünftel bis ein Viertel des Kfz-Verkehrs aus (Stadt Kiel 1986, Textteil, S. 54, für Lüneburg nach eigener Erhebung). Beide Anteile müssen als nur in geringem Maße auf Verkehrsmittel des Umweltverbundes verlagerbar angesehen werden, einerseits durch verkehrsinterne Gründe, z. B. Gepäcktransportbedarf und Zeitdruck, andererseits aufgrund mangelnder Beeinflußbarkeit des außerstädtischen Verkehrsraumes durch die Politik einer einzelnen Kommune. Unter Berücksichtigung dessen läßt sich das tatsächlich kurzfristig auf den Umweltverbund verlagerbare Potential im gesamten PKW-Verkehr auf 13-23 % veranschlagen. Diese Annahme wird tendenziell bestätigt durch die jüngsten Erfahrungen in Lüneburg: Nach der Einführung der „autoarmen Innenstadt" und einigen begleitenden Verbesserungen im ÖPNV und Radverkehr mit Hauptumsetzungszeitpunkt im Mai 1993, nahm bis zu einer eigenen Verkehrszählung Ende Mai/Anfang Juni 1994 der PKW-Verkehr um 14,5 % zugunsten der Verkehrsmittel des Umweltverbundes ab (PEZ 1994, S. 95).

Für den verfolgten Hauptzweck - die Erklärung der Strukturen der Verkehrsmittelwahl - soll indes an den Werten der Tab. 36 festgehalten werden. Demnach ist ein nennenswerter Einfluß der Gewohnheit auf die Verkehrsmittelwahl, vorrangig bei PKW-Nutzern, vorhanden. Ferner erhöht der Gewohnheitseinfluß die Anteile der bisher durch die Verfügbarkeitskomponente erklärten Fälle von Verkehrsmittelwahl (vgl. Kap. 7.3.3) im Berufsverkehr auf 39,6 % sowie bei Nichterwerbstätigen im Verkehr für große Einkäufe auf 35,0 und bei kleinen Einkäufen auf 21,0 %.

7.3.6 Zielerreichbarkeit

Die Zielerreichbarkeit beschreibt die Zugänglichkeit eines Zielortes mit bestimmten Verkehrsmitteln. Sie ist primär durch die Möglichkeit bestimmt, mit einem Transportmittel in die unmittelbare Nähe des Zieles zu gelangen. Im Fernverkehr besitzt die Zielerreichbarkeit einen weitgehend ausschließenden Charakter, da z. B. ein Ort durch öffentliche Massenverkehrsmittel erschlossen ist oder nicht sowie die meisten Wege länger als die bei nichtmotorisierten Verkehrsmitteln üblicherweise tolerierten Geh- und Fahrentfernungen (vgl. Kap. 7.3.3) sind. Anders verhält es sich jedoch im Stadtverkehr. Geringere Distanzen und ein mehr oder minder dichtes ÖPNV-Netz gewähren den Verkehrsmitteln des Umweltverbundes eine erhöhte Zielerreichbarkeit. Für PKW-Benutzer kann die Zugänglichkeit hingegen eingeschränkt sein durch Fahrverbote, Parkplatzmangel im Zielbereich oder Nichtakzeptanz von Parkentgelten. Eine Zielunerreichbarkeit resultiert daraus aber nicht, wenn nicht erhebliche körperliche Behinderungen das Zurücklegen üblicher Gehstrecken unmöglich machen. Während also im Fernverkehr eine Unterscheidung in für bestimmte Verkehrsmittel erreichbare und nicht erreichbare Ziele möglich ist, muß im Stadtbereich im Regelfall ersteres für jeden Ort angenommen werden, gegebenenfalls durch Verkehrsmittelkombinationen (insbesondere ÖPNV oder PKW mit dem Zufußgehen). Lediglich eine graduelle Abstufung ist im Stadtbereich möglich, da die Direktheit, mit der Quelle und Ziel im ÖPNV verbunden sind, sowie der Fußwegaufwand zu/von den Haltestellen und Parkplätzen unterschiedlich sind.

Zur Messung der so definierten Zielerreichbarkeit empfehlen sich verkehrsmittelspezifische Reisezeiten. Damit aber ist sie als Bestandteil der Faktoren „Unabhängigkeit/Flexibilität" und „Schnelligkeit" aufzufassen und wurde innerhalb der Befragung auch so benutzt. Die Diskussion dieser beiden Kriterien erfolgt erst bei den einstellungsorientierten Parametern in Kap. 7.3.8. Gleichwohl war bereits aus Unterschieden in der Struktur der Verkehrsmittelwahl in Kiel und Lüneburg ein Einfluß der Zielerreichbarkeit - oder besser: Schnelligkeit der Zielerreichung - ableitbar, der an dieser Stelle dokumentiert werden soll.

Beide Befragungen von Erwerbstätigen erfolgten unter lagerepräsentativen Bedingungen der Arbeitsstätten (vgl. Kap. 7.2). Das Stadtzentrum ist demnach geprägt durch:

- Knappheit von Parkplätzen bzw. von kostengünstigen/-freien Stellplätzen,
- dichten, stauanfälligen Kfz-Verkehr in der rush hour,
- optimalen ÖPNV-Anschluß im Zielgebiet, weil alle Linien sternartig auf die Innenstadt zulaufen und die Haltestellendichte im Kernbereich der Städte sehr hoch ist.

Die peripherer gelegenen Arbeitsstandorte zeichnen sich demhingegen durch PKW-freundlichere und ÖPNV-ungünstigere Bedingungen aus. Dies wird weniger in den Entfernungen der Arbeitsstätten zur nächsten Haltestelle deutlich als in den Antworten auf die Fragen, ob eine direkte ÖPNV-Anbindung vom Wohnstandort zum Arbeitsplatz besteht und wie die Parkplatzsituation im Bereich der Befragungsinstitution beurteilt wird (Abb. 37 u. 38). Dies wiederum bleibt nicht ohne Folgen für die Verkehrsmittelwahl. Lag der Arbeitsplatz im Stadtkern, wurde in erheblich größerem Umfang die ÖPNV - und auch häufiger die nicht-

Abb. 37: Direktheit der ÖPNV-Anbindung zwischen Wohn- und Arbeitsplatz in Abhängigkeit vom Institutionsstandort

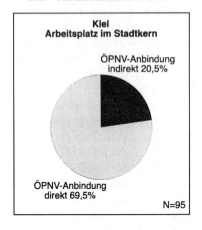

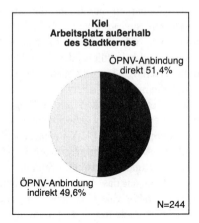

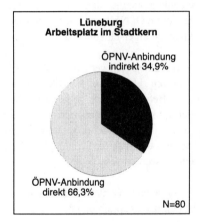

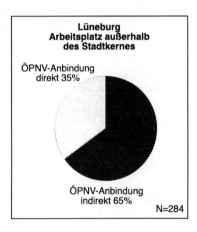

Abb. 38: Parkplatzsituation an der Arbeitsstätte in Abhängigkeit vom Institutionsstandort

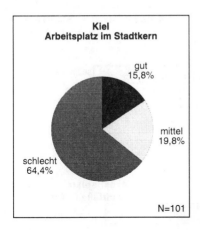

Kiel
Arbeitsplatz im Stadtkern

gut
15,8%

mittel
19,8%

schlecht
64,4%

N=101

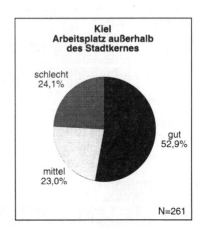

Kiel
Arbeitsplatz außerhalb
des Stadtkernes

schlecht
24,1%

gut
52,9%

mittel
23,0%

N=261

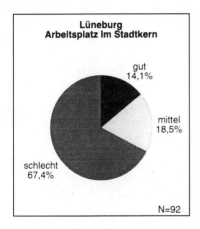

Lüneburg
Arbeitsplatz im Stadtkern

gut
14,1%

mittel
18,5%

schlecht
67,4%

N=92

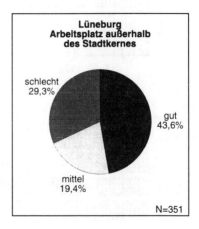

Lüneburg
Arbeitsplatz außerhalb
des Stadtkernes

schlecht
29,3%

gut
43,6%

mittel
19,4%

N=351

Abb. 39: Verkehrsmittelwahl im Berufsverkehr nach Zielgebieten (bei trockenem Wetter; Angaben in %)

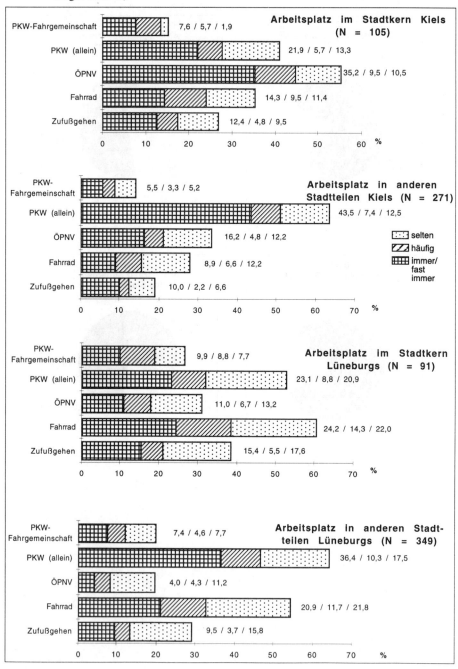

motorisierte Fortbewegung sowie PKW-Fahrgemeinschaften - für den Weg dorthin gewählt. Demgegenüber zählten die Beschäftigten in peripherer gelegenen Stadtteilen in erheblich stärkerem Umfang zu den PKW-Alleineinfahrern (Abb. 39). Ferner war festzustellen, daß die häufigen und ständigen Nutzer des ÖPNV mit Arbeitsplatz im Kieler und Lüneburger Stadtkern jeweils zu etwas mehr als 40 % aus wahlfreien Personen bestanden, also alternativ zu Fuß gehen konnten bzw. das Fahrrad oder Auto zur Verfügung hatten (letzteres in zwei Drittel der Fälle). Demgegenüber verfügten fast 90 % der ÖPNV-Kunden mit Arbeitsplätzen außerhalb des Zentrums über keine (attraktive) Alternative und sind folglich als „Zwangsnutzer" anzusehen.

Auch über die Verkehrsbedingungen am Arbeitsstandort hinaus sind Wechselwirkungen von Parkraumangebot und Verkehrsmittelwahl feststellbar. So korrelierte die PKW-Nutzungshäufigkeit in hohem Maße mit dem Parkraumangebot nicht nur am Ziel-, sondern auch am Quellort des Verkehrs (Tab. 37). Diese Ergebnisse weisen einerseits auf eine große Bedeutung des Faktorenkomplexes „Unabhängigkeit/Flexibilität" und „Schnelligkeit" für die Verkehrsmittelwahl hin, andererseits auf die potentielle Beeinflußbarkeit der Verkehrsmittelwahl durch ÖPNV-fördernde und den PKW-Verkehr restriktiv behandelnde, planerische Maßnahmen.

Tab. 37: PKW-Nutzung im Berufsverkehr und Parkraumangebot am Quell- und Zielort

| Parkraumsituation* | N = | PKW-Nutzung (in %) | |
		(Fast) immer/ häufig	Selten/ (fast) nie
Kiel: Gut	90	91,1	8,9
Mittelmäßig	120	82,5	17,5
Schlecht	45	33,3	66,7
Lambda c = 0,25, V = 0,49, Gamma = 0,71, h. s.			
Lüneburg: Gut	131	84,0	16,0
Mittelmäßig	169	66,3	33,7
Schlecht	22	37,9	62,1
Lambda c = 0,12, V = 0,33, Gamma = 0,56, h. s.			

* Zur Parkraumsituation:
Gut = Angabe „gut" für Wohn- und Arbeitsplatz oder schlechtestenfalls 1x Angabe „mittelmäßig"
Mittelmäßig = Angabe von „mittelmäßig" für Wohn- und Arbeitsplatz oder Bewertung eines der beiden mit „gut", das andere mit „schlecht"
Schlecht = Angabe von „schlecht" für Wohn- und Arbeitsplatz oder günstigstenfalls 1x Angabe „mittelmäßig"

7.3.7 Sozialprestige und Verkehrsmittelimage

Symptomatisch für die potentielle Bedeutung·von Verkehrsmittelimages ist folgendes Zitat aus einem Artikel der Frankfurter Allgemeinen Zeitung über Erfahrungen von deutschen und ausländischen Diplomaten, die an einem Austauschprogramm des Auswärtigen Amtes teilgenommen hatten:

> „Natürlich sei manches zunächst ungewohnt, besonders die kleinen Dinge bedürften der Gewöhnung. 'Komisch' fand es der Franzose Yves Delaunay am Anfang etwa, daß in Deutschland auch ranghohe Angehörige des Auswärtigen Amtes mit dem Fahrrad ins Büro kämen - 'in Frankreich undenkbar'." (BAUER 1994)

Auch wenn die Aussage einer einzelnen Person noch lange keine Generalisierung erlaubt, verdeutlicht sie, daß soziologische Mechanismen den Charakter wirkungsvoller Beschränkungen der Wahlfreiheit annehmen können. Die Ursache hierfür ist die Ausprägung gesellschaftlicher oder gruppenbezogener Verhaltensnormen, also von ungeschriebenen Regelhaftigkeiten, an die sich zumindest ein großer Teil der Population hält. Derartige Normen werden im Zuge der Sozialisation auf Kinder und Jugendliche übertragen. Ihre Nichteinhaltung ist mit Sanktionen verknüpft, beispielsweise der Äußerung des Mißfallens, der Verringerung der Interaktionshäufigkeit oder des Entzugs von materiellen Vorteilen (vgl. zu Normen und Konformität z. B. HOMANS 1972, S. 136 ff., SCHNEIDER 1975, S. 107 ff.). Nicht alle Normen sind für alle Personen bindend, das obige Zitat sagt implizit aus, daß die Meidung des Fahrrads als nicht statusgerechtem Verkehrsmittel nur für Angehörige einer oberen Sozialschicht gilt. Es liegt nahe, eine derartige Norm aus der Geschichte dieses Verkehrsmittels abzuleiten, denn seine große Verbreitung erlebte es in den ersten drei Jahrzehnten dieses Jahrhunderts als Transportmittel der Arbeiterschaft (vgl. BMRO 1978, S. 25).

Das Fahrrad ist nicht allein vom Image eines „Arme Leute - Verkehrsmittels" betroffen. In Kap. 4.2.6 wurde bereits auf die „sechs A's" als gesellschaftliche Randgruppen hingewiesen, die in der Literatur mehrfach - wenn auch ironisch oder zur plakativen Forderung von Maßnahmen - als Hauptklientel des öffentlichen Verkehrs genannt werden. Das Zufußgehen dürfte kaum besser angesehen sein, war es doch über Jahrhunderte hinweg die Fortbewegungsart der Mittellosen. Der PKW gewann hingegen besonders in den 50er und 60er Jahren eher die Funktion eines positiv besetzten Symbols sowohl für gesellschaftlichen als auch individuellen Wohlstand. In jüngster Zeit deuten sich aber im Image der Verkehrsmittel Wandlungen an (vgl. CANZLER/KNIE/BERTHOLD 1993, S. 422-423). In der Umweltschutzdiskussion gilt der motorisierte Individualverkehr für eine Reihe von ökologischen Problemen als Hauptverursacher. Eine Aufwertung gelang hingegen dem Zufußgehen, dem Fahrrad und dem ÖPNV, wie es allein schon der Begriff des Umweltverbundes andeutet (vgl. Kap. 7.3.8.5 sowie BRÖG 1991, S. 19-20).

Das Eingangszitat legt für den Zusammenhang von Sozialprestige und Verkehrsmittelimage den Charakter einer subjektiven, aber nichtsdestoweniger stark handlungsbestimmenden

Restriktion nahe. Eine derartig starke Determination muß jedoch - ähnlich wie bei der nach genauerer Analyse keineswegs dichotom strukturierten Zielerreichbarkeit und Gewohnheit - nicht zwangsläufig die Folge sein. Gerade im Zuge der Veränderung von Images verlieren die damit verbundenen Normen an Bindungskraft. Vielleicht sind die Normen auch ohnehin nicht verhaltensbestimmend, sondern lediglich verhaltensbeeinflussend ausgeprägt, können also beispielsweise von gegenläufigen individuellen Wertschätzungen überkompensiert werden. Insofern kommt dem Verkehrsmittelimage eher eine variable Zwitterstellung zwischen subjektiven Restriktionen und subjektiven Einschätzungen zu; eine Zuordnung ist vor Durchführung einer Studie nicht möglich. In der Befragung wurde deshalb versucht zu ergründen,

- ob,
- in welchem Maße und
- in welcher Richtung

die obigen Überlegungen in der Verkehrsmittelwahl eine Rolle spielen. Hierzu sollte bei einer Frage angegeben werden, wie andere Personen die eigene Verkehrsmittelnutzung vermutlich bewerten und ob dies Relevanz für das eigene Verhalten besitzt. Eine zweite Frage richtete sich auf die Beurteilung der Auswirkungen einer Wahl der Verkehrsmittel des Umweltverbundes auf die soziale Position anderer (im Berufsbereich: statushöherer) Personen (vgl. Fragebogenmuster im Anhang). Die Ergebnisse zeigen die Tab. 38-42.

Tab. 38 weist zunächst beachtliche Quoten für eine vermutete Reaktion auf die eigene Verkehrsmittelwahl sowie relativ große Unterschiede zwischen den Untersuchungsstädten auf. So fällt in Kiel der Anteil jener, die „keine Reaktion" erwarten, in kaum einer Zeile unter 50 %, in Lüneburg wird hingegen dieser Wert nur in drei von zwölf Fällen erreicht. Zusammengefaßt erwarteten je nach Stadtbereich und Verkehrsmittel ein Viertel bis fast zwei Drittel der Antwortenden eine Reaktion auf ihre Verkehrsmittelwahl im persönlichen Umfeld. Allerdings stehen die vermuteten Auswirkungen in ihrer Ausrichtung zum Eingangszitat eher im Widerspruch. Es sind gerade die Verkehrsmittel des Umweltverbundes, von deren Benutzung man sich mehrheitlich positive Rückmeldungen versprach. Beim PKW behielten in Kiel die Positivangaben zwar noch die Mehrheit, der Unterschied zu den Negativwerten war aber im Vergleich zu den anderen Transportvarianten stark verringert und kehrte sich in Lüneburg zugunsten einer Mehrheit erwarteter negativer Reaktionen um. Generell läßt sich zudem feststellen, daß das Fahrrad am günstigsten abschnitt, dabei in Lüneburg noch besser als in Kiel. Dafür wurde in Kiel für den Bus eine stärkere positive Resonanz vermutet, jedoch ohne die Werte des Radverkehrs zu erreichen.

Der in den Zahlen zum Ausdruck kommende grundlegende Trend deutet auf einen starken Zugewinn der Relevanz von Fitneß- und Umweltwerten im gesellschaftlichen Bewußtsein hin (vgl. auch Kap. 7.3.8.5 u. 7.3.8.9). In dessen Folge haben die Transportvarianten des Umweltverbundes offenbar das ihnen in der Literatur gelegentlich zugewiesene Image als Arme-Leute-Verkehrsmittel weitgehend ablegen oder wenigstens kompensieren können. Ebenso lassen die Unterschiede zwischen den Untersuchungsregionen auf einen modifizierenden Einfluß der gewachsenen Verkehrsstrukturen schließen. So korrelierte die größere

Tab. 38: Vermutete Fremdbewertung der eigenen Verkehrsmittelwahl (in %)

	Kiel					Lüneburg				
	N =	Eher positiv	Eher negativ	Keine Reaktion	Weiß nicht	N =	Eher positiv	Eher negativ	Keine Reaktion	Weiß nicht
Ausbildungs- und Berufsverkehr										
Zufußgehen	361	31,3	12,5	51,5	4,7	355	38,0	11,5	37,7	12,7
Fahrrad	359	41,5	9,5	45,1	3,9	365	57,8	4,7	29,3	8,2
ÖPNV	366	28,7	4,9	60,9	5,5	355	25,1	8,7	52,7	13,5
PKW	367	19,6	11,4	62,1	6,8	375	17,1	26,9	42,4	13,6
Verkehr von Nichterwerbstätigen										
Zufußgehen	305	23,6	11,5	53,8	11,1	298	32,6	10,1	39,6	17,8
Fahrrad	308	35,1	8,8	46,8	9,4	304	48,7	3,9	32,9	14,5
ÖPNV	304	27,0	5,3	58,6	9,2	308	26,6	7,8	51,0	14,6
PKW	307	19,2	11,7	61,9	7,2	308	17,5	27,9	43,5	11,0
Summe										
Zufußgehen	666	27,8	12,0	52,6	7,7	653	35,5	10,9	38,6	15,0
Fahrrad	667	38,5	9,1	45,9	6,4	669	53,7	4,3	30,9	11,1
ÖPNV	670	27,9	5,1	59,9	7,2	663	25,8	8,3	51,9	14,0
PKW	674	19,4	11,6	62,0	7,0	683	17,3	27,4	42,9	12,4

Tab. 39: Verkehrsmittelimage und Erwerbsstatus (in %)

	Zufußgehen		Fahrrad		ÖPNV		PKW	
	positiv	negativ	positiv	negativ	positiv	negativ	positiv	negativ
Nicht-Erwbtät.	74,8	25,2	87,5	12,5	81,4	18,6	46,8	53,2
N =	234		295		204		235	
Azubis/Stud.	73,3	26,7	92,1	7,9	79,5	20,5	43,7	56,3
N =	60		76		44		48	
Arbeiter	67,1	32,9	80,8	19,2	69,8	30,2	60,6	39,4
N =	85		104		63		71	
Angestellte	74,4	25,6	88,1	11,9	82,8	17,2	47,2	52,8
N =	129		160		93		108	
Beamte	75,0	25,0	88,7	11,3	83,7	16,3	46,2	53,8
N =	60		71		43		52	
Lambda c =	0,00		0,00		0,00		0,06	
V =	0,06		0,09		0,11		0,10	
	n. s.		n. s.		n. s.		n. s.	
Leitend	74,6	25,4	88,3	11,7	84,8	15,2	77,7	22,3
N =	63		77		46		53	
Ausführend	72,0	28,0	86,8	13,2	77,7	22,3	50,9	49,1
N =	271		334		297		226	
Lambda c =	0,00		0,00		0,00		0,03	
V =	0,02		0,02		0,07		0,04	
Gamma =	0,07		0,07		0,23		-0,11	
	n. s.		n. s.		n. s.		n. s.	

Inanspruchnahme des öffentlichen Verkehrs in Kiel mit einer besseren Bewertung dessen Verkehrsmittelimages. In Lüneburg traf selbiges auf den Radverkehr zu. Schließlich könnte die günstigere Beurteilung des PKW in der schleswig-holsteinischen Landeshauptstadt mit einer stärker auf dieses Verkehrsmittel zugeschnittenen Straßenstruktur (Stadtautobahn, viele Straßen mit zwei Fahrspuren pro Richtung) in Zusammenhang stehen. Jedoch fehlt hierfür das Indiz nennenswerter Unterschiede im PKW-Anteil des Verkehrs der beiden Städte, wie es beim ÖPNV und beim Fahrrad zu beobachten war.

Eine Differenzierung der Daten von Tab. 38 nach soziodemographischen Merkmalen in Tab. 39 erbrachte mit einer wichtigen Ausnahme keine nennenswerten Abweichungen: Die Einschätzungen wiesen eine Abhängigkeit vom Erwerbs- bzw. Berufsstatus auf. Cramers V nimmt zwar durchgängig keine besonders hohen Werte an, weil die Unterschiede zwischen den meisten Teilgruppen gering waren, auch ist eine statistische Signifikanz nicht gegeben. Dennoch war die Diskrepanz in der Sichtweise von Arbeitern einerseits und den übrigen Befragten andererseits markant. Erstere vermuteten für den Umweltverbund generell die niedrigsten Positivreaktionen, vor allem aber bildeten sie die einzige Teilgruppe, die für den PKW überwiegend positive Resonanz erwartete. Dies wäre im Rahmen allgemeinerer soziologischer Regelhaftigkeiten interpretierbar. Setzt man einen Meinungswandel im Image der Verkehrsmittel voraus - für den Umweltverbund zum Positiven, für den PKW zum Negativen -, dann wird dieser zuerst von statushöheren Gruppen antizipiert und vollzieht anschließend einen gesellschaftlichen Diffusionsprozeß (vgl. HOMANS 1968, S. 290 ff.). Bezogen auf einen Zeitpunkt, registriert man entsprechende Einstellungsunterschiede. Dieser Interpretation widerspricht nicht der Umstand, daß die beschriebene Diskrepanz kaum Niederschlag in der Differenzierung nach leitenden und ausführenden Tätigkeiten fand, erkennbar in den geringen Assoziationswerten von Cramers V: Leitende und ausführende Funktionen sind nicht streng an den Berufsstatus gekoppelt, sondern erstere kommen mit Vorarbeitern/Meistern sowie leitenden Angestellten und Beamten innerhalb der drei Berufssparten vor; die Unterschiede werden so nivelliert.

Neben der Frage des Sozialstatus spielen aber sicherlich noch weitere Faktoren eine Rolle, so z. B. die Offenheit gegenüber gesellschaftlichen Trends und die eigene Verkehrsmittelnutzung. So wiesen die Auszubildenden/Studierenden, die sich noch in einem wichtigen Abschnitt der Sozialisation befinden und ferner die häufigsten Radfahrer stellen (Kap. 7.1.1 - 7.1.3), die mit Abstand besten Bewertungen des Fahrrades auf.

Die Ergebnisse der Tab. 40 lassen jedoch an einem Einfluß der bisher festgestellten Zusammenhänge auf die Verkehrsmittelwahl zweifeln. Auf die Frage, ob negative Reaktionen auf die eigene Benutzung eines Transportmittels als störend empfunden würden, was die Vorstufe einer Verhaltensänderung sein könnte, verloren sich die Unterschiede zwischen den Untersuchungsstädten und den soziodemographischen Gruppen: Einhellig wurde diese Frage von deutlich weniger als 10 % bejaht. Selbst wenn man die Gruppe der mit „Weiß nicht" Antwortenden hinzuzieht, schlossen mehr als vier Fünftel der Befragten eine Beeinträchtigung aus. Allerdings läßt sich einwenden, daß die Fragestellung sehr hypothetisch war. Das eigene Verhalten auf ablehnende oder gar angreifende Interaktionen im vorhinein abzuschätzen, ist schwierig. Die Angabe einer gewünschten Idealvorstellung statt der in einem solchen Falle tatsächlich realisierten Reaktion ist wahrscheinlich. Eine hohe Abweichungsquote zwischen Vermutung und möglicherweise tatsächlich eintretender Realität muß also ins Kalkül gezogen werden.

Gleichwohl legt auch die Tab. 41 eine zurückhaltende Beurteilung des Einflusses von Verkehrsmittelimages auf die Wahl einer Transportvariante nahe: Die ausgewiesenen Werte für vermutete Auswirkungen auf den Sozialstatus einer anderen Person sind deutlich geringer als in Tab. 38. Im Gegensatz zu Tab. 38 gibt es auch keine bedeutenden Unterschiede zwischen den Untersuchungsorten oder den soziodemographischen Gruppen, abgesehen vom Erwerbsstatus. Letzteres dürfte jedoch auf die abweichende Fragestellung in den Erhebungsbögen für Erwerbstätige und Nichterwerbstätige zurückzuführen sein. Bei ersteren war die Einschätzung für eine statushöhere Person (Chef, Abteilungsleiter) abzugeben, bei letzteren für statusmäßig nicht durchgängig zu klassifizierende Nachbarn. Immerhin bleibt die Tendenz des Überwiegens günstiger Bewertungen für die Nutzung des Umweltverbundes erhalten.

Tab. 40: Verhaltensrelevanz negativer Reaktionen auf die eigene Verkehrsmittelwahl (in %)

| | | N = | Negative Reaktion würde | | Weiß nicht |
			stören	nicht stören	
Erwerbstätige	Kiel	376	8,2	81,9	9,8
"	Lünebg.	427	7,7	80,8	11,5
Summe	803		8,0	81,3	10,7
Nichterwbtät.	Kiel	322	5,0	85,4	9,6
"	Lünebg.	347	6,3	85,6	8,1
Summe		669	5,7	85,5	8,8
Gesamtsumme		1472	6,9	83,2	9,9

Tab. 41: Beurteilung der vermuteten Auswirkungen einer Wahl von Verkehrsmitteln des Umweltverbundes durch andere Personen auf deren soziales Ansehen (in %)

		N =	Eher förderlich	Eher abträglich	Keine Auswirkungen	Weiß nicht
Erwerbstätige	Kiel	370	14,1	5,4	70,5	10,0
"	Lünebg.	385	17,9	3,9	71,2	7,0
Summe		755	16,0	4,6	70,9	8,5
Nichterwbtät.	Kiel	308	7,1	1,9	79,9	11,0
"	Lünebg.	329	7,9	2,1	76,9	13,1
Summe		637	7,5	2,0	78,3	12,1
Gesamtsumme		1392	12,1	3,4	74,3	10,1

Einen entscheidenden Hinweis für die Beurteilung der Frage nach dem Einfluß der Verkehrsmittelimages über soziale Normen auf die Transportmittelwahl liefert Tab. 42. Dort werden die vermuteten Reaktionen aus Tab. 38 den Verkehrsmittelpräferenzen (vgl. Kap. 7.3.1.1 - 7.3.1.2) gegenübergestellt. Hierbei läßt sich fast in jedem Fall eine etwas häufigere Nutzung des jeweiligen Verkehrsmittels feststellen, wenn positive Reaktionen des Umfeldes vermutet werden (siehe Diagonalen der drei Tabellenteile von links oben nach rechts unten). Jedoch sind die Unterschiede gering, und zudem tauchen auch vermehrte Nutzungen bei anderen Verkehrsmitteln auf, die sich nicht aus der unabhängigen Variable erklären lassen. Cramers V nimmt deshalb durchgängig sehr geringe Werte an, das heißt, es besteht kaum ein Zusammenhang zwischen den Variablen.

Tab. 42: Verkehrsmittelimage und Verkehrsmittelpräferenz (in %)

Verkehrsmittel	Vermutete Reaktion bei dessen Benutzg.	N =	Verkehrsmittelpräferenz				V =
			Fuß	Rad	ÖPNV	PKW	
1) Ausbildungs- und Berufsverkehr							
Zufußgehen	eher positiv	228	12,7	19,7	15,4	52,2	
	eher negativ	79	8,9	19,0	16,5	55,7	0,05
Fahrrad	eher positiv	330	13,0	20,0	14,8	52,1	
	eher negativ	48	10,4	14,6	18,8	56,3	0,06
ÖPNV	eher positiv	176	12,5	19,3	15,9	52,3	
	eher negativ	47	12,8	19,1	10,6	57,4	0,06
PKW	eher positiv	125	12,8	19,2	15,2	52,8	
	eher negativ	139	10,8	20,1	15,1	54,0	0,03
2) Verkehr für kleine Einkäufe							
Zufußgehen	eher positiv	145	32,4	26,2	5,5	35,9	
	eher negativ	56	28,6	25,0	7,1	39,3	0,05
Fahrrad	eher positiv	216	31,5	27,3	6,5	34,7	
	eher negativ	37	32,4	24,3	5,4	37,8	0,03
ÖPNV	eher positiv	140	30,7	26,4	5,7	37,1	
	eher negativ	36	27,8	25,0	5,6	41,7	0,06
PKW	eher positiv	97	29,9	25,8	6,2	38,1	
	eher negativ	105	30,5	26,7	5,7	37,1	0,02
3) Verkehr für große Einkäufe							
Zufußgehen	eher positiv	161	3,1	14,9	3,1	78,9	
	eher negativ	58	1,7	13,8	3,4	81,0	0,04
Fahrrad	eher positiv	226	2,7	15,5	3,5	78,3	
	eher negativ	37	2,7	10,8	5,4	81,1	0,06
ÖPNV	eher positiv	145	2,8	13,8	4,1	79,3	
	eher negativ	37	2,7	16,2	2,7	78,4	0,04
PKW	eher positiv	101	2,0	13,9	2,0	82,2	
	eher negativ	109	2,8	15,6	3,7	78,0	0,06

Anmerkung: Lambda c nimmt in allen Fällen den Wert 0,00 an. Alle Werte von Cramers V sind nicht signifikant.

Der sich abzeichnende äußerst geringe Einfluß von Verkehrsmittelimages erfährt einen nochmaligen Beleg durch die Betrachtung der Kumulation gleichgerichteter Antworten. Schon aus Tab. 38 wurde ersichtlich, daß - überhaupt eine Reaktion vorausgesetzt - mehrheitlich die Benutzung der Verkehrsmittel des Umweltverbundes günstig und die des PKW eher schlechter abschnitt.

Dieser allgemeine Trend trat auch bei den einzelnen Fragebögen auf. In der Regel liefen die Vermutungen auf positive Bewertungen durch das persönliche Umfeld für drei, seltener für zwei oder alle vier städtischen Verkehrsmittel hinaus. Oder umgekehrt gesagt: Der Fall einer erwarteten positiven Resonanz für nur ein Transportmedium bei vermuteten Negativreaktionen für alle anderen, woraus sich eine Festlegung der persönlichen Verkehrsmittelwahl hätte ableiten können, war ausgesprochen selten (24 Fälle = 1,6 % aller Befragungsteilnehmer). Eine relativ hohe Übereinstimmung mit der tatsächlichen Verkehrsmittelpräferenz war dann immerhin gegeben (9 x PKW, 6 x Fahrrad, 3 x ÖPNV gegenüber 3 x Indifferenz und 3 Inkonsistenzen). Das geringe quantitative Ausmaß läßt aber nicht den Schluß zu, daß für die Gesamtheit der Befragungsteilnehmer das Verkehrsmittelimage eine wesentliche Variable für die Wahl von Transportmedien darstellt. Vielmehr muß der Einfluß alles in allem als gering veranschlagt werden (ähnlich auch VERRON 1978).

Mit diesem Ergebnis ist jedoch der Einfluß soziologischer Faktoren auf die Verkehrsmittelwahl nicht grundlegend negiert. HOMANS (1972, S. 113 ff.) machte auf die Notwendigkeit zur Unterscheidung eines inneren und eines äußeren Systems aufmerksam. Ersteres besteht aus Werten und Normen des eigenen sozialen Bezugsfeldes (Familie, Arbeits- und Freizeitgruppen, Nachbarschaft etc.), letzteres aus Werten und Normen auf gesellschaftlicher Ebene. Das äußere System beeinflußt maßgeblich das innere sowie individuelle Einstellungen. So ist es denkbar und wahrscheinlich, daß gesellschaftlich geschätzte „Tugenden" wie Pünktlichkeit und Schnelligkeit auf das Verkehrssystem einwirken und bestimmten Faktoren der Verkehrsmittelwahl, hier etwa der Schnelligkeit von Transportvarianten, eine besonders hohe Bedeutung verleihen (vgl. Kap. 7.3.8.1). Dieser Zusammenhang, der für alle Formen menschlichen Handelns gilt und nicht auf den Verkehrssektor beschränkt bleibt, tritt bei der Erstellung eines individualorientierten Entscheidungsmodells der Verkehrsmittelwahl in den Hintergrund, wenn die Analyse für einen im wesentlichen homogenen Kulturraum vorgenommen wird. In diesem Falle unterliegen alle Personen denselben Normvorstellungen, woraus sich Unterschiede in der Verkehrsmittelwahl nicht erklären lassen. Hingegen wäre zumindest mit Modifikationen bei einigen Bestandteilen des Modells zu rechnen, wenn eine Übertragung auf fremde Kulturräume angestrebt wird.

7.3.8 Einstellungsorientierte Parameter

Die vorangegangenen Ausführungen machten deutlich, daß durch objektive und subjektive Restriktionen der Verkehrsmittelwahl, nämlich die Verfügbarkeit von Verkehrsmitteln und den Einfluß der Gewohnheit, je nach Verkehrszweck ein bis zwei Fünftel der Befragungsfälle erklärbar sind (vgl. Kap. 7.3.5). Hierbei ist der Begriff der Restriktion nicht streng als durch

Rahmenbedingungen vorgegebener Zwang zu interpretieren. Vielmehr handelt es sich um eine nur zum Befragungszeitpunkt wirkende Beschränkung der Auswahlmöglichkeiten auf lediglich eine Option. Diese Einengung könnte sehr oft und relativ einfach durch Auflösung von Gewohnheiten, Informationsgewinn bezüglich öffentlicher Verkehrsmittel sowie Kauf eines Fahrrades beseitigt werden. Von den fast 40 % erklärter Verkehrsmittelwahl im Berufsverkehr steht nur etwas mehr als einem Achtel, nämlich 5,4 % aller berufstätigen Befragten, diese Möglichkeiten nicht offen; eine Ausweitung der Wahloptionen wäre bei ihnen nur mit einem erheblich größeren Aufwand, also dem Kauf eines PKW oder der Verlegung des Wohnsitzes, erzielbar. Bei den Nichterwerbstätigen gilt das sogar nur für 1 % der Befragten im kleinen und 2,2 % im großen Einkaufsverkehr. Die Bedeutung einstellungsorientierter Faktoren beschränkt sich deshalb nur vordergründig auf die nach obiger Rechnung verbleibenden Restgrößen von 60-79 % bislang nicht erklärter Fälle von Verkehrsmittelwahl, obwohl allein dies schon sehr viel ist. Mittel- und langfristig muß aus verkehrspolitischer Sicht der weitaus größte Teil des PKW-Verkehrs als potentiell verlagerbar angesehen werden. Diese Aussage rechtfertigt jedoch keine überzogenen Erfolgserwartungen, denn angesichts der in den Kap. 4.2.1 - 4.2.6 diskutierten verkehrspolitischen Möglichkeiten und ihres großen Bedarfs an finanziellen und planerischen Ressourcen ist es sehr unwahrscheinlich, daß in absehbarer Zeit sämtliche Optionen ausgeschöpft werden und so eine Verhaltensbeeinflussung bei allen dafür prinzipiell zugänglichen Personen gelingt. Aber gerade angesichts des beengten finanziellen Spielraumes der Kommunen kommt der Analyse von Einstellungen und Verkehrsmittelbewertungen eine besondere Bedeutung zu, liefert sie doch neben erklärenden Aspekten für die Verkehrsmittelwahl auch Hinweise zur Ermittlung besonders geeigneter Beeinflussungsmethoden.

Innerhalb der Befragungen war den einstellungsbezogenen Faktoren der Kriterienkatalog gewidmet, der einerseits eine Bewertung der Verkehrsmittel nach verschiedenen Faktoren, andererseits eine Gewichtung dieser Faktoren erbat (vgl. Fragebogenmuster im Anhang). Ausgehend von der Diskussion des letztgenannten Aspektes in Kap. 7.3.8.1 werden die qualitativen Einschätzungen der Fortbewegungsarten in den Kap. 7.3.8.2 - 7.3.8.11 erläutert und in Kap. 7.3.8.12 in ihrer Wirkung auf die Verkehrsmittelwahl untersucht.

7.3.8.1 Gewichtung der Einflußfaktoren

Die Frage nach der subjektiven Bedeutung von Faktoren der Verkehrsmittelwahl zielte auf den individuellen Arbeitsweg bei Berufstätigen und Auszubildenden sowie auf die üblichen Einkaufswege bei Nichterwerbstätigen. Die Ergebnisse zeigen im Vergleich beider Untersuchungsregionen eine sehr große Homogenität (Abb. 40 u. 41): Die Rangfolge der Wahlkriterien - gebildet aus der Kombination von sehr hoher und hoher Bedeutungszuweisung - ist bei sehr ähnlichen quantitativen Resultaten fast identisch; lediglich die Kosten und die Möglichkeit des Gepäcktransportes liegen in Kiel und Lüneburg auf vertauschten Positionen, wobei die Prozentunterschiede gering sind. Auch die soziodemographische Differenzierung erbrachte fast keine nennenswerten Unterschiede in den Befragungspopulationen. Nur der Kostenaspekt wurde von Auszubildenden/Studierenden gewichtiger eingeschätzt, als dies

Abb. 40: Gewichtung einstellungsbezogener Faktoren in der Verkehrsmittelwahl für Arbeits-/
Ausbildungswege

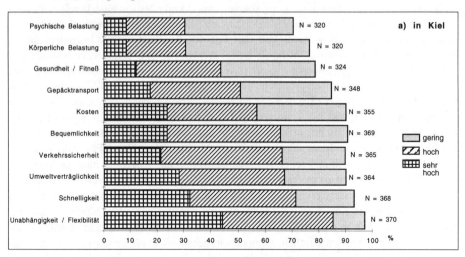

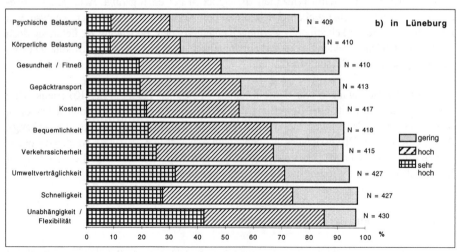

Abb. 41: Gewichtung einstellungsbezogener Faktoren in der Verkehrsmittelwahl für Einkaufswege von Nichterwerbstätigen

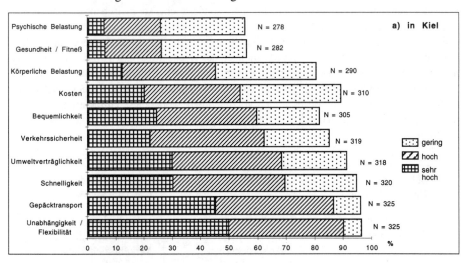

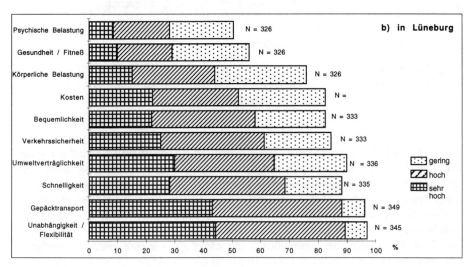

bei anderen Erwerbstätigen sowie den Nichterwerbstätigen der Fall war.

Abb. 40 und 41 offenbaren nicht nur Ähnlichkeiten zwischen den Bewertungen der Befragungspopulationen in beiden Stadtbereichen, sondern ebenso zwischen den Verkehrszwecken. Im Vergleich zu den beruflichen Wegen tauschen lediglich die Faktoren „körperliche Belastung" und „Gesundheit/Fitneß" ihre Rangposition. Der ansonsten wesentlichste Unterschied ist die hohe Bewertung der Möglichkeit des Gepäcktransportes im Einkaufsverkehr in Verbindung mit der stark ausgeprägten Dominanz dieses Kriteriums zusammen mit der „Unabhängigkeit/Flexibilität" gegenüber den nachfolgenden Faktoren. Es liegt nahe, eine Gruppierung der Wertigkeit der Kriterien vorzunehmen, wobei diese Gruppierung natürlich nur für größere Populationen gültig ist und nicht mit individuellen Präferenzmaßstäben übereinstimmen muß:

	Berufsverkehr	Einkaufsverkehr
Sehr wichtige Einflußfaktoren:	Unabhängigk./Flexibilität	Unabhängigk./Flexibilität Gepäcktransport
Wichtige Einflußfaktoren:	Schnelligkeit Umweltverträglichkeit Verkehrssicherheit Bequemlichkeit	Schnelligkeit Umweltverträglichkeit Verkehrssicherheit Bequemlichkeit
Weniger wichtige Einflußfaktoren:	Kosten Gepäcktransport	Kosten
Nahezu unwichtige Einflußfaktoren	Gesundheit/Fitneß Körperliche Belastung Psychische Belastung	Körperliche Belastung Gesundheit/Fitneß Psychische Belastung

Für den Freizeitverkehr wurde keine gesonderte Bewertung erfragt, weil die Vielfalt der individuellen Ziele dies sehr erschwert und die Befragung zeitlich zu sehr ausgedehnt hätte. Aufgrund der hohen Übereinstimmung zwischen Berufs- und Einkaufsverkehr darf aber vermutet werden, daß auch die Faktorenrangfolge im städtischen Freizeitverkehr nicht erheblich von den dargestellten Ergebnissen abweichen dürfte. Insbesondere könnte eine Ähnlichkeit zum Berufsverkehr gegeben sein, da in der innerstädtisch verbrachten Freizeit die Notwendigkeit des Gepäcktransportes vermutlich kaum stärker als in erstgenanntem ausgeprägt ist. Überprüfenswert wäre möglicherweise, ob dem Motiv „Gesundheit/Fitneß" in der Freizeit eine größere Bedeutung zukommt. Allerdings ist dies primär eher für Wege zu erwarten, bei denen der Verkehr nicht mehr Mittel zum Zweck, sondern selbst Zweck ist, also bei Spaziergängen, Wanderungen, Waldläufen, Radtouren, Radsport etc. Dieser Teil der Mobilität ist gemäß den theoretischen Überlegungen in Kap. 2 aus den vorliegenden Betrachtungen ausgeklammert worden.

Die Ergebnisse zur Faktorenbedeutung lassen sich mit jenen von HELD (1982) vergleichen (siehe Tab. 9 in Kap. 5.5). Es zeigt sich dabei eine gewisse Übereinstimmung mit den

Einschätzungen seiner Experten, aber in Einzelfällen treten doch deutliche Abweichungen auf. So fiel in der vorliegenden Untersuchung die Bewertung der Kosten niedriger, jene der Umweltverträglichkeit von Verkehrsmitteln erheblich höher aus. Zumindest die letztgenannte Diskrepanz muß jedoch nicht auf erhebungstechnischen Gründen basieren, sondern könnte ebenso durch die in den vergangenen Jahren gestiegene Umweltsensibilität erklärt werden. Für eine verhältnismäßig geringe Bedeutung der Kosten in der städtischen Verkehrsmittelwahl sprechen ferner neuere Studien, wie die von VERRON (1986) und FRANK (1990), welche zumindest für kurzfristig relevante Handlungsparameter zur Erhöhung der PKW-Kosten bzw. zur Verringerung der ÖPNV-Tarife ein weitgehend preisunelastisches Verhalten der Nachfrager erwarten lassen. Demgegenüber werden Veränderungen in den Reisezeiten als eher wirkungsvoll erachtet, worauf auch die obigen Ergebnisse (sowie die der weiteren Analyseschritte) hindeuten.

In den folgenden Kapiteln werden die Beurteilungen der Befragten zur Wertigkeit der Verkehrsmittel faktorspezifisch analysiert. Dabei verstärkt sich der schon bei der Kriterienbedeutung festzustellende Trend zu fehlenden Angaben, je geringer die Bedeutung eingeschätzt wurde. Offenkundig war es für viele Befragte schwierig, ein eingespieltes Verhalten mit Ursachen zu begründen, was das nicht zu unterschätzende Gewicht der Gewohnheit bei der Verkehrsmittelwahl nochmals unterstreicht. Daneben traten Antwortlücken insbesondere bei jenen Transportmitteln auf, mit denen die Befragten mangels Nutzung keine Erfahrungen verbanden.

Auch die Verkehrsmittelbewertungen wurden einer soziodemographischen Kontrolle unterzogen. Wesentliche Abhängigkeiten von Geschlecht, Alter, Haushaltsgröße und Erwerbsstatus waren, mit Ausnahme des Kostenaspektes, jedoch nicht zu verzeichnen. Sogar die Unterschiede zwischen den Bewertungen aller Befragten und jener Teilgruppe, die den jeweiligen Faktor mit „sehr hohe Bedeutung" oder „hohe Bedeutung" einstufte, war gering, so daß auf eine Unterscheidung zunächst verzichtet wird. Ein Zusammenhang ließ sich jedoch in nahezu allen Fällen feststellen: Wer ein bestimmtes Verkehrsmittel bevorzugte, war geneigt, seine Wertigkeit besser einzuschätzen als der Durchschnitt bzw. jene, die ein anderes Verkehrsmittel präferierten (vgl. Anl. 27 u. 28 im Anhang). Dies ist zunächst nicht ungewöhnlich, weil die Verkehrsmittelwahl in der Einschätzung von Transportwertigkeiten ihre Begründung findet. Gleichwohl muß auf die Ausführungen in Kap. 5.3 hingewiesen werden, denenzufolge es Indizien auf eine wechselseitige Beeinflussung von Einstellungen und Verhalten gibt (vgl. VERRON 1986, S. 118-121). Demnach besteht eine ergänzende Interpretationsmöglichkeit in Analogie zu der soziologischen Interaktionstheorie von F. HEIDER (vgl. CROTT 1979, S. 37 f.): Wie Sympathie zwischen Personen zu Interaktionen führt und diese tendenziell die Sympathie verstärken, so könnte eine häufige Benutzung eines Verkehrsmittels - und sicherlich auch anderer Gegenstände - zu einer ausgeprägteren Wertschätzung seiner Vorzüge und/ oder zur schlechteren Einschätzung von Alternativen führen. Als ein Hinweis auf die Relevanz dieser Interpretation ist zu werten, daß die gewohnheitsmäßig festgelegten Verkehrsmittelnutzer (vgl. Kap. 7.3.5) ihr präferiertes Transportmittel besser als der Gesamtdurchschnitt der Befragten einschätzten, andere Verkehrsmittel deutlich schlechter. Da der Gewohnheitseffekt jedoch in der Hauptsache auf den PKW beschränkt blieb, kann der Erklärungsansatz HEIDERs im wesentlichen auch nur dort eine quantitativ nennenswerte Bedeutung erlangen.

Verkehrsmittelspezifische Abhängigkeiten in der Beurteilung einiger Wahlfaktoren ergaben sich bezüglich Distanz und Kosten. Die Distanz spielte dabei als intervenierende Variable im nichtmotorisierten Verkehr eine Rolle, während die Kosten im motorisierten Verkehr von Belang waren.

7.3.8.2 Unabhängigkeit/Flexibilität

Wie zu erwarten war, erhielten Individualverkehrsmittel in puncto Unabhängigkeit/ Flexibilität deutlich positivere Bewertungen als der öffentliche Verkehr (Abb. 42 u. 43). Die große Diskrepanz im Zusammenhang mit der hohen Bewertung dieses Faktors macht es verständlich, wenn in Kap. 7.3.3 beim Vergleich von Verfügbarkeit und Wahl von Verkehrsmitteln eine ausgeprägte Vermeidungstendenz zuungunsten des ÖPNV festgestellt werden mußte, sobald andere Alternativen verfügbar waren. Personen mit ÖPNV-Präferenz beurteilten zwar die „Unabhängigkeit/Flexibilität" des öffentlichen Verkehrs etwas besser, jedoch kam dies fast nur der Kategorie „mittelmäßig" zugute, in der der Wert für Kiel um neun, jener für Lüneburg um fünf Prozentpunkte gegenüber dem Gesamtdurchschnitt erhöht war.

Während die Beurteilung der motorisierten Verkehrsmittel unabhängig von der Distanz ausfiel, wurde das Zufußgehen bis zu einer Entfernung von 1 km zwischen Wohn- und Arbeitsplatz sowie Einkaufsort deutlich positiver mit knapp 60 % „gut"-Bewertungen in beiden Stadtbereichen gesehen. Die Distanzabhängigkeit in der Einschätzung des Radverkehrs war in ähnlicher Größenordnung ausgeprägt. Die im Vergleich zum Durchschnitt zahlreicheren „gut"-Urteile waren im Nahbereich um 10-12 Prozentpunkte erhöht, wobei der Nahbereich im Berufsverkehr bis zu 4 km, im Einkaufsverkehr bis zu 3 km Weglänge umfaßte. Bezieht man die „mittelmäßig"-Angaben in die Interpretation mit ein, wird deutlich, daß das Fahrrad noch am ehesten eine Konkurrenzfunktion gegenüber dem PKW übernehmen könnte. Gleichwohl ist zu diesem der Abstand in den Bewertungen noch beträchtlich.

7.3.8.3 Schnelligkeit

Auch bei der Schnelligkeit dominierte der PKW mit einer nahezu generell positiven Einschätzung und im Vergleich zur Unabhängigkeit/Flexibilität noch größerem Abstand zum zweitplazierten Fahrrad. Letzteres wurde im Gesamtdurchschnitt nur „mittelmäßig" eingestuft, die anderen Verkehrsmittel des Umweltverbundes noch schlechter, wobei das Zufußgehen die schlechteste Bewertung erhielt (Abb. 44 u. 45).
Die Bewertung der Schnelligkeit erwies sich dabei wiederum als abhängig von den Distanzen, die die Befragten zur Arbeit bzw. zum Einkauf zurücklegen müssen. So lagen die „gut"-Werte des Zufußgehens bei Entfernungen bis zu 1 km doppelt so hoch wie im

Abb. 42: Verkehrsmittelspezifische Bewertung der „Unabhängigkeit/ Flexibilität" im Berufsverkehr

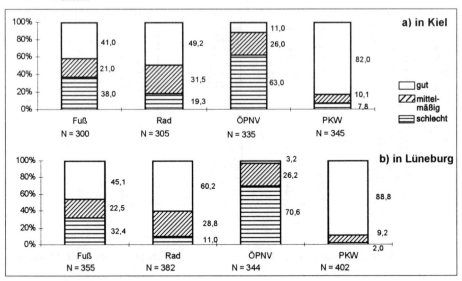

Abb. 43: Verkehrsmittelspezifische Bewertung der „Unabhängigkeit/ Flexibilität" im Einkaufsverkehr Nichterwerbstätiger

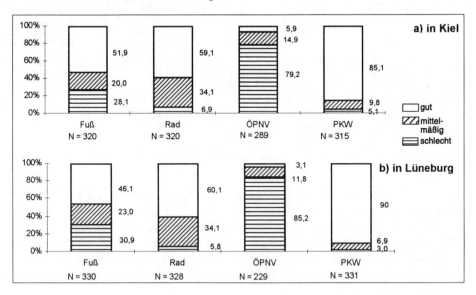

211

Abb. 44: Verkehrsmittelspezifische Bewertung der „Schnelligkeit" im Berufsverkehr

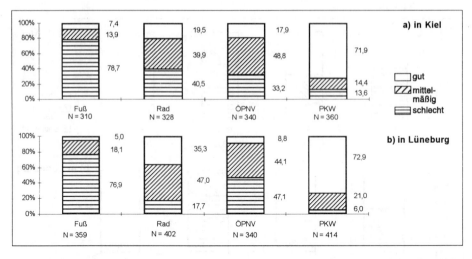

Abb. 45: Verkehrsmittelspezifische Bewertung der „Schnelligkeit" im Einkaufsverkehr Nichterwerbstätiger

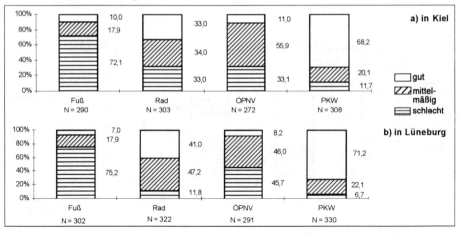

Gesamtdurchschnitt; beim Radverkehr wurden bis 4 km im Berufs- und bis 3 km im Einkaufsverkehr in Kiel Werte von 35 und 46 % erreicht, in Lüneburg sogar 50 %. Über die genannten Entfernungsbereiche hinaus wurden die Bewertungen sehr rasch schlechter - parallel zur entfernungsabhängigen Nutzung nichtmotorisierter Fortbewegungsmittel (vgl. Kap. 7.3.3). Aufgrund der unterschiedlichen Distanzstrukturen vor allem im Berufsverkehr, verbunden mit im Durchschnitt längeren Wegen in Kiel, erklärt sich auch die größere Wertschätzung des dortigen ÖPNV.

7.3.8.4 Möglichkeit zum Gepäcktransport

Die Möglichkeit zum Gepäcktransport erwies sich vor allem für den Einkaufsverkehr von Bedeutung. Unabhängig davon, wiesen die Wertschätzungen der Verkehrsmittel bei diesem Faktor im Berufs- und Einkaufsverkehr in etwa dieselben Relationen auf: Das Zufußgehen wurde ebenso deutlich schlecht wie der PKW gut beurteilt, der ÖPNV dominierte in der Kategorie „mittelmäßig" mit einem Trend zum „schlecht"-Urteil; der Radverkehr wurde tendenziell noch etwas schlechter als der ÖPNV bewertet, dabei jedoch in Lüneburg mit stärkerem Gewicht der Antwortvorgabe „mittelmäßig" (Abb. 46 u. 47). Letzteres war wieder distanzbedingt: Wer kürzere Entfernungen zum Arbeits-/Einkaufsort zurücklegen mußte, beurteilte den Radverkehr im Gepäcktransport eher mit „mittelmäßig" oder sogar „gut", und die geringeren Distanzen waren in Lüneburg häufiger als in Kiel vertreten (vgl. Kap. 7.3.3).

7.3.8.5 Umweltverträglichkeit

Die Bewertungen der Umweltverträglichkeit von Verkehrsmitteln fielen in den Untersuchungsregionen sowie im Vergleich der Verkehrszwecke sehr homogen aus (Abb. 48 u. 49). Zufußgehen und das Fahrrad erhielten fast ausschließlich gute Einschätzungen, während der PKW eher schlecht abschnitt. Trotz offenkundiger Lärm- und Abgasemissionen beurteilte den PKW allerdings immerhin ein Viertel der Befragten nicht mit „schlecht". Auch wenn der Schadstoffgrad der im Haushalt verwendeten Personenkraftwagen nicht erfaßt wurde, ist zu vermuten, daß für dieses Ergebnis der Katalysator zumindest mitverantwortlich sein könnte. Angesichts der Fragwürdigkeit seiner Effizienz insbesondere im Stadtverkehr (vgl. Kap. 3.5) sowie durch den Katalysator nicht zu lösender, aber drängender Raumnöte im Verkehrssystem, deutet besagtes Ergebnis den Trend zu einer Überschätzung der positiven Wirkungen seines Einsatzes an. Dies wäre verbunden mit einem Nichterkennen der auch nach Einführung des Katalysators weiterhin drängenden ökonomischen und ökologischen Problematik des PKW-Verkehrs. Mangels „schlechtem Gewissen" käme das einer unverändert hohen, gegebenenfalls zunehmenden PKW-Nutzung zugute (vgl. auch UPI 1993b, S. 15-16).

Eine alternative Erklärung für den relativ hohen Anteil die PKW-Umweltverträglichkeit mit „mittelmäßig" oder „gut" Beurteilender wäre die selektive Informationssuche und -aufnahme zum Zwecke der Rechtfertigung gewohnten Handelns im Sinne L. FESTINGERs Theorie der kognitiven Dissonanz (vgl. CROTT 1979, S. 49 ff.). Nach diesem Erklärungsansatz - und weiteren soziologischen Interaktionstheorien - strebt der Mensch nach Einstellungsharmonie mit seiner Umwelt. Gegenteilige Ansichten werden als unangenehm empfunden und lösen unterschiedliche, aber allesamt auf Wiederherstellung eines befriedigenden Meinungsspektrums gerichtete Handlungen aus. Zu letzteren gehören z. B. die Infragestellung der eigenen Kognition zuwiderlaufender Informationen, die Geringschätzung der Themenrelevanz und die Suche nach sowie Höherbewertung von Gegenargumenten. Gelingt kein Ausgleich, kommen als „letzte Mittel" der Abbruch des Kontaktes, die (nicht mehr argumentativ belegbare) Leugnung eines Dissenses oder die Anpassung von eigener Einstellung und eigenem Verhalten an das Meinungsumfeld in Frage. Auf der Basis dieser Theorie lassen sich

Abb. 46: Verkehrsmittelspezifische Bewertung der Möglichkeit zum Gepäcktransport im Berufsverkehr

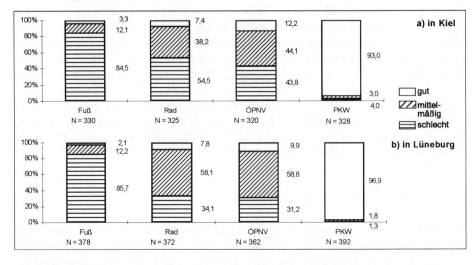

Abb. 47: Verkehrsmittelspezifische Bewertung der Möglichkeit zum Gepäcktransport im Einkaufsverkehr Nichterwerbstätiger

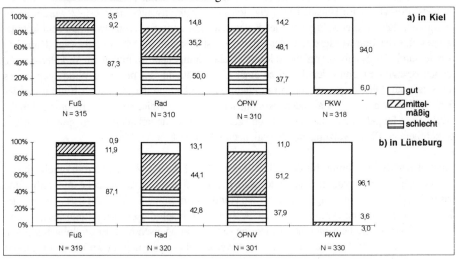

die positiven Bewertungen der Umweltfreundlichkeit des PKW derart interpretieren, daß im Katalysator eine generelle Problemlösung gesehen wird, und zwar unter Nichtbeachtung oder Minderbewertung der Wirkungseinschränkungen im unteren Distanzbereich sowie weiterer Problemaspekte des Kfz-Verkehrs, wie z. B. Lärm, Unfallgefahren und Flächenanspruch. Einen Hinweis hierauf liefern die gewohnheitsbestimmten PKW-Nutzer (vgl. Tab. 36 in Kap.

214

7.3.5): Nicht drei Viertel von ihnen stufen die Umweltverträglichkeit des PKW als „schlecht" ein, wie es dem Gesamtdurchschnitt entsprochen hätte, sondern lediglich knapp die Hälfte. Für die Mehrheit der Befragten sind etwaige mentale Verdrängungsstrategien indes nicht typisch gewesen. Sie waren sich - auch als häufige oder ständige PKW-Nutzer - der negati-

Abb. 48: Verkehrsmittelspezifische Bewertung der „Umweltverträglichkeit" im Berufs-verkehr

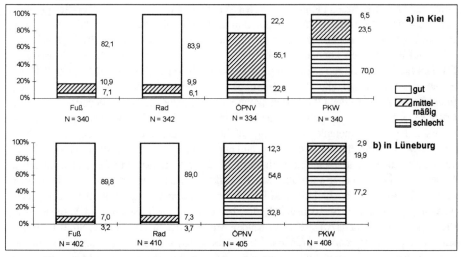

Abb. 49: Verkehrsmittelspezifische Bewertung der „Umweltverträglichkeit" im Einkaufsver-kehr Nichterwerbstätiger

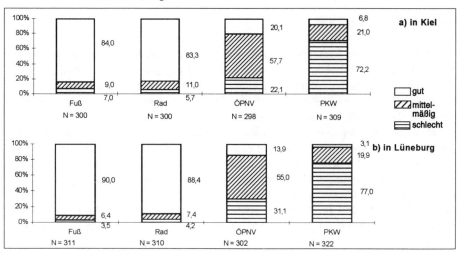

ven Umweltauswirkungen des motorisierten Individualverkehrs bewußt. Zu ähnlichen Ergebnissen kommen auch andere Studien jüngeren Datums (vgl. z. B. BRÖG 1991, S. 25, OPASCHOWSKI 1993, S. 20).

Auch die ÖPNV-Bewertung gibt Anlaß zum Nachdenken. Das Eigenverständnis der ÖPNV-Unternehmen - nicht nur in den Untersuchungsregionen - als Betreiber umweltfreundlicher Verkehrsmittel findet in den Befragungsergebnissen keine rechte Entsprechung. Zwar läßt sich die Dominanz der „mittelmäßig"-Bewertungen noch mit dem Abstand zu den gänzlich lärm- und emissionsfreien nichtmotorisierten Verkehrsmitteln begründen, aber dies gilt nicht für die „schlecht"-Bewertungen, die immerhin ein Fünftel bis fast ein Drittel der Nennungen ausmachten. Der Verdacht, vor allem die die Umweltverträglichkeit des PKW günstig einschätzenden Befragten könnten für die relativ ungünstige Bewertung der katalysatorlosen Dieselbusse verantwortlich sein, trifft nicht zu. Vielmehr verteilen sich die „schlecht"-Bewertungen des ÖPNV auf alle Befragtengruppen gleichmäßig. Offenbar haben die umweltfreundlichen Aspekte der ÖPNV-Benutzung - Minimierung des Raumbedarfes, effizienter Energieeinsatz und relativ geringe Schadstoffemissionen bei hoher Auslastung - noch nicht die wünschenswerte mentale Verbreitung gefunden. Die Diskrepanz zwischen vorhandener Sensibilität für Umweltbelange einerseits und nur begrenzt umweltfreundlicher Einschätzung des ÖPNV andererseits bietet ein Aufgabenfeld für eine intensivierte Öffentlichkeitsarbeit. Möglicherweise muß aber auch über den verstärkten Einsatz von Erdgas- oder Hybridfahrzeugen (Koppelung von Elektro- und Diesel- bzw. Gasantrieb, vgl. Kap. 3.5) nachgedacht werden, denn eventuell werden gerade die (bezogen auf ein Fahrzeug) im Vergleich zum PKW lauteren und mehr Abgase ausstoßenden Motoren der Busse in engen Straßenschluchten als besonders störend empfunden. Wenn dem so ist, könnte der Einsatz vor allem des Elektroantriebes in Innenstadtstraßen eine wesentliche Verbesserung der subjektiven Einschätzungen bewirken.

7.3.8.6 Verkehrssicherheit

Bei der Beurteilung der Verkehrssicherheit schnitt der öffentliche Verkehr am besten ab (Abb. 50 u. 51); jedoch war dies auch unter allen Faktoren der einzige, bei dem ihm dies gelang. Daß die Befragten hierbei nicht nur den eigenen Schutz vor Verletzungen durch die Metallkarosserie im Auge hatten, sondern auch eine Einschätzung der Unfallhäufigkeit, zeigt ein Vergleich des Zufußgehens mit dem PKW. Letzterer bietet einen unbestreitbar höheren Verletzungsschutz, dennoch aber dominierte seitens der Befragten die Einstufung als „mittelmäßig", während das Zufußgehen eher mit „gut" bewertet wurde. Der Grund hierfür dürfte in den hohen Unfallzahlen liegen, über welche sowohl exemplarisch als auch summarisch in den Tageszeitungen häufig berichtet wird, sowie möglicherweise in persönlichen Erlebnissen und Eindrücken. Eigene Auswertungen der polizeilichen Unfallstatistiken für das Jahr 1988 in Kiel und für 1992 in Lüneburg bestätigten nicht nur die Dominanz des Unfallgeschehens durch den PKW, sondern darüber hinaus auch seine im Verhältnis zum Verkehrsanteil überproportionale Beteiligung (Tab. 43).

Bei der Interpretation der polizeilichen Unfalldaten ist die Nichtregistrierung minder schwerer Schadensfälle und nicht gemeldeter Unfälle zu berücksichtigen. Es ist von einer hohen

Abb. 50: Verkehrsmittelspezifische Bewertung der „Verkehrssicherheit" im Berufsverkehr

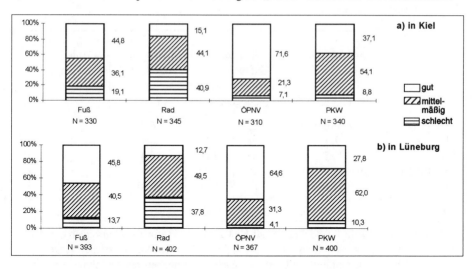

Abb. 51: Verkehrsmittelspezifische Bewertung der „Verkehrssicherheit" im Einkaufsverkehr
Nichterwerbstätiger

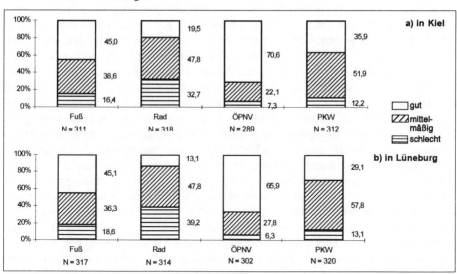

Tab. 43: Modal split und Unfallbeteiligung von Verkehrsmitteln in Kiel und Lüneburg (Angaben in %)

| | Kiel | | | Lüneburg | |
	modal split- Anteil 1981	Anteil an Unfällen 1988 incl.	excl. Fußgänger	modal split- Anteil 1991	Anteil an Unfällen 1992
Fußgänger	nicht erhoben	1,2	-	6,2	1,5
Radfahrer	9,0	2,4	2,5	6,1	4,2
Busse	16,2	1,0	1,0	5,4	1,0
Krafträder	(zus. mit PKW)	1,1	1,1	1,3	1,3
PKW	74,8	94,2	95,4	81,0	92,0
N =		3.756	3.592		1.711

Quellen: Modal split für Kiel aus Stadt Kiel 1986, S. 53, für Lüneburg nach eigener Erhebung (Anteil an Wegezahl, nicht an personen-kilometrischer Verkehrsleistung); Unfalldaten berechnet nach den Angaben der Unfallmeldebögen der Polizeidirektionen Kiel und Lüneburg

Dunkelziffer vor allem bei nichtmotorisierten Unfallbeteiligten auszugehen. Allerdings dürfte auch der nicht erfaßte Anteil von privat geregelten Kfz-Kfz-Unfällen nicht unbeträchtlich sein. Selbst wenn es gelänge, durch Einbezug der nicht polizeilich erfaßten Unfälle das Bild der Tab. 43 zu korrigieren, wäre die Sichtweise dennoch nicht vollständig, weil in die subjektive Bewertung der Verkehrssicherheit auch Beinahe-Unfallsituationen einfließen. Diesbezüglich liegt die Vermutung nahe, daß das Risiko der Konfrontation mit Unfallgefahren von der Geschwindigkeit der eigenen Fortbewegung beeinflußt wird. Je höher diese ist, desto schwieriger wird es, in der motorisierten wie in der nichtmotorisierten Fortbewegung zu bremsen oder Ausweichbewegungen zu vollziehen. Der Fußgänger ist in dieser Hinsicht im Vorteil, was die insgesamt eher positive Einschätzung seiner Verkehrssicherheit verständlich macht. Radfahrer haben hingegen weitaus größere Schwierigkeiten, ausweichend zu reagieren. Hinzu kommt der im Vergleich zu Fußgängern längere Aufenthalt im Straßenraum zusammen mit dem Kfz-Verkehr, was ein höheres Gefährdungspotential mit sich bringt. Selbst bei vorhandenen, separaten Radwegen fehlen in beiden Städten weitgehend Sicherungsmaßnahmen an Knotenpunkten und Grundstückszufahrten (vgl. Kap. 4.2.4.1 in Verbindung mit 6.4.4). Dies birgt in Kombination mit der relativ zu Fußgängern höheren Fortbewegungsgeschwindigkeit wiederum Gefährdungspotentiale. Diese Umstände könnten für die schlechte Bewertung der Verkehrssicherheit beim Fahrrad verantwortlich sein, obwohl - wie beim Fußgänger - die Unfallbeteiligung im Verhältnis zum Verkehrsaufkommen unterproportional ist.

Im Falle des Fahrrades findet die Abhängigkeit der Bewertung von der Nutzungshäufigkeit des Verkehrsmittels ihre stärkste Ausprägung. So schätzen Verkehrsteilnehmer, die zumindest zu einem Verkehrszweck das Fahrrad ständig benutzen, dessen Verkehrssicherheit besser ein als der oben angegebene Durchschnitt und erheblich besser als jene, die zu keinem Verkehrszweck das Fahrrad wenigstens „häufig" benutzen: Während die erstgenannte Gruppe die Verkehrssicherheit des Fahrradfahrens unabhängig von Verkehrszweck und Erwerbsstatus recht genau zu je einem Drittel als „gut", „mittelmäßig" und „schlecht" beurteilt, bewerten die Wenig-Radfahrer die Verkehrssicherheit zu zwei Dritteln als „schlecht".

7.3.8.7 Bequemlichkeit

Die Bequemlichkeit ist ein weiterer Faktor, bei dem der PKW nahezu konkurrenzlos gut abschneidet, was angesichts von Witterungsschutz, meist kurzen Gehwegen zum/vom Parkplatz, bequemen Sitzen und mehr oder minder komfortabler Zusatzausstattung (z. B. Autoradio/-musikanlage, regelbare Heizung, evt. sogar Klimaanlage) nicht verwundert. Fahrrad und ÖPNV besetzen in etwa gleichauf hauptsächlich die mittlere Bewertungskategorie, das Zufußgehen bietet keine besonderen Komfortaspekte (Abb. 52 u. 53). Auch in puncto Bequemlichkeit ist der Einfluß der Distanz bei der Einschätzung nichtmotorisierter Fortbewegung erkennbar. So beurteilen etwa ein Drittel der Befragten in beiden Stadtbereichen und zu beiden Verkehrszwecken das Zufußgehen bis 1 km Entfernung zwischen Wohnstandort und Arbeits- bzw. Einkaufsort noch mit „gut"; diese Bewertungskategorie nimmt anschließend sehr schnell ab und tritt oberhalb 3 km gar nicht mehr auf. Bis 5 km erreicht der Radverkehr in Kiel bei einem Viertel der Befragten „gut"-Urteile, in Lüneburg sogar zu mehr als 30 %. Oberhalb von 7 km treten jedoch kaum noch „gut"-Bewertungen auf. Günstige ÖPNV-Beurteilungen sind vorrangig dann abgegeben worden, wenn die Haltestellenentfernungen am Start- und Zielort gering sind (100-200 m).

7.3.8.8 Kosten

Bei der Bewertung der Kosten kristallisierte sich die zu erwartende Dichotomie zwischen nichtmotorisierter und motorisierter Fortbewegung heraus. Während das Zufußgehen und das Fahrrad sehr günstige Beurteilungen erhielten, bekamen der ÖPNV und der PKW mittelmäßige bis schlechte Noten (Abb. 54 u. 55). Der ÖPNV schneidet dabei sogar noch geringfügig schlechter ab als der PKW, was die Abweichung der subjektiven Einschätzungen von den realen Kosten bestätigt (vgl. Kap. 3.4). Mit Hilfe der abgefragten Entfernungen für die beurteilten Wege (Kap. 7.3.3) läßt sich diese Interpretation in Tab. 44 quantifizieren. Diese Tabelle macht im Vergleich mit den Abb. 54 und 55 auch deutlich, daß die Verkehrsteilnehmer offenbar nicht nur die reinen „out-of-pocket"-Kosten für Benzinkosten und gegebenenfalls Parkentgelte in ihre Überlegungen einbeziehen. Wäre dies der Fall, hätte der PKW bei der subjektiven Einschätzung der Kostenbelastung bedeutend besser abschneiden müssen. Anscheinend findet intuitiv ein gewisser Anteil von weiteren Kosten Berücksichtigung, der aber bei vielen nicht ausreicht, die Kostenvorteile des ÖPNV bei Nutzung tarifgünstiger Zeitkarten zu erkennen, denn es ergab sich bei der subjektiven Bewertung (Abb. 54 u. 55) kein Vorteil des ÖPNV gegenüber dem PKW. Hierin läge wiederum einerseits eine Aufgabe

Abb. 52: Verkehrsmittelspezifische Bewertung der „Bequemlichkeit" im Berufsverkehr

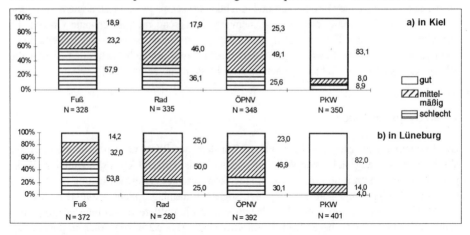

Abb. 53: Verkehrsmittelspezifische Bewertung der „Bequemlichkeit" im Einkaufsverkehr Nichterwerbstätiger

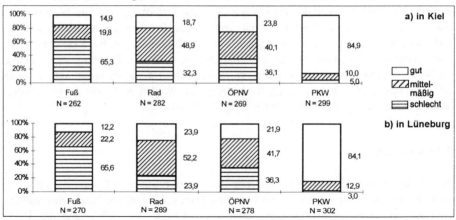

für eine intensivierte Öffentlichkeitsarbeit zur Bewußtmachung realer Kostenbedingungen im motorisierten Individualverkehr, andererseits ein Ansatzpunkt für die städtische Verkehrspolitik zur Gestaltung bzw. Subventionierung von ÖPNV-Tarifen sowie zur Ausweisung von Zonen für die Parkraumbewirtschaftung. Allerdings steht der Kostenaspekt in seiner Faktorenbedeutung schon recht weit hinter anderen Kriterien zurück, und deshalb dürften Kostenvorteile des ÖPNV nur dann handlungsrelevant werden, wenn die Ziele einigermaßen direkt und schnell zu erreichen sind. Dies gilt in erster Linie für den zentrumsorientierten Teil des Verkehrs sowie im Falle des Kieler Berufsverkehrs für jene Strecken zwischen großen Wohngebieten und außerhalb der Innenstadt gelegenen Arbeitsplatzzentren, die durch Schnellbuslinien direkt verbunden sind.

Zu erwähnen ist schließlich, daß diesmal die Bewertungen der motorisierten Verkehrsmittel distanzabhängig waren. Oberhalb von 4 km im Berufs- und 3 km im Einkaufsverkehr erreicht der ÖPNV in beiden Städten 5-8 Prozentpunkte mehr „gut"-Urteile, die „schlecht"-Bewertungen sinken auf 33-40 %. Hierin liegt auch die Ursache für die erkennbar schlechtere Bewertung des ÖPNV in Lüneburg im Vergleich zu Kiel: Die Entfernungen im Verkehrssystem sind in Lüneburg geringer mit der Folge einer niedrigeren Zahlungsbereitschaft für Busfahrten. Der im Vergleich zu Kiel erheblich günstigere Fahrpreis (siehe Tab. 44) kann diesen Effekt nicht ausgleichen.

Abb. 54: Verkehrsmittelspezifische Bewertung der „Kosten" im Berufsverkehr

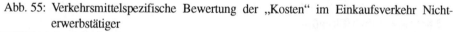

Abb. 55: Verkehrsmittelspezifische Bewertung der „Kosten" im Einkaufsverkehr Nichterwerbstätiger

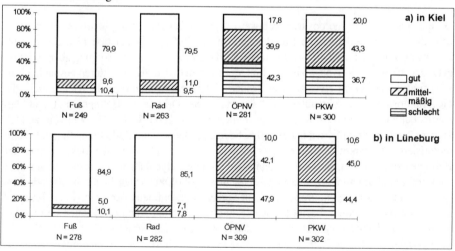

221

Tab. 44: Kostenvergleich PKW - ÖPNV in den Untersuchungsgebieten (Stand 1991)

| | Median-Distanz (km) | | PKW-Kosten (DM) | | | | ÖPNV-Kosten (DM) | |
| | | | nur Benzin | | Vollkosten | | | |
	Kiel	Lüneburg	Kiel	Lünebg.	Kiel	Lünebg.	Kiel	Lünebg.
Berufsverkehr	6,5	5,4	1,46	1,22	5,11	4,24	2,50	1,41
Kleine Einkäufe	1,9	1,7	0,43	0,38	1,49	1,34	bis	bis
Große Einkäufe	3,5	2,9	0,79	0,66	2,75	2,28	6,20	4,20

Anmerkung: Die PKW-Kosten beziehen sich auf einen VW Golf CL 1,8 l entsprechend den Angaben von LOTZ (1991, S. 63); Benzinpreis: 1,25 DM/l, Verbrauch 9 l/100 km; gerechnet wurde der Hin- und Rückweg, also die doppelte Mediandistanz. Der ÖPNV-Tarif bemißt sich bei der Minimumangabe nach dem Anteil an einer Monatskarte bei einer Nutzungsfrequenz von zwei Fahrten pro Werktag (= „hin und zurück"), bei der Maximumangabe nach dem teuersten Einzelfahrschein innerhalb der Untersuchungsgebiete.

Beim PKW urteilten um 60 % der Befragten mit „schlecht", wenn die Entfernungen zum Arbeitsplatz oder zur Einkaufsstätte nicht mehr als 2 km betrug. Auch eine gewisse sozialstatistische Abhängigkeit ist erkennbar, denn Auszubildende/Studierende erteilen für den PKW und den ÖPNV mehr „schlecht"-Bewertungen, und zwar je nach Stadt und Verkehrszweck in der Größenordnung zwischen fünf und zwölf Prozentpunkten (zu der gleichen sozialgruppenspezifischen Abhängigkeit gelangte mit einem anderen Befragungsansatz VERRON 1986, S. 204).

7.3.8.9 Gesundheit/Fitneß

Gesundheit/Fitneß ist die positive Sichtweise körperlicher Bewegung beim Transport, weshalb die wiederum dichotome Einschätzung in der Befragtenpopulation nicht überrascht: Zufußgehen und Fahrradfahren wurden positiv, die motorisierte Fortbewegung aber überwiegend negativ beurteilt (Abb. 56 u. 57). Im Gegensatz zu den anderen Faktoren bestanden Einschätzungsunterschiede zwischen den beiden Untersuchungsregionen. In Kiel wurden die nichtmotorisierten Verkehrsmittel „nur" von rund zwei Dritteln der Befragten mit „gut" bewertet, beim ÖPNV und PKW taten dies immerhin noch 11-16 %. In Lüneburg war die Diskrepanz größer; dort votierten nahezu 90 % beim Zufußgehen und Radfahren mit „gut", beim motorisierten Transport weniger als 5 %. Nach den gelegentlichen verbalen Bekundungen der Befragten zu schließen, ist dieses Ergebnis auf die unterschiedlichen Umfeldbedingungen in Kiel und Lüneburg zurückzuführen. In der schleswig-holsteinischen Landeshauptstadt werden aufgrund des höheren, großstädtischen Verkehrsaufkommens vor allem weite Teile der Innenstadt als gesundheitsbeeinträchtigend durch Lärm- und Abgasemissionen empfunden (nicht ganz zu Unrecht, vgl. Abgasstudie des Gewerbeaufsichtsamtes Itzehoe 1993). Derartige Aussagen wurden im Rahmen der Interviews im Lüneburger Raum nicht registriert, was

Abb. 56: Verkehrsmittelspezifische Bewertung der „Gesundheit/ Fitneß" im Berufsverkehr

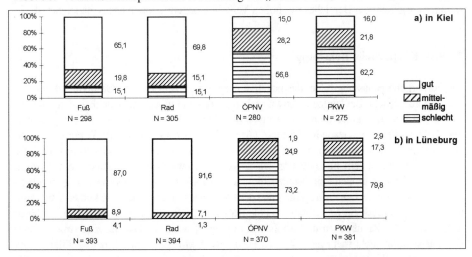

Abb. 57: Verkehrsmittelspezifische Bewertung der „Gesundheit/Fitneß" im Einkaufsverkehr Nichterwerbstätiger

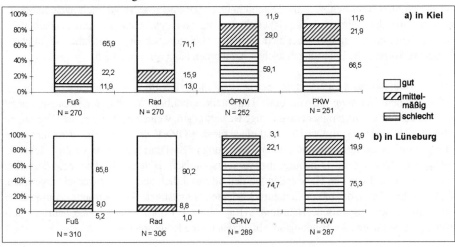

aufgrund der flächenmäßig erheblich kleineren Innenstadt und deshalb des räumlich weit weniger ausgedehnten Bereiches mit hohen Verkehrskonzentrationen nachvollziehbar ist.

7.3.8.10 Körperliche Belastung

Die körperliche Belastung bildet das negative Gegenstück zum Faktor „Gesundheit/Fitneß" - war dort körperliche Bewegung positiv zu sehen, so bestand nun die Möglichkeit, Unmut über zu viel Anstrengung kundzutun. Die Antwortverteilung zeigt dabei keineswegs ein gegenteiliges Bild zum Faktor „Gesundheit/Fitneß" (Abb. 58 u. 59). So schnitt der PKW nur in Kiel am günstigsten ab, das Zufußgehen und Radfahren erzielten demhingegen eine relativ positive Einschätzung, vor allem in Lüneburg. Die Diskrepanz zwischen den beiden Städten ist im Berufsverkehr zum großen Teil distanzbedingt, das heißt, vor allem die kurzen Wege brachten positive Bewertungen des Zufußgehens und des Fahrrades mit sich, und diese kurzen Wege sind in Lüneburg häufiger. So beurteilten rund die Hälfte der Befragten in Kiel und sogar um 60 % in Lüneburg das Zufußgehen und Radfahren mit „gut", wenn die Distanz zum Arbeits- oder Einkaufsstandort nicht mehr als 1 km (zu Fuß) bzw. 5 km (per Fahrrad) betrug. Gleichwohl waren positive Wertungen der nichtmotorisierten Fortbewegung sowohl bei den kürzeren als auch bei den längeren Distanzen in Lüneburg häufiger als in Kiel. Zudem erklärten die Distanzstrukturen bei den Einkaufswegen nur einen geringen Teil der Bewertungsunterschiede zwischen den Stadtbereichen, weil die Durchschnittsentfernungen selbst gar nicht weit auseinanderlagen. Aus den Befragungsdaten läßt sich aber kein weiteres Deutungsargument ableiten. Es ließe sich nur noch vermuten, aber nicht quantitativ belegen, daß ein angenehmeres Umfeld in Lüneburg körperliche Belastungen leichter hinnehmen läßt (vgl. Kap. 4.2.5).

Die im Vergleich zum ÖPNV stets bessere Beurteilung des PKW ist durch die bei ersterem erforderlichen Gehwege zur/von einer Haltestelle erklärbar. Wie bei der Bequemlichkeit erzielte der ÖPNV vorrangig dann günstige Bewertungen, wenn die Haltestellenentfernungen 200 m nicht überstiegen. Der Umstand einer für den ÖPNV im Vergleich zur nichtmotorisierten Fortbewegung kaum günstigeren Bewertung in Kiel und sogar einer deutlich schlechteren Einschätzung in Lüneburg, ist verkehrspolitisch bedenklich. Die erforderlichen Gehwege zu und von den Haltestellen wurden offensichtlich als so beschwerlich angesehen, daß dies den Vorteil der motorisiert zurückgelegten Hauptstrecke kompensierte. Ähnlich wie bei dem Faktor „psychische Belastung" (Kap. 7.3.8.11) dürfte hierbei eine häufiger notwendige Eile infolge der Bindung an Abfahrzeiten eine Rolle spielen.

7.3.8.11 Psychische Belastung

Die Bewertung der psychischen Belastung zeigte ähnlich wie bei der „körperlichen Belastung" Unterschiede in den beiden Stadtbereichen. Sie fielen jedoch geringer als dort aus, insbesondere blieb die Rangfolge Zufußgehen - Fahrrad - PKW - Bus fast in jedem Fall erhalten (Abb. 60 u. 61). Ähnlich wie in Kap. 7.3.8.10 waren auch die Differenzen zwischen den Fortbewegungsarten nicht so kraß, wie bei den anderen, in der Bedeutung wichtigeren Fak-

Abb. 58: Verkehrsmittelspezifische Bewertung von „körperlicher Belastung" im Berufsverkehr

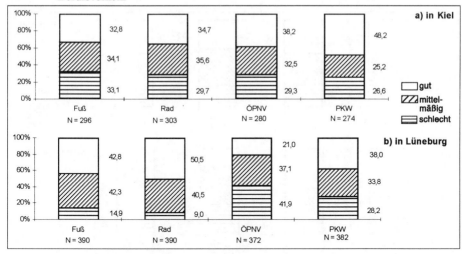

Abb. 59: Verkehrsmittelspezifische Bewertung von „körperlicher Belastung" im Einkaufsverkehr Nichterwerbstätiger

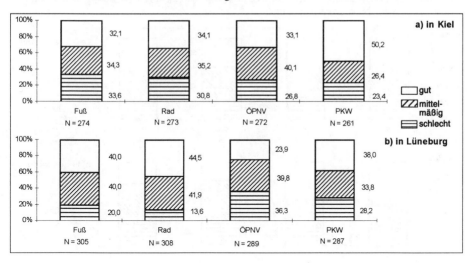

Abb. 60: Verkehrsmittelspezifische Bewertung von „psychischer Belastung" im Berufsverkehr

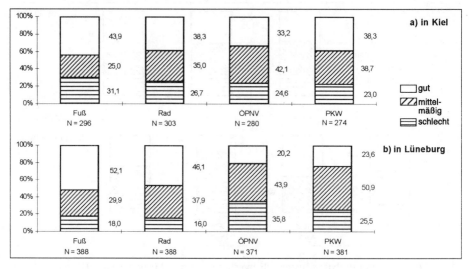

Abb. 61: Verkehrsmittelspezifische Bewertung von „psychischer Belastung" im Einkaufsverkehr Nichterwerbstätiger

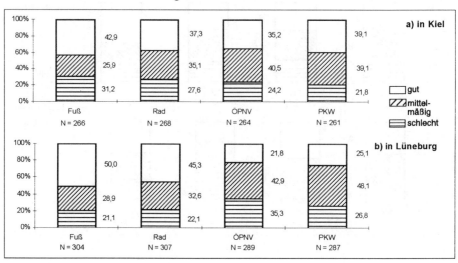

toren. Es gab in der Bewertung der psychischen Belastung weder eine Abhängigkeit von der Entfernung zwischen Quell- und Zielorten noch zu den Haltestellen. Vermutlich dürfte für die Unterschiede der beiden Untersuchungsregionen, ähnlich wie beim Faktor „Gesundheit/Fitneß", das in Kiel höhere Verkehrsaufkommen eine Rolle spielen, welches Fußgängern und Radfahrern in der Innenstadt tendenziell mehr Aufmerksamkeit und Vorsicht abfordert. Auch das möglicherweise als attraktiver angesehene Umfeld in Lüneburg (vgl. Kap. 7.3.8.10) käme als Erklärungsursache in Betracht, wobei dieses von der Verkehrsbelastung nicht unabhängig sein dürfte.

7.3.8.12 Erklärungsgehalt einstellungsorientierter Parameter

Zur Deutung der Verkehrsmittelwahl ist es erforderlich, die Bewertungen der Verkehrsmittel mit der Einschätzung der Faktorenbedeutung zu kombinieren und hinsichtlich der Präferenz für ein Verkehrsmittel zu untersuchen. Einen ersten Schritt in diese Richtung stellt der zusammenfassende Überblick der Abb. 62 und 63 dar. Da sich die Bewertungstendenzen zwischen den beiden Stadtbereichen mit Ausnahme des Faktors „körperliche Belastung", der jedoch von nur geringer Bedeutung war, kaum unterschieden, wurden die Ergebnisse für beide Untersuchungsräume zusammengefaßt. Bereits aus diesen Abbildungen lassen sich erste Rückschlüsse zur Erklärung der Verkehrsmittelwahl ableiten. Bei vier der sechs wichtigsten Faktoren - Unabhängigkeit/Flexibilität, Gepäcktransport, Schnelligkeit und Bequemlichkeit - lag der PKW mit großem Abstand zu den anderen Verkehrsmitteln an erster Stelle. Bei der Verkehrssicherheit urteilten die Befragten eher mit „gut", so daß der Abstand zum ÖPNV nicht allzu groß war. Nur bei der Umweltverträglichkeit erzielten die Verkehrsmittel des Umweltverbundes größere Vorteile. Als konkurrenzfähig oder überlegen erwiesen sie sich ansonsten zwar noch bei den Kosten, der „Gesundheit/Fitneß" sowie der körperlichen und psychischen Belastung, nur handelte es sich hierbei um Auswahlfaktoren, die für die meisten der Befragten von untergeordneter Bedeutung waren. Das Gesamtbild begründet also den sich bereits bei der Darstellung der Verkehrsmittelwahl in Kap. 7.3.1.1 - 7.3.1.3 herauskristallisierenden Attraktivitätsvorsprung des PKW.

Für eine noch genauere Analyse wurden in Anl. 27 und 28 im Anhang die Wahlpräferenzen den Verkehrsmitteleinschätzungen gegenübergestellt. Als Basis der Auswertung dienten dabei nur jene Personen, die bei dem jeweiligen Auswahlfaktor eine „sehr hohe" oder „hohe Bedeutung" angegeben hatten. Außerdem erfolgte die Berechnung nur für jene Fälle, die nach der Verfügbarkeits- und Gewohnheitsanalyse nicht bereits auf ein bestimmtes Verkehrsmittel festgelegt waren. Da die Anl. 27 und 28 sehr komplex sind, liefert Tab. 45 eine Zusammenfassung der entscheidenden Aussagen des Datenmaterials mit Hilfe der Werte des Gamma-Koeffizienten.

Abb. 62: Faktoren der Verkehrsmittelwahl und Verkehrsmittelbewertung im Berufsverkehr in Kiel und Lüneburg

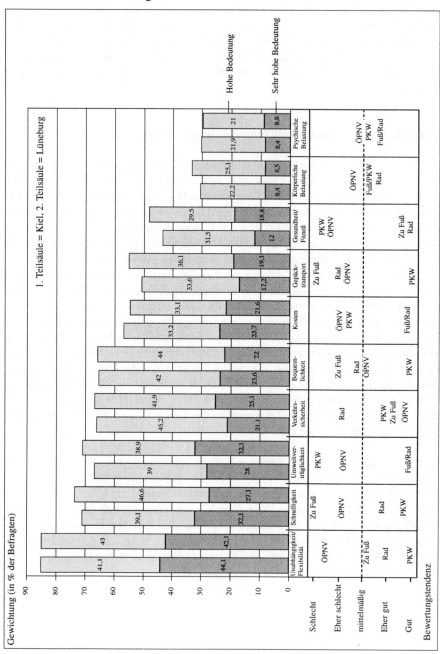

Abb. 63: Faktoren der Verkehrsmittelwahl und Verkehrsmittelbewertung im Einkaufsverkehr Nichterwerbstätiger in Kiel und Lüneburg

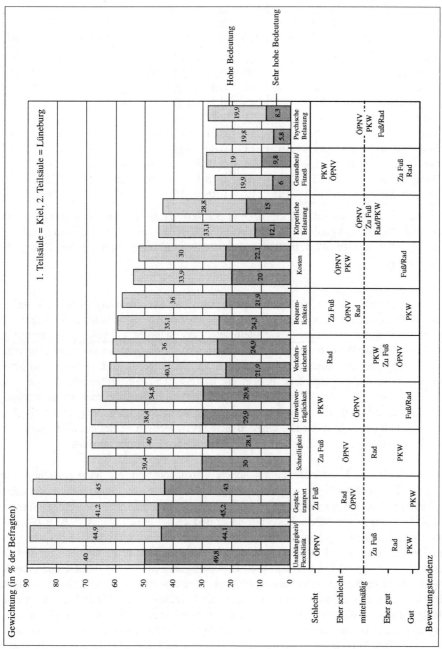

Tab. 45: Verkehrsmitteleinschätzung und Verkehrsmittelwahl - Übersicht der Gamma-Koeffizientenwerte

	Berufsverkehr				Arith. Mittel	Einkaufsverkehr				Arith. Mittel	Ges.- Mittel
	Fuß	Rad	ÖPNV	PKW		Fuß	Rad	ÖPNV	PKW		
Schnelligkeit	.50	.41	.63	.47	0,50	.67	.62	.74	.61	0,66	0,58
Unabh./Flex.	.68	.43	.48	.49	0,52	.54	.48	.85	.62	0,62	0,57
Gepäcktransp.	.26	.31	.35	.31	0,31	.63	.65	.57	.49	0,59	0,45
Bequemlichk.	.39	.22	.10	.40	0,28	.56	.60	.43	.55	0,54	0,41
Umweltvertrgl.	.16	.34	.28	.33	0,28	.16	.33	.37	.21	0,27	0,27
Kosten	.22	.35	.10	.17	0,21	.12	.43	.24	.23	0,26	0,23
Verkehrssich.	.21	.19	.16	.23	0,20	.23	.32	.20	.21	0,24	0,22
Gesundh./Fitn.	.16	.15	.13	.20	0,16	.28	.34	.19	.13	0,24	0,20
Psych. Belast.	.20	.22	.21	.10	0,18	.12	.12	.26	.09	0,15	0,17
Körperl. Blst.	.19	.19	.13	.12	0,16	.16	.14	.23	.10	0,16	0,16

Die Gamma-Werte des Faktors „Gepäcktransportmöglichkeit" im Einkaufsverkehr wurden zwischen kleinen und großen Einkäufen gemittelt. Unterstrichene Werte sind zumindest auf dem 5 %-Niveau signifikant; bezüglich genauerer Signifikanzangaben vgl. Anl. 27 und 28 im Anhang.

Tab. 45 zeigt zunächst bei allen Kriterien einen positiven Zusammenhang zwischen Verkehrsmittelwahl und -einschätzung: War letztere gut, so wurde das Verkehrsmittel in der Regel häufiger benutzt als bei jenen, die es als „mittelmäßig" oder „schlecht" einstuften, und umgekehrt. Negative Gamma-Werte traten nicht auf; es kam also für die gesamte Befragtenpopulation nicht zu logischen Inkonsistenzen. Im Einzelfall war dies hingegen häufig gegeben. So waren beispielsweise die Prozentanteile derjenigen, die der „Umweltverträglichkeit" eine hohe Bedeutung beimaßen, den PKW dabei mit „schlecht" beurteilten, ihn aber dennoch ständig zum Einkauf oder Arbeitsweg benutzten, erheblich. Wenn dennoch in der gesamten Befragtenpopulation psychologische Dissonanzen nicht überwogen, so ist dies ein wichtiges Merkmal für die Aussagekraft des in Kap. 7.3.9 zu erstellenden Erklärungsmodells.

Ferner läßt die Tab. 45 tendenziell um so höhere Assoziationswerte erkennen, je wichtiger der jeweilige Faktor in der Gesamtpopulation eingeschätzt wurde. Der Grund hierfür liegt darin, daß ein für die Gesamtheit weniger wichtiges Auswahlkriterium nicht nur weniger Summationsbeurteilungen aus „sehr hoher" und „hoher Bedeutung" erhielt (vgl. Abb. 62 u. 63), sondern der Anteil der letztgenannten Kategorie auch noch wesentlich erhöht war. So gaben beispielsweise von den 681 Berufstätigen, die die „Unabhängigkeit/ Flexibilität" für sich als wichtig erachteten, 50,5 % eine sehr hohe Bedeutung an; von den 219 Berufstätigen, die die psychische Belastung als bedeutsam einschätzten, taten dies aber nur 28,8 %. Die „psychische Belastung" wurde deshalb in ihrer Wirkung bei der Verkehrsmittelwahl häufiger als die „Unabhängigkeit/Flexibilität" von anderen, individuell wichtigeren Faktoren überlagert. Das bedeutet auch, daß die Assoziationsmaße noch höhere Werte annehmen, wenn man für die genannten Tabellen nur die Bewertungen jener Befragten heranzieht, die einem Faktor eine

„sehr hohe Bedeutung" zuwiesen. Da jedoch, wie noch zu zeigen ist, die Verkehrsmittelwahl mit der Faktorengruppe „sehr hohe Bedeutung" allein nicht hinreichend erklärt werden kann, sind beide Rangstufen in die Analyse einbezogen worden.

Auch wenn, wie bemerkt, Auswahlfaktoren mit überwiegend hoch eingeschätzter Bedeutung tendenziell hohe Gamma-Werte erreichten, so ist doch auf Ausnahmen hinzuweisen. Diese bedingen Abweichungen der Reihenfolge in Tab. 45 im Vergleich mit jener Faktorenrangfolge, die sich in Kap. 7.3.8.1 aus der Häufigkeitsauszählung ergab (Abb. 40 u. 41). Zunächst tauschen „Unabhängigkeit/Flexibilität" und „Schnelligkeit" die Rangplätze 1 und 2, wobei jedoch der Unterschied äußerst gering und deshalb wenig bedeutsam ist.

Die Möglichkeit des Gepäcktransportes nimmt den dritten Rangplatz ein, obwohl ihr zuvor wenigstens im Berufsverkehr nur eine weniger wichtige Rolle zugewiesen wurde. Maßgeblich hierfür ist die Berücksichtigung großer Einkäufe mit sehr hohen Assoziationswerten zwischen Verkehrsmittelwahl und -einschätzung. Die proportional gleichgewichtige Berücksichtigung großer und kleiner Einkäufe bei der Bildung der arithmetischen Mittelwerte ist problematisch, da die Häufigkeit großer Einkäufe geringer zu veranschlagen ist als diejenige kleiner Besorgungen. Läßt man die großen Einkäufe ganz aus der Berechnung heraus, rangiert der Gepäcktransport mit einem Gesamtmittel von 0,30 mit erheblichem Abstand zu den ersten vier Faktoren auf dem fünften Rangplatz.

Eine erste „echte" Ausnahme im ansonsten konsistenten Zusammenhang von zugewiesener Faktorenbedeutung einerseits und Assoziationswerten von Verkehrsmittelwahl und -einschätzung andererseits stellt die „Umweltverträglichkeit" dar. Zahlreiche Interviewpartner maßen diesem Kriterium eine hohe oder gar sehr hohe Bedeutung bei, schätzten den PKW dabei als „schlecht" ein und wählten diesen trotz zur Verfügung stehender Alternativen. Dieses zunächst widersprüchlich anmutende Verhalten ist auch aus anderen Untersuchungen bekannt. DIEKMANN/PREISENDÖRFER (1992) berichten beispielsweise über eine Telefonbefragung bei 1.357 Bürgern in Bern und München. Für vier Verhaltensbereiche (Einkauf, Abfallvermeidung, Energienutzung und Verkehr) stellten sie eine schwache positive Korrelation zwischen Umweltbewußtsein und Umweltverhalten fest. Diese ergab sich in der Summation; trennte man die Bereiche, zeigten sich größere Unterschiede. Insbesondere ergab sich für den Verkehr eine schwach negative Korrelation, das heißt, der PKW wird wider die eigene Umwelteinstellung häufig benutzt. Die genannten Autoren führten zur Erklärung dieses Phänomens eine „low-cost"-Hypothese ein, derzufolge Umweltbewußtsein vor allem dann in entsprechendes Umweltverhalten mündet, wenn der Aufwand für Verhaltensänderung gering ist.[8] Außerdem führten sie die „Kollektivgutproblematik" an: Die Nachteile der Nutzung eines Verhaltens werden im wesentlichen externalisiert (vgl. Kap. 3.4); wird der eigene Beitrag zum ökologischen Fehlverhalten niedrig und die Kooperationsbereitschaft der anderen Mitakteure (hier: PKW-Benutzer) ebenfalls niedrig eingeschätzt, so führt dies zu einer geringen Bereitschaft für Verhaltensänderungen bei dem einzelnen und damit bei allen:

---

[8] Allerdings fehlte in den Interviews eine Fragestellung, die einen direkten Schluß auf die subjektiv empfundene Aufwandshöhe zuließ.

„Insbesondere in Dilemmasituationen mit zahlreichen anonymen Beteiligten, d. h. in latenten Großgruppen (...), und bei einer hohen Kosten-Nutzen-Differenz zwischen umweltgerechten und umweltschädlichen Verhaltensalternativen wird allein moralischen Appellen an die Selbstdisziplin umweltbewußter Akteure kaum dauerhafter Erfolg beschieden sein. In derartigen Situationen - der private Autoverkehr ist hierfür ein Beispiel - ist die Veränderung der individuellen Anreizstruktur offenbar eine notwendige Voraussetzung zur Lösung der Umweltprobleme." (DIEKMANN/ PREISEN-DÖRFER 1992, S. 246)

Der erste Teil der Erklärung, die „low-cost"-Hypothese, wird durch die vorliegende Untersuchung gestützt: Der PKW wurde nur bei der Umweltverträglichkeit schlecht bewertet und schnitt bei allen anderen häufig als wichtig erachteten Variablen - zumeist mit deutlichem Abstand - gut ab (vgl. Abb. 62 u. 63); folglich würde ein Verzicht auf den PKW aus Umweltgründen beträchtliche Nachteile bei den anderen als wichtig oder sehr wichtig empfundenen Faktoren bewirken. Die „Verhaltenskosten" wären also bei einem Verzicht auf den PKW tatsächlich hoch. Dies gilt nicht nur für die Gesamtheit der Befragten, sondern auch für die Individualfälle: In der Regel erhielten zwei bis drei Faktoren die Einstufung „sehr hohe Bedeutung", so daß selbst auf dieser höchsten Rangebene die „Umweltverträglichkeit" nur sehr selten allein stand, sondern von anderen Kriterien kompensiert bzw. überkompensiert werden konnte und wurde.

Der zweite Teil der Erklärung, die Kollektivgutproblematik, kann hingegen nicht ohne weiteres bestätigt werden, denn in diesem Falle hätte die Geringschätzung der Bedeutung eigenen Verhaltens für den Gesamtverkehr mit einer niedrigen Gewichtung des Umweltaspektes einhergehen müssen. Die Umweltverträglichkeit der Verkehrsmittel nahm aber unter den wichtigen Kriterien eine vordere Position ein. Deshalb erscheint es wahrscheinlicher, von einer derart intensiven Verbreitung von Umweltbewußtsein auszugehen, daß ein nennenswert großer Teil der PKW-Nutzer zur Einschränkung des PKW-Gebrauches auch unter der Perspektive einer nur kleinen Zahl an „Mitstreitern" bereit wäre, wenn die äußeren Rahmenbedingungen die Nutzung alternativer Verkehrsmittel günstiger gestalten würden (= Senkung der Verhaltenskosten). Bei der derzeitigen Situation wird jedoch in vielen Fällen die Bedeutung der „Umweltverträglichkeit" des Verkehrsmittels durch andere Faktoren derselben oder gar einer höheren Wichtigkeit überkompensiert.

Eine weitere Ausnahme stellt die „Verkehrssicherheit" dar. Auch sie zeichnet sich durch eine im Durchschnitt hohe Bedeutungszuweisung durch die Befragten, aber nur einen verhältnismäßig kleinen Übereinstimmungsgrad zwischen Verkehrsmittelwahl und -einschätzung aus. Der Grund hierfür dürfte in dem engen Beieinanderliegen der Bewertungen der vier städtischen Transportvarianten zu suchen sein (vgl. Abb. 62 u. 63). Antwortfälle, in denen die Verkehrsmittel in puncto Sicherheit gleich oder mit relativ geringem Abstand zueinander (z. B. 3 x „gut" und 1 x „mittelmäßig" statt 2 x „gut", 2 x „schlecht") beurteilt wurden, kamen wesentlich häufiger vor als bei den anderen Kriterien. Ist die Bewertungsstruktur aber annähernd homogen, nivelliert sich der Einfluß des betreffenden Faktors auf die Verkehrsmittelwahl, während andere Kriterien, bei denen die Bewertungen stärker differieren, den

Ausschlag geben. Dies widerspricht keineswegs der Zuweisung einer hohen Bedeutung für die Verkehrssicherheit, nur ist trotzdem ihr Einfluß auf die Verkehrsmittelwahl gering. Damit ist wiederum die Wahrscheinlichkeit niedrig, mit Maßnahmen zur Verbesserung der Verkehrssicherheit den modal split nennenswert beeinflussen zu können, da, anders als zum Beispiel bei der Variable „Schnelligkeit", eine künstliche Minderung des Sicherheitsniveaus beim PKW nicht diskutabel ist.

Insgesamt zeigt sich nach der bisherigen Analyse einstellungsorientierter Parameter, daß die Verkehrsmittelwahl in der Regel nicht durch einen Faktor allein bestimmt wird. Vielmehr erwies sich die Streubreite der individuellen Entscheidungsmotive erwartungsgemäß als groß. Erkennbar wird jedoch die Gelegenheit einer Erklärung der Verkehrsmittelwahlstrukturen auf der Einstellungsebene in Ergänzung zum Modell abgestufter Wahlmöglichkeiten, für die es nun abschließend eine Form der Quantifizierung zu finden gilt. Hierzu wurden die Fragebögen derjenigen, die sich im Rahmen der Verfügbarkeits- und Gewohnheitsanalyse nicht bereits auf ein bestimmtes Verkehrsmittel festgelegt zeigten, daraufhin untersucht, ab welcher Stufe des Entscheidungsprozesses die Verkehrsmittelwahl hinreichend erklärt ist. Vorausgesetzt wurde dabei eine erste Selektion durch die Verfügbarkeitsfrage, wodurch nur zwei, drei oder in nur noch verhältnismäßig wenigen Fällen alle vier städtischen Verkehrsmittel zur Verfügung standen (vgl. Tab. 28-30 in Kap. 7.3.3). Der nächste Schritt bestand für jeden Fragebogen im Vergleich der im Einzelfall verbliebenen Wahloptionen mit Hilfe der Beurteilungen bei den Elementen des Kriterienkataloges nach dem „lexikographischen Modell" (VERRON 1986, S. 129-130). Hierbei werden die Faktoren nach ihrer Bedeutung geordnet, und nur diejenigen der jeweils höchsten Stufe werden zur Auswahlselektion herangezogen. Konkret widmete sich die Analyse also zunächst ausschließlich den mit sehr hoher Bedeutung eingestuften Faktoren. Es wurde angenommen, daß die Bewertungen innerhalb derselben Bedeutungskategorie gleichgewichtig, gewissermaßen intervallskaliert sind. Ein „gut"-Urteil bei der Schnelligkeit sollte folglich äquivalent sein mit einem „gut"-Urteil bei der Umweltverträglichkeit; eine Kombination aus 1 x „gut" und 1 x „schlecht" sollte identisch sein mit 2 x „mittelmäßig" etc. (zur Kritik siehe unten). Ergab sich hierbei ein Vorzug für ein Verkehrsmittel vor allen anderen, und stimmte dieser mit der Präferenz bei der tatsächlichen Verkehrsmittelwahl überein, galt der Fragebogen als „erklärter Fall". Ergab sich eine Inkonsistenz, handelte es sich um einen nicht erklärten Fall.

Beispiel:

• Mindestens „häufig" im Berufsverkehr verfügbar: Fahrrad, ÖPNV, PKW
• Präferiertes Verkehrsmittel (bei trockenem Wetter): PKW
• Faktoren mit sehr hoher Bedeutung: Unabhängigkeit/Flexibilität, Schnelligkeit, Umweltverträglichkeit
• Bewertungsmuster (2 = gut, 1 = mittelmäßig, 0 = schlecht):

	a) Erklärter Fall			b) Nicht erklärter Fall		
	Rad	ÖPNV	PKW	Rad	ÖPNV	PKW
Unabh./Flexib.	1	0	2	2	0	1
Schnelligkeit	0	1	2	1	1	2
Umweltvertrglk.	2	1	0	2	1	0
Summe	3	2	4	5	2	3
Verkehrsmittel-prognose	PKW			Fahrrad		

Natürlich ergab sich dabei auch häufiger die Situation, daß die Stufe höchster Faktorenbedeutung keine definitive Verkehrsmittelprognose zuließ, wenn nämlich mindestens zwei Transportoptionen dieselbe Punktebewertung aufwiesen. Als zusätzliche Entscheidungshilfe fanden dann die Koppelungshäufigkeit und das Verkehrsmittelimage Berücksichtigung. Hatte der Befragte mindestens „häufige" Koppelungsaktivitäten angegeben, fiel die Entscheidung zuungunsten von Zufußgehen und/oder ÖPNV bzw. zugunsten von Fahrrad und/oder PKW aus (vgl. Kap. 7.3.4). Beim Verkehrsmittelimage war zu untersuchen, ob der Befragte einen Einfluß auf die Wahl von Transportvarianten für sich oder höhergestellte Personen für möglich hielt und welches Fortbewegungsmittel hiervon profitiert.

Erlaubte auch der Einbezug dieser beiden Elemente noch keine „Verkehrsmittelprognose" im obigen Sinne, gelangten die Faktoren mit „hoher Bedeutung" entsprechend dem obigen Muster in den Auswahlprozeß. War dadurch ebenfalls keine Entscheidung in der Verkehrsmittelwahl zu fällen, kamen wiederum die Kriterien der Koppelungshäufigkeit und des Verkehrsmittelimages zur Anwendung. Dasselbe Verfahren wiederholte sich gegebenenfalls auf einer dritten Ebene mit den Faktoren „geringer Bedeutung".

Im Zuge dieses Vorgehens ergaben sich die in Tab. 46 dargelegten Erklärungsquoten. Sie zeigt durch die Aufteilung des Entscheidungsvorganges in mehrere Ebenen eine sukzessive Erhöhung des Erklärungsvolumens für die Verkehrsmittelwahl, wodurch am Schluß dieses Prozesses um 90 % der Befragungsfälle in ihrer Verkehrsmittelpräferenz erklärbar sind. Dabei ist für die niedrigste Quote im Verkehr zum Zwecke großer Einkäufe der Einwand zu berücksichtigen, daß der Kriterienkatalog des Fragebogens nicht zwischen kleinen und großen Einkäufen differenzieren konnte, ohne den gänzlichen Mißerfolg der Befragungen zu riskieren. Die anzunehmende Dominanz der häufigsten Einkaufsbeziehungen, also der kleinen Einkäufe, in den subjektiven Bewertungen, dürfte die etwas größere Fehlerquote bei den großen Einkäufen hinreichend erklären.

Von Bedeutung ist nun der Grad der sukzessiven Erhöhung des Deutungsgehaltes im obigen Vorgehen. Die ersten beiden Zeilen der Tab. 46 repräsentieren die objektiven und subjektiven Restriktionen. Die Erklärungsquoten sind bereits erheblich, jedoch verbleibt neben dem wahlfreien ein nicht erklärter Anteil (= Prognose zugunsten eines Verkehrsmittels möglich, aber falsch), der im Gegensatz zu den folgenden Zeilen nicht als „nicht erklärt" in die Summenbildung einging. Grund hierfür ist, daß die verwendeten Kriterien für die Verfügbarkeit (Kap. 7.3.2.1 - 7.3.2.2) und die distanzbeeinflußte Verfügbarkeit (Kap. 7.3.3) zwar für den weitaus

Tab. 46: Erklärte und nicht erklärte Verkehrsmittelwahl in der Befragungsteilpopulation mit ausgeprägter Verkehrsmittelpräferenz (Angaben in %)

	Ausbildungs-/ Berufsverkehr (N = 743)			Verkehr v. Nichterwerbtät. zum Zwecke kleiner Einkäufe (N = 586)			großer Einkäufe (N = 610)		
	er-klärt	wahl-frei	nicht erkl.	er-klärt	wahl-frei	nicht erkl.	er-klärt	wahl-frei	nicht erkl.
Distanzbeeinflußte Verfügbarkeit (Tab. 31)	30,7	59,9	9,4	8,7	89,6	1,7	24,1	75,6	0,3
Gewohnheit (Tab. 36)	13,1	56,3	-	15,9	75,4	-	15,2	60,7	-
Faktoren sehr hoher Bedeutung	28,3	26,4	1,6	37,9	35,8	1,7	20,3	34,1	6,2
Koppelungshäufigkeit	1,1	25,3	-	1,7	34,1	-	-	-	-
Verkehrsmittelimage	0,1	25,2	-	-	-	-	-	-	-
Faktoren hoher Bedeutung	20,1	4,0	1,1	24,2	7,5	2,4	27,5	3,4	3,1
Koppelungshäufigkeit	0,3	3,8	-	2,4	5,1	-	0,3	3,1	-
Verkehrsmittelimage	0,1	3,6	-	0,3	4,8	-	-	-	-
Faktoren geringer Bedeutung	2,7	-	0,9	2,7	0,2	1,9	1,6	-	1,5
Koppelungshäufigkeit	-	-	-	0,2	-	-	-	-	-
Verkehrsmittelimage	-	-	-	-	-	-	-	-	-
Summe	96,4		3,6	95,7		4,3	89,2		10,8

größten Teil der Befragten zutreffend erschienen, aber nicht für jeden Einzelfall. So stand für einige Personen eigentlich überhaupt kein Verkehrsmittel zur Verfügung, obwohl sie dennoch welche benutzten (dann meist ohne Präferenz). Ebenfalls war (selten) eine Präferenz für ein Verkehrsmittel zu registrieren, das nicht dem individuellen Verfügbarkeitsrahmen entsprach. Ursache für diese Diskrepanzen war stets der Umstand einer nicht ausreichenden Beschreibung des Handlungsspektrums einzelner Befragter. So zeigte sich für den Busverkehr der Untersuchungsräume eine stärkere Toleranz für größere Entfernungen zu den Haltestellen oder für ungünstige Abfahrzeiten, wenn eine bessere Alternative fehlte. Entsprechend verhielt es sich mit der Entfernungstoleranz im nichtmotorisierten Verkehr. Ferner besitzen gerade Nichterwerbstätige durch Inkaufnahme von Einschränkungen ihrer zeitlichen Handlungsfreiheit die Möglichkeit, auch ein „selten" verfügbares, aber subjektiv sehr geschätztes Verkehrsmittel (i. d. R. der PKW) häufig oder ständig zu benutzen. Die objektiven Restriktionen besitzen also in letzter Konsequenz doch keine so ausschließende Wirkung, wie der Begriff zunächst suggeriert. Dieser Umstand rechtfertigt es, die auf der ersten Stufe als „nicht erklärt" ausgewiesenen Fälle wieder in den Prozeß der Auswahl durch subjektive Einschätzungen zu integrieren.

Eine gesonderte Analyse der bereits durch die Elemente „Verfügbarkeit" und „Gewohnheit" in ihrem Wahlverhalten determinierten Befragten zeigte im übrigen ein hohes Maß an Identität mit subjektiven Wertschätzungen. In den meisten Fällen erwies sich das präferierte Verkehrsmittel auch als jenes mit den besten Bewertungen bei den subjektiven Einschätzungsfaktoren (Tab. 47). Lediglich für den öffentlichen Verkehr sind geringere Raten festzustellen. Dies belegt einerseits die Aussage in Kap. 7.3.3, daß die Nutzung vor allem der Individualverkehrsmittel in der Überzeugung ihrer Gunst geschieht, während die Nutzung öffentlicher Verkehrsmittel zwar nicht überwiegend, aber doch in stärkerem Maße nur mangels Alternativen erfolgt. Zum andern zeichnet sich durch den hohen Zufriedenheitsgrad bei jenen Befragten mit Bindung an Individualverkehrsmittel ab, daß der zu wünschen lassende Grad der ÖPNV-Informiertheit (Kap. 7.3.2.2) im wesentlichen freiwilliger Natur ist. Eine leichtere Zugänglichkeit von Informationen über Abfahrzeiten/-orte, Routen und Reisezeiten - im Idealfall durch Gratiszustellung von Fahrplanheften an alle Haushalte - zöge deshalb zumindest kurzfristig keinen nennenswerten Effekt auf die Verkehrsmittelwahl nach sich (vgl. Kap. 7.3.10). Mittel- und langfristig würde eine verbesserte Informiertheit über Maßnahmen aus Kap. 4.2.3.4 allerdings die Gelegenheitsnutzung des ÖPNV erleichtern, was wiederum über positive Erfahrungen und eine nachfolgende Beurteilungskorrektur hinsichtlich Schnelligkeit, Komfort etc. eventuell doch Präferenzänderungen bewirken könnte.

Bei den „Wahlfreien" verschwinden die Unterschiede zwischen ÖPNV und Individualverkehr im Konsistenzgrad zwischen subjektiver Bewertung und Verkehrsmittelpräferenz - ansonsten hätte Tab. 46 nicht so hohe Erklärungsquoten ausweisen können. Dies bedeutet für den ÖPNV (wie für die anderen Verkehrsmittel auch), daß jene, die ihn trotz vorhandener und akzeptabler Alternativen als Regeltransportmedium nutzen, es um seiner Gunst willen tun. Das schließt nicht in letzter Konsequenz Änderungen der Wertschätzungen und der Wahlpräferenz aus, beispielsweise im Zuge einer höheren PKW-Verfügbarkeit durch Anschaffung eines (Zweit-)Wagens, wodurch dessen Vorzüge möglicherweise erst richtig kennengelernt werden. Dennoch erscheint es sinnvoll, zunächst nur die in Tab. 47 ausgewiesenen Inkonsistenten als potentiell „Abwanderungsbereite" zu klassifizieren. Im Falle einer Erweiterung ihrer Wahloptionen würden sie voraussichtlich dem ÖPNV als Kunden verlorengehen. Quantitativ macht diese Gruppe im Ausbildungs- und Berufsverkehr 20 von 114 den ÖPNV Präferierenden, also 17,5 % aus. Im kleinen Einkaufsverkehr sind es 8 von 35 Personen (22,9 %), im großen Einkaufsverkehr 5 von 20 Befragten (25 %). Diese Fallzahlen sind zwar recht gering, verdeutlichen aber nochmals im Verein mit den Ausführungen des Kap. 7.3.3 und den Abb. 62 und 63, daß der öffentliche Verkehr in besonderem Maße durch Attraktivitätsdefizite geprägt ist.

Tab. 47: Konsistenz und Inkonsistenz von Präferenz durch Auswahlrestriktionen und subjektiver Bewertung von Verkehrsmitteln

| | Wahldetermi-niert durch Verfügbarkeit oder Gewohn-heit, absolut | Verkehrsmittelwahl ist mit subjektiver Bewertung | | | |
| | | konsistent | | inkonsistent | |
		abs.	in %	abs.	in %
Ausbildg./Beruf					
- Zufußgehen	7	6	85,7	1	14,3
- Fahrrad	39	35	89,7	4	10,3
- ÖPNV	44	24	54,5	20	45,5
- PKW	235	224	95,3	11	4,7
Kleine Einkäufe					
- Zufußgehen	-	-	-	-	-
- Fahrrad	25	24	96,0	1	4,0
- ÖPNV	19	11	57,9	8	42,1
- PKW	100	92	92,0	8	8,0
Große Einkäufe					
- Zufußgehen	-	-	-	-	-
- Fahrrad	22	18	81,8	4	18,2
- ÖPNV	14	9	64,3	5	35,7
- PKW	204	199	97,5	5	2,5

Im Anschluß an die in relativ hohem Maße die Auswahl beeinflussenden Restriktionselemente „Verfügbarkeit" und „Gewohnheit" zeigten im weiteren Verlauf des in Tab. 46 dargelegten Auswahlprozesses die Koppelungshäufigkeit und mehr noch das Verkehrsmittelimage die nach der bisherigen Analyse zu erwartende geringe Prognosefähigkeit. Dies gilt ebenso für die subjektiven Bewertungskriterien mit geringer Bedeutungszuweisung. Ein hohes Maß an Identität zwischen Verkehrsmittelprognose aus den Einschätzungsangaben und tatsächlicher Verkehrsmittelwahl konnte jedoch durch die Berücksichtigung von Faktoren sehr hoher und hoher Bedeutung erzielt werden. Wollte man eine Prognose der Verkehrsmittelwahl aus einer Befragung zur qualitativen Einschätzung der Transportvarianten ableiten und dabei nach Minimierung des Erhebungsaufwandes streben, würde es wohl genügen, neben Verfügbarkeit und Distanzen nur die Auswahlfaktoren mit hoher und sehr hoher Bedeutung abzufragen. Im zugrundeliegenden Datensatz hätte man damit eine Erklärungsquote von 93,3 % im Berufsverkehr, von 88,4 % im Verkehr für kleine Einkäufe sowie von 87,2 % bei großen Einkäufen erzielt. Für angewandte Fragestellungen sind das zumeist ausreichende Vorhersagegenauigkeiten, zumal sich ein Teil der Fehler bei den nicht erklärten Fällen untereinander kompensiert.

Die Höhe der Deutungskraft des gewählten Vorgehens ist insofern beachtlich, als bei näherer Betrachtung das verwendete Instrumentarium als verhältnismäßig grob einzustufen ist. An mehreren Stellen im Fragebogen ist zugunsten einer leichteren Handhabbarkeit und kürzeren Bearbeitungszeit einer geringeren Zahl von Abstufungsmöglichkeiten in den Antwortvorgaben der Vorzug gegeben worden, als es im vorhinein wünschenswert erschien. So wurde in Diskussionen mit den beteiligten studentischen Mitarbeitern bei der Erstellung der Erhebungsbögen mehrfach in Frage gestellt, ob die Antwortdifferenzierungen den Befragten in ausreichendem Maße die Chance lassen, ihre Verhältnisse und Einschätzungen darzulegen. Insbesondere für die Verfügbarkeit von Verkehrsmitteln, deren Nutzungshäufigkeit und Bewertung war zunächst an fünf- bis siebenteilige Abstufungen statt der verwendeten drei bis vier Antwortvorgaben gedacht. Möglicherweise hätte dies die nunmehr registrierten Erklärungsquoten noch weiter erhöht, was aber angesichts des realisierten Umfanges nur noch marginal möglich gewesen wäre.

Dennoch ist die Option feingliedrigerer Frage- und Antwortformen im Rahmen etwaiger Folgestudien aus zwei Gründen nicht gänzlich aus den Augen zu verlieren. Zum ersten muß gegen die vorgenommene Auswertungsmethodik ein grundlegender Einwand Erwähnung finden. Wie das obige Zahlenbeispiel zur Herleitung erklärter und nicht erklärter Fälle deutlich macht, wurden die Bewertungen quasi in „Wertpunkte" umgesetzt und damit mindestens eine Intervallskalierbarkeit der Angaben vorausgesetzt. Dieses Meßniveau wird aber nicht erreicht, es ist vielmehr nur ordinal. Eine schlichte Addition, wie sie erfolgte, wäre folglich nicht möglich. Gleichwohl handelt es sich um ein in den Sozialwissenschaften sehr häufig eingesetztes Verfahren zur Bewertung von Personen, Objekten oder Sachverhalten, mit dessen Hilfe dann Mittelwerte und Streubreiten errechnet werden. Mit einer 5- oder 7-teiligen Skala lassen sich dabei natürlich feinere und dadurch genauere Einschätzungswerte ermitteln als mit der Bandbreite gut - mittelmäßig - schlecht. Auch wenn das Grundproblem der bedenklichen Transformation ordinaler Daten in ein intervallskaliertes Meßniveau nicht beseitigt wird, läßt es sich doch zumindest aus forschungspragmatischer Sicht mildern.
Zum zweiten werden die in Tab. 46 genannten Erklärungsquoten dadurch beeinträchtigt, daß nur diejenigen Befragten mit ausgebildeter Verkehrsmittelpräferenz einbezogen wurden. Dies sind zwar die meisten (Ausbildungs-/Berufsverkehr 90,5 %, kleine Einkäufe 85,5 %, große Einkäufe 89,1 %), aber die tatsächliche Erklärungskraft des zu erarbeitenden Modells der Verkehrsmittelwahl entscheidet sich nicht allein durch die Prognosefähigkeit für Präferenzen, sondern auch für Nicht-Präferenzen. Anders gesagt, sollte aus dem Entscheidungsverlauf über Restriktionen und subjektive Einschätzungsfaktoren sehr hoher, hoher und niedriger Bedeutung hinweg beispielsweise auch die Vorhersageoption „Befragter schwankt zwischen zwei Verkehrsmitteln" möglich sein. Hier zeigt die angewendete Analysemethode jedoch

Tab. 48: Erklärte und nicht erklärte Verkehrsmittelwahl in der gesamten Befragungspopulation (Angaben in %)

	Ausbildungs-/ Berufsverkehr (N = 743)			Verkehr v. Nichterwerbtät. zum Zwecke kleiner Einkäufe (N = 685)			großer Einkäufe (N = 685)		
	er-klärt	wahl-frei	nicht erkl.	er-klärt	wahl-frei	nicht erkl.	er-klärt	wahl-frei	nicht erkl.
Distanzbeeinflußte Verfügbarkeit (Tab. 31)	27,8	60,9	11,3	7,4	90,9	1,6	21,5	76,1	2,5
Gewohnheit (Tab. 36)	11,8	60,4	-	13,6	79,0	-	13,6	65,0	-
Faktoren sehr hoher Bedeutung	25,6	30,9	3,9	32,4	40,6	6,0	18,1	38,1	8,8
Koppelungshäufigkeit	1,0	30,0	-	1,5	39,2	-	-	-	-
Verkehrsmittelimage	0,1	29,8	-	-	-	-	-	-	-
Faktoren hoher Bedeutung	18,1	7,8	3,9	20,7	12,1	6,3	24,5	6,6	7,0
Koppelungshäufigkeit	0,2	7,6	-	2,0	10,1	-	0,3	6,3	-
Verkehrsmittelimage	0,1	7,4	-	0,3	9,8	-	-	-	-
Faktoren geringer Bedeutung	2,4	3,0	1,9	2,3	4,5	2,9	1,5	2,9	1,9
Koppelungshäufigkeit	-	-	-	0,1	4,4	-	-	-	-
Verkehrsmittelimage	-	-	-	-	-	-	-	-	-
Summe	90,3		9,7	84,8		15,2	82,3		17,7

noch deutliche Schwächen. Nur bei einem Viertel bis einem Drittel der Befragten ohne erkennbare Verkehrsmittelpräferenz (Beruf: 25 von 78, kleine Einkäufe 30 von 99, große Einkäufe 20 von 75) lautet die Prognose am Schluß des Analyseprozesses „wahlfrei" im Sinne von „ohne Wahlpräferenz" (vgl. Tab. 48). Da die Teilpopulation derjenigen ohne Präferenz jedoch recht klein ist, sinken die Erklärungsquoten für das Gesamtpotential der Befragten, wie Tab. 48 verdeutlicht, nur unerheblich, und für praxisbezogene Fragestellungen mag diese Schwäche im Analyseverfahren deshalb unbedeutend sein. Aus theoretischer Sicht erscheint jedoch mit Hilfe differenzierterer Antwortvorgaben auch bei den Verkehrsteilnehmern ohne Präferenz für eine Transportvariante eine Reduzierung des Prognosefehlers möglich. Eine Voraussetzung dafür wäre allerdings, daß man mathematische Regeln für die Gewichtung von Bewertungspunkten aus Faktoren sehr hoher und hoher Bedeutung findet und ebenfalls Erfahrungswerte über den Mindestabstand in den Gesamtpunktzahlen von Verkehrsmitteln gewinnt, ab dem es zur Ausprägung einer Wahlpräferenz kommt. Derartiges würde den Rahmen dieser Schrift sprengen. Auch ohne dies läßt sich feststellen, daß ein sehr hoher Anteil der Verkehrsmittelwahl mit Hilfe von rationalen Entscheidungskriterien beschreibbar und näherungsweise quantifizierbar ist. Daraus lassen sich einerseits Schlußfolgerungen für die Verkehrspolitik und -planung formulieren (vgl. Kap. 7.3.10), andererseits läßt sich der Vorgang der Verkehrsmittelwahl in einem individualorientierten Modell abbilden (Kap. 7.3.9).

7.3.9 Verkehrsmittelwahl als entscheidungstheoretisches Modell

Die Abb. 64 stellt zusammenfassend die analysierten Parameter der Verkehrsmittelwahl in ihrer Verknüpfung und ihren Wirkungsbeziehungen dar. Eine gestrichelte Linie deutet dabei auf eine Wirkung hin, die möglich, aber nicht zwangsläufig ist, ein gepunkteter Pfeil stellt eine nur schwach ausgeprägte Einflußnahme dar. Letzteres bezieht sich nicht auf die individuelle Entscheidungssituation, sondern auf die festgestellte Gesamtbedeutung in der Befragungspopulation (Bsp.: Körperliche Behinderungen). Es handelt sich deshalb zunächst um ein Modell der individuellen Entscheidungsfindung, welches aber auch wesentliche Bedeutungsproportionen für den Gesamtverkehr widerspiegelt. Hierbei ist zu beachten, daß der gesamte Auswahlprozeß in der Regel innerhalb von Sekunden(-bruchteilen) erfolgt. Die Stufigkeit und dadurch bedingte Komplexität des Modells suggeriert auf den ersten Blick eine kategorisierte Überlegtheit der Entscheidung, wie sie in der täglichen Praxis vielleicht eher selten zu finden ist. Allerdings sind „Abkürzungen" (siehe Gewohnheit und lexikographisches Prinzip) modellimmanent.

Ausgangspunkt im skizzierten Modell ist die Entstehung eines Transport- oder Kommunikationsbedürfnisses. Seine Art und die sich daraus ergebenden Rahmenumstände (Distanz, Zeitgebundenheit, Personen-/Gepäcktransport etc.) sind in einem hohen Maße abhängig von sozialen und demographischen Charakteristika der Person. Sie bestimmen beispielsweise, ob der oder die Betreffende am Berufsverkehr teilnehmen muß, dafür zu sorgen hat, daß Kinder des eigenen Haushaltes in den Kindergarten oder in die Schule gelangen usw. Besteht ein Transportbedürfnis, wird zunächst eine Überprüfung der Erfüllbarkeit durch Fernkommunikation vorgenommen.

Anschließend ist die Verfügbarkeit von Verkehrsmitteln der erste zu passierende „Filter". Primär handelt es sich um Besitz und Nichtbesitz von Individualverkehrsmitteln sowie um die Existenz einer Verbindung mit öffentlichen Verkehrsmitteln, einschließlich der Kenntnis über deren Benutzungsbedingungen (Routenführung, Abfahrt-/Ankunftzeiten). Die Verfügbarkeit über Individualverkehrsmittel unterliegt dem Einfluß des sozioökonomischen Status der Person bzw. des Haushaltes. Vor allem der PKW-Besitz erfordert gewisse finanzielle Voraussetzungen für Kauf und Unterhalt. Zwar kann sich, nach den Befragungsergebnissen zu urteilen, der größte Teil aller Haushalte ein eigenes Kraftfahrzeug leisten und realisiert dies auch, jedoch reicht ein PKW zur „Vollversorgung" aller Haushaltsmitglieder oftmals nicht aus.

Trotz Besitz eines PKW und prinzipiell auch eines Kraftrades oder Fahrrades kann ferner die Verfügungsgewalt hierüber aufgrund einer Inanspruchnahme durch andere Personen bis hin zur Nicht-Verfügbarkeit eingeschränkt sein. Dieser Umstand trifft vor allem auf den Grad des Zuganges zu einem PKW bei Nichterwerbstätigen und Auszubildenden zu. Umgekehrt kann eine PKW- bzw. Kraftradverfügbarkeit auch ohne Besitz des Verkehrsmittels oder einer entsprechenden Fahrerlaubnis durch Mitfahrmöglichkeiten bestehen.

Im Anschluß an die „Verfügbarkeit" unterliegt die Einschätzung des Zufußgehens und des Fahrrades als akzeptabler Wahloption maßgeblich der zurückzulegenden Distanz (Kap. 7.3.3). Diese hängt wiederum maßgeblich von der Art des Transportbedürfnisses und damit von soziodemographischen Variablen ab. Konkret betrifft dies die Erwerbstätigkeit, denn, wie in Kap. 7.3.3 festgestellt, sind im Durchschnitt Arbeitswege mit erheblich größeren Entfernungen verbunden als Einkaufswege. Außer von personenbezogenen Variablen wird die Distanz auch von der Stadtstruktur (kompakt/dispers besiedelt, bandartig oder konzentrisch) beeinflußt.

Ferner können weitere Einflüsse als innere und äußere Zwänge die Wahrnehmung von Wahlalternativen einschränken, was allerdings in der Befragtenpopulation nicht erkennbar war. So wäre ein prägnantes Beispiel für einen äußeren Zwang der Unternehmensvertreter im Außendienst, der seinen Privat-PKW zu beruflichen Zwecken auch im Außerortsverkehr einsetzen muß. Dies würde die PKW-Benutzung auch für den Weg zur Arbeitsstelle, selbst bei geringer Distanz, erforderlich machen. Weitere äußere Zwänge wären der Transport von Gepäcklasten, die aufgrund ihres Gewichtes, Volumens oder anders bedingter Unhandlichkeit nur motorisiert zu befördern sind, oder der Transport weiterer Personen, z. B. von Kleinkindern mit Kinderwagen.

Innere Zwänge liegen in der Person selbst begründet. Es handelt sich einerseits um körperliche Mobilitätseinschränkungen, wobei zwischen Dauerbehinderungen (Gliedmaßensteife, fehlende Gliedmaßen, Blindheit, starke geistige Behinderung) und nur temporär wirkenden Verletzungen zu unterscheiden ist. Sodann spielen psychische und vegetative Einflüsse eine Rolle, beispielsweise drohende Übelkeit durch die Fahrdynamik (vor allem häufiges Bremsen und Wiederbeschleunigen im ÖPNV), Raumnot- und Überforderungsängste. Auch nicht ausgeprägte psychomotorische Fertigkeiten, vor allem eine fehlende Fähigkeit zur Zweiradbeherrschung, können die Verkehrsmittelwahl einschränken.

Abb. 64: Entscheidungsmodell der Verkehrsmittelwahl

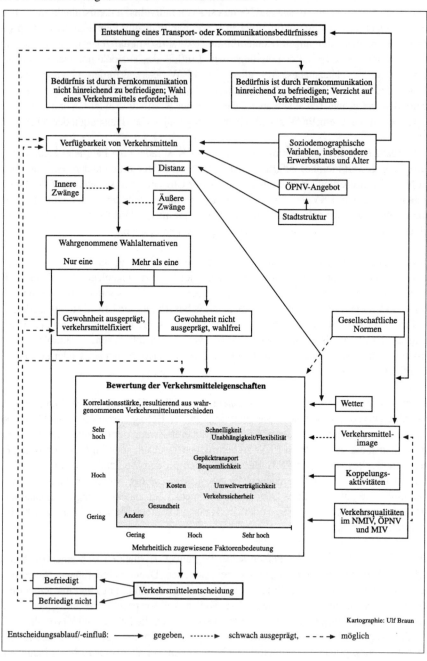

Äußere wie innere Zwänge grenzen zunächst die wahrgenommene Verfügbarkeit über Verkehrsmittel nur ein, sie determinieren die Entscheidung in vielen Fällen noch nicht. Allerdings kann sich aufgrund einer ohnehin schon eingeschränkten Verfügbarkeit (siehe oben) im Einzelfall doch eine Entscheidung im Auswahlprozeß ergeben. Für den Gesamtverkehr ist die Bedeutung äußerer und innerer Zwänge als recht gering einzuschätzen. Der Transport sehr großer Lasten, die definitiv nicht mehr mit einem Handwagen, einem Fahrrad oder im Bus zu transportieren sind, ist eher der Einzel- als der Regelfall. Nicht anders steht es mit dem Umstand, mehr als zwei nicht selbständig dem Verkehr zu überantwortende Personen [9] transportieren bzw. mitnehmen zu müssen. Das berufliche Erfordernis einer bestimmten Fahrzeugbenutzung bleibt auf wenige Berufe und Betriebsfunktionen beschränkt und gilt auch nur, wenn seitens der Firma kein eigenes Fahrzeug am Arbeitsplatzort gestellt wird. Die psychomotorische Fertigkeit des Fahrradfahrens wird von fast jedem im Kindesalter erworben. Verletzungen sind meist nur von zeitlich beschränkter Wirkung, und der Anteil mobilitätseinschränkender Behinderungen ist ebenfalls nicht groß (Kap. 7.2). Hinweise auf die Bedeutung psychisch oder vegetativ bedingter Hemmschwellen ergaben sich bei der Möglichkeit, zusätzliche Einflußfaktoren der Verkehrsmittelwahl im Fragebogen zu vermerken, nicht. Schließlich ist zu berücksichtigen, daß die meisten der eben genannten Determinanten ohnehin nur die Nutzung eines oder zweier Verkehrsmittel ausschließen, nicht aber die Wahl eines einzigen endgültig bestimmen: Wer zum Beispiel das Fahrradfahren nicht beherrscht oder dies wegen fehlender Gliedmaßen nicht ausüben kann, dem stehen - soweit verfügbar - noch ÖPNV, PKW und gegebenenfalls auch das Zufußgehen offen. Alles in allem dürfte deshalb die Verkehrsmittelwahl mehrheitlich nicht durch die eben genannten Zwänge wesentlich bestimmt werden.

Hingegen ist der Einfluß der Verfügbarkeit, vor allem in ihrer distanzabhängigen Ausprägung (Kap. 7.3.3), schon bedeutend. Die Verfügbarkeit selbst wiederum unterliegt Einschränkungen, die mit soziodemographischen Kriterien - relativ schwach - korrelieren (Kap. 7.3.1.4). So haben Nichterwerbstätige und junge Auszubildende/Studierende seltener Zugang zu einem PKW als andere, können aber dafür häufiger ein Fahrrad benutzen.

Die zweite wichtige Determinante in der Verkehrsmittelwahl ist die Gewohnheit (Kap. 7.3.5). Sie besteht in der Vereinfachung des Auswahlvorganges durch Übernahme vorangegangener, bewährter Entscheidungen bei gleichen oder ähnlichen Transportvorgängen und wirkt haupt-

---

[9] Gemeint sind vor allem kleine Kinder. Die Zahl der Haushalte mit mehr als zwei Kindern ist im Zuge des demographischen Überganges mittlerweile recht gering. Nach dem Statistischen Jahrbuch waren es 1991 24,5 % aller Familien, wobei das Alter der Kinder nicht ausgewiesen wurde und ausdrücklich erwachsene Kinder nicht herausgerechnet worden sind (Statistisches Bundesamt 1993, S. 71). Transportprobleme bleiben aber im wesentlichen auf Kleinkinder beschränkt, wobei bis zu zwei mit Hilfe von Fahrradsitzen oder eines Fahrradanhängers mitgenommen werden können. Eine weitere Option ist die Benutzung des ÖPNV. Erst mit drei oder mehr Kleinkindern wäre die Nutzung der genannten Verkehrsmittel sehr erschwert.

sächlich zugunsten des PKW. Die gewohnheitsmäßige Wahl muß nicht unbedingt die beste sein, selbst wenn man nur die Entscheidungskriterien einer befragten Person und nicht zusätzlich ökologische oder gemeinwohlorientierte Parameter heranzieht. Es reicht bereits aus, mit dem betreffenden Verkehrsmittel einen subjektiv ausreichenden Nutzen zu erzielen. „Der 'homo psychologicus' strebt nicht die optimale [,] sondern 'nur' eine zufriedenstellende Lösung an" (VERRON 1988, S. 40; Komma durch Verf. erg.). Diese Aussage dürfte in besonderem Maße auf durch Gewohnheit determinierte Handlungen zutreffen, weil der rationale Abwägungs- und Entscheidungsweg nicht mehr beschritten wird. Allerdings zeigte Kap. 7.3.8.12, daß die Übereinstimmung der Verkehrsmittelwahl mit der als optimal (und eben nicht bloß als zufriedenstellend) empfundenen Lösung sowohl bei den Wahlfreien als auch bei den gewohnheitsmäßig Handelnden sehr hoch ist.

Zu beachten ist schließlich eine negative Rückkoppelung von Gewohnheit und Transportmittelverfügbarkeit: Kommt es zur Ausprägung der gleichen Verkehrsmittelpräferenz bei allen Verkehrszwecken, folgt daraus schnell der Verlust von Wahlalternativen. Dies kann durch Desinteresse an den ÖPNV-Benutzungsbedingungen (subjektive Zugangsmöglichkeit durch Unkenntnis eingeschränkt) oder durch Nichtanschaffung bzw. Nichtfahrbereithaltung eines Individualverkehrsmittels (vor allem von Fahrrädern) geschehen.

Während bislang nur die Verkehrsmittelwahl limitierende Kriterien zum Zuge kamen, beginnt die Phase der eigentlichen Auswahl mit dem Vergleich subjektiv empfundener Qualitätsunterschiede zwischen den Verkehrsmitteln. Die hier zu beachtenden Faktoren unterliegen einer individuellen Rangfolge oder Rangstufigkeit. Die Determinationswirkung hängt jedoch nicht nur von der Wichtigkeit eines Faktors ab, sondern auch von Art und Stärke der Bewertungsunterschiede bei den Verkehrsmitteln. Für die gesamte Befragtenpopulation kristallisierten sich Schnelligkeit und Unabhängigkeit/Flexibilität, bei großen Einkäufen auch die Möglichkeit des Gepäcktransportes, als die Verkehrsmittelwahl bestimmend heraus. Die Bequemlichkeit war ein weiterer wirksamer Faktor. Das folgende Mittelfeld aus Umweltverträglichkeit, Kosten und Verkehrssicherheit geht fließend über in Elemente geringer Einflußstärke, wie Gesundheit/Fitneß, körperliche und psychische Belastung (vgl. Tab. 45 in Kap. 7.3.8.12).

Die Einschätzung der Wertigkeiten von Verkehrsmitteln unterliegt einigen modifizierenden Elementen, welche dazu führen können, daß die Faktorenbeurteilung durch dieselbe Person und bei gleichartigen Wegezwecken nicht jederzeit identisch ausfällt. Modifizierend wirkt vor allem das Wetter. Niedrige Temperaturen, Niederschläge oder starker Wind fördern tendenziell eine Präferenz für motorisierte Verkehrsmittel. Jedoch hängt die Stärke des Einflusses offenbar nicht allein vom objektiv beschreibbaren Wetterzustand ab, dafür sind die festgestellten Wahlvariationen (Kap. 7.3.1.1, 7.3.1.2) zu gering. Ausschlaggebend muß vielmehr eine individuelle Wetterempfindlichkeit sein, welche wiederum auch von der zurückzulegenden Entfernung abhängt (Kap. 7.3.3).

Die Koppelung von Aktivitäten hat trotz großer Häufigkeit in der Befragtenpopulation einen eher geringeren Einfluß als das Wetter. Es besteht die Tendenz, mit hoher Koppelungshäufigkeit schnelle und flexible Individualverkehrsmittel, also PKW und Fahrrad, zu bevorzugen

(Kap. 7.3.4). Die Bedeutung von Koppelungsaktivitäten dürfte einer höheren Regelmäßigkeit unterliegen als das Wetter, jedoch sind etliche Tätigkeiten auch episodischer Natur. Regelmäßigkeit und Episodizität dürften zudem von Fall zu Fall sehr verschieden verteilt sein. Für den einen mögen zum Beispiel Verwandten-/Bekanntenbesuche nach Einkäufen oder der werktäglichen Berufsausübung ständig anfallen, für einen anderen könnte es eine seltene Ausnahme sein.

Am stabilsten, obgleich langfristig ebenfalls variabel, ist der Einfluß von Verkehrsmittelimages anzunehmen. Ihre Relevanz scheint jedoch - zur Zeit - sehr gering zu sein (Kap. 7.3.7) und ist nicht höher zu veranschlagen als das Gewicht von Faktoren mit zugewiesener geringer Bedeutung. Images hängen wiederum von gesellschaftlichen Normen und ihrer eventuellen soziodemographischen Differenzierung ab. Eine gewisse Einschätzungsabhängigkeit der Transportvarianten vom Berufsstatus konnte festgestellt werden.
Die Normen selbst sind im Sinne des „äußeren Systems" von HOMANS (vgl. Kap. 7.3.7) in der Lage, ebenfalls auf Verkehrsmittelbewertungen einzuwirken, weil von ihnen die Bedeutungshöhe der Auswahlfaktoren abhängt. Allerdings ist dieser Einfluß nicht nur als vergleichsweise ähnlich stabil wie derjenige von Verkehrsmittelimages anzusehen, die Normen des „äußeren Systems" sind im Sinne von Tugenden nicht gruppenspezifisch und haben deshalb eine intragesellschaftlich weitgehend einheitliche Wirkung.

Die kommunale Politik kann schließlich die objektiven Grundlagen für die subjektiven Einschätzungen der Verkehrsmittelqualitäten verändern, und zwar durch direkt wirkende Maßnahmen restriktiver oder fördernder, baulicher oder verkehrsregelnder Art sowie indirekt durch Subventionen an öffentliche Verkehrsbetriebe. Über Öffentlichkeitsarbeit ist auch ein Einfluß auf Verkehrsmittelimages denkbar. Eher mittelbare Rückwirkungen sind ferner auf die anderen eben diskutierten Faktoren möglich. So würde die in wenigen Städten in Erwägung gezogene Überdachung wichtiger Radwegeverbindungen den Wettereinfluß dämpfen, und die Koppelung von Aktivitäten im nichtmotorisierten Verkehr kann durch kompakte Siedlungsstrukturen mit kurzen Wegen vereinfacht werden. Jedoch werden das Wetter und die Koppelungsaktivitäten durch die kommunale Planung selbst nicht verändert, sondern nur die Einschätzung der Wertigkeit von Verkehrsmitteln unter entsprechenden Rahmenbedingungen.

Am Schluß des Abwägungsprozesses steht die Verkehrsmittelentscheidung. Bewährt sie sich, kann daraus eine Wiederholung bei derselben oder einer ähnlichen Transportaufgabe erfolgen, ohne daß ein Auswahlvorgang nochmals aktiv vollzogen wird. Wie ausgeführt, besteht als Folge der Gewohnheit die Tendenz, auf die Verfügbarkeit von Verkehrsmittelalternativen zu verzichten. Eine einmal getroffene einstellungsorientierte Entscheidung kann so über die Gewohnheit in eine objektive Limitierung (kurzfristiger Art) münden. Direkter ist die Wirkung mangelnder Zufriedenheit mit der Verkehrsmittelentscheidung zu veranschlagen, denn sie dürfte häufig unmittelbarer Anlaß sein, nach einer Ausweitung der Verfügbarkeitsoptionen zu streben. Handlungsparameter wären in dieser Hinsicht der Kauf eines Fahrrades, eines Kraftrades oder eines PKW, die Informationseinholung über die Benutzungsbedingungen öffentlicher Verkehrsmittel und die räumliche Veränderung von Quelle (Wohnsitz) oder Ziel (Arbeitsplatz, Ausbildungseinrichtung, Einkaufsstätte, Freizeitgelegenheit) der Verkehrsbeziehung. Unzufriedenheit kann aber auch beim nächsten gleich oder ähnlich gearteten Transportvorgang zu einer erneuten Überprüfung der Fernkommunikation als Alternative führen oder im Rahmen eines Überdenkens der Verkehrsmittelbewertungen auf der einstellungsorientierten Ebene zu einer anderen Verkehrsmittelentscheidung. Eine letzte Möglichkeit ist schließlich die Akzeptanz der Unzufriedenheit bzw. die Gewöhnung an diesen Zustand. In Anlehnung an VERRON (siehe oben) darf deshalb Zufriedenheit und Unzufriedenheit mit einer Entscheidung nicht als dichotome Variable aufgefaßt werden. Vielmehr dürfte es zwischen den beiden Extrempositionen graduelle Abstufungen geben, von deren Ausprägung wiederum die Realisierung der eben angesprochenen Handlungsoptionen abhängt.

Abschließend betrachtet, zeichnet sich das in Abb. 64 skizzierte Modell durch folgende Komponenten aus:

• Es erfolgte eine Verknüpfung des Ansatzes abgestufter Wahlmöglichkeiten mit einstellungsorientierter Verkehrsforschung; aber auch soziologische Parameter sowie der Gewohnheitsaspekt wurden berücksichtigt.
• Die Ableitung des Modells erfolgte aus einem breit angelegten Datensatz. Das heißt, eine Vorab-Beschränkung auf ein bestimmtes Verkehrsziel (z. B. eine Arbeitsstätte) oder nur einen Verkehrszweck (z. B. Berufsverkehr) wurde nicht vorgenommen.
• Alle städtischen Verkehrsmittel sind einbezogen worden, wobei aus den Daten eine distanzabhängige Limitierung der Akzeptanz nichtmotorisierter Fortbewegungsarten abgeleitet werden konnte, welche die Verfügbarkeitskomponente spezifizierte.
• Die Modellbildung überwand den korrelativen Ansatz, der in anderen Studien häufig auf die Überprüfung weniger Variablen der Verkehrsmittelwahl beschränkt blieb. Zwar wurden dementsprechende Berechnungen auch in dieser Schrift vorgenommen, der letzte Schritt der Analyse erfolgte jedoch auf der Individualebene, also am einzelnen Fragebogen. Erst hierdurch wird der hohe Erklärungsgrad des Modells verständlich.
• Trotz der Individualisierung im Erklärungsansatz ließen sich für die Untersuchungspopulationen quantitative Proportionen im Erklärungsgehalt von Einflußfaktoren ermitteln. Diese unterliegen einer räumlichen und zeitlichen Variation, so daß die Bewertung vorrangig der einstellungsorientierten Parameter, aber auch des Verkehrsmittelimages nur eine ortsbezogene Momentaufnahme darstellen kann.
• Die Auswahl der Untersuchungsregionen und der Erhebungsinstitutionen berücksichtigte zahlreiche Repräsentativitätsparameter auch für andere Städte. Trotz in vielen Aspekten unterschiedlicher Voraussetzungen in Kiel und Lüneburg sind die Strukturen der Verkehrsmittelwahl sehr ähnlich. Aufgrund dessen ist eine Übertragbarkeit zentraler Untersuchungsergebnisse auf andere Städte in der Bundesrepublik Deutschland zu erwarten.
• Wie in Kap. 7.3.10 zu zeigen ist, liefert das Modell zahlreiche Hinweise zur Optimierung der kommunalen Verkehrspolitik.

7.3.10 Subjektive Beeinflußbarkeit der Verkehrsmittelwahl

Die Strukturierung des Entscheidungsprozesses der Verkehrsmittelwahl in Abb. 64 zeigt nicht nur Ansatzmöglichkeiten für politische Maßnahmen, sondern liefert auch Hinweise für ihre Wertigkeit. Ein erster Maßstab dafür ist die Phase einer potentiellen Einflußnahme. Prinzipiell gilt: Je früher im Auswahlprozeß eine planerische Vorgabe wirkt, desto günstiger ist ihre Effizienz zu beurteilen, denn je mehr Selektionsstufen bereits durchlaufen sind, desto größer ist die Wahrscheinlichkeit, daß nur noch ein Verkehrsmittel - im Ungunstfall der PKW - als Option wahrgenommen wird. Aus dieser Sicht heraus würden Verbesserungen im Telekommunikationsnetz einen hohen Wirkungsgrad versprechen. Deren Diskussion in Kap. 4.2.1.1 lieferte jedoch eine modifizierende Bedingung: Die Wirkung der Maßnahme darf keine unerwünschten Kompensationseffekte auslösen. Verbesserungen in der Telekommunikation führen jedoch voraussichtlich zu einer erheblichen Neuinduktion von Verkehr, die sogar eine Überkompensation des Einspareffektes bedeuten kann.

Der Strategiebereich „Städtebau" setzt ebenfalls an einem Element an, welches relativ nah am Beginn des Entscheidungsprozesses angesiedelt ist, der Distanz. Die Gestaltung kurzer Wege durch optimierte Einwohnerdichten, Funktionsmischungen, attraktive Umfeldgestaltung und Anpassung an ÖPNV-günstige Siedlungsstrukturen ist jedoch nachträglich in gewachsenen Städten schwierig. Im wesentlichen verbleiben nur Nachbesserungsmöglichkeiten und das Bemühen um eine bessere Gestaltung neuer Wohngebiete.

Die Gewohnheit hemmt in besonderer Weise die Einflußmöglichkeiten städtischer Verkehrspolitik. Da kein bewußter Entscheidungsprozeß abläuft, muß sich das gewohnte Verkehrsmittel erst als unattraktiv herausstellen, ehe es zu einem Überdenken eigenen Verhaltens kommt. Legt man den Gewohnheitsfaktor weniger restriktiv aus, wie das stufenweise in Kap. 7.3.5 erfolgte, und erkennt auch wegezweckspezifische Gewohnheiten an, kommt dieser Determinante in der Verkehrsmittelwahl sogar eine sehr hohe Bedeutung zu. Für die Verkehrspolitik ist daraus zu folgern, daß Maßnahmen mit „push"-Funktion eine größere Bedeutung zukommt als denen mit „pull"-Wirkungsweise, weil der Nur-PKW-Fahrer verbesserte Bedingungen bei anderen Verkehrsmitteln nicht in der Nutzerrolle erlebt. Unter Berücksichtigung der hohen Bedeutung des Faktors Gewohnheit dürfte den MIV restriktiv betreffenden Maßnahmen sogar eine Schlüsselrolle zukommen.

Die größten Handlungsmöglichkeiten der Verkehrspolitik ergeben sich auf der Ebene der Beurteilung von Verkehrsmitteleigenschaften, da hier mit dem Parameter „Verkehrsqualitäten" eine direkte Einflußnahme auf Infrastrukturbedingungen für Fußgänger, Radfahrer, ÖPNV und MIV möglich ist. Die Maßnahmenoptionen sind je nach Auswahlfaktor teils breit gestreut, teils gering an Zahl oder andere limitierende Umstände begrenzt. So findet z. B. der bedarfsorientierte ÖPNV seine Schranken im Erfordernis, in Verkehrsspitzenzeiten hohe Transportleistungen zu erbringen, die nur im Linienverkehr unter betriebswirtschaftlich tragbaren Bedingungen realisierbar sind.

Ferner muß auf der Einstellungsebene die ermittelte Einflußstärke eines Wahlkriteriums auf die Verkehrsmittelwahl mitbeachtet werden; sie ist aus der Höhe der Assoziationskoeffizienten in Tab. 45 (Kap. 7.3.8.12) bzw. aus der Position im Achsenkreuz der Abb. 64 ersichtlich. Die Einflußstärke ist generell hoch bei der „Unabhängigkeit/ Flexibilität" und der „Schnelligkeit". Für beide Faktoren bestehen zahlreiche Instrumente, z. B. die Schaffung einer erhöhten Netzdurchlässigkeit im nichtmotorisierten Verkehr und einer verminderten im MIV (Kap. 4.2.2, 4.2.4.2 u. 4.2.5) sowie die Verdichtung von Fahrplantakten und schnelligkeitsfördernde Maßnahmen im ÖPNV (Kap. 4.2.3.2). Im ÖPNV läßt sich ferner die vor allem für den Einkaufsverkehr bedeutsame Gepäcktransportfähigkeit verbessern (Kap. 4.2.3.4). Auch der Bequemlichkeit kommt ein verhältnismäßig hoher Einfluß auf die Verkehrsmittelwahl zu. Für sie bestehen Handlungsoptionen vor allem im Radverkehr (Kap. 4.2.4.1). Auch im ÖPNV sind zwar zahlreiche Maßnahmen möglich, jedoch scheint die Reaktionsbereitschaft relativ gering zu sein: Nach Tab. 45 ist die ÖPNV-Nutzung im Vergleich zu den anderen Verkehrsmitteln am wenigsten komfortabhängig (Gamma-Werte im Berufsverkehr 0,10 gegenüber 0,22-0,40 bei den anderen Verkehrsmitteln, im Einkaufsverkehr 0,43 gegenüber 0,55-0,60).

Die anderen in Tab. 45 genannten einstellungsorientierten Auswahlelemente weisen eine erheblich geringere Einflußstärke auf die Verkehrsmittelwahl auf. Außerdem ist das kommunale Handlungsrepertoire in den „hard policies" (BRÖG 1991, Vorbemerkung) auf zwei Faktoren beschränkt:

- Die Verkehrssicherheit des Fahrrades weist im Vergleich zu den anderen Fortbewegungsmitteln starke Defizite auf, und es besteht hierfür eine breite Palette an möglichen Maßnahmen (vgl. Kap. 4.2.4.1 - 4.2.4.2);
- die Tarife im ÖPNV können gesenkt (Kap. 4.2.3.1) und die Kosten des PKW durch Park- und eventuell in Zukunft auch Straßenbenutzungsgebühren erhöht werden.

Der Kostenaspekt weist ein Sonderproblem auf. In Tab. 45 erwies er sich nur für Radfahrer als in nennenswertem Umfang verhaltensbestimmend (Gamma-Werte im Berufs-/Einkaufsverkehr: Rad 0,35/0,43 gegenüber ÖPNV 0,10/0,24, Fußgänger und PKW 0,12-0,24). Verantwortlich dafür ist die Konzentration der kostenempfindlicheren Auszubildenden und Studierenden in diesem Verkehrssegment. Tarifvergünstigungen müßten deshalb sehr deutlich spürbare Verbilligungen bewirken, um nicht bloß - vor allem auf Kosten des Radverkehrs -latenten Bedarf in Nachfrage zu überführen (Induktionseffekt), sondern eine Verkehrsverlagerung vom PKW auf den ÖPNV zu erzielen (Substitutionseffekt; vgl. Kap. 4.2.3.1). Dies ist aber betriebswirtschaftlich als ebenso schwierig einzuschätzen wie im MIV die politische Durchsetzbarkeit von Kostenerhöhungen, welche elastische Nachfragebereiche erreichen. Ansonsten bestehen noch Möglichkeiten für eine intensivierte Öffentlichkeitsarbeit. So wäre eventuell die Bedeutung der Umweltproblematik noch stärker zu verankern, als es schon der Fall ist; Kostentransparenz im motorisierten Individualverkehr wäre anzustreben, die Sicherheit und streßfreie Fahrt in öffentlichen Verkehrsmitteln zu verdeutlichen, die Bedeutung der Vorteile des Zufußgehens und Radfahrens für Gesundheit und Fitneß klarzustellen. Mit Ausnahme der Kosten des ÖPNV bestehen allerdings bei den genannten Faktoren für die

Verkehrsmittel des Umweltverbundes bereits jetzt günstige Einschätzungsrelationen zum PKW (vgl. Abb. 62 u. 63). Eine weitere Verbesserung wäre deshalb nur noch über eine erhöhte Faktorenrelevanz innerhalb der Verkehrsmittelwahl möglich. Um aber zu erreichen, daß beispielsweise „Gesundheit/Fitneß" von einem Großteil der Bevölkerung als ähnlich wichtig eingeschätzt wird wie die Schnelligkeit, wäre ein Normwandel im „äußeren System" (vgl. Kap. 7.3.7) vonnöten. Wenn überhaupt, dürfte das nur langfristig erreichbar sein.

Alle obigen Aussagen sind bislang nur aus dem erarbeiteten Modell der Verkehrsmittelwahl abgeleitet worden. Die Befragung umfaßte aber auch einen Teil, der die Beeinflußbarkeit des eigenen Verkehrsverhaltens erfassen sollte und der nun für die obigen Darlegungen Kontrollmöglichkeiten eröffnet. Bei dem entsprechenden Fragebogenteil handelte es sich um einen Katalog mit vierzehn Maßnahmen, welche stellvertretend für die Radverkehrs- und ÖPNV-Förderung sowie Maßnahmen zu Lasten des PKW-Verkehrs standen. Anzugeben war, ob sich die persönliche Verkehrsmittelwahl hierdurch wahrscheinlich, eventuell oder nicht zugunsten des Umweltverbundes verändern würde. Voraussetzung für die Beantwortung der Frage war, daß der PKW zumindest zu einem der drei Verkehrszwecke wenigstens „selten" genutzt wurde. Das Ergebnis der Antworten zeigen die Tab. 49 und 50, wobei die Antwortvorgaben hier nur in schematisierter Form aufgeführt sind (zum Wortlaut vgl. Fragebogenmuster im Anhang).

Zur Dateninterpretation ist auf eine Beschränkung der Aussagekraft der Fragestellung in zweifacher Hinsicht hinzuweisen. Zum einen erlaubten die Formulierungen „Würde ... wahrscheinlich ..." und „Würde ... eventuell beeinflussen" den Befragten weitreichende Antwortspielräume. Eine rigidere Frageform - z. B. „Würden Sie in Zukunft für den Arbeitsweg auf den PKW überwiegend verzichten, wenn ..." - könnte möglicherweise genauere Aufschlüsse liefern. Sie brächte aber die Schwierigkeit einer nicht ausreichenden Berücksichtigung derer mit sich, welche ohnehin schon den PKW nur selten benutzen. Von viel grundlegenderer Bedeutung ist der zweite Einwand: Eine Prognose des zukünftigen eigenen Verhaltens nach Änderung von Rahmenbedingungen dürfte in hohem Maße fehlerbehaftet sein, weil eine Überschätzung der eigenen Reaktionsbereitschaft im Sinne sozialer Erwünschtheit und eine Unterschätzung des Gewohnheitseinflusses zu erwarten ist. Insofern darf dem Umstand nur wenig Bedeutung beigemessen werden, daß 88,1 % derjenigen, die bei wenigstens einem Verkehrszweck eine mindestens seltene PKW-Nutzung angaben, eine Beeinflußbarkeit ihrer Verkehrsmittelwahl durch eine oder mehrere der genannten Maßnahmen vermuteten. Dieses hohe Maß sich andeutender Reaktionsbereitschaft, bei dem mit einer maximalen Abweichung von 0,9 Prozentpunkten fast kein Unterschied hinsichtlich Wohnort und Erwerbsstatus bestand, sollte unter Berücksichtigung der Ausführungen von Kap. 7.3.5 (Gewohnheitseinfluß) nicht als praxisrelevant im Sinne einer kurzfristigen und weitgehenden Beeinflussung der Verkehrsmittelwahl angesehen werden. Sinnvoll wäre allenfalls eine Auslegung dahingehend, daß ein weit verbreitetes Bewußtsein für die durch den motorisierten Individualverkehr verursachten Probleme besteht, wodurch der Anlaß für notwendige Verhaltensänderungen mehrheitlich erkannt wird (siehe auch Kap. 7.3.8.5). Ebenso deutet das genannte Ergebnis erneut auf eine nur geringe Personenzahl hin, die zur PKW-

Tab. 49: Subjektive Beeinflußbarkeit der Verkehrsmittelwahl von Erwerbstätigen (in %)

	Kiel (N = 303)						Lüneburg (N = 380)					
	Arbeit		Einkauf		Freizeit		Arbeit		Einkauf		Freizeit	
	W	E	W	E	W	E	W	E	W	E	W	E
a) Benzinpreiserhöhung	33,0	16,5	26,1	26,4	34,0	19,1	29,9	14,0	28,6	23,6	37,9	22,9
b) Autoarme Innenstadt (LG), Hauptstraßenrückbau (KI)	20,8	19,1	20,8	25,4	23,1	21,1	13,2	11,2	18,2	20,0	17,9	15,1
c) Tempo 30, Rechts vor links	17,2	19,1	15,2	21,8	18,5	16,5	8,8	11,2	0,6	20,3	10,1	17,1
d) Parkplatzrestrikt.	23,8	13,9	24,1	25,7	23,1	18,5	17,1	15,1	17,7	23,9	21,8	17,9
e) Reduzierung des Buspreises	36,0	16,2	27,1	20,5	25,7	21,1	21,3	16,9	19,0	18,7	19,2	19,0
f) Busspuren, busbeeinflußte Ampeln	20,5	19,5	16,2	16,4	16,2	16,2	11,9	15,8	10,6	15,1	11,2	14,0
g) Haltestellenausstattung, Niederflurbusse	7,3	5,2	4,4	10,6	6,9	5,0	6,0	8,3	6,5	10,1	8,3	9,4
h) Zusendung von Fahrplänen	6,9	8,3	6,9	9,6	6,6	9,6	6,0	12,9	5,2	15,1	7,5	14,0
i) Taktfrequenz, Bedienungsdauer	25,1	24,4	20,1	23,4	18,5	21,8	29,1	18,2	22,9	19,5	23,9	17,9
j) Fahrradmitnahme in Bussen	18,2	13,2	13,9	15,5	23,1	20,1	12,2	13,0	11,9	17,1	18,2	22,1
k) Beschilderungsflexibilisierung	15,2	13,9	12,9	17,2	17,2	19,1	23,4	13,5	17,9	16,6	21,0	17,1
l) Kantsteinabsenkg., Asphaltierungen	10,2	16,2	9,2	21,8	12,9	19,8	18,2	10,4	18,4	16,1	22,9	17,1
m) Abstellanlagen	12,2	12,5	10,9	19,0	13,0	14,8	16,9	11,9	19,0	14,0	21,0	16,6
n) Sicherheitsförd. Radweggestaltung	17,2	18,2	16,8	17,8	22,1	21,8	20,3	13,5	20,0	17,4	23,6	19,5

W = Würde Umweltverbund wahrscheinlich häufiger benutzen
E = Würde Umweltverbund eventuell häufiger benutzen
Die Antwortvorgaben „Würde ... nicht beeinflussen" und „Weiß nicht" sowie fehlende Angaben sind nicht explizit aufgeführt.

Nutzung keine Alternative besitzen (vgl. auch Kap. 7.3.3). Diese Interpretation steht im Einklang mit Befragungsergebnissen anderer Studien. So gaben bei einer Befragung unter Erwerbstätigen in Salzburg 80 % aller Autofahrer an, ein alternatives Verkehrsmittel benutzen zu wollen, wenn im Umkreis von 3 km um die Arbeitsstelle herum kein Parkplatz zur Verfügung stände (KRUMM 1994, S. 24; ähnlich auch BMRO 1985b, S. 120).

Tab. 50: Subjektive Beeinflußbarkeit der Verkehrsmittelwahl von Nichterwerbstätigen (in %)

	Kiel (N = 257)				Lüneburg (N = 297)			
	Einkauf		Freizeit		Einkauf		Freizeit	
	W	E	W	E	W	E	W	E
a) Benzinpreiserhöhung	23,3	23,3	27,9	15,1	27,9	29,0	36,0	22,2
b) Autoarme Innenstadt (LG), Hauptstraßenrückbau (KI)	20,9	19,0	19,4	26,0	15,2	20,9	18,9	16,8
c) Tempo 30, Rechts vor links	15,1	17,1	17,8	17,1	9,4	17,8	10,1	19,9
d) Parkplatzrestrikt.	22,9	24,8	22,9	18,2	17,4	19,9	20,9	17,8
e) Reduzierung des Buspreises	24,8	20,2	25,2	20,9	14,8	13,5	17,8	15,2
f) Busspuren, busbeeinflußte Ampeln	15,9	14,3	15,9	17,1	15,8	12,1	18,2	16,2
g) Haltestellenausstattung, Niederflurbusse	5,0	10,1	5,4	6,2	6,7	8,1	8,1	8,4
h) Zusendung von Fahrplänen	5,4	6,2	6,2	7,0	5,1	9,1	7,1	9,4
i) Taktfrequenz, Bedienungsdauer	24,4	25,2	19,8	20,2	22,9	20,9	24,8	20,9
j) Fahrradmitnahme in Bussen	16,7	13,2	19,9	23,3	10,1	15,2	14,1	18,5
k) Beschilderungsflexibilisierung	14,3	15,1	19,4	20,5	18,2	17,2	19,9	21,9
l) Kantsteinabsenkg., Asphaltierungen	12,0	19,0	12,4	19,4	15,8	16,5	20,9	16,2
m) Abstellanlagen	12,4	15,5	10,1	15,1	17,5	16,2	17,5	17,5
n) Sicherheitsförd. Radweggestaltung	19,8	17,1	20,2	18,2	18,5	16,8	21,9	17,8

W = Würde Umweltverbund wahrscheinlich häufiger benutzen
E = Würde Umweltverbund eventuell häufiger benutzen
Die Antwortvorgaben „Würde ... nicht beeinflussen" und „Weiß nicht" sowie fehlende Angaben sind nicht explizit aufgeführt.

Darüber hinaus lassen sich Rückschlüsse auf die relative Gewichtung der verkehrspolitischen Strategien und ihrer Maßnahmengruppen ziehen. So ist zuerst eine ungleichmäßige Verteilung der Reaktionsbereitschaft auf die drei Gruppen MIV-Belastung, ÖPNV- und Radverkehrsförderung festzustellen. So gaben von den Befragten an, durch mindestens eine Maßnahme folgender Strategien, wahrscheinlich oder eventuell den Umweltverbund stärker nutzen zu wollen:

| | Erwerbstätige | | Nichterwerbstätige | |
	Kiel N =303	Lüneburg 385	Kiel 258	Lüneburg 297
MIV-Belastung	64,4 %	78,7 %	62,0 %	72,1 %
ÖPNV-Förderung	52,5 "	64,4 "	44,6 "	55,2 "
Radverkehrsförderung	49,8 "	60,0 "	50,4 "	62,0 "

Veränderungen mit dem Ziel einer Belastung des motorisierten Individualverkehrs erhielten die höchsten Werte. Dies ist im Sinne einer besonderen Bedeutung dieser Maßnahmengruppe zur Auflösung von Gewohnheitsstrukturen zu sehen, wie es aus dem Auswahlmodell in Kap. 7.3.9 abgeleitet wurde. Sodann vermuteten Erwerbstätige für sich eine stärkere Reaktionsbereitschaft bei Maßnahmen im ÖPNV-Bereich im Vergleich zum Radverkehr, bei Nichterwerbstätigen war es umgekehrt. Hier sind die unterschiedlichen Distanzparameter zwischen Berufs- und Einkaufswegen als Erklärung zu nennen (Kap. 7.3.3).[10] Die im Durchschnitt kürzeren Distanzen im Stadtraum Lüneburg könnten auch für die größere Bereitschaft der Befragten aus diesem Untersuchungsgebiet zur Verkehrsverlagerung insgesamt und speziell aufgrund von radverkehrsfördernden Maßnahmen verantwortlich sein (vgl. Tab. 49 u. 50).

Weiteren Aufschluß ergibt ein Vergleich der einzelnen Maßnahmen. So erreichten die Rubriken a) und e), welche die PKW-Kosten erhöhen oder Bustarife senken, generell hohe Werte, zum Teil die höchsten Reaktionswerte innerhalb eines Stadtbereiches bzw. eines Verkehrszweckes. Dies scheint der vergleichsweise geringen Bedeutung des Kostenfaktors zu widersprechen, wie er in den Kap. 7.3.8.1 und 7.3.8.12 festgestellt wurde. Allerdings ist zu bedenken, daß jeweils sehr hohe Veränderungen angegeben waren - Verdoppelung der unmittelbar wahrzunehmenden variablen Kosten beim PKW, Reduzierung der Bustarife um 50-65 % - und Kosten die am besten quantifizierbare und deshalb am leichtesten vorstellbare Variable bilden. Sieht man deshalb von dieser Inkonsistenz ab, ergeben sich mehrere Parallelen zu den bislang aus den Daten abgeleiteten Aussagen (vgl. Kap. 7.3.9):

- Maßnahmen, welche die Verfügbarkeit und Schnelligkeit des Umweltverbundes erhöhen (f, i, j und k) und die des PKW dämpfen oder dessen Zielerreichbarkeit einschränken (b, c, d), erhielten relativ hohe Werte; dies korreliert mit der großen Bedeutung der Faktoren Unabhängigkeit/Flexibilität und Schnelligkeit;
- die Sicherheit des Radverkehrs (n) erscheint ebenfalls als ein verhältnismäßig lohnenswertes Planungsfeld;
- der Benutzungskomfort spielte trotz hoher Bedeutungszuweisung in Kap. 7.3.8.1 entsprechend den Aussagen in Kap. 7.3.8.12 eine eher untergeordnete Rolle; dies wurde besonders im ÖPNV (g und h), aber tendenziell auch im Radverkehr (l und m) deutlich;
- auch wenn im Radverkehr der Fahrkomfort in der Bedeutung etwas hinter den anderen

---

[10] Dem etwas geringeren Verlagerungspotential der Nichterwerbstätigen im Vergleich zu den Erwerbstätigen sollte indes kein substantielles Gewicht zugemessen werden, da sich die Antwortmöglichkeiten bei ersteren nur auf zwei, bei letzteren aber auf drei Verkehrszwecke bezogen.

Faktoren zurückstand, besteht offenbar in allen Sektoren der Radverkehrsförderung Handlungsbedarf (vgl. Kap. 6.4.4);

- die Reaktionsbereitschaft war im Einkaufsverkehr fast durchgängig geringer als im Berufs- und Freizeitverkehr, was mit der Bedeutung des Faktors Gepäcktransport erklärbar ist.

Insgesamt lieferten die Antworten auf den Maßnahmenkatalog zur Beeinflußbarkeit der Verkehrsmittelwahl eine Reihe von Hinweisen, die als Bestätigung des in Kap. 7.3.9 erstellten Modells und dessen Aussagekraft in Form von Empfehlungen an die kommunale Verkehrspolitik anzusehen sind. Hierauf wird im Kap. 9 noch einmal zurückzukommen sein. Zuvor soll aber eine Quantifizierung speziell des Faktors Schnelligkeit für die städtischen Verkehrsmittel vorgenommen werden, weil hieraus weitere Detailaussagen für die Verkehrsplanung ableitbar sind.

8. Experimente zur Ermittlung von Reisegeschwindigkeiten

Die Befragungen lieferten subjektive Einschätzungswerte für die Schnelligkeit städtischer Fortbewegungsmittel. Diese subjektiven Bewertungen sind für die Verkehrsmittelwahl maßgeblich, auch wenn objektiv gemessene Relationen davon abweichen sollten. Gleichwohl sind objektive und subjektive Größen nicht als voneinander unabhängig anzusehen, sondern letztere dürften sich an den Verhältnissen im realen Verkehrsgeschehen orientieren. Deshalb liefern Reisezeitmessungen wichtige Hinweise für die Verkehrspolitik: Fallen beispielsweise jene für den Umweltverbund günstiger aus als die subjektiven Empfindungen, ergeben sich spezifische Anforderungen an die Öffentlichkeitsarbeit. Darüber hinaus kann die analytische Trennung der Bestandteile von Reisezeiten wichtige Aufschlüsse über die Art vorzusehender verkehrsplanerischer Maßnahmen liefern.

Abb. 65: Tür-zu-Tür-Reisezeiten im Stadtverkehr nach BRACHER (1987, S. 45)

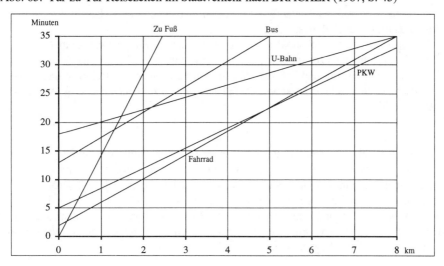

253

Ausgangspunkt für die Experimente waren Berechnungen und Darstellungen, wie sie beispielsweise in BRACHER (1987; vgl. Abb. 65) zu finden sind.[11] Vorteilhaft erscheint zunächst die übersichtliche Diagrammdarstellung, welche ein direktes Ablesen und Einschätzen aller relevanten Reisezeitwerte erlaubt:

- Der Ordinatenabschnitt umfaßt den Zeitaufwand für Gehstrecken, Wartezeiten und Fahrtvor-/-nachbereitungen am Fahrzeug;
- die Geradensteigungen entsprechen den Fortbewegungsgeschwindigkeiten;
- die in einem Distanzintervall jeweils niedrigste Linie gibt das schnellste Verkehrsmittel an.

Die Einfachheit der Darstellung bietet jedoch wiederum Anlaß zur Kritik, und zwar ganz abgesehen davon, daß die Ursprungsuntersuchung mindestens drei Jahrzehnte zurückliegt und sich seitdem in den Geschwindigkeitsrelationen viel geändert haben könnte. So sind die Verhältnisse in den Städten in Abhängigkeit von Größe, Verkehrsaufkommen und modal split sowie der Qualität der Infrastruktur für die verschiedenen Verkehrsarten eventuell stark unterschiedlich. Außerdem fehlen Differenzierungen nach Verkehrszeiten (z. B. Spitzen- versus Normal- oder Schwachverkehrszeit), unterschiedlichen Strecken- und Zielrelationen (z. B. Innenstadt- versus Peripherieverkehr) und verschiedenen Verhaltensweisen nichtmotorisierter Verkehrsteilnehmer (z. B. gemächliche versus eilige Fortbewegung). Ohne eine genauere Untersuchung der genannten Faktoren läßt sich aber die angestrebte Ableitung von Vorschlägen für die Verkehrsplanung nicht erreichen.

8.1 Bestandteile der Reisezeit

Eine elementare Voraussetzung für Durchführung und Vergleichbarkeit von Experimenten zur Reisegeschwindigkeit ist die Definition und Zuordnung der zu messenden Zeitkomponenten:

- „Reisezeit" ist der Gesamtzeitaufwand für einen Transport von der Haustür des Startortes bis zur Haustür des Zielortes.
- „Geh-/Fahrzeit" ist der Zeitaufwand für die Benutzung des Hauptverkehrsmittels.
- Der „nicht fahrwegbezogene Zeitaufwand" (im folgenden kurz „NfZ") umfaßt die Differenz aus Reisezeit und Fahrzeit. Nur für den Fußgänger sind Reisezeit und Gehzeit identisch. Bei den anderen Verkehrsarten fallen zuzüglich zur Fahrzeit an (vgl. WALTHER 1975, S. 271):

---

[11] BRACHER selbst bezieht sich auf Werte einer Studie des Transport and Road Research Laboratory von 1965, die seitdem in ständiger Folge in der Radverkehrsliteratur zitiert werden, teils unter Nennung der Originalquelle, teils nur unter Aufführung der Sekundär- oder gar Tertiärquelle (vgl. HUDSON 1978, FIKKE u. a. 1980, BRACHER a. a. O., Senat der Hansestadt Lübeck 1987, Empfehlungen f. Planung, Entwurf u. Betrieb v. Radverkehrsanlagen in HUK 1991). Die genannte Originalquelle enthält jedoch die Ausgangsdaten für die Abb. 65 gar nicht; offensichtlich liegt ein kumulativer Zitierfehler vor.

Fahrrad:	PKW:	Bus:
- Zeitaufwand für das Herausholen des Rades aus einer Abstellvorrichtung sowie das Wiederhineinstellen sowie Auf- und Abschließen des Rades	- Gehweg zum Startparkplatz	- Gehweg zur Starthaltestelle
	- Gehweg vom Zielparkplatz zum Zielort	- Wartezeit an der Starthaltestelle
	- Auf- und Abschließen des PKW sowie ggf. einer Garage	- evt. Wartezeit an einer Umsteigehaltestelle
- Ggf. Verrichtungen für die Fahrbereitschaft (z. B. Reifen aufpumpen)	- Ggf. Verrichtungen für die Fahrbereitschaft (z. B. Entfernen von Eis auf den Scheiben)	- Gehweg von der Zielhaltestelle zum Zielort

Während alle genannten Parameter für PKW und Bus einzeln gemessen wurden (siehe Muster der Protokollbögen im Anhang), wurde der NfZ des Fahrrades durch Eigenversuche der am Experiment beteiligten Personen bestimmt und wegen der geringen Unterschiede der daraus errechnete mittlere Zeitaufwand von 1,2 Minuten als Standardwert benutzt. Abweichende Vorgaben erhielten lediglich die eiligen und gemächlich fahrenden Radler (vgl. Kap. 8.2) mit 0,75 bzw. 1,5 Min.

Ferner wurde der Parkplatzsuchverkehr des PKW in die Fahrgeschwindigkeit einberechnet. Es ist prinzipiell auch möglich - wie für die anfallenden Gehwege - Durchschnittswerte des Parksuchverkehrs zu berechnen und sie dem nicht fahrwegbezogenen Zeitaufwand zuzuschlagen. Dies hätte, bezogen auf die Abb. 65, einen größeren Ordinatenabschnitt des PKW zur Folge, dafür aber auch eine flacher verlaufende Reisezeitlinie.

Die Geschwindigkeit ist mathematisch definiert als zurückgelegte Wegstrecke pro Zeiteinheit (z. B. km/h, m/s). Diese scheinbar eindeutige Vorgabe bedarf für verkehrswissenschaftliche Vergleiche dennoch der Differenzierung (in Anlehnung an BRÄNDLI 1987, S. 144/145):

- Reisegeschwindigkeit ist die zurückgelegte Wegstrecke pro Zeiteinheit unter Vorwegabzug des NfZ. Sie muß für Verkehrsmittelvergleiche auf die Luftliniendistanz zwischen Start- und Zielort bezogen sein.
- Transportgeschwindigkeit (Geh-/Fahrgeschwindigkeit) ist in dieser Untersuchung als zurückgelegte Wegstrecke pro Zeiteinheit unter Vorwegabzug des NfZ definiert, wobei als Bezugsbasis die tatsächliche Geh- bzw. Fahrstrecke dient.

In der Realität benutzen nichtmotorisierte Verkehrsteilnehmer häufig andere Wege als PKW-Benutzer, weil ersteren ein dichteres Wegenetz zur Verfügung steht, welches Abkürzungen bietet. Noch längere Strecken als der PKW-Nutzer nimmt zumeist der Kunde des öffentlichen Verkehrs in Kauf; er muß die Route des Busses oder einer Bahn akzeptieren und damit Umwege und längere Gehwege inkaufnehmen. Will man deshalb die Schnelligkeit von Verkehrsmitteln, definiert als Zeitaufwand bis zum Erreichen des Zielortes, errechnen, ist die Fahrgeschwindigkeit ein untaugliches Maß. Nur die Reisegeschwindigkeit/-zeit auf Luftlinienbasis ist als Vergleichsgrundlage geeignet, weil die Luftlinienentfernung für alle Verkehrsmittel gleich ist.

8.2 Durchführungsparameter

Um das Verkehrsgeschehen in den Untersuchungsgebieten hinreichend repräsentativ erfassen zu können, war eine Streckenauswahl erforderlich, die charakteristische Verkehrsbeziehungen zwischen typischen Quell- und Zielorten erfaßt. Für erstere sind Wohngebiete geeignet, in denen besonders viele Menschen wohnen und die durch ihre geographische Lage möglichst auch benachbarte Verkehrsbereiche mitrepräsentieren können. Im Falle eines Stadtgrundrisses mit ungestört radialer Ausbreitung ist es sinnvoll, Wohngebiete aus verschiedenen Himmelsrichtungen zu wählen; im Falle Kiels galt es, den hufeisenförmigen Verlauf bei der Streckenfestlegung zu berücksichtigen. Als Zielbereiche eignen sich die wichtigsten Gewerbekonzentrationen sowie das Geschäftszentrum als ein weiterer Schwerpunkt des Berufs-, Einkaufs- und Freizeitverkehrs. Die Kategorisierung als Quell- und Zielgebiete vereinfacht die komplexe Realität, weil Personen auch in „Zielgebieten" wohnen. Abweichende Quelle-Zielrelation sind jedoch quantitativ nicht bedeutend, so daß auf ihre Berücksichtigung üblicherweise verzichtet wird.

Entsprechend den genannten Anforderungen wurden für die Untersuchungsregion Kiel sieben Quell- und sechs Zielgebiete ausgewählt, für den Stadtbereich Lüneburg vier Quell- und fünf Zielgebiete (vgl. Abb. 66 u. 67), wobei jeder Ort durch Straßen- und Hausnummerangabe exakt definiert war. Zwischen allen Quell- und Zielorten waren die Strecken abzugehen bzw. abzufahren, so daß sich für Kiel 42, für Lüneburg 20 Strecken ergaben. Die einzelnen Routen waren jeweils hin und zurück in der Verkehrsspitzenzeit (6-8.30 Uhr, 15.30-18 Uhr) und in der Normalverkehrszeit (8.30-15.30 Uhr) zurückzulegen. Nur Fußgänger brauchten aufgrund der zu erwartenden äußerst geringen Variation ihrer Geschwindigkeit mit den Verkehrszeiten jede Route nur einmal und auch nur in eine Richtung abzugehen. Zusätzlich wurden Fahrten zur Schwachverkehrszeit am Abend (18.30-6 Uhr) oder Wochenende (Samstag nach 14 Uhr, Sonn- und Feiertage) durchgeführt, allerdings nur von den Quellorten in Richtung Geschäftszentrum und zurück. Für jede Erhebungsgruppe mit einem Fahrzeug machten die genannten Vorgaben für die 42 Kieler Strecken 176 Einzelfahrten erforderlich, für die 20 Lüneburger Strecken 88 Einzelfahrten. Die Fußgängergruppen kamen auf 42 bzw. 20 Einzelwege.

Eine weitere Differenzierung bestand in der Bildung mehrerer Verkehrsgruppen, unterschieden nach technischer Ausstattung und Verhaltenskomponenten:

- PKW-Benutzer,
- Kunden des öffentlichen Verkehrs (überwiegend der Busse, in Kiel bei fördeübergreifenden Strecken teils nur per Bus, teils unter Nutzung der Schiffsverbindungen),
- Radfahrer mit der Fahrvorgabe
  - eiliges versus gemächliches Tempo,
  - mit versus ohne Benutzung einer Gangschaltung,
  - die Verkehrsregeln strikt akzeptierend versus ein Verhalten, wie es den persönlichen Gewohnheiten entspricht, ohne dabei sich selbst oder andere Personen zu gefährden oder zu belästigen, im folgenden verkürzt „strikte Verkehrsregelakzeptanz" versus „bedingte Verkehrsregelinakzeptanz" genannt;

Abb. 66: Lage der Quell- und Zielorte für das Reisegeschwindigkeitsexperiment in Kiel

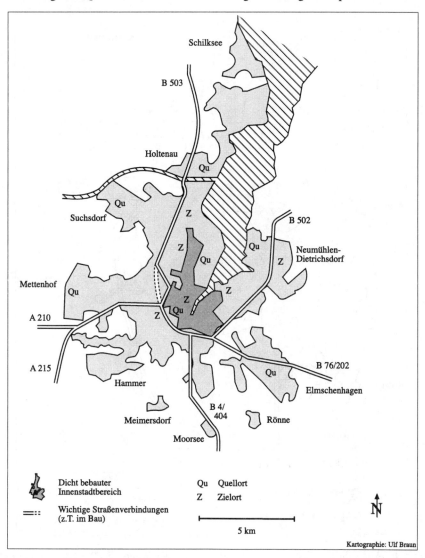

- Fußgänger mit der Verhaltensvorgabe
  - eiliges versus normales Tempo,
  - strikte Verkehrsregelakzeptanz versus bedingte Verkehrsregelinakzeptanz (Erklärung siehe Radfahrergruppe).

Abb. 67: Lage der Quell- und Zielorte für das Reisegeschwindigkeitsexperiment in Lüneburg

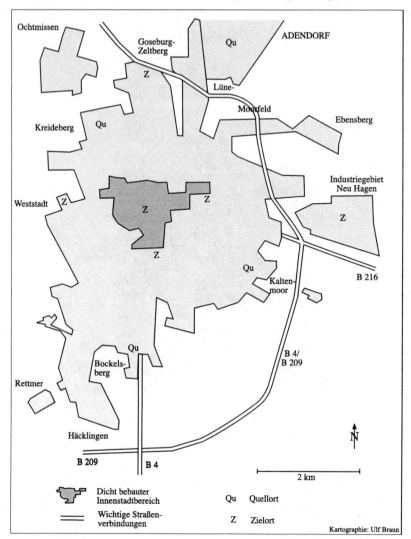

Durch die Auswahl der Teststrecken, die große Zahl der Wege, die Berücksichtigung aller Verkehrszeiten und die Differenzierung in mehrere Verkehrsmittelgruppen mit unterschiedlichen Merkmalen, war es möglich, das Verkehrsgeschehen der Untersuchungsregionen repräsentativ zu simulieren. Für eine wirklich realitätstreue Ermittlung von Geschwindigkeitsrelationen war jedoch noch ein weiterer Schritt in der Datenaufbereitung erforderlich: die Gewichtung der einzelnen Meßstrecken. In der oben genannten Auswahl gab es Routen, die täglich von sehr vielen Personen zurückgelegt werden, z. B. Strecken in die Innenstadt. Demgegenüber sind die peripheren Verkehrsbeziehungen schwächer ausgeprägt. Das bedeutet aber, daß Geschwindigkeiten innenstadtgerichteter Strecken mit ihren spezifischen Einflüssen, z. B. Parkraumknappheit, und optimaler ÖPNV-Anschluß zumindest im Zielgebiet, stärker zu bewerten waren als andere Strecken. Als Gewichtungskriterium wurden die Einwohner- und Arbeitsplatzzahlen derjenigen Stadtteile herangezogen, in denen die Quell- und Zielorte lagen (vgl. Anl. 29 im Anhang). Ein vereinfachtes Beispiel mittels zweier Strecken für den Busverkehr in Lüneburg möge die Vorgehensweise illustrieren:

Quelle	Ziel	Ein-woh-ner	Arbeits-plätze	Summe Ew. + Arbpl.	Gewich-tungs-faktor	Reise-geschw. (Luft-linie, km/h)	Unge-wich-	Gewich-tetes tetes
							Mittel der	
							Reisegeschwind.	
Adendorf	Altstadt	4.757	10.822	15.579	0,6425	13,24		
							9,03	10,23
Adendorf	Goseburg/ Zeltberg	2.727	5.941	8.668	0,3575	4,82		

Das Beispiel zeigt, daß eine streng arithmetische Vorgehensweise bei der Berechnung der Durchschnittsgeschwindigkeit mit 9,03 km/h zu einem niedrigeren Ergebnis führt als bei einer Gewichtung mit den Einwohner-/Arbeitsplatzzahlen (10,23 km/h). Formelmäßig kann man die gewichtende Berechnungsmethode auch wie folgt beschreiben:

$$\overline{v_a} = \frac{\overset{a}{\underset{1-n}{\sum}} (v_i \times g_i)}{\sum g_i}$$

mit: $\overline{v_a}$ = Durchschnittliche Reisegeschwindigkeit des Verkehrsmittels a

v_i = Durchschnittsreisegeschwindigkeit (des Verkehrsmittels a) auf der Strecke i

g_i = Gewichtungsfaktor für die Strecke i (summiert aus Gewichtungsfaktor für Quell- und Zielort)

$\sum g_i$ = Summe aller Gewichtungsfaktoren

Eine Gewichtung allein durch die Einwohner-/Arbeitsplatzdichte ist für den Berufsverkehr sinnvoll. Sie orientiert sich am Newtonschen Gravitationsmodell und seiner Anwendung auf die Wanderungs- (vgl. BÄHR 1992, S. 293 ff.) und Verkehrsforschung (vgl. z. B. Netzberechnungen in Schubert 1989a). Allerdings war es ein Ziel der vorliegenden Studie, nicht nur das Segment des Berufsverkehrs zu analysieren, sondern auch die anderen Verkehrszwecke einzubeziehen. Aus diesem Grunde wurde die in der Anl. 29 im Anhang dominierende Gewichtung mittels der Einwohner-/Arbeitsplatzdichte im Falle des Geschäftszentrums durch zusätzliche Gewichtungspunkte modifiziert.

Die Reisegeschwindigkeitsexperimente wurden in Kiel von April bis Juni 1989 und in Lüneburg von April bis Juni 1992 durchgeführt. Zur Erfassung der Zeitparameter erhielten die

Teilnehmer an den Experimenten Protokollformulare, die eine vollständige und standardisierte Ermittlung der Reisezeitbestandteile erlaubten (siehe Muster im Anhang, Anl. 32-35).

8.3 Ergebnisse

Die Ergebnisse der Reisegeschwindigkeitsexperimente werden zunächst in ihrer Summation dargestellt, was den Bedingungen der Abb. 65 am ehesten entspricht. Anschließend liefern die Kap. 8.3.2 - 8.3.5 eine differenzierte Analyse, der in Kap. 8.4 verkehrsplanerisch relevante Simulationsrechnungen folgen.

8.3.1 Durchschnittliche Relationen der Reisegeschwindigkeiten

Die Abb. 68 und 69 geben einen ersten Eindruck von den in Kiel und Lüneburg gemessenen Reisezeiten. Gemeinsam ist den Abbildungen die grundlegende Schnelligkeitsrangfolge Fußgänger - Fahrrad - PKW. Im untersten Distanzbereich ist das Zufußgehen am schnellsten, und zwar in beiden Städten bis zu einer Entfernung von 142 bzw. 143 m. Der Fußgänger profitiert dabei von dem Umstand eines fehlenden NfZ (vgl. Kap. 8.1). Anschließend beginnt der Attraktivitätsbereich des Radfahrens, der in Kiel bis zu einer Distanz von 2,19 km, in Lüneburg bis zu 1,86 km reicht. Das Fahrrad wird danach durch den PKW als schnellstem Verkehrsmittel abgelöst, wobei der Zeitvorteil des PKW gegenüber dem Fahrrad bei 4 km lediglich 3-4 Minuten beträgt. Bei größeren Distanzen werden die zeitlichen Diskrepanzen relativ hoch, so daß sich hier ein erster Hinweis für die in Kap. 7.3.3 festgestellte Konzentration des Radverkehrs auf Entfernungen bis zu 3-4 km ergibt. Im Prinzip gilt das auch für den Fußgängerverkehr, der zwar bis zu 1 km nennenswert hohe Anteile verbuchte, aber nur bis zu 500 m dominante Bedeutung besaß: Bei 500 m ist der Radfahrer zwar schon fast doppelt so schnell am Ziel wie der Fußgänger, gleichwohl ist der absolute Zeitunterschied mit drei Minuten gering. Im Verhältnis PKW-Fußgänger ergibt sich eine ähnliche Konstellation: In Kiel ist ersterer gegenüber dem Fußgänger nach 509 m im Zeitvorteil, in Lüneburg nach 417 m; darüber hinaus wird der Reisezeitunterschied schnell größer.

Verkehrspolitisch bedenklich, jedoch wiederum ganz im Sinne der Befragungsergebnisse ist der ÖPNV zu bewerten. Geh- und Wartezeiten, die sich in beiden Städten etwa im Verhältnis 1:2 verhalten, addieren sich zu Werten von über zwölf bzw. vierzehn Minuten. In Kiel sind 20 % (2 Min.), in Lüneburg 11,8 % (1,1 Min.) der Wartezeiten durch verspätete Ankünfte bedingt. Neben dem insgesamt sehr hohen NfZ spielt auch die relative Langsamkeit des öffentlichen Verkehrs eine große Rolle. Seine Reisegeschwindigkeit liegt in beiden Untersuchungsstädten unterhalb der des Radverkehrs. Der ÖPNV ist dadurch in jedem Distanzbereich langsamer als ein durchschnittlicher Radfahrer. Dies hat eine deutlich eingeschränkte Attraktivität der Mitnahme von Fahrrädern im Straßen-ÖPNV zur Folge. Geschwindigkeitsvorteile resultieren aus der Verkehrsmittelkoppelung nicht für den Radfahrer, sondern bestenfalls für den ÖPNV durch schnellere Zurücklegung der Wege von/zu den Haltestellen. Der Radverkehr profitiert nur bei Auswahlfaktoren niedrigerer

Bedeutung, also durch Komfortvorteile und eine Verringerung des physischen Aufwandes sowie bei schlechtem Wetter durch den Witterungsschutz.

Für den ÖPNV ist darüber hinaus nicht nur der Radverkehr eine geschwindigkeitsbedingte Konkurrenz, über eine verhältnismäßig große Distanz gilt das auch für den Fußgänger: In Kiel ist dieser bis zu 1,5 km, in Lüneburg bis zu 1,71 km schneller als der ÖPNV.

Die geringe Reisegeschwindigkeit des ÖPNV erklärt sich aus den routenbedingten Umwegen. Während der nichtmotorisierte Verkehr seine Ziele durch die Nutzung straßenverbindender Wege ziemlich direkt ansteuern und selbst der PKW im Verkehrsnetz noch relativ flexibel bewegt werden kann, weichen die ÖPNV-Routen oft deutlich von der idealen Luftlinie ab. Bezogen auf die Abweichungen von realen und Luftlinienwerten betrugen die Unterschiede:

	Realdistanz im Vgl. zur Luftliniendistanz		Geh-/Fahrgeschwindigkeit im Vgl. zur Reisegeschw.	
	in Kiel	in Lüneburg	in Kiel	in Lüneburg
für Fußgänger	+ 16,2 %	+ 22,3 %	+ 14,9 %	+ 24,4 %
für Radfahrer	+ 24,4 "	+ 25,1 "	+ 20,4 "	+ 30,9 "
für PKW-Nutzer	+ 41,8 "	+ 49,4 "	+ 41,7 "	+ 52,7 "
für ÖPNV-Kunden	+ 50,3 "	+ 72,8 "	+ 45,0 "	+ 64,8 "

Dabei ist der ÖPNV-bezogene Unterschied zwischen Kiel und Lüneburg in den Real- und Luftlinienentfernungen besonders auffällig. Ursache hierfür ist die Stadtstruktur: In Kiel mit seiner bandartigen Erstreckung westlich und östlich der Förde liegen die Wege aller Transportvarianten häufig parallel zur Siedlungsachse, während in Lüneburg mit seinem konzentrischen Stadtaufbau quer zu den radialen Hauptverkehrslinien verlaufende, abkürzende Verbindungen eine größere Bedeutung haben. Letztere gibt es jedoch nicht im radialen Liniennetz des Lüneburger ÖPNV. So legt man beispielsweise bei einer Luftlinienentfernung von 1,8 km zwischen den benachbarten, östlichen Lüneburger Stadtteilen Kaltenmoor (Zentrum des Wohngebietes) und Neu Hagen (Kaserne) mit dem Bus eine Strecke von 6,3 km zurück, während man das Ziel mit Individualverkehrsmitteln sehr viel direkter ansteuern kann (PKW 2,9 km, Nichtmotorisierte 2 km). Die schlechten Bewertungen des öffentlichen Verkehrs bei den Faktoren Unabhängigkeit/Flexibilität und Schnelligkeit im Rahmen der Befragung finden also in den Meßdaten des realen Verkehrssystems ihre Entsprechung.

Die Differenzen in den Geschwindigkeiten der Verkehrsmittel beider Untersuchungsregionen sind zwar im wesentlichen gering, aber im motorisierten Verkehr durchaus interpretationsfähig. So ist die größere Fahrgeschwindigkeit des ÖPNV in Lüneburg maßgeblich bedingt durch Fahrten in Vororte. Zwischen diesen und Lüneburg befindet sich ein unbebauter Grenzsaum, in dem nicht nur höhere Geschwindigkeiten als 50 km/h erlaubt und realisierbar sind, noch stärker fällt das Fehlen von Haltestellen- und Ampelaufenthalten in den betreffenden Abschnitten ins Gewicht. In Kiel ist hingegen das dicht bebaute Stadtgebiet mit einer engen Aufeinanderfolge von Haltestellen erheblich größer.

Abb. 68: Durchschnittliche Tür-zu-Tür-Reisezeiten in Kiel

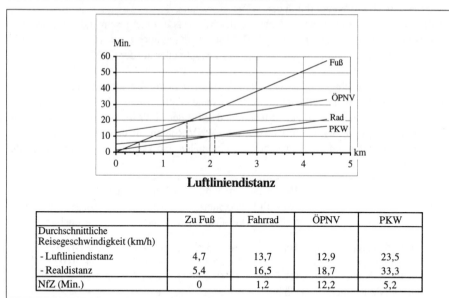

	Zu Fuß	Fahrrad	ÖPNV	PKW
Durchschnittliche Reisegeschwindigkeit (km/h)				
- Luftliniendistanz	4,7	13,7	12,9	23,5
- Realdistanz	5,4	16,5	18,7	33,3
NfZ (Min.)	0	1,2	12,2	5,2

Abb. 69: Durchschnittliche Tür-zu-Tür-Reisezeiten in Lüneburg

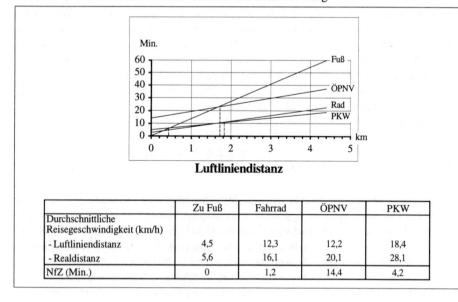

	Zu Fuß	Fahrrad	ÖPNV	PKW
Durchschnittliche Reisegeschwindigkeit (km/h)				
- Luftliniendistanz	4,5	12,3	12,2	18,4
- Realdistanz	5,6	16,1	20,1	28,1
NfZ (Min.)	0	1,2	14,4	4,2

Einen noch deutlicheren Unterschied weisen sowohl die Fahr- als auch Reisegeschwindig-keiten des PKW auf. Dies ist auf die bandartige Stadtstruktur Kiels im Verein mit der zwei-spurig pro Fahrtrichtung ausgebauten Tangente Westring/Theodor-Heuss-Ring/Ostring zurückzuführen, die vor allem außerhalb der Spitzenverkehrszeiten recht hohe Fahrge-schwindigkeiten zuläßt. Zudem sind die auf diese Tangente gerichteten Hauptzufahrtsstraßen meist ebenfalls mit zwei Spuren pro Fahrtrichtung ausgelegt. Die Bundesstraßen 76/202 öst-lich von Gaarden (Richtung Elmschenhagen und Raisdorf) und die B 503 nördlich Wik (Richtung Schilksee und Dänischenhagen) sind sogar autobahnähnlich ausgebaut. Alle diese Straßen nehmen neben Durchgangsverkehr in sehr hohem Maße Binnen- und Zielverkehr auf, während die einzige vom Ausbaustandard vergleichbare Straßenverbindung Lüneburgs, die B 4/209 - Ostumgehung, im wesentlichen dem Durchgangsverkehr zugute kommt.

Auch der Unterschied von einer Minute im NfZ ist nicht zufällig, fällt allerdings diesmal zu-gunsten des motorisierten Individualverkehrs in Lüneburg aus. Während in beiden Unter-suchungsgebieten außerhalb der dicht bebauten Innenstadt das Parken quasi vor der Haustür ohne weiteres möglich ist, bleiben Innenstadtbesuchern längere Gehwege vom Parkplatz zum Zielort meist nicht erspart. In Kiel ist jedoch die Innenstadtfläche mit hohem Parkdruck mit ca. 9 km^2 ungleich größer als in Lüneburg mit nur 1,6 km^2. Und obwohl in Lüneburg drei der fünf Zielorte in die Gebiete mit hohem Parkdruck fielen, während es in Kiel „nur" drei von sechs waren, so ist doch die Entfernung der betreffenden Zielorte von Gebieten mit gün-stigeren Parkbedingungen in Kiel viel größer. Die daraus resultierenden etwas längeren Geh-wege schlugen sich im Durchschnitt über alle Strecken in einem Mehraufwand des NfZ von einer Minute nieder. So gering dieser Unterschied erscheint, verkehrsplanerisch ist er von erheblicher Bedeutung: Trotz deutlich höherer Fahrgeschwindigkeiten des PKW in Kiel sind die schnelligkeitsbedingten Attraktivitätsbereiche des Zufußgehens und Radfahrens größer (siehe obige Ausführungen). Zwar sind auch die Geh- bzw. Fahrgeschwindigkeiten der nicht-motorisierten Versuchspersonen in Kiel etwas größer gewesen, aber das reicht bei weitem nicht zur Kompensation des PKW-Geschwindigkeitsvorteils gegenüber der Lüneburger Situation aus. Die Unterschiede in den Attraktivitätsbereichen - im Vergleich Fahrrad/PKW immerhin 330 m oder +17,7 % - kommen maßgeblich durch die eine Minute Differenz im NfZ zustande. Hier deutet sich an, daß Variationen beim NfZ eine viel höhere Bedeutung für Reisezeitrelationen und damit für die Beeinflussung der Verkehrsmittelwahl besitzen als Veränderungen der Fahrgeschwindigkeiten. Dies ist bedeutsam für die Diskussion verkehrs-planerischer Optionen in Kap. 8.4.

Erwähnenswert ist schließlich ein Unterschied der Abb. 68 und 69 gegenüber der Abb. 65. Trotz fehlender Originaldaten (vgl. Fußnote 11 auf S. 254) lassen sich aus der Abbildung Reisegeschwindigkeiten und NfZ für die einzelnen Verkehrsmittel relativ genau errechnen. Die Ausgangsdaten müssen demnach wie folgt gelautet haben:

	Reisegeschwindigkeit	NfZ
Zufußgehen	4,3 km/h	-
Fahrrad	14,5 "	1,9 Min.
Bus	13,8 "	13,1 "
PKW	17,1 "	5,0 "
U-Bahn	28,1 "	17,9 "

Hieraus ergibt sich ein Geschwindigkeitsvorteil für Fußgänger gegenüber dem Fahrrad bis zu 194 m, im Vergleich zum PKW bis zu 479 m und im Verhältnis zum Bus bis zu 1,36 km. Diese Angaben weichen, ähnlich wie die obigen Geschwindigkeits- und NfZ-Werte, nicht allzu sehr von den Messungen in Kiel und Lüneburg ab. Anders ist es jedoch für die Berechnung des Punktes, ab dem der PKW das Fahrrad als das schnellste Verkehrsmittel ablöst. Dies ist unter den Bedingungen der Abb. 65 erst bei 4,93 km der Fall - eine mehr als doppelt so große Distanz, wie für Kiel und Lüneburg errechnet. Die Ursache hierfür liegt in der Addition geringer Abweichungen: Die Fahrradgeschwindigkeit ist etwas höher, die des PKW niedriger, als in den Untersuchungsregionen ermittelt. Auch dieses Resultat ist in der Vorausschau auf Kap. 8.4 bedeutsam, da offenkundig bei zwei Verkehrsmitteln mit nicht allzu stark differierenden Geschwindigkeiten in der Ausgangssituation schon geringe Veränderungen in den Reisezeitrelationen große Verschiebungen in den Attraktivitätsbereichen auslösen können.

Ferner ergibt sich in der Retrospektive ein Indiz für die Feststellung in Kap. 4.1.2, daß alle Maßnahmen der konventionellen Verkehrspolitik über eine Konstanthaltung oder gar Steigerung der Attraktivität des PKW die Verkehrsprobleme nicht minderten, sondern vergrößerten: Nach dem Erscheinungsdatum der ersten Sekundärliteratur zu urteilen, dürften die Daten der Abb. 65 spätestens Ende der 60er Jahre erhoben worden sein, einer Zeit, in der die großen städtischen Straßenausbaumaßnahmen in Mitteleuropa noch in vollem Gange waren. Wenn damals eine durchschnittliche PKW-Geschwindigkeit von 17,1 km/h ermittelt wurde und heutige Werte deutlich darüber liegen, obwohl das Kfz-Aufkommen seitdem erheblich gewachsen ist, so spricht das für die Wirkung der Anlage von breiten Zufahrtsstraßen und Tangenten sowie der den Kfz-Verkehrsfluß fördernden Ampelschaltungen. Das Indiz kann jedoch nicht Beweiskraft erlangen, weil es sich nicht um die gleichen Untersuchungsstädte handeln kann - weder Kiel noch Lüneburg besitzen eine U-Bahn.

8.3.2 Differenzierung nach Verkehrszeiten

Die Abb. 70 und 71 differenzieren die Meßergebnisse nach der morgendlichen und abendlichen rush hour einerseits sowie der dazwischenliegenden Normalverkehrszeit andererseits. Alle Verkehrsmittel erwiesen sich in den Verkehrsspitzenzeiten als langsamer im Vergleich zum normalen Tagesverkehr. Die wesentlich größeren Unterschiede in Kiel sind dabei auffallend und sprechen für ein ausgedehnteres Areal mit Stockungen im Verkehrsablauf, wie es für eine Großstadt im Vergleich zu einer Mittelstadt naheliegend ist. Auffällig sind auch die nur geringen Geschwindigkeitseinbußen des ÖPNV und Radverkehrs (maximal -6,8 %), während der PKW-Verkehr stärker beeinträchtigt wurde (Kiel -22,6 %, Lüneburg -10,8 %). Die Diskrepanz ist für den Radverkehr durch die Möglichkeit zur Nutzung von Routen abseits der Hauptverkehrswege und die Separierung vom Kfz-Verkehr an eben diesen Straßen erklärbar. Dieses Argument ist auch für den Busverkehr ins Feld zu führen, dessen Routen vorzugsweise in geringer belasteten Erschließungsstraßen der Innenstadt oder der Wohngebiete verlaufen. Busspuren waren für die relativ geringe Stauempfindlichkeit im ÖPNV kaum verantwortlich, weil sie im Meßzeitraum in Kiel nur spärlich, in Lüneburg gar nicht vorhanden waren. Als weiterer Grund ist stattdessen auf die Fahrplangestaltung hinzuweisen. Die dem Fahrplan zugrundeliegenden Reisezeiten richten sich eher an den ungünstigen Verkehrsspitzen aus. Dadurch entstehen in den Normalverkehrsstunden zeitliche Puffer, die sich z. B. in längeren Standzeiten an Haltestellen äußern. Die Durchschnittsgeschwindigkeit außerhalb der rush hour sinkt dadurch unter die potentiell mögliche.

Zusätzlichen Zeitaufwand müssen die PKW-Benutzer in der Verkehrsspitzenzeit auch für Gehwege aufwenden (siehe NfZ-Angaben), weil Parkraum knapper und gegebenenfalls nicht in unmittelbarer Nähe des Zielortes zu finden ist. Überraschenderweise ist der NfZ des ÖPNV in beiden Städten in der Normalverkehrszeit höher als zur Verkehrsspitze. Der Unterschied ist zwar klein, aber nicht so gering, daß man ihn als Zufall abtun könnte, zumal das Gegenteil zu erwarten war. Die Differenz beruhte allein auf Verspätungen, die in den Normalverkehrszeiten etwas häufiger und länger gewesen sind. Warum dieser Umstand nicht für die Verkehrsspitzen zutraf, konnte weder anhand des Datenmaterials noch durch Rücksprache mit Vertretern der ÖPNV-Unternehmen geklärt werden. Letztere konnten nur arbeitspsychologische Gründe als Ursache vermuten: Der mentale Druck zur Pünktlichkeit könnte vorrangig in der morgendlichen Hauptverkehrszeit größer sein, weil viele Berufstätige auf Anschlußverbindungen angewiesen sind und/oder generell auf Verspätungen eher mit Unmut reagieren; außerhalb der rush hour könnten dann - auch aufgrund geringeren Verkehrsaufkommens - die Anstrengungen zur Pünktlichkeit nachlassen. Träfe diese Erklärung zu, würden sich durch verbesserte Mitarbeitermotivation oder Kontrollmechanismen im Zusammenhang mit einem rechnergesteuerten Betriebsleitsystem (vgl. Kap. 4.2.3.2) Handlungsoptionen zur Verringerung des NfZ im ÖPNV ergeben.

Von zwei Ausnahmen abgesehen, hat die Verkehrszeit im Vergleich zu den Gesamtdurchschnittswerten nur wenig Einfluß auf die Attraktivitätsräume der Verkehrsmittel. Weitgehend unverändert ist zunächst das Zufußgehen zwischen 142 und 150 m die schnellste Fortbewegungsart; schneller als der ÖPNV ist es bis zu 1,48 km in Kiel und 1,69 km in Lüneburg. Der ÖPNV kann mit den anderen Verkehrsmitteln in puncto Schnelligkeit nach wie vor nicht konkurrieren. Die beiden Ausnahmen betreffen die Relationen des nichtmotorisierten Verkehrs zum PKW. Vor allem das Fahrrad erzielt aufgrund seiner weitgehenden Stauunempfindlichkeit zur Hauptverkehrszeit einen bedeutenden Attraktivitätsgewinn. Es ist in Kiel bis 2,78 km Luftliniendistanz, in Lüneburg bis 2,35 km die schnellste Transportvariante. Umgerechnet in Realdistanzen entspräche das in Kiel 3,46 Fahrrad-km bzw. 3,94 PKW-km, in Lüneburg 2,94 Fahrrad-km bzw. 3,51 PKW-km. Dies ist ein wichtiges Erklärungsmoment für die Akzeptanz des Fahrrades auf längeren Strecken im Berufsverkehr im Vergleich zum Verkehr für kleine Einkäufe (vgl. Kap. 7.3.3), da in beiden Fällen die Gepäcklast als intervenierender Faktor als kaum bedeutsam anzusehen ist. Allerdings büßt das Fahrrad in der Normalverkehrszeit auch ebenso deutlich ein. Schneller als der PKW ist es dann nur bis zu 1,78 km in Kiel bzw. 1,31 km in Lüneburg (Luftlinie).

Abb. 70: Durchschnittliche Tür-zu-Tür-Reisezeiten in Abhängigkeit vom Reisezeitpunkt in Kiel (Luftliniendistanz)

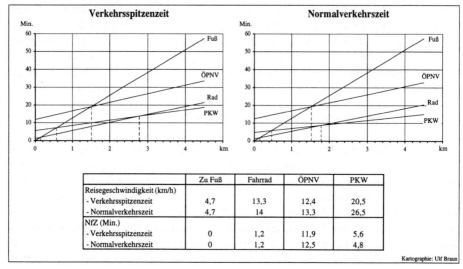

	Zu Fuß	Fahrrad	ÖPNV	PKW
Reisegeschwindigkeit (km/h)				
- Verkehrsspitzenzeit	4,7	13,3	12,4	20,5
- Normalverkehrszeit	4,7	14	13,3	26,5
NfZ (Min.)				
- Verkehrsspitzenzeit	0	1,2	11,9	5,6
- Normalverkehrszeit	0	1,2	12,5	4,8

Kartographie: Ulf Braun

Abb. 71: Durchschnittliche Tür-zu-Tür-Reisezeiten in Abhängigkeit vom Reisezeitpunkt in Lüneburg (Luftliniendistanz)

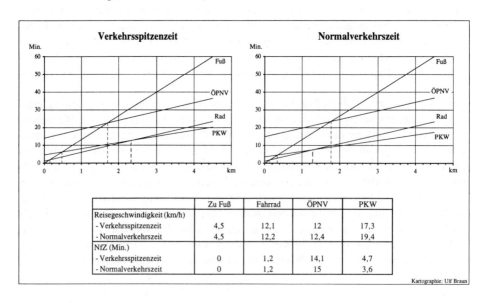

	Zu Fuß	Fahrrad	ÖPNV	PKW
Reisegeschwindigkeit (km/h)				
- Verkehrsspitzenzeit	4,5	12,1	12	17,3
- Normalverkehrszeit	4,5	12,2	12,4	19,4
NfZ (Min.)				
- Verkehrsspitzenzeit	0	1,2	14,1	4,7
- Normalverkehrszeit	0	1,2	15	3,6

Kartographie: Ulf Braun

266

Ebenfalls relativ groß, wenn auch von geringerem absoluten Umfang, sind die Reisezeitunterschiede von Fußgängern und PKW-Benutzern. In der Normalverkehrszeit ist der Attraktivitätsbereich von Fußgängern in Lüneburg um ein Fünftel (352 zu 477 m) und in Kiel um ein Viertel (457 zu 569 m) kleiner als zur rush hour.

8.3.3 Differenzierung nach Zielorten

Im Zentrum des Verkehrsgeschehens, also nahe des Hauptgeschäftszentrums (im folgenden kurz: City), bestehen vom Durchschnitt deutlich abweichende Bedingungen. Das Radialnetz des ÖPNV weist eine bestmögliche Zielerreichbarkeit auf, während der MIV durch Staus und Parkraumknappheit besonderen Problemen unterliegt. Erwartungsgemäß spiegeln sich diese Umstände in den Abb. 72 und 73 wider. Zunächst sind für den citybezogenen Verkehr nahezu generell höhere Luftliniengeschwindigkeiten zu verzeichnen als bei Wegen unter Umfahrung des Stadtkerns. Dies erklärt sich aus den radial auf die Stadtzentren zulaufenden Hauptstraßen, welche für alle Transportformen eine stärkere Annäherung an die Luftlinie bedingen als im sonstigen stadtteilverbindenden Verkehr. In Kiel mit seinen häufig zweispurig pro Fahrtrichtung ausgebauten Einfallstraßen wirkt dieser Effekt stärker als in Lüneburg. Ferner tritt er im ÖPNV besonders deutlich zutage, da dieser im Vergleich der Verkehrsmittel, bedingt durch sein Radialnetz, außerhalb der City die höchsten Abweichungen von der Luftlinie aufweist. Zudem entfallen Umsteigevorgänge, weil die Buslinien Direktverbindungen in die City offerieren; der NfZ des ÖPNV erreicht deshalb Minimumwerte. Hingegen bewirken die längeren Gehwege von den konzentrierten Stellplatzanlagen zum eigentlichen Zielort im Cityverkehr des PKW einen erhöhten NfZ.

Die erheblichen Unterschiede zu den Zielgebieten außerhalb des Stadtzentrums bleiben nicht ohne Auswirkungen auf die Reisezeitrelationen. Nur der Attraktivitätsbereich des Fußgängers gegenüber dem Radfahrer ändert sich mit 138-147 m unwesentlich. Markant sind die Differenzen bereits im Vergleich Fußgänger - Bus (Kiel 0,83/1,88 km, Lüneburg 1,17/2,17 km) und Fußgänger - PKW (Kiel 434 m/686 m, Lüneburg 238 m/721 m), wobei dies nur die „zweitrangigen" Wahloptionen sind. Weitaus bedeutender ist die Ausweitung des Fahrrad-Gunstbereiches als schnellstem Verkehrsmittel auf bis zu 3,53 km in Kiel und bis zu 3,75 km in Lüneburg (für Nicht-City-Ziele nur 1,79 bzw. 0,72 km). Auch diese Luftlinienangaben ließen sich, wie in Kap. 8.3.2, in Realdistanzen (Fahrrad- und PKW-km) angeben, jedoch sei hiervon wegen der stärkeren Annäherung des Cityverkehrs an die Luftlinienverbindungen Abstand genommen.[12] Da aber die Innenstädte beider Untersuchungsregionen auch bedeutende Arbeitsplatzkonzentrationen aufweisen, ist nochmals an die unterschiedlichen Entfernungstoleranzen im nichtmotorisierten Verkehr in Abhängigkeit vom Wegezweck zu erinnern (Kap. 7.3.3).

---

[12] Im Verkehr außerhalb des Citybereiches ist die Umrechnung in Realdistanzen voll aussagekräftig. Die oben angegebenen Gunstradien des Fahrrads von 1,79 km in Kiel und 0,72 km in Lüneburg entsprechen darum im ersten Fall 2,22 Rad-km und 2,54 PKW-km, im zweiten 0,9 Rad-km, 1,08 PKW-km.

Abb. 72: Durchschnittliche Tür-zu-Tür-Reisezeiten in Abhängigkeit vom Zielort in Kiel (Luftliniendistanz)

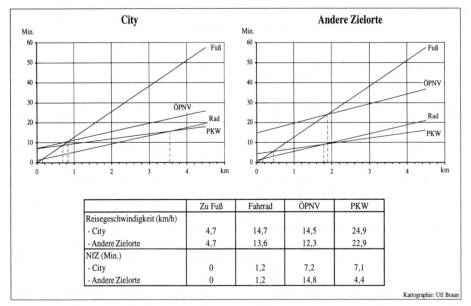

Abb. 73: Durchschnittliche Tür-zu-Tür-Reisezeiten in Abhängigkeit vom Zielort in Lüneburg (Luftliniendistanz)

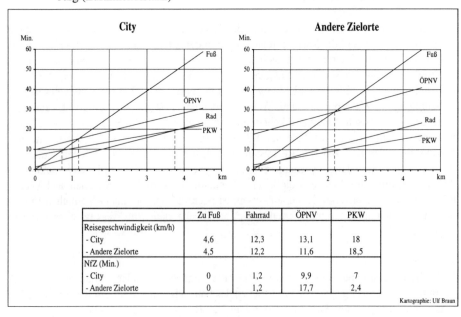

Wieder spielt bei der großen Diskrepanz zwischen City- und sonstigem Verkehr der NfZ die Hauptrolle. Die Reisegeschwindigkeiten von PKW und Fahrrad unterscheiden sich zwischen City- und Nicht-City-Verkehr nur wenig, was für die Nutzbarkeit von Querverbindungen zwischen den Stadtteilen zugunsten beider Verkehrsarten spricht. Der NfZ des PKW ist aber bei relativ günstigen Parkbedingungen am Start- *und* Zielort, also außerhalb des Stadtkerns, sehr niedrig. Die Differenzen zum City-Verkehr mit 2,7 Minuten in Kiel und 4,6 Minuten in Lüneburg sind für die große Wirkung auf die Ausdehnung der Attraktivitätsbereiche des Fahrrades in den Abb. 72 und 73 nahezu ausschließlich verantwortlich.

8.3.4 Differenzierung nach Verhaltensvorgaben

Die Schnelligkeit vorrangig der nichtmotorisierten Fortbewegung läßt sich durch unterschiedliche Verhaltensparameter wirksam beeinflussen. Überprüft wurden die Determinanten gemächliche versus eilige Geh-/Fahrgeschwindigkeit, strikte Verkehrsregelakzeptanz versus bedingte Verkehrsregelinakzeptanz sowie Nutzung einer Gangschaltung versus Fahrt ohne Gangschaltung (vgl. Kap. 8.2). Für die Nutzung motorisierter Verkehrsmittel bestehen vergleichbare Verhaltensvariationen nur in so geringem Umfang, daß auf eine gesonderte Erhebung verzichtet wurde. Bei der Nutzung eines Busses wäre die Verkürzung der ohnehin gering bemessenen Sicherheitsspanne bis zur Ankunft an der Starthaltestelle mit einem unverhältnismäßig hohen Risiko verbunden, den Anschluß zu verpassen. Das Busfahrerverhalten muß als nicht beeinflußbar hingenommen werden. Lediglich für den Weg von der Zielhaltestelle zum Zielort und damit für den geringsten Teil der Strecke ließe sich mittels eiligerer Fortbewegung zu Fuß eine marginale Verringerung der Reisezeit erreichen.

Der PKW-Selbstfahrer hat zwar mit dem Druck auf das Gaspedal zunächst größere Handlungsmöglichkeiten, diese dürften aber nur im Außerortsverkehr, vorrangig auf Autobahnen, von Bedeutung sein. Innerhalb von Städten ist ein Überholen vorausfahrender Kraftfahrzeuge kaum möglich. Neben den anderen Fahrzeugen sind es Einmündungen, Kreuzungen, Ampeln, querende Fußgänger, gegebenenfalls verkehrsberuhigende Hindernisse und schließlich die Reglementierung der Höchstgeschwindigkeit, die dem Versuch eines schnelleren Fahrens sehr enge Grenzen setzen. Dies wird schon darin deutlich, daß die durchschnittlichen, auf die Realdistanzen bezogenen Fahrgeschwindigkeiten beim PKW weit unterhalb des gesetzlichen Limits liegen (Abb. 68 u. 69).

Abb. 74 und 75 belegen, wie erheblich der Einfluß individuellen Verhaltens bei nichtmotorisierter Fortbewegung ist. Der Attraktivitätsradius des Zufußgehens schwankt durch Unterschiede im körperlichen Einsatz zwischen 109 und 155 m. Gegenüber dem ÖPNV ist ein langsamer Fußgänger nur bis zu 1,13 km (Kiel) bzw. 1,43 km (Lüneburg) im Vorteil, während der schnelle Fußgänger eine um rund 65 % längere Strecke (1,88 bzw. 2,33 km) schafft. Im Verhältnis zum PKW variiert der Schnelligkeitsvorteil zwischen 358 und 622 m. Von größerer Bedeutung aber ist wieder die Relation Fahrrad - PKW. Der Attraktivitätsradius gemächlich Radelnder umfaßt nur 1,32 km (Lüneburg) bzw. 1,76 km (Kiel), bei den schnellen Radfahrern hingegen 2,24 bzw. 3,08 km.

Abb. 74: Durchschnittliche Tür-zu-Tür-Reisezeiten in Abhängigkeit von der Schnelligkeit im nichtmotorisierten Verkehr in Kiel

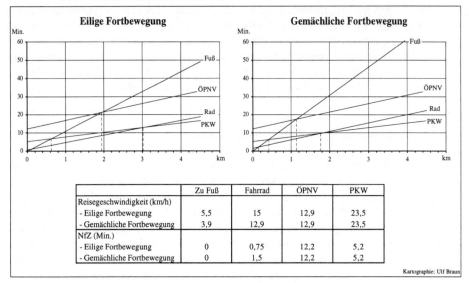

	Zu Fuß	Fahrrad	ÖPNV	PKW
Reisegeschwindigkeit (km/h)				
- Eilige Fortbewegung	5,5	15	12,9	23,5
- Gemächliche Fortbewegung	3,9	12,9	12,9	23,5
NfZ (Min.)				
- Eilige Fortbewegung	0	0,75	12,2	5,2
- Gemächliche Fortbewegung	0	1,5	12,2	5,2

Kartographie: Ulf Braun

Abb. 75: Durchschnittliche Tür-zu-Tür-Reisezeiten in Abhängigkeit von der Schnelligkeit im nichtmotorisierten Verkehr in Lüneburg (Luftliniendistanz)

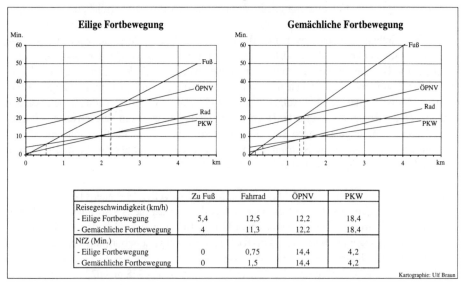

	Zu Fuß	Fahrrad	ÖPNV	PKW
Reisegeschwindigkeit (km/h)				
- Eilige Fortbewegung	5,4	12,5	12,2	18,4
- Gemächliche Fortbewegung	4	11,3	12,2	18,4
NfZ (Min.)				
- Eilige Fortbewegung	0	0,75	14,4	4,2
- Gemächliche Fortbewegung	0	1,5	14,4	4,2

Kartographie: Ulf Braun

270

Interessant ist, daß selbst langsames Radfahren in der Regel immer noch bedeutend schneller als die ÖPNV-Benutzung ist. Rechnerisch und auf den Durchschnitt des Verkehrsaufkommens bezogen, hat der Buskunde nur in Lüneburg die Chance, eher am Ziel zu sein als der Radfahrer, jedoch erst nach 32,9 km. Selbst wenn man für den Vergleich langsamer Radfahrer - ÖPNV nur die Citystrecken heranzieht, wäre letzterer erst nach 12 km schneller. Der Radius des für diese Untersuchung definierten Stadtbereiches von Lüneburg umfaßt aber nicht mehr als 8 km.

Ähnlich wie der körperliche Einsatz verursacht auch der Grad der Verkehrsregelakzeptanz erhebliche Differenzen in den Geschwindigkeiten der nichtmotorisierten Fortbewegung (Abb. 76 u. 77). Fußgänger und Radfahrer mit bedingter Verkehrsregelinakzeptanz waren dabei nicht oder nur wenig schneller als der Durchschnitt, während jene mit strikter Verkehrsregelakzeptanz empfindliche Geschwindigkeitseinbußen hinnahmen. Mit anderen Worten: Alle Fußgänger und Radfahrer, die der Vorgabe „strikte Regelakzeptanz" nicht unterlagen (also auch jene mit der Differenzierung eilig/gemächlich, mit/ohne Gangschaltung), haben häufig und gewohnheitsmäßig gegen die den Bedürfnissen der nichtmotorisierten Verkehrsteilnehmer nicht angepaßten Reglementierungen verstoßen. Diese Interpretation ist nicht allein aus den Geschwindigkeitsdaten entnehmbar, sondern wurde durch die Experimentteilnehmer selbst so angegeben. Jene, die die Verkehrsregeln vollständig zu beachten hatten, sagten aus, daß ihnen die Einhaltung der Vorgabe ungewohnt war und es ihnen schwer fiel, ein Regelsystem zu beachten, welches nur für den Kfz-Verkehr sinnvoll erschien. Diese Ansicht wurde besonders von der Radfahrergruppe vertreten, für die sich das Verkehrsleitungssystem als mit besonders vielen Nachteilen behaftet erwies. Im einzelnen wurde folgendes Fehlverhalten ausgeübt:

• Fahren auf dem Radweg der „falschen" Straßenseite zur nächsten sicheren Überquerungsstelle einer für die Fahrtroute relevanten Straßenabzweigung oder zum nahegelegenen Ziel selbst,
• Mißachtung des Ampelrotlichts an Knotenpunkten und Überwegen, wenn kein Kfz-Verkehr in Sicht war,
• Nichtbeachtung von Abbiegegeboten und Durchfahrverboten,
• Befahrung von Einbahnstraßen in der falschen Richtung, überwiegend durch Benutzung des Gehweges,
• Nichtbeachtung von Nur-Gehwegsbeschilderungen,
• Fahren in der Fußgängerzone bei geringem Fußgängeraufkommen.

Demgegenüber besaßen die Fußgänger nur ein äußerst eingeschränktes Repertoire von Regelverstößen, das sich auf das Mißachten des Ampelrotlichts bei fehlendem Kfz-Verkehr oder das Meiden beampelter Übergänge und stattdessen die Nutzung von Lücken im Verkehrsstrom zur Straßenüberquerung beschränkte (vgl. hierzu auch MAIER 1986, der Fußgängerverhalten mit Hilfe von Videoaufzeichnungen untersuchte und typisierte).

Das regelwidrige Verhalten, welches jedoch keinerlei Gefährdung oder Belästigung für andere oder sich selbst bedingte, führte zu nennenswerten Geschwindigkeitsvorteilen. Am stärksten profitierte davon wieder der Radfahrer in Konkurrenz zum PKW-Nutzer. Mit bedingter

Regelinakzeptanz war er in Kiel bis zu 2,57 km Luftliniendistanz der schnellste Verkehrsteilnehmer, das ist 1,02 km oder 65,8 % mehr als sein strikt alle Weisungen beachtender
Kollege. In Lüneburg lauteten die Angaben 2,16 versus 1,5 km (+ 44 %).

Abb. 76: Durchschnittliche Tür-zu-Tür-Reisezeiten in Abhängigkeit von der Verkehrsregelakzeptanz im nichtmotorisierten Verkehr in Kiel (Luftliniendistanz)

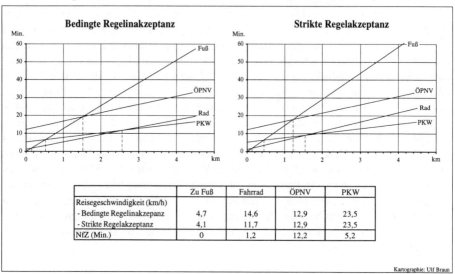

	Zu Fuß	Fahrrad	ÖPNV	PKW
Reisegeschwindigkeit (km/h)				
- Bedingte Regelinakzepanz	4,7	14,6	12,9	23,5
- Strikte Regelakzeptanz	4,1	11,7	12,9	23,5
NfZ (Min.)	0	1,2	12,2	5,2

Abb. 77: Durchschnittliche Tür-zu-Tür-Reisezeiten in Abhängigkeit von der Verkehrsregelakzeptanz im nichtmotorisierten Verkehr in Lüneburg (Luftliniendistanz)

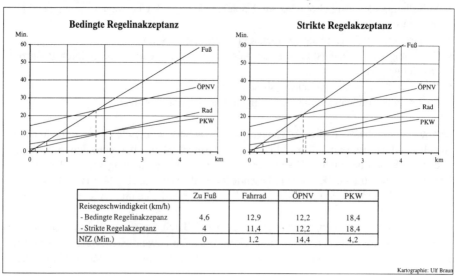

	Zu Fuß	Fahrrad	ÖPNV	PKW
Reisegeschwindigkeit (km/h)				
- Bedingte Regelinakzepanz	4,6	12,9	12,2	18,4
- Strikte Regelakzeptanz	4	11,4	12,2	18,4
NfZ (Min.)	0	1,2	14,4	4,2

Auch der Fußgänger erzielte Geschwindigkeitsvorteile; im Verhältnis zum ÖPNV und PKW betrugen sie in beiden Untersuchungsregionen um 20 % (gegenüber dem Bus in Kiel 1,5 vs. 1,22 km, in Lüneburg 1,77 vs. 1,43 km; gegenüber dem PKW in Kiel 509 vs. 430 m, in Lüneburg 429 vs. 358 m). Im Vergleich zum Radfahrer spielt die Frage der Verkehrsregelakzeptanz jedoch keine große Rolle, da beide Verkehrsteilnehmer die Option merklichen Schnelligkeitsgewinns durch regelnonkonformes Verhalten besitzen; das Zufußgehen ist insofern im Intervall bis 123-143 m die schnellste Fortbewegungsart.

Die letzte Differenzierungsvariante betraf die technische Ausstattung des Fahrrades, manifestiert im Merkmal Gangschaltung (Abb. 78 u. 79). Auch diese Variante erwies sich als sehr bedeutsam, und zwar speziell für die Abgrenzung der Attraktivitätsbereiche von Fahrrad und PKW. Ohne Gangschaltung war der Radfahrer - abgesehen vom für Fußgänger günstigen Bereich (134-150 m) - nur bis zu 1,43 km (Lüneburg) bzw. 2,04 km (Kiel) schnellster Verkehrsteilnehmer, mit Gangschaltung aber bis zu 2,68 km (Lüneburg) bzw. 2,35 km (Kiel).

Zusammen mit dem körperlichen Einsatz handelt es sich bei der technischen Versiertheit des Fahrrades um eine ausschließlich vom Verkehrsteilnehmer selbst zu bestimmende Variable. Einwirkungsmöglichkeiten der Verkehrsplanung gibt es hingegen bei der Ausgestaltung von Verkehrsregeln in beträchtlichem Umfang (vgl. Kap. 4.2.4.2 u. 4.2.5).

8.3.5 Attraktivitätsbereiche der Verkehrsmittel

In den Ausführungen der Kap. 8.3.1 - 8.3.4 wurde eine einheitliche, entfernungsabhängige Schnelligkeitsrangfolge ersichtlich. Der Fußgänger ist allen anderen Verkehrsmitteln innerhalb eines sehr kurzen Mobilitätsradius von 109-157 m überlegen. Anschließend folgt das Fahrrad, welches mindestens bis zu einer Luftlinienentfernung von 0,72 km (Lüneburg) bzw. 1,55 km (Kiel) schneller als der nachfolgende PKW ist. Die ausgeprägteste Überlegenheit gegenüber dem PKW erreicht das Fahrrad auf Citystrecken mit 3,53 km in Kiel und 3,75 km in Lüneburg. Der ÖPNV fährt unter allen Bedingungen quasi außer Konkurrenz - auf Kurzdistanzen von bis zu 0,83-2,33 km ist er die langsamste der vier Transportvarianten, darüber hinaus ist er die drittschnellste Verkehrsart. Die so abgegrenzten Attraktivitätsbereiche sollen für die Bandbreite der Realität, die sich mit den eingangs referierten Durchschnittswerten der Abb. 68 und 69 nicht hinreichend erfassen läßt, eine erste Näherung darstellen. Die tatsächliche Streubreite von Reisezeitüber- und -unterlegenheit ist jedoch noch größer, denn vor allem die in Kap. 8.3.4 diskutierten Verhaltensvorgaben nichtmotorisierter Verkehrsteilnehmer treten nicht isoliert, sondern kombiniert auf. So kann beispielsweise ein eiliger Fußgänger auch über 157 m hinaus schneller als ein Radfahrer sein, wenn nämlich dessen Gefährt keine Gangschaltung besitzt und er gemächlich sowie mit strikter Verkehrsregelakzeptanz fährt. Im Idealfall einer unmittelbaren Nachbarschaft von Start-/Zielort und Haltestellen sowie einer relativ großen und luftliniennahen Fahrtstrecke (insbesondere bei der City als Zielort), kann der ÖPNV schneller sein als das Fahrrad (jedoch nicht als der PKW).

Abb. 78: Durchschnittliche Tür-zu-Tür-Reisezeiten in Abhängigkeit von der technischen Ausstattung im Radverkehr in Kiel (Luftliniendistanz)

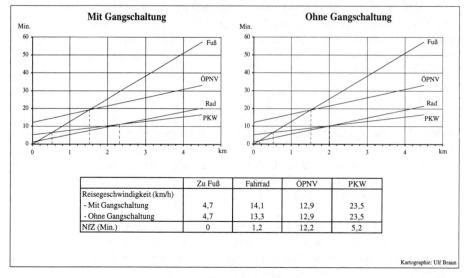

	Zu Fuß	Fahrrad	ÖPNV	PKW
Reisegeschwindigkeit (km/h)				
- Mit Gangschaltung	4,7	14,1	12,9	23,5
- Ohne Gangschaltung	4,7	13,3	12,9	23,5
NfZ (Min.)	0	1,2	12,2	5,2

Kartographie: Ulf Braun

Abb. 79: Durchschnittliche Tür-zu-Tür-Reisezeiten in Abhängigkeit von der technischen Ausstattung im Radverkehr in Lüneburg (Luftliniendistanz)

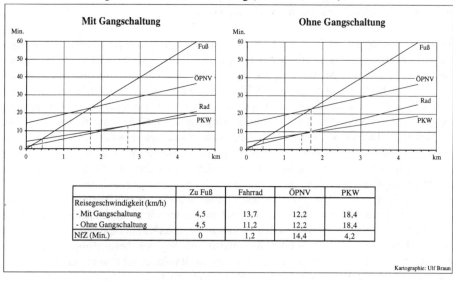

	Zu Fuß	Fahrrad	ÖPNV	PKW
Reisegeschwindigkeit (km/h)				
- Mit Gangschaltung	4,5	13,7	12,2	18,4
- Ohne Gangschaltung	4,5	11,2	12,2	18,4
NfZ (Min.)	0	1,2	14,4	4,2

Kartographie: Ulf Braun

Der Radfahrer wiederum schafft es unter für den PKW-Verkehr sehr ungünstigen Bedingungen (City als Zielort, rush hour), auch weit über 3,75 km hinaus, schneller zu sein als der MIV. Die Abb. 80 stellt deshalb abschließend die Attraktivitätsbereiche der Verkehrsmittel auf drei Ebenen dar:[13]

1. Attraktivitätsbereich 1 innerhalb der Durchschnittswerte, ab dem/bis zu dem ein Verkehrsmittel das schnellste ist (schwarz),
2. Attraktivitätsbereich 2 (schraffiert), begrenzt durch die Extreme aus den Kap. 8.3.1 - 8.3.4 (Minimum/Maximum 1),
3. Attraktivitätsbereich 3 (grau unterlegt), der zustandekommt durch den Vergleich der langsamsten Verhaltens- und Umständekonstellation des einen Verkehrsmittels mit der schnellsten des anderen innerhalb der Reisegeschwindigkeitsexperimente (schnellster Fußgänger vs. langsamster Radfahrer, langsamster Radfahrer vs. schnellster Autofahrer und jeweils umgekehrt; Minimum/Maximum 2).

8.4 Reisezeitvariationen durch verkehrsplanerische Eingriffe

Im weiteren interessiert die Frage, welche Wirkungen verkehrsplanerische Maßnahmen auf die Reisezeitrelationen ausüben könnten. Die KVAG in Kiel geht z. B. von einer Erhöhung der Reisegeschwindigkeit um 20 % durch die Ausweitung von Busspuren und Busbeeinflussung wichtiger Ampelschaltungen aus. Die detaillierten Daten dieser Untersuchung belegen prinzipiell diese Möglichkeit. So machten in Kiel die stau- und ampelbedingten Stillstandszeiten 17,4 % der gesamten Fahrzeit im ÖPNV aus. In Lüneburg waren es 15,8 %; dort befindet sich die busbeeinflußte Ampelsteuerung, kombiniert mit einigen Busspuren, seit 1993 in der Realisierung. Da lediglich die Stillstandszeiten erfaßt wurden, nicht aber Fahrtverlangsamungen, dürfte das Ziel einer Reisegeschwindigkeitserhöhung um 20 % durchaus realistisch sein.

Ferner wurden in Lüneburg zum Winterfahrplan 1994/95 Durchmesserlinien eingeführt, die einen Teil der Umsteigevorgänge entfallen lassen. In bezug auf die für Lüneburg gewählten Quell- und Zielgebiete des Geschwindigkeitsexperimentes wären damit bei zwei von sechzehn die City querenden Verbindungen die Umsteigezeiten entfallen. Im Durchschnitt entfielen bei Strecken in Lüneburg außerhalb der City 8,3 Minuten des 17,7minütigen NfZ auf um-

---

[13] Auch mit der dritten Ebene sind noch nicht alle theoretisch denkbaren Extreme erfaßt. Beispiele für noch krassere Gegenüberstellungen wären: Laufsportler versus hochbetagter Radfahrer, Radsportler oder Anrufsammeltaxi versus unsicherer (Auto-)Fahranfänger auf Strecken in die City oder aus dieser heraus zur Verkehrsspitzenzeit. Auch Ausnahmesituationen, wie etwa die Belegung aller Innenstadtparkplätze, Unfälle oder Ampelausfälle an besonders wichtigen Knotenpunkten mit der Folge großräumiger Staus, sind nicht inbegriffen. Unter derartigen Umständen kann es sogar zur Auflösung der obigen, ansonsten so konstanten Schnelligkeitsrangfolge kommen. Die dritte Differenzierungsebene in Abb. 80 dürfte hingegen noch Situationen widerspiegeln, die zum alltäglichen Verkehrsgeschehen gehören.

Abb. 80: Schnelligkeitsbedingte Attraktivitätsbereiche städtischer Verkehrsmittel (Luftlinien-distanz)

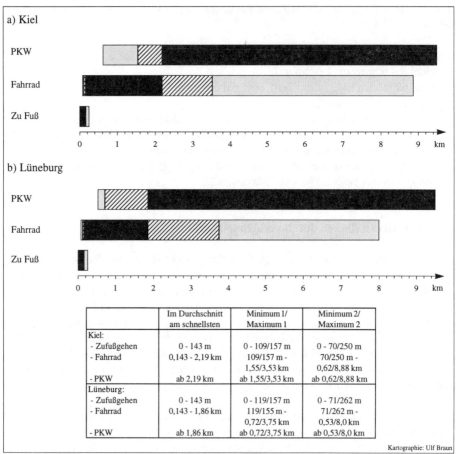

	Im Durchschnitt am schnellsten	Minimum 1/ Maximum 1	Minimum 2/ Maximum 2
Kiel:			
- Zufußgehen	0 - 143 m	0 - 109/157 m	0 - 70/250 m
- Fahrrad	0,143 - 2,19 km	109/157 m - 1,55/3,53 km	70/250 m - 0,62/8,88 km
- PKW	ab 2,19 km	ab 1,55/3,53 km	ab 0,62/8,88 km
Lüneburg:			
- Zufußgehen	0 - 143 m	0 - 119/157 m	0 - 71/262 m
- Fahrrad	0,143 - 1,86 km	119/155 m - 0,72/3,75 km	71/262 m - 0,53/8,0 km
- PKW	ab 1,86 km	ab 0,72/3,75 km	ab 0,53/8,0 km

Kartographie: Ulf Braun

steigebedingte Wartezeiten (= 46,9 %). Rechnet man die entfallenden Umsteigewartezeiten auf den beiden Durchmesserlinien heraus, was unter Berücksichtigung der anteiligen Werte-punkte (vgl. Kap. 8.2) einer Reduktion um 10,4 % entspräche, würde der durchschnittliche NfZ im Außercityverkehr um 52 Sekunden (-4,9 %) sinken. Im Gesamtverkehr - also inklu-sive Citystrecken, für die Durchmesserlinien unwichtig sind - fiele die NfZ-Reduzierung mit 13 Sekunden (-1,5 %) noch geringer aus.

Die Effekte einer zwanzigprozentigen Reisegeschwindigkeitserhöhung und einer 1,5-prozen-tigen NfZ-Senkung - letztere nur in Lüneburg, da Kiel zum Untersuchungszeitpunkt bereits über Durchmesserlinien verfügte - werden in den Abb. 81 und 82 dargestellt, einmal für den Gesamtverkehr, einmal für den Cityverkehr. Bei letzterem schnitt der ÖPNV noch am besten

Abb. 81: Durchschnittliche Tür-zu-Tür-Reisezeiten nach ÖPNV-Beschleunigung in Kiel (Luftliniendistanz)

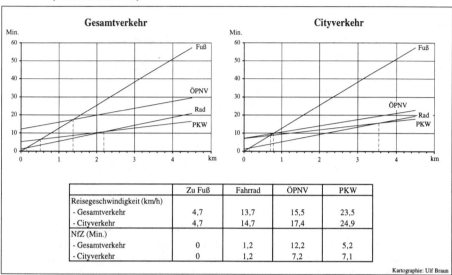

Abb. 82: Durchschnittliche Tür-zu-Tür-Reisezeiten nach ÖPNV-Beschleunigung in Lüneburg (Luftliniendistanz)

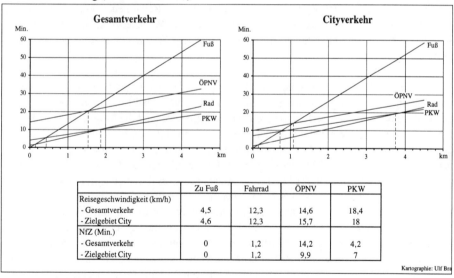

277

ab (vgl. Kap. 8.3.2), auch wenn, wie eben bemerkt, der citybezogene Verkehr nicht von der NfZ-Senkung profitiert.

Die Abbildungen wirken insofern ernüchternd, als die hohen Erwartungen einer wesentlichen Verbesserung des ÖPNV vor allem seitens der KVAG-Führungsspitze nicht erfüllt werden. Dessen Beschleunigung verringert den Gunstbereich des Fußgängers gegenüber den Ausgangssituationen von 1,5 auf 1,37 km (Kiel) bzw. von 1,71 auf 1,53 km (Lüneburg) im Gesamtverkehr, im Cityverkehr ist die Reduktion geringer (Kiel: von 0,83 auf 0,77 km, Lüneburg: von 1,17 auf 1,07 km). Immerhin laufen die Reisezeitlinien von ÖPNV und Radverkehr nicht mehr auseinander, sondern schneiden sich - wenn auch erst außerhalb der Abbildungen bei Werten weit oberhalb üblicher Radverkehrsdistanzen (Gesamtverkehr: Kiel 21,6 km, Lüneburg 16,9 km; Cityverkehr: Kiel 11,4 km, Lüneburg 9,4 km). Die ÖPNV-Beschleunigung reicht also nicht einmal aus, um mit dem Fahrrad beim Auswahlfaktor Geschwindigkeit zu konkurrieren, vom MIV ganz zu schweigen.

Beschleunigungsmaßnahmen sind nicht nur für den ÖPNV, sondern ebenso für den nichtmotorisierten Verkehr denkbar. Die Schaffung einer erhöhten Netzdurchlässigkeit mittels straßenverbindender Wege ist dabei besonders wichtig. Bedeutsam ist aber ebenso die Verbesserung der subjektiven Netzdurchlässigkeit. In aller Regel kennen nur „Viel-Radfahrer" und „Viel-Fußgänger" in größerem Umfang abkürzende Wege - und auch das nur im bekannten Umfeld. Die nichtmotorisierten Experimentteilnehmer gaben durchgehend - selbst bei ständiger „privater" Fahrradbenutzung - zu Protokoll, eine Reihe neuer Wegeverbindungen „entdeckt" zu haben. Die Diskrepanz zwischen objektivem Wegenetz und „mental map" läßt sich durch Routenbeschilderungen, Ausweisung unechter Sackgassen und besondere Stadtpläne für Radfahrer verringern.

Für den Radverkehr wäre auch rechtlich die Netzdurchlässigkeit und Flexibilität zu verbessern. Die in Kap. 8.3.4 genannten Formen von Fehlverhalten bei Radfahrern könnten in regelkonformes Verhalten überführt werden, wenn flächendeckend die Möglichkeiten zur Flexibilisierung von Verkehrsleitungsmaßnahmen (vgl. Kap. 4.2.4.2), zur teilweisen Rückverlagerung des Radverkehrs auf die Fahrbahn und zur Einrichtung von Zweirichtungsverkehr auf Radwegen (vgl. Kap. 4.2.4.1) genutzt würden. Die Auswirkungen dieser Beschleunigungsmaßnahmen wären jedoch in der Praxis insofern begrenzt, als das übliche Radfahrerverhalten schon jetzt überwiegend nicht-regelakzeptierend und dadurch geschwindigkeitsfördernd ausgelegt ist. Nach Einschätzung der Experimentteilnehmer dürfte am ehesten noch die Zulassung des Zweirichtungsverkehrs in Einbahnstraßen „echte" geschwindigkeitsfördernde Effekte auslösen, während andere Flexibilisierungsmaßnahmen vorrangig den (wenigen) Personen zugute kämen, die sich relativ strikt regelkonform verhalten. Es ist nicht bekannt, wie groß oder klein diese Teilgruppe exakt zu veranschlagen ist. Um überhaupt einen Anhaltswert zu gewinnen, wurden für eine Sonderberechnung des Geschwindigkeitsdurchschnittes die Verkehrsregelgruppen ausgeklammert. Die Reisegeschwindigkeit der Radfahrer erhöht sich dadurch in beiden Untersuchungsregionen um lediglich 0,1 km/h, was ohne wesentliche Auswirkungen auf den Attraktivitätsbereich des Fahrrades gegenüber dem PKW bleibt. Die Flexibilisierung von Verkehrsleitungsmaßnahmen würde deshalb bei den regelkonformen Radlern zu einer erheblichen Verbesserung ihrer Reisegeschwindigkeit führen, bezogen auf den gesamten Radverkehr dürfte dieser Effekt aber kaum eine Rolle spielen. Die Breitenwirkung einer an Radfahrerbedürfnissen angepaßten Gestaltung der Verkehrsregelungen liegt weniger in der Geschwindigkeitssteigerung als vielmehr in der Verbesserung des Fahrkomforts im Sinne einer Vermeidung schlechten Gewissens und einer Verbesserung des Verhältnisses zwischen den Verkehrsteilnehmergruppen, weil Radfahrer in erheblich geringerem Maße durch Regelverstöße auffallen würden. Außerdem wäre die oben angeregte Routenbeschilderung kaum sinnvoll bzw. wenig effektiv, wenn nicht konsequent kürzeste und attraktivste Wege genutzt werden dürfen. Die weitgehende Flexibilisierung im Verkehrsleitsystem ist in diesem Sinne eine notwendige Voraussetzung für ein Vorhaben zur Routenbeschilderung.

Neben der Förderung des Umweltverbundes besteht die Option einer Reduzierung der Schnelligkeit im PKW-Verkehr. Dabei kommt der vieldiskutierten Verringerung des Fahrtempos ein verhältnismäßig geringer Wert zu, denn dieses liegt durch vielerlei Hindernisse im Verkehrsablauf bereits jetzt deutlich unter der gesetzlichen Höchstgeschwindigkeit. Eine Herabsetzung letzterer von 50 auf 30 km/h innerorts unter Ausnahme von Hauptverkehrsstraßen, wie es den Forderungen des Deutschen Städtetages (1989) entspräche, hätte deshalb primär eine Verstetigung des Fahrtablaufes zur Folge und nur eine geringfügige Verlängerung der Fahrtzeit (vgl. auch BMRO 1989, S. 33-35). Eine effektive Minderung der PKW-Geschwindigkeiten ließe sich nur unter Einbezug der Hauptverkehrs- und Sammelstraßen schaffen, also z. B. mittels einer dortigen Verminderung der Höchstgeschwindigkeit auf 30 oder 40 km/h. Hierzu bedürfte es nicht notwendigerweise eines Unterlaufens bundesgesetzlicher Regelungen mittels entsprechender Beschilderungen; eine Reduzierung der Geschwindigkeitsvorgaben für die „Grüne Welle", zuzüglich ankündigender Hinweise, würde genügen. In den Hauptverkehrszeiten hätte dies allerdings kaum Auswirkungen, weil in diesen Phasen im Innenstadtbereich schon heute keine höheren Fahrgeschwindigkeiten möglich sind (Vortrag von H. P. Appel, Aachen, anläßlich der Vorabpräsentation einer Erreichbarkeitsstudie für die Lüneburger Innenstadt am 26.1.95 unter Bezugnahme auf ähnliche eigene Studien in anderen Städten).

Eine effektivere Einwirkungsmöglichkeit verspricht nach den vorangegangenen Ausführungen der NfZ. Gelänge es, den NfZ des PKW nur um eine Minute zu erhöhen, z. B. im Gefolge der Einführung einer autoarmen Innenstadt oder einer Parkraumzentralisierung in Wohn- und Gewerbegebieten, so hätte dies schon deutlich spürbare Auswirkungen auf die Geschwindigkeitsrelationen der Verkehrsmittel, wie die Abb. 83 und 84 belegen. Der Attraktivitätsradius des Fahrrades gegenüber dem PKW würde sich durch die NfZ-Erhöhung um 550-650 m erweitern. Mit 4,4 km im Lüneburger Cityverkehr würde er damit fast das gesamte administrative Stadtgebiet umfassen. Die Ausweitung des Radius von 3,75 auf 4,4 km (+17,3 %) hätte dabei unter Anwendung der Flächenberechnungsformel $\pi \times r^2$ eine Vergrößerung des Attraktivitätsbereiches von 44,1 auf 60,8 km², also um 37,9 %, zur Folge.

Abb. 83: Durchschnittliche Tür-zu-Tür-Reisezeiten nach NfZ-Erhöhung für den PKW um
eine Minute in Kiel (Luftliniendistanz)

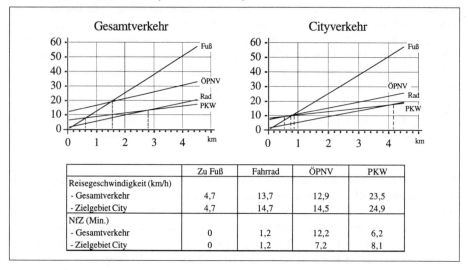

	Zu Fuß	Fahrrad	ÖPNV	PKW
Reisegeschwindigkeit (km/h)				
- Gesamtverkehr	4,7	13,7	12,9	23,5
- Zielgebiet City	4,7	14,7	14,5	24,9
NfZ (Min.)				
- Gesamtverkehr	0	1,2	12,2	6,2
- Zielgebiet City	0	1,2	7,2	8,1

Abb. 84: Durchschnittliche Tür-zu-Tür-Reisezeiten nach NfZ-Erhöhung für den PKW um
eine Minute in Lüneburg (Luftliniendistanz)

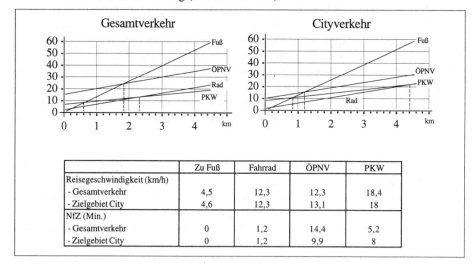

	Zu Fuß	Fahrrad	ÖPNV	PKW
Reisegeschwindigkeit (km/h)				
- Gesamtverkehr	4,5	12,3	12,3	18,4
- Zielgebiet City	4,6	12,3	13,1	18
NfZ (Min.)				
- Gesamtverkehr	0	1,2	14,4	5,2
- Zielgebiet City	0	1,2	9,9	8

In Kiel würde im Cityverkehr sogar der ÖPNV eine annehmbare Position gewinnen. Zwar wäre er immer noch langsamer als der PKW, aber im mittleren Distanzabschnitt von z. B. 4 km wäre sein Zeitnachteil mit fünfeinhalb gegenüber sieben Minuten in der Ausgangssituation spürbar verringert.

Insgesamt erweist sich deshalb die Verkehrsberuhigung als ein Hauptinstrument zur Beeinflussung des Faktors Schnelligkeit und damit der Verkehrsmittelwahl, wie es bereits die Befragungsergebnisse andeuteten (Kap. 7.4).

Wichtiger als die Einzelfallanalysen ist jedoch die Betrachtung einer komplexen Gesamtsituation. Gelingt es, durch Maßnahmenkombinationen die Geschwindigkeit des PKW-Verkehrs zu senken und die des Umweltverbundes zu erhöhen, sind naheliegenderweise optimierte Effekte zu erreichen. Die Abb. 85 und 86 gehen deshalb von folgenden hypothetischen Annahmen aus:

- Der NfZ im motorisierten Individualverkehr wird um 2 Minuten im City- und Gesamtverkehr erhöht mittels der Ausdehnung von Fußgängerzonen und weiteren Netzunterbrechungen sowie Parkraumzentralisierung in Wohn- und Gewerbegebieten.
- Die durchschnittlichen Reisegeschwindigkeiten im PKW-Verkehr werden um 2 km/h gesenkt durch flächendeckende Tempo 30-Zonen in Wohngebieten, Rückbau doppelspuriger Hauptverkehrsstraßen und Umstellung der „Grünen Welle" an Ampelschaltungen auf 40 km/h.
- Die ÖPNV-Reisegeschwindigkeiten steigen um 25 % durch Anlage von Busspuren, Wahl möglichst wenig staugefährdeter Routen, busbeeinflußte Ampelschaltungen, Ermöglichung und Forcierung des bargeldlosen Zahlens sowie reibungsloseren Busverkehr in einer autoarmen Innenstadt.
- Der NfZ des ÖPNV sinkt im Verkehr außerhalb der City um 3 % mittels Einführung von Durchmesser- und/oder Tangentiallinien, Bike & Ride sowie Fahrradmitnahme im ÖPNV.
- Die durchschnittliche Reisegeschwindigkeit im Radverkehr wird um 0,3 km/h erhöht durch die Flexibilisierung des Verkehrsleitsystems (Einbahnstraßen, Durchfahrverbote, Abbiegegebote, Nur-Gehwege, Fußgängerzonen), subjektiv erhöhte Netzdichte aufgrund von ausgeschilderten Radrouten und gekennzeichneten unechten Sackgassen sowie durch bauliche Netzergänzungen, Wege- bzw. Fahrbahnbelagsverbesserungen und Sicherungsmaßnahmen an Knotenpunkten (Radwegefurten, vorgezogene Aufstellflächen für Radfahrer). (Alle Maßnahmen flächendeckend).

Die Auswirkungen der genannten Veränderungen in den Reisezeitwerten wären beträchtlich. Die errechneten, hypothetischen Geschwindigkeitsrelationen zeigen im Vergleich zu den Abb. 68 und 69 sowie 72 und 73 starke Verschiebungen, die sich bezüglich der Linienschnittpunkte wie folgt quantifizieren lassen (Ausgangssituation -> Planfall):

Abb. 85: Durchschnittliche Tür-zu-Tür-Reisezeiten im Planfall Umweltverbundförderung/ Verkehrsberuhigung in Kiel (Luftliniendistanz)

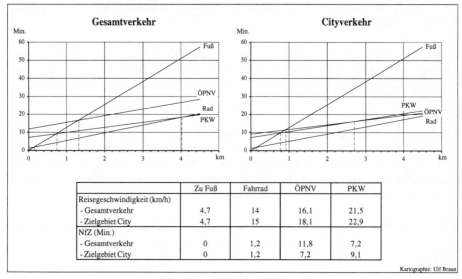

	Zu Fuß	Fahrrad	ÖPNV	PKW
Reisegeschwindigkeit (km/h)				
- Gesamtverkehr	4,7	14	16,1	21,5
- Zielgebiet City	4,7	15	18,1	22,9
NfZ (Min.)				
- Gesamtverkehr	0	1,2	11,8	7,2
- Zielgebiet City	0	1,2	7,2	9,1

Kartographie: Ulf Braun

Abb. 86: Durchschnittliche Tür-zu-Tür-Reisezeiten im Planfall Umweltverbundförderung/ Verkehrsberuhigung in Lüneburg (Luftliniendistanz)

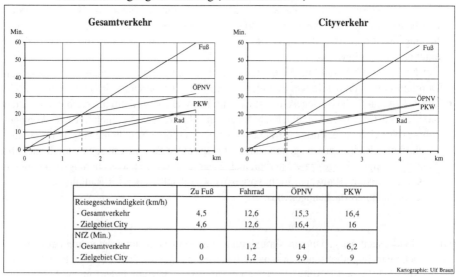

	Zu Fuß	Fahrrad	ÖPNV	PKW
Reisegeschwindigkeit (km/h)				
- Gesamtverkehr	4,5	12,6	15,3	16,4
- Zielgebiet City	4,6	12,6	16,4	16
NfZ (Min.)				
- Gesamtverkehr	0	1,2	14	6,2
- Zielgebiet City	0	1,2	9,9	9

Kartographie: Ulf Braun

Kiel

	Gesamtverkehr			Cityverkehr			
Fuß/Rad	143 m	->	142 m	138 m	->	137 m	
Fuß/ÖPNV	1,5 km	->	1,31km	834 m	->	762 m	
Fuß/PKW	417 m	->	722 m	686 m	->	897 m	
Rad/ÖPNV	-	->	19 km	-	->	8,76 km	
Rad/PKW	2,19 km	->	4,01 km	3,53 km	->	5,73 km	
ÖPNV/PKW	-	-		-	->	2,73 km	(anschl. PKW im Vorteil)

Lüneburg

	Gesamtverkehr			Cityverkehr			
Fuß/Rad	142 m	->	137 m	147 m	->	145 m	
Fuß/ÖPNV	1,71 km	->	1,49 km	1,17 km	->	1,05 km	
Fuß/PKW	538 m	->	641 m	721 m	->	968 m	
Rad/ÖPNV	-	->	15,2 km	29,2 km	->	7,88 km	
Rad/PKW	1,86 km	->	4,53 km	3,75 km	->	7,71 km	
ÖPNV/PKW	-	-		-	->	9,84 km	(anschl. Bus im Vorteil)

Während zwischen Fußgänger- und Radverkehr keine merklichen Verschiebungen zu registrieren wären, dürften sich die Relationsveränderungen Zufußgehen/ ÖPNV und Zufußgehen/ PKW bereits im spürbaren Bereich befinden. Vor allem die Erweiterung des Attraktivitätsbereiches auf Kosten des PKW böte die Chance, eine Wiederzunahme des Zufußgehens für kurze Wege, insbesondere bei kleinen Einkäufen und Besorgungen im eigenen Wohnbereich, einzuleiten. Allerdings wäre in dieser Hinsicht auch eine tiefgreifende und flächendeckende Veränderung der Straßenräume in Richtung einer größeren optischen Qualität zu fordern, da hiervon die subjektive Empfindung von Gehzeiten maßgeblich abhängt (vgl. Kap. 4.2.5). Gerade für die langsamste Form der Bewegung ist von einem erheblichen und nicht günstigen Unterschied zwischen objektiver und subjektiv empfundener Reisegeschwindigkeit auszugehen.

Tiefgreifend wäre der Wandel in den Attraktivitätsbedingungen zwischen Fahrrad und PKW, da der Gunstbereich des ersteren zum Teil mehr als verdoppelt werden könnte. Dabei handelt es sich nur um Durchschnittswerte, die unter für den PKW ungünstigen, aber gerade zu den Hauptverkehrszeiten häufig gegebenen Bedingungen noch weiter zugunsten des Fahrrades verschoben wären (siehe Minimum-Maximum-Diskussion in Kap. 8.3.5).

Bemerkenswert ist schließlich der rechnerische Attraktivitätsgewinn für den ÖPNV. In Kiel beständen reelle Chancen für eine Überlegenheit des Busses gegenüber dem PKW auf Cityrouten im Innenstadtbereich. In Lüneburg wäre der Schnelligkeitsvorteil des Busses ab 9,8 km rein hypothetischer Natur, weil der Radius des administrativen Stadtgebietes nur halb so groß ist und außerhalb der Innenstadt der PKW wesentlich höhere Reisegeschwindigkeiten realisieren kann als der Bus. Gleichwohl belegen die berechneten Reisezeitrelationen auch für Lüneburg im „Planfall" die Möglichkeit einer echten Konkurrenzbeziehung von ÖPNV und MIV, zumindest auf Citystrecken.

Alles in allem belegt das rechnerische Gedankenexperiment, daß verkehrsplanerische Eingriffe ins Reisegeschwindigkeitsgefüge gar nicht viel an diesem verändern müssen, um durchaus beachtliche Wirkungen auslösen zu können. Voraussetzung dafür ist eine umfassende Strategie zur Beschleunigung des Umweltverbundes und zur Verschlechterung der Faktoren Geschwindigkeit und Zielerreichbarkeit beim PKW-Verkehr. Von besonderer Bedeutung ist dabei eine Veränderung des NfZ.

Die Minderung der Attraktivität des MIV muß dabei keineswegs ein unzumutbares Ausmaß erreichen, wie die in Umfragen geäußerte Restriktionstoleranz zeigt (vgl. z. B. SOCIALDATA 1992b, S. 24-25, OPASCHOWSKI 1993, S. 20, KRUMM 1994, S. 84, PEZ 1994, S. 57). Letztere ist zwar unter „PKW-Vielfahrern" im Vergleich zum Durchschnitt aller Verkehrsteilnehmer deutlich herabgesetzt, aber dennoch bei vielen potentiellen Maßnahmen in recht hohem Maße ausgeprägt.

9. Implikationen für die kommunale Verkehrspolitik/-planung und Vergleich mit den Konzeptionen in den Untersuchungsregionen

Nachdem in den Kap. 4.2.1 - 4.2.6 die Strategien und Maßnahmen neuerer Verkehrspolitik vorgestellt und im Kap. 7.4 Schlußfolgerungen für deren Gewicht bei der Beeinflussung der Verkehrsmittelwahl gezogen wurden, soll abschließend mit Hilfe der Tab. 51 der Versuch einer Rangstufung gemacht werden. Ebenso ermöglicht die Tabelle einen Vergleich der Verkehrspolitik in den beiden Untersuchungsregionen, wie sie die Kap. 6.4.1 - 6.4.6 schilderten. Hieraus lassen sich Rückschlüsse auf die zu vermutende Effektivität der Bemühungen in Kiel und Lüneburg ziehen. Dabei bleibt die Bewertung auf die sozialwissenschaftliche Maßnahmenwirksamkeit beschränkt und bezieht den erforderlichen ökonomischen Aufwand, der beispielsweise bei baulichen Vorhaben erheblich, bei Beschilderungsänderungen minimal ist, nicht mit ein. Die Parameter der Maßnahmeneffizienz waren in dieser Untersuchung lediglich ordinalskaliert und erlauben deshalb mit den ratioskalierten, monetären Kosten keinen direkten Nutzen-Kosten-Vergleich.

Die Tab. 51 gliedert die verkehrspolitischen und -planerischen Maßnahmen nach ihrer vermuteten Effektivität in vier Gruppen; die Nummerierung innerhalb der Gruppen stellt keine weitere Abstufung dar. Ausschlaggebend für die Zuweisung waren Bewertungsschritte, welche die in den vergangenen Kapiteln gewonnenen Erkenntnisse kombinieren. Aus Kap. 4.2.7 liegt bereits eine Einstufung nach Wirkungsstärke und Wirkungsbreite vor. Erstere wird bei den geschwindigkeitsbezogenen Maßnahmen durch die Ergebnisse der Kap. 8.1 - 8.4 differenziert. Da der Begriff der Wirkungsstärke bislang nur auf einen veränderten Faktor fixiert ist, zahlreiche Maßnahmen aber mehrdimensionale Effekte aufweisen,[14] empfiehlt es sich, einen erweiterten Begriff der „Wirkungsintensität" zu verwenden (siehe unten).

---

[14] Bsp.: Radfahrstreifen statt Radweg -> Erhöhung von Sicherheit und Fahrkomfort für Radfahrer sowie Verkehrsberuhigung durch Fahrbahnverengung

Die Kap. 7.3.1 - 7.3.10 liefern Informationen über die Relevanz des durch eine Maßnahme betroffenen Faktors für die Verkehrsmittelwahl. Die drei Bewertungskomponenten hängen in ihrer Ausprägung von folgenden Aspekten ab:

Wirkungsintensität:
- Zahl betroffener Verkehrsmittel und deren Eigenschaften,
- Ausmaß der Änderung(en),
- eventuelle Kompensationseffekte;

Wirkungsbreite:
- Größe der betroffenen Verkehrspopulation; Beschränkungen können Verkehrsart, -zeit, -räume und Verkehrsteilnehmergruppen betreffen;

Wirkungsrelevanz:
- Stellung im Prozeß der Verkehrsmittelwahl (je früher, desto größer, vgl. Abb. 64 in Kap. 7.3),
- Bedeutungszuweisung durch Verkehrsteilnehmer (vgl. Abb. 40 u. 41 in Kap. 7.3.8.1) oder auf andere Art erkennbar hohe Bedeutungsstärke (siehe Gewohnheit),
- ungünstige Einschätzungswerte der Verkehrsmittel des Umweltverbundes; nur wenn die Bewertungen nicht besser als jene des PKW ausfallen (Abb. 62 u. 63 in Kap. 7.3.8.12) oder auf andere Art die Benachteiligung offenkundig ist (siehe mangelnde Koppelungsgunst des ÖPNV), kann eine Verbesserung des Umweltverbundes relevant sein.

Die drei genannten Aspekte zur Wirkungsrelevanz münden bei einstellungsorientierten Faktoren in einen hohen Assoziationswert zwischen Verkehrsmitteleinschätzung und -wahl (Tab. 45 in Kap. 7.3.8.12).

Tab. 51 weist fast allen städtebaulichen Methoden (1-4, bei neuen Baugebieten auch 5; Ausnahme lediglich 34) eine höchste Effektivität zu. Einerseits befinden sie sich in einem fließenden Übergang zu Aspekten der Verkehrsberuhigung und wirken dort über NfZ-Erhöhung (Parkraumzentralisierung) oder Distanzerhöhungen für den PKW-Verkehr in hohem Maße auf Reisezeitrelationen ein. Andererseits ist den meisten städtebaulichen Methoden die Verkürzung der Wege zu Arbeitsstätten, Versorgungs- und Freizeitmöglichkeiten sowie ÖPNV-Haltepunkten gemeinsam. Diese Kurzhaltung von Entfernungen ist eine elementare Bedingung, um dem distanzempfindlichen nichtmotorisierten Verkehr eine möglichst hohe Attraktivität zu erhalten bzw. für den ÖPNV den NfZ zu minimieren. Kurz gesagt, ist ein guter Städtebau die beste Verkehrspolitik. Allerdings ist es sehr schwierig, erst einmal gewachsene Stadtstrukturen nachzubessern.

Größere Handlungsoptionen auf der Basis vorhandener Bausubstanz verspricht die Verkehrsberuhigung, zumal wenn sie den NfZ des PKW-Verkehrs erhöht oder im Vergleich zu anderen Verkehrsarten zu Umwegen zwingt (Maßnahmen 5-7). Eine hohe Effizienz kann auch der fahrdynamikorientierten Verkehrsberuhigung zugewiesen werden, wenn sie es nicht bei Maßnahmen in Wohngebieten beläßt, sondern Hauptverkehrsstraßen und die Innenstadt

Tab. 51: Vermutete Effektivität verkehrspolitischer Maßnahmen zur Beeinflussung der Verkehrsmittelwahl

Maßnahmenart	Beeinflußte Faktoren der Verkehrsmittelwahl	Wirkungs- intensität	brei- te	rele- vanz	Situation in Kiel (Stand Ende 1995)	Lüneburg
A) Maßnahmen höchster Effektivität						
1) Anstreben optimaler Bebauungs- dichten	Schnelligkeit über Niedrighaltung von Distanzen zugunsten des NMIV	+++	+++	+++	Bemühungen vorhanden (Baulücken- schließung, Dachgeschoß- ausbau)	Bemühungen vorhanden (z.T. bau- liche Mi- schung)
2) Funktio- nenmischung oder -nähe	Schnelligkeit über Niedrighaltung von Distanzen zugun sten des NMIV	+++	+++	+++	Keine akti- ven Bemühun- gen, nur bau- rechtliche Toleranz	Keine akti- ven Bemühun- gen, nur bau- rechtliche Toleranz
3) Axiale Konzentra- tion des Stadtwachs- tums	ÖPNV-Verfügbarkeit, -Schnelligkeit	+++	+++	+++	Gegeben; Bandstruk- tur wirkt teils gün- stig, teils distanzer- höhend	Gegeben;Vor- ortachsen neigen aber zur Flächen- dispersion
4) Stell- platzzentra- lisierung	MIV-Schnelligkeit durch NfZ-Erhöhung, NMIV-Verkehrssi- sicherheit	+++	+++	+++	Keine Bemühungen	Keine Bemühungen
5) Unterbin- dung d. MIV- Netzdurch- lässigkeit	MIV-Schnelligkeit durch Distanzerhö- hung,NMIV-Verkehrs- sicherheit u. -Um- feldattraktivität	+++	+++	+++	Wenige Ini- tiativen	Wenige Ini- tiativen
6) Parkraum- verknappung	MIV-Schnelligkeit durch Nfz-Erhöhung	+++	++	+++	Anwohnerpar- ken im City- randbereich	Keine Bemühungen
7) Flächige Zufahrtsbe- schränkungen	Schnelligkeit von MIV u. Umweltver- bund,NMIV-Verkehrs- sicherheit u. -Um- feldattraktivität	+++	++	+++	Ausdehnung von Fußgän- gerzonen in der Diskus- sion	Autoarme Innenstadt vorhanden seit 1993
8) Erhalt/ Angebot von schienenge- bundenem ÖV	ÖPNV-Schnelligkeit, -Komfort; Voraus- setzung ist eine gewisse Stadtgröße	+++	++	+++	Möglich, je- doch keine konkreten Planungen	Denkbar für Zielverkehr[a], Vorschläge vorhanden[b]
9) Taktver- dichtung	ÖPNV-Verfügbarkeit, -Schnelligkeit	+++	+++	+++	Optionen nicht aus- geschöpft	Optionen nicht aus- geschöpft
10)ÖV-beein- flußte Ampeln	ÖPNV-Schnelligkeit	+++	++	+++	In Umsetzung	In Umsetzung
11) Busspu- ren/-sonder- routen	Schnelligkeit des ÖPNV, ggf. auch des MIV (negativ)	+++	++	+++	Z.T. vorhan- den, z.T. in Planung,aber noch weiter ausbaufähig	Im Rahmen d. Möglichkei- ten opti- miert vor- handen
12) Automati- sierter Tik- ketverkauf	ÖPNV-Schnelligkeit	+++	+++	+++	Einige Auto- maten in der Innenstadt	Keine Bemühungen vorhanden

| Maßnahmenart | Beeinflußte Faktoren der Verkehrsmittelwahl | W i r k u n g s - | | | Situation in Kiel | Lüneburg |
		intensität	breite	relevanz	(Stand Ende 1995)	
B) Maßnahmen hoher Effektivität						
13) Teilintegration d. Radverkehrs in den Straßenraum bzw. verbesserte Separierung	Fahrrad-Schnelligkeit, -Sicherheit, ggf. -Komfort, evt. auch Verringerung der MIV-Schnelligkeit	+/++	+++	+++	Erste Ansätze vorhanden	Erste Ansätze vorhanden
14) Verbesserung d.Wege-/Straßenbeläge, Radwegbreiten; Beseitigung sonst. baul. Hindernisse	Fahrrad-Komfort, ggf. auch -Schnelligkeit	++	+++	++	Erste Ansätze vorhanden,aber noch sehr großer Bedarf	Erste Ansätze vorhanden,aber noch sehr großer Bedarf
15) Flexibilisierung im Verkehrsleitsystem, Routenausschilderung, Radf.-pläne	Fahrrad-Schnelligkeit, ggf. auch -Umfeldattraktivität und -Verkehrssicherheit	+/++	+++	+++	Einbahnstr. und Fußgängerzonen verbessert, ansonsten fehlt es an Bemühungen	Innenstadt verbessert, außerhalb stehen Bemühungen noch am Anfang
16) Netzergänzungen f. den NMIV (Wegeneuanlage)	NMIV-Schnelligkeit und -Umfeldattraktivität	+++	+/++	+++	Einziges Element: Geplante Fußgänger-/Radfahrerbrücke über d. Hörn	Keine Bemühungen
17) Radwegsicherung an Knotenpkten. u. Zufahrten Sonderflächen/-spuren	Fahrrad-Verkehrssicherheit, in begrenztem Umfang -Schnelligkeit	++	+++	++	Kaum Bemühungen vorhanden	Erste Ansätze vorhanden
18) Bauliche Verkehrsberuhigung u. Fahrbahnmarkierungen m. vergleichbarer Wirkung	MIV-Schnelligkeit, NMIV-Sicherheit; ggf. in geringem Umfang MIV-Komfort; Einsatz baulicher Methoden auf Hauptverkehrswegen und Busstrecken nur sehr begrenzt möglich	++	+++	+++	Punktueller Einsatz in Tempo 30 - Zonen, Verengung einiger Hauptstraßen durch Radfahrstreifen, Busspuren, Parkflächen	Punktueller Einsatz in Tempo 30 - Zonen
C) Maßnahmen mittlerer Effektivität						
19) Schnellbusdirektverbindungen	ÖPNV-Schnelligkeit; vor allem für Berufsverk. geeignet	++	+	+++	Wenige vorhanden, ausbaufähig	Keine Bemühungen
20) Tempobegrenzungen; Vorfahrtsänderungen	MIV-Schnelligkeit, NMIV-Verkehrssicherheit; ggf. auch ÖPNV-Schnelligkeit	+	+++	+++	Tempo 30 in allen Wohngebieten	Überlegungen zu Tempo 30 in den meisten Wohnbereichen

Maßnahmenart	Beeinflußte Faktoren der Verkehrsmittelwahl	Wirkungs-			Situation in Kiel	Lüneburg
		intensität	breite	relevanz	(Stand Ende 1995)	
Noch Maßnahmen mittlerer Effektivität						
21) Umbau von Busbuchten zu Buscaps	ÖPNV- u.MIV-Schnelligkeit, ÖPNV-Komfort; Einsatz an Hauptverkehrsstraßen fraglich	+	++	+++	Bemühungen vorhanden, mehrfach schon realisiert	Bemühungen vorhanden, in einem Fall realisiert
22) Tarifvergünstigungen, Sonderangebote	ÖPNV-Kosten, evt. auch -Image	+	+ bis +++	+	Mehrere Regelungen vorhanden, Optionen aber nicht ausgeschöpft	Mehrere Regelungen vorhanden, Optionen aber nicht ausgeschöpft
23) Bargeldlose Zahlweisen	ÖPNV-Schnelligkeit, -Kosten, -Bequemlichkeit	+	+++	++	Keine Bemühungen vorhanden	Vorhanden („CC-Paß")
24) Park & Ride	ÖPNV-Verfügbarkeit; Problem: Brechung des Verkehrs bedingt Zeitverluste; Bedeutung v. a. für Zielverkehr[a]	+ evt. +/-	+	+++	In geringem Umfang vorhanden, Optionen bei weitem nicht ausgeschöpft	Nur sporadisches Angebot, wegen Stadtgröße kaum ausbaufähig
25) Rufbus, Anrufsammel-/Anmeldelinientaxi	ÖPNV-Verfügbarkeit/ -Schnelligkeit, -Komfort; nur für geringe Verkehrsvolumina geeignet	++	+	+++	Keine Bemühungen	Für Abend-/ Nachtverkehr vorhanden
26)ÖPNV-Lieferservice	ÖPNV-Gepäcktransportmöglichkeit	++	+	++	Keine Bemühungen	Keine Bemühungen
27) Bike & Ride, Fahrradmitnahme im ÖPNV	ÖPNV-Schnelligkeit, Fahrrad-Verfügbarkeit, -Komfort, Witterungsschutz; eignet sich im Busverkehr nur für Schwachlastzeiten	+/++	+	+++	5 B&R-Anlagen vorhanden, 29 weitere geplant, Radmitnahme im ÖPNV soweit möglich erlaubt	Keine Bemühungen
28) Verbesserte Fahrradabstellanlagen,ggf. mit Überdachung, Reparaturservice u. Schließfächern	Fahrrad-Komfort, allerdings nur punktuell und nicht fahrtstreckenbezogen	+	+++	++	Intensive Verbreitung der „Fahrradbügel", Fahrradstation am Bhf. geplant	Ausbau der Anlagen mit „Fahrradbügeln" in Innenstadt,Bau eines Fahrrad-Parkhauses am Bhf.mit Service; Defizite außerhalb Innenstadt
29) NMIVfreundliche Ampelregelungen	NMIV-Schnelligkeit, -Sicherheit	+	++	+++	Keine Bemühungen	Keine Bemühungen

| Maßnahmenart | Beeinflußte Faktoren der Verkehrsmittelwahl | Wirkungs- | | | Situation in Kiel (Stand Ende 1995) | Lüneburg |
		intensität	breite	relevanz		
Noch Maßnahmen mittlerer Effektivität						
30) Fußgängerfrdl. Wegegestaltung (Gehwegbreiten, Optik, Bordsteine, Querungshilfen)	Fußgänger-Umfeldattraktivität und -Verkehrssicherheit, evt. Verkürzung subjektiv empfund. Reisezeit u. Reduzierung der MIV-Schnelligkeit in Verbindung mit 18)	+	+++	++	Keine Bemühungen	Keine Bemühungen
31) Öffentlichkeitsarbeit	Informationsfkt.; evt. Einstellungsänderungen zu Verkehrsmittelwahlfaktoren, bes. Gesundheit/Fitneß, Umweltverträglk., Verkehrsmittelimage	+	+++	+	Pressearbeit und Faltblätter, jedoch keine systematische Werbung	Pressearbeit sporadisch; Ansatz systematischer Werbung April und Mai 1993, jedoch wieder aufgegeben
D) Maßnahmen geringer Effektivität						
32) Ausbau Fern-/Telekommunikation	Verkehrsbedürfnis	+/-	+++	++	Keine kommunalen Bemühungen	Keine kommunalen Bemühungen
33) Förderung von Fahrgemeinschaften	MIV-Kosten,-Schnelligkeit, Verfügbarkeit; Eignung fast nur für Berufszielverkehr[a]; MIV wird nur konzentriert, nicht verlagert	≈	+	++	Keine Bemühungen	Keine Bemühungen
34) Car sharing	MIV-Verfügbarkeit, Bewußtmachung hoher MIV-Kosten; lohnt nur für PKW-Wenigfahrer	+	≈	+++	Keine kommunale Förderung; geringes Privatangebot vorhanden	Keine kommunale Förderung; geringes Privatangebot vorhanden
35) Autofreie Wohnbereiche	MIV-Verfügbarkeit	+++	≈	+++	Für ein Neubaugebiet in der Diskussion	Für ein Neubaugebiet in der Diskussion
36) Tarifäre Zufahrtsauflagen	MIV-Kosten, in Abhängigkeit von Erhebungsform evt. MIV-Schnelligkeit	≈/+	++	+	Keine Bemühungen	Keine Bemühungen
37) Parkraumbewirtschaftung (monetär, zeitlich)	MIV-Kosten,-Schnelligkeit (NfZ und durch evt. Nachlösvorgänge)	+/-	++	++	Flächendeckend in City und Cityrand	Flächendeckend im Stadtkern
38) Flexiblere Sitzplatzgestaltung im ÖPNV /Innenraumseparierung	ÖPNV-Komfort u. -Privatheit, evt. auch für Gepäck- u. Fahrradmitnahme relevant	≈	+++	≈	Keine Bemühungen	Keine Bemühungen

| Maßnahmenart | Beeinflußte Faktoren der Verkehrsmittelwahl | Wirkungs- | | | Situation in Kiel | Lüneburg |
		intensität	breite	relevanz	(Stand Ende 1995)	
(noch Maßnahmen geringer Effektivität)						
39) Niederflurtechnik im ÖPNV	ÖPNV-Komfort, bei Behinderten und sperrigem Gepäck auch Verfügbarkeit	≈ +/++	+++ +	≈ +++	Sukzessive Neuausstattung des Fuhrparks	Sukzessive Neuausstattung des Fuhrparks
40) Haltestellengestaltung (Umfeld, Information, Komfort, Koppelungsmöglichkeit)	ÖPNV-Komfort, -Verfügbarkeit; ggf. Reduzierung subjektiv empfundener Reisezeit	≈/+	+++	++	Überdachung und Sitzplätze häufig vorhanden, sonst große Defizite	Überdachung und Sitzplätze z. T. vorhanden, sonst große Defizite
41) Kundeninformation (Fahrplangestaltung/-verteilg., Auskunftsdienste)	ÖPNV-Verfügbarkeit; bei vorhandenem Interesse aber schon jetzt kein limitierender Faktor	≈/+	+++	+++	Optionen nicht ausgeschöpft	Optionen nicht ausgeschöpft
42) Verbesserung der Interaktion mit ÖPNV-Mitarbeitern	ÖPNV-Komfort, -Image	≈	+++	≈	Keine Bemühungen	Keine Bemühungen
43) Gepäckaufbewahrung im ÖPNV	ÖPNV-Komfort/-Gepäcktransport	≈	+	++	Sporadische Angebote, vor allem in der Adventszeit	Sporadische Angebote, vor allem in der Adventszeit
44) Ergänzender ÖPNV- Service (Warenverkauf u. a.)	Möglichk. zur Koppelung v. Aktivitäten, Reduzierung subj. empfund. Reisezeit, ÖPNV-Komfort	≈/+	+++	+/++	Keine Bemühungen	Keine Bemühungen
45) Koppelung Massentransportmittel - Taxi	Kriminalsicherheit, in geringem Maße ÖV-Verfügbarkeit u. - Schnelligkeit	≈/+	≈	+	Keine Bemühungen	Keine Bemühungen
46) Park & Bike, Fahrradvermietung/kommunales Fahrrad	Fahrrad-Verfügbarkeit; relevant nur f. Zielverkehr[a]	++	≈	+++	Keine Bemühungen	Keine Bemühungen
47) Gratifikationen für Fußgänger u. Radfahrer	NMIV-Kosten, -Image	≈	++	≈	Keine Bemühungen	Geringer Betrag im Einkaufsverkehr

+++ = sehr groß, ++ = groß, + = mäßig groß, ≈ = gering, +/- = Kontraproduktive Kompensationseffekte

Die Aspekte „Komfort" und „Umfeldattraktivität" sind Bestandteile des Faktors Bequemlichkeit.

[a] Der Begriff „Zielverkehr" meint entsprechend der Ausführungen von Kap. 1.1 den Verkehr von außerhalb der Stadtregionen in diese hinein, wobei die Stadtregionen nicht mit den administrativen Grenzen der Städte zu beschreiben sind. Der Zielverkehr geht also über den Stadtverkehr hinaus.

[b] Vgl. SNV 1993, B II.

mit einbezieht. Baulichen und sonstigen fahrgassenverengenden Maßnahmen (18) ist dabei eine höhere Effizienz zuzuweisen als Beschilderungsvariationen (19). Da die Verkehrsberuhigung Hauptfaktoren der Verkehrsmittelwahl tangiert, nämlich Schnelligkeit inklusive Zielerreichbarkeit und Flexibilität, besitzt sie für den Erfolg der Verkehrspolitik, wie schon in Kap. 7.4 und 8.4 angedeutet, eine Schlüsselrolle.

Legt man den Begriff Verkehrsberuhigung weit aus und bezieht auch tarifäre MIV-Restriktionen mit ein, differenziert sich das Bild, denn letzteren wird nur eine geringe Effektivität zugesprochen. Ursache hierfür ist die angesichts der diskutierten Formen von „City-Maut" (35) geringe zu vermutende Wirkungsintensität, da der Erhalt von Handelsfunktionen in den Stadtkernen nicht gefährdet werden soll. So gelangt KEUCHEL (1994, S. 244-245) per Simulationsbefragung zu dem Ergebnis, daß im Berufsverkehr der Stadt Münster/Westf. erst eine zusätzliche Belastung von 6 DM pro Tag durch Parkplatz- oder Straßenbenutzungsgebühren eine Verringerung des MIV einleiten würde - im nicht-täglichen Einkaufsverkehr dürfte der kostenunelastische Bereich noch größer sein.
Die Wirkungsintensität ist zwar bei der Parkraumbewirtschaftung potentiell hoch (36), dafür ist die Breitenwirkung nicht ausreichend, was Kompensationseffekte auslöst: Verdrängter Berufsverkehr wird durch aperiodische Kurz- und Mittelzeitparker ersetzt. Parkraumbewirtschaftung allein wird deshalb das Verkehrsaufkommen kaum merklich reduzieren, wenn nicht ergänzend Parkraum abgebaut wird.

Für die ÖPNV-Förderung besitzen Maßnahmen zur Verringerung der Reisezeiten oberste Priorität. Geeignet hierfür sind ein Schienennetz als Rückgrat des öffentlichen Verkehrs, Taktverdichtungen, Busspuren/Sonderrouten und ÖPNV-beeinflußte Ampeln sowie der automatisierte Ticketverkauf (8-12) - leider sind dies auch die finanzaufwendigsten Optionen, wobei sich der schienengebundene ÖPNV ohnehin nur in Großstädten lohnt. Ist dieser sogar bereits eingestellt, gilt die schon für den Städtebau formulierte Aussage, daß Nachbesserungen (hier: Wiederaufnahme) wegen des Verlustes der Schieneninfrastruktur kaum noch für praktikabel gehalten werden. Beschleunigungsmaßnahmen in Bussystemen allein reichen aber zum Ausgleich der Geschwindigkeitsdiskrepanzen zum MIV nicht aus. Eine wirksame Konkurrenz ohne Reisezeitverlängerung im MIV ist deshalb nicht ersichtlich.

Alle anderen ÖPNV-Förderungsvarianten dürften nur von mittlerer oder geringer Effizienz sein aufgrund geringer Relevanz des tangierten Faktors (22, mehr noch 38-39, 42, 45), weil die Wirkung auf zu kleine Verkehrsanteile beschränkt bleibt (19, Zielgruppentickets bei 22; 24-27, 39, 43, 45) oder die Wirkungsintensität sehr begrenzt ist (21-24 und 38-45, darunter alle Fahrkomfortvarianten).

Der Radverkehr besitzt nennenswerte Förderungspotentiale nicht zuletzt deshalb, weil bei ihm die drei hauptsächlich förderbaren Aspekte - Sicherheit, Schnelligkeit und Bequemlichkeit - als im Vergleich zum PKW deutlich defizitär empfunden werden. Den Maßnahmen 13-17 kommt darum eine hohe Bedeutung zu, wobei in vielen Fällen mit kostengünstigen Lösungen schon viel erreicht werden kann - vorausgesetzt, das Vorgehen verbleibt nicht im Punktuellen, sondern bemüht sich um Flächendeckung. Die erzielbare Maßnahmenintensität ist demgegenüber bei 28 (Abstellanlagen) und 29 (Ampeln) geringer; bei 47 (Gratifikationen) mangelt es zusätzlich an Relevanz des betroffenen Wahlfaktors, und Park & Bike sowie kommunale Fahrräder (46) sind auf zu geringe Interessentenpotentiale eingeschränkt, um größere Wirkungen erzielen zu können.

Die Förderung des Fußgängerverkehrs ist nur im Nahdistanzbereich erfolgversprechend, weshalb die Hauptvarianten 29 (Ampeln) und 30 (Wegegestaltung) nicht besser als mit „mittlerer Effektivität" abschneiden können. Im Prinzip gilt das auch für den Fußgängeranteil bei 16 (Netzdichte). Gering dürfte - siehe Radverkehr - die Bedeutung von Kostenerstattungen (47) sein.

Auch der Gesamtkomplex der Öffentlichkeitsarbeit erreicht nur eine mittlere Effektivitätseinschätzung. Zunächst ist die verstärkende Bewußtmachungsfunktion der Öffentlichkeitsarbeit für „hard policies" sowie ihre Rolle zur Verdeutlichung des Sinnes von Einzelmaßnahmen (Akzeptanzschaffung) uneingeschränkt anzuerkennen. Auf der Basis des heute vorhandenen Einstellungsbildes bestehen jedoch Zweifel daran, daß die „soft policies" eigenständig, also ohne Eingriffe in das Verkehrssystem, eine nennenswerte Beeinflussung der Verkehrsmittelwahl bewirken könnten. Teils lassen sich die Bewertungen des ÖPNV und des NMIV kaum noch gegenüber dem PKW verbessern, teils ist nicht ersichtlich, wie das Bedeutungsgefüge von Verkehrsmittelwahlfaktoren durch Öffentlichkeitsarbeit hinreichend umgestaltet werden könnte.

Wenig Effizienz wird schließlich für die verbleibenden Maßnahmen der Kategorie „Verkehrsvermeidung" vermutet, also die Telekommunikation (32) und Versuche zur Erhöhung der Auslastung von PKW (33, 34). Bei ersterem sind in hohem Maße Kompensationseffekte zu vermuten, letztere weisen nach allen bisherigen Erfahrungen eine nur begrenzte Wirkungsintensität und -relevanz auf (vgl. Kap. 4.1.1 bzw. TOPP 1993b,c).

Die bisherige Effizienzbewertung beschränkt sich auf die Beeinflussung der Verkehrsmittelwahl durch Einzelmaßnahmen. Kombinationen von Maßnahmen dürften eine größere Wirksamkeit entfalten, z. B. die Koppelung von Verkehrsberuhigung in Wohngebieten mit jener auf Hauptverkehrswegen oder die Kombination von MIV-Verteuerung und ÖPNV-Verbilligung. Weiterhin sind die verwendeten Bewertungsparameter nicht die einzig möglichen Kriterien für politisches und planerisches Handeln. So verbirgt sich hinter der fußgängerfreundlichen Straßen- und Wegegestaltung eine optische Aufwertung des gesamten Umfeldes, die für Anwohner und Passanten einen Selbstwert im Sinne städtebaulicher Zielsetzungen besitzt. Erweitert man insofern die anzustrebenden Ziele, können sich andere Rangstufungen ergeben.

Schließlich dürfen Mehrfach- und Kettenwirkungen sowie lokal bedeutsame Effekte nicht vergessen werden, wofür autofreie Wohngebietsteile (35) ein prägnantes Beispiel bilden. Für den Gesamt - modal split einer Stadt ist diese Variante zunächst eher unbedeutend. Sie ermöglicht jedoch eine dichtere Bebauung und bindet Einwohner in weit höherem Maße an einen lokalen Einzelhandel, als das sonst üblich ist. Dies wiederum könnte die hinreichende Bedingung zum Erhalt oder zum Neuaufbau von Versorgungsfunktionen in einem Wohngebiet bilden, so daß über den autofreien Teil hinaus eventuell weitere Bereiche in den Genuß nahegelegener Versorgungsmöglichkeiten gelangen. Hieraus könnte sich für ein ganzes Quartier ein höherer Anteil des nichtmotorisierten Verkehrs ergeben, womit vielleicht quantitativ bedeutsame Ausmaße zu erreichen wären. Damit es wiederum überhaupt zu einer ausreichenden Akzeptanz der Autofreiheit eines Wohnbereiches durch Wohnungssuchende kommt, könnte die Existenz eines car sharing - Angebotes (neben weiteren Voraussetzungen) eine wichtige Rolle spielen. Auf diese Weise können zwei mit geringer Effektivität gekennzeichnete Maßnahmen in ihrer Vernetzung möglicherweise doch von einer gewissen Bedeutung für die Verkehrsentwicklung der Gesamtstadt sein. Für das lokale Umfeld gilt dies allemal: Bestehen in näherer Umgebung Engpässe in der Kfz-orientierten Verkehrsinfrastruktur, können autofreie Wohnbereiche Neubauoptionen eröffnen, ohne daß diese als „Tropfen in das randvolle Faß" eine Überlastung des Straßennetzes auslösen (vgl. PEZ u. a. 1995).

Allerdings sollen auch Nebenwirkungen negativer Art nicht unerwähnt bleiben. Maßnahmen zur Beeinflussung der Verkehrsmittelwahl können bei einer Person einen Verzicht auf die PKW-Nutzung auslösen, aber über eine erhöhte Fahrzeugverfügbarkeit eines anderen Haushaltsmitgliedes dessen vermehrte PKW-Nutzung nach sich ziehen. BRÖG (1991, S. 7) weist auf einen Modellversuch in Stuttgart hin, bei dem Berufspendler dazu angeregt wurden, einen Monat auf das eigene Kraftfahrzeug zu verzichten und stattdessen mit dem ÖPNV zur Arbeit zu fahren. Tatsächlich konnte deren ÖPNV-Nutzung um 81 % gesteigert werden. Jedoch stand nun der PKW anderen Familienmitgliedern zur Verfügung mit der Folge einer bei diesen um 28 % abnehmenden ÖPNV-Nutzung. Da letztere mehr Personen umfaßten als die Berufspendler, nahm die ÖPNV-Inanspruchnahme aller Haushaltsmitglieder zusammen lediglich um 5 % zu (ähnlich auch MANHEIM 1976, S. 65). Dieses Ergebnis belegt die eingangs für die Effektivitätsbemessung von Verkehrsmaßnahmen aufgestellte Forderung nach einer hohen Wirkungsbreite statt einer auf einzelne Zielgruppen oder Verkehrsbestandteile beschränkten Vorgehensweise.

Tab. 51 gibt auch einen differenzierten Überblick über den Stand der verkehrspolitischen Maßnahmen in den Untersuchungsregionen. Defizite größeren Ausmaßes gibt es demnach ausgerechnet bei den Handlungsoptionen höchster zu vermutender Effektivität. Generell erfolgt die Ausrichtung städtebaulicher Vorhaben nicht konsequent genug an verkehrspolitischen Erfordernissen. So könnte das Anstreben optimaler Bebauungsdichten, die Mischung von Funktionen und die Unterbindung von „Schleichverkehr" durch netzbeeinflussende Maßnahmen in viel stringenterer Weise erfolgen. Initiativen zur Parkraumzentralisierung oder -verknappung sind gar nicht erkennbar, wobei letztere zugegebenermaßen erhebliche politische Widerstände mit sich brächte. Auch die Nichtausschöpfung der Optionen zur Taktverdichtung im ÖPNV ist unter Berücksichtigung der kommunalen Haushaltssituationen zumindest verständlich. Als ein großer Fehler der Verkehrspolitik in Kiel ist die Stillegung der Straßenbahn bzw. die Zurückhaltung beim Aufbau eines neuen Stadtbahnnetzes zu werten. Auch wurde bislang die Förde nur als Verkehrshindernis interpretiert, statt darin mittels intensiviertem Schiffsverkehr eine Chance des ÖPNV zu sehen. Schließlich wird die Option zur Verringerung der Standzeiten von Bussen an Haltestellen durch automatisierten Ticketverkauf nur sehr unzureichend genutzt, weil deren Benutzung nicht, wie in Nürnberg (vgl. Kap. 4.2.3.2), obligatorisch ist und folglich nur wenige Automaten im Innenstadtbereich existieren.

Ein großes Problem für Lüneburg stellt der Trend in den Vorortgemeinden dar, durch Neubaugebiete mit mäßiger baulicher Dichte und fehlender Parkraumzentralisierung die Wohnbauflächen in einem Maße zu vergrößern, daß eine attraktive ÖPNV-Erschließung nicht mehr möglich ist. Hier wäre dringend eine zwischen Stadt und Umland koordinierte Bau- und Verkehrsplanung anzustreben, für die bislang jegliche Initiativen fehlen.
Den deutlichsten Pluspunkt in der Kategorie wichtigster Maßnahmen kann gleichwohl Lüneburg für sich in Anspruch nehmen: die Einführung der autoarmen Innenstadt im Mai 1993. Diese Restriktion bewirkte markante Veränderungen im Mobilitätssystem (Tab. 52), obwohl ÖPNV und Radverkehr zunächst keine parallele Förderung größeren Umfanges erhielten (Maßnahmen hierzu erfahren erst seit Herbst 1994 ein höheres Gewicht).

Tab. 52: Modal split vor und nach Einführung der autoarmen Innenstadt in Lüneburg (in %)

	Zu Fuß	Fahrrad	Bus	Kraftrad	PKW
Verkehrszählung 1991	6,2	6,1	5,4	1,3	81,0
Verkehrszählung 1994	9,8	10,2	5,2	1,5	73,3
Befragung 1991	18,3	20,9	4,9	0,6	55,4
Befragung 1994	22,8	24,6	8,0	2,4	42,2

Quelle: PEZ (1994, S. 95 und 100)
Befragungszeitraum war jeweils der Monat Mai, die Zählungen fanden Ende Mai/Anfang Juni statt. Zu den methodischen Gründen der Abweichungen in den Resultaten von Zählungen und Befragungen vgl. Kap. 6.4.

Kiel hat mit den Anwohnerparkzonen im Cityrandgebiet einen durchaus bemerkenswerten Schritt zur Reduzierung des PKW-Anteils im citybezogenen Berufsverkehr unternommen. Das Verbot des Parkens am Straßenrand in fußläufiger Entfernung zur City kommt dabei einer Durchsetzung der Parkraumbewirtschaftung gleich, dies allerdings in selektiver Form: Der Berufsverkehr würde durch die längere zeitliche Inanspruchnahme des Parkraumes in privaten Parkhäusern und Tiefgaragen kostenmäßig stark belastet; alternativ besteht die Möglichkeit, Zielerreichbarkeitsnachteile in Form eines gebrochenen Verkehrs (P & R) oder längerer Gehwege von weniger zentral gelegenen Parkplätzen in Kauf zu nehmen. Der Gelegenheitsverkehr für Einkäufe/Besorgungen und Freizeit ist jedoch nur für relativ kurze Zeiten sowie meist in Abständen zumindest mehrerer Tage auf citynahen Parkraum angewiesen, so daß die Durchsetzung der Parkraumbewirtschaftung in diesem Sektor quantitativ viel weniger zu Buche schlägt und insofern Verschiebungen im modal split in geringerem Ausmaß als im Berufsverkehr zu erwarten sind.

Günstiger sieht die Bilanz bei den Maßnahmen hoher zu vermutender Effektivität aus, da in mehreren Bereichen Ansätze vorliegen, deren Weiterverfolgung in den nächsten Jahren zum Teil zu erwarten ist. Das größte Manko für Kiel liegt in dieser Rubrik bei der Förderung des Radverkehrs. Die dazu bis ungefähr Mitte 1993 realisierten Maßnahmen, die vornehmlich eine Fortsetzung der überholten Separierungspolitik darstellten, waren leider wenig hilfreich (vgl. Kap. 6.4.4), so daß der Nachholbedarf groß ist.

Darüber hinaus gilt die Notwendigkeit zur Optimierung des Radverkehrs- und Fußgängernetzes für beide Städte. In erster Linie betrifft das den Neubau von Wegeverbindungen, manchmal auch die Öffnung schon existierender Privatwege für die Öffentlichkeit. Für den Radverkehr gilt es häufig zusätzlich, die Fahrbahnbeschaffenheit zu verbessern.

Lüneburg müßte darüber hinaus sein Augenmerk auf Optionen zur Einrichtung von Schnellbusdirektlinien im Berufsverkehr lenken, wozu bislang keinerlei Überlegungen bestehen. In Kap. 8.1 wurde ein konkretes Beispiel (Wohngebiet Kaltenmoor - Kasernenstandort Neu Hagen) angeführt, welches die große Ungunst des ÖPNV in den Peripherverbindungen verdeutlichte. Vor allem im Norden (Goseburg-Zeltberg) und Osten des Stadtgebietes (Neu-Hagen, Moorfeld) existieren große Gewerbeagglomerationen, in die der Busverkehr aus allen anderen Stadtteilen über das Zentrum verläuft. Es wäre zu überprüfen, inwieweit Schnellbuslinien hier eine direkte Verbindung nahe beieinanderliegender Stadtviertel im Berufsverkehr (morgens und abends, für Halbtagsbeschäftigte auch mittags) herstellen könnten. Hierfür wären gegebenenfalls auch Kleinbusse geeignet, die wiederum in den Abend- und Nachtstunden sowie am Wochenende außerhalb der Geschäftszeiten (Rufbus) oder an Samstagen (Park & Ride) andere Aufgaben übernehmen könnten.

Insgesamt schneiden die Untersuchungsregionen auf der Ebene von Maßnahmen hoher Effektivität besser ab als auf derjenigen höchster Effizienz. Dies soll aber nicht darüber hinwegtäuschen, daß die städtischen Verkehrspolitiken fast überall erst am Anfang stehen und deshalb noch viel zur Erreichung optimierter Verhältnisse zu tun bleibt.

Ähnlich muß auch das Fazit für Maßnahmen von vermuteter mittlerer Effektivität lauten. In mehreren Bereichen gab bzw. gibt es Initiativen, vorrangig in der Verkehrsberuhigung und im Tarifwesen des ÖPNV. Die möglichen Optionen sind jedoch hier und erst recht in den anderen in Tab. 51 genannten Maßnahmenvarianten noch lange nicht ausgeschöpft. Zum Teil liegt das an betriebswirtschaftlichen Zwängen oder der finanzpolitisch notwendigen zeitlichen Verteilung baulicher Vorhaben über mehrere Jahre. Zum anderen Teil fehlt es jedoch auch an Innovationskraft in den Entscheidungsgremien, wenn Kostengesichtspunkte nur eine untergeordnete Rolle spielen können oder die Kooperation mit Sponsoren naheliegt. Dies trifft für die Bereiche ÖPNV-Lieferservice, Erhöhung der Netzdurchlässigkeit für den Radverkehr, Ampelschaltungen und Öffentlichkeitsarbeit zu.

Die Maßnahmen von angenommener geringer Effektivität fanden schließlich in das Handlungsrepertoire der beiden untersuchten Stadtbereiche bislang so gut wie keinen Eingang. Interpretiert man die Rangstufung der Tab. 51 als Präferenzanweisung im Sinne des ökonomischen Prinzips - bei gegebenem Aufwand die effektivste Methode verwenden -, mag man die Verlagerung von finanziellem Mittel- und planerischem Humankapitaleinsatz auf Maßnahmen höherer Effizienz für richtig halten. Einschränkend ist jedoch wiederum darauf hinzuweisen, daß die Rangstufung nicht auf der Basis des notwendigen Einsatzes von Ressourcen erstellt wurde und Folgeeffekte ebenso unberücksichtigt bleiben mußten wie andere Ziele als jenes der Beeinflussung der Verkehrsmittelwahl. Das Beispiel autofreier Wohngebiete möge dies noch einmal verdeutlichen: Diese
- erfordern nicht mehr finanziellen und planerischen Einsatz als andere Neubauplanungen auch (Aufwandsneutralität),
- können über Bestandserhaltung oder Attraktion von Versorgungsangeboten über ihren Bereich hinaus verkehrsreduzierende Wirkungen entfalten (Kumulationseffekt)
- und offerieren neuartige, möglicherweise konventionellen Bau- und Erschließungsweisen überlegene Wohnformen durch kürzere Wege, mehr Freiflächen und Vermeidung verkehrlicher Störwirkungen (städtebauliche Zielsetzung).

Die geringe Berücksichtigung der Maßnahmen mit unterproportionaler Effektivität gereicht den Kommunen deshalb nicht automatisch zum Vorteil.

Insgesamt sind in beiden Untersuchungsregionen etliche Chancen für eine Politik zur Beeinflussung der Verkehrsmittelwahl noch ungenutzt oder mindergenutzt. Eine Bewertung des einen oder anderen Stadtbereiches als in seiner Verkehrspolitik „effizienter" oder „fortschrittlicher" kann aus den gesammelten Daten nicht abgeleitet werden, denn dafür ist die entwickelte Meßskala nicht fein bzw. sind die Unterschiede nicht groß genug, was sich schon in den ähnlichen modal split - Werten ausdrückt (vgl. Tab. 12 in Kap. 6.4.4). Außerdem wäre die konzeptionelle Kritik an den verwendeten Beurteilungsparametern fundamental (siehe eben dargelegtes Beispiel autofreier Wohnbereiche). Gleichwohl wird offenkundig, daß im Sinne der von Kiel und Lüneburg angestrebten Ziele der Verkehrspolitik in den nächsten Jahren, wenn nicht gar Jahrzehnten, viel zu tun verbleibt. Wo dies am ehesten geschehen sollte, dafür finden sich in Tab. 51 und den obigen Ausführungen zahlreiche Hinweise.

Damit wird sich in der Zukunft - nicht nur für Kiel und Lüneburg - auch entscheiden, ob sich die in Kap. 3.2 angenommene duale Teilung des LEVINSON-Modells durchsetzt, die Stadt mit verkehrspolitischer Priorität zugunsten des Umweltverbundes also eigene, typische Strukturen gegen den Trend zur Automobilisierung erhalten kann. Da mit der Festlegung der Stadtentwicklung auf den einen oder den anderen Trend dauerhafte Bedingungen geschaffen werden, welche die Wohn- und Lebensqualität in entscheidendem Maße mitbestimmen, trägt die kommunale Politik und Planung eine große Verantwortung.

Zusammenfassung

Die vorliegende Studie befaßt sich mit der Transportmittelwahl im städtischen Personenverkehr. Ziele sind (vgl. Kap. 1)
* die Erarbeitung eines Entscheidungsmodells zur Erklärung der Verkehrsmittelwahl und
* die Ableitung einer Effizienzbewertung verkehrsplanerischer Instrumente.

Methodisch stehen bei der Untersuchung Befragungen der Einwohner in den beiden Stadtbereichen sowie Reisegeschwindigkeitsexperimente im Vordergrund. Darüber hinaus liefern Experteninterviews in Kiel und Lüneburg, aber auch Gespräche und Besichtigungen in zahlreichen anderen Städten im In- und Ausland wesentliche Informationen, ebenso wie die Literaturaufarbeitung. Schließlich kommen in Detailfragen Analysen der polizeilichen Unfallstatistiken der beiden ausgewählten Städte sowie Verkehrszählungen zum Einsatz.

Zur Abgrenzung wird der Stadtverkehr nicht mit Hilfe der administrativen Grenzen bestimmt, sondern es werden bauliche Verflechtungen und funktionale Verknüpfungen zur Abgrenzung herangezogen (Kap. 2.1). Die Untersuchung ist als Bestandteil der jüngsten Entwicklungsphase der Verkehrsgeographie aufzufassen, in der es darum geht, theoriegeleitete Forschung mit anwendungsbezogenen Fragestellungen zu verknüpfen (Kap. 2.2).

Die zugrundeliegende Problemstruktur wird durch den seit Jahrzehnten anhaltenden Zuwachs im Verkehrsvolumen bestimmt, der sowohl für den Fern- als auch für den Stadtverkehr kennzeichnend ist. Dabei kam dieses Wachstum nahezu ausschließlich dem motorisierten Individualverkehr (MIV) zugute, bzw. es erfolgte sogar ein Rückgang anderer Verkehrsformen zugunsten des MIV (Kap. 3.1). Hiervon blieben die Stadtstrukturen nicht unbeeinflußt. LEVINSON hat die Entwicklung mit seinem verkehrswissenschaftlichen Stadtmodell beschrieben, welches die Phasen Fußgängerstadt, Pferdebahnstadt, Stadt des öffentlichen Personenverkehrs und automobile Stadt umfaßt (Kap. 3.2). Eine stärkere kulturspezifische Differenzierung der letztgenannten Phase scheint allerdings erforderlich.

Aus dieser Entwicklung resultieren tiefgreifende Probleme für die heutigen Kommunen (Kap. 3.3 - 3.4). Der MIV ermöglicht und impliziert ein weit ausgreifendes flächenhaftes Wachstum der Städte, welches für die Anlage von Ver- und Entsorgungsinfrastrukturen ungünstig ist, darunter auch für das Angebot des öffentlichen Personennahverkehrs (ÖPNV) sowie für die Einsetzbarkeit nichtmotorisierter Transportvarianten. Der Kfz-Verkehr ist in hohem Maße selbst und durch für ihn gedachte bauliche Vorkehrungen für Beeinträchtigungen des Stadtbildes verantwortlich. Schließlich werden zahlreiche natur- und humanökologische Problemfelder lokalen, regionalen und globalen Ausmaßes maßgeblich durch den Kfz-Verkehr und hier wiederum hauptsächlich durch den MIV verursacht. Zu nennen sind Zerschneidungseffekte, Unfallgefahren und Lärm- und Schadstoffemissionen mit gesundheitlichen, pflanzenökologischen und sogar klimatischen Veränderungen und Bedrohungen. Zwar bestehen erhebliche technische Potentiale zur Beschränkung dieser Negativwirkungen - Stichworte sind insbesondere Katalysator, alternative Antriebsstoffe, elektronische Lärmdämpfung und Fahrerunterstützungssysteme (Kap. 3.5) -, die Gesamtproblematik des Stadtverkehrs könnte aber allenfalls partiell gelöst oder vermindert werden. Zumindest die Flächenkonkurrenz, die Unfallgefahren und die Beeinträchtigung des Stadtbildes und der Bewegungsfreiheit des nichtmotorisierten Verkehrs sind ohne eine Verminderung des Problemverursachers selbst, also des MIV, nicht nennenswert reduzierbar.

In dieser Hinsicht haben sich planerische Methoden zur Flüssighaltung oder Beschleunigung des Kfz-Verkehrs nicht bewährt. Hierzu gehören beispielsweise der Neu- und Ausbau von Flächen für den fließenden und ruhenden Kfz-Verkehr, sogenannte „intelligente" Ampelsteuerungssysteme, die zeitliche Streckung des Kfz-Aufkommens und elektronische Navigations- und Fahrhilfen. Derartige Maßnahmen erhalten nicht nur den Verkehrsfluß, sondern auch die Attraktivität des Verkehrsmittels PKW, so daß Entlastungswirkungen nur kurzfristig auftreten und der Anreiz zum weiteren Umstieg auf den MIV oder gar zur vermehrten Nutzung des PKW nicht gemindert wird (Kap. 4.1.1 - 4.1.2). In Anbetracht dieser Wechselwirkung entwickelte sich ein neuerer Strategienkomplex, der sich die Beeinflussung der Verkehrsmittelwahl mit der Maßgabe einer Verringerung des MIV zum Ziel setzte (Kap. 4.2). Er besteht aus insgesamt sechs Bereichen:

- Die Verkehrsvermeidung besteht ihrerseits aus vier Teilstrategien. Der Ausbau der Fern-/ Telekommunikation bietet potentiell die Chance zur umfassendsten Verkehrsvermeidung, weil hierdurch räumliche Mobilität durch verbale, bildliche und schriftliche Nachrichtenübermittlung ersetzt werden kann (Kap. 4.2.1.1). Im Städtebau werden kurze Wege über kompaktere Baustrukturen und Funktionsmischungen bzw. die räumliche Nähe verschiedener Funktionen (Wohnen, Arbeiten, Bildung, Versorgung, Freizeit) angestrebt. Konzeptionen wie das Radburn-Prinzip, die Parkraumzentralisierung und autofreie Wohnbereiche leiten fließend über zur Verkehrsberuhigung (Kap. 4.2.1.2). Die Bildung von Fahrgemeinschaften ist zwar nicht zur Reduzierung von Personen-, wohl aber von Fahrzeugkilometern geeignet (Kap. 4.2.1.3), das car sharing verringert sowohl die Benutzung des PKW als auch den Stellplatzbedarf (Kap. 4.2.1.4).

- Die Verkehrsberuhigung ist im Gegensatz zu den drei nachfolgenden „pull"-Strategien als „push"-Faktor anzusehen. Ihre Aufgabe ist die Verminderung der Attraktivität des PKW und darüber hinaus die direkte Verringerung spezifischer Problemstrukturen, wie Lärmbelastung und Unfallgefahren. Am umfangreichsten ist das bauliche und beschilderungstechnische Maßnahmenrepertoire in den Wohngebieten (Kap. 4.2.2.1). Vor allem für Hauptverkehrsstraßen ergeben sich gewisse Einschränkungen, die eben in der Hauptverkehrsfunktion begründet liegen (Kap. 4.2.2.2); dafür wird das Spektrum der Maßnahmen im Innenstadtbereich um tarifäre Komponenten und die Parkraumpolitik erweitert (Kap. 4.2.2.3).

- Für die Förderung des ÖPNV ist ein Hauptgesichtspunkt, ob der Erhalt oder die (Wieder-) Herstellung eines schienengebundenen Rückgrats möglich ist. Hiervon hängt entscheidend die Qualität des Ausgangsniveaus hinsichtlich Reisegeschwindigkeit, Fahrkomfort und Koppelungsmöglichkeiten ab. Darüber hinaus gibt es eine Vielzahl von Einzelmaßnahmen zur aus Kundensicht allgemein oder zielgruppenspezifisch günstigeren Tarifgestaltung (Kap. 4.2.3.1), zur Verkürzung der Reisezeiten im liniengebundenen öffentlichen Verkehr

(Kap. 4.2.3.2) oder durch bedarfsorientierte Angebote (Kap. 4.2.3.3) und zur Erhöhung des Fahr- und Benutzungskomforts (Kap. 4.2.3.4). Für letzteres spielen wiederum viele Aspekte eine Rolle, so die Gestaltung des Fahrzeuges, der Haltestelle und ihres Umfeldes, die Kundeninformation und der Gepäcktransport.

- Die Förderung des Radverkehrs ist erst seit verhältnismäßig kurzer Zeit in das Blickfeld der Verkehrsplanung geraten, nachdem offenkundig wurde, daß der ÖPNV zu viele Angebots- und Attraktivitätslücken aufweist. Dabei erhielt zunächst die zuvor verbreitete Separierungspolitik mittels Radwegen eine kritische Bewertung. Inzwischen bestehen Bestrebungen zur Eingrenzung der Verkehrsmitteltrennung auf ein unbedingt notwendiges Maß und zur Anwendung von Radwegalternativen, verbunden mit verschiedenen Handlungsmöglichkeiten im Straßenraum, z. B. betreffs Fahrbahnbelag und Knotenpunktlösungen (Kap. 4.2.4.1). Als sehr wichtig zur Angleichung von „mental maps" an die objektiv vorhandenen Möglichkeiten zur Reisezeitverkürzung ist die Bewußtmachung der Netzdurchlässigkeit mittels Beschilderungen anzusehen; diese ist aber nur sinnvoll, wenn es vorab zu einer weitgehenden Flexibilisierung im Verkehrsleitungssystem kommt (Einbahnstraßen, Gehwege etc.; Kap. 4.2.4.2). Neuere Formen von Abstellanlagen und Serviceeinrichtungen können den „ruhenden Radverkehr" fördern oder erleichtern die Koppelung mit anderen Verkehrsträgern. Schließlich sind spezielle, auch „tarifäre" Anreize für den berufsorientierten, nichtmotorisierten Verkehr denkbar (Kap. 4.2.4.3).

- Eine systematische Förderung des Fußgängerverkehrs fehlt in der Verkehrsplanung nahezu vollständig, ist aber prinzipiell denkbar und für die Mobilität im Nahraum sowie als Zubringer für den ÖPNV keineswegs zu vernachlässigen. Die dabei existierenden Optionen im Straßen- und Wegebau, der Anlage von Plätzen, der Begrünung und der Einrichtung von Querungshilfen sind eng verknüpft mit Grundelementen des Städtebaus und der Verkehrsberuhigung (Kap. 4.2.5).

- Die Öffentlichkeitsarbeit hat schließlich zwei Funktionen. Zum ersten entfaltet sie durch Information eine Komplementärwirkung zu den oben genannten Strategien, zum zweiten kann sie über die Verdeutlichung der Probleme des Kfz-Verkehrs und über die Gunst von Alternativen zum PKW eigenständig an einer Einstellungsprägung mitwirken, die in letzter Konsequenz zu einer Veränderung der Verkehrsmittelwahl führt. Das methodische Arrangement ist potentiell reichhaltig und reicht von der Pressearbeit über Informationsbroschüren, Plakatwerbung, Ausstellungen bis zur schulischen und außerschulischen Bildungsarbeit. Wichtig ist, daß Überzeugungsarbeit in der Regel nicht nur nach „außen" in Richtung Bevölkerung erforderlich ist, sondern Informationsdefizite auch bei Funktionsträgern abgebaut werden müssen (Kap. 4.2.6).

Es gibt zahlreiche Beispiele im In- und Ausland, die die Wirksamkeit einer Politik zur Beeinflussung der Verkehrsmittelwahl belegen, wodurch dort die durch den MIV geschaffenen Problemstrukturen nur in gemindertem Umfang auftreten. Die angewendeten Methoden in den jeweiligen Städten sind jedoch keineswegs einheitlich, vielfach nicht einmal ähnlich. Gemeinsam ist ihnen lediglich als Basis ihrer Verkehrspolitik das Prinzip von „Versuch und

Irrtum". Konzepte, die auf einer zuvor durchgeführten Analyse der Struktur der Verkehrsmittelwahl aufbauen, gibt es nicht, was im Hinblick auf die potentielle Effizienzsteigerung verkehrspolitischen Vorgehens ungünstig ist (Kap. 4.2.7). Insofern besitzt die sowohl theorie- als auch praxisorientierte Untersuchung der Verkehrsmittelwahl eine besondere Bedeutung.

Der Forschungsstand zur Theorie der Verkehrsmittelwahl ist geprägt durch eine Entwicklung, die sich in drei bzw. vier Modellgenerationen differenzieren läßt. Mit Hilfe von „aggregierten Modellen" wurde versucht, Prognosen des Verkehrsaufkommens und dessen Verteilung auf die städtischen Verkehrsmittel (modal split) aus leicht meßbaren, objektiven Strukturen von Verkehrsangebot und -nachfrage abzuleiten. Statistischen Daten kam dabei eine wesentliche Bedeutung zu (Kap. 5.1). Da derartige Methoden sich als zu stark fehlerbehaftet herausstellten, hielten Befragungen als zusätzliche Datenquelle Einzug in die Verkehrsforschung. Sie begründeten die zweite Generation der „disaggregierten Modelle", die allerdings ebenso wie die erste im wesentlichen prognoseorientiert war und wenig zur Erklärung der Verkehrsmittelwahl beitrug (Kap. 5.2). Dies änderte sich mit den „einstellungsorientierten Modellen", welche auf der Basis psychologischer Theorieansätze Verkehrsmittelwahl auf die subjektiv empfundene Gunst oder Ungunst von Transportvarianten in bezug auf eine große Zahl von Einstellungsfaktoren zurückzuführen versuchten (Kap. 5.3). Eine Schwäche dieser Ansätze verbleibt in der nicht ausreichenden Berücksichtigung soziologischer Parameter und objektiver sowie subjektiver Limitierungen, welche vorrangig auf der Verfügbarkeitsebene die Verkehrsmittelwahl determinieren. Diese Sichtweise erfährt im „Modell abgestufter Wahlmöglichkeiten" eine Analyse (Kap. 5.4). Was indes fehlt, ist (vgl. Kap. 5.5)

- eine Verknüpfung der beiden letztgenannten Modellformen,
- eine Berücksichtigung bislang vernachlässigter Faktoren (z. B. Gewohnheit),
- die Konzeption eines detaillierten und in sich konsistenten Ablaufmodells des Entscheidungsprozesses der Verkehrsmittelwahl und
- die Ableitung möglichst umfassender und doch konkreter Aussagen für die Gestaltung der kommunalen Verkehrspolitik.

Die Studie bezieht sich in den empirischen Erhebungen auf die Städte Kiel und Lüneburg nebst ihren Umlandgemeinden, die aus baulichen und funktionalen Gesichtspunkten mit zum Stadtverkehr gerechnet werden müssen. Eine Erläuterung der verkehrlichen Voraussetzungen in diesen Städten bezüglich Einwohnerzahl, Stadtstruktur, Topographie, Sozialstruktur, Verkehrsverhältnissen und Verkehrspolitik zeigte die Eignung der gewählten Untersuchungsregionen als Fallbeispiele für ein breites Spektrum von Mittel- und kleinen Großstädten (zumindest) in der Bundesrepublik Deutschland (Kap. 6.1 - 6.5). Insbesondere streben beide Städte das Ziel einer Beeinflussung der Verkehrsmittelwahl auf politischer und planerischer Ebene an und haben verschiedene Maßnahmen innerhalb der oben abgegrenzten Strategiebereiche angewendet, verfolgen sie derzeit oder beabsichtigen dies für die Zukunft. Allerdings werden bei der Erörterung dieser Maßnahmen Fehlentwicklungen und Defizite schon aus theoretischer Perspektive offenkundig (Kap. 6.4.1 - 6.4.6).

Die amtlichen Daten, eigenen Zählungen und Befragungen belegen zunächst eine dominierende Stellung des MIV in den Verkehrssystemen beider Untersuchungsregionen, und zwar unabhängig vom Zweck, also Ausbildung/Beruf, großer/kleiner Einkauf oder Freizeit. Auffallend ist in zweiter Position ein größeres Gewicht des ÖPNV im Kieler Berufsverkehr gegenüber dem nichtmotorisierten Verkehr, während im Vergleich dazu der ÖPNV und speziell der Radverkehr in Lüneburg bei dem genannten Verkehrszweck ihre Rangpositionen geradezu spiegelbildlich tauschen. Eine Wetterabhängigkeit vor allem des Radverkehrs ist den Daten zu entnehmen, jedoch nicht in einem ausschließenden Sinne (Kap. 7.3.1.1 - 7.3.1.3). Bemerkenswert ist die nur gering ausgeprägte Abhängigkeit der Verkehrsmittelwahl von soziodemographischen Kriterien (Geschlecht, Alter, Erwerbsstatus, Haushaltsgröße; Kap. 7.3.1.4). Dieses Ergebnis unterstreicht die Erfahrung, daß mit Datensammlung/-interpretation auf der Basis aggregierter und disaggregierter Modelle keine aussagekräftigen Resultate mehr zu erhalten sind. Die anschließende Analyse der Gründe für die Verkehrsmittelwahl ist demgegenüber in der Lage, wesentliche Determinanten des Entscheidungsprozesses herauszukristallisieren.

Als primäres Element ist die Verfügbarkeit zu nennen, die sich bei Individualverkehrsmitteln in erster, aber nicht ausreichender Näherung durch deren Besitz beschreiben läßt. Im ÖPNV sind andere Komponenten wahllimitierend, wie z. B. Haltestellenentfernungen, Fahrplantakte/Reisezeiten, Routenverbindungen und Informiertheit über diese Parameter. Die Analyse zeigt, in Übereinstimmung mit anderen Forschungsergebnissen, für durchschnittlich ein knappes Drittel der Verkehrsteilnehmer eine so große Limitierung auf der Verfügbarkeitsebene, daß im Grunde nur eine Wahloption besteht, eine „Auswahl" also gar nicht gegeben ist. Der Wert der Eingeschränktheit ist im Berufsverkehr höher, bei anderen Verkehrszwecken erheblich niedriger als der genannte Durchschnitt. Die Wahldetermination ist außerdem kein notwendiges Übel, sie ließe sich in den meisten Fällen durch Kauf eines Fahrrades oder Informationsbeschaffung über das ÖPNV-Angebot relativ rasch beseitigen. Gleichwohl gelingt mit dieser Argumentation in kurzfristiger Perspektive die Erklärung der Verkehrsmittelwahl im Berufsverkehr zu 27,8 %, bei großen Einkäufen zu 21,5 % und bei kleinen Einkäufen zu 7,4 % (Kap. 7.3.2 u. 7.3.3).

Die Koppelungshäufigkeit von Wegezwecken stellt sich in der Befragtenpopulation als hoch heraus, gleichwohl ist ein wesentlicher Einfluß auf die Verkehrsmittelwahl daraus nicht ableitbar. Es besteht lediglich eine Tendenz zur Bevorzugung relativ schneller und flexibler Transportmittel, konkret für das Fahrrad und den MIV (Kap. 7.3.3). Von größerer Bedeutung scheint die Gewohnheit zu sein, jedoch nur beim PKW-Verkehr. Selbst unter restriktivsten Auswahlkriterien müssen 20 % der Kieler und 13,5 % der Lüneburger Autofahrer als gewohnheitsbestimmt in der Wahl ihres Verkehrsmittels angesehen werden (Kap. 7.3.4).

Ebenfalls bedeutsam ist der Einfluß der Zielerreichbarkeit, gemessen mit Hilfe der Dichotomisierung der Verkehrsmittelwahl zwischen Stadtkern und äußeren Bezirken. Parkraumknappheit und optimaler ÖPNV-Anschluß in der Innenstadt bewegen viele dazu, öffentliche Verkehrsmittel freiwillig zu bevorzugen, während in den Peripherbereichen 90 % der ÖPNV-

Kunden keine günstigere Alternative zur Verfügung steht (Kap. 7.3.5). Allerdings ist es gerechtfertigt, den Faktor Zielerreichbarkeit in die Bewertung der Schnelligkeit von Verkehrsmitteln zu integrieren.

Demgegenüber kann das Sozialprestige eines Verkehrsmittels keinen nennenswerten Einfluß auf dessen Nutzung ausüben. Zwar meint noch eine relativ große Minderheit der Befragten, daß Reaktionen auf die Benutzung von Verkehrsmitteln in ihrem persönlichen Umfeld zu erwarten sind, aber die Beeinflussung des eigenen Handelns wird überwiegend ausgeschlossen. Zudem ist eine Korrelation zwischen der persönlichen Verkehrsmittelwahl und dem eingeschätzten Verkehrsmittelimage kaum feststellbar (Kap. 7.3.6).

Insgesamt können so je nach Verkehrszweck zwischen 21 und 40 % der Verkehrsmittelwahl auf der Stufe objektiver und subjektiver Limitierungen erklärt werden - unter Zugrundelegung einer kurzfristigen Betrachtungsweise. Bezieht man die Möglichkeiten zum Kauf eines Fahrrades oder zur Beschaffung von Informationen über den (nach den Wohn- und gegebenenfalls Arbeitsplatzdaten vorhandenen) ÖPNV-Anschluß mit ein, gilt eine Festlegung auf nur ein Verkehrsmittel lediglich für 1,0 - 5,4 % der Befragten. Deshalb kommt der Analyse von Einstellungen bei der Verkehrsmittelwahl eine maßgebliche Bedeutung zu (Kap. 7.3.8).

In einem ersten Schritt wird hierzu das subjektive Bedeutungsgewicht von Auswahlfaktoren analysiert. Es zeigen sich deutliche Abstufungen, wobei reisezeitbeeinflussende Elemente die Spitzengruppe bilden, dicht gefolgt von Umweltverträglichkeit, Verkehrssicherheit und Bequemlichkeit. Beim Einkauf spielt auch die Gepäcktransportfähigkeit eine große Rolle (Kap. 7.3.8.1). Im zweiten Schritt wird die Bewertung der einzelnen Verkehrsmittel zu den einzelnen Wahlfaktoren untersucht. Hierbei erhält der PKW bei fast allen mehrheitlich als hoch oder sehr hoch bedeutsam eingeschätzten Faktoren eine dominierende Position, während Verkehrsmittel des Umweltverbundes eher bei unwichtigen Kriterien vordere Plätze belegen (Kap. 7.3.8.2 - 7.3.8.11). Die Verkehrsmittelwahl korreliert in hohem Maße mit den meisten hochbedeutsam bewerteten Faktoren. Eine noch feinere Analyse auf Individualebene, also durch Untersuchung jedes Einzelfalles hinsichtlich der Konstellationen von Faktorenbedeutung und Verkehrsmitteleinschätzung zeigt, daß die Wahl des Transportmittels weitestgehend konsistent mit diesen Parametern begründet werden kann (Kap. 7.3.8.12). Hieraus wird eine Stufung des Auswahlprozesses abgeleitet, welche die Grundlage bildet für die Darstellung aller Einflüsse auf die Verkehrsmittelwahl in einem Entscheidungsmodell (Kap. 7.3.9). Das Modell sowie ein weiterer Fragebogenteil zu potentiellen Reaktionen auf Änderungen im Verkehrssystem erlauben sodann Rückschlüsse auf die Effektivität verkehrspolitischer Maßnahmen (Kap. 7.3.10).

Als ein Faktorenkomplex der Verkehrsmittelwahl, der unter allen anderen eine herausragende Stellung einnimmt, erweisen sich in der Gesamtanalyse reisezeitbezogene Motive (Unabhängigkeit/Flexibilität, Schnelligkeit, Zielerreichbarkeit). Da es sich neben den Kosten um das einzige Kriterium mit relativ einfacher, objektiver Meßbarkeit handelt, wurde die Untersuchung der subjektiven Einschätzungen durch Reisegeschwindigkeitsexperimente ergänzt. Deren Ergebnisse bestätigen prinzipiell die Beurteilungen der Befragten. Das Zufußgehen ist in einem sehr kurzen Distanzbereich von unter 200 m die schnellste Fortbewegungsart und wird anschließend vom Fahrrad abgelöst, welches bis etwa 2 km Schnelligkeitsvorteile besitzt. Anschließend dominiert der PKW, während der ÖPNV in keinem Entfernungsabschnitt eine attraktive Konkurrenz darstellt - er ist bestenfalls die drittschnellste Transportform (Kap. 8.3.1). Die Daten erlauben darüber hinaus eine für die Planung wichtige Differenzierung nach Verkehrszeiten/-zielen und Verhaltensweisen, welche zeigt, daß die eben genannten Durchschnittswerte einer sehr großen Streuung unterliegen (Kap. 8.3.2 - 8.3.5). Vor allem der Attraktivitätsbereich des Fahrrades kann in Abhängigkeit von der Rahmensituation sowohl deutlich unterhalb als auch beträchtlich oberhalb von 2 km liegen. Eine rechnerische Simulation verkehrsplanerischer Maßnahmeneffekte belegte zudem die Möglichkeit einer erheblichen Verschiebung der Reisezeitrelationen zugunsten des Umweltverbundes (Kap. 8.4).

Mit Hilfe der Erkenntnisse aus der Literaturanalyse, den Befragungen und der reisezeitbezogenen Experimente wird versucht, eine Rangstufung der in Kap. 4.2.1 - 4.2.6 erläuterten verkehrspolitischen Maßnahmen zu entwerfen (Kap. 9). Städtebaulichen und verkehrsberuhigenden Einwirkungsmöglichkeiten kommt dabei eine Schlüsselstellung zu, weil sie über die Kurzhaltung von Entfernungen bzw. die Beeinflussung der Reisezeitrelationen den wichtigsten Faktor der Verkehrsmittelwahl betreffen und als „push"-Elemente zum Überdenken durch Gewohnheit eingeschliffener Verhaltensmuster Anlaß geben können. Große Bedeutung kommt aber auch allen schnelligkeitsbezogenen Maßnahmen der ÖPNV- und Radverkehrsförderung zu. Tarifäre Eingriffe zu Lasten des MIV und zugunsten des Umweltverbundes sowie die Öffentlichkeitsarbeit finden sich eher im Bereich zu vermutender mittelmäßiger, zum Teil sogar geringer Effektivität. Wenig Bedeutung wird ferner den Optionen zur Steigerung des ÖPNV-Fahrkomforts, der Kommunikationstechnologie und den Methoden zur Auslastungserhöhung im MIV zugesprochen.

Die vorliegende Studie zielt nicht darauf ab, die Wirksamkeit einer Politik zur Beeinflussung der Verkehrsmittelwahl zu belegen, denn diese ist durch zahlreiche Beispiele bereits unter Beweis gestellt worden. Die Forschungsergebnisse sind - abgesehen von ihrer theoretischen Bedeutung - jedoch geeignet, zu einer effizienzorientierteren kommunalen Verkehrspolitik und -planung beizutragen.

Literaturverzeichnis

ABELSON, R. P./ROSENBERG, M. J. (1958): Symbolic psycho-logic A model of attitudinal cognition. In: Behavioural science 3, S. 1-13.

ADAM, K. (1985): Die Stadt als Ökosystem. In: Geographische Rundschau 37, S. 214-225.

ADAM, R. (1974): Gemeinsame Benützung von Personenwagen (car pools) in den USA. In: Schweizerisches Archiv für Verkehrswissenschaft und Verkehrspolitik 29, S. 369.

ADELT, B. (1992): Kommunale Verkehrsentwicklungsplanung. Ein Instrument stadtverträglicher Verkehrsbewältigung. In: Raumplanung (56), S. 13-18.

ADRIAN, H. (1983): Stadtentwicklung und öffentlicher Nahverkehr. In: Stadtbauwelt (79), S. 242-252.

AFHELDT, H. (1974): Gründe für die Verkehrsmittelwahl im Nahverkehr und ihre Veränderungstendenzen. In: Grundsatzprobleme bei Langfristprognosen im Personenverkehr. Schriftenreihe der Dt. Verkehrswissenschaftlichen Gesellschaft 25. Köln, Berlin. S. 281-304.

AHRENS, G.-A./BECKMANN, K. (1989) Verkehrsinfarkt - Chance für Stadt und Umwelt. In: Stadtbauwelt (101), S. 554-557.

AJZEN, I. (1991): The Theory of Plannend Behavior. Some Unresolved Issues. In: Organizational Behavior and Human Decision Processes 50, S. 179-211.

Aktiv Radfahren:
- ([1] 1992), S. 14-37: Preisverleihung: Goldenes Rad und rostige Speiche.
- ([2] 1993), S. 17: Mannheim - Öffentlicher Fahrradverleih.
- ([2] 1993), S. 98-103: Fahrradmitnahme in Bahn und Bus.
- ([3] 1993), S. 14: Berlin - Fortschritt für den Umweltverbund.

ALBERS, G. (1990): Leitbilder für einen stadtverträglichen Verkehr - Was kann Planung leisten, was bleibt der Politik vorbehalten? Institut f. Städtebau u. Wohnungswesen der Dt. Akademie f. Städtebau u. Landesplanung München, Manuskriptreihe Nr. 14.6 (Stadt und Verkehr). München.

(ADAC) Allgemeiner Deutscher Automobilclub:
- (1980): Sicherheit für den Fußgänger II. Verkehrsberuhigung. Erfahrungen und Vorschläge für die Verkehrsplanung in Städten und Gemeinden. Schlußfolgerungen aus dem Städtewettbewerb 1977. München.
- (1987): Mobilität. 2. Auflage München.

- (1988): Mobilität. Untersuchungen und Antworten des ADAC. München.
- (1991 [a]): Stadt und Verkehr. 11 Vorschläge zur Bewältigung kommunaler Verkehrsprobleme. München.
- (1991 [b]): Mehr wissen - mehr handeln. Bausteine für eine umweltverträgliche Tourismusentwicklung. München.
- (1995): Tempo 30. Low-Cost-Maßnahmen für die Praxis. München.

(ADFC) Allgemeiner Deutscher Fahrradclub:
- (1989): Das Fahrrad als Wirtschaftsfaktor. Schriftenreihe des ADFC Nordrhein-Westfalen e. V. 1. Düsseldorf.
- (o. J.): Fahrradstationen an Bahnhöfen. Modell - Chancen - Risiken. Schriftenreihe des ADFC Nordrhein-Westfalen e. V. 2. Düsseldorf.

ALRUTZ, D./Planungsgemeinschaft Verkehr (1989): Radverkehr in Einbahnstraßen. Hannover.

APEL, D.:
- (1973) Kraftverkehr und Umweltqualität von Stadtstraßen. Schriftenreihe des Vereins f. Kommunalwissenschaften. Stuttgart u. a..
- (1984): Stadtverkehrsplanung, Teil 3. Hg.: Dt. Institut f. Urbanistik. Berlin.
- (1987): Die Notwendigkeit einer grundsätzlichen Veränderung der Verkehrsgestaltung und die Rolle des öffentlichen Personenverkehrs. In: Köstlin, R./Wollmann, H. (Hg.). Renaissance der Straßenbahn. Basel u. a. 1987, S. 124-141.
- (1989): Die gesamtwirtschaftlichen Kosten des Personenverkehrs in einer großen Stadt - derzeit sowie bei verändertem Modalsplit. In: Verkehr und Technik 42, S. 117-124.
- (1990): Straßenbahn, Stadtbahn, Light Rail Transit. Die weltweite Renaissance eines Verkehrsmittels und seine mögliche Rolle in einem stadtverträglichen Verkehrssystem am Beispiel Berlins. In: Archiv f. Kommunalwissenschaften 29, S. 227-241.
- (1991): Attraktivität statt Anpassung. Argumente für neue Verkehrsstrategien in Metropolen. In: Innovatio 7 (7), S. 45-47.

APEL, D./BRANDT, E. (1982): Stadtverkehrsplanung, Teil 2. Hg.: Dt. Institut f. Urbanistik. Berlin.

APEL, D./ERNST, K.(1980): Stadtverkehrsplanung, Teil 1. Hg.: Dt. Institut f. Urbanistik. Berlin.

APEL, D./KOLLECK, B./LEMBROCK, M. (1988): Stadtstruktur und Verkehrssicherheit. In: Stadtbauwelt (97), S. 498-502.

APEL, D./LEHMBROCK, M. (1990): Stadtverträgliche Verkehrsplanung. Chancen zur Steuerung des Autoverkehrs durch Parkraumkonzepte und -bewirtschaftung. Berlin u. a.

306

APEL, D. U. A. (Hg., 1994): Handbuch der kommunalen Verkehrsplanung. Bonn.

Arbeitskreis Straßenverkehr. (1991): 6-Punkte-Katalog zur Verminderung der gesundheitlichen Schäden durch den motorisierten Straßenverkehr. Schriftenreihe „Gesündere Zukunft für Hamburg". Hamburg.

ARING, J. (1992): Verkehrsmanagement und Straßengebühren. Das Verkehrswunder von Oslo und Stockholm. In: Stadtbauwelt (113), S. 620-623.

AYDIN, C./TÖNNES, M. (1994): Autofreie Stadtquartiere. Ein neues städtebauliches Modell. In: Raumplanung (65), S. 119-125.

AXHAUSEN, K. W. (1989): Direkte Nutzenmessung: Ein Ansatz zur Schätzung von Entscheidungsmodellen - Zwei Anwendungen. In: Zeitschrift f. Verkehrswissenschaft 60, S. 323-344.

BACH, O./ROSBACH, O./JÖRGENSEN, E. (1985): Traffic safety of cycle tracks in Danish cities. Naestved.

BACKES, J./FINAS, A. (o. J.): Dokumentation zum Darmstädter Semesterticket. Darmstadt.

BACKHAUS, K. U. A. (1987): Multivariate Analysemethoden. 4. Auflage, Berlin u. a.

BÄHR, J. (1992): Bevölkerungsgeographie. 2. Auflage, Stuttgart.

BÄHR, J./JENTSCH, C./KULS, W. (1992): Bevölkerungsgeographie. Berlin, New York.

BAIER, R. (1992): Flankierende Maßnahmen zur Einrichtung von Tempo 30 - Zonen. In: Straßenverkehrstechnik 36, S. 31-36.

BAIER, R./SCHÄFER, K.-H.:
• (1976): Rückbau städtischer Hauptverkehrsstraßen. In: Stadtbauwelt (49), S. 19-21.
• (1986): Tempo 30 muß im Kopf stattfinden. Öffentlichkeitsarbeit für flächenhafte Verkehrsberuhigung in Krefeld. In: Der Städtetag 39, S. 425-428.

BALS, L. U. A. (1988): Raumwirksamkeit der Telematik. Arbeitsberichte der Arbeitsgemeinschaft Angewandte Geographie Münster e. V. 14. Münster.

BAMBERG, G./BAUR, F. (1991): Statistik. 7. Auflage, München, Wien.

BAMBERG, S./SCHMIDT, P. (1994): Auto oder Fahrrad? Empirischer Test einer Handlungstheorie zur Erklärung der Verkehrsmittelwahl. In: Kölner Zeitschrift f. Soziologie u. Sozialpsychologie 46, S. 80-102.

BARTELS, W. (Hg., 1988): Verkehr 2000. Neue Verkehrssysteme verändern unser Leben. Hamburg.

BARTMANN, H./JOHN, K.-D. (Hg., 1992): Verkehr und Umwelt. Beiträge zum 2. Mainzer Umweltsymposium 1991. Wiesbaden.

BAUER, F. (1994): Diplomaten auf dem Fahrrad überraschen manchen Franzosen. In: Frankfurter Allgemeine Zeitung v. 17.8.94.

BECHER, K.-P./OVERATH, A.:
- (1991): Vom Abstellplatz am Bahnhof zum P + R - Terminal. In: Verkehr und Technik 44, S. 262-265.
- (1992): Wechselwirkung zwischen Park-and-Ride und Parkraumangebot in Deutschland. In: Geographische Rundschau 44, S. 586-590.

BECK, M. (1991): Fahrradstationen an Bahnhöfen - eine Maßnahme zur Förderung des Umweltverbundes, dargestellt am Beispiel Kiel. In: Verkehr und Technik 44, S. 480-484.

BECKER, K.:
- (1972): Erfüllt das Nahverkehrssystem „Cabinentaxi" die an ein modernes städtisches Verkehrssystem zu stellenden Anforderungen? In: Nahverkehrspraxis 20, S. 91-99.
- (1973): Cabinentaxi: Ein neuer Weg für einen besseren Verkehr in unseren Städten. In: Nahverkehrspraxis 21, S. 276-279.
- (1974): Zur Wirtschaftlichkeit und den Problemkreisen des Systems Cabinentaxi. In: Nahverkehrspraxis 22, S. 308-311.

BECKER, U./ELAND, M./ROMMERSKIRCHEN, S. (1992): Reduktion von CO_2-Emissionen des Verkehrs. Wirksamkeit verschiedener Szenarien und einzelner Maßnahmen. In: Der Nahverkehr 10 (5), S. 19-26.

BEHNKE, M. (1993): Die Funktion der Fahrpreise. Niedrig-Tarif im ÖPNV aus ökonomischer Sicht. In: Der Nahverkehr 11 (12), S. 30-32.

BEHRENS-EGGE, M. (1991): Möglichkeiten und Grenzen der monetären Bewertung in der Umweltpolitik. In: Zeitschrift f. Umweltpolitik und Umweltrecht 14, S. 71-94.

BENNINGHAUS, H. (1992): Deskriptive Statistik. 7. Auflage, Stuttgart.

BERGEMANN, B. (1992): Integrierte Verkehrsplanung und Lebensqualität. Das Beispiel der verkehrsmäßigen Anbindung der Ostufergemeinden an die Kernstadt Kiel. (Unveröff. Diplomarb.) Kiel.

BICKEL, P./FRIEDRICH, R. (1995): Was kostet uns die Mobilität? Externe Kosten des Verkehrs. Berlin, Heidelberg.

BIRGELEN, A./PLANK-WIEDENBECK, U.(1992): Studententicket Darmstadt - Studentenbefragung. Darmstadt.

BIRKENHAUER, J. (1984): Das Rheinisch-westfälische Industriegebiet. Paderborn u. a.

BLATTER, J. (1994): Möglichkeiten und Restriktionen einer umweltorientierten kommunalen Verkehrspolitik - dargestellt am Beispiel Freiburg im Breisgau. In: Archiv f. Kommunalwissenschaften 33, S. 317-341.

BLESSINGTON, H.-K. (1994): Approaches to changing modal split: A strategy and policy context. In: Traffic Engineering and Control 35, S. 63-67.

BLÜMEL, W. D. (1986): Waldbodenversauerung. Gefährdung eines ökologischen Puffers und Reglers. In: Geographische Rundschau 38, S. 312-320.

BLUM, U./LEIBBRAND, F. (1993): Emissionsorientierte Wegekostenrechnung mittels Umweltzertifikaten. Alternative zur Preislösung. In: Internationales Verkehrswesen 45, S. 641-643.

BLUM, W. (1996): Das gezähmte Knallgas. Ein umweltfreundlicher Kleinbus läuft ohne Benzin: Seine Brennstoffzellen werden mit Wasserstoff und Luft getrieben. In: Die Zeit Nr. 21 v. 17.5.1996, S. 36.

BLUMENTRATH, L. U. A. (1979): Verkehrsberuhigung. Ein Beitrag zur Stadterneuerung. Schriftenreihe „Städtebauliche Forschung" des Bundesministers f. Raumordnung, Bauwesen und Städtebau 03.071. Bonn.

BODE, P. M. U. A. (1986): Alptraum Auto. Eine hundertjährige Erfindung und ihre Folgen. 3. Auflage, München.

BÖHRINGER, E. U. A. (1974): Aspekte der Verkehrsentwicklung in der Bundesrepublik Deutschland. O. O.

BÖTTGER, W. (1973): Mehr Rationalität im Personenverkehr. In: Schweizerisches Archiv f. Verkehrswissenschaft u. Verkehrspolitik 28, S. 147-154.

BOHLEY, P. (1973): Der Nulltarif im Nahverkehr. In: Kyklos 26, S. 113-142.

BONSALL, P./DALVI, QU./HILLS, P. J. (Hg., 1977): Urban transportation planning. Current themes and future prospects. Montclair.

BONSALL, P. W./SPENCER, A. H./TANG, W. S. (1984): What makes a car-sharer? In: Transportation 12, S. 117-145.

BOSSERHOFF, D./GRUND, R./MASAK, H.-O. (1990): Straßenbahn komplett beschleunigt. In: Der Nahverkehr 8 (6), S. 63-67.

BOULANGER, H. LE. (1971): Research into urban travell's behaviour. In: Transportation Research 5, S. 113-125.

BOUSTEDT, O. (1975): Grundriß der empirischen Regionalforschung, Teil 3: Siedlungsstrukturen. Veröffentlichungen der Akademie f. Raumforschung u. Landesplanung, Taschenbücher zur Raumplanung 6. Hannover.

BRACHER, T.:
- (1987): Konzepte für den Radverkehr. Fahrradpolitische Erfahrungen und Strategien. Bielefeld.
- (1989): Lösungsansätze für den städtischen Güterverkehr. In: Stadtbauwelt (101), S. 542-545.
- (1992): Maßnahmen zur Integration von ÖPNV und Fahrradverkehr. In: Verkehr und Technik 45, S. 211-214 und 247-255.
- (1993): Fährt denn künftig keiner Rad? Systematische Unterschätzung des Fahrradpotentials. In: Internationales Verkehrswesen 45, S. 50-55.

BRACHER, T./KRAFFT-NEUHÄUSER, H. (1992): Maßnahmen zur Integration von ÖPNV und Fahrradverkehr. In: Verkehr und Technik 45, S. 211-214 und 247-255.

BRÄNDLI, H. (1987): Chancen und Grenzen der Straßenbahn. In: Köstlin, R./Wollmann, H. (Hg.). Renaissance der Straßenbahn. Basel u. a., S. 142-165.

BRAUN, L. (1993): Der Einfluß von Geschwindigkeitsänderungen auf den Treibstoffverbrauch. In: Internationales Verkehrswesen 45, S. 414-418.

BRAUN, N./FRANZEN, A. (1995): Umweltverhalten und Rationalität. In: Kölner Zeitschrift f. Soziologie und Sozialpsychologie 47, S. 231-248.

BRAUNER, D. J. (1986): Determinanten von Angebot und Nachfrage im öffentlichen Personennahverkehr. Krefeld.

(BSAG) Bremer Straßenbahn AG/Socialdata. (1991): Mobilitätsverhalten in Bremen. Ergebnisse der Verkehrsbefragung 1991, Teil 1: Verhaltensweisen. München.

BRILON, W./EICKERS, C. (1992): Bushalt im Verkehrsraum. Einige Aspekte für Busbetrieb und Individualverkehr. In: Der Nahverkehr 10 (8), S. 44-48.

BRÖG, W.:
- (1976): Überlegungen zur Bildung von verkehrswissenschaftlichen Modellen aus der Sicht der empirischen Sozialforschung. Gießen. (Unveröff. Beitrag f. d. 1. Workshop der Dt. Verkehrswissenschaftlichen Gesellschaft)
- (1981): Entwicklung eines Individual-Verhaltens-Modells zur Erklärung und Prognose werktäglicher Aktivitätsmuster im städtischen Bereich. Referatsmanuskript für PTRC Summer Annual Meeting 13.-16.7.1981 in Warwick, Coventry, England. München.
- (1985): Verkehrsbeteiligung im Zeitverlauf - Verhaltensänderung zwischen 1976 und 1982. In: Zeitschrift f. Verkehrswissenschaft 56, S. 3-49.
- (1987): Die subjektive Wahrnehmung des ÖPNV-Angebotes. In: Köstlin, R./Wollmann, H. (Hg.) Renaissance der Straßenbahn. Basel u. a., S. 88-107.
- (1989): Verhalten beginnt im Kopf. Public Awareness des öffentlichen Personennahverkehrs. Vortrag zum Internationalen Jubiläumskongreß „150 Jahre Eisenbahnen in den Niederlanden". München.
- (1991): Verhalten beginnt im Kopf. Die Grundzüge des Public Awareness (PAW-) Konzeptes. Paper für CEMT-Round Table Nr. 91 „Marketing and Service in Public Transport" 5./6.12.1991 in Paris. München.
- (1993): Die Bedeutung des nichtmotorisierten Verkehrs für die Mobilität in unseren Städten. In: Verkehr und Technik 46, S. 415-423 und 455-461.

BRUCKMAYR, E./REKER, K. (1994): Neue Informationstechniken im Kraftfahrzeug. Eine Quelle der Ablenkung und der informatorischen Überlastung? In: Zeitschrift f. Verkehrssicherheit 40, S. 12-23.

BRUNNER, P. (1991): Verlagerungspotential vom motorisierten Individualverkehr zu alternativen Verkehrsmitteln im Stadtverkehr. Internationales Verkehrswesen 43, S. 548-552.

BRUNSING, J. (1990): Fahrrad und öffentlicher Verkehr. In: Verkehr und Technik 43, S. 182-186.

BUCH, D./LAMLA, H.-J./LARISCH, H./PLATH, B. (1991): P + R in einem Gesamtverkehrskonzept. Hamburg: Neue Erhebungen brachten neue Erkenntnisse. In: Der Nahverkehr 9 (5), S. 60-69.

BUCHANAN, C. (1964): Verkehr in Städten. Essen.

(BUND) Bund für Umwelt und Naturschutz Deutschland e. V., Kreisgruppe Lüneburg.
   (1989): Zur Diskussion gestellt: Anregungen zu der von der Verwaltung vorgestellten „Verkehrsneuordnung Lüneburg - Konzept für ein Hauptverkehrsstraßennetz mit verkehrsberuhigter Innenstadt" vom Sept. 1987. Lüneburg.

(BUND) Bund für Umwelt und Naturschutz Deutschland e. V. (1990): Stadtverkehr. KunterBUND 5. Bonn.

(BUND/VCD) Bund für Umwelt und Naturschutz Deutschland e. V./Verkehrsclub der Bundesrepublik Deutschland. (1990): Verkehr in Hamburg. Hamburg.

(BASt) Bundesanstalt f. Straßenwesen (Hg.):
- (1984): Innerörtliche Verkehrssicherheitsmaßnahmen. Beispiel für die Wirksamkeit. Unfall- und Sicherheitsforschung Straßenverkehr 49. Bergisch-Gladbach.
- (1989 [a]): Verkehrssicherheit in der Stadterneuerung. Unfall- und Sicherheitsforschung 69. Bergisch-Gladbach.
- (1989 [b]): Erfahrungsbericht über Zonen-Geschwindigkeitsbeschränkungen. Unfall- und Sicherheitsforschung Straßenverkehr 73. Bergisch-Gladbach.
- (1991): Dokumentation zur Sicherung des Fahrradverkehrs. Unfall- und Sicherheitsforschung 74. Bergisch-Gladbach. (Bearbeiter: Alrutz, D., Fechtel, H. W., Krause, J.)
- (1992): Sicherung von Radfahrern an städtischen Knotenpunkten. Forschungsberichte der BASt 262. Bergisch-Gladbach.
- (1992): Sicherheit des Fahrradverkehrs. Ein Vergleich zwischen deutschen und britischen Städten. Forschungsberichte der BASt 263. Bergisch-Gladbach.
- (1993): Sicherheitsbewertung von Querungshilfen für den Fußgängerverkehr. Berichte der BASt, Reihe „Verkehrstechnik" V4. Bergisch Gladbach.
- (1994): Verkehrssichere Anlage und Gestaltung von Radwegen. Berichte der BASt, Reihe „Verkehrstechnik" V9. 2. Auflage, Bergisch Gladbach.

(BAG) Bundesarbeitsgemeinschaft der Mittel- und Großbetriebe des Einzelhandels e. V. (1990): Parken und Handel. 2. Auflage, Köln.

(BfLR) Bundesforschungsanstalt f. Landeskunde u. Raumordnung (Hg.):
- (1988): 4. Kolloquium Forschungsvorhaben „Flächenhafte Verkehrsberuhigung". Ergebnisse aus drei Modellstädten. Bonn.
- (1991): Emissionsminderung im Straßenverkehr. Informationen zur Raumentwicklung 1/2, 1991.

(BMELF) Bundesminister f. Ernährung, Landwirtschaft u. Forsten. (1989): Bericht des Bundes und der Länder über Nachwachsende Rohstoffe. Unterrichtung durch die Bundesregierung. Bundesratsdrucksache 388/89. Bonn.

(BMFT) Bundesminister f. Forschung u. Technologie. (1979): Nahverkehrsforschung '79. Bonn.

(BMRO) Bundesminister f. Raumordnung, Bauwesen u. Städtebau:
- (1977): Verkehrsberuhigte Zonen in Kernbereichen. Schriftenreihe „Städtebauliche Forschung" 03.065. Bonn.
- (1978): Fahrrad im Nahverkehr. Schriftenreihe „Städtebauliche Forschung" 03.066. Bonn.

- (1979): Verkehrsberuhigung. Schriftenreihe Städtebauliche Forschung 03.071. Bonn.
- (1985): Siedlungsstrukturelle Maßnahmen zur Energieeinsparung im Verkehr. Schriftenreihe „Raumordnung" 06.056. Bonn.
- (1985): Verkehrsberuhigung und Stadtverkehr. Schriftenreihe Städtebauliche Forschung 03.111. Bonn.
- (1986): Stadtverkehr im Wandel. Bonn.
- (1988): Städtebauliche Integration von innerörtlichen Hauptverkehrsstraßen - Städteumfrage. Schriftenreihe Forschung 457. Bonn.
- (1989): Tempo 30 - Städtebauliche Auswirkungen. Schriftenreihe Forschung 470. Mönchengladbach.
- (1992a): Forschungsvorhaben „Flächenhafte Verkehrsberuhigung". Städtebauliche Auswirkungen. Bonn.
- (1992b): Forschungsvorhaben „Flächenhafte Verkehrsberuhigung". Folgerungen für die Praxis. Bonn.

(BMU) Bundesminister f. Umwelt, Naturschutz u. Reaktorsicherheit:
- (1987): Was Sie schon immer über Auto und Umwelt wissen wollten. 4. Auflage, Stuttgart u. a..
- (1991): Vergleichende Analyse der in den Berichten der Enquete-Kommission „Vorsorge zum Schutz der Erdatmosphäre" und in den Beschlüssen der Bundesregierung ausgewiesenen CO_2-Minderungspotentiale und Maßnahmen. Bonn.
- (1992): Beschluß der Bundesregierung vom 11. Dezember 1991: Verminderung der energie-bedingten CO_2-Emissionen in der Bundesrepublik Deutschland. Bonn.

(BMV) Bundesminister f. Verkehr:
- (1981): Dokumentation 1. Internationaler Fahrradkongreß VELO-CITY 10.-12. April 1980, Bremen. Verlauf und ausgewählte Beiträge. Forschung Stadtverkehr, Sonderreihe 9. Bonn.
- (1989, 1991a), 1994, 1995): Verkehr in Zahlen 1989, 1991, 1994, 1995. Bonn.
- (1990): Betriebliche und technische Sonderformen im IV und ÖPNV. Forschung Stadtverkehr A 6, Hof/Saale.
- (1991 b): Zusammenfassende Auswertung von Forschungsarbeiten zum Radverkehr in der Stadt. Forschung Stadtverkehr A 7, Bonn.
- (1992): Flächenhafte Verkehrsberuhigung. Auswirkungen auf den Verkehr. Forschung Stadtverkehr 45. Bonn.
- (o. J.): Möglichkeiten der Verkehrsberuhigung in Wohngebieten. Anregungen für Anwohner, Kommunalpolitiker, Mandatsträger. Bonn.

(BMV/ADAC) Bundesminister f. Verkehr/Allgemeiner Deutscher Automobilclub:
- (o. J.): Sicherheit für den Radfahrer. Ergebnisse und Schlußfolgerungen aus dem Städtewettbewerb 1980. Empfehlungen für die Praxis. Bonn, München.
- (1985): Sicherheit für Fußgänger und Radfahrer. Verkehrssicherheit in Städten und Gemeinden. Ergebnisse aus dem Städtewettbewerb 1983. Empfehlungen für die Praxis. Bonn, München.

(BMWi) Bundesminister f. Wirtschaft (1991): Die Treibhausproblematik - eine globale Herausforderung. 2. Bericht des Arbeitskreises „Energieversorgung" der interministeriellen Arbeitsgruppe „CO_2-Reduktion". BMWi-Studienreihe 76. Bonn.

BURNETT, P./HANSON, S. (1982): Analysis of travel as an example of complex human behavior in spatially constrained situations. In: Transportation Research 16 A, S. 87-102.

BUßMANN, W. (1990): Verkehrszukunft mit Pflanzenölmotoren? In: Geographie heute (78), S. 40-43.

CAMP, S. (1972): Autotaxi - eine Alternative zum Privatauto? In: Nahverkehrspraxis 20, S. 330-336.

CANZLER, W./KNIE, A./BERTHOLD, O. (1993): Das Leitbild Automobil vor seiner Auflösung? In: Zeitschrift für Umweltpolitik und Umweltrecht 16, S. 407-429.

CERWENKA, P. (1992): Beiträge der Informationstechnik für eine effiziente Verkehrsgestaltung. In: Raumforschung und Raumordnung (50), S. 15-23.

CHRISTALLER, W. (1952): Die Parallelität der Systeme des Verkehrs und der zentralen Orte dargestellt am Beispiel der Schweiz. In: Dt. Geographentag 1951, Tagungsbericht und wissenschaftliche Abhandlungen. Remagen, S. 159-163.

CROTT, H. (1979): Soziale Interaktion und Gruppenprozesse. Stuttgart.

DANIELS, P. W./WARNES, A. (1980): M. Movement in cities. Spatial perspectives on urban transport and travel. London, New York.

DAUMANN, K. (1991): Wie man in Frankfurt mit dem Job-Ticket fährt. In: Der Nahverkehr 9 (5), S. 51-53.

DEITERS, J.:
- (1985): Nahverkehr in zentralörtlichen Bereichen des ländlichen Raumes. In: Colloquium Geographicum 18. Bonn, S. 303-342.
- (1988): Aktuelle Probleme des öffentlichen Nahverkehrs in Osnabrück - Folgerungen für die Stadtverkehrs- und Stadtentwicklungsplanung. In: Stadt Osnabrück (Hg.). Perspektiven der Stadtentwicklung: Ökonomie - Ökologie. Osnabrück.

Deutsche Bank, volkswirtschaftliche Abteilung. (1990): Verkehr 2000. Europa vor dem Verkehrsinfarkt? Eppelheim.

Deutsche Gesellschaft für elektrische Straßenfahrzeuge e. V. (o. J): Berliner Elektroauto-Zeitung. Berlin

Deutscher Städtetag:

- (1984): Verkehrspolitisches Konzept der deutschen Städte. Reihe F: DST-Beiträge zur Wirtschafts- und Verkehrspolitik 5. Köln.
- (1989): Tempo 30 - Materialien zur Verkehrsberuhigung in Städten. Reihe F: DST-Beiträge zur Wirtschafts- und Verkehrspolitik 7. Köln.
- (1990, 1993): Statistisches Jahrbuch Deutscher Gemeinden 77 und 80. Köln.

(Difu) Deutsches Institut f. Urbanistik. (1993): Steuerung des Flächenverbrauchs und der Verkehrsentwicklung. In: Difu-Berichte (2), S. 4-5.

DIEKMANN, A.(1990): Straßenverkehr - Nutzen und Kosten des Automobils - Vorstellungen zu einer Bilanzierung. In: Internationales Verkehrswesen 42, S. 332-340.

DIEKMANN, A./PREISENDÖRFER, P. (1992): Persönliches Umweltverhalten. Diskrepanzen zwischen Anspruch und Wirklichkeit. In: Kölner Zeitschrift für Soziologie und Sozialpsychologie 44, S. 226-251.

Diercke Weltatlas (1988): hg. v. Westermann-Verlag. Braunschweig.

DILLING, J./NICKEL, B. E. (1990): ÖPNV und Verkehrsberuhigung. VÖV und FGSV geben Empfehlungen zur ÖPNV-freundlichen Gestaltung. In: Der Nahverkehr 8 (1), S. 23-27.

DITTEMER, T. (1990): Haltestellenkap für Bus und Straßenbahn. In: Der Nahverkehr 8 (4), S. 42-48.

DRECHSLER, G./ZIMMERMANN, M. (1993): Karlsruher Erfahrungen mit dem Beschleunigungsprogramm. Kürzere Reisezeiten, höhere Attraktivität, wirtschaftlicherer Betrieb. In: Der Nahverkehr 11 (9), S. 43-51.

DROSTE, M. (1978): Städtebauliche Forschung. Ausländische Erfahrungen mit Möglichkeiten der räumlichen und sektoralen Umverteilung des städtischen Verkehrs. Schriftenreihe des Bundesministers f. Raumordnung, Bauwesen u. Städtebau 03.064. Bonn.

EGER, R. (1985): Gemeinsame Verkehrsflächen für Fußgänger und Radfahrer. Darmstadt.

EMNID-Institut GmbH & Co. (1991): KONTIV 1989. Tabellenteil. Bielefeld.

ENGEL, M. (1992): Staatsanteil an den externen Kosten des motorisierten Straßenverkehrs legitim. In: Internationales Verkehrswesen 44, S. 281-285.

Enquete-Kommission „Schutz der Erdatmosphäre" des Dt. Bundestages (Hg. 1994): Mobilität und Klima. Wege zu einer klimaverträglichen Verkehrspolitik. Zweiter Bericht der Enquete-Kommission „Schutz der Erdatmosphäre" des 12. Dt. Bundestages. Bonn.

(E&TP) Environmental & Transport Planning. (o. J.): Die tatsächlichen Effekte einer umweltfreundlichen Verkehrspolitik. Eine Studie für die ESRC (= Economic and Social Research Council). Unveröffentlichter und undatierter Zwischenbericht über den Stand der Verkehrsplanung und die Ergebnisse einer Haushaltsbefragung in Lüneburg zum Verkehrsverhalten vom 23.11.-11.12.1992.

ERLENKÖTTER, W./HÄCKELMANN, P. (1991): Pförtneranlagen und Stauschleifen. Wie Saarbrücken in der Innenstadt den Verkehrsstau verhindert und den öffentlichen Verkehr fördert. In: Der Nahverkehr 11 (5), S. 51-53.

Fairverkehr (2, 1992): Carsharing in Deutschland, S. 55-57.

FECHNER, P. (1974): Welche Einsatzchancen haben neue Nahverkehrssysteme? In: Nahverkehrspraxis 22, S. 361-362.

FERGER, I. (1969): Lüneburg. Eine siedlungsgeographische Untersuchung. Forschungen zur deutschen Landeskunde 173. Bonn/Bad Godesberg.

FICK, K. E. (1984): Verkehrsgeographie - Entwicklung und heutige Aufgaben. In: Praxis Geographie 14, S. 6-8.

FIEDLER, J.:
- (1971): Die Belange der Fußgänger an Lichtsignalanlagen. In: Zeitschrift für Verkehrssicherheit 17, S. 168-178.
- (1991): Öffentlicher Personennahverkehr - Teil einer Differenzierten Bedienung. In: Verkehr und Technik 44, S. 172-180.
- (1992): Stop and go. Wege aus dem Verkehrschaos. Köln.

FIEDLER, J./THIESIES, M. (1994): Mobilitätsmanagement - ein neuer Ansatz zur Bewältigung der Verkehrsprobleme. In: Der Städtetag 47, S. 332-334.

FIKKE, M./MONHEIM, H./OTTE, K. (1980): Das Fahrrad in der Stadt. Berlin.

FISHBEIN, M./AJZEN, I. (1975): Belief, attitude, intention and behaviour: An introduction to theory and research. Reading (Mass.) u. a.

FLEISCHMANN, G. (1984): Ausbau der Verkehrsinfrastruktur in Ballungsgebieten: Gefahr einer wirtschafts- und sozialökologischen Fehlentwicklung? In: Wirtschaftsgeographie und Wirtschaftswissenschaften. In: Frankfurter Wirschafts- und sozialgeographische Schriften 46, S. 23-37.

FLOHN, H. (1983): Das CO_2-Klima-Problem. In: Geographische Rundschau 35, S. 238-247.

FLOHN, H. (1985): Das Problem der Klimaänderungen in Vergangenheit und Zukunft. Erträge der Forschung 220. Darmstadt.

FOCHLER-HAUKE, G. (1976): Verkehrsgeographie. 4. Auflage, Braunschweig.

(FNP) Förderverein Neue Produktion e. V.:
- (1989): Projekt Kieler Stadtbahn. Kiel.
- (1990): Vorschläge zur Verbesserung der Wirtschaftlichkeit des ÖPNV in Kiel unter gegebenen Rahmenbedingungen. Studie im Auftrag der Kieler Ratsfraktion „Die Grünen". Kiel.

FOERSTER, J. F. (1979): Mode choice decision process models: A comparison of compensatory and non-compensatory structures. In: Transportation research 13 A, S. 17-28.

FORGBER, H. (1991): Autos rein? Autos raus? In: ADAC-Motorwelt (2), S. 6-10.

(FGSV) Forschungsgesellschaft für Straßen- und Verkehrswesen:
- (1982): Merkblatt über Luftverunreinigungen an Straßen. Teil: Straßen ohne oder mit lockerer Randbebauung. MLuS-82. Köln.
- (1982): Richtlinie für die Anlage von Straßen, RAS. Teil: Querschnitte, RAS-Q. Köln.
- (1987 a): Empfehlungen zur Straßenraumgestaltung innerhalb bebauter Gebiete (ESG). Köln.
- (1987 b): Möglichkeiten zur Beeinflussung der Verkehrsmittelwahl zugunsten des ÖPNV. FGSV-Arbeitspapier 15. Köln.
- (1989): Aktuelle Hinweise zur Radverkehrsplanung. FGSV-Arbeitspapier 21. Köln.
- (1989): (Ad-hoc-Gruppe „Geschwindigkeitsdämpfung" im Arbeitsausschuß „Sonderfragen des Stadtverkehrs) Wirkung von Tempo 30 - Zonen. FGSV-Arbeitspapier 22. Köln.
- (1990): Verkehr wohin - Aspekte nach 2000. Veröffentlichung zum FGSV-Kolloquium am 7./8.5.1990 in Mainz. Köln.
- (1993): Empfehlungen für die Anlage von Hauptverkehrsstraßen (EAHV 93). Köln.
- (1993): Autoarme Innenstädte - eine kommentierte Beispielsammlung. FGSV-Arbeitspapier 30. Köln.
- (1995 a): Empfehlungen für Radverkehrsanlagen (ERA 95). Köln.
- (1995 b): Empfehlungen für die Anlage von Erschließungsstraßen (EAE 85/95). Köln.

Forum Mensch und Verkehr (Hg.). (1987): Kenntnisse und Verständnis der Verkehrsteilnehmer -neue Ansatzpunkte für die Verkehrsplanung? Bochum.

FRANK, H.-J./WALTER, N. (Hg.). (1993): Strategien gegen den Verkehrsinfarkt. Deutsche Bank Research. Stuttgart.

FRANK, W. (1990): Auswirkungen von Fahrpreisänderungen im öffentlichen Personennahverkehr. Veröffentlichungen des Forschungsinstituts für Wirtschaftspolitik an der Universität Mainz 50. Berlin.

(FAZ) Frankfurter Allgemeine Zeitung (1992): Einzelhandel lehnt Fahrtkostenerstattung für Busse und Bahnen ab, v. 15.8.1992.

FRANZ, L./ISNENGHI, P. (1990): Integrierte Verkehrsplanung unter Umweltgesichtspunkten. Verkehrsvermeidung, Verkehrsberuhigung, Rückbau und Umbau von Straßen. Ehringen.

FRANZ, P. (1984): Soziologie der räumlichen Mobilität. Frankfurt.

FREY, R. L. (1994): Ökonomie der städtischen Mobilität. Durch Kostenwahrheit zur nachhaltigen Entwicklung des Agglomerationsverkehrs. Zürich.

FROBÖSE, H. J. (1989): Gesamtwirtschaftliche Unfallkosten in der Bundesrepublik Deutschland. In: ILS - Institut f. Landes- u. Stadtentwicklungsforschung des Landes Nordrhein-Westfalen (Hg.). Verkehrs(un)sicherheit. Dortmund, S. 85-91.

FUCHS, A. (1992): City-Logistik - Räumliche Organisation des innerstädtischen Wirtschaftsverkehrs in Lübeck. Witten (Unveröff. Diplomarbeit).

(FUSS) Fußgängerschutzverein e. V. (1992): Wer geht denn heute noch zu Fuß? Was muß sich ändern? Die Möglichkeiten der Mitarbeit. Berlin.

(FUSS/UMKEHR) Fußgängerschutzverein FUSS e. V./Arbeitskreis Verkehr und Umwelt UMKEHR e. V.:
• (1991): Fußgängerfreundliche Ampeln in Städten und Dörfern. Berlin.
• (1992 [a]): Zebrastreifen. Schritte zur Fußgängerstadt. Berlin.
• (1992 [b]): Verkehrte Kinder? Berlin.

GAEBE, W. (1987): Verdichtungsräume. Stuttgart.

GASEROW, V. (1994): Zehntausend Kilometer sind billiger. In: Die Zeit, Nr. 33 v. 12.8.1994, S. 51.

GEILING, R. E.:
- (1991): Konzeption zur Reduzierung des Energieverbrauchs beim Straßenverkehr. In: Verkehr und Technik 44, S. 7-10.
- (1993): Neue Verkehrsluftverordnung - Hoffnung für die Innenstädte? In: Verkehr und Technik 46, S. 30-32.

Gemeinschaftsaktion „Umweltverbund im Nahverkehr" (1990): Verantwortung übernehmen, umsteigen fördern. Hinweise und Beispielsammlung. Bonn.

Gesellschaft für Hochleistungselektrolyseure zur Wasserstofferzeugung mbH (GHW) (1991): Wasserstoff. Energieträger für eine saubere Zukunft. Putzbrunn.

Gesellschaft für Weiterbildung, Umwelt- und Kulturmanagement mBH. (1991): Kieler Umwelt-Stadtbuch. Kiel.

Gewerbeaufsichtsamt Itzehoe. (1993): Bericht über Immissionsmessungen in Kiel, Westring. Sonderbericht der Lufthygienischen Überwachung Schleswig-Holstein. Itzehoe.

GILBERT, G./FOERSTER, J. F. (1977): The importance of attitudes in the decision to use mass transit. In: Transportation 6, S. 321-332.

GILDEMEISTER, R. (1973): Landesplanung. Braunschweig.

GOLOB, T. F./HOROWITZ, A. D./WACHS, M. (1979): Attitude-Behaviour Relationships in Travel Demand Modelling. In: Hensher, D. A./Stopher, P. (Hg.). Behavioural Travel Modelling. London, S. 739-757.

GROHÉ, T./TIGGEMANN, R. (1985): Ökologische Planung und Stadterneuerung. In: Geographische Rundschau 37, S. 234-239.

GROMODKA, B. (1991): Analyse des Radverkehrsnetzes und Erarbeitung eines Hauptver-kehrskonzeptes am Beispiel der Stadt Flensburg. Ellund (Unveröff. Diplomarbeit).

GRUPP, H. (1986): Die sozialen Kosten des Verkehrs. Teil I u. II. In: Verkehr und Technik 39, S. 359-366 bzw. 403-406.

GUDEHUS, V. (1988): Ermittlung und Bewertung verkehrsbedingter Umweltwirkungen in Städten. Veröffentlichungen des Instituts f. Stadtbauwesen der Technischen Universität Braunschweig 45. Braunschweig.

GUßFELD, K.-P./KÖTHNER, D./KROSTITZ, B. (1994): Vorbildliche kommunale Ver-kehrsprojekte. (Hg.: BUND-Landesverband Baden-Württemberg) 2. Auflage, Radolfzell.

GUTKNECHT, R.:
- (1974): Die Heranziehung wirtschaftlicher Unternehmen zur Finanzierung des öffentlichen Personennahverkehrs. Die französische Verkehrssteuer als Beispiel. In: Nahverkehrspraxis 22, S. 96-105.
- (1986): Nachfrageelastizitäten bei Fahrpreis- und Angebotsänderungen. In: Verkehr und Technik 39, S. 157-161.

HAAG, M. (1993): Auswirkungen von Road Pricing. Integration in Stadtplanung und Verkehrsmanagement erforderlich. In: Der Nahverkehr 11 (5), S. 13-20.

HAAG, M./KUPFER, C. (1993): Bushaltestellen an Hauptverkehrsstraßen. Fahrbahnhaltestelle oder Haltestellenbucht? In: Der Nahverkehr 11 (10), S. 62-72.

HÄRLE, J. (1992): Wieviel Verkehr verträgt die Natur? In: Praxis Geographie 22, S. 4-9.

HAHN-KLÖCKNER, H. (1990): „Werbung" für den Radverkehr - warum zur Verkehrsplanung/-politik mehr gehört als Bau und Unterhaltung von Verkehrsanlagen. In: Ministerium f. Wirtschaft, Technik u. Verkehr d. Landes Schleswig-Holstein/Geographisches Institut d. Universität Kiel. Fortbildungsseminar „Kommunale Radverkehrsförderung" vom 9.-11. Mai 1990, Seminarband. Kiel, S. 66-77.

HANSON, S.:
- (1980a): The importance of the multi-purpose journey to work in urban travel behaviour. In: Transportation 9, S. 229-248.
- (1980b): Spatial diversification and multipurpose travel: Implications for choice theory. In: Geographical analysis 12, S. 245-257.
- (1986): (Hg.). The geography of urban transportation. New York.

HANSON, S./HANSON, P. (1981): The travel-activity pattern of urban residents: dimensions and rationships to sociodemographic characteristics. In: Economic Geography 57, S. 332-347.

HARDKE, N./BUHR, J. DE. (1995): Die Gestaltung verkehrsberuhigter Bereiche. In: Stadt und Gemeinde 50, S. 108-113.

HARTMANN, H. A. (1978): Ökonomisch-psychologische Überlegungen zum Problem des Individualverkehrs. Arbeiten zur Organisations- und Wirtschaftspsychologie 22. München, Augsburg.

HATZFELD, U./JUNKER, R. (1992): Stadt ohne Autos - Handel ohne Umsatz? Innenstadtverkehr und Einzelhandel. Ein Beitrag zum Reizthema „Autofreie Innenstadt". In: Der Städtetag 45, S. 432-437.

HAUSER, J. R./TYBOUT, A. M./KOPPELMAN, F. S.(1981): Consumer-oriented transportation service planning: Consumer analysis and strategies. In: Applications of Management Science 1, S. 91-138.

HAUTZINGER, H.:
- (1978): Disaggregierte verhaltensorientierte Verkehrsmodelle - Theorie und praktische Anwendung. In: Zeitschrift für Verkehrswissenschaft 49, S. 27-54.
- (1982): Aktivitätenbezogene Verkehrserzeugungsmodelle. Ein neues Konzept zur Personenverkehrsprognose. In: Zeitschrift f. Verkehrswissenschaft 53, S. 92-114.

HAUTZINGER, H./KESSEL, P. (1977): Determinanten der Verkehrsmobilität. Mainz, Aachen.

HAWEL, B. (1990): Fahrradförderung im Rahmen umweltorientierter Stadtverkehrskonzepte am Beispiel Hamburg. In: Ministerium f. Wirtschaft, Technik u. Verkehr d. Landes Schleswig-Holstein/Geographisches Institut d. Universität Kiel. Fortbildungsseminar „Kommunale Radverkehrsförderung" vom 9.-11. Mai 1990, Seminarband. Kiel, S. 21-31.

HEDRICH, S. H./WINKLE, G. (1972): Unkonventionelle Verkehrsmittel der 80er Jahre am Beispiel Transurban. In: Nahverkehrspraxis 20, S. 244-251.

HEIMERL, G. (1992): Umwelt- und stadtverträgliche Verkehrsplanung in Ballungs- und Verdichtungsräumen. In: Internationales Verkehrswesen 44, S. 220-226.

HEINEBERG, H. (1986): Stadtgeographie. Paderborn.

HEINRITZ, G. U. A. (1979): Verbrauchermärkte im ländlichen Raum. Die Auswirkungen einer Innovation des Einzelhandels auf das Einkaufsverhalten. Münchener Geographische Hefte 44. Kallmünz, Regensburg.

HEINRITZ, G./WIEßNER, R. (1994): Studienführer Geographie. Braunschweig.

HEINZE, G. W.:
- (1973): Straßenverkehrsplanung im gesellschaftlichen Wandel. Kritische Anmerkungen zu einem großen internationalen Kongreß. In: Informationen (hg. v. Institut f. Raumordnung) 23 (24) v. 31.12.1973. S. 595-622.
- (1978): Verkehrspolitik, Verkehrsmittelwahl und Umweltbelastung in der heutigen Situation. In: Universitas 33, S. 673-681.
- (1979): Verkehr schafft Verkehr. Ansätze zu einer Theorie des Verkehrswachstums als Selbstinduktion. Berichte zur Raumforschung und Raumplanung 23. Wien.

HEINZEL, G./THOMAS, J. (1991): Neue Konzepte für den fließenden und ruhenden Verkehr. In: Verkehr und Technik 44, S. 71-80.

HELD, M. (1982): Verkehrsmittelwahl der Verbraucher. Beitrag einer kognitiven Motivationstheorie zur Erklärung der Nutzung alternativer Verkehrsmittel. Wirtschaftspsychologische Schriften der Universitäten München und Augsburg 8. Berlin.

HENCKEL, D./NOPPER, E. (1984): Einflüsse der Informationstechnologie auf die Stadtentwicklung. In: Friedrichs, H. (Hg.). Die Städte in den 80er Jahren. Opladen.

HENCKEL, D./NOPPER, E./RAUCH, N. (1984): Informationstechnologie und Stadtentwicklung. Schriften d. Dt. Instituts f. Urbanistik 71. Stuttgart.

HENDRICKSON, C. (1986): A note on trends in transit commuting in the United States relating to employment in the Central Business District. In: Transportation Research 20 A, S. 33-37.

HENSHER, D. A. (1976): The structure of journeys and nature of travel patterns. In: Environment and planning 8A, S. 655-672.

HENSHER, D. A./STOPHER, P. (Hg., 1979): Behavioural Travel Modelling. London.

HESSE, M./LUKAS, R.:
- (1990): Verkehrswende. Ökologische Orientierung und sozialer Rahmen für den Verkehr der Zukunft. In: Kommune (9), S. 33-37.
- (1990): Verkehr der Zukunft. Öko-Trend oder Verkehrswende? In: Kommune (10) S. 57-60.
- (1990): Vom Produkt Automobil zur Produktlinie Mobilität. Ökologischer Strukturwandel in der Verkehrswirtschaft. In: Kommune (11), S. 33-36.

Hessisches Ministerium für Umwelt, Energie und Bundesangelegenheiten/Hessisches Ministerium für Jugend, Familie und Gesundheit. (1992): Problem Ozon. Information zur Ozonbelastung am Boden während der Sommermonate. Wiesbaden.

HETTNER, A. (1977): Allgemeine Geographie des Menschen, Bd. 3: Verkehrsgeographie. Bearb. v. H. Schmitthenner. Darmstadt.

HEUNEMANN, G. (1977): Beschleunigung des ÖPNV durch Busspuren aufgezeigt am Wiesbadener Beispiel. In: Nahverkehrspraxis 25, S. 308-314.

HILDEN, G. B./LAMLA, H.-J. (1993): Bargeldlos fahren mit Card + Ride. Möglichkeiten und Grenzen von Massenzahlungskarten im ÖPNV. In: Der Nahverkehr 11 (6), S. 45-48.

HILLE, S. J./MARTIN, T. K. (1967): Consumer preference in transportation. In: Highway Research Record 197, S. 36-43.

HOFF, H. (1985): Die Integration des Taxis in den ÖPNV aus der Sicht des VÖV. In: Der Nahverkehr 3 (2), S. 23-26.

HOFFMANN, G./JANKO, J. (1992): Effiziente Steuerung des Verkehrs durch flächendeckende Informations- und Leitsysteme. In: Spektrum der Wissenschaft (3), S. 105-111.

HOFFMANN, H.:
- (1979): Die Charta von Athen. In: Stadtbauwelt (62), S. 129-132.
- (1979): Die Charta von Athen - Strömungen und Gegenströmungen. In: Stadtbauwelt (62), S. 133-137.

HOGEFELD, W. (1983): Abhängigkeit zwischen Güterverkehr und Raumstrukturen. Frankfurter Geographische Hefte 54.

HOLZ-RAU, H.-C.:
- (1991): Genügen verhaltensorientierte Verkehrsmodelle den Erfordernissen integrierter Planung? In: Internationales Verkehrswesen 43, S. 14-21.
- (1991): Verkehrsverhalten beim Einkauf. In: Internationales Verkehrswesen 43, S. 300-305.
- (1993): Verkehrssparsamkeit als Standortfaktor der Zukunft. In: Verkehr und Technik 46, S. 287-292.

HOLZ-RAU, C./WILKE, G. (1993): Park + Ride - Terminals - Bestandteil integrierter Verkehrskonzepte oder sektorale Verkehrsplanung? In: Verkehr und Technik 46, S. 113-120.

HOLZAPFEL, H.:
- (1988): (Hg.). Ökologische Verkehrsplanung. Menschliche Mobilität und Lebensqualität. Arnoldsheiner Schriften zur interdisziplinären Ökonomie 16. Frankfurt/M.
- (1993): Hat das Auto in der Stadt noch etwas zu suchen? In: Frank, H.-J./Walter, N. (Hg.). Strategien gegen den Verkehrsinfarkt. Deutsche Bank Research. Stuttgart, S. 63-80.

HOMANS, G. C.:
- (1968): Elementarformen sozialen Verhaltens. Köln.
- (1972): Theorie der sozialen Gruppe. 6. Auflage, Köln.

HOPFINGER, H./KAGERMEIER, A. (1992): Radverkehrsgutachten Herzogenaurach. Teil I: Situationsanalyse. München.

HORN, B. (1990): Vom Niedergang eines Massenverkehrsmittels - Zur Geschichte der städtischen Verkehrsplanung. Kassel (Unveröff. Diplomarbeit).

HORTEN, F. E./REYNOLDS, D. R. (1971): Effects of urban spatial structure on individual behaviour. In: Economic Geography 47, S. 36-48.

HOTOP, R./LENZ, K.-H. (1975): Reisegeschwindigkeit in einer deutschen Großstadt - Ein Vergleich zwischen Individualverkehr und öffentlichem Nahverkehr. In: Verkehr und Technik 28, S. 23-28.

HOTZ, P./ZWEIBRÜCKEN, K./DUBACH, H. (1994): Renaissance des städtischen Hauptstraßenraumes. Ansätze zur städtebaulichen Integration des Verkehrs. Brugg/Zürich, Münsingen-Bern.

HUDSON, M. (1978): The Bicycle Planning Book. Edinburgh.

HUK-Verband der Autoversicherer (Hg.):
- (1982): (Bearb.: K. Pfundt/D. Alrutz/H. Hülsen) Radverkehrsanlagen. Empfehlungen der Beratungsstelle für Schadenverhütung 3. Köln.
- (1984): (Bearb.: R. Maier) Fußgängersicherheit in Städten. Untersuchungen zu Unfallgeschehen, Verkehrsstärken, Verhalten. Mitteilungen der Beratungsstelle für Schadenverhütung 24. Köln.
- (1986): (Bearb.: K. Pfundt/V. Mewes) Verkehrserschließung von Wohnbereichen. Empfehlungen der Beratungsstelle für Schadenverhütung 6. Köln.
- (1988): (Bearb.: D. Alrutz/H. Hülsen) Freigabe linker Radwege. Vorläufige Hinweise für die nachträgliche Freigabe straßenbegleitender Radwege zum Linksfahren. Empfehlung der Beratungsstelle für Schadenverhütung 7a. Köln.
- (1989): (Bearb.: K. Pfundt/K. Eckstein/V. Meewes; Mithg.: Innenministerium Baden-Württemberg) Zonen-Geschwindigkeitsbeschränkungen. Praxis der Gemeinden bei Einrichtung von Zonen, Auswirkungen auf Geschwindigkeiten und Verkehrssicherheit. Mitteilungen der Beratungsstelle für Schadenverhütung 29. Köln, Stuttgart.
- (1990): Tempo 30 - Zonen. Auswahl und Einrichtung. Empfehlungen der Beratungsstelle für Schadenverhütung 8. 2. Auflage, Köln.
- (1995): Radverkehrsanlagen. Einführung zu den Empfehlungen für Radverkehrsanlagen (ERA). Köln.

HUNGER, D. (1989): Bedingungen und Abhängigkeiten des städtischen Fahrradverkehrs. Weimar (Diss.).

ILGMANN, G. (1982): Die Illusion vom freiwilligen Verzicht auf den PKW. In: Zeitschrift für Verkehrswissenschaft 53, S. 124-140.

Informationen zur Raumentwicklung:
- ([3/4], 1981 a): Autobahnbau ohne regionalwirtschaftliche Perspektive?
- ([10], 1981 b): Öffentlicher Personennahverkehr im ländlichen Raum.
- ([4], 1983): Raumwirksamkeit des Schienenschnellverkehrs.
- ([4], 1993): Flächenhafte Verkehrsberuhigung.

- [(5/6], 1993): Verkehr in Stadt und Region.

(Iwd) Informationsdienst des Instituts der deutschen Wirtschaft (21 [17], 1995): Berufs-verkehr - Neue Konzepte gegen den Stau, S. 2.

(ILS) Institut f. Landes- u. Stadtentwicklungsforschung des Landes Nordrhein- Westfalen (Hg.):
- (1979): Raum für Fußgänger. Straße und Stadtgestalt. Düsseldorf.
- (1986): Pilotprojekt Radverkehrs- und Beschilderungsplan Kreis Neuss. Schriftenreihe Landes- und Stadtentwicklungsforschung des Landes Nordrhein-Westfalen, Sonder-veröffentlichungen, Bd. 0.034. Dortmund.
- (1992): Autofreies Leben. Konzepte für die autoreduzierte Stadt. ILS-Schriften 68. Dortmund.
- (1992): Verkehrsberuhigung und Straßenraumgestaltung. Bausteine für die Planungs-praxis in Nordrhein-Westfalen 12. Köln.

JESCHKE, C. (1990): Mobilitätschancen von Frauen in verkehrsschwachen Zeiten. In: Internationales Verkehrswesen 42, S. 19-24.

JÖRGENSEN, N. O./RABANI, Z. (1979): Cyklisters betydning for faerdselsikkerheden. Radet for Trafiksikkerhedsforskning. Kopenhagen.

JUNK, H.-K. (1979): Kleine zentrale Orte in Nordwest-Arkansas. Aachen.

KAHLEN, H./WEISGERBER, V. (1992): Antriebe für Elektro- und Hybridfahrzeuge - Einfluß neuer Technologien. In: Elektrizitätswirtschaft 91, S. 573-580.

KANDLER, J. (1987): Wechselbeziehungen zwischen Verkehrsplanung und Stadtentwick-lung. In: Archiv f. Kommunalwissenschaften 26, S. 190-205.

KANZLERSKI, D./MONHEIM, H. (1987): Verkehrsberuhigung und Entwicklung von Handel und Gewerbe. Bundesforschungsanstalt f. Landeskunde u. Raumordnung: Seminare, Symposien, Arbeitspapiere 25.

KESSEL, G./LANGE, J. (1992): Die City für Autos gesperrt. In: Der Städtetag 45, S. 199-206.

KEUCHEL, S.:
- (1992): Internationale Erfahrungen mit Straßenbenutzungsgebühren im Stadtverkehr. In: Internationales Verkehrswesen 44, S. 377-386.
- (1994): Wirkungsanalyse von Maßnahmen zur Beeinflussung des Verkehrsmittel-wahlverhaltens. Eine empirische Untersuchung am Beispiel des Berufsverkehrs der Stadt Münster/ Westfalen. Beiträge aus dem Institut f. Verkehrswissenschaft an der Universität Münster 131. Göttingen.

325

Kieler Nachrichten:
- (13.4.1991): Kiel-Modell: Flotte Kabine zum Nulltarif.
- (26.6.1993 [a]): Ortsbeirat Mitte noch unentschlossen: Neue Bus- und Radspuren erstmal auf Eis gelegt.
- (12.8.1993 [b]): Falsch 'rum ist bald erlaubt. Neue Regelung bedeutet das Ende der Einbahnstraße.
- (18.1.1994 [a]): So soll die Stadt wachsen. Vorentwurf für Flächennutzungsplan liegt aus - Bürger können Bedenken äußern.
- (5.2.1994 [b]): Die autofreie City auf Probe. Stadt will zur Kieler Woche Innenstadt sperren - Nur Busse dürfen fahren.
- (18.5.1995): Die Schiene als Rückgrat. Gutachter legen neuen Zwischenbericht zur Zukunft des ÖPNV rund um Kiel vor.

KILL, E. (1993): „Euro-Scout": Manager zwischen Verkehrssituation und Verkehrsbedarf. In: Nahverkehrspraxis 41, S. 120-121.

(KVAG) Kieler Verkehrsaktiengesellschaft KVAG Bus/Schiff-Fahrplan 1989/90, 1992/93, 1993/94 und 1994/95.

KIRCHHOFF, P./STÖVEKEN, P. (1990): Besseres Verkehrsangebot im ÖPNV oder/und Restriktionen für den PKW? In: Der Nahverkehr 8 (3), S. 34-40.

KLATT, S. (Hg., 1985): Perspektiven verkehrswissenschaftlicher Forschung. Berlin.

KLEWE, H.:
- (1990): Klimawechsel im Verkehr. In: Ministerium f. Wirtschaft, Technik und Verkehr des Landes Schleswig-Holstein/Geographisches Institut der Universität Kiel (Hg.). Fortbildungsseminar „Kommunale Radverkehrsförderung", 9.-11.5.1990. Kiel.
- (1993): Von der Arbeiterwochenkarte zum Job-Ticket. In: Raumplanung (63), S. 286-296.

KLEWE, H./HOLZAPFEL, H. (1991): Umweltkarten. Verkehr und Technik 44, S. 111-128.

KLINGBEIL, D.:
- (1977): Aktionsräumliche Analyse und Zentralitätsforschung - Überlegungen zur konzeptionellen Erweiterung der zentralörtlichen Theorie. In: Ganser, K. u. a. Beiträge zur Zentralitätsforschung. Münchener Geographische Hefte 39. Kallmünz, Regensburg, S. 45-74.
- (1978): Aktionsräume im Verdichtungsraum. Zeitpotentiale und ihre räumliche Nutzung. Münchener Geographische Hefte 41. Kallmünz, Regensburg.

KNABE, W. (1985): Das Waldsterben aus immissionsökologischer Sicht. In: Geographische Rundschau 37, S. 249-256.

KNOCHE, G. (1981): Einfluß von Radwegen auf die Verkehrssicherheit, Bd. 2. Forschungs- berichte der Bundesanstalt f. Straßenwesen, Bereich Unfallforschung 62. Köln.

KNOFLACHER, H.:
- (1985): Katalysatoren für Nichtmotorisierte. Wien.
- (1990): Schadstoffbelastungen bei verschiedenen Mobilitätsformen: Das Beispiel Wien. In: Internationales Verkehrswesen 42, S. 222-226.
- (1992): Zur Relativität von Mobilität und Geschwindigkeit. Raum - Österreichische In: Zeitschrift für Raumplanung und Regionalpolitik (6), S. 36-38.
- (1992): Die alte Stadt und der Verkehr - ist Verkehrsberuhigung die Lösung? Vortrag am 26.3.1992 in Lüneburg.
- (1993): Zur Harmonie von Stadt und Verkehr. Freiheit vom Zwang zum Autofahren. Wien u. a.

KNOFLACHER, H. U. A.:
- (1992): Lüneburg - Schadstoffimmissionsmessungen im Straßenraum 1992. Wien.
- (1994): Lüneburg - Verkehrsführung West. Gutachten für den motorisierten Individualverkehr. Maria Gugging.

KÖHLER, R./LEUTWEIN, B. (1981): Einfluß von Radwegen auf die Verkehrssicherheit, Bd. 1. Forschungsberichte der Bundesanstalt f. Straßenwesen, Bereich Unfallforschung 49. Köln.

KÖSTLIN, R./BARTSCH, L. J. (1987): Die Renaissance der Straßenbahn. In: Köstlin, R./ Wollmann, H. (Hg.). Renaissance der Straßenbahn. Basel u. a., S. 7-34.

KÖSTLIN, R./WOLLMANN, H. (Hg., 1987): Renaissance der Straßenbahn. Basel u. a..

KOHL, J. G. (1841): Der Verkehr und die Ansiedlungen der Menschen in ihrer Abhängigkeit von der Gestalt der Erdoberfläche. Dresden, Leipzig.

KOPPELMAN, F. S./PAS, E. I. (1978): Travel-choice behavior: models of perceptions, fee- lings, preference, and choice. In: Transportation Research Record (765), S. 26-33.

KORTE, J. W. (1959): Stadtverkehr gestern, heute und morgen. Heidelberg.

KOSSAK, A. (1980): Neue Nahverkehrssysteme und -technologien - Darstellung ihrer Funktion und Kosten. In: Witte, H./Laschet, W. (Hg.). Ökonomische Bewertung neuer Verkehrstechnologien. Gesellschaft f. wirtschafts- und verkehrswissenschaft- liche Forschung e. V., H. 54 (Sonderheft). Bonn, S. 117-139.

KRÄMER-BADONI, T./PETROWSKY, W. (1993): Car-sharing - ein Beitrag zum ökologischen Stadtverkehr? Eine empirische Untersuchung der Bremer „StadtAuto"-Initiative. Arbeitspapiere der ZWE Arbeit und Region an der Universität Bremen 9. Bremen.

(KVG) Kraftverkehr GmbH Lüneburg:
* (1992): Maßnahmen zur Verbesserung des ÖPNV im Verkehrsraum Lüneburg. Unveröff. Arbeitspapier. Lüneburg.
* Sommerfahrplan im Nahverkehr 1991, Winterfahrplan im Nahverkehr 1992/1993 und 1994/95.

KRAUSE, J. (1990): Integrierte städtische Radverkehrskonzepte als Beitrag zur Erhöhung der Verkehrssicherheit. In: Zeitschrift f. Verkehrssicherheit 36, S. 71-79.

KREUZ, D. W./SCHULTZ-WILD, R. (1975): Verkehr und Kommunikation. Göttingen.

KRÖNES, G. (1990): Zukunftsperspektiven kommunaler Verkehrspolitik. In: Archiv f. Kommunalwissenschaften 29, S. 210-226.

KRÜGER, G. (1984): Wege zur Verbesserung des öffentlichen Omnibusverkehres. In: Die Bundesbahn (6/7), S. 497-502.

KRUMM, V. (1994): Verkehrsmittelwahl für den Weg zur Arbeit. Eine verkehrspädagogische Untersuchung am Beispiel der Stadt Salzburg. Salzburg.

KRUSE, R. (1991): Für die Großen der Branche ist Pflanzenöl längst ein Geheimtip. In: Unser Wald 43, S. 9-10.

KÜCHLER, M. (1979): Multivariate Analyseverfahren. Stuttgart.

KÜFFNER, G. (1991): Hochleistungs-Batterien machen Elektroautos interessant. In: Stromthemen 8 (4), S. 4-5.

KÜLZER, B./MAHRT, H./SCHUSTER, G. (1993): Einflußfaktoren bei der Bike + Ride - Nutzung. Ergebnisse einer Untersuchung an der TH Darmstadt. In: Der Nahverkehr 11 (3), S. 50-54.

KÜNNE, H.-D. (1991): Stadt und Verkehr - Problem ohne Ende? In: Internationales Verkehrswesen 43, S. 441-446.
KUTTER, E.:
* (1973): Aktionsbereiche des Stadtbewohners. Untersuchung zur Bedeutung der territorialen Komponente im Tagesablauf der städtischen Bevölkerung. In: Archiv f. Kommunalwissenschaften 12, S. 69-85.

- (1978): Überlegungen zur Verwendung „aggregierter" und „disaggregierter" Methoden der Verkehrsplanung. In: Internationales Verkehrswesen 30, S. 89-95.
- (1991): Verkehrsinfarkt von Lebensräumen und Umwelt bei heutiger Verkehrspolitik unvermeidbar. In: Verkehr und Technik 44, S. 473-479.

(LAI) Länderausschuß für Immissionsschutz. Krebsrisiko durch Luftverunreinigungen. (Hg. v. Ministerium f. Umwelt, Raumordnung und Landwirtschaft d. Landes Nordrhein-Westfalen) Düsseldorf 1992.

Lärmkontor (Hg., 1991): Schutz vor Lärm. Immissionswerte. Hamburg.

Landeszeitung für die Lüneburger Heide:
- (14.8.1991): Plan für neues Baugebiet hat noch Haken. Platz für 107 Einfamilienhäuser zwischen Kaltenmoor und Ostumgehung.
- (25.3.1992 [a]): Auto-Stopp: Zusteigen an 30 Haltestellen.
- (23.12.1992 [b]): Westumgehung für Lüneburg. Mögliche Trassen sollen untersucht werden.
- (24.12.1992 [c]): Heftiger Streit um Westumgehung. Grüne attackieren Landrat Schurreit.
- (21.1.1993 [a]): Landkreis will Chaos verhindern. Diskussion um Westumgehung.
- (29.1.1993 [b]): „Nullvariante und Nahverkehr".
- (9.2.1993 [c]): Widerstand gegen Plan formiert sich. Westumgehung: Scharfe Kritik von Naturschützern und Auto-Gegnern.
- (20.2.1993 [d]): Im Westen wachsen die Wohnviertel. Mögliche Baugebiete für Lüneburg vorgestellt.
- (21.4.1993 [e]): 250 Bauplätze in bester Lage. Häcklingen: Stadt plant ein neues Wohnviertel.

LAUNHARDT, W. (1887): Theorie des Trassierens. Hannover.

LAUSCH, E. (1987): Treibhauseffekt: Das unheimliche Spiel mit dem Feuer. In: Geo-Wissen (2), S. 24-38.

LEHMANN, H. (1973): Zum Problem des Abbaus von Verkehrsspitzen. In: Nahverkehrspraxis 21, S. 61-67.

LEHMBROCK, M. (1990): Parkraumbewirtschaftung. Ein Instrument stadtverträglicher Verkehrsplanung. In: Raumplanung (51), S. 229-231.

LEHNER, F. (1971): Verkehr und Städtebau - Probleme der Gegenwart. Schriftenreihe f. Verkehr und Technik 48.

LEHR, A. M. (1961): Der Gestaltwandel der Stadt als Ursache und Folge der Verkehrsentwicklung. In: Bockelmann, W./Hillebrecht, R./Lehr, A. M. Die Stadt zwischen Gestern und Morgen. Basel, Tübingen, S. 1-99.

LEIBBRAND, K. (1980): Stadt und Verkehr. Theorie und Praxis der städtischen Verkehrsplanung. Basel u. a..

LENZ, W./WIESCHOLEK, U.:
- (1990): Technologische und wirtschaftliche Entwicklung der Einsatzmöglichkeiten von Elektrofahrzeugen. In: Verkehr und Technik 43, S. 399-407.
- (1990): Umwelteffekt und Wirtschaftlichkeit von Elektrofahrzeugen. In: Verkehr und Technik 43, S. 435-443.

LERSNER, H., FRHR. V.:
- (1991): Auto und Umwelt - Perspektiven für die Zukunft. In: Internationales Verkehrswesen 43, S. 30-35.
- (1992): Stadtverkehr. Leitlinien für eine menschen- und umweltgerechte innerstädtische Verkehrs- und Bauplanung. In: Spektrum der Wissenschaft (3), S. 103-104.

LEUSMANN, C. (1979): Strukturierung eines Verkehrsnetzes. Bonner Geographische Abhandlungen 61. Bonn.

LEVINSON, H. S. (1976): Coordinating Transport and Urban Development. In: ITCC (International Technical Cooperation Centre) Review 5 (4). Tel Aviv, S. 23-29.

LICHTENBERGER, E. (1986): Stadtgeographie 1. Stuttgart.

LICHTENTHÄLER, U./REUTTER, O. (1987): Straßen-Abbau und Renaturierung - Entsiegelung und Begrünung überflüssiger Straßen. HdK-Materialien 4. Berlin.

LIEBL, H. (1978): Zur Erklärung und Beeinflussung der Verkehrsmittelwahl von Individuen. Bonn.

LINDEMANN, H./SCHNITTGER, P. (1976): Zur Entwicklung verkehrsberuhigter Zonen. In: Stadtbauwelt (49), S. 19-21.

LINGNAU, G. (1992): Was kann er, was kann er nicht? Die Aufregung über „Enthüllungen" in Sachen Katalysator ist nicht recht verständlich. Frankfurter Allgemeine Zeitung v. 19.2.1992.

LINNENBRINK, W. (1991): ÖPNV-Angebot, Verkehrsmittelwahl und Akzeptanz des Busverkehrs in der Stadt Rheine unter besonderer Berücksichtigung der Fahrgastinformation. Münster (Unveröff. Diplomarbeit).

LIOUKAS, S. K. (1981): Choice of travel mode and the value of time in Greece. Some robust estimates. In: Journal of transport economics and policy 16, S. 161-180.

LÖCKER, G.:
- (1985): Erfahrungen mit Anruf-Sammeltaxen im Abendverkehr einer Mittelstadt. In: Der Nahverkehr 3 (2), S. 16-22.
- (1986): Die „differenzierte Bedienungsweise". In: Der Nahverkehr 4 (3), S. 16-28.
- (1992): Die Mobilitätszentrale. Eine neue Aufgabe und eine neue Chance für Verkehrsbetriebe. In: Der Nahverkehr 10 (9), S. 20-26.

LOTZ, H. (1991): Das kostet ihr Auto im Monat. In: ADAC-Motorwelt (4), 1991, S. 54, 58, 62-63.

LUDWIG, D./DRECHSLER, G. (1987): Stadtbahnbetrieb Karlsruhe auf ehemaliger Bundesbahnstrecke. Vernünftiges Gesamtkonzept und beachtlicher Fahrgastzuwachs. In: Der Nahverkehr 5 (5), S. 24-31.

LUKNER, C. (Hg.). (1994): Umweltverträgliche Verkehrskonzepte in Kommunen. Bonn.

LUTTER, H. (1980): Raumwirksamkeit von Fernstraßen. Forschungen zur Raumentwicklung 8.

MADER, H.-J./PAURITSCH, G. (1981): Nachweis des Barriereeffektes von verkehrsarmen Straßen und Forstwegen auf Kleinsäuger der Waldbiozönose durch Markierungs- und Umsetzungsversuche. In: Natur und Landschaft 56, S. 451-454.

MÄCKE, P. A./HÖLSKEN, D./KESSEL, P.:
- (1973): Reisemittelwahl in Hamburg. Aachen.
- (1973): Wahl des Verkehrsmittels, Verhaltensmuster, Meinungen, Motive. Schriftenreihe des Instituts für Städtebauwesen der Rheinisch-Westfälischen Hochschule Aachen 25. Aachen.

MAIER, J. (1976): Zur Geographie verkehrsräumlicher Aktivitäten. Theoretische Konzeption und empirische Überprüfung an ausgewählten Beispielen in Südbayern. Münchner Studien zur Sozial- und Wirtschaftsgeographie 17. Regensburg.

MAIER, J./ATZKERN, H.-D. (1992): Verkehrsgeographie. Verkehrsstrukturen, Verkehrspolitik, Verkehrsplanung. Stuttgart.

MAIER, R. (1986): Zeitverluste für Fußgänger beim Queren von Straßen als Maß für die Trennwirkung. In: Straßenverkehrstechnik 30, S. 155-158.

MANHEIM, M. L. (1976): Ein Überblick über einige Aspekte neuerer Verkehrsnachfrageforschung. In: Der öffentliche Sektor (2/3), S. 52-79.

MARTENS, G./VERRON, H.:
- (1981): Akzeptanz von Nahverkehrssystemen. In: Internationales Verkehrswesen 33, S. 31-37.
- (1983, Hg.) Verkehrsplanung und Verhaltensforschung. Arbeitstagung an der Technischen Universität Berlin (3.-5. Dezember 1981). TUB - Dokumentation Kongresse und Tagungen 18. Berlin 1983.

MATZNETTER, J. (1953): Grundfragen der Verkehrsgeographie. In: Mitteilungen der Österreichischen Geographischen Gesellschaft Wien 95, S. 109-124.

MAYNTZ, R./HOLM, K./HÜBNER P. (1978): Einführung in die Methoden der empirischen Soziologie. 5. Auflage, Opladen.

MEIER, W. (1991): Wie wirken bessere Angebote auf das Verkehrsverhalten. In: Der Nahverkehr 9 (1), S. 8-13.

MENKE, R.:
- (1975):Stadtverkehrsplanung. Schriften des Dt. Instituts f. Urbanistik 53. Stuttgart u. a.
- (1988): Öffentlicher Verkehr - hat er eine Zukunft? In: Holzapfel, H. Ökologische Verkehrsplanung. Menschliche Mobilität und Lebensqualität. Arnoldsheiner Schriften zur interdisziplinären Ökonomie 16. Frankfurt/M.

MERCEDES-BENZ AG. (1994): Umweltforum II. Auto und Umwelt, alternative Antriebe, Verkehrsmanagement. Stuttgart.

MERCKENS, R./SPARMANN, J.:
- (1978): Verkehrsmittelwahl im Berufsverkehr: Bedeutung personenbezogener Merkmale. In: Internationales Verkehrswesen 30, S. 26-32.
- (1979): Verkehrsmittelwahl im Berufsverkehr: Einfluß der Erschließungs- und Verbindungsqualität im ÖPNV. In: Internationales Verkehrswesen 31, S. 82-91.

MERKER, I. (1995): Stockholms Untergrundbahn ist die längste Galerie der Welt. Fünf Jahrzehnte schwedischer Kunstgeschichte spiegeln sich auf den Bahnhöfen wider. Landeszeitung v. 20.1.1995.

Meyer, H./Burmeister, P. (1975): Abschluß der Durchführbarkeitsstudie „Bedarfsgesteuerte Bussysteme". In: Nahverkehrspraxis 23, S. 323-325.

MEYER, H. R. (1975): Der öffentliche Verkehr unter der Lupe der Wirtschaftswissenschaften. In: Verkehrsannalen 22, S. 252-259.

MEYER, J. R./KAIN, J. F./WOHL, M. (Hg., 1965): The Urban Transportation Problem. Cambridge.

(MNUL) Minister f. Natur, Umwelt und Landesentwicklung des Landes Schleswig-Holstein. (1991): Meßbericht Lufthygienische Überwachung 1989. Kiel.

(MSWV bzw. MSV) Minister f. Stadtentwicklung ([früher:], Wohnen) und Verkehr des Landes Nordrhein-Westfalen:
- (1989): Radverkehr - wegweisend in die Zukunft. Handlungsleitfaden für die kommunale Praxis. Düsseldorf.
- (1990): MSWV informiert 1/1990: Radfahren, aber sicher! Düsseldorf.
- (1991): MSV informiert 4/1991: Mehr Sicherheit für Fußgänger an Verkehrsampeln. Düsseldorf.

MILLS, P. J. (1987): Pedal Cycle Accidents - A Hospital Based Study. Beitrag zur II. Internationalen Konferenz zur Verkehrssicherheit vom 31.8 - 4.9.1987 in Groningen.

Ministerium f. Wirtschaft, Technik und Verkehr des Landes Schleswig-Holstein/Geographisches Institut der Universität Kiel (Hg.). (1990): Fortbildungsseminar „Kommunale Radverkehrsförderung", 9.-11.5.1990. Kiel.

MÖLLER, I. (1985): Hamburg. Stuttgart.

MÖRITZ, S. (1992): Elektro-Fahrzeuge für Stadtverkehr geeignet? Vergleich zwischen elektro- und verbrennungsmotorisch getriebenen Nahverkehrsfahrzeugen. In: Internationales Verkehrswesen 44, S. 234-238.

MOEWES, W. (1980): Neue Strukturen für stark belastete Siedlungsräume. In: W. Abel. Probleme und Strategien in stark belasteten Siedlungsräumen. In: Schriftenreihe für ländliche Sozialfragen 80. Hannover, S. 19-47.

MOHNEN, V. A. (1989): Maßnahmen gegen den sauren Regen. In: Spektrum der Wissenschaft (1), S. 14-23.

MOLT, W. (1977): Preiswahrnehmung komplexer Güter am Beispiel der PKW-Nutzung. In: Zeitschrift für Verbraucherpolitik 1, S. 325-338.

MOLT, W./HARTMANN, H. A./STRINGER, P. (1981): Advances in Economic Psychology. Third European Colloquium on Economic Psychology, 1978. Heidelberg.

MONHEIM, H.:
- (1978): Verkehrsberuhigung. Von verkehrstechnischen Einzelmaßnahmen zum städtebaulichen Gesamtkonzept. In: Stadtbauwelt (58), S. 141-148.
- (1988): Einflüsse der Stadtstruktur auf die Entwicklung der Fahrradbenutzung. Lehren aus der Verkehrsmittelwahl an Hochschulen. In: Müller A. K. Symposium Fahrradzukunft. TUB (Techn. Univ. Berlin) - Dokumentation 17. Berlin, S. 12-23.

MONHEIM, H./MONHEIM-DANDORFER, R. (1990): Straßen für alle. Analysen und Konzepte zum Stadtverkehr der Zukunft. Hamburg.

MONHEIM, R.:
- (1990): Verkehrsplanung in Erlangen. Konzepte, Maßnahmen und Ergebnisse von Planungen für einen stadtverträglichen Verkehr. In: Verkehr und Technik 43, S. 160-170.
- (1992): Die Bedeutung der Verkehrserschließung für den Innenstadt-Einzelhandel und ihre Einschätzung durch Einzelhändler und Besucher. In: Verkehr und Technik 45, S. 39-53 und 88-96, Tabellenberichtigung auf S. 321.

MROß, M. (1970): Die Verkehrsfamilie. Ein Weg in eine bessere Zukunft des öffentlichen Personen-Nahverkehrs. Schriftenreihe für Verkehr und Technik 46. Bielefeld.

MÜLLER, P. U. A. (1992): Konzepte flächenhafter Verkehrsberuhigung in 16 Städten (hrsg. v. Universität Kaiserslautern, Fachgebiet Verkehrswesen, und dem Umweltbundesamt). Kaiserslautern, Berlin.

MÜLLER, S. (1993): Die deutschen Kabinenbahnsysteme. Entwicklung, Demonstration, Perspektive. In: Verkehr und Technik 46, S. 468-476.

MÜLLER-HELLMANN, A. (1993): Quo vadis Straßenbahn? Neue Rolle für ein traditionsreiches Verkehrsmittel. In: Internationales Verkehrswesen 45, S. 61-68.

MÜßENER, E. (1991): Stadtverkehr im Wertewandel. In: Verkehr und Technik 44, S. 409-410, 443-447 und 479-481.

MURSWIEK, D. (1993): Nahverkehrsabgaben - zulässige Instrumente zur Verringerung des IV. Zu einem Rechtsgutachten über die Entlastung der Städte vom Individualverkehr durch Abgaben. In: Der Nahverkehr 11 (5), S. 8-12.

NADER, G. (1969): Socio-economic status and consumer behaviour. In: Urban Studies 6, S. 235-245.

NADIS, S. (1994): High hopes for faster transit. In: New scientist 141 (5), S. 28-32.

Nahverkehrspraxis:
- (20, 1972), S. 290: Vor- und Nachteile von autofreien Zonen in Stadtkernen.
- (23, 1975), S. 290: Ergebnisse des „Fast-Null-Tarif"-Experimentes in Nordrhein-Westfalen.
- (36, 1988), S. 431: „Menschengerechte Stadt". Automobilindustrie schreibt Ideenkonkurrenz aus.
- (37, 1989), S. 100: Taxi-Einsatz wichtiger Baustein im Konzept für einen kundengerechten Nahverkehr.

- (38, 1990), S. 439: Busfahren heißt: Sicher fahren.
- (40, 1992), S. 435: Bei alternativen Kraftstoffen noch viele Fragen offen.
- (41, 1993 a), S. 88: Vorrang für anfahrenden Linienbus.
- (41, 1993 b), S. 296-297: Berliner Verkehrsbetriebe setzen auf bargeldloses Bezahlen in Bussen.
- (42, 1994 a), S. 355: Neuer Weg zum Umwelt-Auto?
- (42, 1994 b), S. 412-413: Das Auto der Zukunft wird elektronisch geführt. Europäischer Forschungsverbund Prometheus legt Ergebnisse vor.
- (43, 1995 a), S. 21: Mit dem „Bonus-Ticket" zum Einkaufen in die Innenstadt.
- (43, 1995 b), S. 22: Bargeldloser Zahlungsverkehr im Hamburger Verkehrsverbund (HVV).
- (43, 1995 c), S. 110-113: Lokale Stadtbussysteme. Eine Chance für den ÖPNV in kleinen und mittleren Städten.

NATSCH, B./GUSSFELD, K.-P. (Hg.: Bund f. Umwelt u. Naturschutz Deutschland). (1992): Der Verkehr - die unterschätzte Klimagefahr. Freiburg.

Natur ([6], 1995): Autofeinde zahlen mit. Mineralöl- und Kfz-Steuern decken nur die Hälfte der Schäden durch den Autoverkehr, S. 11.

NAUMANN, D./PECKMANN, M. (1974): Nahverkehrssystem Cabinentaxi. Projektplanung Hagen. In: Nahverkehrspraxis 22, S. 96-105.

NAUMANN, T. (1987): Würzburg: Die Straßenbahn als Hauptverkehrsträger in einer kleinen Großstadt. In: Köstlin, R./Wollmann, H. (Hg.). Renaissance der Straßenbahn. Basel u. a., S. 242-264.

NEDDENS, M. C. (1986): Ökologisch orientierte Stadt- und Raumentwicklung. Wiesbaden, Berlin.

NICKEL, B. E.:
- (1991): In Innenstädten weltweit Verkehrsbeschränkungen. Nachfrage-Management im Straßenverkehr. In: Der Nahverkehr 9 (1), S. 11-22.
- (1993): Citybus, Quartierbus, Ortsbus. In: Der Nahverkehr 11 (6), S. 21-37.
- (1995): Intelligente Vernetzung von Fahrradverkehr und ÖPNV. Lösungsansätze und Probleme. In: Der Nahverkehr 13 (1-2), S. 50-59.

NICOLAIDIS, G. C. (1975): Quantification of the comfort variable. In: Transportation Research 9, S. 55-66.

NICOLAISEN, W. (1994): Verkehrsgeographische Analyse von Serviceleistungen für den Radverkehr am Beispiel der Stadt Lüneburg. Lüneburg (Unveröff. Magisterarbeit).

Niedersächsischer Minister des Innern (Hg.). (1987): Strategie für den öffentlichen Personennahverkehr (ÖPNV) im ländlichen Raum Niedersachsens. Berlin.

(NUM/NLI) Niedersächsisches Umweltministerium/Niedersächsisches Landesamt für Immissionsschutz:
- (o. J.): Lufthygienisches Überwachungssystem Niedersachsen. LÜN-Jahresbericht 1989. Hannover.
- (1991): Ozon-Konzentrationen in Niedersachsen 1986-1990. Hannover.

NIEMEITZ, C. (1982): Der Zeit-Relativ-Raum als Grundlage der Verkehrsmittelwahl im Berufsverkehr - dargestellt am Beispiel Heidelberg und Umgebung. In: Heidelberger Geographische Arbeiten 75. Heidelberg, S. 39-60.

NOELLE-NEUMANN, E.:
- (1974): Die Schweigespirale. Über die Entstehung der öffentlichen Meinung. In: E. Forsthoff/R. Hörstel (Hg.). Standorte im Zeitstrom. Festschrift für Arnold Gehlen zum 70. Geburtstag am 29. Januar 1974. Frankfurt/M., S. 299-330.
- (1977): Das doppelte Meinungsklima. Der Einfluß des Fernsehens im Wahlkampf 1976. In: Politische Vierteljahresschrift 18, S. 408-451.

NÖSKE, J. (1989): 10 Jahre radverkehrsgerechte Planung - Analysen, Ergebnisse, Tendenzen. In: Internationales Verkehrswesen 41, S. 260-265.

NUHN, H. (1994): Verkehrsgeographie. Neuere Entwicklungen und Perspektiven für die Zukunft. In: Geographische Rundschau 46, S. 260-265.

OBST, E. (1964): Allgemeine Wirtschafts- und Verkehrsgeographie. 3. Auflage, Berlin.

OELBAUM, P./VOLKMAR, H. (1993): Was bewirken Kombitickets? Ergebnisse einer Marktuntersuchung in München. In: Der Nahverkehr 11 (7-8), S. 30-33.

O'FARREL, P. N./MARKHAM, J.:
- (1974): Commuter perceptions of public transport work journeys. In: Environment and Planning A 6, S. 79-100.
- (1975): The journey to work: A behavioural analysis. Progress in Planning 3 (3). Oxford u. a.

OPASCHOWSKI, H. W. (1993): Auto und Freizeit. Ergebnisse einer einjährigen Befragung von 500 Saab-Testfahrern. Hg. v. BAT-Freizeit-Forschungsinstitut und SAAB Deutschland. Hamburg.

OSGOOD, C. E./SUCI, G. J./TANNENBAUM, P. H. (1957): The measurement of meaning. Urbana.

336

PADE, J. (1994): Im Stickicht der Städte. In: Die Zeit Nr. 29 v. 15.7.1994.

PAFFRATH, D. (1990): Der Straßenverkehr als Luftverschmutzer. In: DLR-Nachrichten (60), S. 23-28.

PAMPEL, F. (Hamburg-Consult) (1992): Nahverkehr mit System. Erfahrungen und Empfehlungen aus dem Demonstrationsprojekt „Busverkehrssystem Lübeck". Hamburg.

PARTZSCH, D. (1970): Daseinsgrundfunktionen. In: Akademie für Raumforschung und Landesplanung (Hg.). Handwörterbuch der Raumforschung und Raumordnung. 2. Aufl., Hannover 1970. Sp. 424-430.

PETERSEN, M. (1993): Teile und fahre. Fünf Jahre STATTAUTO Berlin. In: Internationales Verkehrswesen 45, S. 740-742.

PETERSHAGEN, W. G. H./STÜTTGEN, R. (1991): Fahrsmart schafft neue Handlungsmöglichkeiten. Chipkarten als Fahrausweis im ÖPNV eingesetzt. In: Der Nahverkehr 9 (6), S. 36-39.

PEZ, P.:
- (1989 a): (Hg.) Verkehrsmittelwahl im Stadtverkehr und ihre Beeinflußbarkeit. Ergebnisse eines Forschungsseminars zum Stadtverkehr Kiels. Kiel.
- (1990 a): (Hg.) Radverkehrsprobleme in Kiel. Bd. 1, Kiel; Bd. 2, Kiel.
- (1990 b): (Hg.) Radverkehrsprobleme in der Gemeinde Kronshagen. Kiel.
- (1990 c): Reisezeit und Verkehrsmittelwahl in der Stadt. In: Nahverkehrspraxis 38, S. 319-321.
- (1990 d): Kommt die autofreie Innenstadt? Neue Vorschläge für „verkehrsarme Zonen" in Kiel. In: Die Kommunale (2), S. 4-6.
- (1991): mit H. Gierling, N. Nielsen: Auswertung der Befragung zur Verkehrserschließung der Lüneburger Hochschulstandorte. Verkehrswissenschaftliche Arbeiten der Universität Lüneburg, Abt. Wirtschafts- u. Sozialgeographie, 2. Lüneburg.
- (1992 a): Radverkehrsförderung als Strategie zur Entlastung des Stadtverkehrs. In: Archiv f. Kommunalwissenschaften 31, S. 103-116.
- (1992 b): Die „Mühlenwegautobahn": Rettung vor dem Verkehrsinfarkt oder Symbol eines Irrweges? In: W. Paravicini (Hg.). Begegnungen mit Kiel. Gabe der Christian-Albrechts-Universität zur 750-Jahr-Feier der Stadt. Neumünster.
- (1993 a): Unfallanalyse für den Kernbereich der Stadt Lüneburg. Verkehrswissenschaftliche Arbeiten der Universität Lüneburg, Abt. Wirtschafts- und Sozialgeographie, 6, Lüneburg.
- (1993 b): Radverkehrsmängel und Möglichkeiten der Radverkehrsförderung in Lüneburg. Verkehrswissenschaftliche Arbeiten der Universität Lüneburg, Abt. Wirtschafts- und Sozialgeographie, 7, Lüneburg.

- (1994, Hg.): Auswirkungen der innerstädtischen Verkehrsberuhigung in Lüneburg. Eine Zwischenbilanz. Verkehrswissenschaftliche Arbeiten der Universität Lüneburg, Abt. Wirtschafts- und Sozialgeographie, 8. Lüneburg.
- (1995): mit H. Gierling, N. Nielsen, U. Braun. Verkehrsaufkommen und -struktur eines Baugebietes Schaperdrift/Teufelsküche. Eine Studie im Auftrag der Stadt Lüneburg. Teil A: Verkehrsprognose; Teil B: Einwirkungsmöglichkeiten. Lüneburg.

PEZ, P./BÄHR, J. (1990): Städtischer Verkehr in der Krise. Neue Wege in der Verkehrsplanung am Beispiel der Städte Kiel und Lübeck. In: Müller, M. J./Riecken, G. Stadtlandschaften in Schleswig-Holstein. Neumünster, S. 189-198.

Polizeiinspektion Kiel (1989-94): Jahresbericht, Ausgaben 1989-94. Kiel.

Polizeipräsident von Berlin, Dezernat Straßenverkehr (1987): Verkehrsunfälle mit Radfahrern. Eine Sonderuntersuchung der Radfahrerunfälle in Berlin (West) in den Jahren 1981-1986. Berlin.

POPP, H. (1979): Zur Bedeutung des Koppelungsverhaltens bei Einkäufen in Verbrauchermärkten - Aktionsräumliche Aspekte. In: Geographische Zeitschrift 67, S. 301-313.

Population Reference Bureau (1991): World Population Data Sheet. Washington.

Presseamt der Landeshauptstadt Kiel (1989): Neue Wege in der kommunalen Verkehrspolitik. Internationales Städteforum zur Kieler Woche 1989. 10 Städte berichten. Kiel.

PRIEBS, A.(1983): Der Tangentenring um Hamburg. Kiel.

PRUSA, W. (1989): Soziologische Folgewirkungen des Automobilismus für den ÖPNV. In: Nahverkehrspraxis 37, S. 92-95.

RATZENBERGER, R./JOSEL, K.-D./HAHN, W. (1989): Maßnahmen zur Steigerung der Attraktivität und der Leistungsfähigkeit des öffentlichen Personennahverkehrs. Ifo-Studien zur Verkehrswirtschaft 21. München
RECKER, W. W./GOLOB, T. F.:
- (1976): An attitudinal modal choice model. In: Transportation Research 10, S. 299-310.
- (1979): A non-compensatory model of transportation behavior based on sequential consideration of attributes. In: Transportation Research 13 B, S. 269-280.

RECKER, W. W./STEVENS, R. F.:
- (1976): Attitudinal models of mode choice: the multi-nomial case for selected nonwork trips. In: Transportation 5, S. 355-375.
- (1977): An attidunal Travel demand model for non-work trips of homogeneously constrained segments of a population. In: Transportation Research 11, S. 167-176.

REICHOW, H. B. (1959): Die autogerechte Stadt. Ein Weg aus dem Verkehrs-Chaos. Ravensburg.

REINKOBER, N. (1994): Fahrgemeinschaften und Mobilitätszentrale: Bestandteile eines zukunftsorientierten öffentlichen Personennahverkehrs. Schriftenreihe f. Verkehr u. Technik 81. Bielefeld.

REITZ, L. (1994): Gefahr aus der Leitung. Umwelt: Hunderte von deutschen Wasserwerken bekommen die Folgen des sauren Regens nicht in den Griff. In: Die Zeit v. 2.9.1994.

RETZKO, H.-G. (1992): Gesamtverkehrsplanung, Generalverkehrsplanung, Verkehrsentwicklungsplanung, Verkehrskonzeptentwicklung - Was ergibt stadtverträglichen Verkehr? In: Straßenverkehrstechnik 36, S. 5-11.

REUTTER, O./REUTTER, U.:
- (1989): Soziale Folgen des Autoverkehrs. Durch Verkehrsunfälle benachteiligte Bevölkerungsgruppen und Stadtteile. ILS (Institut f. Landes- u. Stadtentwicklungsforschung des Landes Nordrhein-Westfalen) - Schriften 35. Dortmund.
- (1994): Autofreie Haushalte. Daten zur Sozialstruktur einer unterschätzten Bevölkerungsgruppe. In: Raumplanung (65), S. 112-118.

RICHARD, H./ALRUTZ, D./WIEDEMANN (1986): Handbuch für Radverkehrsanlagen. 2. Aufl., Darmstadt.

RICKERT, H./ HOLZÄPFEL, G. (1992): Batteriesysteme für elektrisch angetriebene Straßenfahrzeuge. In: Elektrizitätswirtschaft 91, S. 566-572.

RÖCK, W. (1974): Interdependenzen zwischen Städtebaukonzeptionen und Verkehrssystemen. Beiträge aus dem Institut f. Verkehrswissenschaft an der Universität Münster. Göttingen.

RÖHRL, C./SCHNELL, H./STEIERWALD, M. (1992): Komfortable Kombitickets. Kooperation bietet dem Fahrgast geldwerten oder organisatorischen Vorteil. In: Der Nahverkehr 10 (1), S. 28-31.

RÖSLER, M. (Hg., 1993): Ökologische Verkehrsplanung im Ballungsraum. Hamburg.

ROSENBERG, M. J. (1956): Cognitive structure and attitudinal affect. In: Journal of abnormal and social psychology 52, S. 367-372.

ROTHENGATTER, W. (1989): Soziale Zusatzkosten des Verkehrs. In: Vierteljahreshefte zur Wirtschaftsforschung (1), S. 62-84.

RUHNKE, D. (1993): Busbeeinflußte Lichtsignalsteuerung. Hamburg entwickelt ein Beschleunigungsprogramm. In. Der Nahverkehr 11 (1-2), S. 58-62.

RUWENSTROTH, G./KULLER, E. C./GERSEMANN, D. (1986): Gesellschaft für Landeskultur GmbH Bremen. Regelabweichendes Verhalten von Fahrradfahrern. Forschungsbericht der BASt, Bereich Unfallforschung, 142. Bergisch Gladbach.

SAHNER, H. (1990): Schließende Statistik. 3. Auflage, Stuttgart.

SAMMER, G. (1988): Motorisierter Individualverkehr - Grenzen und Möglichkeiten seiner Beeinflussung. In: Österreichische Ingenieur- und Architekten-Zeitung 133 (1), S. 26-32.

SAUREN, E. W. (1973): Sicherheit des Fußgängers im Straßenverkehr. Erhöht der Zebra-streifen die Sicherheit des Fußgängers? In: Zeitschrift für Verkehrsrecht 18, S. 87-96.

SCHAAFF, R. W. (1983): Anwendung und Einsatzgrenzen von Fußgängerüberwegen (Zebrastreifen). In. Der Städtetag 36, S. 820-823.

SCHAEFER, U.-D. (1973): Überlegungen und Bemessungsansätze zur Errichtung von Anlagen für Park and Ride. In: Nahverkehrspraxis 21, S. 87-90.

SCHÄFER-BREEDE, K. (Hg., 1989): Tempo 30 durch Straßengestaltung - 80 Planungs-beispiele zur Verkehrsberuhigung. Wiesbaden, Berlin.

SCHÄFER-BREEDE, K. U. A. (1986): Pro fahrrad. Eine Bilddokumentation mit modellhaf-ten Beispielen zur Verbesserung des Radverkehrs. Wiesbaden, Berlin.

SCHALLER, T. (1993): Kommunale Verkehrskonzepte. Köln.

SCHICKHOFF, I. (1978): Graphentheoretische Untersuchungen. Duisburger Geographische Arbeiten 1. Duisburg.

SCHLICKUM-PEYKE, P. (1988): Nahverkehr im Verdichtungsraum. Angewandte Sozialgeographische Beiträge 18, Augsburg.

SCHLIEPHAKE, K.:
- (1973): Geographische Erfassung des Verkehrs. Gießener Geographische Schriften 28.
- (1982): Verkehrsgeographie. In: Harms Handbuch der Geographie, Sozial- und Wirtschaftsgeographie 2. München.
- (1987): Verkehrsgeographie. In: Geographische Rundschau 39, S. 200-212.

SCHLÜTER, T. (1990): Stellschraube Stellplätze. Stellplatzsatzungen als Instrumente einer ökologisch orientierten kommunalen Verkehrspolitik. In: Raumplanung (51), S. 232-235.

SCHMIDT, C. D. (1991): Pilotprojekt bargeldlose Zahlungsmittel. Erfahrungen mit dem Einsatz von Kreditkarten im vollautomatisierten Fahrausweisverkauf bei der Stuttgarter Straßenbahnen AG. In: Der Nahverkehr 9 (4), S. 29-34.

SCHMIDT, D. (1993): Haltestelleninformation über Funk. Erfurter Verkehrsbetriebe praktizieren ein einfaches Informationssystem. In: Der Nahverkehr 11 (5), S. 44-47.

SCHMIDT, H./WESSELS, G./ZIMONTKOWSKI, B. (1993): Entwicklung eines dynamischen Auskunfts- und Informationssystems. In: Der Nahverkehr 11 (4), S. 54-61.

SCHMITZ, A.:
- (1989): Fußgängerverkehr - Benachteiligung des Fußgängerverkehrs und Ansätze zu ihrer Beseitigung. Schriftenreihe des Instituts für Landes- und Stadtentwicklungsforschung (ILS) des Landes Nordrhein-Westfalen 25. Dortmund.
- (1991 a): Der Weg zur Straßenbahn (I). Die Lage der Haltestelle im Raum. In: Verkehr und Technik (4), S. 139-144.
- (1991 b): Der Weg zur Straßenbahn (II). Die Haltestelle. In: Verkehr und Technik (6), S. 235-240.

SCHMITZ, S. (1992): Verkehrsvermeidung - welche Rolle kann die Raumplanung spielen? In: Raumforschung und Raumordnung 50, S. 327-334.

SCHMORTTE, S. (1991): Die Stadt, der Handel und das Auto: Sind Fußgänger die schlechteren Kunden? In: Handelsblatt v. 16./17.11.1991, S. 12.

SCHNABEL, U. (1995): Ozon, Krebs, Mäuse, Politik. Neuer Verdacht gegen das Reizgas Ozon: Kann es beim Menschen Krebs auslösen? Der Streit um die Grenzwerte ist neu entfacht. In: Die Zeit v. 19.5.1995.

SCHNEIDER, H. D. (1975): Kleingruppenforschung. Stuttgart.

SCHÖPKE, H. (1992): Wiederentdeckung der Straßenbahn - nicht nur in Braunschweig. In: Praxis Geographie 22 (7/8), S. 50-53.

SCHOLZ, G. (1993): Der Einfluß von Reisezeitveränderungen auf das Verlagerungspotential. Verkehrsentwicklung zwischen Wunsch und Wirklichkeit. In: Internationales Verkehrswesen 45, S. 36-41.

SCHUBERT, H. (Ingenieurgemeinschaft):
- (1966/76): Generalverkehrsplan Lüneburg. Hannover (2 Bde.).
- (1975): Generalverkehrsplan Lüneburg. Hannover (2 Bde.).

- (1983): Generalverkehrsplan Lüneburg. Neubearbeitung 1981/82. Hannover.
- (1989 a): Verkehrsentwicklungsplan Lüneburg, Abschnitt fließender Kfz-Verkehr, Lüneburg 1988/89. Hannover.
- (1989 b): Verkehrsentwicklungsplan Lüneburg. Ergänzung 1989. Hannover.

SCHÜTTE, K. (1982): Verkehrsberuhigung im Städtebau. Praktische Hinweise für Planung und Kommunalpolitik. Neue Kommunale Schriften 49. Köln u. a.

SCHULTE, R. (1983): Situation und Chancen des öffentlichen Personennahverkehrs im ländlichen Raum. Münstersche Geographische Arbeiten 17, Paderborn.

SCHWENCKE, O. (1986): Verkehrsplanung für eine menschengerechte Stadt. Loccumer Protokolle 15. Rehburg-Loccum.

SCRIBA, J. (1991): Hilfe vom elektronischen Steuermann. In. Geo-Wissen (2), S. 96-98.

SEELEN, K. V. (1973): Straßenbahnen, die nicht gebaut wurden: Straßenbahnprojekt Lüneburg. In: Straßenbahnmagazin (10), S. 282-284.

SEIFRIED, D. (1991): Gute Argumente: Verkehr. 3. Auflage, München.

Senat der Hansestadt Lübeck:
- (1987): Fahrradverkehr. Lübeck plant und baut 3.
- (1990): Autofreie Innenstadt. Lübeck plant und baut 23.

Senator f. d. Bauwesen Bremen (1995): Integrative Verkehrsplanung. Ergebnisse der Szenarien. Bremen.

Senator f. Umweltschutz u. Stadtentwicklung Bremen (1994): Wohnen ohne eigenes Auto - Bremer Modell für neue Urbanität. Fachtagung 11.-12.4.1994. Bremen.

Senatsverwaltung für Stadtentwicklung und Umweltschutz Berlin/Dt. Institut f. Urbanistik. (1992): Neue Verkehrskonzepte großer Städte. Arbeitshefte Umweltverträglicher Stadtverkehr 3. Berlin.

SNIZEK, S./SEDLMAYER, H. (1995): Ein ÖV-Musterkorridor in Salzburg. In: Der Nahverkehr 13 (3), S. 72-74.

Socialdata:
- (1992 a): Keine Alternative zum Umweltverbund! Chancen für Verhaltensänderungen. Informationsreihe der Saartal-Linien zum öffentlichen Personennahverkehr in Saarbrücken, Bd. 4. München.
- (1992 b): Kleine Fibel vom Zufußgehen und anderen Merkwürdigkeiten. München.

SONNABEND, H. (1992): Stadtverkehr im antiken Rom. In: Die alte Stadt 19, S. 183-194.

Spiegel, Der, ([36], 1993): Bunter Hund. Mit staatlichen Leihrädern wollen Dänen dem Verkehrsinfarkt vorbeugen, S. 136.

Spiegel-Dokumentation (1993 (b)): Auto, Verkehr und Umwelt. Hamburg.

SRL siehe: Vereinigung der Stadt-, Regional- und Landesplaner e. V.

Stadt Erlangen (1984): Verkehr in Erlangen. Informationen zur Stadtentwicklung, Januar 1984.

Stadt Frankfurt a. M. (1990): Tempo 30 - Leitfaden. 50 Seiten für Tempo 30. Frankfurt a. M.

Stadt Kiel:
• (1986/88): Fortschreibung des Generalverkehrsplanes für die Stadt Kiel. Kiel (Text- und Abbildungsband).
• (1993): Das Baudezernat informiert: Entwurf Flächennutzungsplan. Kiel.

Stadt Lüneburg:
• (1990): (Pressestelle) Beschluß des Rates der Stadt Lüneburg vom 20. Dezember 1990. Verkehrsentwicklungsplan. Lüneburg.
• (1991):(Hauptamt, Abt. Statistik u. Wahlen) Lüneburger Statistik 1990. Lüneburg.
• (1992): (Oberstadtdirektor) & Studentinnen der Universität Lüneburg. Lüneburger Radstadtplan. Lüneburg.
• Stadtakten SA XIX H1: Verhandlungen zur Einrichtung eines Omnibusbetriebes.
• Stadtakten SA XIX H7: Verhandlungen mit der Firma Röhlsberger zur Einrichtung eines Omnibusbetriebes. 2 Bde.

Stadtplanungsamt Hagen/KOCKS Consult GmbH (1979): Untersuchungen zur Fortschreibung des Generalverkehrsplanes. Hagen.

Stadtverwaltung Münster (Hg.):
• (1989): Programm fahrradfreundliche Stadt Münster. Münster.
• (1992): Radfahren in unechten Einbahnstraßen. Beiträge zur Stadtforschung, Stadtentwicklung, Stadtplanung 1/1992.
• (1992): Verkehrsmittelwahl im Berufsverkehr. Beiträge zur Stadtforschung, Stadtentwicklung, Stadtplanung 2/1992.
• (1992): Zeitbudget und Verkehrsteilnahme. Beiträge zur Stadtforschung, Stadtentwicklung, Stadtplanung 3/1992.
• (1992): Verkehrsmittelwahl im Einkaufsverkehr. Beiträge zur Stadtforschung, Stadtentwicklung, Stadtplanung 4/1992.

STÄRK-RÖTTERS, D. (1988): Studenten im Wintersemester 1987/88. In: Wirtschaft & Statistik (4), S. 263-267.

Statistisches Bundesamt (Hg., 1990-95): Statistisches Jahrbuch für das vereinte Deutschland/ für die Bundesrepublik Deutschland 1990, 1991, 1993, 1994, 1995. Wiesbaden.

STEWIG, R.:
- (1983 (a)): Die Entwicklung der Stadt Kiel. In: Bähr, J. (Hg.) Kiel 1879-1979. Entwicklung von Stadt und Umland im Bild der Topographischen Karte 1:25.000. Zum 32. Dt. Kartographentag vom 11.-14. Mai 1983 in Kiel. Kiel.
- (1983 (b)): Die Stadt in Industrie- und Entwicklungsländern. Paderborn u. a.

STOPHER, P. R. (1968): Predicting travel model choice for the journey to work. In: Travel Engineering and Control 9, S. 436-439.

STOPHER, P. R./MEYBURG, A. H./BRÖG, W. (1981): New Horizons in Travel-Behavior Research. Lexington.

Stromthemen:
- (8 [9], 1991), S. 6: KFA-Studie zur CO_2-Minderung: Bei 25 % ist Skepsis angesagt.
- (8 [10], 1991), S. 4-5: Elektroautos sind umweltfreundlich.
- (9 [8], 1992), S. 4-6: Probleme bei CO_2-Reduktion im Verkehrsbereich.
- (12 [11], 1995), S. 4-5: Sauberer Strom aus Brennstoffzellen.

Stromthemen Extra (8 [52], 1991): Gutachten im Auftrag des Bundesministeriums für Forschung und Technologie: Die Einsatzchancen erneuerbarer Energiequellen.

STRINGER, P. (1981): Time, cost and other factors in inter-urban travel mode choice. In: Molt, W./Hartmann, H. A./Stringer, P. Advances in Economic Psychology. Third European Colloquium on Economic Psychology, 1978. Heidelberg.

(SNV) Studiengesellschaft Nahverkehr (später: Studiengesellschaft Verkehr) mbH:
- (o. J.): Fahrsmart. Neue Wege im ÖPNV-Zahlungsverkehr. Systembeschreibung. Hamburg.
- (1989): Stadtverkehr 2000: Chancen des öffentlichen Nahverkehrs - Notwendigkeiten zur Veränderung? Bielefeld.
- (1993): Optimierung des Öffentlichen Personennahverkehrs (ÖPNV) im Landkreis Lüneburg. 2. Zwischenbericht. Hamburg.
- (1994): ÖPNV-Optimierung Landkreis Lüneburg. Konzept zur Attraktivitätssteigerung des Stadtbusverkehrs Lüneburg. Schlußbericht. Hamburg.

Studienkreis f. Tourismus (1993): Reiseanalyse 1992. Starnberg.

STUMPP, A. (1977): Tram-Bus: Ein Verkehrssystem in naher Zukunft. In: Nahverkehrspraxis 25, S. 431- 434.

SUNTUM, U. V (1986): Verkehrspolitik. München.

TAAFE, E. J./GAUTHIER, H. L. (1973): Geography of Transportation. Englewood Cliffs.

TAPPERT, H./HEINRICH, K. (1975): Die Meinung der Benutzer über Kabinenbahnsysteme. In: Nahverkehrspraxis 23, S. 64-68.

TEICHMANN, U. (1983): Die Nachfrageelastizität im innerstädtischen Individualverkehr - dargestellt am Beispiel ausgewählter Städte Nordrhein-Westfalens. In: Zeitschrift f. Verkehrswissenschaft 54, S. 71-94.

TEUFEL, D.:
- (1989): Die Zukunft des Autoverkehrs. UPI (Umwelt- und Prognoseinstitut Heidelberg) -Berichte 14 (3).
- (1993): Der Autoverkehr als Umweltfaktor. In: Frank, H.-J./Walter, N. (Hg.). Strategien gegen den Verkehrsinfarkt. Deutsche Bank Research. Stuttgart, S. 41-61.

THOMSON, J. M. (1978): Grundlagen der Verkehrspolitik. Bern, Stuttgart.

TISHER, M. L./PHILLIPS R. V. (1979): The relationship between transportation perceptions and behavior over time. In: Transportation 8, S. 21-36.

TOPP, H. H.:
- (1985): Straßennetzentwicklung, Straßenumgestaltung und Parkraumangebot. In: Der Städtetag 38, S. 522-525.
- (1989): Erreichbarkeit als Voraussetzung lebendiger Stadtzentren. Grundzüge einer integrierten Verkehrsplanung. In: Internationales Verkehrswesen 41, S. 332-338.
- (1990): Gibt es für Stadt und Auto eine gemeinsame Zukunft? In: Zeitschrift f. Umweltpolitik und Umweltrecht 13, S. 273-294.
- (1992): Verkehrskonzepte für Stadt und Umland zwischen Krisenmanagement und Zukunftsgestaltung. In: Raumforschung und Raumordnung 50, S. 15-23.
- (1993 a): Verkehrskonzepte für Stadt und Umland zwischen Krisenmanagement und Zukunftsgestaltung. In: Frank, H.-J./Walter, N. (Hg.). Strategien gegen den Verkehrsinfarkt. Deutsche Bank Research. Stuttgart, S. 81-106.
- (1993 b): Verkehrsmanagement in den USA. Verhaltensänderungen und „intelligente" Fahrzeug-/ Straßensysteme sind gefordert. In. Der Nahverkehr 11 (4), S. 12-17.
- (1993 c): HOV-Spuren näher betrachtet. Erfahrungen in den USA. In: Der Nahverkehr 11 (10), S. 24-26.

Trier Forum e. V. Notwendige Schritte für eine fußgängerfreundliche Planung am Beispiel der Trierer Innenstadt. Trier 1992.

ÜBERSCHAER, M. (1988): Zur Verlagerung von Pkw-Fahrten auf andere Verkehrsmittel. In: Verkehr und Technik (1), S. 3-11.

UELTSCHI, R. (1987): Positives Beispiel Basel: Lösungsansätze zur Attraktivitäts-Steigerung der öffentlichen Verkehrsmittel. In: Köstlin, R./Wollmann, H. (Hg.). Renaissance der Straßenbahn. Basel u. a., S. 214-241.

(UMKEHR) Arbeitskreis Verkehr und Umwelt e. V. (o. J.): Gehwege in Städten. Teil: Breite des Gehweges. Berlin.

(UPI) Umwelt- und Prognoseinstitut Heidelberg e. V.:
* (1988): Ökosteuern als marktwirtschaftliches Instrument im Umweltschutz. Vorschläge für eine ökologische Steuerreform. UPI-Bericht 9. 3. Auflage, Heidelberg.
* (1993 a): Umweltwirkungen von Finanzinstrumenten im Verkehrsbereich. UPI-Bericht 21. 3. Auflage, Heidelberg.
* (1993 b): Scheinlösungen im Verkehrsbereich. UPI-Bericht 23. 3. Auflage, Heidelberg.

(UBA) Umweltbundesamt:
* (1983 a): Das Fahrrad in den Niederlanden. UBA-Texte 21a. Berlin.
* (1983 b): Fahrradverkehr in europäischen Ländern (ohne Niederlande). UBA-Texte 21 b. Berlin.
* (1987 a): Fahrradverkehr und öffentlicher Personennahverkehr als integriertes städtisches Verkehrssystem. Modellvorhaben „Fahrradfreundliche Stadt", Werkstattbericht 17. Berlin.
* (1987 b): Modellvorhaben Fahrradfreundliche Stadt, Werkstattbericht Nr. 17/1987: Fahrradverkehr und Öffentlicher Personennahverkehr als integriertes Verkehrssystem. Texte des Umweltbundesamtes 7/1987. Berlin.
* (1987 c): Wegweiser zur fahrradfreundlichen Stadt: Erkenntnisse und Erfahrungen aus dem Modellvorhaben „Fahrradfreundliche Stadt" des Umweltbundesamtes. Berlin.
* (1987 d): Abschließender Bericht zum Modellvorhaben „Fahrradfreundliche Stadt". Teil A: Begleituntersuchung und übergreifende Aspekte. Texte des Umweltbundesamtes 18. Berlin.
* (1988): Kommunale Fahrradverkehrsplanung und -förderung. UBA-Texte 26. Berlin.
* (1989): Daten zur Umwelt 1988/89. Berlin.
* (1991 a): Lärmschutz in Kur- und Erholungsorten. Förderung des Fußgängerverkehrs. Infodienst 2/91. Berlin.
* (1991 b): Luftverunreinigungen und Lungenkrebsrisiko. UBA-Berichte 7. Berlin.
* (1992 a): Klimaveränderung und Ozonloch. Zeit zum Handeln. Berlin.
* (1992 b): Umweltpolitik. Vergleichende Analyse der in den Berichten der Enquete-Kommission „Vorsorge zum Schutz der Erdatmosphäre" und in den Beschlüssen der Bundesregierung ausgewiesenen CO_2-Minderungspotentiale und Maßnahmen. Bonn.
* (1994): Alles Panikmache? oder: Was ist dran an der Klimakatastrophe? Berlin.
* (1995): Umweltdaten Deutschland 1995. Berlin.

VEBA Oel Aktiengesellschaft (1992): Das Elektroauto - Fakten und Argumente. Düsseldorf.

(VDV) Verband Deutscher Verkehrsunternehmen/Socialdata:
- (1991): Mobilität in Deutschland. Köln.
- (1993): Chancen für Busse und Bahnen. Potentiale für Verhaltensänderungen in Ballungsräumen. Köln.

(VÖV) Verband öffentlicher Verkehrsbetriebe (Hg., 1989): Zeit zum Umdenken. Köln.

(VDI) Verein Deutscher Ingenieure/Arbeitskreise Studenten und Jungingenieure im VDI. (1993): Verkehr(te) Zukunft. Vortagung zum Deutschen Ingenieurtag 1993. Düsseldorf.

(SRL) Vereinigung der Stadt-, Regional- und Landesplaner e. V., Fachgruppe Forum Mensch und Verkehr (1989): Beeinflussung des Verkehrsverhaltens durch Öffentlichkeitsarbeit. Bochum.

Verkehr und Technik:
- 45, 1992, S. 74: Arbeitgeber finanzieren zunehmend Zeitkarten für die Fahrt zum Arbeitsplatz.
- 46, 1993, S. 533: Klimaanlage für Stadt- und Überlandbusse.

Verkehrsministerium der Niederlande (Hg.). (1987): Wirksamkeitsanalyse des Radverkehrsnetzplanes Delft. Den Haag.

VERRON, H.:
- (1978): Rationale und emotionale Motive bei der Wahl des Verkehrsmittels im Berufsverkehr. In: Zeitschrift für Verkehrssicherheit 24, S. 163-166.
- (1986): Verkehrsmittelwahl als Reaktion auf ein Angebot. Ein Beitrag der Psychologie zur Verkehrsplanung. Schriftenreihe des Instituts für Verkehrsplanung und Verkehrswegebau der Technischen Universität Berlin 20. Berlin.
- (1988): Verkehrsmittelbenutzung aus der Sicht der Handlungstheorie. In: Müller, A. K. Symposium Fahrradzukunft. TUB (Techn. Univ. Berlin) - Dokumentation 17. Berlin, S. 38-43.

VESTER, F. (1990): Ausfahrt Zukunft. Strategien für den Verkehr von morgen. Eine Systemuntersuchung. 4. Auflage, München.

VOIGT, F. (1973): Die Theorie der Verkehrswirtschaft. Berlin.

VOIGT, F. U. A. (Hg.). (1976): Determinanten der Nachfrage nach Verkehrsleistungen. Teil 1: Personenverkehr. Forschungsbericht des Landes Nordrhein-Westfalen (Fachgruppe Verkehr) 2546. Opladen.

VOIGT, G. (1984): Verkehrsverbund und Lebensqualität. In: Praxis Geographie 14, S. 16-20.

VOPPEL, G. (1980): Verkehrsgeographie. Erträge der Forschung 135. Darmstadt.

VROOM, V. H. (1964): Work and motivation. New York u. a.

WAGNER, K. (1994): Wohnen ohne Auto. Symposium am 17./18.12.93 an der Hochschule für bildende Künste (HfbK) Hamburg. Hamburg.

WALPRECHT, D. (Hg.):
- (1983): Verkehrsberuhigung in Gemeinden. Köln.
- (1988): Fahrradverkehr in Städten und Gemeinden. Planung, Ausbau, Förderung. Köln u. a.

WALTHER, K.:
- (1975): Die fahrzeitäquivalente Reisezeit im öffentlichen Personennahverkehr. In: Verkehr und Technik (7), S. 271-275.
- (1976): Der Fußweg zur Bushaltestelle aus der Sicht des Verkehrsnutzers. In: Stadtbauwelt (49), S. 19-21.

WEBER, R. (1991): Wasserstoff. Wie aus Ideen Chancen werden. Hg. von der Informationszentrale der Elektrizitätswirtschaft (IZE). 2. Auflage, Frankfurt.

WEBERSINN, M. (1988): Parkraumbewirtschaftung für Lüneburg. Ein neues Nutzungskonzept. In: Der Städtetag 41, S. 761-763.

WEIGELT, H. (1979): Kabinenbahnen in deutschen Städten - Aspekte des praktischen Einsatzes. In: Internationales Verkehrswesen 31, S. 137-145.

WEISE, H. (1993): Verkehrsleitsysteme gewinnen an Boden: „Intelligenz" auf Deutschlands Straßen. In: Internationales Verkehrswesen 45, S. 136-139.

WENZEL, F. (1991): Fahrpreiserstattungen durch den Einzelhandel. Gerichtsurteile führen zu kontroverser Diskussion. In: Der Nahverkehr 9 (5), S. 10-14.

WERGLES, K. (1986): Neue Wege in der ÖPNV-Tarifpolitik. In: Internationales Verkehrswesen 38, S. 114-118.

WERMUTH, M.:
- (1978): Der Einfluß des PKW-Besitzes auf Fahrtenhäufigkeit und Wahl des Verkehrsmittels. Forschung Straßenbau und Straßenverkehrstechnik (265).
- (1980): Ein situationsorientiertes Verhaltensmodell der individuellen Verkehrsmittelwahl. In: Jahrbuch f. Regionalwissenschaft 1, S. 94-123.

WERZ, T. (1990): Ohne Autos mehr Umsatz? Stellungnahme zu einem difu-Gutachten. In: BAG-Nachrichten (12), S. 17-20.

WICHMANN, M. (1991): Oslo, Bologna, Zürich - Modelle zum Schutz der Kommunen vor dem Verkehrsinfarkt? In: Stadt und Gemeinde 46, S. 7-17.

WIEBE, D. (1987): Kiel - Landeshauptstadt an der Förde in Geschichte und Gegenwart. In: Bähr, J./Kortum, G. (Hg.). Schleswig-Holstein. Sammlung Geographischer Führer 15. Berlin, Stuttgart, S. 133-153.

WIEBUSCH-WOTHGE, R. (1989): Kriterien für Gestaltung, Einsatz und Sicherheit von alternativen Fußgängerüberwegen. Forschungsberichte der Bundesanstalt f. Straßenwesen, Bereich Unfallforschung, Bericht zum Forschungsprojekt 8023. Bergisch Gladbach.

WINNING, H. v./KRÜGER, M. (1989): City-Paket und Geschwindigkeitsschalter. Verkehrsberuhigung am Auto. ILS (Institut f. Landes- u. Stadtentwicklungsforschung des Landes Nordrhein-Westfalen) - Schriften 35. Dortmund.

WIRBITZKY, G. (1988): Wasserstoff-Antriebe im Test. In: Nahverkehrspraxis 36, S. 86-90.

WOLF, J.:
- (1988 a): Zur Sicherheit innerörtlicher Radwege. In: Städte- und Gemeindebund 43, S. 54-69.
- (1988 b): Fehlinvestition innerstädtischer Radweg? In: Raumplanung (40), S. 56-62.
- (1990): Zunahme der Radfahrerunfälle nach dem Bau von Radwegen - Ergebnisse einer dänischen Untersuchung. In: Internationales Verkehrswesen 42, S. 89-91.
- (1993): Kreisverkehrsplätze auf innerörtlichen hochbelasteten Hauptverkehrsknoten. In: Stadt und Gemeinde (12), S. 441-445.

WOLF, W. (1989): Sackgasse Autogesellschaft. Höchste Eisenbahn für eine Alternative. Frankfurt a. M.

ZABLOCKI, S. (1988): Phasen und Ergebnisse langjähriger Radverkehrsplanung in Malmö. In: ADFC Hessen. Fahrrad-Stadt-Verkehr. Bd. 2. Frankfurt, S. 121-127.

ZACKOR, H. (1990): Nutzung neuer Technologien in der Straßenverkehrsleittechnik. In: Straßenverkehrstechnik 34, S. 11-15.

ZIMMER, H.-G. (1990) PROMETHEUS - ein europäisches Forschungsprogramm zur Gestaltung des künftigen Straßenverkehrs. Straßenverkehrstechnik 34, S. 1-4.

ZIMMERMANN, K. (1986): Umwelt-Verbund im Nahverkehr. Konzept für die Verknüpfung der umweltschonenden Verkehrsarten mit Schwerpunkt Fahrradförderung. Städte- und Gemeindebund 40, S. 55-62.

ZIMMERMANN, N. (1986): Radverkehr und Radverkehrsanlagen zwischen Herne und Haltern - eine angewandt-verkehrsgeographische Untersuchung. Bochum.

Zweckverband Großraum Hannover/Bundesministerium für Forschung und Technologie (Hg., 1989). R-Bus. Das rechnergesteuerte Betriebsleitsystem für den flexiblen Buseinsatz. Hannover.

Stadtpläne:
- Amsterdam, Falkplan-Suurland, o. Aufl.-nr., Stand 1992.
- Berlin, Falk-Verlag, 48. Aufl., 1987.
- Essen, Falk-Verlag, 16. Aufl., 1962 und 43. Auflage, 1993/94.
- Flensburg, Hg. u. Verlag: ATLASCO, 9. Aufl., Stand Anfang 60er Jahre.
- Flensburg, Falk-Verlag, 17. Aufl., 1992/93.
- Frankfurt, Falk-Verlag, 22. Aufl., 1963 und 51. Aufl., 1990.
- Lüneburg, hg. v. Katasteramt Lüneburg, 1960.
- Lüneburg, Falk-Verlag (Falk-Extra), 2. Aufl., Stand 1991.
- München, Falk-Verlag, 46. Aufl., 1980.
- Hamburg, Falk-Verlag, 72. Aufl., 1987.
- Wien, Reise- und Verkehrsverlag, 1989.
- Wien, Verkehrslinienplan, 1989.
- Los Angeles, hg. v. d. H. M. Gousha Company, Stand 1987.

Topographische Karten 1:25.000, hg. vom Landesvermessungsamt Schleswig-Holstein bzw. Niedersächsischen Landesverwaltungsamt, Abt. Landesvermessung/Kartenvertrieb:
- 1526, Dänischenhagen, Ausgaben von 1879, 1913, 1934, 1940, 1953, 1967, 1971, 1975, 1984.
- 1527, Laboe, Ausgaben von 1879, 1913, 1934, 1940, 1953, 1967, 1971, 1974, 1984.
- 1626, Kiel, Ausgaben von 1879, 1895, 1913, 1927, 1941, 1954, 1959, 1962, 1971, 1977, 1982.
- 1627, Heikendorf, Ausgaben von 1879, 1897, 1913, 1930, 1953, 1961, 1971, 1977, 1982.
- 1726, Flintbek, Ausgaben von 1879, 1895, 1913, 1934, 1941, 1959, 1966, 1971, 1977, 1982.
- 1727, Preetz, Ausgaben von 1879, 1913, 1925, 1934, 1941, 1957, 1964, 1971, 1977, 1982.
- 2628, Artlenburg, Ausgaben von 1881, 1899, 1919, 1947, 1957, 1971, 1977, 1984, 1990.
- 2728, Lüneburg, Ausgaben von 1881, 1900, 1938, 1956, 1971, 1977, 1984, 1990.
- 2828, Bienenbüttel, Ausgaben von 1901, 1939, 1957, 1970, 1977, 1981, 1985, 1990.

Anl. 1: Schadstoffemissionen nach Wirtschafts- und Verkehrsbereichen in der Bundesrepublik Deutschland 1966-1990 (alte Bundesländer)

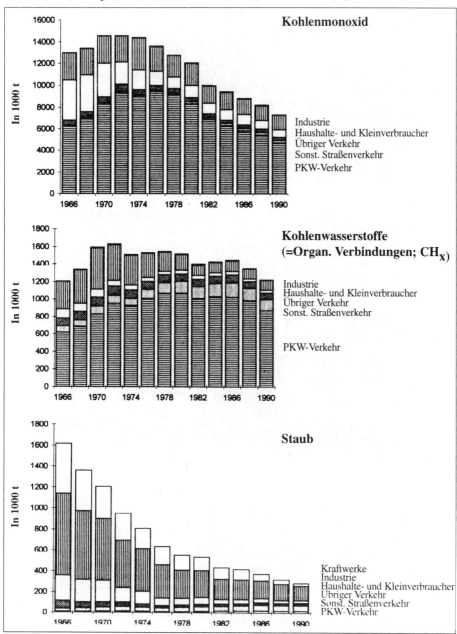

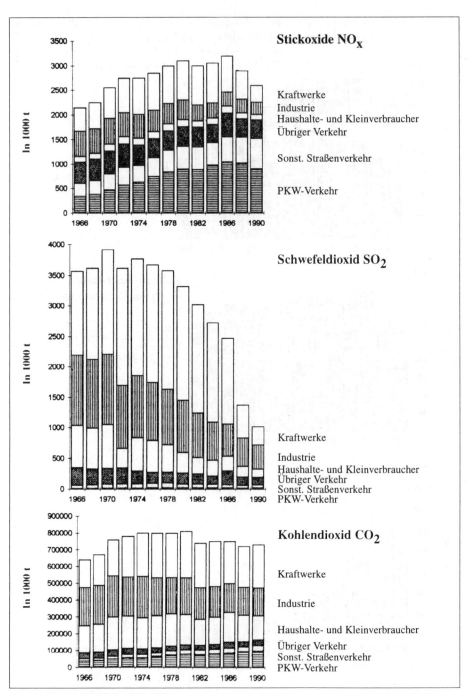

Quelle: BMV (1995, S. 289 - 291)

Anl. 2: Schadstoffemissionen im Straßenverkehr der Bundesrepublik Deutschland 1966-1990 (alte Bundesländer)

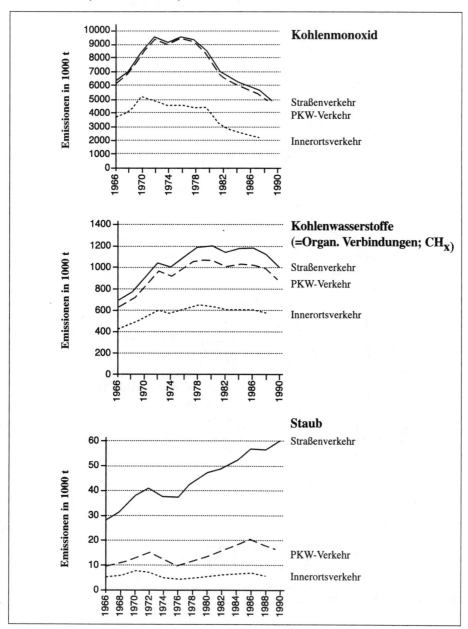

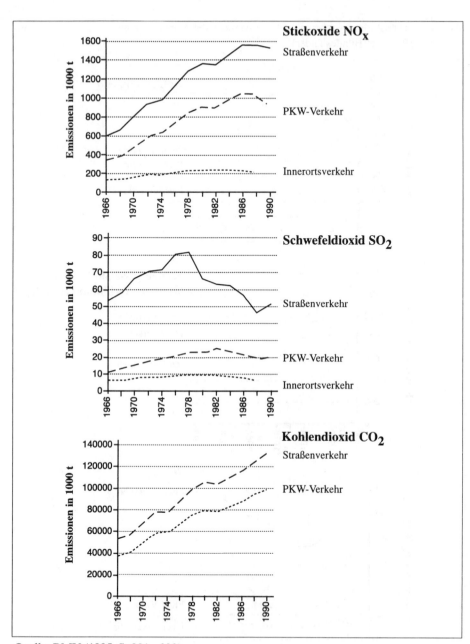

Quelle: BMV (1995, S. 291 - 292)

Anl. 3: Verkehrserschließung nach dem Radburnprinzip und mit zentralisiertem Quartiers-
parken

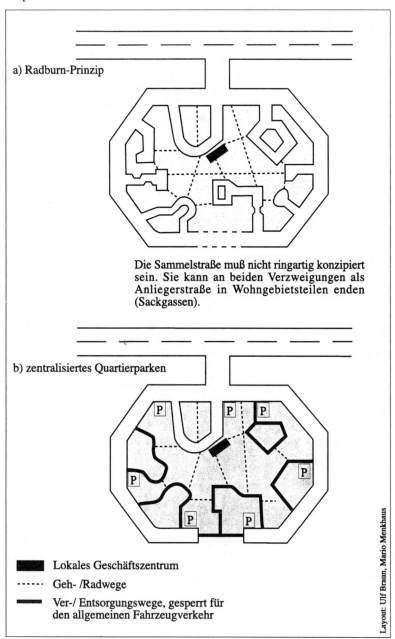

a) Radburn-Prinzip

Die Sammelstraße muß nicht ringartig konzipiert
sein. Sie kann an beiden Verzweigungen als
Anliegerstraße in Wohngebietsteilen enden
(Sackgassen).

b) zentralisiertes Quartierparken

Lokales Geschäftszentrum

Geh- /Radwege

Ver-/ Entsorgungswege, gesperrt für
den allgemeinen Fahrzeugverkehr

Layout: Ulf Braun, Mario Menkhaus

Anl. 4:   Unterbindung von Durchgangsverkehr mittels Sackgassen und Schleifenstraßen

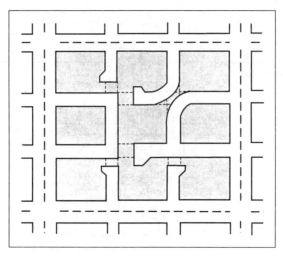

Anl. 5:   Kommunen der Untersuchungsgebiete und ihre Einwohnerzahlen (Volkszählung
1987; Einwohner mit Erst- und Zweitwohnsitz)

Stadt Kiel	247.533	Stadt Lüneburg	62.266
zuzgl. Umlandgemeinden:		zuzügl. Umlandgemeinden:	
- Dänischenhagen	2.747	- Adendorf	8.042
- Flintbek	6.765	- Bardowick	4.642
- Heikendorf	8.049	- Deutsch Evern	2.767
- Klausdorf	5.455	- Reppenstedt	4.959
- Kronshagen	12.530	- Vögelsen	1.855
- Melsdorf	1.373	- Wendisch Evern	1.075
- Mönkeberg	3.265		
- Molfsee (incl. Ramm-			
see u. Schulensee)	5.117		
- Laboe	4.866		
- Raisdorf	7.332		
- Schönkirchen	5.793		
- Strande	1.748		
Summe Ew. Umland	65.040		23.340
Gesamtsumme Einwohner	312.573		85.606

Quellen: Angaben des Statistischen Landesamtes in Kiel sowie des Landkreises
Lüneburg

Anl. 6: Verkehrspolitisch bedeutsame Maßnahmen im öffentlichen Verkehr in Kiel und Lüneburg (zum Teil noch in der Planung bzw. Diskussion)

Maßnahmenart	Kiel	Lüneburg
Tarifvariation	Einführung einer verbilligten Monatskarte, zuerst im Stadtgebiet („Superticket") nachfolgend ** Einbezug der Nachbarkreise („Superumlandticket" für 75-90 DM) Tarifverbund mit weiteren acht norddeutschen Städten, dadurch wechselseitige Anerkennung der Monatskarten ** Einführung von 24-Stunden-Netzkarten Fahrpreisteilerstattung durch Geschäfte im Subzentrum Gaarden Einführung eines Jobticketangebotes und des Semestertickets ** Fahrpreisteilerstattung von Geschäften **	Einführung der bargeldlosen Zahlungsweise mit Niedrigstpreisberechnung mittels „CC-Paß" Einführung eines Semestertickets ** Einführung eines Jobticketangebotes ** Halbpreisfahrten an verkaufsoffenen Samstagen 1993-96, subventioniert durch die Stadt Lüneburg ** Kurzstreckentarif (1 DM) in der Innenstadt ** Einführung einer Familienkarte
Reisezeitverkürzung, ÖPNV-Verfügbarkeit	Bau von Busspuren in der Innenstadt * (zum Teil jedoch nur aufgrund der Aufgabe des Straßenbahnverkehrs) Planung von busbeeinflußten Ampelphasen, die eine Erhöhung der Reisegeschwindigkeit um 20 % bedingen sollen ** Planung von Buscaps für zahlreiche Bushaltestellen, einige davon realisiert **	Bau von Busspuren an zentralen Knotenpunkten z. Umgehung von Staus bzw. Verlagerung des Busverkehrs auf stauarme Routen zuzügl. busbeeinflußte Ampelphasen an den wichtigsten innerstädtischen, Knotenpunkten ** Planung von Buscaps für zahlreiche Bushaltestellen, bisher nur einmal realisiert ** Umstellung Radial- auf Durchmesserlinien ** Verkürzung einiger Fahrplantakte ** Flächendeckende Umstellung d. ÖPNV ab 20 Uhr auf Anrufsammeltaxis, z. T. mit Angebotserweiterung um 2-3 Stunden ** Aufbau von Schnellbuslinien mit ungefährem Stundentakt werktags und 2-Std.-Takt am Wochenende zwischen Lüneburg und anderen, größeren Gemeinden des Landkreises **

Verbesserung des Komforts	Sukzessive Umstellung auf Niederflurbusse ** Angebot von Gepäckaufbewahrung in Bussen an Adventssamstagen Überdachung der Wartezonen an den stark frequentierten Bushaltestellen des Bahnhofs; auch eine Reihe weiterer Haltepunkte in der Kieler Innenstadt erhielt moderne Wartehäuschen mit Plexiglaswänden, Sitzbank und Liniennetzplan * Leuchtschriftanzeige für Haltestellen in den Bussen **	Sukzessive Umstellung auf Niederflurbusse * Angebot von Gepäckaufbewahrung in Bussen an Adventssamstagen Leuchtschriftanzeige für Haltestellen in den Bussen ** Teilweise Ausrüstung der Haltestellen mit modernen Wartehäuschen mit Plexiglaswänden und Sitzbank
Koppelung mit anderen Verkehrsmitteln	Park & Ride - Verkehr an Samstagen, allerdings nur von einem sehr innenstadtnah gelegenen Parkplatz (Wilhelmplatz); 12 weitere P&R-Plätze stehen an der Stadtperipherie für Pendler bereit, bieten aber zusammen nur 300 Stellplätze ** 5 Bike & Ride - Anlagen am Fördeufer bzw. am Stadtrand **, Planung 29 weiterer Anlagen	Park & Ride - Verkehr an verkehrsstarken Tagen (Feste, Adventssamstage), eine Ausweitung im Sinne eines zumindest periodischen Angebotes befindet sich in der Diskussion, jedoch zur Zeit ohne Realisierungschancen

* Diese Maßnahme wurde bereits vor der Hauptbefragung begonnen, ihre Umsetzung war bzw. ist aber noch nicht abgeschlossen.
** Diese Maßnahme wurde erst nach der Hauptbefragung der vorliegenden Studie eingeführt bzw. umgesetzt.

Maßnahmen ohne * bzw. ** waren zum Zeitpunkt der Befragungen schon eingeführt, insoweit oben nicht vermerkt ist, daß sie sich lediglich in Planung bzw. in der (planungsorientierten) Diskussion befinden.

Anl. 7:   Faktoren, welche die Verkehrsmittelwahl determinieren können (Nennungen in der Literatur und in den Experteninterviews)

Faktor	Erläuterung
Verkehrsmittelverfügbarkeit	Grad der Verfügungsgewalt über ein Verkehrsmittel, welcher aus dem Besitz von Individualfahrzeugen, der (in der Regel familiär zu klärenden) Benutzungsrechte hierüber sowie bei Kraftrad und PKW aus dem Besitz einer Fahrerlaubnis ableitbar ist; möglich ist jedoch vor allem beim PKW auch eine Mitnutzung im Rahmen einer Fahrgemeinschaft. Bei öffentlichen Verkehrsmitteln ist die Existenz eines ÖPNV-Netzes, die Zugangsmöglichkeit hierzu (z. B. Haltestelle in fußläufiger Entfernung) sowie das zeitliche Angebot (Fahrtendichte, Fahrten in Schwachlastzeiten) und die Informiertheit über diese Faktoren ausschlaggebend.
Körperliche und geistige Behinderungen	Körperliche Behinderungen, vor allem Einschränkungen im Bewegungsapparat (fehlende Gliedmaßen, Lähmungen) können die nichtmotorisierte Fortbewegung so stark erschweren bzw. ausschließen, daß die Bandbreite nutzbarer Verkehrsmittel auf den ÖPNV und den PKW eingeengt wird. Ist zusätzlich der Weg zur nächstgelegenen ÖPNV-Haltestelle im Start- bzw. Zielbereich zu weit oder sind die öffentlichen Verkehrsmittel nicht auf Behinderte eingerichtet (z. B. durch Niederflurwagen) kann auch die Alternative des ÖPNV entfallen. Pflegefällen ist eine individuelle außerhäusliche Mobilität gänzlich versagt bzw. wird nur durch andere Personen oder Fahrdienste ermöglicht. Geistige Behinderungen können mobilitätsbezogen dann den körperlichen Behinderungen gleichgestellt werden, wenn erstere eine selbständige Fortbewegung mit technischen Verkehrsmitteln verhindern oder wesentlich erschweren.
Wetter	In Abhängigkeit von der individuellen Wetterempfindlichkeit bzw. der Bereitschaft, sich durch geeignete Bekleidung gegen widrige Witterungseinflüsse zu schützen, dürften ungünstige Wetterbedingungen (Niederschläge oder deren wahrscheinliches Auftreten, zu hohe oder zu niedrige Temperaturen, starker Wind) eine Präferenz zugunsten wettergeschützter Verkehrsmittel bewirken. Das sind - mangels Verbreitung von Zwei- oder Dreirädern mit Kunststoffteil- oder -ganzverkleidung - vorrangig motorisierte Fahrzeuge.

Unabhängig-keit/Flexi-bilität	Grad der Anpassung des Verkehrsmittels an individuelle Routen- und Zeitwünsche. Er ist im öffentlichen Linienver-kehr relativ stark limitiert. Im Individualverkehr wird die Unabhängigkeit/Flexibilität durch Verkehrsleitungsmaß-nahmen eingeschränkt, vorausgesetzt, diese werden akzep-tiert, was im Autoverkehr meistens, im Radverkehr erheblich seltener der Fall ist (vgl. Kap. 4.2.4.3). Die Zieler-reichbarkeit ist in diesem Sinne ein Bestandteil der Un-abhängigkeit/Flexibilität. Allerdings ist der Übergang für beide Aspekte zu einem dritten Faktor, der Geschwin-digkeit, fließend.
Zuverlässig-keit	Wahrscheinlichkeit, mit der mit Pannen bei Individualver-kehrsmitteln bzw. Verspätungen/Ausfällen im öffentlichen Verkehr nicht zu rechnen ist.
(Reise-) Geschwindig-keit	Tür-zu-Tür-Reisezeit im Vergleich zur zurückgelegten Di-stanz. Es kann sinnvoll sein, die Reisegeschwindigkeit auf der Grundlage der für alle Verkehrsmittel identischen Luft-linienentfernung zu berechnen (vgl. Kap. 8.1). Zu beachten ist ferner, daß die objektiv meßbare Geschwindigkeit nicht mit der subjektiven Einschätzung von Schnelligkeit verschiedener Verkehrsmittel übereinzustimmen braucht.
Kosten	Im engeren Sinne jene Kosten, die ein Verkehrsteilnehmer bei der Auswahl von Verkehrsmitteln ins Kalkül einbezieht. Dadurch fallen meist die nur langfristig anfallenden Aus-gaben (Wertverlust bzw. Neuanschaffung, Reparaturen) so-wie die individuell nicht zugerechneten Kosten (Sozial- und Umweltkosten) aus der Überlegung heraus. Bedeutsam bei der individuellen Einschätzung ist auch, daß bei der Beur-teilung von Kosten die „Angemessenheit" in bezug auf die Qualität der Verkehrsbedienung eine Rolle spielt, vor allem im öffentlichen Verkehr.
Bequemlich-keit	Komfort eines Verkehrsmittels, z. B. in bezug auf Sitzmög-lichkeiten, Service, Unempfindlichkeit gegenüber Fahrbahn-unebenheiten und optische Annehmlichkeit.
Transportkapazität	Möglichkeit/Leichtigkeit der Mitnahme von Gepäck und/oder anderen Personen.
Privatheit	Möglichkeit, andere Personen von der Mitfahrt im selben Verkehrsmittel bzw. in einem Raum desselben auszuschließen.

Verkehrs-sicherheit	Sicherheit vor dem Auftreten von Unfällen sowie dem Entstehen eines Personenschadens bei einem Unfall; die subjektive Sichtweise kann auch die Sicherheit nicht nur der eigenen, sondern auch mitfahrender sowie fremder Personen (= potentielle Unfallgegner) beinhalten.
Kriminal-sicherheit	Sicherheitsempfinden bei der Benutzung eines Fortbewegungsmittels bzw. im Rahmen des Zuganges zu einem Fahrzeug vor Angriffen fremder Personen.
Körperliche Belastung	Als Belastung empfundener Kraftaufwand bei Benutzung eines Fortbewegungsmittels; trifft vor allem für nichtmotorisierte Verkehrsarten zu, aber auch für Wege zu motorisierten Fahrzeugen, wenn der Parkplatz/die Haltestelle relativ weit entfernt ist.
Psychische Belastung	Als Belastung empfundene geistig-seelische Beanspruchung bei der Verkehrsmittelnutzung, z. B. durch Staufahrten im Autoverkehr, Bindung an Abfahrzeiten im öffentlichen Verkehr oder ein (Verkehrs- oder Kriminal-)Unsicherheitsempfinden; die psychische Belastung hängt bei Individualverkehrsmitteln entscheidend von persönlichen Faktoren Streßempfindlichkeit, Vertrautheit mit dem Fahrzeug) und äußeren Umständen (vor allem Verkehrsbelastung) ab.
Gesundheit/ Fitneß	Positive Sichtweise körperlicher Anstrengung, darüber hinaus auch Empfindung der Beeinträchtigung durch Lärm und Abgase.
Prestige	Subjektiv empfundene Möglichkeit, mittels Verkehrsmittelbenutzung einen vorhandenen oder gewünschten Sozialstatus zu dokumentieren.
Umweltver-träglichkeit	Belastung der Umwelt (einschließlich anderer Personen) bei der Verkehrsmittelnutzung durch Lärm, Abgase und Flächenanspruch.
Sozialkontakt	Möglichkeit, mit anderen Menschen ins Gespräch zu kommen oder einem Verkehrsteilnehmer/einer Person Hilfe leisten zu können.
Freude am Fahren/Gehen	Subjektiv positiv empfundenes Gefühl durch die Ausübung einer Mobilitätsform selbst oder durch den Aufenthalt in einer als angenehm empfundenen Räumlichkeit oder Umgebung. Allerdings ist der Übergang zum nächstgenannten Faktor als fließend anzusehen.

361

Macht/ Aggression, Freude am Risiko	Subjektiv positiv empfundenes Gefühl der Stärke und Überlegenheit bei der Verkehrsmittelbenutzung. Es kann auf Freude am Beherrschen von Technik ebenso beruhen wie auf dem Empfinden, zu den „stärkeren" Verkehrsteilnehmern zu gehören. Gegebenenfalls äußert es sich auch in einer riskanten Fahrweise, unter Umständen bewußt oder unbewußt zum Abbau psychischer Spannungen.
Wegekoppelung	Grad der Kombinierbarkeit verschiedener Wege, z. B. Arbeits- und Einkaufsweg, ohne daß dadurch nennenswerte Beeinträchtigungen anderer Wahlfaktoren entstehen, z. B. Reisezeiten und Bequemlichkeit.
Ansprüche anderer Personen	Nicht in jedem Fall wird die Verkehrsmittelwahl individuell entschieden. Mitreisende Personen können hierauf ebenfalls Einfluß ausüben. Deren Präferenzen richten sich wiederum nach den obigen Faktoren. Die Frage, welche Entscheidung bei der Verkehrsmittelwahl von mindestens zwei Personen, die gemeinsam unterwegs sein wollen, zustande kommt, hängt nicht allein von rationalen Erwägungen, sondern auch von der soziologischen Machtverteilung in der Kleingruppe ab.
Gewohnheit	Die Verkehrsmittelwahl wird nicht mehr aktiv gedanklich und rational abgewogen, sondern sie erfolgt quasi automatisch, weil sie sich aus subjektiver Sicht bei alltäglich wiederkehrenden Transportaufgaben bewährt hat.

Zusammengestellt in Anlehnung an folgende Quellen: RECKER/GOLOB (1976), VOIGT u. a. (1976), RECKER/STEVENS (1977), KOPPELMAN/PAS (1978), LIEBL (1978), HENSHER/STOPHER (1979), TISHER/PHILLIPS (1979), DANIELS/WARNES (1980, S. 198 ff.), MOLT u. a. (1981, S. 315 ff.), STOPHER u. a. (1981), HELD (1982), MARTENS/VERRON (1983)

Anl. 8:   Soziodemographische Zusammensetzung der Interviewten in der Vorbefragung
(N = 180)

	Personen	in Prozent
Männlich	87	48,3
Weiblich	93	51,7
Alter:		
- 18-34 Jahre	75	41,7
- 35-55 Jahre	60	33,3
- über 55 Jahre	45	25,0
Erwerbstätigkeit/ Ausbildung:		
- Arbeiter	34	18,9
- Angestellter	62	34,4
- Beamter	11	6,1
- selbständig/mithelfen- der Familienangehöriger	8	4,4
- Auszubildender/Schüler	4	2,2
- Student	21	11,6
- nicht erwerbstätig oder in Ausbildung	40	22,2
Verkehrsmittelverfüg- barkeit:		
- Fahrrad	134	74,4
- Mofa/Kraftrad	10	5,6
- PKW	144	80,0
- ÖPNV-Anschluß	153	85,0
Wohnort:		
- Kiel/Umgebung	118	65,6
- andere Stadt in Schleswig-Holstein	24	13,3
- Hamburg	22	12,2
- andere Städte	16	8,9

Anl. 9: Gewichtung der Verkehrsmittelwahlfaktoren in der Vorbefragung

Faktoren der Ver-kehrsmittelwahl	Für Wege			Gesamt-durch-schnitt
	zur Arbeit/ Ausbildung	zum Einkauf	in der Freizeit	
1) Unabhängigkeit/Flexibilität, Zuverlässigkeit	2,38	2,42	2,40	2,40
2) Schnelligkeit	2,20	2,07	2,09	2,12
3) Verkehrssicherheit	2,15	2,09	2,10	2,11
4) Umweltverträglichkeit	2,09	1,95	1,91	1,98
5) Bequemlichkeit	1,85	1,90	1,91	1,89
6) Transportmöglichkeit für Personen oder Gepäck	1,55	2,20	1,69	1,81
7) Kosten	1,69	1,20	1,31	1,40
8) Gesundheit/Fitneß	1,60	0,86	1,70	1,39
9) Körperliche Belastung	1,26	1,30	1,18	1,25
10) Psychische Belastung	1,14	1,12	1,12	1,13
11) Sicherheit vor kriminellen Handlungen	0,42	0,38	0,70	0,50
12) Privatheit	0,53	0,30	0,58	0,47
13) Freude am Fahren/Gehen	0,48	0,32	0,46	0,42
14) Möglichkeiten für Kontakte mit anderen Menschen	0,31	0,24	0,21	0,25
15) Freude am Beherrschen der Technik oder am Risiko	0,14	0,06	0,20	0,13
16) Einfluß von Verwandten, Be-kannten, Freunden, Familien-angehörigen	0,12	0,06	0,12	0,10

Bewertungsparameter: 3 = Sehr wichtig, 2 = Wichtig,
1 = Nicht sehr wichtig, 0 = Unwichtig

In der Rubrik: „weitere Nennungen" wurden von keinem Befragten Angaben gemacht.

Anl. 10: Lage der Befragungsinstitutionen in der Betriebsstättenerhebung in Kiel (Benennungen = Stadtteile)

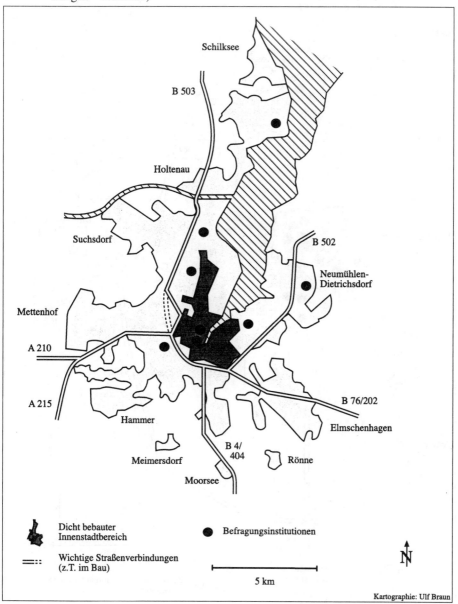

365

Anl. 11: Lage der Befragungsinstitutionen in der Betriebsstättenerhebung in Lüneburg (Benennungen = Stadtteile)

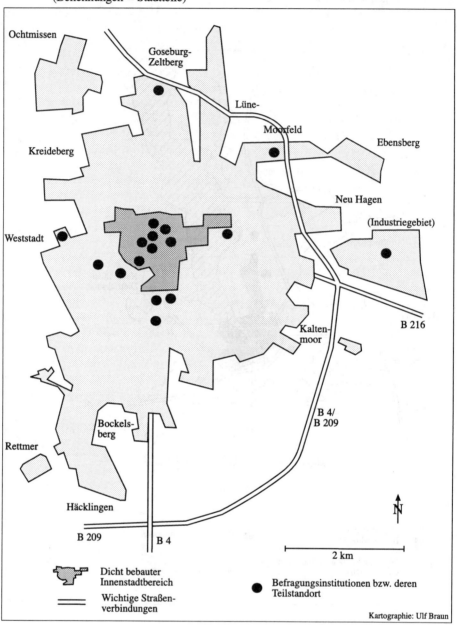

Anl. 12: Räumliche Verteilung der Befragungsinstitutionen in der Betriebsstättenerhebung im Vergleich mit der Verteilung von Arbeits- und Ausbildungsplätzen in Kiel

	Ausbildungs-, Arbeits- und Studienplätze [1]	Anteil an den Ausbildungs-, Arbeits- und Studienplätzen der Verkehrsgebiete 5-7 und 10	Zahl der Befragten	Anteil an der Stichprobe
* City/-rand - Bezirke 1-4, 11 (Teilbez. 5): Alt-/Vorstadt, Exerzierplatz, Damperhof, Südfriedhof/Nord	36.364	30,8 %		
(2 Institutionen)	(900)		105	27,8 %
* Innenstadt/-rand - Bezirk 7-9, 14 (Teilbezirk 4): Blücherplatz, Wik, Ravensberg, Hassee/Ost	52.315	44,4 %		
(3 Institutionen)	(396 Beschäftigte und 20.596 Stud.)		129 44	34,1 % 11,6 %
* Gewerbe-/Industriegeb. nördl. Fördewestufer - Bezirk 18-20: Holtenau, Pries, Friedrichsort	7.837	6,6 %		
(1 Institution)	(440)		30	7,9 %
* Gewerbe-/Industriegeb. Fördeostufer - Bezirk 12, 17, 21: Gaarden, Wellingdorf, Neumühlen-Dietrichsdorf (2 Institutionen)	21.414 (620)	18,2 %	 70	 18,5 %
Summe Zum Vergleich: Kiel gesamt	117.930 156.269	100 %	378	100 %

[1] Quellen: Unterlagen des Statistischen Amtes der Stadt Kiel (Bezugsbasis: Volkszählung 1987), der Immatrikulationsämter von Universität und Fachhochschule (Bezugsbasis: 1989) sowie der Personalverwaltungen der Befragungsinstitutionen

Anl. 13: Räumliche Verteilung der Befragungsinstitutionen in der Betriebsstättenerhebung
im Vergleich mit der Verteilung von Arbeits- und Ausbildungsplätzen in Lüneburg

	Ausbildungs-, Arbeits- und Studienplätze [1]	Anteil an den Ausbildungs-, Arbeits- und Studienplätzen der berücksichtigten Stadtteile	Zahl der Befragten	Anteil an der Stichprobe
* Stadtkernbereich				
- Altstadt	10.822	25,2 %		
(7 Institutions-	(1.197)		110	24,8 %
standorte)				
* Innenstadt/-rand				
- Schützenplatz, Rotes Feld	12.050	28,1 %		
(6 Institutions-	(1.390 Be-		92	20,8 %
standorte)	schäftigte u.			
	4.444. Stu-		35	7,9 %
	dierende)			
* Gewerbegebiete am Stadtrand				
- Lüne-Moorfeld, Neu Hagen, Goseburg- Zeltberg	11.157	26,0 %		
(4 Institutionen)	(860)		112	25,3 %
* Sonstige periphere Standorte				
- Weststadt, Kalten- moor, Bockelsberg, Mittelfeld	8.860	20,7 %		
(3 Institutions-	(1.220 Be-		78	17,6 %
standorte)	schäftigte u.			
	1.409 Stu-		16	3,6 %
	dierende)			
Summe	42.889	100 %	443	100 %
Zum Vergleich:				
Lüneburg insgesamt	46.689			

[1] Quellen: Unterlagen des Statistischen Amtes der Stadt Lüneburg (Bezugsbasis: Volkszählung 1987), der Immatrikulationsämter von Universität und Fachhochschule (Bezugsbasis: 1990) sowie der Personalverwaltungen der Befragungsinstitutionen

Anl. 14: Sozioökonomische Struktur der Befragtenpopulationen in der Betriebsstättenerhebung im Vergleich mit der Grundgesamtheit in den Stadtbereichen Kiel und Lüneburg (Angaben in %)

	Stadt-bereich Kiel[1]	Befragte in Kiel N = 378	Stadt-bereich Lüneburg[1]	Befragte in Lüneburg N = 443
Beamte	15,3	17,5	17,0	16,5
Angestellte	40,0	41,0	38,0	40,0
Arbeiter	25,7	23,3	28,0	26,9
Auszubildende	7,0	6,6	6,9	5,2
Studierende	12,1	11,6	10,2	11,5

[1] Quellen: Berechnet nach Unterlagen des Statistischen Landesamtes Kiel und des Landkreises Lüneburg, Basis: Volkszählung 1987, sowie der Immatrikulationsämter, Basis: 1989 bzw. 1990. Die Angaben weichen von Tab. 10 ab, weil in die obige Prozentuierung Studierende mit aufgenommen, hingegen Selbständige und mithelfende Familienangehörige herausgerechnet wurden.

Anl. 15: Verkehrsmittelwahl im Berufsverkehr und soziodemographische Einflußfaktoren in Kiel

	N =	Verkehrsmittelpräferenz (in %):				Lambda	Cramers
		Zufußgehen	Fahrrad	ÖPNV	PKW/Krad	(c)	V
Männlich	187	11,2	12,3	23,5	52,9	0	0,01
Weiblich	166	12,0	12,0	23,5	52,4	n. s.	
< 25 Jahre	68	11,8	19,1	25,0	44,1		
25-34 Jahre	88	11,4 1	0,2	22,7 5	5,7		
35-44 Jahre	70	11,4	10,0	25,7	52,8	0	0,07
45-54 Jahre	60	11,7	10,0	23,3	55,0	n. s.	
> 55 Jahre	67	11,9	11,9	20,9	55,2		
Pro Haushalt:							
1 Person	110	11,8	12,7	22,5	52,9		
2 Personen	113	10,6	13,3	23,9	52,2	0	0,04
3 Personen	72	11,1	12,5	22,2	54,2	n. s.	
4 Personen und mehr	66	13,6	12,1	25,8	48,5		
Azubis/Stud.	66	12,1	25,8	27,3	34,8		
Arbeiter	83	9,6	10,8	22,9	56,6	0	0,15
Angestellte	140	11,4	7,9	22,9	57,8	h. s.	
Beamte	64	14,1	9,4	21,9	54,7		
Tätigkeit:							
leitend	66	10,6	13,6	21,2	54,5	0	0,07
ausführend	221	11,8	7,7	23,1	57,5	n. s.	
Insgesamt	353	11,5	12,2	23,5	52,7	-	-

Anl. 16: Verkehrsmittelwahl im Berufsverkehr und soziodemographische Einflußfaktoren in Lüneburg

	N =	Verkehrsmittelpräferenz (in %):				Lambda	Cramers
		Zufußgehen	Fahrrad	ÖPNV	PKW/Krad	(c)	V
Männlich	211	12,3	25,1	7,6	55,0	0	0,01
Weiblich	190	12,6	25,8	7,9	53,7	n. s.	
< 25 Jahre	83	14,5	42,2	8,4	34,9		
25-34 Jahre	118	13,6	22,0	7,6	56,8		
35-44 Jahre	94	11,7	20,2	7,5	60,6	0,03	0,13
45-54 Jahre	68	10,3	20,6	7,4	61,8	n. s.	
> 55 Jahre	38	10,5	21,1	7,9	60,5		
Pro Haushalt:							
1 Person	91	13,2	27,5	7,7	51,6		
2 Personen	112	13,4	25,0	8,9	52,7	0	0,03
3 Personen	95	12,6	24,2	7,4	55,8	n. s.	
4 Personen und mehr	103	10,7	25,2	6,8	57,3		
Azubis/Stud.	70	17,1	42,9	7,1	32,9		
Arbeiter	109	11,0	22,0	7,3	59,6	0,04	0,13
Angestellte	152	11,2	21,1	7,9	59,9	s.	
Beamte	70	12,9	22,9	8,6	55,7		
Tätigkeit:							
leitend	76	10,5	23,7	7,9	57,9	0	0,02
ausführend	255	11,8	21,2	7,8	59,2	n. s.	
Insgesamt	401	12,5	25,4	7,7	54,4	-	-

Anl. 17: Verkehrsmittelwahl im Einkaufsverkehr von Erwerbstätigen bzw. Auszubildenden und soziodemographische Einflußfaktoren in Kiel

	N =	Verkehrsmittelpräferenz (in %):				Lambda (c)	Cramers V
		Zufußgehen	Fahrrad	ÖPNV	PKW/Krad		
Männlich	175	20,0	14,3	4,6	61,1	0	0,02
Weiblich	158	22,2	13,3	4,4	60,1	n. s.	
< 25 Jahre	64	23,4	20,3	9,4	46,9		
25-34 Jahre	80	22,5	12,5	3,8	61,3		
35-44 Jahre	67	17,9	11,9	3,0	67,2	0	0,12
45-54 Jahre	58	25,9	10,3	-	63,8	n. s.	
> 55 Jahre	64	15,6	14,1	6,3	64,1		
Pro Haushalt:							
1 Person	99	22,2	17,2	5,1	55,6		
2 Personen	105	21,0	15,2	5,7	58,1	0	0,06
3 Personen	68	19,1	10,3	2,9	67,6	n. s.	
4 Personen und mehr	61	21,3	9,8	3,3	65,6		
Azubis/Stud.	63	20,6	20,6	9,5	49,2		
Arbeiter	80	22,5	10,0	3,8	63,8	0	0,10
Angestellte	155	20,0	13,1	3,1	63,8	n. s.	
Beamte	60	21,7	13,3	3,3	61,7		
Tätigkeit:							
leitend	61	19,7	14,8	3,3	62,3	0	0,07
ausführend	209	21,5	11,5	3,3	63,6	n. s.	
Insgesamt	333	21,0	13,8	4,5	60,7	-	-

Anl. 18: Verkehrsmittelwahl im Einkaufsverkehr von Erwerbstätigen bzw. Auszubildenden und soziodemographische Einflußfaktoren in Lüneburg

	N =	Verkehrsmittelpräferenz (in %):				Lambda (c)	Cramers V
		Zufußgehen	Fahrrad	ÖPNV	PKW/Krad		
Männlich	200	20,5	15,0	4,0	60,5	0	0,02
Weiblich	190	20,0	16,3	4,2	59,5	n. s.	
< 25 Jahre	81	18,5	21,0	4,9	55,6		
25-34 Jahre	115	22,6	13,9	3,5	60,0		
35-44 Jahre	93	22,6	12,9	3,2	61,3	0	0,06
45-54 Jahre	65	16,9	15,4	4,6	63,1	n. s.	
> 55 Jahre	36	16,7	16,7	5,6	61,1		
Pro Haushalt:							
1 Person	89	19,1	18,0	4,5	58,4		
2 Personen	114	21,1	16,7	3,5	58,8	0	0,04
3 Personen	91	18,7	14,3	3,3	63,7	n. s.	
4 Personen und mehr	96	21,9	13,5	5,2	59,4		
Azubis/Stud.	65	16,9	23,1	6,2	53,8		
Arbeiter	110	20,9	13,6	3,6	61,8	0	0,08
Angestellte	152	20,4	13,8	2,6	63,2	n. s.	
Beamte	63	22,2	15,9	6,3	55,6		
Tätigkeit:							
leitend	77	18,2	19,5	5,2	57,1	0	0,04
ausführend	313	20,8	14,7	3,8	60,7	n. s.	
Insgesamt	390	20,3	15,6	4,1	60,0	-	-

Anl. 19: Verkehrsmittelwahl bei kleinen Einkäufen von Nichterwerbstätigen und soziodemographische Einflußfaktoren in Kiel

	N =	Verkehrsmittelpräferenz (in %):				Lambda	Cramers
		Zufußgehen	Fahrrad	ÖPNV	PKW/Krad	(c)	V
Männlich	118	32,2	21,2	8,5	38,1	0	0,09
Weiblich	160	34,4	25,0	6,3	34,4	n. s.	
< 25 Jahre	41	31,7	36,6	9,8	22,0		
25-34 Jahre	40	37,5	20,0	10,0	32,5		
35-44 Jahre	35	34,3	25,7	8,6	31,4	0,08	0,13
45-54 Jahre	52	38,5	23,1	5,8	32,7	n. s.	
55-64 Jahre	27	40,7	18,5	7,4	33,3		
> 64 Jahre	83	26,5	19,3	4,8	49,4		
Pro Haushalt:							
1 Person	162	34,6	23,5	6,2	35,8		
2 Personen	70	32,9	22,9	8,6	35,7	0	0,03
3 Personen	22	31,8	22,7	9,1	36,4	n. s.	
4 Personen und mehr	24	29,2	25,0	8,3	37,5		
Insgesamt	278	33,5	23,4	7,2	36,0	-	-

Anl. 20: Verkehrsmittelwahl bei kleinen Einkäufen von Nichterwerbstätigen und soziodemographische Einflußfaktoren in Lüneburg

	N =	Verkehrsmittelpräferenz (in %):				Lambda	Cramers
		Zufußgehen	Fahrrad	ÖPNV	PKW/Krad	(c)	V
Männlich	141	27,7	28,4	5,0	39,0	0	0,04
Weiblich	168	30,4	29,8	4,8	35,1	n. s.	
< 25 Jahre	42	23,8	45,2	4,8	26,2		
25-34 Jahre	19	26,3	36,8	5,3	31,6		
35-44 Jahre	22	27,3	36,4	-	36,4	0,05	0,13
45-54 Jahre	62	33,9	25,8	4,8	35,5	n. s.	
55-64 Jahre	71	28,2	32,4	4,2	35,2		
> 64 Jahre	95	30,5	16,8	6,3	47,3		
Pro Haushalt:							
1 Person	167	28,1	32,3	4,2	35,3		
2 Personen	86	30,2	23,3	7,0	39,5	0	0,06
3 Personen	31	29,0	29,0	3,2	38,7	n. s.	
4 Personen und mehr	27	29,6	25,9	3,7	40,7		
Insgesamt	311	28,9	28,9	4,8	37,3	-	-

Anl. 21: Verkehrsmittelwahl bei großen Einkäufen von Nichterwerbstätigen und soziodemographische Einflußfaktoren in Kiel

	N =	Verkehrsmittelpräferenz (in %):				Lambda (c)	Cramers V
		Zufußgehen	Fahrrad	ÖPNV	PKW/Krad		
Männlich	125	2,4	12,0	4,8	80,8	0	0,05
Weiblich	169	3,0	14,2	3,6	79,3	n. s.	
< 25 Jahre	44	4,5	20,5	4,5	70,5		
25-34 Jahre	44	4,5	18,2	6,8	70,5		
35-44 Jahre	36	2,8	13,9	2,8	80,6	0	0,11
45-54 Jahre	54	3,7	13,0	3,7	79,6	n. s.	
55-64 Jahre	30	3,3	10,0	3,3	83,3		
> 64 Jahre	86	-	8,1	3,5	88,4		
Pro Haushalt:							
1 Person	170	2,9	13,5	4,1	79,4		
2 Personen	67	1,5	13,4	4,5	80,6	0	0,02
3 Personen	26	3,8	11,5	3,8	80,8	n. s.	
4 Personen und mehr	31	3,2	12,9	3,2	80,6		
Insgesamt	294	2,7	13,3	4,1	79,9	-	-

Anl. 22: Verkehrsmittelwahl bei großen Einkäufen von Nichterwerbstätigen und soziodemographische Einflußfaktoren in Lüneburg

	N =	Verkehrsmittelpräferenz (in %):				Lambda (c)	Cramers V
		Zufußgehen	Fahrrad	ÖPNV	PKW/Krad		
Männlich	140	2,1	15,7	2,1	80,0	0	0,03
Weiblich	176	2,8	15,9	2,8	78,4	n. s.	
< 25 Jahre	42	4,8	23,8	4,8	66,7		
25-34 Jahre	23	-	26,1	4,3	69,6		
35-44 Jahre	23	4,3	17,4	-	78,3	0	0,11
45-54 Jahre	62	1,6	14,5	3,2	80,6	n. s.	
55-64 Jahre	71	4,2	12,7	2,8	80,3		
> 64 Jahre	95	1,1	12,6	1,1	85,3		
Pro Haushalt:							
1 Person	168	2,4	16,1	3,0	78,6		
2 Personen	87	2,3	16,1	2,3	79,3	0	0,03
3 Personen	33	3,0	15,2	3,0	78,8	n. s.	
4 Personen und mehr	28	3,6	14,3	-	82,1		
Insgesamt	316	2,5	15,8	2,5	79,1	-	-

Anl. 23: Verkehrsmittelwahl im Freizeitverkehr und soziodemographische Einflußfaktoren in Kiel

	N =	Verkehrsmittelpräferenz (in %):				Lambda (c)	Cramers V
		Zufußgehen	Fahrrad	ÖPNV	PKW/Krad		
Männlich	287	12,2	21,6	7,3	58,9	0	0,01
Weiblich	306	12,4	21,2	7,2	59,2		n. s.
< 25 Jahre	103	9,7	28,2	9,7	52,4		
25-34 Jahre	123	13,0	23,6	6,5	56,9		
35-44 Jahre	95	11,6	22,1	6,3	60,0	0	0,08
45-54 Jahre	105	11,4	21,0	6,7	61,0		n. s.
55-64 Jahre	79	12,7	20,3	6,3	60,8		
> 64 Jahre	88	15,9	11,4	8,0	64,8		
Pro Haushalt:							
1 Person	250	12,4	22,8	7,6	57,2		
2 Personen	175	12,0	22,9	6,9	58,3	0	0,03
3 Personen	85	12,9	17,6	7,1	62,4		n. s.
4 Personen und mehr	83	12,0	18,1	7,2	62,7		
Nicht erwbst.	271	13,7	23,2	8,1	55,0		
Azubis/Stud.	56	12,5	28,6	8,9	50,0		
Erwerbstätig:						0	0,07
- Leitend	57	12,3	19,3	7,0	61,4		n. s.
- Ausführend	209	10,5	17,7	5,7	66,0		
Insgesamt	593	12,3	21,4	7,3	59,2	-	-

Anl. 24: Verkehrsmittelwahl im Freizeitverkehr und soziodemographische Einflußfaktoren in Lüneburg

	N =	Verkehrsmittelpräferenz (in %):				Lambda (c)	Cramers V
		Zufußgehen	Fahrrad	ÖPNV	PKW/Krad		
Männlich	338	17,5	23,1	2,4	57,1	0	0,04
Weiblich	352	16,8	23,0	1,7	58,5		n. s.
< 25 Jahre	118	17,0	26,3	1,7	55,1		
25-34 Jahre	146	15,8	26,0	2,7	55,5		
35-44 Jahre	109	16,5	23,9	1,8	57,8	0	0,04
45-54 Jahre	120	16,7	21,7	2,5	59,2		n. s.
55-64 Jahre	99	18,2	20,2	2,0	59,6		
> 64 Jahre	98	19,4	18,4	1,0	61,2		
Pro Haushalt:							
1 Person	256	17,6	26,3	2,3	56,6		
2 Personen	200	17,5	24,5	1,5	56,5	0	0,03
3 Personen	115	16,5	20,9	2,6	60,0		n. s.
4 Personen und mehr	119	16,0	21,8	1,7	60,5		
Nicht erwbst.	300	18,0	24,3	2,3	55,3		
Azubis/Stud.	67	19,4	28,4	3,0	49,3		
Erwerbstätig:			.			0	0,05
- Leitend	77	15,6	26,0	-	58,4		n. s.
- Ausführend	246	15,9	19,1	2,0	63,0		
Insgesamt	690	17,1	23,0	2,0	57,8	-	-

Anl. 25: Parameter der Verfügbarkeit öffentlicher Verkehrsmittel in Kiel und Lüneburg (in %)

| | Entfernung von Abfahrts-/Zielhaltestelle (in m) von der | | | | | | | | | | | |
| | Wohnung | | | | | | Arbeitsstätte | | | | | |
	<100	100-200	200-300	300-400	>400	Keine Angabe	<100	100-200	200-300	300-400	>400	Keine Angabe
a) Kiel Erwerbstätige (N = 378)	17,5	27,0	30,4	4,2	18,0	2,9	32,5	33,3	22,8	1,6	8,2	1,6
Nicht-Erwerbstätige (N = 327)	17,4	26,0	32,1	5,2	18,3	0,9	-	-	-	-	-	-
Summe	17,4	26,5	31,2	4,7	18,2	2,0	-	-	-	-	-	-
b) Lüneburg Erwerbstätige (N = 443)	32,7	19,6	13,1	5,9	25,3	3,4	43,8	21,0	12,0	7,7	13,3	2,3
Nicht-Erwerbstätige (N = 358)	33,0	19,3	13,4	6,1	26,3	2,0	-	-	-	-	-	-
Summe	32,8	19,5	13,2	6,0	25,8	2,7	-	-	-	-	-	-

| | Fährt der ÖPNV zu passenden Zeiten? | | | | | Besteht eine direkte Verbindung zum Arbeitsplatz? | | |
	Immer/ fast immer	Häufig	Selten	Nie/ fast nie	Weiß nicht	Ja	Nein	Weiß nicht
a) Kiel Erwerbstätige (N = 378)	40,2	21,2	9,5	9,0	20,1	49,5	40,2	10,3
Nicht-Erwerbstätige (N = 327)	61,2	18,7	4,9	4,3	11,0	-	-	-
Summe	49,9	20,0	7,4	6,8	15,9	-	-	-
b) Lüneburg Erwerbstätige (N = 443)	16,9	19,0	15,8	20,3	28,0	35,7	46,5	17,8
Nicht-Erwerbstätige (N = 358)	34,1	30,7	9,2	10,3	15,6	-	-	-
Summe	24,6	24,2	12,9	15,9	22,5	-	-	-

Anl. 26: Verfügbarkeit über Transportmittel und Verkehrsmittelwahl im Berufsverkehr von Kiel und Lüneburg (in %)

Verfügbarkeit	N =	Verkehrsmittelwahl*				Gamma
		Immer oder fast immer	Häufig	Selten	Nie oder fast nie	
a) PKW						
(Fast) immer	477	62,6	11,1	15,7	10,5	
Häufig	136	41,9	25,7	22,1	10,3	0,75
Selten	73	1,4	13,7	54,8	30,1	h. s.
(Fast) nie	135	-	-	1,5	98,5	
b) Fahrrad						
(Fast) immer	398	27,4	15,6	21,9	35,2	
Häufig	109	22,9	13,8	26,6	36,7	0,49
Selten	139	-	3,6	17,3	79,1	h. s.
(Fast) nie	175	-	-	0,6	99,4	
c) ÖPNV						
Sehr gut	56	44,6	17,9	8,9	28,6	
Gut	99	38,4	14,2	21,2	26,3	0,68
Befriedigend	131	22,9	11,5	35,1	30,5	h. s.
Ungenügend	256	4,7	2,0	4,7	88,7	
Mangelnd informiert	225	-	-	3,6	96,4	
Kein Bedarf	54	-	-	5,6	94,4	

* Bereinigt um Doppelnennungen von PKW-Selbst- und Mitfahrern

Die Tabelle zeigt, daß hohe Verfügbarkeit über Verkehrsmittel und hohe Nutzungshäufigkeit derselben stark miteinander korrelieren. Auffällig ist dabei auch die große Ähnlichkeit der Nutzungsstrukturen zwischen ständiger und häufiger Verfügbarkeit einerseits und seltener bzw. fehlender Verfügbarkeit andererseits: Wer z.B. ständig über ein Fahrrad verfügt, fährt damit ähnlich oft wie jemand, der es „nur" häufig benutzen kann; beide gebrauchen es wesentlich häufiger als jene, die ein Fahrrad nur selten oder nie/fast nie zur Verfügung haben. Beim ÖPNV besteht der Nutzungsunterschied vor allem zwischen sehr gutem bis befriedigendem Anschluß einerseits und ungenügendem Anschluß in Verbindung mit mangelnder Informiertheit und fehlendem Bedarf andererseits. Da die Verhältnisse bei den anderen Verkehrszwecken Einkäufe und Freizeit vergleichbar strukturiert sind (Gamma erreicht Werte zwischen 0,45 und 0,76), ist eine Dichotomisierung der Verfügbarkeitsdaten statthaft. Nur bei großen Einkäufen zeigte sich, daß in erheblichem Umfang bereits eine „seltene" PKW-Verfügbarkeit Grundlage für eine häufige oder ständige Nutzung sein kann.

Anl. 27: Verkehrsmitteleinschätzung und Verkehrsmittelwahl im Berufsverkehr
(bei trockenem Wetter)

		Zufußgehen (in %)				Fahrrad (in %)			
		N =	(fast) immer	häu- fig	sel- ten	(fast) nie	N =	(fast) immer	häu- fig	sel- ten	(fast) nie
Unabhängig- keit/Flexi- bilität	gut	144	20,1	6,9	21,5	51,4	199	32,7	21,6	8,0	37,7
	mittel	74	9,5	2,7	9,5	78,4	108	14,8	13,9	19,4	51,9
	schlecht	118	1,7	1,7	2,5	94,1	53	3,8	3,8	22,6	69,8
		Lambda c = 0,00, V = 0,28 Gamma = 0,68, h. s.					Lambda c = 0,00, V = 0,26 Gamma = 0,43, h. s.				
Schnellig- keit	gut	19	36,8	31,6	15,8	15,8	93	29,0	21,5	9,7	39,8
	mittel	46	15,2	8,7	13,0	63,0	144	16,0	10,4	16,0	57,6
	schlecht	223	9,9	2,7	11,2	76,2	93	3,2	2,2	24,7	69,9
		Lambda c = 0,05, V = 0,29 Gamma = 0,50, h. s.					Lambda c = 0,00, V = 0,27 Gamma = 0,41, h. s.				
Umweltver- träglich- keit	gut	267	11,2	4,1	12,0	72,7	278	18,0	10,8	16,5	54,7
	mittel	27	3,7	3,7	18,5	74,1	24	8,3	8,3	16,7	66,7
	schlecht	17	-	5,9	11,8	82,4	19	-	-	26,3	73,7
		Lambda c = 0,00, V = 0,08 Gamma = 0,16, n. s.					Lambda c = 0,00, V = 0,14 Gamma = 0,34, s.				
Verkehrs- sicherheit	gut	131	15,3	6,1	9,9	68,7	41	24,4	14,6	17,1	43,9
	mittel	111	8,1	2,7	12,6	76,6	138	15,2	9,4	15,9	59,4
	schlecht	47	4,3	2,1	14,9	78,7	116	12,9	7,8	14,7	64,7
		Lambda c = 0,00, V = 0,12 Gamma = 0,21, n. s.					Lambda c = 0,00, V = 0,10 Gamma = 0,19, n. s.				
Bequemlich- keit	gut	45	22,2	11,1	8,9	57,8	57	24,6	14,0	14,0	47,4
	mittel	76	9,2	4,0	11,8	75,0	126	15,9	11,1	15,9	57,1
	schlecht	152	2,6	1,3	13,8	82,2	79	10,1	5,1	20,3	64,6
		Lambda c = 0,00, V = 0,24 Gamma = 0,39, h. s.					Lambda c = 0,00, V = 0,14 Gamma = 0,22, n. s.				
Kosten	gut	171	11,1	4,1	11,1	73,7	175	17,7	10,9	18,3	53,1
	mittel	10	-	10,0	20,0	70,0	22	9,1	9,1	18,2	63,6
	schlecht	19	-	-	15,8	84,2	15	-	6,7	13,3	80,0
		Lambda c = 0,00, V = 0,12 Gamma = 0,22, n. s.					Lambda c = 0,00, V = 0,12 Gamma = 0,35, n. s.				
Gepäck- transport	gut	6	16,7	16,7	16,7	50,0	16	25,0	18,8	18,8	37,5
	mittel	27	11,1	7,4	14,8	66,7	104	18,3	14,4	18,3	49,0
	schlecht	185	9,7	2,2	11,9	76,2	94	12,8	5,3	14,9	67,0
		Lambda c = 0,00, V = 0,13 Gamma = 0,26, n. s.					Lambda c = 0,00, V = 0,16 Gamma = 0,31, n. s.				
Gesundheit/ Fitneß	gut	141	11,3	4,2	12,1	72,3	142	17,6	10,6	16,9	54,9
	mittel	25	8,0	4,0	12,0	76,0	21	14,3	9,5	19,0	57,1
	schlecht	16	-	6,3	12,5	81,3	15	6,7	6,7	20,0	66,7
		Lambda c = 0,00, V = 0,08 Gamma = 0,16, n. s.					Lambda c = 0,00, V = 0,07 Gamma = 0,15, n. s.				
Körperliche Belastung	gut	46	13,0	4,3	15,2	67,4	55	18,2	14,5	16,4	50,9
	mittel	47	10,6	4,3	12,8	72,3	48	14,6	10,4	18,8	56,3
	schlecht	27	7,4	3,7	7,4	81,5	23	13,0	4,3	17,4	65,2
		Lambda c = 0,00, V = 0,09 Gamma = 0,19, n. s.					Lambda c = 0,00, V = 0,10 Gamma = 0,19, n. s.				
Psychische Belastung	gut	54	13,0	5,6	11,1	70,4	50	20,0	14,0	16,0	50,0
	mittel	31	9,7	3,2	12,9	74,2	42	11,9	11,9	19,0	57,1
	schlecht	27	3,7	3,7	11,1	81,5	24	8,3	4,2	20,8	66,7
		Lambda c = 0,00, V = 0,10 Gamma = 0,20, n. s.					Lambda c = 0,00, V = 0,14 Gamma = 0,22, n. s.				

		ÖPNV (in %)					PKW (in %)				
		N =	(fast) immer	häufig	selten	(fast) nie	N =	(fast) immer	häufig	selten	(fast) nie
Unabhängigkeit/Flexibilität	gut	26	30,8	26,9	11,5	30,8	328	45,1	13,7	20,7	20,4
	mittel	93	15,1	8,6	10,8	65,6	39	25,6	15,4	20,5	38,5
	schlecht	237	9,7	3,8	12,2	74,3	20	-	-	45,0	55,0
		Lambda c = 0,00, V = 0,22 Gamma = 0,48, h. s.					Lambda c = 0,12, V = 0,21 Gamma = 0,49, h. s.				
Schnelligkeit	gut	41	29,3	26,8	9,8	34,1	220	50,0	15,0	19,1	15,9
	mittel	140	17,1	12,1	12,9	57,9	55	36,4	10,9	25,5	27,3
	schlecht	121	-	0,8	13,2	86,0	30	3,3	6,7	33,3	56,7
		Lambda c = 0,00, V = 0,33 Gamma = 0,63, h. s.					Lambda c = 0,09, V = 0,24 Gamma = 0,47, h. s.				
Umweltverträglichkeit	gut	52	19,2	9,6	15,4	55,8	14	64,3	21,4	7,1	7,1
	mittel	172	13,4	4,7	11,6	70,3	67	52,2	17,9	19,4	10,4
	schlecht	88	8,0	3,4	9,1	79,5	231	40,3	10,4	22,1	27,3
		Lambda c = 0,00, V = 0,13 Gamma = 0,28, n. s.					Lambda c = 0,00, V = 0,16 Gamma = 0,33, s.				
Verkehrssicherheit	gut	183	13,7	6,0	12,6	67,8	93	50,5	19,4	15,1	15,1
	mittel	72	9,7	4,2	12,5	73,6	170	40,0	12,4	23,5	24,1
	schlecht	15	6,7	6,7	6,7	80,0	28	32,1	10,7	25,0	32,1
		Lambda c = 0,00, V = 0,06 Gamma = 0,16, n. s.					Lambda c = 0,00, V = 0,14 Gamma = 0,23, n. s.				
Bequemlichkeit	gut	72	15,3	6,9	11,1	66,7	251	43,8	14,3	19,9	21,9
	mittel	142	12,7	4,9	12,0	70,4	34	35,3	11,8	20,6	32,4
	schlecht	83	9,6	3,6	12,0	74,7	19	-	10,5	31,6	57,9
		Lambda c = 0,00, V = 0,08 Gamma = 0,10, n. s.					Lambda c = 0,00, V = 0,18 Gamma = 0,40, h. s.				
Kosten	gut	33	15,2	9,1	9,1	66,7	35	48,6	20,0	17,1	14,3
	mittel	99	13,1	6,1	11,1	69,7	108	45,4	14,8	20,4	19,4
	schlecht	117	10,3	3,4	13,7	72,6	105	38,1	9,5	25,7	26,7
		Lambda c = 0,00, V = 0,08 Gamma = 0,10, n. s.					Lambda c = 0,00, V = 0,12 Gamma = 0,17, n. s.				
Gepäcktransport	gut	23	17,4	8,7	13,0	60,9	210	43,3	12,4	21,4	23,3
	mittel	108	15,7	5,6	9,3	69,4	6	16,7	33,3	33,3	16,7
	schlecht	77	2,6	2,6	11,7	83,1	6	-	33,3	33,3	33,3
		Lambda c = 0,00, V = 0,17 Gamma = 0,35, n. s.					Lambda c = 0,02, V = 0,14 Gamma = 0,31, n. s.				
Gesundheit/Fitneß	gut	13	15,4	7,7	15,4	61,5	15	53,3	33,3	6,7	6,7
	mittel	43	14,0	7,0	11,6	67,4	33	45,5	15,2	18,2	21,2
	schlecht	109	11,9	4,6	11,0	72,5	124	40,3	10,5	25,0	24,2
		Lambda c = 0,00, V = 0,08 Gamma = 0,13, n. s.					Lambda c = 0,00, V = 0,17 Gamma = 0,20, n. s.				
Körperliche Belastung	gut	34	14,7	8,8	11,8	64,7	51	45,1	17,6	19,6	17,6
	mittel	41	12,2	4,9	12,2	70,7	36	41,7	13,9	22,2	22,2
	schlecht	43	11,6	4,7	9,3	74,4	33	39,4	9,1	24,2	27,3
		Lambda c = 0,00, V = 0,09 Gamma = 0,13, n. s.					Lambda c = 0,00, V = 0,10 Gamma = 0,12, n. s.				
Psychische Belastung	gut	28	14,3	7,1	14,3	64,3	31	45,2	16,1	19,4	19,4
	mittel	48	12,5	6,3	12,5	68,8	48	41,7	14,6	20,8	22,9
	schlecht	34	8,8	2,9	8,8	79,4	26	38,5	11,5	23,1	26,9
		Lambda c = 0,00, V = 0,09 Gamma = 0,21, n. s.					Lambda c = 0,00, V = 0,06 Gamma = 0,10, n. s.				

Anl. 28: Verkehrsmitteleinschätzung und Verkehrsmittelwahl im Einkaufsverkehr Nichterwerbstätiger (bei trockenem Wetter)

		Zufußgehen (in %)				Fahrrad (in %)			
		N =	(fast) immer	häu-fig	sel-ten	(fast) nie	N =	(fast) immer	häu-fig	sel-ten	(fast) nie
Unabhängig-keit/Flexi-bilität	gut	188	39,9	27,7	10,1	22,3	228	33,8	37,7	14,9	13,4
	mittel	83	21,6	16,9	20,5	41,0	131	16,0	28,2	29,8	26,0
	schlecht	114	1,0	14,0	30,7	54,4	24	-	12,5	33,3	54,2
		Lambda c = 0,13, V = 0,34 Gamma = 0,54, h. s.					Lambda c = 0,05, V = 0,26 Gamma = 0,48, h. s.				
Gepäck-transport bei klei-nen Einkäufen	gut	8	25,0	25,0	25,0	25,0	51	23,5	29,4	21,6	25,5
	mittel	38	18,4	18,4	28,9	34,2	143	18,2	30,1	18,2	33,6
	schlecht	315	14,9	12,1	17,5	55,6	167	12,0	18,0	26,9	43,1
		Lambda c = 0,00, V = 0,11 Gamma = 0,30, n. s.					Lambda c = 0,02, V = 0,15 Gamma = 0,24, s.				
Gepäck-transport bei großen Einkäufen	gut	7	28,6	42,9	28,6	-	41	34,1	36,7	24,4	4,9
	mittel	31	9,7	16,1	3,2	71,0	116	8,6	9,5	7,8	74,1
	schlecht	257	-	-	1,6	98,4	135	-	1,5	5,9	92,6
		Lambda c = 0,10, V = 0,49 Gamma = 0,95, h. s.					Lambda c = 0,16, V = 0,47 Gamma = 0,81, h. s.				
Schnellig-keit	gut	22	68,2	13,6	13,6	4,5	104	50,0	34,6	7,7	7,7
	mittel	46	26,1	21,7	15,2	37,0	114	24,6	29,8	20,2	25,4
	schlecht	190	2,6	5,3	34,2	57,9	62	4,8	14,5	24,2	56,5
		Lambda c = 0,11, V = 0,46 Gamma = 0,67, h. s.					Lambda c = 0,19, V = 0,37 Gamma = 0,62, h. s.				
Umweltver-träglich-keit	gut	223	22,4	17,9	24,7	35,0	226	23,9	30,1	15,0	31,0
	mittel	20	20,0	15,0	25,0	40,0	24	16,7	29,2	20,8	33,3
	schlecht	14	14,3	14,3	28,6	42,9	13	-	-	38,5	61,5
		Lambda c = 0,00, V = 0,04 Gamma = 0,16, n. s.					Lambda c = 0,00, V = 0,17 Gamma = 0,33, s.				
Verkehrs-sicherheit	gut	110	27,3	20,0	20,9	31,8	41	29,3	29,3	14,6	26,8
	mittel	91	17,6	17,6	30,8	34,1	119	18,5	26,1	25,2	30,3
	schlecht	43	9,3	11,6	34,9	44,2	90	11,1	12,2	28,9	47,8
		Lambda c = 0,00, V = 0,14 Gamma = 0,23, n. s.					Lambda c = 0,01, V = 0,19 Gamma = 0,32, s.				
Bequemlich-keit	gut	27	33,3	25,9	18,5	22,2	46	43,5	34,8	15,2	6,5
	mittel	42	23,8	21,4	21,4	33,3	108	16,7	25,0	24,1	34,3
	schlecht	129	4,7	7,0	26,4	62,0	60	5,0	10,0	23,3	61,7
		Lambda c = 0,03, V = 0,32 Gamma = 0,56, h. s.					Lambda c = 0,12, V = 0,35 Gamma = 0,60, h. s.				
Kosten	gut	142	21,8	17,6	22,5	38,0	149	24,8	28,9	16,8	29,5
	mittel	13	15,4	23,1	23,2	38,5	16	12,5	18,8	25,0	43,8
	schlecht	18	11,1	16,7	27,8	44,4	16	-	12,5	37,5	50,0
		Lambda c = 0,00, V = 0,07 Gamma = 0,12, n. s.					Lambda c = 0,00, V = 0,19 Gamma = 0,43, s.				
Körperliche Belastung	gut	57	22,8	21,1	15,8	40,4	63	20,6	23,8	22,2	33,3
	mittel	58	19,0	19,0	24,1	37,9	62	14,5	25,8	24,2	35,5
	schlecht	41	9,8	12,2	29,3	48,8	35	8,6	22,9	25,7	42,9
		Lambda c = 0,00, V = 0,14 Gamma = 0,16, n. s.					Lambda c = 0,00, V = 0,10 Gamma = 0,14, n. s.				
Gesundheit/Fitneß	gut	72	22,2	18,1	20,8	38,9	78	24,4	26,9	23,1	25,6
	mittel	15	13,3	13,3	26,7	46,7	12	16,7	25,0	16,7	41,7
	schlecht	8	-	-	50,0	50,0	6	-	33,3	-	66,7
		Lambda c = 0,00, V = 0,19 Gamma = 0,28, n. s.					Lambda c = 0,01, V = 0,20 Gamma = 0,34, n. s.				
Psychische Belastung	gut	43	20,9	20,9	18,6	39,5	39	20,5	28,2	20,5	30,8
	mittel	25	20,0	20,0	24,0	36,0	32	15,6	25,0	25,0	34,4
	schlecht	24	12,5	12,5	29,2	45,8	23	13,0	21,7	30,4	34,8
		Lambda c = 0,00, V = 0,11 Gamma = 0,12, n. s.					Lambda c = 0,00, V = 0,09 Gamma = 0,12, n. s.				

		ÖPNV (in %) N =	(fast) immer	häu-fig	sel-ten	(fast) nie	PKW (in %) N =	(fast) immer	häu-fig	sel-ten	(fast) nie
Unabhängig-keit/Flexi-bilität	gut	16	37,5	37,5	12,5	12,5	334	28,7	21,0	15,6	34,7
	mittel	42	14,3	16,7	21,4	47,6	32	3,1	12,5	18,8	65,6
	schlecht	255	0,4	0,4	9,8	89,4	15	-	-	20,0	80,0
		Lambda c = 0,06, V = 0,48					Lambda c = 0,00, V = 0,20				
		Gamma = 0,85, h. s.					Gamma = 0,62, h. s.				
Gepäck-transport bei klei-nen Ein-käufen	gut	45	13,3	26,7	11,1	48,9	357	25,5	17,9	17,4	39,2
	mittel	175	4,6	9,7	14,3	71,4	18	11,1	16,7	16,7	55,6
	schlecht	133	4,5	5,3	11,3	78,9	1	-	-	100	-
		Lambda c = 0,00, V = 0,19					Lambda c = 0,01, V = 0,10				
		Gamma = 0,33, h. s.					Gamma = 0,28, n. s.				
Gepäck-transport bei großen Einkäufen	gut	36	11,1	13,9	13,9	61,2	284	55,6	22,9	6,7	14,8
	mittel	141	1,4	1,4	2,1	95,0	15	13,3	13,3	33,3	40,0
	schlecht	107	-	-	0,9	99,1	1	-	-	-	100
		Lambda c = 0,00, V = 0,32					Lambda c = 0,04, V = 0,21				
		Gamma = 0,81, h. s.					Gamma = 0,69, h. s.				
Schnellig-keit	gut	24	25,0	41,7	20,8	12,5	199	34,7	26,6	11,1	27,6
	mittel	128	3,9	7,8	19,5	68,8	60	11,7	10,0	20,0	58,3
	schlecht	100	-	2,0	8,0	90,0	26	-	3,8	23,1	73,1
		Lambda c = 0,10, V = 0,41					Lambda c = 0,08, V = 0,29				
		Gamma = 0,74, h. s.					Gamma = 0,61, h. s.				
Umweltver-träglich-keit	gut	43	9,3	9,3	16,3	65,1	13	53,8	38,5	7,8	-
	mittel	142	4,9	5,6	12,0	77,5	55	25,5	18,2	14,5	41,8
	schlecht	68	-	4,4	7,4	88,2	202	22,8	16,3	17,8	43,1
		Lambda c = 0,00, V = 0,14					Lambda c = 0,04, V = 0,16				
		Gamma = 0,37, n. s.					Gamma = 0,21, s.				
Verkehrs-sicherheit	gut	160	8,1	6,9	11,9	73,1	81	32,1	22,2	12,3	33,3
	mittel	59	3,4	5,1	11,9	79,7	137	25,5	19,7	15,3	39,4
	schlecht	16	-	-	18,8	81,3	32	9,4	12,5	28,1	50,0
		Lambda c = 0,00, V = 0,10					Lambda c = 0,00, V = 0,15				
		Gamma = 0,20, n. s.					Gamma = 0,21, n. s.				
Bequemlich-keit	gut	47	14,9	14,9	8,5	61,7	185	26,5	19,5	16,8	37,3
	mittel	84	7,1	6,0	14,3	72,6	25	8,0	8,0	20,0	64,0
	schlecht	75	-	2,7	10,7	86,7	9	-	-	22,2	77,7
		Lambda c = 0,00, V = 0,22					Lambda c = 0,00, V = 0,20				
		Gamma = 0,43, h. s.					Gamma = 0,55, h. s.				
Kosten	gut	27	11,1	11,1	11,1	66,7	31	32,3	32,3	19,4	16,1
	mittel	81	9,9	8,6	13,6	67,9	88	21,6	14,8	22,7	40,9
	schlecht	90	4,4	3,3	13,3	78,9	81	19,8	18,5	14,8	46,9
		Lambda c = 0,00, V = 0,12					Lambda c = 0,04, V = 0,19				
		Gamma = 0,24, n. s.					Gamma = 0,23, s.				
Körperliche Belastung	gut	45	6,7	11,1	11,1	71,1	56	23,2	25,0	14,3	37,5
	mittel	62	6,5	8,1	9,7	75,8	43	23,3	16,3	16,3	44,2
	schlecht	50	2,0	4,0	12,0	82,0	42	21,4	11,9	21,4	45,2
		Lambda c = 0,00, V = 0,11					Lambda c = 0,00, V = 0,15				
		Gamma = 0,23, n. s.					Gamma = 0,10, n. s.				
Gesundheit/Fitneß	gut	7	14,3	14,3	-	71,4	7	28,6	14,3	28,6	28,6
	mittel	23	4,3	8,7	13,0	73,9	19	26,3	21,1	21,1	31,6
	schlecht	60	3,3	5,0	11,7	80,0	64	20,3	18,8	21,9	39,1
		Lambda c = 0,00, V = 0,14					Lambda c = 0,00, V = 0,07				
		Gamma = 0,19, n. s.					Gamma = 0,13, n. s.				
Psychische Belastung	gut	26	7,7	11,5	15,4	65,4	29	27,6	20,7	13,8	37,9
	mittel	38	2,6	7,9	10,5	78,9	39	23,1	15,4	17,9	43,6
	schlecht	27	3,7	3,7	11,1	81,5	22	18,2	18,2	22,7	40,9
		Lambda c = 0,00, V = 0,13					Lambda c = 0,00, V = 0,09				
		Gamma = 0,26, n. s.					Gamma = 0,09, n. s.				

Anl. 29: Ermittlung der Gewichtungsfaktoren zur Berechnung durchschnittlicher Reisegeschwindigkeiten und -zeiten

	Ein-woh-ner	Arbeits-plätze	Summe Ew. + Arbpl.	in % d. Gesamt-summe	Werte-punkte
a) Kiel					
- Werktagsstrecken					
Quellgebiete:					
Holtenau	6.692	2.959	9.651	3,79	3,0
Suchsdorf	8.222	2.528	10.750	4,22	3,4
Düsternbrook	3.550	6.439	9.989	3,92	3,1
Mettenhof	18.922	1.517	20.439	8,02	6,4
Südfriedhof	15.554	10.014	25.568	10,03	8,0
Elmschenhagen	17.949	2.467	20.416	8,01	6,4
Neumühlen-Diet-richsdorf	13.032	3.652	16.684	6,55	5,2
Zielgebiete					
Alt-/Vorstadt	1.665	19.290	20.955	8,22	6,6+12*
Hassee	12.663	8.762	21.425	8,41	6,7
Ravensberg	11.985	8.318	20.303	7,97	6,4
Wik	19.124	9.903	29.027	11,39	9,1
Gaarden-Ost	16.462	10.994	27.456	10,78	8,6+3*
Ellerbek/Wellingdf.	16.149	5.980	22.129	8,69	7,0
Summe	161.969	92.823	254.792	100,00	95,0
- Abend- u. Wochen-endfahrten/-gänge zur City**					
Holtenau/Kiel Nord	23.914			15,75	0,8
Mettenhof/Kiel West	58.085			38,26	1,9
Ellerbek/Kiel Ost	45.643			30,06	1,5
Elmschenhagen/Kiel Südost	24.193			15,93	0,8
Summe	151.835			100,00	5,0

	Ein-woh-ner	Arbeits-plätze	Summe Ew. + Arbpl.	in % d. Gesamt-summe	Werte-punkte
b) Lüneburg - Werktagsstrecken					
Quellgebiete:					
Kreideberg	8.137	1.452	9.589	12,46	10,0
Kaltenmoor	7.426	1.347	8.773	11,40	9,1
Bockelsberg	3.586	749	4.335	5,63	4,5
Adendorf	7.871	1.437	9.308	12,10	9,7
Zielgebiete:					
Altstadt	4.757	10.822	15.579	20,25	16,2+15*
Schützenplatz	4.139	3.083	7.222	9,39	7,5
Neu Hagen	5.192	1.975	7.167	9,32	7,5
Rotes Feld	3.920	2.372	6.292	8,18	6,5
Goseburg/Zeltberg	2.727	5.941	8.668	11,27	9,0
Summe	47.755	29.178	76.933	100,00	95,0
- Abend- und Wochen-endfahrten/-gänge in die Altstadt					
Kreideberg	8.137			30,11	1,5
Kaltenmoor	7.426			27,48	1,4
Bockelsberg	3.586			13,27	0,7
Adendorf	7.871			29,13	1,4
Summe	27.020			100,00	5,0

* Als herausragendes Zielgebiet nicht nur für den Berufs-, sondern auch Einkaufs- und Freizeitverkehr erhielten diese Zielgebiete einen pauschalen Aufschlag von 15 Gewichtungspunkten im Tagesverkehr, das entspricht knapp 1/4 der Bedeutung des Einkaufs- und Freizeitverkehrs am gesamten Verkehrsvolumen nach der KONTIV 1986 und 1989 (berechnet nach BMV 1991a, S. 327, sowie EMNID 1991, Tabellenband, S. 66). Ähnlich wurde vorgegangen bei der Reservierung von fünf Gewichtspunkten für die Abend-/ Wochenendstrecken (Aufteilung nur nach der Einwohnerdichte, Arbeitsplätze spielten hier keine Rolle). Dieser Wert orientiert sich an dem geringen Verkehrs-aufkommen zu Schwachlastzeiten, das im Zuge von ganztägigen Verkehrszählungen in Kiel 1983 ermittelt wurde (Stadt Kiel 1986, Abbildungsband, Abb. 45, 55, 69).

** Verwendet wurden die Einwohnerzahlen der zuerst angegebenen und räumlich benach-barter Stadtteile, so daß sich zusammenhängende, ähnlich charakterisierte Verkehrs-bereiche ergaben, die mit der zweiten Angabe gekennzeichnet sind.

Anl. 30: Muster des Fragebogens in der Vorerhebung

Dr. Peter Pez
Universität Kiel
Ludewig-Meyn-Str. 14
2300 Kiel

Sehr geehrte Damen und Herren,

für ein verkehrswissenschaftliches Forschungsprojekt benötige ich Ihre Mitarbeit. Es geht um die Angabe, welche Faktoren für Sie persönlich bei der Wahl eines Verkehrsmittels von Bedeutung sind. Bevor Sie diesbezüglich mit Hilfe einer Tabelle die Bewertung solcher Faktoren vornehmen können, sind aber noch zur statistischen Auswertung einige wenige Angaben zu Ihrer Person erforderlich.

Für Ihre Mitarbeit bedanke ich mich sehr!

1) Sind Sie   O männlich, O weiblich ?

2) Wie alt sind Sie?   O 18-34 Jahre
                             O 35-55 Jahre
                             O über 55 Jahre

3) Sind Sie beschäftigt als   O Arbeiter,
                             O Angestellter,
                             O Beamter?

Ich bin   O selbständig/mithelfender Familienangehöriger
                             O Auszubildender/Schüler
                             O Student
                             O nicht erwerbstätig/nicht in einer Ausbildung

4) Verfügen Sie über ein/en   O Fahrrad,
                             O Mofa/Kraftrad,
                             O PKW,
                             O Anschluß an öffentliche Verkehrsmittel
                                 an Ihrem Wohnstandort?

5) Wo wohnen Sie?   O Kiel bzw. angrenzende Gemeinde
                             O andere Stadt in Schleswig-Holstein

O Hamburg
O andere Stadt außerhalb von Schlesw.-Holst./Hamburg

6) Welche Beweggründe sind für Sie persönlich (es geht nicht um die Einschätzung anderer Personen) wichtig zur Wahl eines Verkehrsmittels (Zufußgehen, Fahrrad, Bus, Kraftrad, PKW) im alltäglichen Stadtverkehr? Bitte verwenden Sie bei der Eintragung in die Felder folgende Bewertungen:

3 = Sehr wichtig, 2 = Wichtig, 1 = Nicht sehr wichtig, 0 = Unwichtig

Faktoren der Ver-kehrsmittelwahl	Für Wege		
	zur Arbeit/ Ausbildung	zum Einkauf	in der Freizeit
Unabhängigkeit/Flexibilität, Zuverlässigkeit			
Schnelligkeit			
Kosten			
Bequemlichkeit			
Transportmöglichkeit für Personen oder Gepäck			
Privatheit			
Verkehrssicherheit			
Sicherheit vor kriminellen Handlungen			
Körperliche Belastung			
Psychische Belastung			
Gesundheit/Fitneß			
Umweltverträglichkeit			
Möglichkeiten für Kontakte mit anderen Menschen			
Freude am Fahren/Gehen			
Freude am Beherrschen der Technik oder am Risiko			
Einfluß von Verwandten, Be-kannten, Freunden, Familien-angehörigen			
Raum für weitere Nennungen:			

Anl. 31: Muster Fragebogen der Haupterhebung; Betriebsstättenversion

Institutionsnr.: _____ Interviewernr.: _____ Fragebogennr.: _____

Geograph. Inst. Uni Kiel/Universität Lüneburg - Fragebogen zur Verkehrsmittelwahl

1a) Verfügen Sie über eines oder mehrere der folgenden Verkehrsmittel? (Der Besitz eines Fahrzeuges bedeutet noch nicht, daß man darüber ständig verfügen kann, z. B. bei Nutzung durch andere Familienangehörige; umgekehrt ermöglichen Fahrgemeinschaften den Zugang zu einem PKW ohne ein Eigentum daran).

	Immer oder fast immer	Häufig	Nie oder Selten	fast nie
PKW	O	O	O	O
Kraftrad	O	O	O	O
Fahrrad	O	O	O	O

1b) Kiel: Verfügen Sie in Ihrer Familie über eine Monatskarte der KVAG?
　　　　 Ja O　　　 Nein O
　　　 Lüneburg: Besitzt in Ihrer Familie jemand einen „CC-Paß" der KVG?
　　　　 Ja O　　　 Nein O

2a) In welchem Stadtteil oder Vorort wohnen Sie (ggf. Straße angeben) ?

_____

2b) Wieviele Kilometer bzw. 100 m liegen etwa
- zwischen Ihrer Wohnung und Ihrer Arbeitsstelle?　　　　　 _____
- zwischen Ihrer Wohnung und der nächsten Bushaltestelle?　 _____
- zwischen Ihrer Arbeitsstelle und der nächsten Bushaltestelle?　_____

2c) Fährt der ÖPNV für Sie zu passenden Zeiten?
　　　 Immer/fast immer O　 Häufig O　　　 Selten O　　 Nie/fast nie O
　　　 Weiß nicht O

2d) Besteht für Sie eine direkte Busverbindung (ohne Umsteigen) zur Arbeitsstelle?
　　　 Ja O　　　　 Nein O　　　 Weiß nicht O

3) Wie beurteilen Sie die Parkplatzsituation ...

	Gut	Mittelmäßig	Schlecht
- in Ihrem Wohngebiet?	O	O	O
- im Innenstadtbereich?	O	O	O
- an Ihrem Arbeits-/Ausbildungsplatz	O	O	O

4) Sind Sie beschäftigt/tätig als
　　　 - Auszubildende/r, Student/in O　　　 - Arbeiter/in O
　　　 - Angestellte/r O　　　　　　　　　 - Beamter/in O

5a) Wie alt sind Sie?　 Unter 25 O　　 25 - 34 O　　 35 - 44　O
　　　　　　　　　　　 45 - 54　O　　 55 - 64 O　　 Über 64 O

5b) Sind Sie: - männlich O   - weiblich O

6) Wieviele Personen umfaßt Ihr Haushalt?   Erwachsene _____, Kinder _____

7) Welches Verkehrsmittel benutzen Sie für den Weg zur Arbeitsstelle?
Bitte tragen Sie hierzu in alle Felder der Tabelle folgende Zahlen-
werte ein:
• Immer/fast immer = 3   • Häufig = 2   • Selten = 1   • Nie/fast nie = 0

	Bei trockenem Wetter	Bei regnerischem Wetter
Zufußgehen		
Fahrrad		
ÖPNV		
Kraftrad		
PKW (allein)		
PKW-Fahrgemeinschaft		

8) Welches Verkehrsmittel benutzen Sie ...
(wieder sind die bei Nr. 7 genannten Zahlen einzutragen)

	Zum Einkaufen	für die Freizeit*)
Zufußgehen		
Fahrrad		
ÖPNV		
Kraftrad		
PKW (allein)		

*) Gemeint sind nur die Ziele im Stadt- oder Wohngebiet, z. B. Schwimm- und Sporthallen, Kino, Restaurants, Theater etc., nicht jedoch reine Spaziergänge und Spazierfahrten.

9) (Für Lüneburg generell, für Kiel nur in der zweiten Befragungswelle:) Wie oft benutzten Sie welches Verkehrsmittel speziell am letzten Arbeitstag vor der Befragung?

	Zufußgehen	Fahrrad	Bus	Kraftrad	PKW
für den Arbeitsweg					
zum Einkaufen					
in der Freizeit					

(Hin- und Rückweg gelten als 1 Weg. Bitte nicht ankreuzen, sondern die entsprechende Wegezahl eintragen.)

10) Verbinden Sie den Weg zur Arbeitsstelle oder zurück nach Hause mit weiteren Wegen (z. B. Einkäufe, Besuche etc.) ?

    Immer/fast immer O   Häufig O   Selten O   Nie/fast nie O

11a) Wie schätzen Sie die Reaktion Ihrer Kolleg/en/innen oder Bekannten ein,

wenn Sie	Eher positiv	Eher negativ	Keine Reaktion	Weiß nicht
zu Fuß	O	O	O	O
mit dem Fahrrad	O	O	O	O
mit dem Bus	O	O	O	O
mit dem PKW	O	O	O	O

zur Arbeit kämen?

11b) Würde Sie eine negative Reaktion stören?

Ja O   Nein O   Weiß nicht O

12) Wenn Ihr Abteilungsleiter oder Chef zu Fuß, mit dem Fahrrad oder mit dem ÖPNV zur Arbeit käme, welche Wirkung hätte das vermutlich für seine Stellung bzw. sein Ansehen im Betrieb?

O Eher abträglich   O Hätte keine Auswirkungen
O Eher förderlich   O Weiß nicht

13) Bitte bewerten Sie im folgenden Katalog die Eignung von Verkehrsmitteln hinsichtlich Ihres Arbeitsweges. Bitte füllen Sie dazu in der linken Hälfte der Tabelle alle Felder aus!

Bewertungskriterien der linken Tabellenhälfte:
  2 = Gut
  1 = Mittelmäßig
  0 = Schlecht
  9 = Weiß nicht

Nach der Beurteilung der Verkehrsmittel kreuzen Sie bitte in der rechten Tabellenhälfte an, welche Bedeutung die einzelnen Kriterien bei Ihrer Wahl eines Verkehrsmittels haben. (Nur 1 Kreuz pro Zeile)

	Zu- fuß- gehen	Fahr- rad	ÖPNV	PKW	Bedeutung der Kriterien:			
					sehr hohe	hohe	geringe	keine
Kosten								
Bequemlichkeit								
Gepäcktransport								
Schnelligkeit								
Unabhängigkeit/ Flexibilität								
Gesundheit/ Fitneß								
Körperliche Belastung								
Psychische Belastung								
Verkehrs- sicherheit								
Umweltverträg- lichkeit								
Andere Faktoren:								

Muster Fragebogen, Version für Nichterwerbstätige

Interviewernr.: _____ Fragebogennr.: _____

Geograph. Inst. Uni Kiel/Universität Lüneburg - Fragebogen zur Verkehrsmittelwahl

1a) Verfügen Sie über eines oder mehrere der folgenden Verkehrsmittel? (Der Besitz eines Fahrzeuges bedeutet noch nicht, daß man darüber ständig verfügen kann, z. B. bei Nutzung durch andere Familienangehörige; umgekehrt ermöglichen Fahrgemeinschaften den Zugang zu einem PKW ohne ein Eigentum daran).

	Immer oder fast immer	Häufig	Nie oder Selten	fast nie
PKW	O	O	O	O
Kraftrad	O	O	O	O
Fahrrad	O	O	O	O

1b) Kiel: Verfügen Sie in Ihrer Familie über eine Monatskarte der KVAG?
　　　　　　　 Ja O　　　Nein O
Lüneburg: Besitzt in Ihrer Familie jemand einen „CC-Paß" der KVG?
　　　　　　　 Ja O　　　Nein O

2a) In welchem Stadtteil oder Vorort wohnen Sie (ggf. Straße angeben) ?

_____

2b) Wieviele Kilometer bzw. 100 m liegen etwa zwischen Ihrer Wohnung und der nächsten Bushaltestelle? _____

2c) Fährt der ÖPNV für Sie zu passenden Zeiten?
　　　Immer/fast immer O　Häufig O　　　　Selten O　　　Nie/fast nie O
　　　Weiß nicht O

3) Wie beurteilen Sie die Parkplatzsituation ...

	Gut	Mittelmäßig	Schlecht
- in Ihrem Wohngebiet?	O	O	O
- im Innenstadtbereich?	O	O	O

4a) Wie alt sind Sie?　Unter 25 O　　25 - 34 O　　35 - 44　O
　　　　　　　　　　　45 - 54　O　　55 - 64 O　　Über 64 O

4b) Sind Sie:　　　- männlich O　- weiblich O

5) Wieviele Personen umfaßt Ihr Haushalt? Erwachsene _____, Kinder _____

6) Wo erledigen Sie überwiegend
　　　　　　　　- kleinere Einkäufe　　　　　- größere Einkäufe
　　　　　　　　(z. B. Brötchen, Zeitungen etc.)　(z. B. für das Wochenende)

Ungefähre Entfernung
von Ihrer Wohnung:　_____　_____

7) Welches Verkehrsmittel benutzen Sie zum Erreichen der Einkaufsstätte? Bitte tragen Sie hierzu in alle Felder der Tabelle folgende Zahlenwerte ein:
• Immer/fast immer = 3   • Häufig = 2   • Selten = 1   • Nie/fast nie = 0

| | Bei trockenem Wetter | | Bei regnerischem Wetter | |
	Kleine Eink.	Große Eink.	Kleine Eink.	Große Eink.
Zufußgehen				
Fahrrad				
ÖPNV				
Kraftrad				
PKW				

8) Welches Verkehrsmittel benutzen Sie in der Freizeit? (Wieder sind die bei Nr. 7 genannten Zahlen einzutragen)

Zufußgehen _____   Kraftrad _____
Fahrrad _____   PKW _____
ÖPNV _____

9) (Nur für Lüneburg:) Wie oft benutzten Sie welches Verkehrsmittel speziell am letzten Werktag vor der Befragung?

	Zufußgehen	Fahrrad	Bus	Kraftrad	PKW
zum Einkaufen					
in der Freizeit					

(Hin- und Rückweg gelten als 1 Weg. Bitte nicht ankreuzen, sondern die entsprechende Wegezahl eintragen.)

10) Verbinden Sie den Weg zum Einkaufen oder zurück nach Hause mit weiteren Wegen (z. B. Besuche, Kinder zur Schule bringen etc.) ?

Immer/fast immer O   Häufig O   Selten O   Nie/fast nie O

11a) Wie schätzen Sie die Reaktion Ihrer Nachbarn oder Bekannten ein,

wenn Sie	Eher positiv	Eher negativ	Keine Reaktion	Weiß nicht
zu Fuß	O	O	O	O
mit dem Fahrrad	O	O	O	O
mit dem Bus	O	O	O	O
mit dem PKW	O	O	O	O

unterwegs sind?

11b) Würde Sie eine negative Reaktion stören?
Ja O   Nein O   Weiß nicht O

12) Wenn Ihre Nachbarn verstärkt zu Fuß gingen, das Fahrrad oder den ÖPNV benutzen würden, welche Wirkung hätte das vermutlich für ihr Ansehen im Nachbarschaftsumfeld?

O Eher abträglich   O Hätte keine Auswirkungen
O Eher förderlich   O Weiß nicht

13) Bitte bewerten Sie im folgenden Katalog die Eignung von Verkehrsmitteln hinsichtlich Ihres Arbeitsweges. Bitte füllen Sie dazu in der linken Hälfte der Tabelle alle Felder aus!

Bewertungskriterien der linken
Tabellenhälfte:
2 = Gut
1 = Mittelmäßig
0 = Schlecht
9 = Weiß nicht

Nach der Beurteilung der Verkehrsmittel kreuzen Sie bitte in der rechten Tabellenhälfte an, welche Bedeutung die einzelnen Kriterien bei Ihrer Wahl eines Verkehrsmittels haben. (Nur 1 Kreuz pro Zeile)

	Zu-fuß-gehen	Fahr-rad	ÖPNV	PKW	Bedeutung der Kriterien:			
					sehr hohe	hohe	geringe	keine
Kosten								
Bequemlichkeit								
Gepäcktransport								
Schnelligkeit								
Unabhängigkeit/ Flexibilität								
Gesundheit/ Fitneß								
Körperliche Belastung								
Psychische Belastung								
Verkehrs-sicherheit								
Umweltverträg-lichkeit								
Andere Faktoren:								

(In der Version für Nichterwerbstätige fehlte die Spalte „Arbeitsweg"; aufgrund mehrerer spezifischer Frageformulierungen für Kiel und Lüneburg hier im anderthalbseitigen Ausdruck)

14) Die folgende Frage wendet sich nur an diejenigen, die für den Weg zum Ausbildungs-/Arbeitsplatz (= entfiel in der Nichterwerbstätigenversion), zum Einkauf sowie in der Freizeit zumindest gelegentlich den PKW benutzen: Würden Sie auf andere Verkehrsmittel (Fahrrad, ÖPNV, Zufußgehen) umsteigen oder diese vermehrt benutzen, wenn folgende Maßnahmen durchgeführt werden? Bitte tragen Sie als Antworten in alle Felder des folgenden Kataloges diese Zahlen ein:

    0 = Würde meine Verkehrsmittelwahl wohl nicht beeinflussen
    1 = Würde   „   „   eventuell beeinflussen
    2 = Würde   „   „   wahrscheinlich beeinflussen
    9 = Kann ich nicht beurteilen bzw. ist ungewiß

Maßnahme	Arbeits-weg	Einkaufs-wege	Freizeit-wege
a) Verdoppelung des Benzinpreises innerhalb eines Jahres			
b) Kiel: Rückbau aller Hauptverkehrsstraßen auf eine Fahrspur pro Fahrtrichtung (alle Rückbaumöglichkeiten namentlich angegeben) Lüneburg: Unterbindung des PKW-Verkehrs (ausgenommen Anwohner) in der gesamten Innenstadt (wichtigste Straßennamen angegeben)			
c) Einführung von Tempo 30 und genereller Rechts-vor-links-Vorfahrtsregel in allen Kieler/Lüneburger Straßen ohne Busverkehr			
d) Halbierung des öffentlichen Parkplatz-angebotes bzw. Umwandlung in Kurzzeit-parkplätze (Parkzeit 1 oder 2 Stunden)			
e) Reduzierung des Busfahrpreises auf 1 DM pro Fahrschein, 10 DM für die Wochen- und 30 DM für die Monatskarte			
f) Kiel: Anlage von Busspuren in allen Hauptverkehrsstraßen (die bei b/Kiel genannten), vorgezogene Grünphasen für Busse an Kreuzungsampeln Lüneburg: Erhöhung des Bustempos um 25 % durch Busspuren und Bevorzugung an Ampeln			

Maßnahme	Arbeits-weg	Einkaufs-wege	Freizeit-wege
g) Überdachung sämtlicher Bushaltestellen und Ausrüstung mit Sitzplätzen, genereller Einsatz von Niederflurbussen			
h) Kostenlose Zusendung von Busfahrplänen ins Haus			
i) Bedienung aller Bushaltestellen mindestens alle 15 Min. (in Lüneburg mit dem Zusatz „von 05.00 bis 21.00 Uhr", siehe zur Begründung Kap. 6.4.3)			
j) Kostenlose Mitnahmemöglichkeit von Fahrrädern in Bussen/auf Busanhängern zwischen Innenstadt und Stadtrand/Vororten			
k) Freigabe des Radverkehrs auf Gehwegen, die Abkürzungen bieten, sowie in Einbahnstraßen im Gegenverkehr			
l) Absenken aller Kantsteine an Radwegen bis auf Straßenniveau und Neuteerung unebener Radwege			
m) Bau von Abstellanlagen für Fahrräder in der Innenstadt [sowie überdacht an Ihrer Arbeitsstelle (entfiel in der Nichterwerbstätigenversion)] und an den Bushaltestellen in den Vororten			
n) Verbreiterung der bestehenden Radwege auf mindestens 2 m; auffällige rote Sicherheitsfärbung aller Überwege an Einmündungen, Kreuzungen und Zufahrten			

Vielen herzlichen Dank für Ihre Mitarbeit! Wenn Sie bestimmte Wünsche oder Vorschläge zur Verkehrsplanung/-politik in Kiel/Lüneburg haben, können Sie diese noch auf einem Extrazettel notieren. Wir werten gern auch diese Informationen aus.

Anl. 32:   Muster Erhebungsbogen PKW-Benutzer

Autofahrer/in; Name:_____

      O Hinweg   O Rückweg

Verkehrszeit: O Rush hour   O normale Werktagszeit O Abend/Wochenende

Quellort:_____   Wertepunkte ___: ____ = ____

Zielort: _____   Wertepunkte ___ : ___= ____

            Summe Wertepunkte: ____

Vor Abfahrt: Gehweg _____ km, Gehzeit _____ Min.

Nach Ankunft: Gehweg _____ km, Gehzeit _____ Min.

         Summe Gehzeiten: _____ Min. x ____Wertepkte. = _____

Bitte von Parkplatz zu Parkplatz messen:

Distanz Luftlinie: _____ km   Distanz Fahrweg: _____ km

Fahrzeit: _____ Min.

Durchschnittstempo Luftlinie _____ km/h x _____ Wertepunkte = _____

Durchschnittstempo Fahrweg _____ km/h x _____ Wertepunkte = _____

Anl. 33:   Muster Erhebungsbogen ÖPNV-Kunden

ÖPNV-Kund/e/in; Name:_____

   O Hinweg   O Rückweg

Verkehrszeit: O Rush hour   O normale Werktagszeit   O Abend/Wochenende

Quellort:_____   Wertepunkte ___: ____ = ____

Zielort: _____   Wertepunkte ___ : ____= ____

                                     Summe Wertepunkte: ____

Vor Abfahrt: Gehweg _____ km,   Gehzeit _____ Min.

Nach Ankunft: Gehweg _____ km, Gehzeit _____ Min.

                    Summe Gehzeiten: _____ Min. x ____Wertepkte. = _____

Wartezeiten an Haltestellen: _____ Min. x Wertepkte. = _____

- davon Busverspätung: _____ Min. x Wertepkte. = _____

- davon wg. Anschlußverlust: _____ Min. x Wertepkte. = _____

Summe nicht fahrwegbezogener Zeitaufwand: _____ Min. x Wertepkte. = _____

Nur zwischen der Start- und Zielhaltestelle messen:

Distanz Luftlinie: _____ km   Distanz Fahrweg: _____ km

Fahrzeit: _____ Min.

- davon Stillstandszeiten durch Staus und rote Ampeln: _____ Min. x Wertepkte. = _____

Durchschnittstempo Luftlinie _____ km/h x _____ Wertepunkte = _____

Durchschnittstempo Fahrweg _____ km/h x _____ Wertepunkte = _____

Anl. 34:   Muster Erhebungsbogen Radfahrer

Radfahrer/in; Name:_____

Verhalten/
Ausstattung: O Schnelles Tempo   O Gangschaltung   O Normales Fahrverhalten
                O Normales Tempo   O Keine Gangschaltung
                O Strikte Verkehrsregelakzeptanz

         O Hinweg   O Rückweg

Verkehrszeit: O Rush hour   O normale Werktagszeit   O Abend/Wochenende

Quellort:_____   Wertepunkte ___: ____ = ____

Zielort: _____   Wertepunkte ___ : ____= ____

                                          Summe Wertepunkte: ____

Summe nicht fahrwegbezogener Zeitaufwand: O 0,75 Min.   O 1,2 Min.   O 1,5 Min.

Bitte von Parkplatz zu Parkplatz messen:

Distanz Luftlinie: _____ km   Distanz Fahrweg: _____ km

Fahrzeit: _____ Min.

Durchschnittstempo Luftlinie _____ km/h x _____ Wertepunkte = _____

Durchschnittstempo Fahrweg _____ km/h x _____ Wertepunkte = _____

Anl. 35: Muster Erhebungsbogen Fußgänger

Fußgänger/in; Name:_____

Verhaltensvorgabe: O Schnelles Tempo   O Normales Verhalten
                          O Normales Tempo   O Strikte Verkehrsregelakzeptanz

Quellort:_____   Wertepunkte ___ : ____ = ____

Zielort: _____   Wertepunkte ___ : ____ = ____

                                      Summe Wertepunkte: ____

Distanz Luftlinie: _____ km   Distanz Gehweg: _____ km

Gehzeit: _____ Min.

Durchschnittstempo Luftlinie   _____ km/h x _____ Wertepunkte = _____

Durchschnittstempo Gehweg   _____ km/h x _____ Wertepunkte = _____

Band IX

*Heft 1 S c o f i e l d, Edna: Landschaften am Kurischen Haff. 1938.

*Heft 2 F r o m m e, Karl: Die nordgermanische Kolonisation im atlantisch-polaren Raum. Studien zur Frage der nördlichen Siedlungsgrenze in Norwegen und Island. 1938.

*Heft 3 S c h i l l i n g, Elisabeth: Die schwimmenden Gärten von Xochimilco. Ein einzigartiges Beispiel altindianischer Landgewinnung in Mexiko. 1939.

*Heft 4 W e n z e l, Hermann: Landschaftsentwicklung im Spiegel der Flurnamen. Arbeitsergebnisse aus der mittelschleswiger Geest. 1939.

*Heft 5 R i e g e r, Georg: Auswirkungen der Gründerzeit im Landschaftsbild der norderdithmarscher Geest. 1939.

Band X

*Heft 1 W o l f, Albert: Kolonisation der Finnen an der Nordgrenze ihres Lebensraumes. 1939.

*Heft 2 G o o ß, Irmgard: Die Moorkolonien im Eidergebiet. Kulturelle Angleichung eines Ödlandes an die umgebende Geest. 1940.

*Heft 3 M a u, Lotte: Stockholm. Planung und Gestaltung der schwedischen Hauptstadt. 1940.

*Heft 4 R i e s e, Gertrud: Märkte und Stadtentwicklung am nordfriesischen Geestrand. 1940.

Band XI

*Heft 1 W i l h e l m y, Herbert: Die deutschen Siedlungen in Mittelparaguay. 1941.

*Heft 2 K o e p p e n, Dorothea: Der Agro Pontino-Romano. Eine moderne Kulturlandschaft. 1941.

*Heft 3 P r ü g e l, Heinrich: Die Sturmflutschäden an der schleswig-holsteinischen Westküste in ihrer meteorologischen und morphologischen Abhängigkeit. 1942.

*Heft 4 I s e r n h a g e n, Catharina: Totternhoe. Das Flurbild eines angelsächsischen Dorfes in der Grafschaft Bedfordshire in Mittelengland. 1942.

*Heft 5 B u s e, Karla: Stadt und Gemarkung Debrezin. Siedlungsraum von Bürgern, Bauern und Hirten im ungarischen Tiefland. 1942.

Band XII

*B a r t z, Fritz: Fischgründe und Fischereiwirtschaft an der Westküste Nordamerikas. Werdegang, Lebens- und Siedlungsformen eines jungen Wirtschaftsraumes. 1942.

Band XIII

*Heft 1 T o a s p e r n, Paul Adolf: Die Einwirkungen des Nord-Ostsee-Kanals auf die Siedlungen und Gemarkungen seines Zerschneidungsbereiches. 1950.

*Heft 2 V o i g t, Hans: Die Veränderung der Großstadt Kiel durch den Luftkrieg. Eine siedlungs- und wirtschaftsgeographische Untersuchung. 1950. (Gleichzeitig erschienen in der Schriftenreihe der Stadt Kiel, herausgegeben von der Stadtverwaltung).

*Heft 3 M a r q u a r d t, Günther: Die Schleswig-Holsteinische Knicklandschaft. 1950.

*Heft 4 S c h o t t, Carl: Die Westküste Schleswig-Holsteins. Probleme der Küstensenkung. 1950.

Band XIV

*Heft 1 K a n n e n b e r g, Ernst-Günter: Die Steilufer der Schleswig-Holsteinischen Ostseeküste. Probleme der marinen und klimatischen Abtragung. 1951.

*Heft 2 L e i s t e r, Ingeborg: Rittersitz und adliges Gut in Holstein und Schleswig. 1952. (Gleichzeitig erschienen als Band 64 der Forschungen zur deutschen Landeskunde).

Heft 3 R e h d e r s, Lenchen: Probsteierhagen, Fiefbergen und Gut Salzau: 1945 - 1950. Wandlungen dreier ländlicher Siedlungen in Schleswig-Holstein durch den Flüchtlingszustrom. 1953. X, 96 S., 29 Fig. im Text, 4 Abb.   5,—DM

*Heft 4 B r ü g g e m a n n, Günther: Die holsteinische Baumschulenlandschaft. 1953.

Sonderband

*S c h o t t, Carl (Hrsg.): Beiträge zur Landeskunde von Schleswig-Holstein. Oskar Schmieder zum 60. Geburtstag. 1953. (Erschienen im Verlag Ferdinand Hirt, Kiel).

Band XV

*Heft 1 L a u e r, Wilhelm: Formen des Feldbaus im semiariden Spanien. Dargestellt am Beispiel der Mancha. 1954.

*Heft 2 S c h o t t, Carl: Die kanadischen Marschen. 1955.

*Heft 3 J o h a n n e s, Egon: Entwicklung, Funktionswandel und Bedeutung städtischer Kleingärten. Dargestellt am Beispiel der Städte Kiel, Hamburg und Bremen. 1955.

*Heft 4 R u s t, Gerhard: Die Teichwirtschaft Schleswig-Holsteins. 1956.

Band XVI

*Heft 1 L a u e r, Wilhelm: Vegetation, Landnutzung und Agrarpotential in El Salvador (Zentralamerika). 1956.

*Heft 2 S i d d i q i, Mohamed Ismail: The Fishermen's Settlements of the Coast of West Pakistan. 1956.

*Heft 3 B l u m e, Helmut: Die Entwicklung der Kulturlandschaft des Mississippideltas in kolonialer Zeit. 1956.

Band XVII

*Heft 1 W i n t e r b e r g, Arnold: Das Bourtanger Moor. Die Entwicklung des gegenwärtigen Landschaftsbildes und die Ursachen seiner Verschiedenheit beiderseits der deutsch-holländischen Grenze. 1957.

*Heft 2 N e r n h e i m, Klaus: Der Eckernförder Wirtschaftsraum. Wirtschaftsgeographische Strukturwandlungen einer Kleinstadt und ihres Umlandes unter besonderer Berücksichtigung der Gegenwart. 1958.

*Heft 3 H a n n e s e n, Hans: Die Agrarlandschaft der schleswig-holsteinischen Geest und ihre neuzeitliche Entwicklung. 1959.

Band XVIII

Heft 1 H i l b i g, Günter: Die Entwicklung der Wirtschafts- und Sozialstruktur der Insel Oléron und ihr Einfluß auf das Landschaftsbild. 1959. 178 S., 32 Fig. im Text und 15 S. Bildanhang.   9,20 DM

Heft 2 S t e w i g, Reinhard: Dublin. Funktionen und Entwicklung. 1959. 254 S. und 40 Abb.   10,50 DM

Heft 3 D w a r s, Friedrich W.: Beiträge zur Glazial- und Postglazialgeschichte Südostrügens. 1960. 106 S., 12 Fig. im Text und 6 S. Bildanhang.   4,80 DM

Band XIX

Heft 1 H a n e f e l d, Horst: Die glaziale Umgestaltung der Schichtstufenlandschaft am Nordstrand der Alleghenies. 1960. 183 S., 31 Abb. und 6 Tab.   8,30 DM

*Heft 2 A l a l u f, David: Problemas de la propiedad agricola en Chile. 1961.

*Heft 3 S a n d n e r, Gerhard: Agrarkolonisation in Costa Rica. Siedlung, Wirtschaft und Sozialgefüge an der Pioniergrenze. 1961. (Erschienen bei Schmidt & Klaunig, Kiel, Buchdruckerei und Verlag).

Band XX

*L a u e r, Wilhelm (Hrsg.): Beiträge zur Geographie der Neuen Welt. Oskar Schmieder zum 70. Geburtstag. 1961.

Band XXI

*Heft 1 S t e i n i g e r, Alfred: Die Stadt Rendsburg und ihr Einzugbereich. 1962.

Heft 2 B r i l l, Dieter: Baton Rouge, La. Aufstieg, Funktionen und Gestalt einer jungen Großstadt des neuen Industriegebiets am unteren Mississippi. 1963. 288 S., 39 Karten, 40 Abb. im Anhang.   12.00 DM

*Heft 3 D i e k m a n n, Sibylle: Die Ferienhaussiedlungen Schleswig-Holsteins. Eine siedlungs- und sozialgeographische Studie. 1964.

Band XXII

*Heft 1 E r i k s e n, Wolfgang: Beiträge zum Stadtklima von Kiel. Witterungsklimatische Untersuchungen im Raum Kiel und Hinweise auf eine mögliche Anwendung in der Stadtplanung. 1964.

*Heft 2 S t e w i g, Reinhard: Byzanz - Konstantinopel - Istanbul. Ein Beitrag zum Weltstadtproblem. 1964.

*Heft 3 B o n s e n, Uwe: Die Entwicklung des Siedlungsbildes und der Agrarstruktur der Landschaft Schwansen vom Mittelalter bis zur Gegenwart. 1966.

Band XXIII

*S a n d n e r, Gerhard (Hrsg.): Kulturraumprobleme aus Ostmitteleuropa und Asien. Herbert Schlenger zum 60. Geburtstag. 1964.

Band XXIII

Heft 1 W e n k, Hans-Günther: Die Geschichte der Geographischen Landesforschung an der Universität Kiel von 1665 bis 1879. 1966. 252 S., mit 7 ganzstg. Abb.
14,00 DM

Heft 2 B r o n g e r, Arnt: Lösse, ihre Verbraunungszonen und fossilen Böden, ein Beitrag zur Stratigraphie des oberen Pleistozäns in Südbaden. 1966. 98 S., 4 Abb. und 37 Tab. im Text, 8 S. Bildanhang und 3 Faltkarten.
9,00 DM

*Heft 3 K l u g, Heinz: Morphologische Studien auf den Kanarischen Inseln. Beiträge zur Küstenentwicklung und Talbildung auf einem vulkanischen Archipel. 1968. (Erschienen bei Schmidt & Klaunig, Kiel, Buchdruckerei und Verlag).

Band XXV

*W e i g a n d, Karl: I. Stadt-Umlandverflechtungen und Einzugbereiche der Grenzstadt Flensburg und anderer zentraler Orte im nördlichen Landesteil Schleswig. II. Flensburg als zentraler Ort im grenzüberschreitenden Reiseverkehr. 1966.

Band XXVI

*Heft 1 B e s c h, Hans-Werner: Geographische Aspekte bei der Einführung von Dörfergemeinschaftsschulen in Schleswig-Holstein. 1966.

*Heft 2 K a u f m a n n, Gerhard: Probleme des Strukturwandels in ländlichen Siedlungen Schleswig-Holsteins, dargestellt an ausgewählten Beispielen aus Ostholstein und dem Programm-Nord-Gebiet. 1967.

Heft 3 O l b r ü c k, Günter: Untersuchung der Schauertätigkeit im Raume Schleswig-Holstein in Abhängigkeit von der Orographie mit Hilfe des Radargeräts. 1967. 172 S., 5 Aufn., 65 Karten, 18 Fig. und 10 Tab. im Text, 10 Tab. im Anhang.
12,00 DM

Band XXVII

Heft 1 B u c h h o f e r, Ekkehard: Die Bevölkerungsentwicklung in den polnisch verwalteten deutschen Ostgebieten von 1956-1965. 1967. 282 S., 22 Abb., 63 Tab. im Text, 3 Tab., 12 Karten und 1 Klappkarte im Anhang.
16.00 DM

Heft 2 R e t z l a f f, Christine: Kulturgeographische Wandlungen in der Maremma. Unter besonderer Berücksichtigung der italienischen Bodenreform nach dem Zweiten Weltkrieg. 1967. 204 S., 35 Fig. und 25 Tab.
15.00 DM

Heft 3 B a c h m a n n, Henning: Der Fährverkehr in Nordeuropa - eine verkehrsgeographische Untersuchung. 1968. 276 S., 129 Abb. im Text, 67 Abb. im Anhang.
25.00 DM

Band XXVIII

*Heft 1 W o l c k e, Irmtraud-Dietlinde: Die Entwicklung der Bochumer Innenstadt. 1968.

*Heft 2 W e n k, Ursula: Die zentralen Orte an der Westküste Schleswig-Holsteins unter besonderer Berücksichtigung der zentralen Orte niederen Grades. Neues Material über ein wichtiges Teilgebiet des Programm Nord. 1968.

*Heft 3 W i e b e, Dietrich: Industrieansiedlungen in ländlichen Gebieten, dargestellt am Beispiel der Gemeinden Wahlstedt und Trappenkamp im Kreis Segeberg. 1968.

Band XXIX

Heft 1 V o r n d r a n, Gerhard: Untersuchungen zur Aktivität der Gletscher, dargestellt an Beispielen aus der Silvrettagruppe. 1968. 134 S., 29 Abb. im Text, 16
Tab. und 4 Bilder im Anhang. 12.00 DM

Heft 2 H o r m a n n, Klaus: Rechenprogramme zur morphometrischen Kartenaus-
wertung. 1968. 154 S., 11 Fig. im Text und 22 Tab. im Anhang. 12.00 DM

Heft 3 V o r n d r a n, Edda: Untersuchungen über Schuttentstehung und Ablage-
rungsformen in der Hochregion der Silvretta (Ostalpen). 1969. 137 S., 15 Abb.
und 32 Tab. im Text, 3 Tab. und 3 Klappkarten im Anhang. 12.00 DM

Band 30

*S c h l e n g e r, Herbert, Karlheinz P f a f f e n, Reinhard S t e w i g (Hrsg.):
Schleswig-Holstein, ein geographisch-landeskundlicher Exkursionsführer. 1969.
Festschrift zum 33. Deutschen Geographentag Kiel 1969. (Erschienen im Verlag Fer-
dinand Hirt, Kiel; 2. Auflage, Kiel 1970).

Band 31

M o m s e n, Ingwer Ernst: Die Bevölkerung der Stadt Husum von 1769 bis 1860. Versuch einer historischen Sozialgeographie. 1969. 420 S., 33 Abb. und 78 Tab. im Text,
15 Tab. im Anhang 24,00 DM

Band 32

S t e w i g, Reinhard: Bursa, Nordwestanatolien. Strukturwandel einer orientalischen
Stadt unter dem Einfluß der Industrialisierung. 1970. 177 S., 3 Tab., 39 Karten, 23
Diagramme und 30 Bilder im Anhang. 18.00 DM

Band 33

T r e t e r, Uwe: Untersuchungen zum Jahresgang der Bodenfeuchte in Abhängigkeit
von Niederschlägen, topographischer Situation und Bodenbedeckung an ausgewählten Punkten in den Hüttener Bergen/Schleswig-Holstein. 1970. 144 S., 22 Abb., 3
Karten und 26 Tab. 15.00 DM

Band 34

*K i l l i s c h, Winfried F.: Die oldenburgisch-ostfriesischen Geestrandstädte. Ent-
wicklung, Struktur, zentralörtliche Bereichsgliederung und innere Differenzierung.
1970.

Band 35

R i e d e l, Uwe: Der Fremdenverkehr auf den Kanarischen Inseln. Eine geographische
Untersuchung. 1971. 314 S., 64 Tab., 58 Abb. im Text und 8 Bilder im Anhang.
24,00 DM

Band 36

H o r m a n n, Klaus: Morphometrie der Erdoberfläche. 1971. 189 S., 42 Fig., 14 Tab.
im Text. 20,00 DM

Band 37

S t e w i g, Reinhard (Hrsg.): Beiträge zur geographischen Landeskunde und Regionalforschung in Schleswig-Holstein. 1971. Oskar Schmieder zum 80. Geburtstag.
338 S., 64 Abb., 48 Tab. und Tafeln. 28,00 DM

Band 38

S t e w i g, Reinhard und Horst-Günter W a g n e r (Hrsg.): Kulturgeographische
Untersuchungen im islamischen Orient. 1973. 240 S., 45 Abb., 21 Tab. und 33 Photos. 29,50 DM

Band 39

K l u g, Heinz (Hrsg.): Beiträge zur Geographie der mittelatlantischen Inseln. 1973.
208 S., 26 Abb., 27 Tab. und 11 Karten. 32,00 DM

Band 40

S c h m i e d e r, Oskar: Lebenserinnerungen und Tagebuchblätter eines Geogra-
phen. 1972. 181 S., 24 Bilder, 3 Faksimiles und 3 Karten. 42,00 DM

Band 41

K i l l i s c h, Winfried F. und Harald T h o m s: Zum Gegenstand einer interdisziplinären Sozialraumbeziehungsforschung. 1973. 56 S., 1 Abb. 7,50 DM

Band 42
N e w i g, Jürgen: Die Entwicklung von Fremdenverkehr und Freizeitwohnwesen in ihren Auswirkungen auf Bad und Stadt Westerland auf Sylt. 1974. 222 S., 30 Tab., 14 Diagramme, 20 kartographische Darstellungen und 13 Photos.　　31.00 DM

Band 43
*K i l l i s c h, Winfried F.: Stadtsanierung Kiel-Gaarden. Vorbereitende Untersuchung zur Durchführung von Erneuerungsmaßnahmen. 1975.

Kieler Geographische Schriften
Band 44, 1976 ff.

Band 44
K o r t u m, Gerhard: Die Marvdasht-Ebene in Fars. Grundlagen und Entwicklung einer alten iranischen Bewässerungslandschaft. 1976. XI, 297 S., 33 Tab., 20 Abb.
38,50 DM

Band 45
B r o n g e r, Arnt: Zur quartären Klima- und Landschaftsentwicklung des Karpatenbeckens auf (paläo-) pedologischer und bodengeographischer Grundlage. 1976. XIV, 268 S., 10 Tab., 13 Abb. und 24 Bilder.　　45.00 DM

Band 46
B u c h h o f e r, Ekkehard: Strukturwandel des Oberschlesischen Industriereviers unter den Bedingungen einer sozialistischen Wirtschaftsordnung. 1976. X, 236 S., 21 Tab. und 6 Abb., 4 Tab. und 2 Karten im Anhang.　　32,50 DM

Band 47
W e i g a n d, Karl: Chicano-Wanderarbeiter in Südtexas. Die gegenwärtige Situation der Spanisch sprechenden Bevölkerung dieses Raumes. 1977. IX, 100 S., 24 Tab. und 9 Abb., 4 Abb. im Anhang.　　15.70 DM

Band 48
W i e b e, Dietrich: Stadtstruktur und kulturgeographischer Wandel in Kandahar und Südafghanistan. 1978. XIV, 326 S., 33 Tab., 25 Abb. und 16 Photos im Anhang.
36.50 DM

Band 49
K i l l i s c h, Winfried F.: Räumliche Mobilität - Grundlegung einer allgemeinen Theorie der räumlichen Mobilität und Analyse des Mobilitätsverhaltens der Bevölkerung in den Kieler Sanierungsgebieten. 1979. XII, 208 S., 30 Tab. und 39 Abb., 30 Tab. im Anhang.　　24,60 DM

Band 50
P a f f e n, Karlheinz und Reinhard S t e w i g (Hrsg.): Die Geographie an der Christian-Albrechts-Universität 1879-1979. Festschrift aus Anlaß der Einrichtung des ersten Lehrstuhles für Geographie am 12. Juli 1879 an der Universität Kiel. 1979. VI, 510 S., 19 Tab. und 58 Abb.　　38.00 DM

Band 51
S t e w i g, Reinhard, Erol T ü m e r t e k i n, Bedriye T o l u n, Ruhi T u r f a n, Dietrich W i e b e und Mitarbeiter: Bursa, Nordwestanatolien. Auswirkungen der Industrialisierung auf die Bevölkerungs- und Sozialstruktur einer Industriegroßstadt im Orient. Teil 1. 1980. XXVI, 335 S., 253 Tab. und 19 Abb.　　32,00 DM

Band 52
B ä h r, Jürgen und Reinhard S t e w i g (Hrsg.): Beiträge zur Theorie und Methode der Länderkunde. Oskar Schmieder (27. Januar 1891 - 12. Februar 1980) zum Gedenken. 1981. VIII, 64 S., 4 Tab. und 3 Abb.　　11,00 DM

Band 53
M ü l l e r, Heidulf E.: Vergleichende Untersuchungen zur hydrochemischen Dynamik von Seen im Schleswig-Holsteinischen Jungmoränengebiet. 1981. XI, 208 S., 16 Tab., 61 Abb. und 14 Karten im Anhang.　　25,00 DM

Band 54
A c h e n b a c h, Hermann: Nationale und regionale Entwicklungsmerkmale des Bevölkerungsprozesses in Italien. 1981. IX, 114 S., 36 Fig.　　16,00 DM

Band 55
D e g e, Eckart: Entwicklungsdisparitäten der Agrarregionen Südkoreas. 1982. XXVII, 332 S., 50 Tab., 44 Abb. und 8 Photos im Textband sowie 19 Kartenbeilagen in separater Mappe. 49.00 DM

Band 56
B o b r o w s k i, Ulrike: Pflanzengeographische Untersuchungen der Vegetation des Bornhöveder Seengebiets auf quantitativ-soziologischer Basis. 1982. XIV, 175 S., 65 Tab. und 19 Abb. 23,00 DM

Band 57
S t e w i g, Reinhard (Hrsg.): Untersuchungen über die Großstadt in Schleswig-Holstein. 1983. X, 194 S., 46 Tab., 38 Diagr. und 10 Abb. 24,00 DM

Band 58
B ä h r, Jürgen (Hrsg.): Kiel 1879 - 1979. Entwicklung von Stadt und Umland im Bild der Topographischen Karte. 1:25 000. Zum 32. Deutschen Kartographentag vom 11. - 14. Mai 1983. III, 192 S., 21 Tab., 38 Abb. mit 2 Kartenblättern in der Anlage. ISBN 3-923887-00-0 28.00 DM

Band 59
G a n s, Paul: Raumzeitliche Eigenschaften und Verflechtungen innerstädtischer Wanderungen in Ludwigshafen/Rhein zwischen 1971 und 1978. Eine empirische Analyse mit Hilfe des Entropiekonzeptes und der Informationsstatistik. 1983. XII, 226 S., 45 Tab., 41 Abb. ISBN 3-923887-01-9. 30,00 DM

Band 60
P a f f e n †, Karlheinz und K o r t u m, Gerhard: Die Geographie des Meeres. Disziplingeschichtliche Entwicklung seit 1650 und heutiger methodischer Stand. 1984. XIV, 293 S., 25 Abb. ISBN 3-923887-02-7. 36.00 DM

Band 61
*B a r t e l s †, Dietrich u. a.: Lebensraum Norddeutschland. 1984. IX, 139 S., 23 Tabellen und 21 Karten. ISBN 3-923887-03-5. 22.00 DM

Band 62
K l u g, Heinz (Hrsg.): Küste und Meeresboden. Neue Ergebnisse geomorphologischer Feldforschungen. 1985. V, 214 S., 66 Abb., 45 Fotos, 10 Tabellen. ISBN 3-923887-04-3 39.00 DM

Band 63
K o r t u m, Gerhard: Zückerrübenanbau und Entwicklung ländlicher Wirtschaftsräume in der Türkei. Ausbreitung und Auswirkung einer Industriepflanze unter besonderer Berücksichtigung des Bezirks Beypazari (Provinz Ankara). 1986. XVI, 392 S., 36 Tab., 47 Abb. und 8 Fotos im Anhang. ISBN 3-923887-05-1. 45.00 DM

Band 64
F r ä n z l e, Otto (Hrsg.): Geoökologische Umweltbewertung. Wissenschaftstheoretische und methodische Beiträge zur Analyse und Planung. 1986. VI, 130 S., 26 Tab., 30 Abb. ISBN 3-923887-06-X. 24,00 DM

Band 65
S t e w i g, Reinhard: Bursa, Nordwestanatolien. Auswirkungen der Industrialisierung auf die Bevölkerungs- und Sozialstruktur einer Industriegroßstadt im Orient. Teil 2. 1986. XVI, 222 S., 71 Tab., 7 Abb. und 20 Fotos. ISBN 3-923887-07-8.
37,00 DM

Band 66
S t e w i g, Reinhard (Hrsg.): Untersuchungen über die Kleinstadt in Schleswig-Holstein. 1987. VI, 370 S., 38 Tab., 11 Diagr. und 84 Karten. ISBN 3-923887-08-6. 48,00 DM

Band 67
A c h e n b a c h, Hermann: Historische Wirtschaftskarte des östlichen Schleswig-Holstein um 1850. 1988. XII, 277 S., 38 Tab., 34 Abb., Textband und Kartenmappe. ISBN 3-923887-09-4. 67,00 DM

Band 68

B ä h r, Jürgen (Hrsg.): Wohnen in lateinamerikanischen Städten - Housing in Latin American cities. 1988, IX, 299 S., 64 Tab., 71 Abb. und 21 Fotos. ISBN 3-923887-10-8.   44,00 DM

Band 69

B a u d i s s i n -Z i n z e n d o r f, Ute Gräfin von: Freizeitverkehr an der Lübecker Bucht. Eine gruppen- und regionsspezifische Analyse der Nachfrageseite. 1988. XII, 350 S., 50 Tab., 40 Abb. und 4 Abb. im Anhang. ISBN 3-923887-11-6.   32,00 DM

Band 70

H ä r t l i n g, Andrea: Regionalpolitische Maßnahmen in Schweden. Analyse und Bewertung ihrer Auswirkungen auf die strukturschwachen peripheren Landesteile. 1988. IV, 341 S., 50 Tab., 8 Abb. und 16 Karten. ISBN 3-923887-12-4.
                                                                      30,60 DM

Band 71

P e z, Peter: Sonderkulturen im Umland von Hamburg. Eine standortanalytische Untersuchung. 1989. XII, 190 S., 27 Tab. und 35 Abb. ISBN 3-923887-13-2.
                                                                      22,20 DM

Band 72

K r u s e, Elfriede: Die Holzveredelungsindustrie in Finnland. Struktur- und Standortmerkmale von 1850 bis zur Gegenwart. 1989. X, 123 S., 30 Tab., 26 Abb. und 9 Karten. ISBN 3-923887-14-0.
                                                                      24,60 DM

Band 73

B ä h r, Jürgen, Christoph C o r v e s & Wolfram N o o d t (Hrsg.): Die Bedrohung tropischer Wälder: Ursachen, Auswirkungen, Schutzkonzepte. 1989. IV, 149 S., 9 Tab., 27 Abb. ISBN 3-923887-15-9.
                                                                      25.90 DM

Band 74

B r u h n, Norbert: Substratgenese - Rumpfflächendynamik. Bodenbildung und Tiefenverwitterung in saprolitisch zersetzten granitischen Gneisen aus Südindien. 1990. IV, 191 S., 35 Tab., 31 Abb. und 28 Fotos. ISBN 3-923887-16-7.
                                                                      22.70 DM

Band 75

P r i e b s, Axel: Dorfbezogene Politik und Planung in Dänemark unter sich wandelnden gesellschaftlichen Rahmenbedingungen. 1990. IX, 239 S., 5 Tab., 28 Abb. ISBN 3-923887-17-5.   33.90 DM

Band 76

S t e w i g, Reinhard: Über das Verhältnis der Geographie zur Wirklichkeit und zu den Nachbarwissenschaften. Eine Einführung. 1990. IX, 131 S., 15 Abb. ISBN 3-923887-18-3.   25.00 DM

Band 77

G a n s, Paul: Die Innenstädte von Buenos Aires und Montevideo. Dynamik der Nutzungsstruktur, Wohnbedingungen und informeller Sektor. 1990. XVIII, 252 S., 64 Tab., 36 Abb. und 30 Karten in separatem Kartenband. ISBN 3-923887-19-1.
                                                                      88,00 DM

Band 78

B ä h r, Jürgen & Paul G a n s (eds): The Geographical Approach to Fertility. 1991. XII, 452 S., 84 Tab. und 167 Fig. ISBN 3-923887-20-5.
                                                                      43,80 DM

Band 79

R e i c h e, Ernst-Walter: Entwicklung, Validierung und Anwendung eines Modellsystems zur Beschreibung und flächenhaften Bilanzierung der Wasser- und Stickstoffdynamik in Böden. 1991. XIII, 150 S., 27 Tab. und 57 Abb. ISBN 3-923887-21-3.
                                                                      19,00 DM

Band 80

A c h e n b a c h, Hermann (Hrsg.): Beiträge zur regionalen Geographie von Schleswig-Holstein. Festschrift Reinhard Stewig. 1991. X, 386 S., 54 Tab. und 73 Abb. ISBN 3-923887-22-1. 37,40 DM

Band 81

S t e w i g, Reinhard (Hrsg.): Endogener Tourismus. 1991. V, 193 S., 53 Tab. und 44 Abb. ISBN 3-923887-23-X. 32,80 DM

Band 82

J ü r g e n s, Ulrich: Gemischtrassige Wohngebiete in südafrikanischen Städten. 1991. XVII, 299 S., 58 Tab. und 28 Abb. ISBN 3-923887-24-8. 27,00 DM

Band 83

E c k e r t, Markus: Industrialisierung und Entindustrialisierung in Schleswig-Holstein. 1992. XVII, 350 S., 31 Tab. und 42 Abb. ISBN 3-923887-25-6. 24,90 DM

Band 84

N e u m e y e r, Michael: Heimat. Zu Geschichte und Begriff eines Phänomens. 1992. V, 150 S. ISBN 3-923887-26-4. 17,60 DM

Band 85

K u h n t, Gerald und Z ö l i t z - M ö l l e r, Reinhard (Hrsg.): Beiträge zur Geoökologie aus Forschung, Praxis und Lehre. Otto Fränzle zum 60. Geburtstag. 1992. VIII, 376 S., 34 Tab. und 88 Abb. ISBN 3-923887-27-2. 37,20 DM

Band 86

R e i m e r s, Thomas: Bewirtschaftungsintensität und Extensivierung in der Landwirtschaft. Eine Untersuchung zum raum-, agrar- und betriebsstrukturellen Umfeld am Beispiel Schleswig-Holsteins. 1993. XII, 232 S., 44 Tab., 46 Abb. und 12 Klappkarten im Anhang. ISBN 3-923887-28-0. 23,80 DM

Band 87

S t e w i g, Reinhard (Hrsg.): Stadtteiluntersuchungen in Kiel. Baugeschichte, Sozialstruktur, Lebensqualität, Heimatgefühl. 1993. VIII, 337 S., 159 Tab., 10 Abb., 33 Karten und 77 Graphiken. ISBN 3-923887-29-9. 24,00 DM

Band 88

W i c h m a n n, Peter: Jungquartäre randtropische Verwitterung. Ein bodengeographischer Beitrag zur Landschaftsentwicklung von Südwest-Nepal. 1993. X, 125 S., 18 Tab. und 17 Abb. ISBN 3-923887-30-2. 19,70 DM

Band 89

W e h r h a h n, Rainer: Konflikte zwischen Naturschutz und Entwicklung im Bereich des Atlantischen Regenwaldes im Bundesstaat São Paulo, Brasilien. Untersuchungen zur Wahrnehmung von Umweltproblemen und zur Umsetzung von Schutzkonzepten. 1994. XIV, 293 S., 72 Tab., 41 Abb. und 20 Fotos. ISBN 3-923887-31-0. 34,20 DM

Band 90

S t e w i g, Reinhard: Entstehung und Entwicklung der Industriegesellschaft auf den Britischen Inseln. 1995. XII, 367 S., 20 Tab., 54 Abb. und 5 Graphiken. ISBN 3-923887-32-2. 32,50 DM

Band 91

B o c k, Steffen: Ein Ansatz zur polygonbasierten Klassifikation von Luft- und Satellitenbildern mittels künstlicher neuronaler Netze. 1995. XI, 152 S., 4 Tab. und 48 Abb. ISBN 3-923887-33-7 16,80 DM

Band 92

M a t u s c h e w s k i, Anke: Stadtentwicklung durch Public-Private-Partnership in Schweden. Kooperationsansätze der achtziger und neunziger Jahre im Vergleich. 1996. XI, 246 S., 34 Abb., 16 Tab. und 20 Fotos. ISBN 3-923887-34-5. 23,90 DM

Band 93

Ulrich, Johannes und Kortum, Gerhard: Otto Krümmel (1854 - 1912). Geograph und Wegbereiter der modernen Ozeanographie. 1997. VIII, 310 S., 84 Abb. und 8 Karten.
ISBN 3-923887-35-3.   46,90 DM

Band 94

Schenck, Freya S.: Strukturveränderungen spanisch-amerikanischer Mittelstädte untersucht am Beispiel der Stadt Cuenca, Ecuador. 1997. XVIII, 259 S., 58 Tab. und 55 Abb.
ISBN 3-923887-36-1.   25,90 DM

Band 95

Pez, Peter : Verkehrsmittelwahl im Stadtbereich und ihre Beeinflußbarkeit. Eine verkehrsgeographische Analyse am Beispiel von Kiel und Lüneburg. 1998. XVIII, 396 S., 52 Tab. und 86 Abb.
ISBN 3-923887-37-X.   33,90 DM

Band 96

Stewig, Reinhard: Entstehung der Industriegesellschaft in der Türkei. Teil 1: Entwicklung bis 1950. 1998. XV, 349 S., 35 Abb., 4 Graph., 5 Tab. und 4 Listen.
ISBN 3-923887-38-8.   30,10 DM